意义的迷失与追寻

当代生活世界的价值哲学批判

晏辉◎著

上海人民出版社

目　　录

前　　言

　　我们如何生活,且生活得好,对每一个想获得快乐和幸福的人而言,都是始点性的,也是终极性的问题。没有哪一个人愿意在痛苦中度过一生。然而,在实际的生活中,人们却每每遭遇不幸,或未能得其所得,受到不公正待遇;或被歧视、被冷落,不能获得基于人格平等之上的尊严。个体和类总是梦想着,终究有一天,我们会拥有一个好社会和好生活。然而我们的实际生活呈现给我们的却是这样一个画面:我们创造了使人幸福的前提,却没有创造幸福本身;我们制造了一个"庞大的商品堆积",却使我们的精神生活越来越贫乏;我们构造出了一个日益复杂的社会关系,却使人和人的关系越来越简单化,以至于只剩下物质利益关系;我们制造出了据说能够从根本上改变人的生活世界的现代技术,却使自己陷入技术的统治之中;法国哲学家拉美特利说"人是机器",而 AI 技术和生成式人工智能却编制出了"机器是人"的神话;我们除了受到有人称的掌握着权力、资本和技术的人的支配之外,还要接受由普遍的生产关系、交换关系而来的"抽象统治"。人们原本生活在"被物包围的世界"之中,拥有着越来越多的财富和机会,过一种整体性的好生活,却又总是充斥着不满、怨恨,甚至是仇恨的情绪。总之,这是一个令人思索、批判和反思的社会。

　　人们可以在日常意识和日常语言中,无需抽象地、更无需合乎逻辑地表达对这个生活世界的感受、体验、意见、态度和立场,也可以基于经验的自然观点,经理论的自然观点而达于思想的自然观点,从发生学的角度,通过知性范畴,在理性原则指导下,揭示出这个充满悖论的生活世界是如何发生的。我们为何出于建构一个"属己"的生活世界的善良动机,却产

1

生出了一个"异己"世界的后果？在可用的诸种学科中，对生活世界之价值与意义的沉思，价值哲学可能是相对较好的一种。今日的价值哲学也与初创时期的价值哲学不同，这除了因为价值哲学的对象有了量与质两个方面的深刻变化之外，更因为心灵哲学、现象学、精神分析伦理学业已渗透到了价值哲学的理论研究之中。借助结构现象学、价值现象学和发生现象学，通过客体性和主体性"悬置"，可以直面当代生活世界自身。

如要揭示当代生活世界的价值和意义，就必须对价值和意义进行元哲学研究。元哲学的对象是元问题，即始点问题，要么是能力意义上的始点，要么是目的论意义上的始点。价值与意义就是个体和类的元问题，对价值和意义这个元问题进行元哲学研究，必须充分运用人的判断能力。将个别或特殊的东西包含在普遍性的东西之下加以思考，从而形成"原理"，这是建构性原则，类似于经过双重悬置之后而实现的"本质直观"。因为，为着揭示现代生活世界之价值与意义的原始发生，就必须预先实现一个奠基工作，即构造出价值与意义的"哲学原理"。这个"原理"具有双重意义，第一，它是充分运用建构性原则而实现的一种抽象，其结果是形成了一个"抽象的具体"。第二，如果这个"原理"是可检验、可证明的，那么它就是一个普遍有效的实践法则，可以用这个法则来引导和规约人的思考行动。它体现的是范导性原则。有了朝向"价值与意义"和"生活世界"这两个原理，对当代生活世界的分析和论证就有了坚实的内在根据和充分的外在理由。

那么，当代生活世界是如何发生的，具有哪些不同于过往生活世界的本质特征？为了回答这个问题，必须充分运用辩护与批判、客观因果性陈述和意义妥当性陈述，描述和论述现代化运动自身充满创价与代价之悖论的发生和演变过程。现代化运动是一个将欲望、市场和科技并置在一起沿着由其自身构造起来的逻辑而奋力前行的社会变革过程。欲望的神圣激发提供了动力，市场的发现和运用提供了环境，科学技术的飞速发展和广泛运用提供了手段。市场万能论和技术万能论日益成为一种主流形态的价值观，一切都可以分解和合成，一切都可以被认知被改造；变化就是一切,速度才是真理。新质生产力可以助力生产和交换的普遍化,也可能会加速科技的"类人化"进程,从而形成广泛而深刻的物化和"抽象统治"。人的内心世界并未随着外部世界的多样化和复杂化而日益丰富起来。

从"设置"到"措置",知识和技术可以改变一切的主观幻相在不断严重的物化和异化面前逐渐破灭;只有对全面改造活动进行全面批判和反思,才能从个体与类的灵魂深处反思和寻找致错的深刻根源。人为什么会犯错? 这是由人的先天缺陷和后天狂妄造成的。"人类在其知识的某个门类里有一种特殊的命运,就是:它为一些它无法摆脱的问题所困扰;因为这些问题是由理性自身的本性向自己提出来的,但它又不能回答它们;因为这些问题超出了人类理性的一切能力。"①人类总是把眼光投向外部世界,而不是向内求索。如果说思索是朝向外部世界的,那么求索就应该是朝向内心世界的。而正是在这一点上,西方哲学和中国哲学有了十分明显的区别,中国哲学本质上是心性之学,西方哲学本质上是自然之学。在充满诸种风险和危机的当代生活世界面前,个体和类如何才能知错、认错和改错? 为何在已知现代化运动充满各种风险和危机的情形之下,还乐此不疲、不知疲倦地扩展和深化它? 为何在显结构中呼吁和追求自由、平等、民主,而在隐结构中却反复陷入被权力欲、金钱欲、生殖欲全面支配的病理学状态之中? 这不仅仅是一个经济学、心理学和现象学问题,毋宁说,这是一个典型的哲学人类学问题。知错—认错—改错,其可能性及其限度究竟在哪里? 这既需要个体更需要集体进行深刻的反思、悔过。现代化运动原本可以令每个人有条件且自愿地过一种整体性的好生活,然而,这个越来越充满偶然性从而令人不可预期的碎片化世界,使人处在不断加深的集体性焦虑之中,既有普遍的道德焦虑,更有强烈的政治焦虑。人类究竟该走向何方?

从文化走向文明,是降低风险、摆脱危机的根本道路。人类是创造文

---

① [德]康德:《纯粹理性批判》,邓晓芒译,人民出版社2004年版,第1页。

化并用文化武装自己的有理性存在物。人创造价值、分配价值和享用价值的所有方面,都可以归纳到文化这个总体性概念之下。但这绝不意味着,人的所有思考和行动如同激进的文化主义者所言说的那样,都是进步的。一些人、民族和国家,经常以文化的名义虐待动物,以先进文化的名义对同类实行军事打击、经济侵略、政治控制和文化殖民,毁坏财物、消灭生命。将文化等同于文明,掩盖了文化名义之下的野蛮行径。文明是文化中的优秀部分,是令社会进步和个体发展的先进的观念、合理的制度、有效的技术和正当的行动。在全球性的现代化运动中,哪个民族、哪个国家贡献了文明,哪个国家就是先进文化的生产者和传播者。中国式现代化就是创造先进文化、走向人类文明新形态的根本方式。

如果说,创造先进文化、传播先进文化,为个体和类获得快乐和幸福,从而过一种整体性的好生活创造了坚实的外部环境,那么,如何真正地获得快乐和幸福,则最终决定于欲求者的素养、修养、涵养,以及素养的充分运用,即素质;其中享用价值、生成意义、体悟意义的能力乃是关键因素。根据建构性原则,我们给出了一个具有借鉴意义的"幸福原理",这个"原理"虽不具备典型的、真正的必然性和严格的普遍性,但仍然可以根据自己的感受和体验而检验"原理"的有效性。

至此,我便给出了一个朝向"意义的迷失与追寻——当代生活世界的价值哲学批判"这个题材的整体性结构,其间具有内在的逻辑关系。价值和意义,对于生活在当代生活世界中的每一个人,都是切身性、由身性和具身性的问题。意义,既是生命的根基,又是生命的价值。流动的生命创造出了流动的善,流动的善实现了意义的瞬间生成。

第1章 价值与意义的原始发生

一、生活世界:价值创制与意义生成

依照日常意识和日常思维,甚至依照通常的哲学思考和哲学表达,理应先行界定和规定生活世界,然后再从对生活世界的确证和论证中导引出价值和意义问题。然而,深入思考下去却发现,朝向生活世界的哲学沉思和哲学表达的逻辑应该是基于由当下之思而来的对终极之善的追问,于是,关于"意义的迷失与追寻"的追问就应该这样来表达:我们如何才能过一种有尊严因而是有意义的生活。因此,没有对价值和意义的先行规定,进一步地,没有对价值与意义之知性逻辑的预先构造,对生活世界的分析和论证就没有坚实的内在根据和充足的外在理由;内在根据就是意义,外在理由就是价值。只有将终极之善先行标划出来,手段之善才能获得规定,因为意义才是朝向快乐和幸福的实项或本相,而生成意义继而获得快乐和幸福的条件和环境则是殊相。

我们的生活世界就是我们的实际性,虽然这个实际性并不都由我们的思考和行动构成,但却无时无刻不在影响着我们的思考与行动。无论是自我构造还是他者制造,我们都无法逃脱生活于其中的这个世界。于是,我们必须在这个生活世界中去探寻于我们而言的须臾不可分离的价值与意义。而就价值的来源说,本质上都是客体性的,是一种附身性的存在,进言之,它们与价值的需求者,存在着物理、生理、心理和精神上距离,是一种他者;只有将这种附身性的存在变成具身性的存在,或者成为需求

1

者的生存、生活,总之是成为生命的要素与环节时,它们才是价值性的存在。只有获得被给予性,某物才是价值性的,而只有价值性的存在,才与意义相关。无论是在经验的自然观点中,还是在理论的和思想观点中,价值与意义常常被视作是同一的,当价值就是意义,拥有价值就是获得意义成为一种无意识或潜意识时,人们便不再去体会和认知,二者是存在着深刻差异的。价值是附身性的,而意义则永远是具身性的;如果说价值是被制成的,那么意义一定是生成的,价值创制论和意义生成论才是理解和把握价值与意义之异同的认识论基础。

(一) 价值与意义的原始发生

凡是用于研究与人有关的现象的人文社会科学都是分析的与规范的,价值哲学研究就更是如此。这是因为,价值哲学研究总是相关于人的这样三个根本问题而展开其逻辑:我能做什么、我应该做什么和我想望什么。这三个命题实际上是两个逻辑的问题:事实逻辑和价值逻辑。两种逻辑及其内在关联决定了价值哲学研究必定是分析的和规范的。分析的要求来自事物的内在逻辑,一种事实之能够出现并不取决于人的愿望,愿望只构成使某一事实之能够出现的动力;规范的要求来自研究者的价值观和立场,价值中立只是方法上的要求,而不是立场上的要求。事实逻辑描述的是一个事实在何种条件下依照何种模式组合才能出现。价值虽与生命物质的需求相关,但它首先是一种事实,只是这种事实与纯粹的事实不同,是包含有用性和需求者的目的于其中的。狭义上的价值逻辑是指需求者之需求的实现方式和实现程度。在事实逻辑和价值逻辑的交织中,行动者的能够、应该和想望蕴含其中。因此,关于价值的任意一种研究都不可能是无立场的,必定包含着言说者的价值判断,也就是包含着什么事实是有价值的,什么事实是无价值、反价值的,有价值的事实有多大价值等等判断。

正由于价值概念所描述的是一种关系状态、一种境遇,是需求者与需求对象之间的特定关系,所以价值哲学研究极易出现两种倾向:主体主义和客体主义。其实,这两种倾向存在着相同的错误,就是把特定的境遇和关系状态原子化和结构化。原子化和结构化是原子主义和结构主义思维方式被极端化的一个后果。在我看来,原子主义和结构主义思维方式是人们进行科学研究的一般方法,这种方法的最大优势在于,首先找出某一类现象的构成要素,也就是原子化;然后再发现各原子间的内在关联。如结构主义先驱、瑞士著名语言学家索绪尔所提出的语言的结构主义模式,强调研究语言的同时性结构比研究语言的历时性结构更重要;语言的意义依赖于一个符号与其他符号的关系,如上下文的关系,而不依赖于它和外界事物的关系。原子主义和结构主义的研究方法在中国近些年的价值哲学研究中被广泛使用,然而我们并没有很好地使用这种方法,反而把这种方法极易产生的缺陷推向了极端,主体主义和客体主义是这种缺陷的直接表现。

为着研究某个或某类事物,首先要在思想的领域把这类事物原子化和结构化,这是必要的环节,也是进行科学研究所必需的环节。但我们不能停留在这个环节之上,更为要紧的工作,是把原子和结构还原为事物的本真状态,只有最接近于事物本真状态的原子化和结构化才是可取的。而在我们近些年的价值哲学研究中,却常常滞留于原子化和结构化的环节而不能还原。主体主义抓住了需求者的需求在价值生成中的重要地位,却忽视了甚至完全忘掉了需求对象在价值生成中的优先地位,断言价值就是客体对主体所具有的意义,客体是否具有意义、有多大意义,完全取决于主体对客体之意义的给予过程,边际效用理论是主体主义的经济理论形态。可以说,主体给予意义的行为是有特定条件的,主体无论具有怎样的给予意义的能力和愿望,都不能取消被给予之物的先在性。客体主义则走向了另一个极端,主张主体无论具有怎样的给予能力和愿望,都是在客体的规定下完成的。物质本体论是界定价值所必须坚持的原则。某物是否具有价值、具有多大价值,根本不取决于主体的愿望、感受和体验,价值是自在的,无论需求者怎样地享用价值物,都不会使它的价值元素多一些或少一些。客体主义和主体主义的研究方式，其共同缺陷是明显的。那么，能否找到一种最接近价值之本质的理论和方法呢？发生学的方法也许是这种理论与方法之一。

关于价值的原始发生可有两种致思范式：系统论奠基和生成论奠基。①系统论奠基的典型代表是笛卡尔和康德。笛卡尔通过普遍的怀疑找到了最为原初的本体：我思。一切命题和结论都是"我思"的展开方式。康德通过对人的实践理性的全面批判，确立了一个使人成为人的本体：理性与善良意志。尽管"我思"和"善良意志"仍需进一步论证，但笛卡尔和康德从未怀疑过"我思"和"善良意志"的普遍有效性。然而事实上，若是认真研读和深度领悟笛卡尔和康德的系统论奠基，人们就会发现，他们的哲学并不是单一的名词哲学，亦即不是单一的结构和功能，还有生成论的元素，因而在某种意义上，又是动词哲学。若是把"我思，故我在"机械地理解为"我思"是我存在的充分必要条件，那么这个命题就必然是单一的结构和功能，而看不出任何发生学意义的元素。其实，在笛卡尔那里，"我思"并不仅仅是一个存在论意义上的既成系统，更是一个生成论意义上的发生系统。其真正的意涵是：我以思的方式去存在，去实现自己和完成自己；而我思也同样是一个发生学意义上的过程。"怀疑"是意识上的"悬置"，是走向"面向事物自身"的"加括号"。主体意义上的"悬置"，是将影响纯粹意识获得真理的情绪、意见、常识、成见和偏见放在括号里，虽然不能将它们从人的内部视域中彻底清除出去，但可以减少它们的阻碍作用。通过主体性悬置，一个"纯粹意识"被共出，它是与真理最为相互共属、相互共出、相互共在的主体性力量。客体意义上的悬置，是将附着于认识对象之上诸种表象加以逐层剥离，最后形成一个"客体剩余"，亦即除去诸种假象、虚相之后剩余下来的那个"剩余物"，即真相。当"纯粹意识"这个所指与作为"剩余物"的"真相"这个被指，通过层层剥离这个能指，将它们有机地关联在一起的时候，作为"我思"之最终

---

① 参见倪梁康为舍勒《伦理学中的形式主义与质料的价值伦理学》所写的"译后记"。

业绩的"本质直观"才能生成。生成论奠基的典型代表是胡塞尔和福柯。胡塞尔在《生活世界现象学》中非常细致地描述了主体、主体间性的原始发生过程。福柯通过大量的历史事实阐述了规训与惩罚、疯癫与文明、压抑与反常的发生过程。相较于系统论奠基,生成论奠基更少强制感,而长于历史感和灵动感,至少看上去和读起来较为可信。在对价值的研究中,系统论奠基和生成论奠基都是必不可少的。

系统论奠基在价值研究中的效用表现在对价值何以可能的追问上,进言之,价值概念是对谁有效的。在系统论奠基的视野下,我们把"非自足性"和"稀缺性"作为类似于笛卡尔的"我思"这样的本体,简约地说,一切价值均奠基于"非自足性"和"稀缺性"之上。美国社会学家詹姆斯·S.科尔曼用社会学术语表达了类似的观点:"最基本的系统由两种元素组成,这些元素按两种方式联系在一起。第一种元素是行动者,第二种元素是某种事物。行动者控制着这些事物,并从中得到利益。根据不同情况,本书称这些事物为'资源'或'事件'。行动者和资源之间是控制关系与利益关系。"[①]价值作为关系状态和境遇就是"控制关系"和"利益关系"。而这些关系之能够发生则决定于价值概念所指向的那些特定存在物:有生命物质。正是有生命物质的存在状态和存在性质决定了"控制关系"和"利益关系"。之所以有发生"控制关系"和"利益关系"的必要,乃是由于"非自足性"和"稀缺性"这两点,而这两点恰是与一切有生命物质相关的。所谓非自足性,是指一切有生命物质经常处于不足和匮乏,以及由内向外的释放状态。这种状态决定了两种指向:由外到内的摄取、占有,由内到外的释放与表达。此种状态和指向决定了有生命物质若要维持自身的生命状态,就必须与外界进行物质、能量和信息的交换过程,依赖性是一切生命物质的基本特性。然而,生命物质所依赖于外界的并不是随便的什么质料,而是那些于它们的生命有用的东西。这些有用的东西可称

---

①　[美]詹姆斯·S.科尔曼:《社会理论的基础》(上),邓方译,社会科学文献出版社1999年版,第34页。

为生活资料或价值物,生活资料或价值物乃是稀缺性的存在物,它们是大自然赐予生物的天然礼物,既不是遍地都是也不是珍贵之极。正是生物的"非自足性"和生活资料的"稀缺性"才使价值现象得以产生,价值概念对无生命物质来说是无效的,因为它们无需外界,它们是自足的,只是这种自足无任何意义。可以肯定地说,价值现象存在于一切有生命物质对外界的依赖关系中,而并不仅用来指称人对外界的依赖关系。毫无疑问,系统论奠基在说明价值得以发生的原初根据时,其效用是明显的,但要进一步说明价值是如何发生的,就得求助于生成论奠基这一研究范式了。

生成论奠基所描述的是价值之原始发生的内在逻辑,关于这种内在逻辑的陈述可分成两个环节进行:价值物的创制和价值的实现。

我们在底线的意义上给出了价值现象之能够发生的根据:非自足性和稀缺性。这是一个对所有有生命物质都适用的条件。当我们进一步考察具有稀缺性的价值物时,就立刻显现出有生命物质的不同种类以及不同种类之间的明显差别。我们把有生命物质分成人类以及人类以外的其他生命物质。这两种有生命物质的本质区别不在于它们共同拥有的"非自足性",而在于它们与价值物或生活资料之间的关系。确切地说,人以外的其他生命物质的价值物是既成的,由于它们没有创生价值物的能力,因而只能适应环境,适者生存,优胜劣汰。人以外的动植物只能通过改变自身而适应环境,而不能相反。人则不同,人恰是通过创造价值物或生活资料而创造人本身的。人作为自在与自为的存在物,在两个层面上构造着世界:精神上的构造与物质上的构造。精神上的构造是一种先行构造,是人类借助于足够的想象力,通过所指减去能指的剩余量(语言符号)去构造于人有用的世界,我们把这个世界称为属人世界,因为它是一个完全合意的世界,蕴含人的意愿、愿望、意志、快乐、幸福于其中。然而,这却是一个虚拟的世界,它不能使实际的价值要素多出任何一个分子,人不能徜徉于虚拟世界而不能自拔,要使虚拟世界变成现实世界,人必须行动,劳动是人的基础性的行动。通过劳动,人创造了自己所需的物质生活资料和精神生活资料。通过精神构造与物质构造,人类表现出了超拔于其他动植物而独秀于灵长类之林的优势。借助于这种优势,人类不仅创造了被其视为基本价值的系列,用于满足人的衣食住行用的需要,而且创造了用于满足社会需要和精神需要的社会价值系列和精神价值系列。

价值物之原始发生是价值之原始发生的必要前提,没有价值物便不可能发生任何价值。但这绝非意味着价值物就是价值本身,价值物只是价值得以发生的一个必要性的要素,除此之外,还有其他的要素,从要素到结构、从结构到功能、从功能到意义尚有诸多环节。价值就是在诸多要素有机结合的过程中生发出来的。因此,只有深刻揭示价值的原始发生方能见出价值的本质。在这一步骤中,我们仍需借助系统论奠基和生成论奠基。从结构的角度看,价值物与需求者构成价值的两端。如果这两端永不搭界,便不可能有价值概念。一个物件、一个事实、一个现象、一种关系、一种设置、一套规范,其所以被认为是有效用的,那一定是相对于需要这些效用的需求者而言的。一个面包之被称为食物,是因为它含有足够的热量,而这些热量恰是需要食物的需求者所意欲的。在价值物与需求者这两个端点中,需求者具有逻辑上的优先性。只要存在一个需求者,就必定存在一个需求行为,需求的目的就是要找到具有某种效用的事实。而一般的价值物却不会自行地寻找需求者,以证明自己是价值物。那么,价值是如何发生的呢?

价值是价值物与需求者之间的构合以及由这种构合所产生的效用。这个效用是从两端来看的。从价值物方面看,价值是价值物之效用的显现,其显现的结果是载体的消失和效用的转移,当然这只是就物质价值物而言的。与物质价值物经常是一人一次消费不同,精神价值物可以多人多次消费,且可以产生倍加的和扩展的效用。因此,比较而言,精神价值物要比物质价值物更有效率。从需求者方面看,价值是需求者享用价值物时所产生的快乐与幸福的体验,之所以会有此种体验,是由于价值物之效用的转移而解除了需求者的不足和匮乏。我们把由于不足和匮乏状态的解除而产生愉悦之感称为"意义"。如果说价值是价值物与需求者之间的一种双向运动过程，那么意义就是这种运动过程在需求者方面的效用，意义是价值在需求者方面的实现，价值就是意义的瞬间生成。在现象学的意义上，意义就是价值的被给予性。物件、事实、现象、关系、规范等被称为价值物，被说成是有价值的，分明意味着，它的功能、效用被需求者呈现出来，从遮蔽的状态进入到澄明的状态中。由此可以说，关于价值的哲学研究可以是分析的，但价值的实现——意义却是不可分析的，它是直观和直感，是经历、感受，总之是体验。而就作为意义的瞬间生成的价值来说，其预备过程是相当艰难而漫长的，而它的产生却又那么快捷、迅速，甚至是一瞬间。任何人都无法长时间地滞留于意义的瞬间生成之中，既是瞬间的就不是长久的，但它的作用却是长久的。

以此观之，由质料到价值再到意义是一个相当复杂的过程。在实际生活中，价值的原始发生与意义的原始发生并非一一对应关系，进言之，它们不是函数关系。两个变量 x、y，对于某一范围内的 x 的每一个值，y 都有一个值和它相应，y 就是 x 的函数。这种关系一般用 $y = f(x)$ 来表示，x 是自变量，y 是因变量。我们可以把附着在价值物之上的某种功能、效用称之为自变量，因为只要有某种价值存在就有可能产生某种意义，尽管不一定总是产生某种意义，但没有价值肯定不会产生某种意义。要而言之，意义不是价值的函数，对于某一范围内的价值的每一个值，意义不一定都有一个或几个值和它相应。这是由于，价值是单项事实，而意义则是两项或多项事实。然而，无论是在理论推理还是在实践推理中，人们总是这样设想：创造价值的过程就是创造意义的过程，价值愈丰富，意义也就愈饱满。其实不尽然。作为功效、效用、功用之体现的价值只是产生某种意义的前提、条件，由价值进到意义须得有主体的意义构造过程。意义的构造与意义的体悟是价值能否实现出来以及实现到何种程度的关键，意义的构造和体悟低于价值总量，就会产生意义小于价值甚至没有意义的后果，有价值没意义的现象并不少见；意义的构造与体悟大于价值总量，有可能从少量的价值中创造出饱满的意义来。然而，在实际的生产、交往和生活实践中,人们常常忽略了意义的构造和体悟,而专注于价值的创造活动;而且,在人们的日常意识中,创造价值就等于创造意义,积累财富就等于追求和获得幸福。

作为研究价值现象和价值本质之学科的价值哲学,就不能仅仅研究价值的原始发生,而应该进一步研究,意义之原始发生的机理,而且要在现代化、现代性和现代主义的背景下,考察价值与意义相分离的根源,并指明一种使价值与意义相和谐的可能之路。

(二) 现代价值的原始发生

价值哲学固然要研究价值一般或一般价值,但一定要在研究者所生活于其中的特定社会环境中进行研究,学术研究的道路不是从一般到特殊,而是从特殊到一般。只有研究现代价值的原始发生,才能更好地理解一般价值的原始发生,并了解是何种原因导致了人们产生这样的日常意识:创造价值就是在生成意义,积累财富就等于获得幸福;而又是何种社会设置造成了价值与意义的分离,造成了人们把几乎全部精力投放在了价值的创造中,而忽视了意义的创造与体悟。

现代化以来,有这样一种颠倒的逻辑值得深入研究。依照人的生活逻辑,追求快乐与幸福是其全部活动的意识起点,同时也是其一切活动归之于它的终极目的。然而,这样一种生活逻辑若是缺少了那个能够带来快乐与幸福的创造活动,即生产生活资料的活动,便是难以为继的。如此一来,生活实践的逻辑必须转换成生产实践的逻辑,否则便无法实现其自身,而生活实践的逻辑与生产实践的逻辑则是刚好相反的两件事情:生活实践以追求快乐和幸福为终极目标,这是一个通过享用价值物而生成意义的过程,而生产实践是以追求"庞大的商品堆积"为目的的。于是,以追求意义为根本目的的生活实践和以追求价值为直接目标的生产实践就会发生严重分离。其实,它们原本就是分离的,或者说,生活与生产原本就存在着发生分离的危险。把这种危险变成现实的,完全是那个并不出于人们的意愿然而却出于人们追求财富的目的的生产实践，以及把这种生产实践商品化的社会设置，这套设置是由资本的运行逻辑所直接造成的。

我们直观到的一个基本事实是：人是一个二元性的存在，他首先是一个物质性的存在，具有空间性（体积）和时间性（生命），需要同外界进行必要的物质、能量、信息的交流，借以维持自己物质性的存在。然而，人又不仅仅是物质性的存在，除了物质力量之外，尚有心智力量；除了衣食住行用等物质需要之外，尚有信、知、情、意等精神需要。人的这种二元结构决定了人必须进行两种生产、交往和生活：物质的和精神的。一如西蒙所确证的那样，人作为有限理性的存在物，其精力也同样是有限的。人类如何将有限理性和有限精力与物质生产、交往和生活以及精神生产、交往和生活相匹配，取得帕累托效率佳度，无疑是整个人类的事情，也是永恒性的难题。有这样一种历史现象值得注意，当人类与自然相比处于弱势情形之下时，人类似乎超乎寻常地发掘了自身的心智力量，进行了大量的精神活动，创造了大量的精神产品，诸如原始的宗教、巫术、绘画、舞蹈、祈祷、朝拜、祭奠等等，即便是物质性的狩猎、采集、出征、生产，也要涂抹上浓郁的精神色彩。时下，社会科学家们热衷于把不同国家的不同国民或民族进行比较，以确定不同收入或相同收入之间在幸福感指数上的差异，但人们却不能把不同时代的人们在幸福感指数上进行比较。不过，我们可以作出这样的推测：幸福感指数一定和国民或民族的精神结构和文化传统相关。①

当人类把主要精力投放在对外界环境的改造上且卓有成效时，其用于发掘自身心智力量的精力必然减少。但人类很少去反思这样一个问题：忽略精神活动和精神生产究竟会产生何种后果？只有当这些后果明

---

① 幸福感指数是研究价值与意义问题的一个可实验和可测度的方面。倘若幸福感指数与财富没有必然联系或直接联系，那它与何种事项有关呢？如果不能通过积累财富的方式提高幸福感指数，那么通过精神活动和精神产品的方式是否可行呢？谁来引导精神活动和精神生产呢？这是一个饶有兴趣的问题。

明白白地摆在人类面前的时候,他才会去考虑,而如今这些问题似乎已经凸显出来了。正如人类历史是不可重复的一样,人类活动也是不可实验的,不可以反复进行,因此,人类一切活动都是充满风险的,只是今天的风险超过以往,是世界性的、全面的,这便是风险社会的来临。

近代以来,随着世界图像时代(海德格尔语)的到来,人类产生了一种可怕的幻象:人类靠着科学和技术可以改造一切、完成一切,包括人自己。给我物质,我将告诉你地球是怎样形成的;给我知识与工具,我将告诉你一个人造的世界是怎样生成的。人们不但在实践中、更在观念中建立起了这样一种根深蒂固的认识:创造财富意味着创造快乐;获得财富等于获得幸福。在此种观念的支配下,全球范围内的生产革命和消费革命开始了。经济全球化同时也是消费全球化,而完成这一革命的不是人本身,而是由人发明出来却又不由人驾驭的外在力量:资本的运行逻辑及其人类学后果。资本在世界范围内的胜利并没有如人们所愿的那样,通过创造一个庞大的物的世界创造一个精神世界,进而创造一个意义的世界和幸福的世界。非但没有实现人类的幻象,反而引发了新的问题:精神与物质的颠覆、价值与意义的分离、从人类化走向类人化。①

为了对近代以来价值与意义的分离作出适当地分析,我们必须对人类对象化活动的两种基本方式——物质活动与精神活动——进行比较。人本质上是对象性的存在物,人的对象性存在是通过对象化活动实现的。而人的对象性活动主要表现为物质活动和精神活动两种方式,这两种方式有很大的不同。物质活动浸润着活动者的心智力量,以创造出为人所需的产品为目的,亦如马克思所说,当我的产品被别人享用时,他感受到的是我的力量、我的本质;但事实上,当人们以购买的方式消费别人的产品时,被他能够记起的可能是通过等价交换而实现的满足感,恰好不是印

① 关于资本的世界运行逻辑及其人类学后果,参见晏辉:《资本的运行逻辑与消费主义》,载《中国人民大学学报》2005 年第 6 期;《虚拟享用:伦理辩护与批判》,载《中国社会科学》2005 年第 6 期;《经济行为的人文向度:经济分析的人类学范式》,江西教育出版社 2005 年版。

刻在产品中的劳动者的伦理价值和美学价值。进言之,物质性的对象化活动存有与劳动者相分离的危险,这就是马克思在分析劳动异化时所强调的四个方面:产品异化、过程异化、关系异化和类本质异化。资本的运行逻辑恰好造成了劳动产品与劳动者的分离,而产品只有与其生产者相分离才能实现其价值。实际上,在资本的运行逻辑中,商品的使用价值与价值都被归并在价值的系列中,它们构成了商品生产与交换的物质基础和社会基础,其目的与结果就是"庞大的商品堆积",也就是日益增加的物质财富。与之相匹配的是原子主义与计算主义的思维方式和行为方式,一切事物是否具有价值,有多大价值,都得通过物质的标准与手段来进行,货币凭借其五大职能成功地完成了这一任务。因此,资本绝非是一种简单的能够带来剩余价值的价值,分明是一种包含商品、货币、生产、交换、分配、消费等诸种要素在内的社会设置。经济依赖性是公共交往和公共生活的直接前提。资本这种复杂的社会设置造成了两个直接的后果:物质性的生产与消费达到了前所未有的程度,但本质上是价值系列的生产、积累与消费;商业文化成为文化的主流形态,人们的心智结构和精神境界并未随之达到与物质生产相匹配的高度,相反,传统意义上的宗教、民俗、家庭的文化在消失。总之,价值与意义的分离是所有现代问题中的核心问题。

精神活动是人的对象化活动的另一种方式,与物质性的对象化活动相比具有明显的特征:第一,直接性。无论是作为过程还是作为结果,精神活动或精神产品的生产者与享用者具有原始同一性,精神活动过程与精神产品在最为原初的意义上是为着自己的,而不是用来交换的,因此,只有首先被创造者理解和享用了的精神过程和精神产品,才有可能被他者理解和享用。正是精神活动和精神生产的原始同一性,才保证了价值与意义的原始合一。创造精神价值的过程也就是理解、体悟意义的过程,一面是各种仪式,如祈祷,一面是心灵深处的激越、净化与愉悦。令人称奇的是,当精神过程和精神生产结束,意义的创造和体悟过程却并未终止,而是在人们的心理和精神上继续着、持存着。与物质生产过程不同,精神活动是一个净化和累积的过程。第二,累积效应。物质产品的消费本质上是排他性的,一个具体的产品常常只能是一人一次消费,且不可重复使用,稀缺性是其本质特征。无论是生产物质产品所用的质料,还是物质产品本身都具有明显的稀缺性。与物质生产是对外界的开发不同,精神过程与精神产品是对人本身之精神力量的开发,人的精神力量以及人类开发精神力量的兴趣构成精神活动和精神生产的自变量,而精神过程和精神产品则是因变量。于是在精神活动范围内,价值与意义构成了一个函数关系:$y = f(x)$。意义是价值的函数,在一定范围内,精神价值的任意一个值,都有一个或几个意义与之相对应。而且,价值与意义的原始合一不会因为某个人消费或享用而减少,或排除了他者的享用,也不会因为此次享用而排除了以后的享用,它们可以反复享用,只要你有能力和兴趣。第三,给予性与被给予性。胡塞尔在现象学的意义上指明世界意义的被给予性,也许世界本身具有意义,也许根本就没有意义,但无论怎样,世界的意义都得通过人的活动得以生成和显现。这种结论尽管含有人类中心主义的危险,但也确实存在通达世界的桥梁。通过物质生产,通过改变物质的结构,通过分解与合成,创设人类所需的产品;通过附加,把人类自己的心性与理想刻画到外面世界中。于是给予性便有两种可能:通过最少的消耗创设饱满的意义;通过极度的浪费产生较少的意义。近代以来的现代化过程恰恰把后者变成了现实。

　　资本运行逻辑的第一个后果就是把人们的占有欲望和显现欲望激发到了前所未有的地步。欲望作为原动力必然促发人们寻找实现欲望的环境与条件。15 世纪以后,人类找到这样的环境与条件:以科学技术为手段;以市场经济为环境。第二个后果就是世俗化与祛魅,在可计算的商品与货币面前,一切神秘的东西都无所遁其身。假如在 17、18 世纪,一切事物的合法性需得理性的确证的话,那么 20 世纪以来,一切价值需得货币的衡量与评估。于是,人便处在被物的世界包围的环境之中。一切高尚的东西、一切乌托邦构想似乎都得通过激发人们原始的欲望才能被人问津。价值与意义的分离问题已经到了非解决不可的地步。

（三）价值与意义该如何发生

价值哲学本质上是实践哲学、生活哲学，因此，指明什么是好生活、怎样过上一种好生活，是价值哲学的学科使命。

重建价值观是首要的事项。必须转变价值即是意义、财富就是幸福的观念。追求快乐与幸福是每个人无须论证的权利；尊重他人、尽到自己对他人和社会的义务与责任是每个人的天职。那么，财富与幸福具有怎样的关系？如何获得幸福呢？

1. 财富与幸福

美国著名心理学家赛利格曼提出了一个幸福的公式：总幸福指数＝先天的遗传素质＋后天的环境＋你能主动控制的心理力量。其英文的表达是：$H = S + C + V$。总幸福指数是指一个人的较为稳定的幸福感，而不是暂时的快乐与幸福。偶尔极度快乐或幸福，但在绝大部分的时间里处在沮丧、郁闷、压抑的状态中，其总幸福指数小于偶尔较为快乐或幸福，而在绝大部分里也保持积极向上的生活态度，努力参与各种有益活动，且满意度较低的情况。运气往往与幸福无关，幸福是合于德性的实现活动，幸福不是一种品质，不是物的堆积如山。幸福感是一个人稳定的、持续的身体体验、心理认知和精神感悟，包括对现实生活的总体满意度，对自己的生命质量的评价，是对自己生存状态的全面肯定。中年妇女罗斯平时总是处在情绪低落之中，不幸的离婚状况更加重了这种情绪。为了让自己的生活有希望，她二十多年来一直坚持每个星期用五美元购买一种彩票，突然有一天，她中了 2200 万美元的大奖。她几乎兴奋到了极点，于是便辞去洗衣工的工作，购置了有 18 个房间的别墅，把孩子送到最好的私立学校去学习。然而她的幸福的心情不到一年便消失了，很快又恢复到了往日的抑郁之中。金钱和财富的总体水平与幸福人生的关系并不像人们认为的那样密切。赛利格曼等心理学家从每个国家各抽取了 1000 人的样本进行研究，比较不同文化背景和经济水平条件下的个人的主观幸福感的指数。

　　调查表明,人性中对好运气和成功具有心理适应性。当好事发生后,人们很快会适应它,并认为这个好事是合理的,没有什么可珍惜的。处在贫困状态下,会认为拥有财富是一件多么令人幸福的事情。而一旦拥有了财富,这种想象的幸福感并没有长久地保持,反而被更大的欲望所代替,便又处在不满足当中。随着财富和成功的增加,目标也在水涨船高,所以财富和成功都不能令人永葆幸福。通过对调查数据的比较,我们发现,幸福感与一个国度或民族的消费文化有着极大的关系,与攀比、模仿和比较的强弱程度有关。幸福感与贫富程度虽有相当密切的关系,但也有不相符合的情况。巴西、阿根廷和中国人的幸福感或生活满意度比其收入预期的要高出一些,而俄罗斯和东欧国家的人的幸福感则比其实际的经济收入水平预期的要低一些。而与收入反差最大的是日本人,其国民经济收入水平很高,但其幸福感却很低。根据赛利格曼的观点,财富只是缺少时才对幸福有较大影响,一个特别贫穷的人不会感到幸福,可当财富增加到一定水平以后,财富与幸福的相关程度就小多了。调查表明,最贫穷的人的生活幸福感并不是特别差,他们的幸福感比中等收入的人只是稍微低一些。贫穷并不必然使人精神上痛苦,贫穷是一种社会状态,是就业、教育和经济发展不平衡造成的,与心理—精神结构上的关系不大。如何看待金钱比金钱对你的实际影响更大,一个对金钱特别看重的人会对收入有较少的满意度,对于生活的总体满意度也就相对低一些。

　　在亚里士多德看来,幸福固然与财富有关,但更与德性相连。幸福是因其自身而不是因某种其他事物而值得欲求的实现活动,它是一种合德性的实践活动。"德性与努斯(良好状态)是好的实现活动的源泉,而这两者并不取决于是否占有权势。如果这些人没有对纯净的、自由的快乐的喜好,而只是一味沉溺于肉体快乐,我们就不应当把这种快乐看作是最值得欲求的。"[①]而幸福与人的智慧、勇敢、公正、节制的品质直接相关,沉

---

　　① [古希腊]亚里士多德:《尼各马可伦理学》,廖申白译,商务印书馆 2003 年版,第304 页。

思是幸福的最高状态。如果说,幸福在于合德性的活动,我们就可以说它合于最好的德性,即我们的最好部分的德性。"我们身上的这个天然主宰者,这个能思想高尚[高贵]的、神性的事物的部分,不论它是努斯还是别的什么,也不论它自身也是神性的还是在我们身上是最具神性的东西,正是它的合于它自身的德性的实现活动构成了完善的幸福。"①

2. 获得幸福的根本方式不是占有更多的财富,而是基于责任与义务之上的实现活动,其根本道路是构造意义世界

依照舍勒的说法,幸福在于一种有根基的体验方式,形成一种稳定的、积极向上的态度,而不是在于无法填平的欲望之壑。我们不过是多种物类中的一种,即便我们与他物不同,能够通过生产创造我们所需的物,但也永远不会达到为所欲为的程度,开发人的灵魂的资源而不是一味地向外界挑战和索取,可能是重返人类家园的根本之路。

构建和谐社会之根本道路乃在于构造意义世界的过程。构造意义的过程就是一个创造文化和感受文化的过程。被称为"人类学之父"的英国人类学家爱德华·泰勒在其传世之作《原始文化》开篇便说道:"文化,或文明,就其广泛的民族学意义来说,是包括全部的知识、信仰、艺术、道德、法律、风俗以及作为社会成员的人所掌握和接受的任何其他的才能和习惯的复合体。"②依照泰勒关于文化或文明的定义,作为一种复合体,文化既包括人化自然(人以外的自然和人本身的自然)的过程,又包括人化自然的结果。然而,始于近代的现代化运动,将人化自然的过程仅仅定义为人化人之身外自然的单一行为,其结果便是作为主流形态的生产文化和消费文化;相反,人化人之自身自然的过程却被大大削弱了,甚至变得可有可无。于是,作为人化自然的结果,剩余下来的也就只有可计算、可

---

① [古希腊]亚里士多德:《尼各马可伦理学》,廖申白译,商务印书馆2003年版,第305页。

② [美]爱德华·泰勒:《原始文化》,连树声译,广西师范大学出版社2005年版,第1页。

识见的物质生产与物质消费了,一切用于创造意义的行为似乎都已边缘化了,仪式、祈祷、敬拜、祭祀等都被快速的生产和消费所取代了。这是一个非常危险的历史过程,因为,人在绝大多数情况下,是通过精神生产和精神过程而获得意义支持的,正是通过心灵的沟通,人才可以相互理解和相互支撑,继而获得吉登斯意义上的本体安全和信任。物像世界是无法沟通更无法通约的,只是因了人的精神性的过程或精神性的尺度,物像世界才获得了可通约性。一如使用价值那样,各种使用价值是形态各异、无法让渡的,只是因了人的社会劳动、抽象人类劳动或作为一般人类劳动之凝结的价值,才使使用价值可以相互比较和让渡。确切地说,作为价值尺度的货币不是物质性的存在,相反,它是社会性和精神性的存在,是一种作为统一性尺度的精神符号。然而,货币却与其他的社会性和精神性的存在极为不同,它无法承担起充当意义载体的历史重任,它只是价值载体,因为它意味着财富和消费,而不是意义载体。

人在本质上是独立的,甚至是孤独的,这是由人的需要的多样性与人的能力的有限性之间的矛盾决定的,解决矛盾的根本出路在于人与人之间的合作。这种合作并不限于当下的个人与个人之间、个人与集体之间,还包括与传统的历史连接。人是通过创造价值而创造自身的,但人更是通过创造意义而生活于世间的。意义世界基本上可分为两大类:活动与结果。作为活动,意义的创造表现为一个过程,这是一个合意义的创造与意义的体验为一体的过程,这是一种生成和经历的过程,它并不留有一个客观的作品在那里,而是通过精神的活动把意义创造出来,供活动者享用,仪式、祈祷、祭奠、舞蹈、巫术,就属此类。通过一种一律化的祈祷仪式,活动者组成一个精神共同体,且获得一个作为公共物品的"合作剩余":意义世界。通过创造一个可以共同分享的意义世界,每一个活动者均获得了"本体安全"、意义支撑和生活想望,活动者相互之间获得了情感寄托和生活呵护。作为结果,意义世界表现为形态各异的精神产品:器物、遗存、书画、音乐等等。作为结果的意义世界,其功效在于唤醒或唤起人们的认知、情感和意志,以使人们求真、向美、趋善,摆脱孤独与无聊。

人原本生活在经验的世界里,通过精神的过程与结果,人又创造了一个超验的世界,这是一个无法言说但却真切感受得到的世界。人不能没有这样一个世界。

要创造这样一个超验的意义世界并充分发挥它的作用,必须集中精力做两件事情:价值世界的创造与分配、意义世界的生成与体悟。然而,一如舍勒所说,近代以来的"工商精神"代替了传统的亲缘宗教精神,以自然情感和宗教情结为基础的生活共同体逐渐缩小其边界,而逐渐被以经济依赖性为基础联结起来的联合体所替代。于是,精神过程与精神结果、人们体悟意义世界的兴趣与能力逐渐弱化,其结果是现代化使人们创造了一个丰富的价值世界,却同时又造成了日趋贫瘠的意义世界。如何看待和对待现代化进程中的价值与意义之间的悖离,理应成为价值哲学的研究主题;这种研究必须回归生活世界本身,而我们的生活世界就是我们的实际性。

二、作为我们实际性的生活世界

作为我们的实际性的当代生活世界,必须是语言性的存在,因为只有语言性的存在,才可以用语言去揭示它、澄明它。对"世界"进行词源学和语义学考察,是对"世界"进行哲学规定的前提。缺少这样一个前提设置或预设,就无法回答被语言说出的世界究竟是被感觉到的世界还是被想象到的世界;语言的边界就是世界的界限吗?

1. 词源学和语义学视阈中的"世界"

"世界",作为一个合体字是由"世"和"界"两个单体字构成。世,可作名词、量词和形容词之用。作名词和量词之用的"世",主要用于表示个体与类之延续的时间长度。1.三十年称为"一世"。《说文解字·十部》:"世,三十年为一世。"《论语·子路》:"如有王者,必世而后仁。"2.父子相继称为"一世",即一代。《字汇·一部》:"世,父子相代为一世""五世其昌""秦二世"。《诗经·大雅·文王》:"文王孙子,本支百世。"《三国演义》第五回:"袁本初四世三公,门多故吏,汉朝名相之裔,可为盟主。"3.朝代。《诗经·大雅·荡》:"殷鉴不远,在夏后之世。"晋陶渊明《桃花源记》:"问今是何世,乃不知有汉,无论魏、晋。"梁刘勰《文心雕龙·诠赋》:"秦世不文,颇有杂赋。"4.时代。《易经·系辞下》:"易之兴也,其当殷之末世。"汉王充《论衡·逢遇》:"伯夷,帝者之佐也,出于王者之世。"5.年、岁。《礼记·曲礼下》:"去国三世,爵禄有列于朝,出入有诏于国。"6.量词。计算一生、一辈子的单位。"七世夫妻""三生三世"。《红楼梦》第三回:"凡有外姓亲友之人,一概不见,方可平安了此一世。"7.世界、世间、世人。"传世""避世""世外桃源"。《庄子·天地》:"千岁厌世,去而上仙;乘彼白云,至于帝乡。"《楚辞·屈原·渔父》:"举世皆浊我独清,众人皆醉我独醒。"8.姓。如战国时秦国有世钧。

作为形容词之用的"世",是用以限定空间、交谊之程度的。1.与先辈有交谊的。"世侄"。《儒林外史》第三回:"贵房师高要县汤公,就是先祖的门生,我和你是亲切的世弟兄。"2.世间的、世俗的。"世局""人情世故"。宋黄机《木兰花慢·问功名何处》词:"世事翻云覆雨,满怀何止离忧。"《聊斋志异·卷八·夏雪》:"世风之变也,下者益谄,上者益骄。"3.累代的。"世交""世仇"。《官场现形记》第二十九回:"他自从到省之后,同寅当中不多几日,居然很结识得几个人,不是世谊,便是乡谊,就是一无瓜葛的人,到了此时,一经拉拢,彼此亦就要好起来。所谓'臭味相投',正是这个道理。"

如果以上注释和解释只是一种经验性的、常识性的理解,那么将"世"作为一个哲学范畴加以规定,便有如下含义。其一,一个实体在现象界的现出、显现、实存、持存;一个实体不但现实地显现着,而且其自身或他者观看着、倾听着、感受着这种显现。如果这个实体只是自在地现出和实存,而其自身永远无法感觉着、意识着这种实存,那么它就是一种无生命的存在者;既然是无感觉、无意识性的,因而也就是无欲求的、无要求的。对这种实体而言，"世"就不是现象学意义上的"世"。若此实体是非完满的、非自足的存在者，且有最低限度的感觉、知觉和意志，却又不能通过自为的形式构造出自身的实存和持存，这便是既成的而非生成的存在物，是有生命力的存在物，是除人以外的有生命存在。虽然显现着自身的实存，但却不能感受着更不能意识着和反思着这种实存，因而，也同样不具备相关于"世"的现象学意义。而人作为有生命存在物中的、灵长类动物中的优秀者，除了具备植物的生长和营养、动物的运动和感觉之外，还有思维和意志。而思维和意志又是奠基在劳动、交往生活过程之中的，劳动使人的现出、显现、实存和持存成为自为的、能动的过程，思维使人自身成为意识着的和被意识着的存在者，意志使人的劳动、交往和生活具有了目的性，且因人的意识而使人的需要、欲求和欲望具有了主体性和主观性的普遍性本质和普遍性外观。普遍性本质构成了人的本体，而普遍性外观形成了人的现象；如果把现象视作是一个名词，那么它就是"世"，是一个实体的出世、在世、离世。"去世"是一个双关语，既是始点意义上的出世，又是终点意义上的离世。"去"，就是朝向和走向某种状态，走向显现的状态，就是出世、在世。一如我以去思的方式，显现和证明我的存在，不是一般性的存在，而是本质性的存在。还可以把"去"规定为离开，或将某种本质性的规定从其自身中移除；移除了劳动、思维、意志，从而离开了生命，也就意味着离开了世界。如果将"现象"作为一个动宾结构，那么作为被现出的象恰是现出者的本体、本质，它既是目的论的又是能力论的，相当于亚里士多德之实体的"四因"。如此看来，只对人有效的"世"，乃是个体生命的目的性的、能动性的、反思性的显现，在经验和常识的意义上，就是作为名词、量词和形容词的"世"。但作为哲学范畴的"世"却是超越经验和常识的个体生命的显现及其自我觉知着的生命历程，以及由此产生的生命意义。当人们在用日常意识和日常语言言说"世"的时候，必然是在言说一个生命个体的显现过程及其意义。因而，缺少了主体和主体性规定的"世"就是一个空洞的字符。其二，对于一个个体生命之显现过程的"世"并不仅仅对生命个体自身有效，对于相似甚或相同的他者也同样有效。以此可以说,"世"并不仅仅指一个生命个体自在地在这里或那里显现着,出世和在世,而是要追问为何和如何在世,于是,出世和在世并不仅仅是一个客观事实,更是伦理性的事实。生命个体自身以及他者都要对生命个体的出世和在世提出有效性要求,这就是要为任何一个生命个体的出世和在世进行正当性基础的证明。这就从根本上决定了,任何一个以个体形式显现出来的出世和在世,本质上却是集体性的、公共性的,因为无论是出世、在世和离世,都是在诸种关系中被规定的。如果说生命个体的生物性和精神性具有典型的个体性特征,那么他的社会性则体现了典型的集体性和公共性。那么是什么力量使得个体生命的现象学显现具有了社会性和公共性呢? 或者进一步说,是什么元素使得不同生命个体的出世、在世能够相互共属、相互共出和相互共在呢? 这是需要借助"生活世界"这个概念加以论证的问题。只有当"现"和"见"相互共属、相互共出时,"世"的现象学意义才能被揭示出。

　　"界"属会意字。会意是指用两个及两个以上的独体汉字,根据各自的含义所组合成的一个新汉字,这种造字法就叫作会意,属于六书中的一种。"界"就是由"田"和"介"两个单体字构成的上下结构的合体字。与汉字的其他构词法相比,会意字更能体现思维的抽象性和观念性,将单体字"田"和"介"并列在一起,无论如何都不能直观出田地的范围和边界的意思来,当把"田"和"介"两个单体字有机地构成一个上下结构、从而形成一个合体字时,田地的边界观念就在"界"这个字符中被建构起来了。会意字可能是基于象形字和形声字而来的,但却绝不囿于表象和直观,而是一种知性直观;汉字造字法,充分体现了人的感性、知性和理性特征,蕴含着情理内涵。汉字造字法体现的不仅仅是汉字的构造规则,更是一种思维方式,一种生活方式;掌握一种语言的构造方式,就等于理解了一种思维方式和生活方式。作为会意字的"界"充分地体现了这一点。

　　在古印度哲学中,"界"用来对世间各种物理现象进行分类与归纳,原意为种族或界限,意指功能差别、体性、原因等。在佛教中,"界"有十或十一种含义,包括眼、耳、鼻、舌、身、意等六根,以及色、声、香、味、触、法等六境,产生眼识、耳识、鼻识、舌识、身识、意识等六识,合称为十八界。此外,佛教中的"界"还指欲界、色界、无色界,称为三界。作为被确定下来的界限,就是诸种现象的范围、界限、边界;作为确定现象之界限的"六识",便是确定界限的主体根据,即"视界"。

在生物学中,"界"是生物分类的基本单位之一。最初,生物被分为动物和植物两界。随着科学的发展,微生物、细菌和真菌等也被独立分为不同的界。例如,没有细胞核的细菌被独立为一界,真菌因为没有叶绿体也被分出植物界。最新的基因研究甚至引入了"域"作为更高的分类单位,以更准确地描述生物的分类。

当把"世"和"界"统合在一起从而构成一个固定词语时,作为一个固定词语的"世界"就形成了。"世界"一词最早出现在南北朝时期的南朝梁沈约的著作中,他在《宋书》中使用了"世界"一词。此外,"世界"一词在唐代的《楞严经》中也有出现,该经文解释了"世界"的含义,即"世为迁流,界为方位",体现了时空统一的理念。"世界"在梵语中为"lokadh(a-)tu(音)",翻译时高僧们将其意译为"世界",其中"loka"被翻译为"世","Dh(a-)tu"被翻译为"界"。虽然"世界"一词最初指"人界",但现在的用法已经不限于原意,而有了转义和新义。

2. 现象学视阈中的"世界"

"世界"概念作为一个合体字,用以指称生命个体的形式结构和意义结构。所以,必须以具体的生命个体的"视界"来看待和规定"世界","世界"的属人意义才能被揭示出来。胡塞尔在《观念Ⅰ》:《纯粹现象学和现象学哲学的观念》的第二编"现象学的基本考察"的第一章"自然态度的设定及其排除"中,用现象学的方法呈现了一个"世界"概念,以及与此相连的三种形态,即经验的自然观点、理论的逻辑的自然观点和思想的发生的自然观点。首先是"自然态度的世界:我和我周围的世界"。所谓"自然的态度",就是一种直面我自身以及外部世界而产生的直观、体验和经验,其自身是直接的、未经反思的感受和感知,然而却蕴藏着后续的一切。

"自然态度是一种基本限制,但其涉及面正像世界边缘域一样广大。本段已指出了作为意识相关项的世界,这个意识可以是注意的或非注意的,知觉的或思索的,理论的,情感的,价值学或实践的。"①"自然态度"所表明的是,一个世界作为意识相关项,首先是被感受和感知共出的对象,被感受和感知共出的世界,乃是一个直接性的、尚未经过反思的世界,因而是真实的,虽然并不一定是真正的。在"自然态度"中,人们并不直接去询问生命体之思考与活动的范围,更不会去划定那个可以实体化的界限和边界,一当去询问或追寻生命的边界时,那分明是在反思着成问题的思考与行动。相反,直接映入眼帘的是那些与一个个体生命息息相关的人和事。

"我们从自然生活中的人的角度开始思考,以'自然的态度'去想象、去判断、去感觉、去意愿。我们最好以单数第一人称进行的简单思考来阐明上述意思。我意识到在一个空间中无限伸展的世界,它在时间中无限地变化着,并已经无限地变化着。我意识到它,这首先意味着:在直观上我直接地发现它,我经验到它。通过我的看、摸、听等等,而且以不同的感官知觉方式,具有某一空间分布范围的物质物就直接对我存在着,就在直接的或比喻的意义上'在身边',不论我是否特别注意着它们和在我的观察、考虑、感觉或意愿中涉及它们。有生命的存在物,如人,也直接对我存在:我注视着他们,我看见他们,我听见他们走近,我握住他们的手,在和他们交谈时我立即理解他们在想象和思考的东西,他们内心有什么感情波动,他们愿望或意愿着什么。此外,他们也在我的直观场中呈现为现实事物,即使我未注意着他们时。但是他们以及其他东西并不必然正好在我的知觉场中。作为确定的、作为多多少少已知的现实的东西对我存在着,它们与现时被知觉的东西结成一体,而它们本身无须被知觉,甚至无须乎直观地呈现。"②在我的"自然态度"中,我能够感受和直观到的诸种

① ［德］胡塞尔:《纯粹现象学通论》,李幼蒸译,商务印书馆 1992 年版,第 507 页。
② 同上书,第 89 页。

事和物,都自在地呈现在那里,它们共同构成了我的世界。然而当我以感受和直观述说它们的时候,我分明是在双重意义上述说的。从客体性的角度说,成为我的感受和直观的对象的诸事物,其实存并不取决于我的注意、感受和直观;然而从主体性的角度说,它们却又是被我的感受、注意和直观所把握的诸事物,因我的直观而获得了于诸事而言的被给予性。然而,我的"视界"并不就是诸事物的边缘域,我通过记忆和想象的形式,预测着诸事物在广阔的空间内延展着、在无尽的时间序列中延伸着。空间感和时间感是感受和直观世界的后觉意识,人们并不是在感受和直观诸事物之前就预先生成出一个时空概念,然后用时空概念去框定和框住诸事物,相反,是在感受和直观诸事物之后才会询问它们得以实存的边缘域。

"到此为止我所论述的空间现前存在秩序中的世界,与时间序列中存在秩序的世界十分相似。这个在现在中,而且显然在每一觉醒时刻的现在中对我存在的世界,具有其双向无限的时间延展域,即它的已知的和未知的、直接现存的和非现存的过去和未来。经验的自由活动使现存事物被我直觉到,它可使我追溯直接包围着我的这个现实关联体。我可以改变我的时空观点,使我的目光转向这个或那个方向,在时间中向前或向后,我可以获得永远新的、具有某种清晰度的和内容丰富的知觉物和现场物,或者具有某种清晰度的图像,我借此图像可直观地向我自己说明在固定的时空世界形式中可能的事物或似乎可能的事物……它不断地对我'在身边',而且我是它的一员。此外,这个对我存在的世界不只是纯事物世界,而且也以同样的直接性是价值世界、善的世界和实践的世界。我直接发现物质物在我之前,既充满了物的性质又充满了价值特性,如美与丑,令人愉快和令人不快,可爱的和不可爱的等等……同样,那些价值特性和实践特性也在结构上属于'在身边的'对象本身,不论我是朝向这些特性或朝向一般对象。"①显然,在经验的自然观点中,被我感受和直观的

---

① [德]胡塞尔:《纯粹现象学通论》,李幼蒸译,商务印书馆1992年版,第90—91页。

周围世界,乃是充满了直接性的物质性和价值性的人和事,它们并不因为我的感受和直观而实存,而只因我的感受和直观而获得了被给予性,获得了可用语言加以表达的语言性存在。但这种语言性的存在只有真正进入"我思"的领域,周围世界才可算是真正被理解和说明了的世界。这就使世界进入理论的自然观点的范围之内,进入"我思"的视阈,就进到了胡塞尔的"我周围的自然世界和我周围的观念世界"。

"我的多方面变化着的意识自发性活动的综合体于是与此世界相关,这是我处的世界,并同时是我的周围环境,这个综合体可由以下诸项组成:研究考察,说明和概念描述,比较和区分,收集和计数,假定和推论,简单说,具有不同形式和不同层次的理论化意识。同样,多种多样的情绪和意志的行为和状态:喜欢与不喜欢,喜悦与悲伤,渴望与逃避,希望与恐惧,决断与行动。所有这一切都包含在一个笛卡尔的用语 cogito(我思)中了,它包括单纯的自我行为,在这种行为中,我以自发的注意和把握,意识到这个直接在身边的世界。虽然我生存于这个自然生活中,但我的生活不断采取一切'实显'生活的基本形式,不论我是否陈述这个我思,不论我是否'反思地'朝向我和 cogitare(诸我思)。如果我朝向它们,一个新的正活跃着的主体心理过程就出现了,就其本身来说它未被反思,因此不对我呈现。每时每刻我都觉得自己是这样一个人,他在进行知觉、想象、思考、感觉和愿望,如此等等。而且我觉得自己在这些活动中,大多数情况下都实际地与连续地包围着的我现实相关。我说是在大多数情况下,因为我并不总是如此与其相关着;并不是我在体验着的每一心理行为都有作为其对象的物质物,人,属于我周围世界的每一种对象或事态。"①

自然态度中的世界,乃是那种无论我是否感受和直观着它们,作为与我具有相关项的物质物、人,都自在地显现在那里,好像它们与我无关似的。如果将我的多方面变化着的意识自发性活动的综合体,作为"视界"纳入我所处的世界即周围环境时,我顿时感觉到,这个被我描述着的、述

---

① ［德］胡塞尔:《纯粹现象学通论》,李幼蒸译,商务印书馆 1992 年版,第 90—91 页。

说着的世界，原是在"我思"之中的世界。只有把寓于在"我思"中诸种经验和体验与周围环境关联起来，那个朝向我思之外的世界和朝向自我"诸我思"才在"实显"的意义上获得规定。

在这里，在相互关联的状态中，作为现象的世界，既被分别为外部世界和内心世界、外部视域和内部视域，又被规定为一个"综合体"。在过往的研究中，两个世界、两种视域被视作是毫不相干的、完全独立的两个世界，或被视作主观与客观完全没有区别的世界。"从前的一切唯物主义（包括费尔巴哈的唯物主义）的主要缺点是：对对象、现实、感性，只是从客体的或直观的形式去理解，而不是把它们当作感性的人的活动，当作实践去理解，不是从主体方面去理解。因此，和唯物主义相反，唯心主义却把能动的方面抽象地发展了，当然，唯心主义是不知道现实的、感性的活动本身的。"[1]如果是机械唯物主义和纯粹的唯心主义，都将我思和外部世界独立化了，那么只有辩证唯物主义和辩证唯心主义才会在上述可理解的意义上，将我思与世界关联起来。如果直面事实本身，可以说，当人们描述和表达外部世界时，分明是把自己的立场、态度和沉思贯彻到了对象上去了；当人们表达诸我思时，分明是在特定的环境和场域之下述说的。更为重要的是，当我以第一人称表达对世界的感受、认知和我思时，同时意味着，有若干与我相似甚或相同的他者也如此这般地表达着，这就是共主体或主体间性问题，同感共情和公共世界问题。

"对我自己适用的上述种种，如我所知，也对我周围世界中发现的其他人有效。在把他们作为人来经验时，我把他们中的每一个都理解作和承认作一个像我自己一样的自我主体，并把他们理解作与周围自然世界相关。但我在这样理解时，是把他们的周围世界和我的周围世界客观地当作同一个世界，对此我们大家都意识到，虽然方式各有不同。每个人都有自己的位置并从这个位置上去看身边的事物，而且每个人因此而看到不同的事物显相。对每一个人来说，实际知觉，实际记忆等等领域也都是

---

[1] 《马克思恩格斯文集》第1卷，人民出版社2009年版，第499页。

不同的,尽管在那些领域中主体间共同的意识对象是以不同方式,不同把握方式,不同清晰度被意识到的。尽管如此,我们与我们的邻人相互理解并共同假定存在着一个客观的时空现实,一个我们本身也属于其中的、事实上存在着的周围世界。"①每一个能思者、能行动者,都常常把他的意识和行动所及的时空结构以及这一结构中的人与事,视作是他的世界,当他需要他者时,他就会把与他者相关联的世界称之为一个共同的世界,甚至会主动地将自己的"诸我思"置于他者的关注之下,以便让他者知晓、关注、承认自己。

　　至此,关于"世界"的经验的自然观点,只是客观地描述了一个生命个体置身于一个外在的外部世界,经验性地表达了生命个体对外部世界感知、认知和感觉、知觉。于此,便可以从外部结构,规定和表述于生命个体而言的"世界"。从主体角度看,世界,就是一个生命个体的感觉、直觉、认知、我思、情感、意志所及的范围或边界,包括空间的广度和时间的长度,在这一点上,又表现出生产性的和非生产性的世界两种类型。所以生产性的世界,是一个生命个体借助内在的主体性力量和外在的客体性资源,通过思考和行动所产生的外部作用,无论这种作用是建设性的还是破坏性的。所谓非生产性的世界,就是生命个体所感受到的外部世界的作用。从客体角度论,一个生命个体之外的他者,无论是自然界还是其他个体及其个体的联合,也不管是在场的还是不在场的,直接的或间接的,征得同意还是违背意志,都对这个生命个体产生着作用。关键之点在于,在界定世界时,必须以能否产生作用作为确定世界范围或边界的根据;而就产生作用的形式而言,可把朝向生命个体的世界分别为物理世界、关系世界和精神世界。物理世界和关系世界本质上是共时性的,过往的自然和关系对一个具体的生命个体而言,无法产生直接的作用,诸如前现代的物理世界和社会关系无法对现代社会产生直接的作用;相反,精神世界的影响既是共时性的又是历时性的,历史在本质上乃是一种精神的历史,传

---

① 　[德]胡塞尔:《纯粹现象学通论》,李幼蒸译,商务印书馆 1992 年版,第 92—93 页。

统的本义就是传承,就是观念、知识、理论、思想在代际的延续,是当下的人们基于自身的需要将过往的或前人的观念、知识、思想现前,或当前化,只有被当前化的过往才可以被称为历史。前人无法将后人当前化,但后人可以将前人后现,任何历史都是当代史,就是前置与后置的过程。前人滞留于后人世界中的东西,不是他生活于其中的属于他的时代,而是他以及他那个时代的精神。以上是就对一个具体的生命个体而言的外部世界而言的,而就生命个体的内部视域或内心世界来说,他的认知、情感和精神世界,是无法确定其精确边界的,因为它无法完全通过对象化活动而成为可数的对象性存在,唯其如此,人的精神世界才因为是一个无法测量其范围的对象而成为令人着迷的研究对象,或许可以说,人的精神世界乃是一个最难以量化和质性化的领域。何以至此? 如果用数字、数据、实物来衡量和丈量人的世界,便永远不能揭示出世界的意义结构,只有超越外部结构而走向意义结构,世界的真正的属人性质才能揭示出来。而用以揭示属人性质的标识性概念就是"生活世界"。

三、"生活世界"何以成为揭示世界之属人性质的标识性概念

就一个具体的生命个体的生存、生活而言,他无疑是在他所生存于其中的那个世界中实现的,而这个世界的人和事,或直接或消极地、或有意或无意地对这个具体的生命个体产生着作用。但如何使这种作用产生价值和意义,则固然决定于世界的先行存在,因为无论是从空间结构还是从时间结构论,这个世界都是在先的。但世界是否就是生命个体的价值和意义世界,则取决于生命个体的需要以及世界满足这种需要的程度。"生活世界"所表达的正是经过生命个体认知、体验、反思了的那个世界,虽然它依旧保持着由空间和时间确定起来的外部结构,但价值与意义却构成了本体性的内部结构,缺少了来自生命个体的意愿、意向和意向性,以及由意向而来的思索、判断和希望,那么作为物理结构、关系结构和精神结

构,世界就是没有意义的事情,它可以是那个被指称出来的世界,但却不是生活世界。从世界一般到世界个别的转变,乃是以个体生命的感知、觉知、知觉、判断、体验和经验为根据的。如何使被生命个体所感知和直观到的世界,获得来自生命个体的确证和确信,是使世界获得被给予性从而获得意义的根据;对这种根据的澄明和呈现,乃是哲学的任务。胡塞尔用他的"超越论的现象学"给出了对生活世界的"本质直观"。

1. 胡塞尔论"生活世界"

胡塞尔试图在经验的自然观点之上,发展出"超越论的现象学"意义上的"生活世界"观念。"如何能够使我们生活于其中的这种对世界的确信——不仅是对日常世界的确信,而且还有建立在这种日常世界之上的对科学的理论构造的确信——的朴素的不言而喻性成为可以理解的呢?如果我们一旦从休谟的观点(在自然方面已经是从贝克莱的观点)出发普遍地认为,'世界'是一种在主观性中,并且——从我们这个此时正在进行哲学思考的人的观点说——是一种在我的直观性中产生的有效性,并且这个世界具有其总是以之对我们有效的全部内容,那么'客观世界',客观上真的存在,还有科学的客观真理,就意义和有效性来说,究竟是什么呢?"①在经验的自然观点中,生命个体对周围世界的理解和把握是朴素的,他感觉着、直观着这个与他须臾不可分离的世界,他把周围世界理解成虽然与他须臾不可分离地立在那里,是他一时一刻都无法离开的对象,但世界并不先天地属于我,我必须将世界主观化、概念化和观念化,因为被我感知到了的、理解的世界,才是生活世界;它的真实性和有效性以我的主观感受为准。何以至此? 经验的自然观点是没有能力也没有意愿来回答这个问题的,然而这个问题却是"最深刻的并且是最终意义上的世界之谜"。"如何能够理解这种将世界本身主观化的最彻底的主观

① [德]胡塞尔:《欧洲科学的危机与超越论的现象学》,王炳文译,商务印书馆 2001 年版,第 119 页。

主义呢？这是最深刻并且是最终意义上的世界之谜。这是有关其存在是由主观成就产生的存在的世界之谜，它是具有这样一种自明性的世界之谜，即另外一种世界是完全不可想象的。"①将这个世界之谜的谜底揭示出来，只有依靠超越论的现象学才能实现。超越论现象学的任务就是要追溯使世界主观化的原初的动机，这个动机是解答世界之谜的根据。"这种源泉的名称的就是我自己。这个'我自己'具有我的全部现实的和可能的认识生活，最终还有我的一般具体的生活，整个超越论的问题都是围绕着这个我的我——'自我'——对那个起初不言而喻地为它设定的东西——我的心灵——的关系；此外又是围绕这个我和我的意识生活对世界——我所意识到的，我在我自己的认识构成物中认识到它的真正存在的世界——的关系。"②胡塞尔说，他的超越论的现象学是直接从康德的超越论哲学那里发展而来的。"康德的哲学正是走在通向那里的道路上；它是符合于我们所定义的超越论哲学的形式的一般的意义的。它是这样一种哲学，这种哲学与前科学的以及科学的客观主义相反，回溯到作为一切客观的意义构成和存在有效性的原初所在地的进行认识的主观性，并试图将存在着的世界理解为意义的和有效性的构成物，并试图以这种方式将一种全新的科学态度和一种全新的哲学引上轨道。"③那么，在超越论现象学那里，经由世界主观化而来的意义和有效性是如何发生的呢？

胡塞尔将笛卡尔的怀疑论改造成他自己的"悬置论"，通过主体性和客体性的悬置，一个朝向生活世界的"本质直观"才能现出和见出。"但是这种悬搁应该如何做到这一点呢？如果它确实一下子使一切有关世界的认识及其全部形态，包括有关世界的直接经验形态，都不起作用，因此也就不能把握世界的存在，那么，直接的必然的自明性的原始基础，如何能够正是通过这种悬搁显示出来的呢？回答是：如果我对世界的存在或

---

① ［德］胡塞尔：《欧洲科学的危机与超越论的现象学》，王炳文译，商务印书馆2001年版，第120页。

② 同上书，第121页。

③ 同上书，第123页。

不存在停止采取任何立场,如果我摒弃任何与这个世界相关的存在的有效性,那么在这种悬搁中并没有禁止我承认一切存在的有效性。我,这个实行悬搁的我,并不包括在悬搁对象的范围内,相反——如果我真正彻底地普遍地实行悬搁——原则上是被排除在这个范围之外的。我作为悬搁的实行者是必不可少的。正是在这里我找到了我要寻找的必真的基础,它绝对地排除了任何可能的怀疑。不管我将这种怀疑推进到多么远,甚至我试图设想所有的东西都是可疑的,或者甚至事实上是不存在的,但有一点是绝对自明的,即我作为怀疑者,作为否定一切者,毕竟是存在的。普遍的怀疑不怀疑自身。因此,在进行普遍悬搁时,我还支配有'我存在'这样一种绝对必真的自明性。但是在这种自明性中,也包含有极其多种多样的东西。我在进行思维这个自明的陈述,更具体地说就是:我将被思维的东西作为被思维的东西来思维。这包括一切思维活动,诸个别的思维活动,以及它们向一个思维活动之普遍统一的流动的综合,在它们当中,世界以及每一次由我在思想中所赋予它的东西,作为被思维的东西,对于我过去和现在都具有存在的有效性。只不过我现在作为进行哲学思考的人,不再能按自然的方式直接地实行、并当作知识利用这种有效性了。因此,我的经验的,思想的,评价的等等全部活动的生活,仍然保留给我,并且继续进行,只不过在这活动一生活中,作为'这个'世界,作为对于我存在着和有效的世界呈现在我脑海的东西,却变成了单纯的'现象',并且就所有属于这个世界的规定而言也是如此。在这种悬搁中,所有这些规定以及世界本身,都变成了我的观念,它们正是作为我的思维的思维对象而是我的思维活动之不可分割的组成部分。因此,在这里我具有在'自我'这个名称下同时包含的绝对必真的存在领域,绝不仅仅只有一个公理式的命题:'我思'或'我在思维'。"①进到"我思"领域中从而成为"我思"之对象的"现象",乃是那种被"我思"沉思过的事物,它们的自

---

① ［德］胡塞尔:《欧洲科学的危机与超越论的现象学》,王炳文译,商务印书馆2001年版,第97—98页。

明性通过"我思"而被澄明出来,进言之,只有获得源自"我思"的被给予性,事物才是明晰的且是有效的。

在前"我思"状态中,一切事物和我的一切感觉和直观都"现成地"存在着,但它们却并没有将其意义或有效性直接地摆放在"我思"面前,若要使事物的意义和有效性成为现实的,就必须将它们变成"现象",成为"我思"的对象,以此可以说,一切意义和有效性都是关联性的,关联着我的感觉和直观,更关联着基于"我思"而来的观念化,只有经过观念化的事物,事物的意义和有效性才作为自明性的东西而被澄明出来,才会现前到我的直观中。事物虽不因我的感觉和直观而存在,却因我的观念化而有意义和有效。这与其说是主观主义的过程,倒不如说是主体主义的过程。

在"结束语"部分,胡塞尔以"作为人类的自身沉思的哲学。理性的自身实现"为标题,对生活世界的"我思"做了最为集中的论述。

"哲学家为自己提出的任务,他作为哲学家的终极目标,就是关于世界的普遍科学,关于世界的,即自在的世界的普遍的最终的知识,真理本身的总体。这个目标,它的实现的可能性的情况怎样呢? 我能够从一种真理,一种最终的真理开始吗? 一种最终的真理,一种我通过它能够就自在存在的东西断言某些东西,并能够毫无疑问地确信它的最终有效性的真理吗? 如果我已经有了这种'直接自明的'真理,我也许就能够间接地推出新的真理。但是我从哪里获得这种真理呢? 任何一个自在存在的东西通过直接经验就能成为对于我是确信无疑的东西,以至我依据这些经验,借助于与经验、经验内容相适合的描述概念,就能说出直接的自在真理吗? 但是关于世间的东西的全部经验,关于我直接确信是在空间时间中存在的东西的全部经验的情况又如何呢? 它是可靠的。但是这种可靠性可能发生变化,它会变成靠不住的,在经验的进展中,变成假象;任何直接经验的陈述都不能提供给我们一种如其自在地所是的存在者,而只能提供一种在确信中以为是的东西,这种东西必须在我们的经验生活中经受检验。但是仅仅这样一种检验——这种检验就在于现实经验的一致性——并不能防止可能产生的假象。

　　"在进行经验时,一般说来,在作为'我'生活(思考、评价、行动)时,我必然是具有它的'你',它的'我们'和'你们'的'我',即人称代词的'我'。同样必然的是,在自我的共同中,我和我们是所有那些我们认为是世界存在的东西的相关物,是所有那些我们在称呼中,在命名中,在讨论中,在进行认识的论证中,总是已经假定为可以共同经验的东西的相关物,作为这样的东西,这种在不能个别分离的,而是内在地公共化了的意识生活的共同体中,为我们在这里存在着,现实地存在着,并对我们有效。世界是我们公共的世界,必然是在存在上有效的,这始终是一样的;但是个别说来,正如我与我自己会发生矛盾一样,我可能与我的他者发生矛盾,处于怀疑之中,处于对存在的否定之中。那么我是如何,是从哪里这种最终的自在存在者的呢?经验,共同体的经验,以及彼此相互修正,如同自己个人的经验和自我修正一样,对经验的相对性都不会有任何变化;它作为共同体的经验,也是相对的,因此,一切描述性陈述必然是相对的,一切可以想象到的推论,不论是演绎的还是归纳的,都是相对的。思维如何能够提供相对真理以外的东西呢?然而日常生活中的人并不是没有理性的,他是思维的生物,他与动物不同,具有整体观点,因此他有语言,有描述,他进行推理,他提出有关真理的问题,他进行证实,论证,按照理性作决定——但是这整个的'自在真理'的理念对于他来说有意义吗?'自在真理',已经相关联地,自在的存在者,不是一种哲学上的虚构吗?但它毕竟不是虚构,不是多余的无意义的臆造,而是这样一种东西,它将人提高到一个新的阶段,或更确切地说,它的使命是将人提高到人类生活的新的历史发展的新的阶段——这种历史发展的隐得来希,就是这种新的理念,与它相对应的哲学或科学的实践,新型的科学的思维之方法论。"①

　　"历史发展的隐得来希"就是历史理性,它是自明的"自在真理",但

---

　　① ［德］胡塞尔:《欧洲科学的危机与超越论的现象学》,王炳文译,商务印书馆 2001 年版,第 317—319 页。

它并不是与人的生活无关的他物，它就是人的生活本身，是人的生活中的自在价值。但这种价值必须被人的感觉、直觉、判断、推理所把握，它表现为日常生活中的"整体观点"，哲学的任务就是要把这个"自在真理"通过概念和逻辑呈现给人们看。被哲学澄清出来的"自在真理"无非是日常生活中的人们的关于"自在真理"的观念的理论表达。重要的不是哲学的理论表达，而是在人们的日常意识和日常经验中，能否创造出合乎历史理性的共同体、公共价值和公共精神来，只有这种公共精神才会是新的理念，才会把人提升到新的发展阶段。而所有这一切都必须奠基在人的理性之上。

"理性是作为按人格的活动与习惯而生活的有生命之物的人所特有的东西。这种生活作为人格的生活是一种处于发展的经常的意向性之中的经常的生成。在这种生活中生成的东西是人格本身。它的存在永远是生成，在个别的人格的存在与共同体的人格的存在的相互关系上，这对于二者，即对于人们和统一的人类，都是适合的。人的人格的生活经过自身沉思与自身辩护的诸阶段，即从具有这种形式的个别化了的偶然的生活出发到普遍的自身沉思和自身辩护的诸阶段，直到在意识中把握住自律的理念，即把握住这样一种意志决定的理念，即将它的全部的人格生活形成在普遍的自身辩护中的生活的综合统一；与此相关联，将自己本身形成真正的我，自由的、自律的我，这个真正的自由的自律的我力图实现它生而固有的理性，力图实现忠实于自己本身，能够作为理性——自我而始终与自己同一这样一种追求；但是所有这些都是在个人的人格与共同体之间不可分离的相互关联中实现的，因为在一切利益——既协调又冲突地联结着的利益——方面直接地和间接的地有联系，并且个人的人格的理性必然只能作为共同体的人格的理性而达到越来越完满的实现，反过来，共同体的人格的理性也必然只能作为个人的人格的理性而达到越来越完满的实现。

"正如我说的，普遍地、必真地建立起来的和正在建立起来的科学，现在是作为必然是人类最高的功能而产生出来的，即作为能使人类发展到个人的自律和包罗万有的人类的自律——即构成人类最高阶段的生活能力的理念——的功能而产生出来的。

"因此,哲学不是别的,而是'理性主义',是彻头彻尾的理性主义,但是它是按照意向与充实的运动之不同阶段自身加以区分了的理性主义;它是从哲学最初在人类中出现开始的,处在不断自身阐明的运动之中的理性,在此之前,人类与生俱来的尚完全处于隐蔽状态之中,处于黑夜的昏暗状态中。

"希腊哲学在其早期阶段,将这种黎明时期的图像,这种通过最初的认识概念对存在者的最初阐释,称作宇宙,称作存在者的世界,此后不久,在主观的注视方向上,将与此关联的对于早已熟悉的人的发现,称作世界的主观,但是作为这样的主观,人是人类当中的人,它通过自己的理性与存在的宇宙并与自己本身发生关联。哲学历史,从外在的历史上的丰富学识方面来看,就其注意的方向是指向世界中存在着的人,指向作为理论构成物(命题体系)诸种哲学而言,它是其他诸文化形态中的一种文化形态,就其外在逝去的生成系列(它将这个生成系列——光来自不发光的东西——称作发展)来看,它是一个在世界之中,在世界的空间时间中发生的因果过程。

"但是,如果从内部来看,它就是在精神共同体中生活着,并继续生活下去的世代哲学家——这种精神发展的承担者——的斗争。这些世代哲学家生活于'觉醒的'理性为达到自己本身,为达到自己的自身理解,为达到具体地理解自己本身——而且是理解为存在着的世界,理解为在其整个普遍真理中存在着的世界——的理性而持续进行的斗争中。说哲学,即处于其全部的形态中的科学,是合理的,这是同义反复,但是哲学就其全部形态来看,是处于通向更高的合理性的路程中,那是这样一种合理性,这种合理性由于人们一再发现它的不充分性和相对性,而被推动向前,想要通过艰苦努力获得真正的完全的合理性。但是它最终发现,这种真正的完全的合理性乃是处于无限之中的理念,并且事实上必然是处于路途之中,但是它也发现,这里有一种最终的形态,它同时是新型的无限性和相对性的开始形态的;但这是一种双重意义上的发现,从历史上说,它标志开端与继承发展这两个世代。

"首先是那样一个时代,在其中由历史上个体化了的哲学家的人格——即笛卡尔,近代这个历史时代的开创者——揭示出对于必真性的要求,并且第一次明确地将它纳入意志之中。这个发现曾一度被埋没,遭到误解,即使处于误解之中,它仍然是富有成果的,在理性主义的科学中,理性主义的先验科学和经验科学中,产生了影响。对于这种哲学的不充分性的意识,引起了反动;除去感觉论的最后是怀疑论的哲学(休谟)以外,有康德的哲学以及随后的超越论哲学——然而在其中,超越论的原初动机,即由对必真性要求而产生的动机,仍未被唤醒。

"历史运动的起伏——一方面是重新增强了的经验主义的感觉论和怀疑论,一方面是重新增强了的旧式科学风格的理性主义,德国观念论和它的发动——所有这些一起表明这第一个时期,整个近代的第一个时期的特征。第二个时期是作为再一次采用笛卡尔的发现,即再一次采用对于必真性的根本要求的重新开始;在这个开始中,由于改变了的历史状况(第一个时期的全部重大发展与诸哲学都属于这种状况)产生出一些推动力,形成对必真性(作为根本问题的必真性)的真正的永恒的意义进行彻底的周密思考,指明了必真地建立起来的,必真地向前发展的哲学的真正方法:在这里包含对于以下两方面的根本对比的发现,即对于一方面是通常称作必真认识的东西,另一方面是在超越论的知性中预先规定一切哲学的原始基础和原始方法的东西这二者之间的对比的发现。正是由此,开始了一种对于进行哲学思考的自我(作为应该达到自己本身的绝对理性的承载者),对于这个作为其必真的自为存在中与它的别的主观和一切可能哲学家伙伴相关联的自我,进行最深刻最普遍的自身理解的哲学;这是绝对主观间共同性的(在作为人类整体的世界中客观化了的)发现,它是作为这样的东西,在其中,理性或则变暗,或则被澄清,或则以明晰的自身理解的运动的方式,处于无限的过程之中;这是对绝对的(在最终的意义上是超越论的)主观性在不断进行'世界构成'的超越论生活中必然的具体的存在方式的发现,与此相关联,是对于'存在着的世界'的新发现,这个世界的存在意义(作为超越论地构成的意义)为在以前阶段上称作世界,世界真理,世界认识的东西的产生一种新的意义;但是正是在这里,这种新的意义也被赋予了作为超越论的主观性的和它的存在的,它的进行构成的生活的自身客观化的人的存在,它的在以时空形式预先给定的世界中的存在;接下来,人是最终将自己理解为对他自己的人的存在负责的人:即它将自己理解为有责任过一种具有必真性的生活的存在——不仅是从事抽象的通常意义上的必真的科学的存在,而且是从事一种将它的全部具体的存在按照必真的自由实现为必真的科学,实现为一种处于其理性——只有通过理性它称为人类——的全部生动生活中的科学的存在;正如我说的,将自己理解为理性存在的人理解到,它只是在想要成为理性时才是理性的;它理解,这意味着根据理性而生活和斗争的无限过程,它理解,理性恰好是人作为人从其内心最深处所要争取的东西;只有理性才使人感到满足,感到'幸福';它理解,理性不允许再细分为'理论的'、'实践的'和'审美的',以及无论其他什么的;它理解,人的存在是目的论存在,是应当——存在,这种目的论在自我的所有一切行为与意图中都起支配作用;它理解,它通过对自身的理解,在所有这些行为与意图中能够认出必真目的,并理解,这种由最终的对自身的理解而来的认识不可能有别的形态,而只能是按照先验原则的对自身的理解,只能是具有哲学形式的对自身的理解。"①

在这个显得冗长的引文中,我们从胡塞尔的"超越论的现象学"对"生活世界"的"本质直观"中,能够感悟出何种朝向生活世界问题的道理呢?

2. 胡塞尔的"超越论的现象学"视阈中的"生活世界"理论,具有典型的哲学史意义

"从前的一切唯物主义(包括费尔巴哈的唯物主义)的主要缺点是:

---

① ［德］胡塞尔:《欧洲科学的危机与超越论的现象学》,王炳文译,商务印书馆2001年版,第320—324页。

对对象、现实、感性，只是从客体的或者直观的形式去理解，而不是把它们当作感性的人的活动，当作实践去理解，不是从主体方面去理解。因此，和唯物主义相反，唯心主义却把能动的方面抽象地发展了，当然，唯心主义是不知道现实的、感性的活动本身的。"①那么，究竟什么是现实的感性活动，能否把实践规定为人的现实的、感性活动？宽泛地说，任何一种被规定为人文社会科学的观点和理论，都是关于人的学说，要么是直接朝向人自身的，可称为主体性理论，要么是关于人的对象化过程及其对象性结果的理论，可称为客体性的，或社会性的。马克思说："社会生活在本质上是实践的。凡是把理论诱入神秘主义的神秘东西，都能在人的实践中以及对这种实践的理解中得到合理的解决。"②如何从主体性、客体性以及二者的关系上理解实践呢？如果从主体性角度理解实践，那么实践就是一个生命个体如何使生命获得意义的过程；如果从客体性角度规定实践，那么它就是价值的创造、分配、消费的过程，以至于人们把实践直接规定为生产实践、交往实践和科学实验。然而，这种看上去似乎很深入而全面的理论，实际上并未揭示出主体性和客体性的以及二者相互交织的公共性的生活世界全部秘密，单独地看，主体性的和客体性的研究，对主观世界和客观世界的沉思都是深刻的，但真正体会起来，似乎都是片面的深刻，因为从中似乎难以看到，主观世界和客观世界究竟是如何相互嵌入、相互影响和相互共属的。当然，如果将这一判断绝对化，那便是埋没了不同时代的哲学家关于主观世界和客观世界的深刻体会和深入研究。

在关于主体性或关于人的主观世界的研究，在诸种哲学形态中，都有极为深刻的理论和深邃的思想。胡塞尔说，将关于人的生活世界的研究转向主观方面，是从近代开始的，这确实是一个不容否认的事实，对此，有人将西方近代哲学称为主体性转向。至于为何会发生这种转向，不是我们在这里讨论的中心议题，我们着眼的是通过这种转向而形成的主体性

---

① 《马克思恩格斯文集》第 1 卷，人民出版社 2009 年版，第 499 页。
② 同上书，第 501 页。

哲学,在揭示人的主体性的生活世界过程中,为我们提供何种样式的思想资源。

　　所谓近代哲学的主体性和认识论转向,乃是由外在世界的重构提供基础的。"我们看到,世界精神克服这种外在性的过程是很迂缓的。它挖掉内部的东西,仍然保留着外表、外形;等到最后这外形成了一个空壳,新的形态才迸发出来。在这以前,精神的发展一直走着蜗步进而复退,迂回曲折,到这时才宛如穿上七里神靴,大步迈进。人获得了自信,信任自己的那种作为思维的思维,信任自己的感觉,信任自身以外的感性自然和自身以内的感性本性;人在技术中、自然中发现了从事发明的兴趣和乐趣。理智在现世的事物中发荣滋长;人意识到了自己的意志和成就,在自己栖身的地上、自己从事的行业中得到了乐趣,因为其中就有道理、有意义。"①起始于 15 世纪下半叶的现代化运动,开启了一个完全不同于过往的全新世界,人们开始从自然的强大的支配下解放出来,从神的超强的魔力下摆脱出来,开始进入由自己的劳动和技术开辟的领域中,于是,由内心生发出来的对外部世界的确信和对自身的信任逐渐确立起来。这是一种人本精神和人文精神的确立过程,人本精神将人确立为世界的中心,把自己确立为思考与行动的始点和终点;人文精神使理论家和思想家,特别是哲学家开始深刻思考人的内心世界。如果说,在古希腊哲学中,外部世界和内心世界是被预设出来的,以一种本体论的形式确信这两个世界都是可以被觉知、被言说和被确信的,那么在近代哲学中,则要回到这两个世界是如何被觉知、言说和确信的。

　　"精神现在是在它自己的领域中活动,它的领域一方面是自然界、有限世界,另一方面是内心世界,这首先就是基督徒的信仰。首先要考察的是精神,是在具体世界这一专有领域中活动的精神,同时也是具体的认识方法。

---

　　①　[德]黑格尔:《哲学史讲演录》第四卷,贺麟等译,上海人民出版社 2013 年版,第 6 页。

"真正说来,[力求掌握]真理本身的哲学,是在 16、17 世纪才重新出现的。在这以前,那种外骛的精神一方面要对宗教发生影响,另一方面又要对世俗生活发生影响,在一般看法、流俗思想和所谓通俗哲学中,我们就可以见到那种精神。哲学的真正出现,在于在思维中自由地把握自己和自然,从而思维和理解那合理的现实,即本质,亦即普遍规律本身。因为这是我们的东西,是主观性。主观性自由地、独立地思维着,是不承认任何权威的。排除那种形式的逻辑理智体系,以及其中所包含的大量材料,要比扩充这种材料更有必要。埋头钻研学问,是要掉进汪洋大海,陷入恶性无限的。——因此,近代哲学的原则并不是淳朴的思维,而是面对着思维与自然的对立。精神与自然,思维与存在,乃是理念的两个无限的方面。当我们把这两个方面抽象地、总括地分别把握住的时候,理念才能真正地出现。柏拉图把理念了解为联系、界限和无限者,了解为一和多,了解为单纯者和殊异者,却没有把它了解成思维和存在。近代哲学并不是淳朴的,也就是说,它意识到了思维与存在的对立。必须通过思维去克服这一对立,这就意味着把握住统一。"[1]

经验论和唯理论是试图把握住这种统一的两种范式。前者是实在论的哲学论证,后者是唯心论的哲学论证;经验论认为思想的客观性和内容产生于感觉,唯理论则从思维的独立性出发寻找真理。一个是向外的探索,一个是向内的求索。比较而言,在能否提供关于人的内心世界的研究方面,或许可以说,唯理论所能贡献的思想为多。

黑格尔说:"真正说来,从笛卡尔起才开始了近代哲学,开始了抽象的思维。"[2]"在哲学上,笛卡尔开创了一个全新的方向:从他起,开始了哲学上的新时代;从此哲学文化改弦更张,可以在思想中以普遍性的形式把握它的高级精神原则。"[3]由笛卡尔开始,与经验论相对的唯理论被建构起

---

[1]　[德]黑格尔:《哲学史讲演录》第四卷,贺麟等译,上海人民出版社 2013 年版,第9 页。

[2]　同上书,第 13 页。

[3]　同上书,第 69 页。

来,这一派,一般地是从内心出发,认为一切都在思维中,精神本身就是全部内容,它把理念本身当作对象,也就是说,对理念进行思维,以理念为出发点。在笛卡尔那里,虽然他试图通过胡塞尔意义上的"悬置""加括号",通过一个彻底的怀疑过程,以获得以"纯粹意识",继而通过"纯粹意识"获得"本质直观"。这是通过我思考、我思维而证明我的存在的,或者说,我是以朝向彻底的思维过程而实现自己的存在的;但笛卡尔从没有彻底否定人的内心世界的其他元素,没有否定感觉、情感、意志。"那么我究竟是什么呢? 是一个在思维的东西。什么是一个在思维的东西呢? 那就是说,一个在怀疑,在领会,在肯定,在否定,在意愿,在不意愿,也在想象,在感觉的东西。当然,如果所有这些东西都属于我的本性,那就不算少了。可是,为什么这些东西不属于我的本性呢? 难道我不就是差不多什么都怀疑,然而却了解、领会某些东西,确认和肯定只有这些东西是真实的,否认一切别的东西,愿意和希望认识得更多一些,不愿意受骗,甚至有时不由得想象很多东西,就像由于身体的一些器官的媒介而感觉到很多东西的那个东西吗? 难道所有这一切就没有一件是和确实有我、我确实存在同样真实的,尽管我总是睡觉,尽管使我存在的那个人用尽他所有的力量来骗我? 难道在这些属性里边就没有一个是能够同我的思维有分别的,或者可以说是同我自己分得开的吗? 因为事情本来是如此明显,是我在怀疑,在了解,在希望,以致在这里用不着增加什么来解释它。并且我当然也有能力去想象;因为即使可能出现这种情况(就像我以前曾经假定的那样),即我所想象的那些东西不是真的,可是这种想象的能力仍然不失为其为实在在我心里,并且做成我思维的一部分。总之,我就是那个在感觉的东西,也就是说,好像是通过感觉器官感受和认识事物的东西,因为事实上我看见了光,听到了声音,感到了热。但是有人将对说:这些现象是假,我是在睡觉。就算是这样吧;可是至少我似乎觉得就看见了,听见了,热了,这总是千真万确的吧;真正来说,这就是在我心里叫作感觉的东西,而在正确的意义上,这就是在思维。从这里我就开始比以前稍微更清楚明白地认识了我是什么。"①

　　尽管笛卡尔否认身体的根本性作用,但却没有否认身体的必要地位,意思是,没有身体,任何一种感觉和思维都不会发生,但有了身体却未必能够获得正确认识。感觉与思考原是混同在一起的。通过身体我感受到了我的各种感觉,通过思考了理解了事物的本质。"因此我首先感觉到我有一个头、两只手、两只脚,以及组成我看成是我自己的一部分或者是全部的这个肉体的其余一切部分。此外,我感觉到这个肉体是处于其他很多物体之间的,从这些物体上有能力感到不同种类的舒适和不舒适。我通过某一种愉快或满足欲望的感觉而看出舒适,通过某一种痛苦的感觉而看出不舒适。在愉快和痛苦之外,我还在我的内部感觉到饿、渴及其他类似的饮食之欲,我也感觉到对于喜、哀、怒,以及其他类似的情绪的某些物体的倾向。在外部,除了物体的广延、形状、运动之外,我还在物体里看出软硬、干湿以及落于感觉的其他一切特性。"②这些感觉都是在我的身体中自行完成的,那么我怎么会知道这一切呢? 我的各种感觉在发生着、运行着,这些感觉使我有舒适和不舒适、愉快和痛苦的体验,我还处在喜怒哀乐的状态,那么我怎么会知道并能够表达这些体验呢? 显然,除了直接的感觉之外,还有另一种感觉发生,亦即:我在感觉着我的感觉。这种感觉就是思维。在笛卡尔那里,思维并不仅限于我们今天所能领会的那种心理和精神现象,而是一个包括感觉、判断和推理在内的综合体。

　　"我确实认识到我存在,同时除了我是一个在思维的东西之外,我又看不出有什么别的东西必然属于我的本性或属于我的本质,所以我确实有把握断言我的本质就在于我是一个在思维的东西,或者就在于我是一个实体,这个实体的全部本质或本性就是思维。"③那么,思维何以成为我的本性或我的本质? 它与身体具有怎样的关系? "我有一个肉体,我和它

①　[法]笛卡尔:《第一哲学沉思集》,庞景仁译,商务印书馆1986年版,第27—28页。
②　同上书,第79页。
③　同上书,第82页。

非常紧密地结合在一起；不过，因为一方面我对我自己有一个清楚、分明的观念，即我只是一个在思维的东西而没有广延，而另一方面，我对于肉体有一个分明的观念，即它只是一个有广延的东西而不能思维，所以肯定的是：这个我，也就是说我的灵魂，也就是说我之所以为我的那个东西，是完全、真正跟我的肉体有分别的，灵魂可以没有肉体而存在。"①笛卡尔哲学的目的并不是进行纯粹的毫无意义的怀疑，而是要经过慎重的、严肃的怀疑，获得可靠的知识。为着这一目的，他就必须排除来自身体的诸种感觉的作用，而强调想象和理智的功能，这些都是为灵魂所特有的属性。

在分析和论证人的生活世界时，笛卡尔给予我们的启发在于，我们所能认识的事物（属性与本质）都是上帝指派给我们的且能够为我们所认识的事物，通过身体感觉我们所能知道的是属于我的存在那些体验和经验。于是，笛卡尔便隐蔽性地提出了感受和感觉这两个极其重要的把握内心世界和外部世界的基本方式问题，感受是向内的，是非客体化的意向，感知是向外的，是客体化的，是意向性。而思维则是对由感受和感知而来的诸种感性材料、体验、经验的怀疑、证明和确证过程，思维既是一种能力，也是能力的充分运用，它的实体性基础是灵魂。身体有广延但不能思维，灵魂能够思维但没有广延，无疑地，笛卡尔将人的生物性和精神性以所谓的二分法的方式揭示出来了。笛卡尔哲学在斯宾诺莎、黑格尔、胡塞尔和海德格尔那里获得了反复的强调从而成为西方近现代哲学发展所不可或缺的思想资源，这不仅仅是因为它开辟了对人的内心的主观生活世界和外部的客观的自然世界通过怀疑获得真知识的道路，更在于它试图将人的身体、情感和精神统一起来，尽管是以身心二元论的形式进行的。事实上，自笛卡尔开始，理性主义哲学家都在以各种方式探讨，人们是用何种方式统握生活世界的。

黑格尔在《小逻辑》中把哲学定义为："概括将来，哲学可以定义为对

---

① ［法］笛卡尔：《第一哲学沉思集》，庞景仁译，商务印书馆 1986 年版，第 82 页。

于事物的思维着的考察。"①任何一种认识都是关于事物的感觉、知觉、表象、概念、判断和推理，在笛卡尔哲学出现之前，哲学家们往往都在本体论承诺和认识论承诺基础上，坚定地认为，客观世界能够被人类认识，而且人类也能够认识世界。而笛卡尔以怀疑论的形式提出了一个如何证明我们的由感觉、知觉、表象、概念、判断和推理的认识是正确认识的问题，这就要对人的认识本身即思维进行认识，这就是黑格尔之所以把哲学定义为"对于事物的思维着的考察"的缘由，于是，哲学上的认识论就即刻发生了致思范式的转向：既要研究一个客体是如何被主体认识的，更要研究一个正确的认识是如何发生的，亦即，一个客体是如何被主体所把握得到的，即对事物进行着的思维的把握。"如果说'人之所以异于禽兽在于他能思维'这话是对的（这话当然是对的），则人之所以为人，全凭他的思想在起作用。不过哲学乃是一种特殊的思维方式，——在这种方式中，思维成为认识，成为把握对象的概念式的认识。所以哲学思维无论与一般思维如何相同，无论本质上与一般思维同是一个思维，但总是与活动于人类一切行为里的思维，与使人类的一切活动具有了人性的思维有了区别。"②在黑格尔那里，哲学作为一种特殊的思维，虽然要考察思维本身，但却不是考察思维的形式本身，而是考察哲学是如何用概念和范畴去把握各种对象的。而构成思维之对象的，除了自然界的事物之外，更有属人的方面。没有了思维的对象，思维也就成为空洞之物，而没有了哲学，人们对思维对象的感觉和表象就只能停留在日常思维的水平之上。"充满了我们意识的内容，无论是哪一种内容，都是构成情绪、直观、印象、表象、目的、义务等等，以及思想和概念的规定性的要素。依此看来，情绪、直观、印象等，就是这个内容所表现的诸形式。这个内容，无论它仅是单纯被感觉着，或掺杂有思想在内而被感觉着、直观着等等，甚或完全单纯地被思维着，它都保持为一样的东西。在任何一种形式里，或在多种混合的

---

① ［德］黑格尔：《小逻辑》，贺麟译，上海人民出版社 2009 年版，第 56 页。
② 同上。

形式里,这个内容都是意识的对象……我们所意识到的情绪、直观、欲望、意志等规定,一般被称为表象。所以大体上我们可以说,哲学是以思想、范畴,或更确切地说,是以概念去代替表象。"①在这里,黑格尔指出了作为一种思维的哲学之不同于一般思维的本质特征,即反思性的概念化。只有用将殊相统合到共相中的概念去表达事物的本质时,才是哲学性的或哲学式的思维。然而,黑格尔的哲学并不是一般性的哲学思维,毋宁说它是一个以自然、社会和人为质料的知性逻辑体系,这个逻辑体系既是理论又是思想,黑格尔既是哲学家又是思想家。

在黑格尔哲学体系中,尽管少有"生活世界"这样的概念,但却有意识的、理念的和精神的世界。在自在的状态下,精神在概念中自行确定和确证自己,然而,如若在自在状态下,精神始终在概念中自我等同着,那么它就不是精神,因为精神是流动的,而不是固定的,精神是有机的,而不是机械的。在概念中,精神要摆脱这种自我等同的状态,因为这是没有生命力的状态,于是,精神在概念中自行设定起一个差别来;没有差别,就不可能有矛盾,而矛盾正是精神成为一种普遍的、自由的力量的根源。然而,在概念中,精神自行设定出来的差别和矛盾,只是表达了精神对自身等同性的不满,它试图通过自行设定起来的差别和矛盾突破这种自我同一性状态,它要把自身的愿望和意志充分地实现出来、表达出来,而这一目的在自我等同的状态下是无法实现的,于是精神必须外化自身于他物之中,这就是自然世界和人类世界的设定。精神在自然和社会中外化了自身、展现了自身,然而作为精神之外化结果的自然和社会,本质上并不是由精神直接造成的,只因为它们成为见出精神的对象物,进言之,只因它们因为精神才获得了被给予性,从而成为以精神为其本质的存在物。然而,当精神外化自己为自然和社会时,就始终存在着因实存和持存着的差别、矛盾和冲突,而使自身失去普遍性和自由的风险,它必须克服来自自然和社会的异己性;是克服而不是消灭,或准确地说是和解,通过克服和和解,精

---

① ［德］黑格尔:《小逻辑》,贺麟译,上海人民出版社 2009 年版,第 58 页。

神获得了新的规定性。"精神的本质形式是自由,是概念的作为自身同一性的绝对的否定性。按照这一形式性的规定,概念能够抽离一切外在的东西和它自己的外在性,抽离它的定在本身;它能够承受它的个体直接性的否定,承受无限的痛苦,就是说,在这种否定性中能够肯定地保存自己和是自为地同一的。这样一种能力是在它自己内的抽象自为地存在着的普遍性。"①精神,自我设定自我,这是一种原初的或原始的自我同一性,但这种自我同一性并不是机械的 A 等于 A,而是包含着差别、矛盾和冲突的同一性,作为绝对的自我同一性是通过绝对的自我否定性实现的,唯其如此,精神才是一种充满生命力的自由。通过自我肯定、否定、再肯定,精神既启示自身又启示了他物,既反映了自身又反映了他物。这就是精神的普遍性本质。然而,通过绝对的否定而构建起来的普遍性本质,绝不是那种始终固守在自身之内的力量,它应该也必然会外化出去,对象化为自然和社会,自然和社会成为了精神实现和表达其普遍性本质的形式,是有内容的形式,它的内容是实体性的,它的形式是精神性的。作为形式与内容的同一,作为可能与现实的结合,自然与社会就是精神的普遍性本质的普遍性外观。

然而,作为精神普遍性本质之普遍性外观的自然和社会,在觉知、领悟和再现精神的过程中,是存有本质区别的。在由人构成的社会中,精神变成了主观精神和客观精神。个体与类的自主性活动构成了作为其对象化过程及其对象性存在的社会,而社会又成为个体与类之普遍性本质的普遍性外观。正是在这个意义上,我们说,黑格尔以绝对理念和绝对精神的形式构造出了一个充满理性的生活世界。在相关于"生活世界"的现当代学术讨论中,人们似乎都把相关于"生活世界"的最高的理论或最深入的研究归功于胡塞尔,而事实上,黑格尔的《精神现象学》和作为《哲学全书》第三部分的《精神哲学》,对人的精神世界及其外化的人类社会,做了极为深刻的研究,以至于马克思说:"现在看一看黑格尔的体系。必须

---

① [德]黑格尔:《哲学科学全书纲要》,薛华译,商务印书馆 2021 年版,第 293 页。

从黑格尔的《现象学》即从黑格尔哲学的真正诞生地和秘密开始。"①黑格尔的"生活世界"概念是一个个体与类之自我意识的原始发生及其演化的过程,以及由自我意识的外化生成的客观世界(客观精神)。客观精神虽然是主观精神的外化形式,且在国家里,精神把它的自由发展成为一个由它设定的世界,成为伦理的世界。然而,这个伦理世界乃是一个由理性自身和合乎理性的事物构成的世界,所谓理性自身,就是那个至善的伦理世界,它决定着一个现实的伦理世界的符合理性自身的程度;而在这个现实的伦理世界中出现的诸种事物,都不是理性本身,而是那些要么是拥有理性、分有理性的事物,要么是抗拒理性的事物。凡是出现在伦理世界的事物无疑都是现实的,都有各自存在的根据和被人们追求的理由,但却未必都是因为拥有必然性从而具有现实性的事物。一如新出现的事物未必都是新生事物那样,现存的事物未必都是具有现实性的事物,即拥有或分有理性的事物。唯其如此,黑格尔坚定地表示,精神必须越过这个不完满的客观精神世界,而进升到主观精神与客观精神自在而自为地统一着的世界,即绝对精神世界。

精神的发展有三个阶段:"Ⅰ.存在在与自己本身相联系的形式中,在它的这个形式的范围内,它[获得]理念的观念的总体,就是说那个是它的概念的东西成为它的,而且在它看来,它的存在就是在自己内存在,即自由地存在,——这就是主观精神。Ⅱ.[存在]在实在性的形式中,即在作为一个必须由它来产生和已被它产生出来的世界中,在这个世界里自由是作为现存的必然性出现的,——这就是客观精神。Ⅲ.[存在]在精神的客观性与它的观念性或它的概念的自在自为地存在着的和永恒地产生着自己的统一中,即精神在其绝对的真理中,——这就是绝对精神。"②那么,精神是如何从主观精神经由客观精神而发展到绝对精神的呢?

"精神始终是理念;不过在起初它只是理念的概念或在其不确定性中

---

① [德]马克思:《1844 年经济学哲学手稿》,人民出版社 2014 年版,第 94 页。
② [德]黑格尔:《精神哲学》,杨祖陶译,人民出版社 2015 年版,第 23—24 页。

的、在实在性的最抽象的方式中的理念，就是说，在存在的方式中的理念。在开始的时候，我们只有关于精神的全然普遍的、未发展的规定，还没有精神的特殊东西；只有当我们从其一过渡到其他时，我们才得到这个特殊东西，因为特殊东西包含其一和其他；但是在开始时我们恰好还没有作出这个过渡。精神的实在性因而在起初还是一个全然普遍的、没有特殊化的实在性；这个实在性的发展只有通过全部精神哲学才得以完成。可是，这个全然抽象的、直接的实在性就是自然性、非精神性。由于这个理由，儿童就还是受自然性的束缚，只具有自然的冲动，他还不是按照现实性、而只是按照可能性来说是有精神的人。精神概念的最初的实在性之所以必须认作是最不适合于精神的，正是因为它还是一个抽象的、直接的、属于自然性的实在性，而真正的实在性却必须被规定为概念的诸发展了的环节的总体，概念则始终是这些环节的灵魂、统一。精神的概念必然进展到其实在性的这种发展，因为它起初具有的直接性的、不确定性的形式，是一种与它相矛盾的形式；那仿佛直接存在于精神里的东西，并不是一个真正直接的东西，而是一个自在地被设定的东西、间接的东西。由于这个矛盾，精神就被迫去扬弃它预先假定自己本身是的那个直接东西、他物。通过这种扬弃，精神才达到它自身，它才作为精神出现。因此，人们不能从精神本身开始，而必须从精神的最不相适合的实在性开始。精神诚然一开始就已经是精神，不过它还不知道它是这个。并不是精神本身一开始就已经把握了它的概念，而只是我们这些考察精神的人认识到它的概念。精神达到知道它是什么，这就是精神的实现。精神本质上只是它关于自己本身所知道的东西。精神起初只不过自在地是精神；它成为自为的过程就是它实现的过程。但是，精神成为自为，只是由于精神特殊化自己、规定自己，或者说，使自己成为自己的前提，成为它自己的他物，起初把自己与这个他物作为与自己的直接性联系起来，再把这个他物作为他物予以扬弃。只要精神处在作为与他物相联系的自相联系中，它就仅仅是主观的精神，来源于自然的精神，而且首先本身即是自然精神。但是，主观精神的全部活动都旨在把自己理解作自己本身，证明自己是其直接实在性的观念性。如果主观精神使自己达到了自为存在,那么它就不再只是主观的精神,而是客观的精神。主观精神由于它与某个他物相联系就还是不自由的,或者这样说是一样的,主观精神仅仅自在地是自由的,而在客观精神里,自由、精神关于自己作为自由精神的知获得了定在。客观精神是人,作为这样的人,在所有权里有其自由的一种实在性;因为在所有权里物被设定为它所是的东西,即被设定为一个不独立的东西和被设定为这样一个东西:它本质上只不过意味着是某个人的自由意志的实在性,并因而对于任何别的人来说是不可侵犯的东西。在这里我们看见一个知道自己是自由的主观东西,而且同时看见这个自由的某种外在实在性;因此精神在这里达到自为存在,精神的客观性得到应有的重视。这样一来,精神就从单纯主观性的形式走出来了。但是,那在所有权里还是不完善的、还是形式的自由的完全实现,客观精神概念的实在化的完成,只有在国家里才达到,精神在国家里把它的自由发展成为一个由它设定的世界,成为伦理的世界。可是精神也必须越过这个阶段。精神的这个客观性的缺点在于它只是一个被设定的客观性。世界必须被精神再次自由地释放出来,为精神所设定的东西必须同时被理解为一种直接存在着的东西。这件事是在精神的第三个阶段,在绝对精神的,即艺术、宗教和哲学的观点里实现的。"①

　　黑格尔用极为思辨的语言,深刻地表达了"生活世界"的原始发生过程。与我们所谓世俗的观点不同,他不是把精神的主体规定为、理解为能够思考、能够行动的个体以及个体的联合,而是用一种能够自行规定自己、实现自己和发展自己的"绝对力量"——精神,来表达个体是如何获得意识,并通过自我意识的外化而成为一个对象性的存在,在这个对象性的存在里,我的实体性意志表现为被他者承认和尊重的权利,即所有权。不仅如此,我在我的对象性存在中,受着与我相似甚或相同的若干他者的制约,就像他者受到我的制约那样。每个人的实体性意志都要在这个外

————————

① 　[德]黑格尔:《精神哲学》,杨祖陶译,人民出版社 2015 年版,第 24—26 页。

在的世界中得到公度、获得合法性。当各种实体性意志以财产的形式表现出来时，就产生了诸种个体意志之间的相互承认、相互满足的普遍性法则，这个法则就是法。为着使每一个特殊意志获得承认、得到实现，就必须订立契约。如若有一种无需通过确证就确定起来的契约，那就是默契契约；如果非要通过诸种程序订下人人须遵守的普遍法则，那便是法律。然而，这个外在的强制性的约束体系，法律，必须首先变成行动者的善意或善良意志，这就是主观意志的法。当人们依照主观意志的法（良心）去思考和行动时，一个充满情感和理性、价值和意义的世界就被建构出来了，这就是伦理，就是客观精神。以客观精神表达出来的伦理世界，从实体性的角度看，表现为家庭、市民社会和国家；从能力和体验角度看，就是情感和理性，从实体性意志的角度看，就是权利和义务。而在国家里，权利和义务、特殊意志和普遍意志达到了完美的结合。在黑格尔看来，主观精神和客观精神都是有限的存在，精神必须克服这种有限性而回到自身，这个自身就是艺术、宗教和哲学。作为一种观点，艺术、宗教和哲学是绝对精神实现自己同时也是表达自己的三种方式。至此，精神才通过概念并借助概念这种内在力量，起始于主观精神经由客观精神而达于绝对精神。在《法哲学原理》中，黑格尔又把客观精神作了更加细致而深入的探讨。

这就是黑格尔的思维和语言。他以让我们感到十分费解的方式呈现了一个与每一个人都须臾不可分离的"生活世界"，他以思辨的语言把人的主观的内心世界和客观的外在世界的基本要素以及通过各种要素的相互嵌入、相互推动而构成的现实世界，充分地开显和表达出来了。抽象地看，黑格尔之"生活世界"的原始发生，乃是任何一种生活世界之原始发生的基底，或可称之为"原型"。"灵魂""意识""精神"是主观精神的构成要素，"法""道德""伦理"是客观精神的构成要素，"艺术""宗教""哲学"是绝对精神的构成要素；而精神的每一个阶段都经历着自在—自为—自在而自为的过程，亦即肯定—否定—否定之否定的过程。要素就是环节，诸环节的相互联结和过度就是道路。黑格尔的生活世界是生成的而不是既成的,是有机的而不是机械的;理性总是通过出于、合乎和反乎理性的诸要素和环节而实现其自身的,就如同善的事物总是通过克服和和解恶的事物而实现其自身那样。

　　然而,具体地说,黑格尔的生活世界理论又是非常具体的、现实的。它的理论是他那个时代的生活世界的哲学表达,他把自己经历过的并对这个经历进行沉思过的现实的生活世界提升为一种概念、一种观念,然后用一种外在于个体和类的精神借助概念而表达出来。实质上,并不是概念借助个体和类实现精神自身,而分明是由个体和类的思考与行动构成的历史所实现和表达出来的精神。诸如,如果没有 18—19 世纪欧洲日益发展起来的现代化进程,如若没有黑格尔所看到的"马背上的世界精神",黑格尔怎会把"自由"作为精神实现其自身的本质规定?!

　　如果说,黑格尔所经历的欧洲现代化进程还是一个初始阶段的现代化,那么胡塞尔所经历的则是快速发展起来的现代化,且是诸种危机逐渐显现出来的现代化。因此,黑格尔哲学乃是证明的或是论证的哲学,而对正在如火如荼地进行着的现代化则少有批判和反思,那是因为现代化运动所潜在着的危机尚未表现出来。与此不同,胡塞尔则致力于理解作为科学的哲学如何提供真理性的知识,无论是主体性悬置还是客体性悬置,目的都是通过面向事物自身而实现对事物的"本质直观"。然而,胡塞尔对危机的探讨主要还是在哲学的意义上进行的,一如《欧洲科学的危机与超越论的现象学》所表达的那样,"欧洲人的危机"主要还是科学的甚至主要还是精神科学的危机。"精神,甚至只有精神,是在自己本身中并且为自己本身而存在的,是自满自足的;并且能够按照这种自足性,只按照这种自足性,被真正合理地,真正彻底科学地加以探讨。"①通过意向和意向性,将各种共同体,亦即人们在其中生活的世界,都作为意向对象包含在精神世界之中;正是在这个领域中,世界,科学的世界和日常直观的世

　　① ［德］胡塞尔:《欧洲科学的危机与超越论的现象学》,王炳文译,商务印书馆 2001年版,第 401 页。

界,被认识,并获得存在的有效性,进言之,只有获得来自纯粹意识的被给予性,世界才获得意义。因此,"欧洲人的危机"的真正根源,不是"欧洲这个概念作为无限的理性目的的历史目的论"被明确地强调出来,不是"这个欧洲的'世界'是如何从理性的概念中,即从哲学的精神中产生出来的","危机"是"理性主义的表面上的失败"。"但是合理的文化的这种失败的原因——正如我们已经说过的——并不是由于理性主义的本质本身,而仅仅在于将它肤浅化,在于它陷入'自然主义'和'客观主义'。"①

胡塞尔关于"危机"的观点,关于"危机"根源的沉思,至少从经验的自然观点进行判断,似乎未能一语中的;"欧洲人的危机"的真正根源不是"理性主义的表面上的失败",也不在于它"陷入'自然主义'和'客观主义'",而是西方现代化运动的危机,是整个社会结构,生产方式和生活方式的危机,更是价值观的危机。当理性主义变成普遍的行动,就会出现自反性的非理性主义后果。

胡塞尔超越论现象学视域中的"生活世界"理论的哲学史意义,也正在于此。他试图从欧洲人的精神世界、理性主义观念、哲学理论中,寻找产生"危机"的根源。于是,胡塞尔的生活世界理论就具有了双重意义,关于生活世界的元哲学意义,以及关于现代性危机的实践哲学价值。这在某种意义上也可以说,存在主义哲学、现象学哲学,作为在西方现代化运动中逐渐显露出深刻危机的语境下产生的思想,本质上乃是批判的和反思的,充满了危机意识。哲学上的危机意识是社会危机之最深根源的哲学阐释。

3. 胡塞尔生活世界理论的当代意义

如何构成生活世界和生活世界如何产生危机,无疑是相互关联的两个"题材",然而从二者发生的时间逻辑来看,显然是前者优先于后者而

————————

① [德]胡塞尔:《欧洲科学的危机与超越论的现象学》,王炳文译,商务印书馆2001年版,第404页。

发生,甚至可以说,生活世界的危机本质上是生活世界之构成方式的危机。那么,生活世界究竟是如何构成的呢？胡塞尔的"交互主体性的构造"理论,为我们提供了一个超越论现象学的思考方向。

一个共在的生活世界是如何发生的呢？

在这一追问背后,真正的问题应该这样来提出,每一个个体为何需要一个可以"共现"的生活世界？这个世界是公共性的,它平等地向每一个人开放着、敞开着。一个可以"共现"的生活世界的原初性根据,即在于每一个人都为着自己的生命和生命的意义去感知、觉知、觉醒、思考和行动;一切操持和操心无不相关于使自己的生命活出意义来。这是一个原本性的事情,无论人们怎么看待和对待它,生命的意义都始终是原本性的事情。原本性的事情是无需证明其合理性和合法性的事情,是一种原始的被给予性。每一种生命形式都自在地获有这种原本性的给予性,这是源于其自身的自在合理性。而人,不但像其他一切生命形式那样,拥有原始的自在给予性,而且感受着、自知着、意识着这种给予性,而且真正说来,只有被感受到和意识到的原本的给予性才是真正的给予性。更为根本地说,人作为生命有机体,其自在的原本性给予性并不合于意识要求,人要把这个自在的给予性变成一个自为的给予性,亦即,改造成令他满足的生命形式,正是这个被生成的给予性才使生命亮出光彩来、活出意义来。

如果说,人这个生命有机体对那个原初的原本性的给予性的感受和感知,是一种经验的自然观点,还原本地保留着意识主体对意识对象的差别性,即被意指状态不合乎意向状态的那种情形,为着消除这种差别性,意识主体就要通过自为的形式给予意识对象以新的给予性,这是反思的自然观点。此时,意识主体所要寻求的不是那个原本式的给予性,即生命自在状态因被意识主体意识到,并通过表象化而获得给予性,或者说,生命自在状态因被意识主体表象化才获得了被给予性,从而才在表象里和意识中显现出来。而是,被生命有机体感知和意识到的这个自在的生命状态,是不合于生命有机体之意向的,于是,他要试图改变这个自在的生命的状态,改造成令意识主体满足的状态。这是一个真正获得被给予性的过程。我原本地感受着、意识着生命有机体的自在状态;我本原性地感受和意识到,我要用我的改造活动将其改变成令生命有机体充满意义和实现意义的过程。我之于生命有机体的两次给予活动,并非由我强制而完成,相反,是生命有机体要求于意识主体的事情,这是意识主体的宿命和使命,它只有完成生命有机体令其完成的使命,它才成为意识主体,成为真正的意识主体。于是,对双方来说,都有"充实"或"充盈"自己的任务。生命有机体借助意识主体的"充实"和"充盈"活动,使自己通过自在状态向自为状态的转变而变得丰满起来、丰富起来;意识主体通过意向对象的"充实"和"充盈",也使得自己的意向和意向性更加富有创造性。前一种被给予性是原本式的给予性,后一种则是反思性的、本原式的给予性。"所有被给予方式都可以分为两组:一个对象可以被给予我,以至于我同时具有一种对其他可能的被给予方式的依赖性和指明性的意识,在这些其他的被给予方式中,这个对象对我会以直观的、接近事实的方式当下存在。或者对象就是在这种接近事实的方式中显现给我,这种接近事实的状况被称为本原性。所有非接近事实的、非确定的、或多或少无内容的表象,由于其体验内涵不能满足意识,所以都具有在有关对象的本原的被给予方式中'充实'自身的趋向;同时,从现时被给予的体验内涵来说表明出某些可能性,通过对这些可能性的实现,意识可以达到充实。"①

然而,无论是生命有机体的充实,还是意识的充实,都不是在生命有机体内部完成的。反思性不仅使得意识主体对自在的生命有机体的状态不满足,同时还意识到,其自身的需要的无限性与其能力的有限性的矛盾,依靠其自身无论如何都不能得到满足,于是在生命有机体内部,意识主体与意识对象之间通过两次完成的被给予性,使得意识主体意识到,他必须依赖于除我之外的其他生命体,且必须通过相互合作,才能真正实现

---

① ［德］埃德蒙德·胡塞尔:《生活世界现象学》,倪梁康、张廷国译,上海译文出版社2002年版,第5—6页。

生命的价值。

"在我之内,在我的先验还原了的纯粹的意识生活领域之内,我所经验到的世界连同他人在内,按照经验的意义,可以说,并不是我个人综合的产物,而只是一个外在于我的世界,一个交互主体性的世界,是为每个人在此存在着的世界,是每个人都能理解其客观对象的世界。然而,每个人都有自己的经验,有他自己的显现及其统一体,有他自己的现象世界,同时,这个被经验到的世界自身也是相对于一切经验的主体及其世界现象而言的。"①这个被每一个生命有机体或同时或分别体验和经验着的世界,唯其是自明的,因而是一个共现的世界;基于自明性和共现而来的世界获得了普遍有效性,人们对它可以有趋向于一致的理解。

每个能够意识自己又意识着他者的人,都生活在这个共同的生活世界中。这个共同的生活世界向每一个人敞开着,它具有自明性,它是生活在这个共同的时空之内的人共同构造出来的。无论是直观地看和听,还是反思性地问和循,生活世界都客观地立在那里。"生活世界是一个原始明见性的领域。依照不同的情况,明见的被给予之物要么在感知中'它自身'是在直接的在场中所经验到的东西,要么在回忆中它本身是所回忆起的东西;直观的任何一种别的什么方式都是一种使它本身当下化的东西;每一种间接的认识也都属于这个领域。"②如果暂不追问和询问这个共在的生活世界是如何生成的,而就一个现成的生活世界之于每个生命有机体的意义而言,它是一个复合的世界。不仅是一个物理的世界,还是一个情感的和精神的世界;即便是物理的世界,它也已经是人化了的自然,是被嵌入了情感和精神元素的物质存在。这是一个文化世界,而只有文化的世界才是可通达的。

胡塞尔生活世界理论之于我们的意义在于,他构造了一个自我知觉着的、自我构造着的、自我悬置着的先验自我,它虽然没有像胡塞尔那样,

---

① [德]埃德蒙德·胡塞尔:《生活世界现象学》,倪梁康、张廷国译,上海译文出版社2002年版,第153页。

② 同上书,第265—266页。

基于经验的自然观点而达于反思的超越论的自然观点，但每一个拥有最基本理性的人，都可以在健康的感受性基础上，通过统觉而达到对我之内心世界的统握。如果说对我之内心世界的统握属于自我完成和自我实现着的意向和意向性，那么将这种意向和意向性朝向外部世界时，便通过交互主体性而构造出了一个共在、共现的文化世界。那么，各个基于经验自我之上的先验自我又是如何完成与其他先验自我相互理解、相互沟通的呢？是基于想象力之上的同情和移情吗？更为深层的问题是，生活世界何以是一个共情、共知的世界而被共出？

如果指明胡塞尔生活世界理论之于我们的意义，那么，最为集中的可能是他的意向理论。他在意识论的或者说是在认识论的意义上，构造出了一个对内部视域和外部视域的统觉和统握方式，这就是"意向型"和"意指型"意识。"意向型"意识完成了一个基于经验意识之上的纯粹意识所渴望和希望共出的世界，其基础是人同此心、心同此理，即"共情"；"意指型"意识则完成了一个可以相互理解的世界，即"共知"。而"共知"的理智基础是将世界符号化、概念化和知性化，是通过共同掌握和使用符号、概念、范畴和话语而共同理解意向对象的。胡塞尔在意识论、认识论或知识论上的革命在于，我们不是要证明世界是否存在，而是要证明世界是如何被感知到和意识到的，对于纯粹主体的纯粹意识而言，世界是如何被把握到的，这比证明世界是不是客观存在的更加重要，因为被纯粹意识理解了的、把握了的世界一定是存在的。因为对于胡塞尔来说，"从一开始，问题就不是世界是否存在，而是世界如何对意识而此在。因此，现象学所要寻求的还不是对世界实存的'证明'，而是对一切有关的实存断言和实存意谓进行意义澄明的途径"①。

基于意向和意向性而来的"意向型"意识，是渴望和希望一个意向对象能够现出、共出，因而是构造性的行动，基于对符号、概念、话语充分运用而来的"意指型"意识，完成的是对意识对象之意义的澄明，因而是解

---

① ［德］胡塞尔：《笛卡尔式的沉思》，张廷国译，中国城市出版社2002年版，第17页。

释性或阐释性的行动。前者是康德的范导原则的充分运用,后者是康德的建构性原则的充分运用。尽管胡塞尔一直论证说,"意向型"意识和"意指型"意识都是构造性的行动,但实际上,它们都是在意识中完成的事情,而作为纯粹意识之意向对象的世界只是一个既成的对象,而不是一个生成着的对象,进言之,胡塞尔并未提供生活世界的生成论证明,而是提供了一个生存论证明。

至少从字面的意义可以看出,在胡塞尔的文本中,几乎没有黑格尔和马克思的哲学文献,更看不到马克思历史生成论和黑格尔的精神现象生成论对胡塞尔的影响。如果把用意识完成的事情视作实践中完成的事情,便是遮蔽了劳动、技术、生活现象学。即便胡塞尔晚年充分地感受到了"欧洲人的危机",然而他却把欧洲的精神乃至哲学危机归结为理性主义的失败,而且不是真正的理性主义本身的失败,而是被误用和错用了的理性主义的失败,是将理性主义肤浅化、陷入"自然主义"和"客观主义"泥潭的直接后果。

胡塞尔将"欧洲人的危机"之深刻根源归结为"理性主义的失败",令人困惑。精神和哲学危机并非是危机的原因而是结果,如果非要说,是精神和哲学导致了欧洲人的危机,那也只能说是错误的观念和利己的哲学推动了一种社会运动,而被发动起来的社会运动引发了各种危机。那么,这是怎样一种社会运动呢?

至此可以简约地说,我们花费了如此之多的笔墨,来理解和借鉴西方哲学中有关生活世界的理论和思想,根本目的不是在常识和知识的意义上,就世界的价值和意义问题,做一些哲学普及工作。相反,问题在于充满思想天赋和哲学才能的哲学家,是如何把生活世界问题变成一个哲学问题的,又是如何用他们的生活世界理论影响后继者的哲学思维甚至是日常思维的。更为重要的是,我们如何在全面认知和深刻理解各种生活世界理论的基础上,深度理解和全面把握我们自身的生活世界,因为我们的生活世界就是我们的实际性。一个不能说明和理解自己而却乐此不疲地言说他者的生活世界的哲学,一定不是真正的哲学,因为它不是时代的精神产物,更不是时代精神的表达,而只是一种个体性的哲学爱好和生活偏好。

而就作为我们的实际性的生活世界而言,一如马克思所说:"哲学家们只是用不同的方式解释世界,问题在于改变世界"。哲学家的精神是批判和反思这个世界,它不会改变这个世界,它甚至都无法改变人们的日常意识和日常思维;相反,真正改变人们的意识和精神、思考与行动的,不是哲学家的深邃思想和朗朗上口的哲学名言,而是已经发生、正在发生和将要发生的社会变革过程。

唯其如此,对我们而言才有如下问题:本己性的、属己性的和由己性的生活世界是如何发生的,意谓着什么,是什么原因导致价值剩余而意义不足、欲望过剩而快乐不足。如何实现从价值剩余到快乐剩余的转变。各种生活世界理论无法代替我们对本己性、属己性和由己性的生活世界的建构、矫正和改变,更无法代替我们用自己的科学理念和价值观念来指导思考和行动。如果将各种生活世界理论视作"普遍原理"的话,那么只有将这个"普遍原理"与我们的具体实践相结合,理论的生命力才会重又焕发出来。这便是,感性无知性则罔,知性无感性则空。

我们试图沿着描述性—判断性—实践性的沉思逻辑,将当代生活世界呈现在表象里把握在意识中。西方哲学中的逻辑思维、马克思的历史思维和中国哲学中的心性思维,都将以理论和思想的元素出现在我们的思考与判断之中。

第 2 章　从现代化到全球化：
现代生活世界的原始发生

我们生活在由我们的思考与行动构成的世界之中，它们是我们的思考与行动的对象化过程及其对象性存在。然而，对象性存在一经生成，便就脱离了我们的思考与行动，成为相对独立的客观性存在，且以各种方式反身嵌入到我们的思考与行动中，影响着甚至决定着我们的生活状态和生命意义。

我们生活在由资本的运行逻辑所推动的现代化运动中，而由资本的世界运行逻辑又造成了全球化后后果。从现代化到全球化，这就是现代生活世界的发生过程。它就是胡塞尔所说的纯粹意识的意识对象，如果不问这个意识对象是如何发生、如何构成的，而只问这个对象如何朝向纯粹意识而此在，那么我们便不能知晓这个意识对象之于我们的价值和意义，为此就必须在结构、功能和发生三个维度上考察这个于我们的生命、生存和生活须臾不可分离的世界，因为它们要么是我们的具身性存在，要么是附身性存在，要么是符合性存在。

在沉思和论证这个具身性和附身性存在时，我们将严格遵循思维逻辑和历史逻辑相统一的原则。思维逻辑是逆向的、回溯性思维，它从感知到的实在和具体开始，从现实的前提开始。我们可以直观到一个结果，却直观不到原因和开端，开端只有在逆向思维和回溯性思维终止的地方才能开始。当我们沿着由果溯因的道路回溯到始点和开端那里，那个导致结果的原因就被发现了，它不能在人们的感官中感性地出现，它只能在人们的表象和意识中当前化或后现。在表象和意识中标划出来的开端和始点乃是一个作为哲学范畴的具体，这个具体作为开端乃是一个反思性的概念。"这个开端一方面来自一个反思，即最初的真相必须推导出一切后续的东西，另一方面来自一个需要，即最初的真相应当是一个熟知的东西，或更确切地说，一个直接确定的东西。"①通过回溯性的过程，一个始点和开端被澄明出来、开显出来，但不是在感性直观而是在理智直观中被发现，于是再按照或依照这个始点、开端，将它的运行逻辑在思维中展现出来。这是表述的逻辑。表述的逻辑是历史逻辑的理论表达。经过回溯性思维获得的开端或始点，乃是抽象的具体，是理论上的具体，但却是包含着被理性想到并用语言说出的一切后续的东西。

"具体之所以具体，因为它是许多规定的综合，因而是多样性的统一。因此它在思维中表现为综合的过程，表现为结果，而不是表现为起点，虽然它是现实的起点，因而也是直观和表象的起点。在第一条道路，完整的表象蒸发为抽象的规定；在第二条道路上，抽象的规定在思维形成中导致具体的再现。"②用概念、范畴和话语呈现事物的运行逻辑，是哲学特有的理论把握世界的方式，它不同于艺术、宗教和道德把握世界的方式。通过逆向或回溯性思维获得的具体，乃是一个用简单的范畴呈现出的具体总体或总体具体。"具体总体作为思想总体、作为思想具体，事实上是思维的、理解的产物；但是，绝不是处于直观和表象之外或凌驾于其上而思维着的、自我产生着的概念的产物，而是把直观和表象加工成概念这一过程的产物。整体，当它在头脑中作为思想整体而出现时，是思维着的头脑的产物，这个头脑用它所专有的方式掌握世界，而这种方式是不同于对于世界的艺术精神的，宗教精神的，实践精神的掌握的。"③当我们用哲学这种特有的方式把握现代化、全球化、从现代化到全球化的原始发生时，蕴含在其中的哲学性质就被揭示出来了。

全球化，在何种意义上是一种哲学性质的存在？这既是描述性的，也

---

① ［德］黑格尔：《逻辑学Ⅰ》，先刚译，人民出版社 2019 年版，第 53 页。
② 《马克思恩格斯文集》第 8 卷，人民出版社 2009 年版，第 25 页。
③ 同上。

是判断性的和实践性的。描述性的全球化涉及时空、生产、观念三个论题;判断性的全球化指称的是代价论、正义论和意义论三个议题;实践论的全球化旨在寻找摆脱困境、解决难题的道路。①当把论题、议题和难题并置在一起的时候,有关全球化之哲学性质的整体画面就被标划出来了。面对全球治理、国家治理和社会管理中的诸种困境与难题,每个民族和国家都在已有的文化体系和观念系统中,殚精竭虑地寻找出路、制定方案;中国式现代化新道路将在中国文化和中国智慧的基地上,走出一条既继承传统优秀文化又批判地借鉴西方文明而具有当代中国特色的现代化道路来,其中政治的方式乃是解决全球化问题的最根本的道路,是最具哲学性质的思维与行动。

一、一个预备性讨论

哲学与具有哲学性质的存在具有天然的亲缘性,换言之,哲学应当也只能把握具有哲学性质的存在。②那么,什么才是具有哲学性质的存在

---

① 全球化与现代性之间的关系,是需要预先规定和区别的。全球化是现代性扩展的世界性后果,或者说是现代性问题的世界性表现。由现代化运动所造成的现代性后果是否必然要扩展到世界的各个角落,是一个没有实质性意义的理论游戏,重要的是如何正视和重视现代性的世界性后果,因为全球化已经成为不可否认的事实。当我们追问全球化的哲学性质时,分明是在拷问现代性实际具有的哲学性质问题;当人们试图解决全球化带给整个人类的问题时,实质上是在沉思和解决现代性自身的具有哲学性质的问题。

② 在人类的知识和理论体系中,随着社会分工日益精细化,同时也随着这种精细化而产生的不同自然、社会和人类之领域的特殊化,人类的知识和理论也开始分层化和领域化,于是便产生了学科观念、出现了学科分类。而每一学科都有属于它的特定研究对象,即便是同一个研究对象,也有不同的性质,于是一个具体的学科就与它的对象及其性质具有了"某种相似性和亲缘关系"。随着人类的进化,人类的理性能力也不断提高,于是人类便构造出了理性法则,人们开始运用知性所创制出来的概念、话语和逻辑去开掘和显现事物法则,这就是"现"与"见"的相互共属和相互共在。所指与被指之间只有相互共属、相互印证的时候,理性法则与事物法则才能相互映现。对此,亚里士多德早在《尼各马可伦理学》第六卷第 1 章中就已清晰地论证过。"如已说明的,灵魂分有逻各斯的和没有逻各斯的两部分。我们现在要在有逻各斯的部分再作一个类似的划分。我们假定这个部分(转下页)

呢？与人类的思考和行动、与人类生活的终极之善和手段之善具有必然关系的存在，这些关系或直接或间接地相关于天人之道、人伦之道和心性之道，哲学把握这些关系，要么是拥有逻各斯要么是分有逻各斯。其直接目的便是通过正确思考和正当行动，以实现整体性的良好生活这一终极目的。全球化将地方性的、民族性的，个体的、国家的哲学性质的存在变成了世界性的，类的存在，这一过程及其意义成为全球化的核心哲学议题。一如主体可有个体、集体、国家和类那样，哲学也有个体哲学、集体哲学、国家哲学和类哲学；在现代性和全球化场域之下，类哲学变得异常突出和重要，个体、集体和国家都要在类哲学之下获得规定和意义。

哲学始终要把握具有哲学性质的存在，那是因为具有哲学性质的存在始终与人的生命、生存和生活中的基础性、根本性和全局性问题相互共属、共在和共出。以此可以说，只要有人类存在，只要人类意愿生活下去并试图过上整体性的良好生活，那么具有哲学性质的存在就必定是持存的，把握具有哲学性质的哲学也必定是持存的；一如具有哲学性质的存在具有先在的、自在的合理性那样，哲学作为对具有哲学性质之问题的沉思，也同样具有自在合理性；尽管不是所有人都喜欢哲学，从事哲学研究，但每个人都是具有哲学性质的存在者，始终遭遇到哲学问题，所以，哲学是相关于每个人的事情，因而是普遍的、相关于人类命运的沉思。

在一个相对固定的、封闭的生存状态下，具有哲学性质的持存表现为个体性的、集体性的、地方性的乃至是国家的形式。基于有限的生产、交

（接上页）又有两个部分：一个部分思考其始因不变的那些事物，另一个部分思考可变的事物。因为，对于不同性质的事物，灵魂也有不同的部分来思考。这些不同能力同那些不同性质的事物之间也有某种相似性和亲缘关系。这两个部分，一个可以称为知识的部分，另一个可以称为推理的部分。"（［古希腊］亚里士多德：《尼各马可伦理学》，廖申白译，商务印书馆 2003 年版，第 166—167 页）这也充分说明了，在人类的知识和理论结构中，之所以分为自然科学、人文社会科学，原是有着人性基础和客观根据的，这就是理性法则和事物法则。就如同政治学只研究具有政治性质的事物，哲学也只沉思具有哲学性质的事物。这就是相似性和亲缘关系的根本含义。

往、交流和生活状态之上的哲学性的存在,表现为低风险性的社会空间;天人之道、人伦之道和心性之道表现为原始的合一状态;在关系形态上,简单的、低级的物质关系与复杂的、高级的精神关系有机地结合在一起。这是一种令人颇感兴趣的历史现象,当人类构造出一个复杂的客体形态的约束体系以及与此相对应的主体形态的规则意识结构,那么,生产、交换、交流和生活被广泛而持续地置于约束体系和规则意识的支配之下;人与人之关系的相互构造与维系,不能依靠低级的、简单的、松散的物质利益关系来维系,相反,必须依靠高级的、复杂的观念、情感和意志以及与此相适应的宗法体系来维持。相反,当人类把主要精力甚至全部精力都投放到了对自身自然和身外自然的改造中,那么用于建构约束体系和培养规则意识的精力便所剩无几,于是,外在的生产、交换、交流和生活便开始支配人的约束体系和规则意识,甚至解构已有的世界之序和心灵之序已经变成了被视作创新的事情。人与人之关系的构造与维系主要依靠外在的复杂的、可计算的利益关系来维持。起始于 15 世纪末而发展于 16—17 世纪、成型于 18—19 世纪的现代化运动,正是一个解构原有的约束体系和规则意识的过程,同时更是一个朝向自身自然和身外自然的全面的改造过程。原有的哲学性质的存在具有了新的形态,与此相适应,哲学也有了新的形式,从原初的建构性的哲学到反思的、批判的哲学,再到当下的重构的哲学。在原初的建构的哲学形态中,无论是自然哲学、经济哲学、政治哲学还是精神哲学,都在为“山雨欲来风满楼”式的现代化、市场化、全球化进行着程度不同的辩护;理性无限论、知识有用论、科技万能论、市场自治论,欲望合理论,俨然成为居支配地位的观念,并被全面地以政策、制度和体制的形式贯彻到了非日常生活和非日常生活之中;在实践层面,则是以犹太人、日耳曼人和苏格兰人为主体发现并将之推广到了世界各个地方的经济组织方式——市场经济。市场经济被经济学家视作是迄今为止人类能够找到的最有效率的经济组织方式,作为一种复杂的社会设置,它将欲望的神圣激发、科技的飞速发展、财富的快速创造与消费并置在一起,将个体、民族、国家乃至整个人类置于不知疲倦地生产与消费之中；资本的世界运行逻辑，将生产—分配—交换—消费变成了世界性的存在；创价与代价以不成比例的形式在世界范围内分配着。或许，在当下的所有词典中，再也找不到一个词能像"全球化"那样的概念，具有概括性和整合性，似乎全部现象都可以在"全球化"这个概念下得到解释；或许从来就没有真相，存在的只是对真相的解释，这也是诠释学重又活跃起来的根源吧。全球化既是一种过程又是一个结果，在它的原始发生之时，那些曾被视作是人类普世价值的观念、制度和行动，如自由、人权、民主、平等、爱，如何坚定不移地辩护了、推动了全球化，而全球化运动一经被发动起来，便沿着属于其自身的道路而扩展开来，它部分地实现了人们所期许的价值体系，也产生了人们意想不到的问题；风险社会的来临让人们清醒地意识到，全球化以本体论、认识论和价值论相统一的形式，将它的哲学性质显现出来，将诸种危机招致前来；它促使人们要用哲学思维和实践智慧去深度地看待和对待全球化，修正、矫正人们的观念、制度、情感和意志。极端的个人利己主义、集团利己主义和国家利己主义被视为是产生自反性现代性的错误观念；仅对西方发达国家有效而对其他民族和国家则是限制、控制和掣肘的所谓民主、自由、平等被证明是具有欺骗性的道德承诺。

当我们把全球化确立、确定一个具有哲学性质的存在之后，紧随其后的便是供给一组哲学把握哲学性的存在的原则与方法。

首先，整体性意识、复杂性思维和冲突性态度。这是一种典型的哲学式的致思范式，从先天直观形式着眼，全球化表现为典型的时空结构，它从外部视域和内部视域证明着全球化的整体性特征。从静态的空间来看，正是全球化过程将地球上的所有人变成了一个统一体，使人成为一个类的存在，它吁求着同时也创造着类哲学。构建人类命运共同体正是形成类意识和实施类行动的努力，也是将曾被西方发达国家严重窄化了的、狭隘化了的所谓自由、民主、平等、人权等价值真正变成人类共同事情的努力。如果说，在现代化的初始状态，资产阶级借着资本的运行逻辑，通过构造在资本家和雇佣工人的对立制造了地区性的、地域性的不平等，那么,随着全球化的推进,它们则把局部的、地方性的不正义变成了世界性的不正义。全球性的不正义、全球治理中的不正义、不平等,说明全球化已经成为一个真正的不断制造冲突而又恐惧冲突的世界性存在。从时间维度来看,全球化也同样体现了整体性特征。前现代、现代和后现代并非一个非连续的甚至是断裂的过程,无论是正向的还是逆向的全球化过程,都是人类形成世界历史交往形式的不同形态,尽管全球化先行发生于西方发达国家,但时至今日,似乎没有任何一个地区和国家可以离开全球化这一世界性运动而独自发展,有些地区或许尚未享受到全球化带给人们的成果,但却体会到了全球化带给人们的风险与代价。从全球化的内部构成看,它虽然是借着资本的世界运行逻辑而展开,但其过程和结果却绝不仅仅具有经济意义,它的政治和文化意义已经越来越超过了全球化的经济含义;它所改变的不仅仅是人们的经济生活状况,而是在广泛而深入地改变着人们的观念体系和制度结构,游戏规则的不断解构、破坏,使世界秩序处在无序甚至是崩溃的边缘,人为制造的风险连同自然界的危险,一并威胁着国际秩序、社会秩序和心灵秩序。人与自然之间、国家与国家之间、民族与民族之间之各种要素的不断解构和重组,呈现出一体化、多极化和多样化特征,但都是整体性的诸种表现,只有依据整体性意识才能了解和理解它们。而所有这一切都是在人类历史的可能性空间之内进行的,一个民族和一个国家永远都是在已有的观念和制度之上,建构他们的当下的实际性的。西方发达国家那种根深蒂固的改造意识、求新观念和优越感,早在开启现代化运动之前既已存在;当现代化变成了全球性的存在时,西美主要国家并没有随着世界性难题的产生,而将前现代性状态下的意识、观念和情感改造成有利于全球正义和世界和平的资源,相反他们把这些所谓的仅向西方发达国家有效的资源发展到了极端的形式。只有在历史的长河中才能察看到一个民族、一个国家的未来性质。

　　全球化从来就不是一个直线性的、单向度的发展过程,而是充满各种矛盾和冲突的复杂过程。历史发展的客观逻辑总是超出人们的预想和想象,唯其如此,便有了关于人类历史发展逻辑的解释模式。历史进化论。人类发展史虽然不是直线性的,充满曲折的过程,但人类有基本的能力,通过正确认识和正当运用社会发展的基本矛盾而实现螺旋上升的发展目的。充满曲折的历史进化论已被事实予以基本确证。历史重演论。人类历史虽有物质生活水平上的进步,但每实现一次重大的物质进步也都将人们置于更加不满足的状态;每当一种增长模式将其自身的可能性耗尽之时,就会回到它所赖以起始的那种状态上。一如自由与任性那样,当自由发展到已经不再顾及任何限制的时候,各种风险和危险便被招致而来,任性的代价就是社会秩序的解体、规则体系的失效、价值体系的崩溃。当人类徜徉于对自然的全面胜利时,自然便悄无声息地全面地惩罚着人类的任性。所以,人类无法破解自然和人类本身设置给人类的历史循环魔咒,亦即,虽有自由—专制—自由这样的历史段落,但它是在专制—自由—专制的大循环中存续的。似有一个超出人类所有预想和能力之上的"世界之序"之手,在冥冥之中控制着自然和人类。康德在"理性存在者""灵魂不朽"和"上帝"之外,似乎预设了一个超出三者之上的"世界之手"或"宇宙之手"。历史虚无主义。这是一种带有极强的政治目的的历史观,它所否定的与其说是客观的历史事实,即曲折前行的历史过程,倒不如说是否认一个政党在历史上所取得的积极而伟大的功绩。历史进化论、历史循环论和历史虚无论是面对历史复杂性而产生的三种解释模式,其中恩格斯给出的基于比附性的平行四边形理论之上的历史进化论是可证实和证明的历史观。

　　若是直面全球化运动自身,在目的之善和手段之善的意义上,思索和判断全球化过程,那么它的复杂性就集中表现为如下一些方面。自在的目的之善与自为的目的之善之间的非充分条件关系。任何一个个体、集体、民族和国家都有基于其特殊的存在状态及其展开方式之上的终极之善,即为着生命的延续、快乐的获得、幸福的追求,就必须获得身体之善、外在之善和灵魂之善;这是自在的目的之善,具有坚实的内在根据和充分的外在理由;是不同个体之间、民族和国家之间相互承认和尊重的核心内容。然而,如若将这些目的之善变成向每一个人而言的自在的、具有内在价值的善,就需要将它们变成自为的目的之善,在观念上标划出来、在行动上实现出来。然而,在阶级对抗的场域之下,在国家内部,统治阶级总是将目的之善确定为对自己全面有效的观念和行动,对被剥削阶级而言,则是部分或基本有效,甚至无效。在国家之间,西方发达国家总是试图将目的之善视作对自己具有优先性的观念和行动,其他存在者只是实现终极之善的手段;在全球化的初创阶段,当其他国家尚处在无法与西方发达国家相抗衡的时候,全球化过程中的不正义处在承认或容忍的状态;当其他民族和国家逐渐探索出了非掠夺、非剥削的现代化新道路时,全球化过程的不正义便以激烈的外部冲突的形式存续着。即便是在非对抗的社会状态下,身体之善、外在之善和灵魂之善的创造与分配,也无法真正做到对每个人而言的公平、正义。这些显然属于朝向目的之善意义上的复杂性问题。

在手段之善和目的之善的相互关系上,同样存在着复杂性。在理想的状态下,一个相对为好的社会应该被这样设计:人类殚精竭虑地追寻一种能够创造财富并合理分配财富的经济组织方式,市场经济被视作是迄今为止相对有效率的经济组织方式;政治制度应该这样被安排,即每个人都有充分根据,自觉而自愿但必须合理地表达政治意志的权利;在人与人的结合方式上,每个人当充分且公开运用公共理性,既公平正义地获得权利也必须同时对等地履行义务,公平正义地分配权利,也必须公平正义地分配责任;当物质财富和精神财富被相对合理地分配给每一个人的时候,每个人必须有意愿且有能力过整体性的良好生活。然而事实证明,这只是人类设计出来的理想类型,迄今为止,尚未出现人们预先设想出来的、强烈期许的理想状态。任何一个手段之善的选择似乎都不能完全与目的之善相对应,这是因为由手段之善到达目的之善需经过若干环节和程序,而任何一个环节和程序都有可能偏离目的之善。全球化过程及其结果尤其如此,它起初就是悖论性的,或者从本质上说,它就是一种可能的世界性存在。雇用工人创造了自己的对象性存在,然而它们却作为异己性存在与自己对立；资产阶级创造了世界性的无产阶级，全世界无产阶级联合起来可以将世界性的生产—分配—交换—消费置于社会统一安排之下；但也极有可能，资产阶级将地方性的、民族性的、国家性的不正义变成全球性的不正义。

因为全球化是充满整体性和复杂性的，因而也往往是充满冲突的社会历史过程。可从两个方面加以论证，一种是客观的、无法抗拒的冲突，一种是人为制造的冲突。具体内容当在后续的论证中给出。

其次，三种思维向度。断面思维、段落思维和历史思维是哲学把握全球化问题的三种思维向度。所谓断面思维是指直指当下性的认知方式，所谓当下性是指正在发生着的或留在人们近期视听结构中的事件。当下性事件具有鲜明的历时性特征，在一个千百年来不曾变化的历史场域下，当下性事件就是历史事件，而历史事件就表现为当下性。空间的隔绝、时间的延迟，使得当下性和历史没有了距离。而在全球化语境下，"生产的不断变革，一切社会状况不停的动荡，永远的不安定和变动，这就是资产阶级时代不同于过去一切时代的地方。一切固定的僵化的关系以及与之相适应的素被尊崇的观念和见解都被消除了，一切新形成的关系等不到固定下来就陈旧了。一切等级的和固定的东西都烟消云散了，一切神圣的东西都被亵渎了。人们终于不得不用冷静的眼光来看待他们的生活地位、他们的相互关系。不断扩大产品销路的需求，驱使资产阶级奔走于全球各地。它们到处落户，到处开发，到处建立联系。资产阶级，由于开拓了世界市场，使一切国家的生产和消费都成为世界性的了"①。事实上，处在地球不同位置上的个体、民族和国家都在不停地创造、制造事件，但在一个时空隔绝的状态下，它们并不具有世界价值和人类意义；而在全球化境遇下，地方性的事件具有了明显的世界意义，然而这种意义在事实的、可亲身感受到的状态下并非是立刻的、瞬间的，而快速发展起来的信息整理系统和时时传播技术，可以将地方性事件在极短的时间内变成全

———————————

① 《马克思恩格斯文集》第 2 卷，人民出版社 2009 年版，第 34—35 页。

球性事件,让人们在视听体系内预先感受到尚未到来的实际影响,继而在实际影响尚未到来之前进入行动状态,这在客观上强化了基于差别、中经矛盾而达于冲突的广度和力度,使世界性的风险提前到来、随时到来。正是事件的即时性、实时性,使人长于感觉、知觉和表象,而少于判断、推理和预测。人们无法从短暂的前后相继和共时的事件叠加中抽身出来,冷静思考、理性判断,借以见出长时段和历史性的历史逻辑来。断面化、碎片化、突发性,使技术理性和实用理性覆盖了理论理性和历史理性;感性世界把理性世界挤压到了可有可无、若隐若现的程度。留给人们的是突发事件的堆积而无对造成突发事件之背后根源的沉思;个人利己主义、集团利己主义和国家利己主义者,"疲于奔命"地、乐此不疲地制造事件,并在病理学意义上对由它们造成的恐怖事件而产生的破坏国际、洲际秩序的"效果"感到"心满意足"。这是一种怎样的观念、认知、情感和意志啊。断面思维业已从日常生活和日常意识层面扩展到了一向被尊崇为神圣的知识、理论和思想领域,学者和理论思考者也深陷"就事论事"性的直播当中。已有的知识、现有的知识似乎都无法正确解释更无法正确指导面对风险社会的诸种危机所进行的思考与行动。人类似乎陷入一种魔咒,越是想控制作为异在的世界就越是被异在的世界所控制。断面思维无法沉思那些隐藏在事件背后的逻各斯,要打破只有不确定的才是确定的这境况,就必须树立段落思维和历史思维,亦即确立逆向思维发生学。现在已经到了需要集体和类反思的时刻,需要对已有的观念、制度、体制和规范做彻底的反思;曾支配了现代化运动的那些被视作普遍有效的规则和具有普适性的价值观,面对危机四伏、冲突不断的现代性境遇,需要做全面而彻底的检视、矫正、修正,甚至是放弃。如果缺少了段落意识和历史意识,而任由断面思维支配一切,那将会造成广泛而深刻的人类危机。

如果说这个预备性讨论为我们深刻而全面地把握具有哲学性质的全球化提供了原则与方法,那么更为重要的工作则是将这些原则与方法运用到对具体问题的分析和论证中来。

二、描述性的哲学性存在

描述性的哲学性存在，并非日常意识和日常语言意义上的情绪和意见，因为情绪和意见是非反思和非批判的，是基于直观或直觉之上的心理感受和情绪反应。而描述性的哲学性存在则是将全球化过程中的基础性、根本性和全局性问题借助康德的建构性原则和范导性原则呈现在表象里、把握在意识中，①借助建构性原则，将不同形态的现代化运动中所产生的问题概念化、观念化和普遍化，借以见出现代化运动的共同性和普遍性来。至于通过范导性原则为解决问题提供方法与道路，则在判断性的和实践性的哲学性存在的分析和论证中加以解决。时空、生产和观念是描述性的哲学性存在的三个面向，它们显现的是全球化的基础性、根本性和全局性问题。"时空的现代性转向"作为具有哲学性质的世界性存

---

① 参见［德］康德：《判断力批判》，导论："一般判断力是把特殊的东西当做包含在普遍的东西之下、来对它进行思维的能力。如果普遍的东西（规则、原则、法则）被给予了，那么，把特殊的东西归摄在普遍的东西之下的判断力，（即使它作为先验的判断力先天地指明了诸条件，唯有根据这些条件才能被归摄在那普遍的东西之下）就是规定性的。但如果只有特殊的东西被给予了，判断力为此必须找到普遍的东西，那么，这种判断就纯然是反思性的。规定性的判断力从属于知性提供的普遍的先验法则，它只是归摄性的；法则对它来说先天地确定下来的，因此它不必为自己想到一条法则，以便能够把自然中的特殊的东西置于普遍的东西之下。——然而自然有如此之多的形式，仿佛是普遍的先验自然概念有如此之多的变异，它们通过纯粹知性先天地立的那些法则依然未得到规定，因为这些法则仅仅一般而言地关涉一个自然（作为感官的对象）的可能性，但这样，对于这些变异就也必须有一些法则，这些法则虽然作为经验性的法则按照我们知性的洞识来看可能是偶然的，但如果它们应当叫做法则的话（就像一个自然的概念也要求的那样），就必须在杂多之统一性的一个尽管不为我们所知的原则出发被视为必然的。——反思性的判断力的职责是从自然中的特殊的东西上升到普遍的东西，因此它需要一个原则，它不能从经验借来这个原则，因为这原则恰恰应当为一切经验性的原则在同样是经验性的、但却更高的原则之下的统一性提供根据，因而为这些原则相互之间的系统隶属的可能性提供根据。因此，这样一个先验原则，反思性的判断力只能当做法则自己给自己确立，不能从别处拿来（因为若不然，它就会是规定性的判断力了），也不能指定给自然，因为关于自然法则的反思取决于自然，而自然并不取决于我们力图去获得一个就这些法则而言完全是偶然的自然概念所依据的那些条件。"

在,乃是因为时空作为康德意义上的先天直观形式,规定了人们在认知与行动上的外部边界(空间)和内心体验(时间),决定了人的外部视域的界限和内部视域的根本性质。在全球化背景下,时空突破了旧唯物主义或机械唯物主义的"形而上学"规定,即时空只是外在于人的认知与行动的机械性存在,而现在则变成了能动性的、易变性的主体性存在。时空虽不因我而生成而存在,却因我而显现而有意义。"现代生产逻辑"构成了现代唯物主义的核心问题,这绝非因为现代生产逻辑使唯物史观成为正确的理论,而是唯物史观深刻地揭示出了物质生活资料的生产方式在人类社会的发展与变迁中的基础地位和根本作用,而且只有依据唯物史观才能真正揭示现代生产逻辑的本质。"现代观念体系的建构及其危机"构成了最具哲学性质的精神性存在。因为,尽管哲学是相关于天人之道、人伦之道和心性之道的沉思,但所有的沉思只有最终回归到个体及人类是如何思考和行动的这个"始点"上来,才算是找到了人的活动以及由人的活动构成的属人世界之所以可能的初始性力量,这是始基,是出发点。只有将因人的思考与行动而成的事情被整体性地描划出来,始点、原因性才会被标划出来。现代观念体系的建构及其运行正是现代化运动的精神始点。

1. 时空的现代性转向

尽管造成全球化这一结果的原因是复杂的,其间充满着不平等、强制甚至是战争,但在当下,个体性的、集体性的、国家性的认知与行动,会在瞬间具有世界性意义,则是必须重视和正视的事实。这意味着,至少在现实性的意义上,不同主体(个体、集体、民族、国家、人类)的认知与行动都要在全球性和世界性的时空之内进行,尽管并无意愿使自己的知与行产生世界意义,但全球化的过程及其后果一定影响到各种形态的主体。全球化场域下的时空,已经不再是简单的物质存在的基本形式和物质运动的基本方式,亦即不同事物之间的相互共存(空间)和同一个事物的先后相继和流动持存(时间),也不仅仅是主体用以把握经验材料的"先天直观形式",毋宁说,时空业已变成一种思维方式,一种构造世界并赋予世界以意义的"内部视域",时空成为一种充满各种意义的内心体验。流动的时空结构越来越呈现出基于物理事实之上的社会事实和哲学人类学意义;时空也越来越成为基于个体、集体、民族和国家而达于人类的世界性存在。时空在实现着从单一的客体性存在向主客体相统一状态的转向,越来越呈现出被建构和解构的性质。

首先,空间的主体性向度促使空间不断呈现出被建构与解构的性质。空间不再是一个简单的人们用以描述实体的广延性和并存性的概念,而越来越表现出康德的"先天直观形式"的作用;空间不再是被证明具有广延性和并存性的一个实体或多个实体被置放于其中那个广袤的外部框架,而是一个可以用价值和意义加以标识的活动领域,活动延伸到哪里,嵌入到何处,空间就扩展到哪里,这就是延伸者和嵌入者的空间。一如殖民者所做的那样,它把那双充满侵略、打击、占有、侵占、支配的手伸到哪里,它就把自己的意志推广到哪里,那里的空间就是充满它的支配意志的空间。空间不再是一个固定的可丈量的物理框架,是一个仅有长、宽、高的外部形式,相反,空间变成了可以借助行动和想象所不断扩展着的物理世界、心灵世界和意义世界。当空间的社会和哲学人类学意义超过了物理意义时,人们才不再顾及世界的物质性对人的认知与行动的限制,而是试图解除各种物理限制而随性而为,只要这种随性符合各种规范。不同主体之空间结构的不断压缩和扩展,还得益于飞速发展的现代传播媒介体系,直播技术的发明,使得处在不同物理空间的人们可以共在于同一个事件的影响之中,它将往日的延时性或延迟性消解在共时性之中。共在结构的形成直接造成了堆积性效应,亦即不同性质的事件、不同空间中的事件会在单位时间内迅速堆积到同一个主体那里,节约了的时间就是压缩了的空间。正是在这个意义上,时间就是不同事件在同一个时间单位中的共在,物理空间的宽度、广度被现代转播的即时性予以消解,所以,时间就是空间,是不同地点上的事件的相互共在和同时显现。

其次,时间越来越具有了内感知特性。在哲学常识中,时间被规定为同一个事物的持续性和不同事物的先后相继和不同显现。在这一规定中,时间被视作是同一个事物和不同事物的外在结构的流动,似乎是对这种流动的记录。但事实上,如果缺少了主体性的维度,那么不同事物的相互共存、先后相继,同一个事物的持存,就没有了可供判断的根据,即价值的依据、意义的根据。如果将主体的认知、行动和体验贯彻到对时间的规定和理解中,那么朝向主体的时间就具有了基于物理事实之上的社会价值和精神意义。时间的社会价值在于,在被人为设置的具有职业性的社会时间内,日常交往和非日常交往的相对分离,使得社会时间被外在地划分为必要劳动时间和自由时间;必要劳动时间的规定具有双重意义,其一是,被承认的劳动是通过劳动所延续的时间来证明的,尽管农业劳动不像工厂劳动或具有职业性质的工作那样,人们可以精确地规定其时间长度,但同样要通过自然时间来完成,如春耕、夏锄、秋收、冬藏。在成体制性的社会安排下,似乎一切劳动都要通过时间加以规定和度量。其二是,时间成为衡量劳动价值从而规定其劳动价格的依据,但不是完全依照时间长短,而是依据单位时间内劳动的效率来规定劳动价值和劳动价格。在社会主义制度之下,尽管人们真诚地希望甚至坚定地认为,劳动与幸福具有内在的必然性,但在马克思所描述的必要劳动时间内,劳动者很少感受到劳动带给劳动者的快乐,它依然受着市场经济规律的支配,那就是,劳动者对基于劳动之上的所得的兴趣还是远远超过了对劳动过程的兴趣;同时还在一定程度上存在着为着获得更多的收入,不得不延长劳动时间的现象。在社会主义市场经济条件下,劳动者必须遵循商品生产与商品交换的规则。社会主义市场经济条件下的时间,不仅具有衡量劳动价值和价格的作用,而且还有深刻的社会意义,同时也包含着被物化的风险。这着实是一个矛盾,个体劳动时间的社会化,为使个人的劳动得到社会承认,个人的价值获得社会的认同创造了条件;但由于劳动时间的价值必须通过商品这一物化形式、货币这一符号化形式表现和实现出来,于是,他者和社会关注于劳动者的价值,就不再是他耗费了多少劳动时间,而是提供了多少物化的劳动产品,这就有可能使劳动时间失去了本体论的意义,而只有它的物质价值。

"因为商品是交换价值，所以它可以同货币交换，同货币相等。它同货币相等的关系，即它的交换价值的规定性，是它转化为货币的前提。特殊商品同货币相交换的比例，即一定的商品可以转化成的货币量，决定于对象化在商品中的劳动时间。作为一定的劳动时间的体现，商品是交换价值；在货币上，商品所代表的劳动时间的份额，不仅被计量，而且包含在它的一般的、符合概念的、可交换的形式中。"①那么，作为自然存在的劳动时间是如何获得社会性从而具有社会意义的呢？"劳动时间本身不能直接成为货币（换句话说，这等于要求每个商品直接成为它自己的货币），正因为劳动时间（作为对象）实际上始终只是存在于特殊产品中：作为一般对象，劳动时间只能象征性地存在，它恰好又存在于被设定为货币的那种特殊商品中。劳动时间并不是作为一般的、与商品的自然特殊性相脱离和相分离（相隔绝）的交换对象而存在。然而，要直接实现货币的条件，劳动时间又必须作为这样的交换对象而存在。正是劳动（从而交换价值中所包含的劳动时间）的一般性即社会性的对象化，使劳动的产品成为交换价值，赋予商品以货币的属性，而这种属性又意味着一个独立存在于商品之外的货币主体。"②在自然经济条件下，劳动者的生产及其产品基本上在自给自足的情形下进行的，他的劳动时间既是一种自然时间的流动又是社会时间的展现，而这两种时间都是通过劳动者自身而自行完成的，他无需通过他人的确认更无需交换；由于无需确认和交换，当然没有必要计算劳动时间的长短、对不同劳动时间进行比较；其劳动时间的自然、社会和人类意义是通过自在而自为的形式而统一在一起的。相反，在市场经济条件下，劳动者的劳动时间必须社会化、类化；一如他的私人劳动必须变成社会劳动那样，他的私人劳动时间也必须转换成社会必要劳动时间。劳动时间的商品化和货币化，使它成为一种基于自身而又超越

---

① 《马克思恩格斯文集》第 8 卷，人民出版社 2009 年版，第 61—62 页。
② 同上书，第 62 页。

自身的对象性存在。"货币是作为一般对象的劳动时间,或者说,是一般劳动时间的对象化,是作为一般商品的劳动时间。劳动时间由于调节交换价值,它实际上就不仅是交换价值的内在尺度,而且是交换价值的实体本身。"①这确实是一个矛盾,劳动者的劳动时间若欲得到他者和社会的确认、承认,就必须转化为商品和货币,即必须物化,"这种矛盾在与劳动时间不同的货币上取得了自己的物的表现"。若是从劳动者的生命的角度看,劳动时间与其说是劳动过程的一种持存和延续,倒不如说是劳动者之生命的流动。当他把自己的自然时间固着在持存着的劳动过程中时,他分明是把自己的生命流动凝固在了劳动过程中。若要劳动者在劳动过程中所耗费的自然时间变得具有社会的和类的意义,就必须把自己的劳动产品变成商品,建成于他者和社会有用的价值物,就必须把这种劳动过程中的自然时间变成社会时间,通过这一转换,劳动者的特殊活动变成了社会活动,劳动者的个性变成了社会性;个体的社会化程度越高,就意味着个体的社会性程度越高,个体的理性能力也就越高,也就越是能够发展出基于公共价值之上的公共理性。

当个体的、特殊的劳动时间被社会化,特别是当共同生产和统一分配社会财富已经成为前提时,时间的规定和分配仍然具有重要意义。"如果共同生产已成为前提,时间的规定当然仍有重要意义。社会为生产小麦、牲畜等等所需要的时间越少,它所赢得的从事其他生产,物质的或精神的生产的时间就越多。正像单个人的场合一样,社会发展、社会享用和社会活动的全面性,都取决于时间的节约。一切节约归根到底都归结为时间的节约。正像单个人必须正确地分配自己的时间,才能以适当的比例获得知识或满足对他的活动所提出的各种要求一样,社会必须合乎目的地分配自己的时间,才能实现符合社会全部需要的生产。因此,时间的节约,以及劳动时间在不同的生产部门有计划的分配,在共同生产的基础上

① 《马克思恩格斯文集》第 8 卷,人民出版社 2009 年版,第 63 页。

仍然是首要的经济规律。这甚至是在更加高得多的程度上成为规律。"①
当劳动时间不再是个体的特殊劳动时间和社会必要劳动时间之矛盾及其
解决意义上的生命流动时,人类才真正进入了共同生产、根据整个社会的
全部需要来统一安排劳动部门、分配劳动时间的状态,特殊劳动时间直接
就是社会劳动时间。

以此可以说,虽然市场经济被视作是迄今为止人类能够找到的创造
财富和分配财富相对有效率的经济组织方式,但绝不是最好的甚至是最
后的方式;因为它有无法克服的内在矛盾和外在冲突。从内部看,它始终
存在着特殊劳动时间如何变成社会劳动时间的困难;而一当人们只是着
眼于劳动结果而不再关注特殊劳动时间乃是一种生命流动时,那就必然
把劳动者及其劳动时间变成物化状态下的、冷冰冰的社会关系,情感的、
精神的因素被完全遮蔽在产品的买卖和消费关系之中;当人们乐此不疲
地沉浸在物的生产与消费状态之中时,情感的、精神的要素就会弱化。当
劳动的伦理本体地位被遮蔽或被消解掉,那么剩余下来的也就只有生产、
分配、交换和消费这一现代生产逻辑了。马克思所设想的由社会统一安
排劳动、共同生产、按社会总需求分配劳动时间,时间的哲学人类学意义
才能真正地开显出来。中国式现代化新道路,正是走向这一社会状态的
伟大实践。而我们当下所面对的依旧是社会发展不充分、财富分配不合
理的客观现实,我们要在此在的状态下,深刻认识和充分发展社会主义的
市场经济。我们要规范将权力的行使,加强对资本的监管,既要坚持差别
意义上的平等,又要实现人道意义上的平等,令每一个有意愿且有机会和
能力的人,过上一种整体性的良好生活。

2. 现代生产逻辑

时空结构的现代性转向,完全得益于现代生产逻辑的生成。现代性
语境下的一切,无论是直接的还是间接的,无论是创价还是代价;无论是

---

① 《马克思恩格斯文集》第 8 卷,人民出版社 2009 年版,第 67 页。

喜悦还是悲伤,无论是希望还是失望乃至绝望,都相关于现代生产逻辑的生成及其一以贯之的内在动力。唯物史观既是我们打开现代生产秘密的锁钥和科学理论,又是我们矫正、修复和改造现代生产的价值观念。如果忽视和甚或是否弃了唯物史观的指导作用,那么面向现代化、现代性和全球化问题的任何论说和解释都不可能是彻底的。

生产与劳动或许并无本质区别,均指具有一定劳动技能的个体及其联合形式即集体,借助工具系统,将目的对象化到对象上去从而创造物质和精神生活资料的过程;如果将劳动或生产的复杂过程简约为生产目的的直接标划,那就是创造用以满足衣食住行用等物质需要的物质生活资料和满足信知情意等精神需要的精神生活资料的过程;财富是表达和表现劳动产品的另一种话语。无论这一过程是劳动者(生产者)自我显现、自我确证和自我实现的过程,还是异化的过程,都不会失去它们之于人类的基础性和根本性作用,因为,人类一旦停止生产,那么一切也就都不复存在了。在马克思的著作中,生产与劳动经常是混同使用的,马克思似乎没有就二者的区别做出最明确的规定。如果非要将劳动与生产的细微区别昭示出来,那么仅仅是由于如下两点,其一,劳动强调的是劳动者充分发挥他的劳动力的过程;劳动者在劳动过程和劳动结果中所能感受到的肯定和证明关系;尤其是当他的劳动产品是直接进入他的享用关系,还是用于满足他者的需要;或者是他的劳动力及其劳动被他人占有而不得不充当雇用工人时,劳动者在劳动过程及其结果中的物质关系、情感感受和精神状态,无疑是存在质的区别的。而生产强调的则是一个具有使用价值的产品是如何被创造出来的,至于这个产品与生产者具有怎样的关系,是自我确证还是自我异化,则不在规定性之内。劳动强调的是立体的物质、社会、情感和精神关系,而生产只是规定了客观的物质关系。唯其如此,马克思始终使用“劳动异化”或“异化劳动”,而从不使用“生产异化”或“异化生产”。其二,在现代性和全球化场域之下,劳动具有了多种形态和多重含义。如果将劳动仅仅等同于生产,那么就会遮蔽劳动的伦理本体地位而无法深度发掘造成劳动异化的深层原因。

现代性、全球化语境下的平等、正义、自由、幸福等社会价值问题无不相关于劳动及劳动正义，因此，只有对现代性语境下的劳动做深度研究，才能理解现代性和全球化的实质，也才能对社会正义、平等问题正确的判断。如果我们将现代性和全球化作为一个哲学性质的世界存在的两个不同的面向，那么，它们的共同基础则是现代生产逻辑。将生产置于劳动概念之上而遮蔽劳动的伦理本体地位从而产生诸种劳动不正义问题，原是有着社会根源的。

人类从未放弃过寻找提高劳动效率的努力，尽管某个个体或某些个体甚至某些民族，并不追求过度富裕和奢侈的生活，而是满足于简单的物质生活但却充满深厚精神意义的生活方式；但人类作为一个整体似乎总是在追求着富足的甚至是奢侈的生活，这是由人类的本质所决定的。自然经济（采集与狩猎）、畜牧经济、农业经济、工业经济、知识经济、信息经济等等，都是人类能够或已经找到的创造财富、分配财富、试图过富足生活的诸种方式。但如若这些经济组织方式只遵循自给自足的生产和交换方式，那么人们所能强调和感受到的始终是劳动者与其劳动过程和劳动结果的关系；相反，如若把劳动变成一个首先为他人生产然后才满足自己的需要的生产过程，那么，人们强调和感受到的则是如何提高劳动产品的数量和质量，以及如何通过交换实现劳动产品的交换价值，借以获取满足自己多种需要的产品，此时，生产就变得比劳动更具有社会性质。在自给自足语境下所进行的劳动过程，其所具有的社会性质是极其狭小的，常常仅限于基于血缘、地缘关系之上的、充满自然属性的互赠礼物意义上的相互确证，其所确证的固然有礼物的使用价值，但更加重要的是文化人类学的意义，即心灵与情感的共同感和共通感。事实证明，如果人类始终处在自给自足的、互换礼物的状态下，提高劳动生产率从而满足多样化的需要的努力就缺少足够的人性基础和社会根据。然而，在个体的存在状态和人类的类本质中始终存在着通过解决个体创造生活资料之能力的有限性和需要的多样性的矛盾以多样化满足多样性需要的原始动力，人类的根本任务不是去构建这种原始动力，而是在这种原始动力的推动下寻找解决矛盾的手段与途径。解决矛盾的根本道路在于交换。只有将各自的劳动产品互换给他者,才能得到虽非自己创造但却是自己所需的生活资料,但如果只是限于民俗性的或节日性的互赠礼物,那么就不可能从根本上改变能力的有限性与需要的多样性的矛盾状态。在人类的不断进化中,人们不断地在改变着、重构着交换状态和交换属性。终于,人类在互赠礼物的基础上生发出了交换经济、商品经济和市场经济,市场经济是交换经济和商品经济发展的高级形态,无论从形式和内容、空间和时间,市场经济都把交换发展到了相当完备的形态。市场经济表现为现代生产逻辑,它不但把生产—消费变成了世界性的存在,而且产生出了世界性的劳动正义难题;进一步地,也把地方性的、民族之间的、国家内部的具有经济、政治、科技、社会和文化性质的矛盾与冲突变成了世界性的存在。如果直面现代生产逻辑自身,那么作为具有伦理本体地位的劳动便具有了如下一些复杂情形。

(1)全面的物化与普遍的交换、多样的需要和立体的能力

交换古已有之,但只有在市场经济条件下,交换才变成了普遍的甚至是必然的事情,也变成了仅仅具有经济意义的事情。然而如果把交换仅仅视作一个具有经济意义的简单行为,那势必不能揭示出劳动所具有哲学性质的本体论、认识论和价值论意义来,因为这些意义是隐藏在经济意义背后的隐意或隐喻。在自给自足条件下,劳动仅仅具有劳动者自我的、血缘和地缘的、民俗文化的意义,相反,它的社会性质和哲学人类学意义还是隐藏着的,因为劳动尚未变成普遍的社会性存在,进一步地尚未成为具有哲学性质的存在。当劳动者不再把自己的劳动产品直接用于自己的需要和享受,而是参与到社会总生产的逻辑体系中,参与到社会总财富的分配中,那么他的劳动产品就变成了社会总财富的一部分,只要他的产品具有使用价值。如此一来,以市场为导向而进行的资源配置方式,就在初始性的劳动—享用之间开显出了分配和交换两个重要环节。正是通过生产—分配—交换—消费,个体劳动才会变成共同劳动,私人劳动才会变成社会劳动。这就为使劳动成为普遍的、具有哲学性质的存在奠定了社会

基础。马克思在类哲学的意义上,将劳动的这种哲学人类学性质描画为:
"假定我们作为人进行生产。在这种情况下,我们每个人在自己的生产过
程中就双重地肯定了自己和另一个人:(1)我在我的生产中物化了我的
个性和我的个性的特点,因此我既在活动时享受了个人的生命表现,又在
对产品的直观中由于认识到我的个性是物质的、可以直观地感知的因而
是毫无疑问的权力而感受到个人的乐趣。(2)在你享受或使用我的产品
时,我直接享受到的是:既意识到我的劳动满足人的需要,从而物化了人
的本质,又创造了与另一个人的本质的需要相符合的物品。(3)对你来
说,我是你与类之间的中介人,你自己意识到和感觉到我是你自己本质的
补充,是你自己不可分割的一部分,从而我认识到我自己被你的思想和你
的爱所证实。(4)在我个人的生命表现中,我直接创造了你的生命表现,
因而在我个人的活动中,我直接证实和实现了我的真正的本质,即我的人
的本质,我的社会本质。"①毫无疑问,这是在共同生产、共同分配成为现
实的基础上才能出现的景象,而要促使这种景象能够出现,人类必须经过
尚没有能力由社会共同安排劳动、共同分配、按需分配,而只能通过借助
劳动被物化这一环节来实现。进言之,人类如欲实现马克思所预设的共
同劳动、统一分配、自由发展、全面进步,似乎非得经过生产力有极大发展
但又没有高度发展这一历史过程,或许人类永远都做不到高度的、充分的
发展,这可能是由能力的有限性与欲望的无限性之间的矛盾永远无法得
到彻底解决所致。市场经济或现代生产逻辑作为人类劳动与生产发展史
上的特定阶段,必须在"前资本主义""资本主义"和"后资本主义"的历史
链条中得到界定和规定。相较于"前资本主义",现代生产逻辑确实创造
出了**普遍的交换、多样的需要和立体的能力**,通过越来越精细的社会分
工,无论是物质生活资料还是精神生活资料的生产,都越来越多样化、细
致化和精细化;通过基于社会分工之上的普遍交换,增强了人们之间的社
会交往、情感交流和思想融通,这在客观上提升了个体的社会性,培养了

---

① 《马克思恩格斯全集》第42卷,人民出版社1979年版,第37页。

公共理性。尽管这一过程受到劳动物化和劳动资本化的严重影响,从而降低了基于普遍交换之上的情感交流和思想融通的质量;劳动物化是与现代生产逻辑相伴而生的,如果取消了私人劳动与社会劳动、使用价值与价值、产品与商品之间的矛盾关系,那么也就取消了个体之思维和行动越来越社会化的道路,同时也就取消了培养个体之需要的多样性、提升个体之能力的专业性的社会基础;正是通过劳动的物化才有可能实现自由而全面的发展。然而,通过使劳动资本化而产生的私有制将劳动物化发展到了异化的程度,亦即劳动者通过劳动生成了异己性的世界;如果说在单一的劳动物化境遇下,是物的世界和物的关系支配着人们,那么既在物化又在异化的条件下,私有制使得物的世界和资本家共同支配着劳动者。这着实是一个悖论,没有劳动的物化,没有适度的私有化,就无法提高劳动生产率,就不可能创造出更多的社会财富;然而,如若被创造出来的社会财富绝大多数都掌握在少数人手里,而绝大多数人虽有积累但却是通过付出艰苦的劳动而获得的,这便是有增长而无发展的社会事实。这便是唯物史观所揭示出的社会基本矛盾规律,生产关系既可能是推动生产力快速发展的条件,也可能是滞阻生产力发展的基础。

(2)劳动形式的多样性与复杂性问题

或许人类始终面临着科学与价值的矛盾关系问题,矛盾既是阻力也是动力,既是锁头又是锁钥。然而,在现代性和全球化场域之下,科学与价值的矛盾却有了复杂性和冲突性情形。就与劳动有关的科学与价值的矛盾关系而言,就呈现出了劳动形式的多样性、复杂性以及由此而引发的判断劳动价值的复杂性和劳动正义问题。就传统的劳动形而言,主要有物质生产和精神生产两种最基本的类型,或许可以说,这是人类永恒的劳动形态,这是由人的生物性、社会性和精神性需要这种自在的、原初性的需要结构所决定的。现代性、全球化场域下,劳动形式的多样性和复杂性并非指,在物质生产和精神生产之外开辟出了新的生产类型,而是指这两种生产拥有了更高的技术含量。除此之外,就物质生产而言,劳动具有了多种形式,除了继续拥有用于创造满足人们衣食住行用这些物质需要的劳动之外,还开显出了用于创造生产工具的劳动,人工智能本质上属于工具系统的创造,它们不能直接创造出物质生活资料和精神生活资料,但它们可以更加安全、快速地,精确、精致地创造出生活资料;它们永远都不可能是目的之善,因为,人们用人工智能的成果并不能满足自己的生物性、社会性和精神性需要,但人工智能的发明者却把开发人工智能视作是自己的终极之善,因为,他们在开发和利用人工智能过程中,再现了自己的本质力量,在他们的"作品"中看到了自己、确证了自己;在他者使用他们的"作品"时他们的本质力量获得了承认,体会到了自己的社会价值;如若能够获得极大的物质奖励那将是更大的快乐。然而,人工智能的发明者和推广者,除去那些利用现代科学技术试图毁灭人类的罪大恶极者不论,就那些具有善良意志的发明者和推广者而言,都抱着惠及社会、造福人类的美好愿望,然而,现代科技及其人工智能被广泛运用到生产、交往和生活之后,它们要么成为监控人的意志于行动的手段,要么变成了支配人的意志与行动的物理设置;人工智能之于人的情感世界的建构性和解构性作用,被贯穿到生活的所有领域所有层面。

更加根本性的作用在于,人工智能被广泛运用到使用价值的创造与享用中,致使劳动产品的技术构成超过了传统劳动的技术构成比例,亦即,依靠体力和智力直接从事劳动的比例越来越被更能体现科技含量的机器生产的比例所替代,人工智能被广泛运用于不同形态的生产中,大大降低了危险和风险,也大大提高了劳动生产率。然而被替换下来的劳动者并不能快速地找到其他劳动形式,借以获得能够满足最基本生活需要的生活资料,而是被挤压到越来越充满竞争、矛盾的失业队伍中;出现了失业者之间的竞争和矛盾。在不断就业的艰难过程中,失业者已经无力通过提高劳动技能而快速地回到劳动岗位上去;于是,由科技的快速发展带来的劳动分工变成了越来越严峻的劳动正义问题。

（3）劳动正义问题

作为一个反思性概念,正义概念更多的是指向一个不正义的社会事实,无论不同的言说者述说着怎样的不正义境况,但人们似乎总有一种公正的旁观者意义上的公正观。亦即,总能就同一个不正义境况表达接近的甚或是相同的价值判断来,人类似乎从来不缺少先在的、天然的、可直观的在正义问题上的共同感和共通感。正是这种共通感才会促使人们采取集体行动,去建构那个人人平等的充满正义的世界。然而,人类似乎从未构造出一个令所有人都满意的正义世界来,相反,人们总是对这个现实的世界充满了批判的态度,指出若干个不正义的现象来。当普遍交换已经形成,当不变资本和可变资本在全球范围内以市场为导向进行资源配置时,劳动正义问题以地方性的、国家性的和全球性的形式呈现出来。空间正义概念的提出,已经预示着全球性的劳动正义问题已经变得极为尖锐,这除了表现为物化意义上的"异化"之外,还在精神层面表现为劳动之伦理本体地位的消解与遮蔽。如何实现马克思所提出的劳动对象化理论,无疑是全球化背景下、现代性语境下,必须高度重视和全力解决的问题。

3. 现代观念体系

似乎人类的所有观念都根源于人的特定的存在状态及其展开方式,然而,无论是何种"出身"的人类种群和个体,在源初的存在状态上并无天壤之别,可在观念上怎么会如此不同? 其最终解释可能在于不同种群所处的自然环境及其制造生产资料和创造生活资料的方式的差异。以此为依据,不同种群的任何一种观念都是从其特定的存在状态及其展开方式中生发出来的感知方式、判断能力和价值观念。并非所有的观念都与现代性相关,但却支撑了现代性;而有些观念一定相关于现代性,因为它们原本就是在现代化运动中产生出来的。

（1）先行于现代性产生但却支撑了现代性的观念

在所有的观念体系中,似乎哲学观念是最高级的。这些哲学观念不是人们学习了哲学之后而产生的,而是哲学家把日常观念提升到了形而上学的高度。在西方哲学观念体系中,实体思维似乎就是与现代性最为密切的观念,虽然它不是为着现代性而产生的,但却与现代性有着天然的亲缘关系。追问本体构成了古希腊哲学最初的意愿和意向，追问本体，追问事物的始因，乃是由人的本性所决定的，只有找到了事物的始因才能找到生成此物的初始性力量，也只有明了或支配了这个初始性力量才能支配此物。因此，获得初始性、确定性和因果性乃是人类的一种强烈愿望，无论把始基、始因定义为水、气、无限、数、原子，还是火，都是追问始基的方式，这种愿望具有二重性，当逻各斯在物自身而不在人这里，那人就必须要遵从逻各斯而行动，照逻各斯而生活。"这道虽然万古长存，可是人们在听到它之前，以及刚刚听到它的时候，却对它理解不了。一切都遵循着这个道，然而人们试图像我告诉他们的那样，对某些言语和行为本性——加以分析，说出它们与道的关系时，却显得毫无经验。"①巴门尼德把关于本体的、道的追问直接演变成了存在论问题，并预设了被思想和思想的目标的同一性，人们只能思维存在者而不能思维不存在者。"因为能被思维者和能存在者是同一的。必定是：可以言说、可以思议者存在，因为它存在是可能的，而不存在者存在是不可能的……存在者不是产生出来的，也不能消灭，因为它是完全的、不动的、无止境的。它既非过去存在，亦非将来存在，因为它整个在现在，是个连续的一……可以被思想的东西和思想的目标是同一的；因为你找不到一个思想是没有它所表达的存在物的。存在者之外，绝没有、也绝不会有任何别的东西；因为命运已经用锁链把它捆在不可分割的、不动的整体上。"②思想与思想的对象是同一的，这是一种意愿还是一种事实？它起于意愿、信念而止于部分事实。无数个事实证明了，人们只能部分地、一定层次上地感悟逻各斯、分有逻各斯，遵从逻各斯而生活，因此完全知了和领悟逻各斯乃是一种坚定的信念和良好的意愿。将思想者与思想的同一性、将思想与思想对象的同一性视作愿望、视作情怀，固然体现了人类的信心和信念，但若是作为一个具有必然性的观念则潜藏着僭越逻各斯的风险。亚里士多德在《形而上学》中，将

---

① 《西方哲学原著选读》上卷，商务印书馆 1981 年版，第 11—12 页。
② 同上书，第 22—24 页。

思想者与思想的同一视作最令人神往的善,亚里士多德说,能被思想者一定是善的东西,甚至是最高的善,善型与善型的显现方式是一致的,这个显现方式就如同是立在思想者和思想之间的一个中项,它把所指和被指有机地结合起来。如若有一种东西它是至善或最高的善,那它一定是一种自足的东西,它推动着追求和向往它的东西去运动,去实现它,它自身就是一个运动着的本体、实体,"它以这样的方式来运动;像被向往的东西和被思想的东西那样而不被运动。最初的这些东西也是这样。被欲求的东西,只显得美好,被向往的东西,才是最初的真实的美好。欲求是意见的结果而不是相反。因为思想是本原。理智被思想对象所运动,只有由存在所构成的系列自身,才是思想对象。而在这个存在的系列中,实体居于首位,实体中单纯而现实的存在者在先(单一和单纯并不相同。单一表示尺度,单纯则表示自身是个什么样子)。而美好的东西,由于自身而被选择的对象,都属于思想对象的系列。在这一系列中,最初的永远是最好的或者和最好的相类"①。最初的东西就是最美好的东西,它总是这样地美好而不会变成别样,"由于它必然而存在,作为必然,是美好,是本原或始点。而必然性又有这所有含义,由于与意向相反而被强制,或者没有它好的结果就不可能,总须如此而不允许别样是最单纯的意义"②。在亚里士多德看来,天界和自然就是这种最初的本源,它们永远都是自足的,没有缺陷,只有完满;但人类就是有缺陷的,它总是想获得那个完满的东西,但总是以有限的方式去思想它和追求它。"天界和自然就是出于这种本原,它过着我们只能在短暂时间中体验到的最美好的生活,这种生活对它是永恒的(对我们则不可能),它的现实性就是快乐(因此,清醒、感觉、思维是最快乐的,希望和记忆也因此你而是快乐)。就其自身的思想,是关于就其自身为最善的东西而思想,最高层次的思想,是以至善为对象的思想。理智通过分享思想对象而思想自身。它由于接触和思想而变成思想

① 《亚里士多德全集》第七卷,苗力田译,中国人民大学出版社 1993 年版,第 277 页。
② 同上书,第 278 页。

的对象，所以思想和被思想的东西是同一的。思想就是对被思想者的接受，对实体的接受。在具有对象时思想就在实现着。这样看来，在理智所具有的东西中，思想的现实活动比对象更为神圣，思辨是最大的快乐，是至高无上的。如若我们能一刻享受到神所永久享到的至福，那就令人受宠若惊。如若享得多些，那就是更大的惊奇。事情就是如此。神是赋有生命的，生命就是思想的现实活动，神就是现实性，是就其自身的现实性，他的生命是至善和永恒。我们说，神是有生命的、永恒的至善，由于他永远不断地生活着，永恒归于神，这就是神。"①如若把人自身视作神，那么他就一定是一个自我运动、自我沉思的神，获得至善固然重要，但获得至善的过程更重要；获得思想重要，但现实地沉思着思想的对象更令人着迷，因为只有具有现实性的活动才更加重要。

但黑格尔把思维与存在、思想者与思想的对象视作是绝对同一的，这是一个充满风险和危险的哲学信念，而实现这个同一的则可以是绝对理性或绝对精神，也可能是国家，更可以是单个的人。而康德则为"物自体"保留了足够的先在性和源初性，人们只能认知、体验和把握关于"物自体"的表象，而永远不能彻底地掌握"物自体"，因为，"物自体"作为本体，作为初始性力量是先于人而存在的，人的理性与"物自体"并不具有完全对称的关系，人们必须遵循机械规律而待自然。而在由人的理性和行动所及的世界里，人则是自由的，因为它们是因人的行动而成的事情。

以此可以说，先行于现代化运动而产生的古希腊实体思维、思想者与思想的对象相同一的哲学观念，具有二重性，从积极自由的角度看，一如亚里士多德所论述的那样，如若把人自身视作神，那么他就一定是一个自我运动、自我沉思的神，获得至善固然重要，但获得至善的过程更重要；获

---

① 《亚里士多德全集》第七卷，苗力田译，中国人民大学出版社 1993 年版，第 278—279 页。黑格尔对亚里士多德"思想与思想者是同一的"的思想高度重视。他在《哲学史讲演录》的"亚里士多德"部分，对这段话几乎是引用原话进行了逐句的讲解（见《哲学史讲演录》第二卷，贺麟、王太庆等译，上海人民出版社，第 281—285 页）。在《精神哲学》的最后一节即 577 节中，论述"理念之自我分割"时，在注释中几乎逐字逐句地引证了亚里士多德的这段话。足见黑格尔对亚里士多德关于思想与思想者是同一的这一思想的高度重视。

得思想重要,但现实地沉思着思想的对象更令人着迷,因为只有具有现实性的活动才更加重要。实现属人的善才是最具内在价值的事情,而实现属人的善就是要按照人的样子去行动。这里虽然没有明确的自然优先性的观念,但也绝没有可以任意对待自然优先性的主张。黑格尔虽然把思维与存在视作绝对的同一,但也从未主张特殊性可以任意对待普遍性,相反,只有受到普遍性光芒照耀的特殊性才是现实的。那么,古希腊以降至现代化运动之前的本体论和实体思维,是如何演变成现代化运动中的实体运动和实体思维的呢? 哲学家构造各种体系、生成各种观念并不直接导致其体系和观念普遍化和现实化,国家治理和社会管理者也从未完全按照哲学体系和哲学观念治理天下,因此,将古希腊以来的实体思维和本体论与现代化运动关联起来的,并不是哲学家,而是多个层次的行动者共同努力的结果。

首先,实体思维与原子主义思维。关系思维与实体思维是两种完全不同的思维方式,整个古希腊哲学的底色是就是实体思维,水、气、原子等等作为自然本体,就是原子,作为始基,这些原子具有源初性,展开自身为他物,他物又复归于原子。每一个思维者也同样是原则,亚里士多德德性论中的行动者就是各个层次的原子,政治家除了具备一般公民所必备的德性,还要具备政治家自身所应有的德性。每个能够思维和行动的社会原子相互交往、公共行动,构成了家庭、城邦等共同体。正是每一个原子的相似甚至相同的需求才使各个原子相互嵌入、相互制约,共同行动。这种观念和情感在现代化运动中被极大地扩展开来,每个人的人格性都是目的,每个人的生命权、财产权和自由权都具有不证自明的合理性。由个体定义整体,由原子定义关系,这就是实体思维和原子主义思维。在这种思维支配之下,个体与整体对立着、人类与自然对立着;我是主体,他者是客体;人类是主体,自然是客体;对立的关系就要通过斗争来解决。任何一个主体,任何一个原子,都存有超越自身的有限性而变成全体、变成无限性的冲动;主体会把自由滥用到我即一切、朕即国家的地步。从实体思维和原子主义思维走向关系思维和价值思维,乃是西方当代形态的现代性所面临的最大难题。东方思维起初是关系思维和整体思维,人们总是自觉与不自觉地从整体定义个体、从关系定义存在。将中国哲学中的"道"与古希腊哲学中的"逻各斯"做对比,尽管仅仅具有形式上的意义而不具有实质性的价值,但对于实体思维、原子主义思维和整体思维、关系思维之于现代性的观念意义之研究,还是极为重要的。当代德国现象学哲学家罗姆巴赫对此有着颇为值得重视的见解:"另一种思想的形成方式是不同的,它来自对道路(Weg)的经验,在道(Tao)中表达自身,就通过这种方式而被描述……道是一个基本词,就是说,像逻各斯在西方一样,道是一个同样类型的基本词。由各自的基本经验出发,(以下)这些对立的方面得到了思考。逻各斯讨论在,道讨论无;逻各斯讨论知识,道讨论无知;逻各斯讨论意志,道讨论无为。不过这种无为与无所为无甚关系,在其中显示的是,它能被建构一种高超的艺术。无为是如此发生的,即每个东西都在自己的构成运行。"①"对于道路的经验通向这种经验本身的'本质',通向结构,在此道路显现了对于结构的经验方式,结构成为道的真实性形式。一个结构只能在某条道路上被经验,处于由一物向另一物的过渡中。逻各斯不是这样;逻各斯论及一种'超越'事物的经验方式。通过逻各斯经验的本质绝不是不可把握性,而恰好是每一事物的可把握性。由它超越事物的立场出发,它获得了'客体性',这种客体性是西方哲学和科学的本真意义和诱因。"②在老子的道论中,无论是形而上之道还是形而下之道,道都是与人的存在须臾不可分离的,人们只能在"恒无欲"中把握无形之道,在"恒有欲"中把握有形之道;在顿悟和体验中把握通往道的道路。道路是由道开显出来的路向,也是通往道的路径。关系思维和境界思维超越了由实体思维所导致的原子主义和本质主义的风险。

面对源初的、扩张的和反思的现代性,实体思维、关系思维和价值思维经历着分离的、隔阂的状态,也蕴含着相互嵌入的、相互贯通的内在要

①　[德]海因里希·罗姆巴赫:《结构存在论:一门自由的现象学》,王俊译,浙江大学出版社 2015 年版,第 ii 页。
②　同上书,第 iii—iv 页。

求;只有将他者思维和集体意识贯彻到原子主义和个人主义之中,自由、民主、平等才会获得真正的含义;关系思维和价值思维只有将个体的初始性权力贯彻到集体无意识和有意识中,也才能获得真实的个体存在。两种不同的思维方式既然先行于现代性而生成并持久地发挥作用,那么,面对问题形态的当代现代性,只有超越各自的片面性,才能生成类似于罗姆巴赫意义上的"结构"。"结构不是范畴,而是很多范畴的安置。当结构的构造状态的范畴安置被阐明的时候,结构的构造状态也就被阐明了。其中的一些范畴始终在存在论中占有一席之地,如'关系'或'意义',有些是较新的,如'异化'和'动态',有些则是在最近才作为术语被接受,如'创造性'和'信息'。"①"结构"将"实体"和"体系"含括在自身之内,并把二者发展成动态的秩序构造过程,而将诸要素联结起来构成"结构"的关键则是"环节";世间存在可能从不缺少实体和体系,但却缺少环节,正是诸环节才让整个世界关联起来、运动起来,充满生机,持存秩序。关系思维和价值思维并非取代实体思维,而是把实体思维提升到了关系和价值的高度;将实体思维反思性地安置在关系思维和价值思维的基地上;实体思维是关系和价值思维的存在论前提,因为没有诸多实体,没有"这一个"和"那一个"实体,关系和价值也就没有了存在的意义,事实上,关系和价值正是若干个"这一个"和"那一个"实体相互嵌入、相互影响的过程及其成果;关系和价值思维则是实体思维得以存在的条件,是判断实体思维和行动是否合理的内在根据和外在理由。

其次,理性无限的观念。自古希腊泰勒斯追问世界的本源开始,至费尔巴哈为止,通常被称为西方传统哲学。西方传统哲学有两个传统,即两个承诺:包括人在内的整个世界一定存在着一个统一的本体、始因,它展开自身为万物,万物又复归于始基;人有足够的认识能力认知和把握这个本体。这就是本体论承诺和认识论承诺。整个古希腊哲学要么在论证这

---

① [德]海因里希·罗姆巴赫:《结构存在论:一门自由的现象学》,王俊译,浙江大学出版社 2015 年版,第 vi 页。

两个承诺的必要性，要么在论证它们的可能性，但尚无明显的倾向对此表示怀疑。及至近代，笛卡尔第一个以全面而彻底怀疑的面相对这两个承诺进行了考察，在他那里，考察心灵认知能力的无限可能性问题具有优先地位。笛卡尔进行全面"怀疑"不是目的，而是一种获得"确定性"和"明晰性"的艺术。"我发现，'我想，所以我是'这条真理是十分确实、十分可靠的，怀疑派的任何一条最狂妄的假定都不能使它发生动摇，所以我毫不犹豫地予以采纳，作为我所寻求的那种哲学的第一条原理。然后我仔细研究我是什么，发现我可以设想我没有形体，可以设想我没有我所在的世界，也没有我立身的地点，却不能因此设想我不是。恰恰相反，正是根据我想怀疑其他事物的真实性这一点，可以十分明显、十分确定地推出我是。另一方面，只要我停止了思想，尽管我想象过的其他一切事物都是真的，我也没有理由相信我是过。因此我认识了我是一个本体，它的全部本质或本性只是思想。它之所以是，并不需要地点，并不依赖任何物质性的东西。所以这个我，这个使我成其为我的灵魂，是与形体完全不同的，甚至比形体容易认识，即使形体并不是，它还仍然是不可不扣的它。"①笛卡尔把我思想作为我所是的根据，正因我不停地进行思考、怀疑、考察、确证才使我成为我。成为我自己乃是沿着两条路向而展开的，一个是向外的，通过怀疑、考察和确证，一种具有确定性和明晰性的知识得以产生；一个是向内的，对自己的思想进行思想，这就是灵魂比形体更容易被认识。虽然在通常的认识中，笛卡尔被认作是西方近代哲学中唯理论或理性主义的先驱，但也同样可以找到通往经验论的元素。有一点是确定的，那就是，笛卡尔的最终目的是借助"我思"而获得思之对象的"是其所是"和思本身的"是其所是"，只有将两种"是其所是"有机地统合在一起，自古希腊以来的两种承诺才能被证实。至少在哲学论证中，人们不但相信理性的力量，也在孜孜以求于理性。在现代化的初始阶段，自然科学的高歌猛进，科学技术的飞速发展，人在产生知识和创制技术活动中的主体地位的

---

① ［法］笛卡尔：《谈谈方法》，王太庆译，商务印书馆 2000 年版，第 26—28 页。

凸显,使人们产生了理性可以创造一切、支配一切和解释一切的幻象。被高估的理性在三个领域或层面上展开它的力量。在亚里士多德那里,理性被构造成为三种,理论理性,是人的灵魂中科学把握不变事物的能力;创制理性,是技艺把握可变且可制作的事物的能力;实践理性,是因人的理智德性和道德德性而通过行动造成正义、友善等适度状态的能力。在雅典城邦这个有限度的生产、交往和生活空间中,人的理性虽然被确定起来、开显出来,但并未表现出"僭越"的态势。及至近代,亚里士多德的理性在两个人群、三个层面上被快速地激发起来,一个是科学家人群,一个是思想家人群。科学家借着各自的科学研究和卓越成就,将人的创制理性提高到了可以解构一切、制造一切、解释一切的高度,开启了一个海德格尔意义上的使世界图像化的时代。在思想家那里,理性沿着社会哲学、道德哲学和精神哲学的道路而扩展开来。社会哲学分化为经济哲学和政治哲学,亚当·斯密将社会理性分解成相互关联的四个方面:人性利己论、社会分工论、市场自治论和理性无限论。反复的社会实践证明,这不是一个周全的理论,也是靠不住的承诺。

（2）与现代性具有同质性的观念

在与现代性具有同质性的诸种观念中,主体性观念是最为重要也是迄今为止最根深蒂固的观念。现代化运动直接将个体变成的了单一的怀疑的主体(笛卡尔)、权利的主体(洛克)、道德的主体(康德)、思维的主体(黑格尔),而自由、平等和民主无不建立在"默会知识"之上:我是我的一切行动的出发点,也是我的归宿。"如果我们稍微更加仔细地考察精神,那我们就发现精神的最初的和最简单的规定就是:精神是自我。自我是一个完全简单的东西、普遍的东西。当我们说自我时,我们想到的大致是一个个别的东西;但因为每个人都是自我,从而我们只是说出了某种完全普遍的东西。自我的普遍性使得它能够从一切事物,甚至从它的生命中抽象出来。"①或许就个体生命的宿命而言,他天然存有将自己视作"存在

---

① ［德］黑格尔:《精神哲学》,杨祖陶译,人民出版社 2006 年版,第 14 页。

事物存在的根据,也是不存在事物不存在的根据"的可能性,但只有在现代化运动中,这种可能性才逐渐变成了现实性。市场经济将某一个人变成了独立的甚至是孤立的个体,他必须将自己视作主体,视作自由的、平等的个体,他甚至要把这种个体变成明确的理念和坚实的行动。"在市民社会中,每个人都以自身为目的,其他一切在他看来都是虚无。但是,如果他不同别人发生关系,他就不能达到他的全部目的,因此,其他人变成为特殊的人达到目的的手段。但是特殊目的通过他人的关系就取得了普遍性的形式,并且在满足他人福利的同时,满足自己。由于特殊性必然以普遍性为其条件,所以整个市民社会是中介的基地;在这一基地上,一切癖性、一切禀赋、一切与出生和幸运的偶然性都自由地活跃着;又在这一基地上一切激情的巨浪,汹涌澎湃,它们仅仅受到向它们放射光芒的理性的节制。受到普遍性限制的特殊性是衡量一切特殊性是否促进它的福利的第一尺度。"①从黑格尔关于精神自我、关于个人自我这个特殊性与理性这个普遍性的相互关系的论证中可以看出,市民社会(市场经济是市民社会的经济活动形式)之于个人自由之确立、个人权利之确定与实现,具有双重作用,一方面,它使逐步确立起来的个人意识、自由与权利置于社会诸要素之首要位置,任何人无疑可以自在自为地将自己作为目的,将其他一切视为虚无,但任何一种特殊性都必须在普遍理性的照耀之下才能取得合理性,因为每个个人都是如此思考和行动的,它构成了自由、民主和平等的共同根源。然而,这只是一种理念、一种信念,在市民社会中,它们具有现实性基础;而在由资本和权力支配的充满差别的领域,自由就仅仅向处于优势地位的人群开放,民主和平等就仅仅成为处于弱势的人群的强烈呼声。

基于主体性和自主性意识之上的自由、民主、平等具有双重效应,它既可以发展出保障倒叙的平等逻辑(经济平等—社会平等—政治平等—

---

① [德]黑格尔:《法哲学原理》,范扬、张企泰译,商务印书馆 1979 年版,第 197—198 页。

人格平等)的规则体系,也可以假借民主、平等、自由之名义实现实质性的不平等。或许可以说,人类从未真正实现过自由、民主、平等,而真正存在的则是不平等,或有限度的平等,以此可以说,自由、民主、平等都是反思性概念,作为完满的、自足的观念体系和规范系统,它们是用来批判、反思和矫正不平等事实的。作为与现实性具有同质性的观念,基于主体性和自主性之上的民主、平等、自由的实现方式和实现程度,固然决定于市场社会的建立与完善,更决定于国体和政体。随着现代化运动的深化和拓展,更随着现代性之复杂性和冲突性的呈现,社会主义制度比资本主义制度更有利于实现民主和平等。

简约地说,要么是推动和支撑了现代化运动、要么是由现代化运动所生成的观念,集中地表现为如下几个根本的方面:从知识无限论到知识有限论、从科技创价论到科技代价论、从市场万能论到市场失灵论,从制度绝对论到制度相对论,从绝对自由论到主观任性论。如果这些悖论性的存在已被客观地确定和确证下来,那么接续的工作就是要以公正的旁观者的立场对这个得到确证的客观事实做出公正的判断。

三、判断性的哲学性存在

思索、判断和意愿被阿伦特称为精神生活的三种形态。思索面对的是"不再是",是对已成或既成的事物的沉思,是对已经逝去和正在逝去的事物的还原,通过还原,一个事物的流动过程被揭示出来。思索的目的显然不仅仅是把已经和正在逝去的事物呈现在表象里、把握在意识中,而且是要通过一个事实逻辑而开显出它的价值逻辑来,虽然这个价值逻辑未必得到所有人的承认。判断面对的是"正在是",是对实际性存在的正视,是对"此在"的感受和接受;"正在是"的事物立于当下,但重要的显然不是这个"立于",而是这个"立于"以何种方式被一个认识和实践主体把握着、把握得到,所指者与被指者能够相互共属与共在;亦即:被指如何以让所指者能够所指的方式被指、所指者能够以符合被指的语言将被指揭示出来、澄明出来,使之处在解蔽和无蔽状态。显然,共属与共在并不是目的,而是要对这个实际性的"立于"给予有无价值、有多大价值的断定,借以决定取舍。意愿面对的是"尚未是"或"将要是",是对可能出现的实际性进行先行感受和接受,是对"将要是"或"应该是"的实际性的期盼。意愿更加倾向于"应该是"而不纯粹是事实意义上的"将要是";人类始终企盼着甚至幻想着,于个体和类有益的"将要是"应该出、必须出,而对个体和类不利甚至有害的"将要是"不要出,如各种疾病、各种致命病毒。这样说来,"思索""判断"和"意愿"好像是毫不相干、各自为政似的,而实际上则是相互嵌入和相互促进的。如果没有判断和意愿,那么纯粹的朝向逝去事物的沉思、思索就毫无意义,追求价值、获得意义是隐藏在思索背后的价值逻辑,它们是判断性的、意愿性的。没有思索和意愿,判断同样不可能发生,对一个实际性的"立于"进行价值判断,原本就是思索的一个成果,没有经过"拆解"与"合成",一个"立于"的价值和意义如何才能被开显出来呢? 事实上,当我们面对当下的"正在是"的时候,我们总希望它(他)是于人而言有价值和意义的,因为,虽然它(他)已经或正在"立于"那里,但它们总是可能的,朝向人们所希望的那种可能。如果没有思索和判断,那么意愿也绝不可能发生。意愿是立于当下而对"正在是"和"将要是"之相互联系的思考,是对未来、应该事物的想象的价值判断;意愿是起于心意以内的由己性,当把这个由己性与想象的有价值的事物关联起来时,意愿就变成了"意向性"。所有的事物都不是孤立的,真正孤立的不是事物自身,而是孤立的认识,是人没有认识到事物的普遍联系。所有的事物都是在关系中被界定和规定的。"不再是""正在是"和"尚未是"("将要是""应该是")从来都不是孤立的,与此相对应,"思索""判断"和"意愿"也同样不是孤立的;如果说前者是通过空间和时间完成联系和实现联系的,那么后者则是通过想象力而相互联系在一起的。当理性法则与事物法则相互共属和相互共在时,一个所指与被指之间的相互指认和共同确证就完成了,一个既有客观根据又有主观根据的"视其为真"就被创制出来了,这就是真理与价值。当我们把理性法则与事物法则的相互共属和相互共在这一"原理"运用到现代性、全球化问题的认知与判断时,一幅有关全球化之"所是"与"应是"的画作就产生了。

如果以公正的旁观者和正确的言说者述说对全球化的价值判断,那么,它内在地蕴含着三个论题:代价论、正义论和意义论。其内在的逻辑关系是,代价或纯粹因自然的力量而成、或因自然和人类共同作用而成、或因人的单独作用而成;正义论纯粹是因人的认知和行动而成;意义完全是因个体和类的努力而共同完成。

1. 代价论①

全球化场域下的代价以客体性和主体性两种形态向人们走来。这是一个典型的具有哲学性质的存在,因为这些代价要么使人的愿望无法出现,要么使人的行动失去意义,要么产生了威胁人的身心健康的后果。在这些代价中,有些是朝向所有人的,有些是朝向某些人群和国家的,而某些则是朝向某个民族和国家的。就这些代价的原始发生及其演化说,有些是由自然的力量而造成的,因为一个人格健全的人都不希望地震频发、瘟疫流行;有些是纯粹由人的极端利己主义的观念和行动造成的,如优先政策和单边主义;而有些则是自然和人的力量共同造成的,如致命病毒的流行。而就代价的哲学性质而言,有些是相关于天人之道的,有些是相关于人伦之道的,有些是相关于心性之道的,而有些则是三种情形并存的。

（1）代价的原始发生

这里的原始发生具有形而上和形而下两种内涵,前者旨在发掘和呈现代价得以发生的根据即始点、始基、本体,后者在于描述代价原始发生

---

① 代价与风险虽不是同等程度的范畴,但在性质上均指那些因改变甚至破坏了天人之道、人伦之道和心性之道的观念和行动,给个体、集体、国家乃至整个人类造成的无价值、反价值和负价值过程及其后果。代价是总体性概念,而风险则是具体概念,特指尚未成为代价的状态和趋向,代价是已经或将要成为无价值、反价值的过程、事实。

的过程,即可实践、可实现的代价。就形而上的代价的原始发生看,它原是始自"有限性"这一事实之上的。所谓代价是指,一切有生命物质为着持存生命、绽放生命所必须付出的"成本",亦即主体性体力和精力的耗费,客体性资源的"消灭""毁灭"。一切有生命存在者,为着持存和绽放生命是都要付出成本的。就人类而言之代价的原始发生看,代价则是行动者在无知和自知条件下,为着实现某一个目的所不得不付出的"成本",以及可以避免的代价,但由于极端利己观念和行动所导致的对他者权利和利益的剥夺,以至于形成自反性后果,包括作为主体性的体力、智力的耗费,作为内心体验的苦恼、痛苦和不幸的产生和持存;作为客体性的稀缺性质料的消灭和毁灭;作为改变社会产权结构和利益结构的社会革命。由于资源的有限性和主体性力量的有限性的持续存在,人类每创造一个于个体和类的生产与发展有用的价值物,都是要付出成本亦即"代价"的,进言之,无论人类怎样努力都不可能将成本降低为零。由此决定,个体和类就必须有代价意识和节约观念。创价和代价是人类生产生产资料和创造生活资料所必须正视和重视的事实;创造和代价就像一块银币的两面,数字和符号是相互依存在一起的,没有了代价,什么都轻而易举,得而易失、失而复得,那么创价也就失去了意义;唯有那些弥足珍贵的东西一去不复返,人们才会珍惜它们。然而,在人的原始意识中,创价意识总是那样强过代价意识很多,甚至幻想那些可怕的灾祸不再降临人间,于是便开始任性妄为、胡作非为,在强大的激情和情欲的支配下,不知疲倦地去进行科学探索、技术创新,指望有朝一日可以完全支配心灵之序、社会之序、世界之序和宇宙之序。原本是有限的世界和有限的生命,而人类偏偏要过一种无度的、无限的生活。世界的有限性和生命的有限性与欲壑难填、贪得无厌的措置,是形成自然代价和人为代价的根源。人类发展史,在某种意义上就是不断制造代价又不断规避代价的双重逻辑变奏,人类永远无法取消代价,因为欲求的无限性与能力和资源的有限性的矛盾永远都无法彻底解决;相反,自然代价和人为代价倒有可能因为人的任性妄为和胡作非为而毁掉整个人类自身。由现代化

运动所推动的现代社会、现代性和全球化正是这样一个双重逻辑变奏
的过程。

(2) 现代性和全球化场域下的代价:原始发生及其演进逻辑

如果不是以断面思维而是以段落思维和历史思维,沉思现代性和全
球化场域下代价之原始发生及其演进逻辑,那么寻找代价之原始发生的
"始点",则具有本体论和认识论意义,这正是判断性的哲学性存在的集
中表现。所谓本体论意义上的"始点"乃是就造成现代代价之原始发生
的初始根据而言,这个"始点"正是起自于 15 世纪下半叶的全面的改造
运动,它沿着向外的和向内的两条道路而展开。向外的道路表现为对自
然和社会的改造,向内的道路表现为对已有观念和行动的改造。这两种
改造的有机统一便是现代生产方式的建构;作为生产力,现代生产方式表
现为集可变资本和不变资本于一身的现代生产逻辑,作为质的表现,它表
现为基于资本的技术构成之不断提高基础上的对自然资源的全面占有和
深度开发,表现为现代技术对自然的全面探查和改造。作为生产关系,现
代生产方式表现为基于现代生产逻辑之上的现代市场体系的建构与运
行,借助生产、分配、交换和消费,将颇具现代性的经济基础与上层建筑的
有机统一即社会形态创制出来。在生产关系的创制和维系中,能够全面
地占有资本并充分运用资本的有产阶级,不但垄断了生产资料也完全控
制了生活资料;更为重要的是,当资本成为支配整个社会资源的核心力
量,便开始超越其经济意义而扩展为政治意义和文化意义;经济权力、政
治权力和知识权力以资本为基础被整合在一起,一切的民主与自由、效率
与公平,都要在资本的运行逻辑中被界定和规定。于是,现代性和全球化
场域下的代价便以如下的极其复杂的形态表现出来。向内的改造运动表
现为对自身自然的人为设计和技术安排,人体作为尚未被人类完全解密
的天书,乃是一长期进化的密码体,一切信息符码都植根于人的身体和心
灵之上。就如同康德所说的那样:"在一个有机体,即一个合于生命目的
而构造起来的存在者的自然结构中,我们假定为原理的是,在这里面除了
对某个目的也是最为适合并最恰当的器官之外,不会发现任何用于这个

目的的器官。"①当人们不再拥有逻各斯和分有逻各斯，而是根据自己的主观意愿，或为着功利主义的打算，而任意改造人体的基因图谱，这会成为招致风险甚至是危险的根源。

虽非故意但却招致风险的朝向自然的任意改造运动。人类能够成规模地向自然宣战和开战的历程，无疑是始于现代化运动的。起始于 15 世纪下半叶的现代化运动，开启了一个向身外自然和自身自然的全面的改造运动，其目的在于满足被激发起来的诸种欲望，而其能够充分借助的中介力量便是现代技术。现代化运动从来就不是一个单一的现代生产逻辑的生成及其运行问题，毋宁说，它是一个全新的将知识、技术、资本和权力并置在一起构造新型社会结构的过程。之所以说是全新的改造运动，乃是指，它首先将人的金钱欲、权力欲和生殖欲全面地开显出来，欲望的神圣激发获得了充分的合法性和合理性论证，解释的力量一时间成为人们可以构造任何观念、采取任何行动、实现任何目的的唯一合法性根据。现代化运动开启以来，人类采取任何行动，为这些行动寻找根据和理由时，似乎无需再次倾听来自心灵的善的提醒和警醒，再也无需倾听历史的声音和自然的无声警告，往日的天视之我视之、民视之我视之的信念已经让位给我视之便是终极命、吾命由我不由天。当人们获得了向自然宣战和开展的自行设计的合法性根据时，自身自然和身外自然便以"无力反抗""无法抗拒"的被动局面成为人类任意改造的对象。当自然不再以本真的状态而是以表象的形式或感性材料的样式被知性范畴加以改造从而形成知识时，人们就不再以客观世界为对象而是以知识世界为根据去看待和对待自然了，因为我们永远无法彻底知晓那个本体，而只能知道本体呈现给我们的表象，它们以被主体先天感性直观（时空）的途径被把握表象里、呈现在意识中。这便是海德格尔所说的"使世界图像化时代"的到来。于是人们便依照由图像化而来的所谓知识和理论来解释世界，根据各种欲求和目的凭借各种技术改造世界。技术是在物与物、人与物、人与

---

① ［德］康德：《道德形而上学奠基》，杨云飞译，人民出版社 2013 年版，第 13 页。

人、人与自身之间完成的复杂设置,是在人和自然之间完成的一种"座架",通过这个座架,技术将自然从遮蔽状态通过解蔽、去蔽的过程转变为处在无蔽状态。知识、科学连同技术构成了除了自然世界和精神世界的第三世界,人类正是通过构造一个越来越复杂的且越来越强大的"第三世界"来向自然世界和精神世界扩张的。技术是"第三世界"中真正连接其他两个世界的"座架",它通过物质的形式在三个世界之间完成"互联互通"。然而技术作为在物与物、人与物、人与人之间完成的复杂设置,其本身是无生命、无意愿、无目的的,它完全听命于使用技术的人。使用技术的人是要通过技术这个"座架"将他自己的意愿、目的和意志对象化到对象那里去,他不是要让对象显现它的真理,呈现它的"是其所是",相反他是要让被改造了对象显示人的真理、人的是其所是。于是,在技术之于对象的二重作用中,亦即:技术既可以使对象显现出自身的真理、是其所是来,亮出它的耀眼的光彩来,使它从遮蔽的、不为人所知的状态下,进到阳光下、走到人面前,也可以将对象的真理遮蔽起来,甚至使对象极其不利于人类的那一面全面对爆发出来;但技术的使用者却全然不顾及这一些,自然的真理和谬误对他而言永远都是次要的,可有可无的,他唯一的目的是"利己心",他完全可以不顾及自然的真理,即便是顾及也是为着不至于使目的全部落空。然而,即便是最充满利己心的人,也不希望因为技术的广泛使用,两种自然的全面改造而招致导致威胁生命、解构社会秩序的危险和风险。这便是**虽非故意但却招致风险的朝向自然的任意改造运动**。

在人类的认知和行动所及的范围内,约有三种秩序:心灵秩序、世界秩序和宇宙秩序;其中心灵之序和世界之序(可以为人类直接认识和改造的对象)是为人类所能影响的对象,而宇宙之序则掌握在永远不为人所知、所支配的"宇宙人"手里。人们在日常意识和日常语言中所经常使用的称呼如天命、天眼、天怨、天怒,描述的就是"宇宙人"的情态。"宇宙人"是一个比附性的称谓,它所表明的是宇宙的秩序,这个秩序只对有生命存在者有效,而任何一种组合、结构对无生命存在物而言都是无所谓的，秩序这个概念对无生命存在物而言是没有意义的。但对有生命存在者而言，秩序却是他们的生命、生存和生活能够得以持存的坚实基础。现代化运动肇始以来，人的需要被激发起来，越来越超出了合理的边界而生成了无法满足的欲望，人们满足的不再是需要而是欲望；然而欲望是无边界、无底线的，是永远都无法完全满足的，但被欲望激发起来的人们对此一道理却浑然不觉，相反，却把占有欲和表达欲激发到了前所未有的地步，且乐此不疲。由个体、集体、人类的欲望所组合的欲望总体，已经远远超出了宇宙之序所能容纳的范围。

自从人类诞生以来，就始终面临着来自纯粹自然的、人为自然的危险与风险；狂风、雾霾、水灾、旱灾、地震、海啸、沙尘、瘟疫，似乎从未离人类远去。人类至今已经发现了 9 种致命病毒，且这些病毒的生存史已经远远超过人类的生存史。或许，这些危险与风险与人类的认知与活动无关；或许它们原本在它们各自所处的位置上，与人类相安无事，但却由于人的改造活动，使病毒暴露于外，将它们从原先的睡眠状态激活，于是病毒便依照自身的运行轨迹而自行流动起来。这些运动起来的病毒随心所欲地游荡到它能所去的任何地方，对它来说，以任何一种方式存续都是无所谓的，但对人类而言却是致命的。在人类拥有最基本良知的范围内，似乎没有任何人希望致命病毒能够在极短的时间内毁掉整个人类社会。关于人类所经历过的各种瘟疫、病毒灾难，多有记录，至今令人心有余悸；人类也在全力以赴地致力于致命病毒的防护、消杀，但致命病毒并不考虑人类的呐喊、抗拒和消杀，而是我行我素，任由自己"横行天下"。如果说，这种来自纯粹自己的诸种危险和风险使得人类防不胜防、猝不及防，那么，出于意愿的故意行为又如何呢？

例如出于恶的动机而产生的人为的危险与风险。或许可以这样说，在属人的世界里，从来就不存在纯粹善和纯粹恶的世界，而是一个真善美与假丑恶相交织、相矛盾、相冲突的世界。总是存在着恶贯满盈或罪大恶极的人，置他人的财产与生命于危险境地；也不缺少犯罪集团或违法组织，以集体行动的形式破坏社会秩序。在传统的相对固定的交往和生活空间内,出于恶的动机而产生的人为危险与风险,虽有造成局部秩序混乱或人身财产损失的情形,但其不良后果只在较小的或有限的范围内存在。由资本的世界运行逻辑所导致的世界化、全球化,出于恶的动机而产生的危险与风险已经变成了世界性的存在。当出于恶的动机或无人愿意作恶,导致现代化运动自身解构时,人们就会理性地、清醒地反思,现代化自身是否产生否定自身甚至毁灭自身的元素。

现代化运动自身是否内在地生成着否定其成就的元素? 如若回答是肯定的,那么这种事实是否可称为"自反性现代化或现代性"? 1997 年,乌尔里希·贝克、安东尼·吉登斯和斯科特·拉什以《自反性现代化》为书名出版了三篇长文和三篇回应文章,从不同角度集中分析和论证了现代化运动的自反性特征及其后果。①真正的现代性起始于 20 世纪 70 年代末至 90 年代初,而笼统的现代性则在 14—15 世纪即已开始。唯其是在西方文化主导之下,是通过军事打击、经济侵略、政治扩张和文化殖民的方式进行的,虽然表面上以民主、自由、平等、正义为核心价值观,但却由于自身无法克服的内在而深刻的矛盾而产生了自我否定的因素,由这些因素促成的自我反向运动即被社会学家称为"自反性现代化"或"自反性现代性"。

"'自反性现代化'指创造性地(自我)毁灭整整一个时代——工业社会时代——的可能性。这种创造性毁灭的'对象'不是西方现代化的革命,也不是西方现代化的危机,而是西方现代化的胜利成果。"②自反性现

---

① 乌尔里希·贝克在其长文"再造政治:自反性现代化理论初探"的注释[1]中说道,"自反性现代化"的概念出现于吉登斯的《现代性的后果》(1990)和《现代性与自我认同》(1991)两本专著中以及拉什的论文"自反性现代化:美学维度"(1993)中。我在拙著《风险社会:新现代性初探》(1992)中使用了这个概念,并在《解毒剂:有组织的不负责任》(1994)中利用这个概念讨论了生态危机,在《爱之常态混沌》(1994)中利用这个概念讨论了性别角色、家庭和爱。([德]乌尔里希·贝克、[英]安东尼·吉登斯和[英]斯科特·拉什:《自反性现代化:现代社会秩序中的政治、传统与美学》,商务印书馆 2001 年版,第 66 页)

② [德]乌尔里希·贝克、[英]安东尼·吉登斯和[英]斯科特·拉什:《自反性现代化:现代社会秩序中的政治、传统与美学》,商务印书馆 2001 年版,第 5 页。

代化是在不知不觉中完成的，自我反对的要素在同自我肯定的进程中悄然生成。"工业社会变化悄无声息地在未经计划的情况下紧随着正常的、自主的现代化而来，社会秩序和经济秩序完好无损，这种社会变化意味着现代性的激进化，这种激进化打破了工业社会的前提并开辟了通向另一种现代性的道路。"从社会秩序、经济秩序和社会成就看，自反性现代化既否定了现代化运动的前提，也毁灭了现代化的胜利成果；而从推动和参与现代化的个体及集体来看，人们愈益清醒地感受和认识到了自反性的反向作用，从而激发起了纠正、矫正现代化的热情和理性。"自反性现代化的一个基本论点是这样的：社会的现代化程度越高，能动者（主体）所获得的对其生存的社会状况的反思能力便越大，因此改变社会状况的能力也越大。"①事实证明，反思和改变自反性现代化的能力只有超出理论和思想家的范围，而变成国家治理者和社会管理者以及民众的自觉意识和行动时，一种全面而彻底的改变自反性现代化的运动才能生成。然而在日益严重的国际治理危机、西方制度危机、文化危机、观念危机的境遇之下，西方形态的现代性依旧看不到自我纠正、自我矫正的曙光；相反，一种强大的逆全球化和反全球化浪潮却此起彼伏。如果说，早在 25 年前，那些亲身经历、体验和反思着西方现代化运动的自反性特征的社会学家和哲学家，已经清醒地、冷静地提出了批判性的结论和建设性的主张，但真正推动由西方发达国家主导的现代化运动、全球化后果的既得利益集团，以及那些在西方现代化运动这辆战车上无所适从的普通民众，并未产生的清醒的认识和自我修正的主张，相反，面对后发国家深度参与全球化并逐渐引领全球化而产生的诸种压力，在个体利己主义、集团利己主义和国家利己主义价值观的支配之下，西方发达国家的政治精英、资本集团和普通民众，将早已植根于他们灵魂深处的对别一民族和国家的轻视、蔑视、仇视、仇恨以集体无理性的方式集中爆发出来；经济封锁、军事打击、政治

---

① ［德］乌尔里希·贝克、［英］安东尼·吉登斯和［英］斯科特·拉什：《自反性现代化：现代社会秩序中的政治、传统与美学》，商务印书馆 2001 年版，第 174 页。

干预、文化殖民,在现代存有毁灭整个人类的武器体系的威胁下,被推进到了更有广度、深度和力度的状态;贝克早年提出的"风险世界的来临"已经变成了真正的风险世界;由西方发达国家主导的现代化、世界化和全球化已经把整个人类置于极其危险和风险的状态。面对全球性的危机、危险和风险,个体的、集体的智慧固然重要,但人们真正需要的是类哲学和类智慧。在实践哲学的意义上,在现代化运动中可能或出现贝克所说的"通向另一种现代性的道路",这条路正由东方大国开辟出来,这就是中国道路。中国式现代化新道路,既借鉴了又超越了西方式的现代化道路,它要把人类的终极之善置于推动现代化运动的终极目的之上。

2. 正义论

全球化场域下的代价表现为诸种形态的危险和风险,从责任归属的意义上说,因为创价与代价的不可兼得性而产生的风险,则由造成风险的发动者—承担者—受益者担负,然而,一个行动的受益者和风险的承受者在时间和空间的序列中往往存在措置,致使受益和责任发生分离;更多的情形则是,处在强势或有利地位的个人、群体和国家,除了获得远远大于其付出的劳动之所得之外,还把危险和风险转嫁给处在弱势和不利地位的个人、集体和国家,从而造成地域性的、全球性的不正义。这便是全球性正义问题的本质所在。

只要有人类存在,只要有人愿意生活下去并意愿过上整体性的好生活,那么,公平、正义、平等、民主、自由问题就必然存在;问题的根本不在于这些价值的有无问题,而是它们以何种状态和性质存在着,以及人们如何看待和对待它们。与公平、平等、自由、民主这些具体的价值相比,正义似乎是它们的"共同价值"。公平、平等是遵循和践行正义原则而形成的客观的物与物、人与物、人与人之间的比例关系;民主、自由则是遵循和践行正义原则而形成的主体形态。以此来看,正义本质上是隐藏于公平、平等、自由、民主等具体价值背后的观念和原则。在此我们无需对这些价值做字源学和语义学意义上的确定和规定,借以见出各个价值的语言学边界,只要指明它们的重叠和嵌入关系即可。与其他各种价值不同,正义本质上是一种观念和原则,是形式而不是质料,是关于质料的分配的观念和原则;与正义不同,其他具体价值都是因遵循或违背正义原则而产生的质料状态,如公平、平等、民主、自由,要么指的是多个利益主体面对多个资源时所确定下来的比例关系,要么是行动者在言说和行动上的合理边界,总之,要么是关于财富之创造、分配和享用的,如资源、财富、权力、资本、地位、身份、机会、运气,等等,要么是关于人的观念与行动的合法性和合理性的。我们把关于这些价值的界定和规定作为常识、默会知识和一般学术成果先行确定下来,而把讨论的重心置放在现代性、全球化场域下的正义问题上。

全球化场域下的正义问题在何种意义上不同于前现代性状态? 首先,重叠性。如果说前现代性状态下的正义具有地方性和单一性,那么现代性场域下的正义则突出地表现为重叠性和复杂性。一个是现代性自身的正义问题,即任何一个想通过建构市场经济而从而追求能够实现效率与公平原则的国家,都会遇到相似甚或相同的问题,另一个是,通过现代化运动或被动或主动参与全球化的地区和国家处在不同地位上,处在先发和优势地位的地区、民族和国家,或借着军事、经济、科技和军事的优势强取豪夺他国的资源,并转嫁危险与风险于他国,这就是重叠意义上的全球正义问题。而无论是现代性自身的正义问题还是全球化过程中的全球正义问题,正义概念所表达的都是一种反思性的、批判性的和预设性的观念和原则。纯粹的正义事实只出现在观念里和理想模型之中,人类孜孜以求的正义永远都是一个完美的而理想,而人们真正所能认知和体验到的都是正义的不同形式,它们既是正义的又是不正义的,因为对于那些获益的人而言,它就是正义的,对于那些受压迫、剥削的人就是不正义的;正义的本质是处在不利或边缘地位的人群试图彻底摆脱不利地位而发出的内心世界的呐喊,而处在有利和优势地位的人群则无需提出追求正义的诉求。如此看来,人世间就是一个充满正义与不正义之斗争的场域,人们只能趋向于一个相对正义、相对平衡的社会状态,但却永远无法实现一个绝对正义的社会。那么,在现代性和全球化场域下,正义究竟以何种状态产生又以何种样式实现呢?

而无论是现代性自身的正义问题还是全球化意义上的正义问题,都呈现出了整体性、复杂性和冲突性特征。就现代性自身的正义问题说,它的整体性体现在领域的多样性及其叙事逻辑的倒叙、正叙与插叙的混合状态,正义层次的多样性。正义的复杂性体现在创造、分配和享用财富之内在逻辑的悖论,亦即,若要使所有人摆脱贫穷、平均分配,那结果可能就是共同贫穷;如要国家统筹安排、实行全面的计划经济,又使财富的创造者失去积极性和创造性;若要将行政权力下放,实行多劳多得、优劳优酬,又会降低国家的管控能力,不但没有实现社会自治,反而造成了社会混乱;如果任由市场自治这只看不见的手来自行调节市场,又有可能出现资本集中从而形成垄断,致使市场失灵。正义的冲突性指的是多个领域、多个层次的正义的不可兼容性而言,如先富与后富、先富与共富;自由与垄断;经济人与道德人;计划与市场;先赋地位与自致地位;经济平等与社会平等;上层建筑与经济基础……整体性、复杂性和冲突性既是正义问题自身的特征,又是我们把握这些特征的致思范式。而在现实的追求正义的活动中,整体性、复杂性和冲突性又是交织在一起的,是同一个活动的不同侧面;无论从理论角度还是从行动立场来看,正确认识和把握正义的整体性、复杂性和冲突性都是重要的。

其次,全球正义问题业已成为类哲学范畴。如果不是仅仅限于正义的类型学研究,而是对造成全球正义危机的根源进行类哲学反思,那么我们会深深地感受到,全球正义危机具有自知而自为的性质,亦即依照人们先天具有的正义直观,全球化过程中的"显失公正"现象,理应受到谴责和制止;然而西方发达国家却将这种"显失公正"视作是正义行为,进行军事侵略、经济打击、政治干预和文化殖民,因为在他们看来,只要对他们的优势地位和优势心理构成威胁,任何说法和做法都是不公正的。因西方发达国家在全球化过程中造成的"显失公正",无论在广度还是在力度上,都远远超出了现代性自身造成的不公正,这是一种双重危机,它掩盖了、覆盖了现代性自身的不公正，遮蔽了西方发达国家内部的深层次的结构危机，转移了矛盾，转嫁了危机，但深层的结构性冲突并未得到深刻的认识和根本性的解决；它将人们的视线和精力投放到了人为制造的危机的应对和应付上。吉登斯和贝克所预言的自反性现代化已经超出民族和国家的边界，而变成了世界性的存在。这着实令人不解，自称是人类文明代表的西方文化，为何将全球性的"显失公正"视作是他们认为的正义行为？他们所一直称道的反思、批判和预设意识，为何面对自身的"现实公正"而彻底失效？人类文明是递进式演化，还是将历史重演律变成铁一般的法则？全球化着实是一个悖论性的存在，在带给人类带来财富、机会和自由的时候，也把危险、风险、致命病毒带给了整个人类；人类自身制造的毁灭性武器早已把人类毁灭数次。被称为地球上最文明、最有理性的灵长类动物中的优秀者，非但没有在实现人与自然和谐、人与人和谐和人与自身和谐方面表现出优秀的品质，反而变成了最贪婪、最野蛮（文明式的）、最具攻击性的有理性存在者；精心策划出来的情欲以理性的、精确计算的方式变成不可遏制的动力。

现代性自身的正义问题和由全球化造成的正义问题都是具有典型哲学性质的问题，所有的危险和危机、公平与平等、自由与民主，无不与正义相关；要么是就背离正义原则而言的观念与政策，要么就是没有充分实现正义而论的过程与结果。

起于现代性自身的正义问题。 正义，只有在观念上是完满的、自足的，而在现实中，似乎从未存在过令所有人都满足的过程、关系和结果；正义作为一个自足的、完满的观念，乃是一个反思的概念；就如同亚里士多德所说，世间可能从未存在过真正的朋友，但人们从不缺少真朋友的观念和概念。在人基本情绪结构中，对社会的不满、抱怨、怨恨、仇恨似乎是基本的面向。人们对正义的渴望和追求原是有着深刻的人性根源和社会基础的，如果不是停留在一般性的概念界定和类型的分类上，而是直击正义问题得以产生的心灵和历史深处，那么，在如何看待和实现正义问题上，是始终存在悖论的。所谓悖论就是，完全对立的两种主张各自都有坚实的内在根据和充分的外在理由,然而却不能共存于同一个行动中。如果以差别事实为判别依据,那么拥有主体性资源和权威性资源的人就会认为依照差别分配是正义的;如果消解掉主体性和权威性上的差别,而以"人人都是目的而不仅仅是手段"作为分配的依据,那么处在弱势和不利地位的人就会认为按算术平等分配是正义的。分别地看,两种主张都有充分根据,但却不能共存于同一个行动中。这在建立和完善市场经济从而构建现代社会、生成现代性过程中,突出地表现出来。

　　在一个反复交往的人群中,若人为地将主体性和权威性差别消解掉,而只着眼于每个人都是这个人群中在资格、人格上平等的成员,从而在结果的意义上实行算术意义上的平等,那么这将是无效的社会安排,它已被历史事实所证明,而不完全是一个理论争论问题。在现代化运动的原始发生中,并非所有人都有意愿和能力参与了现代化运动的发生,绝大多数社会成员只是感受到了一个贫穷与落后的状态绝非人所要的生活状态,但并无改变这种状态的强烈愿望,更无改变现状的哲学思维和实践智慧。而真正发动或推动现代化运动的人或人群,总是那些先知、先行于其他人而有强烈愿望且有足够进步观念、哲学思维和实践智慧的人群,其中有理论家、思想家和社会改革家。因此,现代化运动之原始发生的"始点"便是那些先知、先觉和先行者,虽然这些先行者未必在后来的现代化运动中获益,但他们总是表现出了与众不同的感知力、判断力和想象力。这就是差别,就是每个人在信仰、信念、认知、情感、意志、行动上的差别,现代化运动得以发生的原始"始点"乃是差别,而不是一律化的绝对平均、同等。这里的差别乃是一个弱的伦理事实,亦即,第一,它是理智德性和道德德性、进取性道德和协调性道德的客观显现,以此德性结构为基础而优先发展、优先获益就是合乎伦理法则的,因为他们并未使其他人群变差,或者说,并未通过损害他者利益而使自己获益的,相反,处在弱势或边缘状态的人群,若是毫无缘由地将他者的获益据为己有,倒是值得伦理反思的事情。第二,在现代化运动原始发生的始点上,处于优势地位的人群存有将其优势变成垄断甚至剥削和压迫的危险和风险,若此,则是明显不合伦理法则的行为。这就是悖论,没有差别便没有变革、没有创新、没有效率;而若是将差别发展到足以产生垄断和支配的程度,那么就必然产生私有化和私有制①意义上的剥削和压迫。从现代化运动之原始发生的"始点"看,它正是一个充满正义之悖论的过程,只是以更加复杂的情形表现出来。

初始性制度安排中的正义。所谓初始性不是人类产生之初的制度设计,而是在社会转型过程中,一种新的被设计出来,进入实际的运行过程。初始性制度安排中的正义问题,在人类社会发展的任何一个阶段、任何一个领域都可能发生,它是一个普遍现象。跟随现代化运动而来的初始性制度安排中的正义问题则具有鲜明的广泛性和持续性,必须深入分析和论证。在一个反复交往的人群中,人们已经穷尽了各种办法,依然找不到让所有人都能够改变现状的道路,除非使一部分变差否则找不到任何道路让另一部分人变好;但人类总是有剩余的理性和智慧去寻找别的道路。在一个反复交往的人群中,就现有财富和未来资源给出一个制度安排,这个安排向所有人开放,亦即,在不使其他人变差的条件下使自己变好,这是合理的,公正的、正义的。然而,这里的困境是,在一个相对封闭的群体中,若没有任何自变量,那么任何一种因变量如何产生呢? 除非在这个相对封闭的群体之外植入新的资源和机会,那种被认为是合理的、正义的制度安排才有可能。但是,这在表面上满足了没有使其他人变差而令自己变好的条件,兑现了形式上的正义,即制度安排向所有人开放,而重新植

---

① 在日常意识和日常语言中,甚至是在学术和理论研究中,似乎都未能充分认识私有化和私有制之间的区别与联系。私有制是私有化发展到一定程度的产物,是制度化、体制化的私有化;而私有化是在合法性和部分合理性范围内的私人占有;前者是阶级概念,后者是阶层概念。如果不是从生产资料私有制还是公有制这一政治学的立场来规定,而是从事实意义上的"得其应得"判断私有制和私有化,那么,私有化恰恰是存有以合法性和合理性为形式而在质料上不合理的风险。即便是在公有制这个制度和体制之下,仍有以私有化为形式的严重的不公平和不平等事实。人们的认知和判断往往被概念的幻象所遮蔽。

入的资源和机会却没有向所有人开放，根据正义、平等原则，这些重新植入的资源和机会也应该为所有成员共有，这是实质正义；若此，又陷入到了先前的悖论状态，因为它并未使任何新的财富被创造出来；只有有更多的财富被创造出来，除了满足人们必要的生活需要之外，尚有财富剩余，这样的制度安排才是有效的。事实证明，如果试图在所有人的认识中，给出一个令所有人都满意的分配制度，并依照这个制度进行财富的创造、分配和享用，那么人类将不复存在。哲学思维与实践智慧并不具有一一对应关系，相反，只有在创制理性和实践理性的支配下，人们才能在具体的行动中解决在理论上无法解决的难题；理论上的不可兼得叫悖论，实践上的鱼和熊掌不可兼得称之为难题和困境，实践证明，人类不会被悖论困死。

　　起始于 20 世纪 70 年代末的改革开放就是一个寻找能够快速创造财富并合理分配财富的过程。在解决先富与后富、先富与共富这个理论悖论问题上，我们创造性地构建出了历史合理性和世俗合理性极其复杂关系的实践智慧模式。所谓历史合理性是就一个制度安排所取得的整体性效应而言，且对事后的持续发展有推动作用；所谓世俗合理性或现实合理性是就在初始性制度安排中先行获益的这样一个事实的合理性而言。世俗合理性的对立面是世俗不合理，即在初始性制度安排中或因先赋地位或因自致地位而未能在同一个制度安排中获益的那些个人和人群，便在非自致的始点上处于劣势和边缘，以至于在后续的制度矫正中始终处在不利地位，这对他们来说是明显不合理的。然而让一部分人、一部分地区先行富裕起来是推动提升总体经济水平的根本道路，从整个国家的总财富的创造和分配来看是合理的，这便是历史合理性，形象地说，这是以空间换时间，即通过断面式的不平衡换取段落式或历史性的平衡，先富带动后富，后富自力更生，以达到共同富裕。然而，这必须具备两个严格的条件，第一，预先富裕起来的人群和地区，出于意愿地带动后富以实现共同富裕，然而这却是相对的道德命令，即鼓励但不必然的行为，先富的人群和地区若不去带动后富并不承担道德责任，也更没有法律责任。

这就出现了先富和带动后富具有严重的法律不对称情形，即先富者在两个层面获得了制度优势，即优先获得了为后富者所无法获得的资金、技术、土地等多方面的供给；在财税安排上，较少纳税或免税。但后富却不是法律安排，即不对后富者给予助力是不受法律约束的。这种始点上的不公平为后来较大的贫富差距埋下了"种子"。这只是在勤劳致富的意义上来论证正义问题的。在初始性的制度安排中，个别地区还存有利用政治制度和公共职权对当下财富和未来资源的权威性支配"不劳而获"的情形。当先富与后富的矛盾随着社会财富的积累，先富集团开始将有形和无形的资源向权力、财富、地位、身份、机会和运气等多种价值进行转移，逐渐地，贫富差距问题和社会阶层固化风险需要得到重视。当社会舆论向已有的政策设计和制度安排提出改进和完善的要求时，矫正、修正已有政策和制度的行动就会变成国家治理和社会管理中的重要事项，就会提到议事日程上来。这便是矫正性制度安排中的正义问题。

矫正性制度安排中的正义问题。矫正性制度安排属于制度变迁中的重要事项，因为人的理性是有限的，而国家治理和社会管理是不断变化的；一种制度安排一经被确立下来就变成了"看似有理性结构"，然而这个"看似有理性结构"从其产生的那一刻起就已经成为有缺陷的制度安排，因为它不可能涵盖所有的可能性，它不可能对所有人都具有同等程度的效力；另一方面，一种制度一经被确立下来就要在相当长的时间内、相当广泛的领域内保持一致性。这就使得在初始性制度安排中处于不利地位的人群会在同一种制度的持存中，难以突破各种障碍进入市场，相反，除非通过特殊途径、借助非常手段，否则不会摆脱不利地位。因此，一个以追求和实现公共善的政党和政府面对日益严重的贫富差距，将努力通过修改和完善已有的制度以达到消灭绝对贫困、缩小相对贫困的目的。然而，在矫正性的制度安排中，既得利益集团又会通过各种途径影响甚至干预制度变迁，以求得矫正后的制度安排依然对自己有利。以此来看，无论是社会革命的意义上还是在社会变革的立场上，基于正义观念和正义情感的矛盾、冲突和斗争始终是存在的,人类历史的研究就是不同正义观和正义行动相互冲突和斗争的历史。

平等与正义的"倒叙"与"插叙"逻辑。这是一个比附性的说法,所谓"平等逻辑的倒叙"现象,指的是在平等逻辑的演进中,通常是沿着经济—社会—政治—人格的路径前行的,这是一种上升的过程。经济平等是所有平等事项中最末端的形态,也是每个人最诉求的平等形式;而影响或决定经济平等的要素则是社会平等,即在狭义的交往空间中起支配作用的地位、身份、机会,这些要素构成社会平等的主要方面;而在社会平等诸要素中,地位和身份又是和权力和职权密切关联在一起的,它们往往又决定于政治权力和行政职权的归属与运行,于是,对经济和社会平等的追问和追寻必然要进升到对政治平等的诉求上来;如果把政治定义为相关于每个人的根本利益的所有方面,那么就必须为每个人在政治上是平等的这一命题提供道德基础的论证,这便是人格平等问题。于是便出现了倒叙和顺叙双重逻辑现象:顺叙是论证的逻辑;倒叙是演进的逻辑。那既然从追求经济平等开始而直至对人格平等的追问,为何不称之为顺叙而称之为倒叙呢? 这是因为,如果一个国家或一个民族的人们只是停留于对经济平等的追求和追问上,那么它的国家治理和社会管理方式通常是传统社会型的,"等贵贱、均贫富""不患寡而患不均",既是传统社会理论家的理想模型,也是举行农民起义的起义者的价值诉求。这种追问和追寻方式是不彻底的,它只是在后果即末端的意义上将既成的、现有的生产资料(土地)和生活资料(食物)进行重新分配,它临时性地改变了所谓的经济不平等,但却不能从根本上改变造成经济不平等的根源。所以在农业社会,在理论和思想层面很少见到对社会平等、政治平等和人格平等的现实反思和理论建构。之所以把从经济平等开始上升为社会、政治和人格平等的进阶道路称之为倒叙,就在于它极易就经济事实本身展开追逐和讨论,而不去追问本体,追问和追寻源初性力量。表现在元哲学上就是对本体、始基、原因的追问和追寻,就是对一个实体"是其所是的东西"追寻和追问。如果元哲学对本体的兴趣和追问变成了能够代表特定历史阶段之社会发展方向的整个阶层和人群的内在价值取向，那么他们一定会在社会运动或革命中，起于对经济平等的追求而又超越经济平等的狭隘视界，并上升到对社会、政治和人格平等的追问和追寻上，在此种语境下，哲学思维与实践智慧就表现出了相互嵌入的双重变奏过程。德国著名经济史学家维纳·桑巴特在其三大卷的《现代资本主义》的第一卷中详细描述了在欧洲中世纪，生活在社会最底层的犹太人、日耳曼和苏格兰如何一步一步地通过发现和运行市场而成为财富的创造者和拥有者的，他们就是后来的资产者。依照桑巴特的说法，他们作为商人，创造了两个世界，然后又把两个世界联结起来，即产品供给者和需求者，而他们就是居于二者之间的联结者，直至今天，供求关系和供求规律依旧是支配市场的那只看不见的手。然而成为社会财富创造者和交换者的资产阶级并不满足他们现有的经济地位，因为社会资本和政治权力都被掌握在封建集团手中，他们依凭手中的权力、身份、地位制约着日益从经济上强大起来的资产者，于是，资产者若欲成为真正的社会核心力量就必须夺取政治权力。而政治运动和政治革命是需要理论论证和支持的，与15世纪末至19世纪资产阶级进行政治革命相呼应的是哲学的革命：以亚当·斯密为代表的经济学家提出了现代经济的三个支柱：社会分工、市场自治和人性利己。卢梭为把政治平等确立为社会的首要价值而提供了颇具想象力（自然状态）的论证，而洛克则用"政治社会"概念为把自由确立为社会的首要价值提供了论证；康德则以人是有理性存在者而论证了人在道德人格上是自由的、平等。如果尊重历史事实，那么我们可以说，起始于15世纪末的西方近代的现代化运动，在追问和追寻平等的过程中，理论论证上的顺序和实践逻辑的倒叙是相辅相成的过程，如果观念的逻辑与行动的逻辑有机统一在一起的时候，一种整体性的平等才会出现，一种以好的政治为基础的良序社会才会出现。

但在具体的社会历史中，也会出现"插叙"现象。一种是用资本的逻辑替代政治的逻辑，把政治权力视为谋得资本的手段，获得政治权力并不是为着国家的或整个人类的利益，而是作为实现个人利己主义、集团利己主义和国家利己主义的手段。另一种是用权力资本替代、支配货币资本,将拥有和行使政治权力和行政职权从而实施支配性行为视作目的。事实上,两种形态的"插叙"都不可能持久,因为他们都不利于整体平等的实现。

由中国共产党人领导的波澜壮阔、跌宕起伏的社会主义运动,开启了寻找实现整体性平等的道路。改革开放 40 多年的成功经验证明,无论是用资本的逻辑还是用权力的逻辑进行"插叙"都无法从根本上实现社会主义的终极之善,即财富的快速积累和公平分配、社会自治能力的提升、整体性好生活的形成。首先,社会主义市场经济作为相对有效率的经济组织方式,不同于西方的市场经济模式。这倒不是因为它们是完全不同的经济运行模式,而是因为它们之原始发生的路径不同,西方是自下而上的道路,中国是自上而下的道路。中国特色社会主义市场经济的建构、完善与发展,从始点上就渗透着政治的力量,既要坚持效率原则,因为没有可供分配和享用的财富便不可能有日益提高的生活;更要坚持公平原则,让更多的人享受到改革开放的成果,令每个人过上整体性的好生活是建设、发展和完善社会主义的终极目的。其次,无论是倒叙逻辑还是插叙逻辑,都是实现正义的具体道路。正义作为一种虽不能精确化但可以具体化的价值,乃是因人的努力而成的事情,是分有逻各斯并遵从逻各斯而行动的事情,因而是人的实践理性的充分发展运用。道为体,路为用;道为一,路为多。人类对正义有着相似甚或相同的直觉、情感和观念,但实现正义的道路确实多种多样的。一个具有超强自我修复、矫正和革命风格的政党和政治精英集团,其实践理性和实践智慧就在于能够根据自然和人类自身给定的可能性空间内,找到最接近于正义的道路。百年党史实践正是一部追问、追寻和实现正义的观念史和实践史,也是创造价值和意义的历史。

3. 意义论

如果说,全球化是一种哲学性的世界存在,那么最具哲学性质的存在则是意义问题。无论是从日常意识和日常语言考察，还是从哲学立场理论，似乎从不缺少人们对意义的追问和追寻。在认识上，人们经常发问，我们孜孜以求于财富、权力、地位、身份，其终极目的是什么呢？在实践上，人们殚精竭虑地追寻着那个令人神往而又无法全面拥有的意义世界，结果是，看得见、听得见、想的见，却无法拥有。你若不问，我尚能说出意义是什么，你若真的问我什么是意义，我倒怅然若失了，因为它无法被说出。"什么是'存在'？什么是人的存在的意义？我们在极度惊异的时刻会想到第一个论题，此时，一切答案、言词、范畴突然被表明不过是浮华的虚饰；隐藏在其他很多难题背后的存在的奥秘作为一个难题出现在我们心中。第二个论题不是一个语义学的问题（即如何用恰当的方式来定义'人的存在'的问题），而是一个远远超出自我理解范围的问题。"①容易被说出的总是那些实体的表象，而不是实体本身，实体是不容易被说出的"形"和"象"；意义不是支配和占有，不是消费和浪费，不是灭掉他者而使自己独立于天下。哲学就是关于意义的追问和追寻，但哲学永远不会告诉你，意义究竟是什么，因为意义不是实体，而是对实体之始点、要素、环节和道路的自成一体的流动过程的感悟、体悟和体验；意义是拥有和分有逻各斯之后在内心世界瞬间生成的知足、满足。

（1）不可定义的意义

一切意义无不与人的问题和难题相关，意义就是解决问题和难题后的主体效应。问题是一切生命体所共同面对的，生命体作为一种非自足性存在物必须同周围的他物进行物质、能量与信息的交换过程，以此来维持自己的存在。但人以外的其他一切生物是以本能的形式完成这一过程的，其解决生存的方式是既定的，即在自然给定生存资料的前提下进行的，所遵循的生存规律是"优胜劣汰、适者生存"。更主要的还在于，人以外的其他生物并没有在其进化中生发出类似于人的意识来，更没有锻造出与人相似的实践力来，这样，无意识力、无创造力的生物就只能以本能

_____

① ［美］赫舍尔：《人是谁》，隗仁莲译，贵州人民出版社1995年版，第46页。

的形式适应环境,而不能使环境适应自己,因此,对人以外的其他生物来说,它既不会创造问题,也不会意识问题,对它来说,它对他物的关系不是作为问题存在的,只是一般的物物交换。问题是对人而言的,只有人才创造着问题,只有人才意识到问题并试图以人的方式解决问题。创造问题和解决问题乃是不可逃避的事情,这就是意义问题的根据。

宽泛地说,问题有认识论的和存在论的两种。认识论的问题表现为疑惑、疑问,是对某一领域的事情不知或知之甚少,其旨趣在于明白某事或某物是什么和怎么样,实质是某些知识的缺乏。存在论的问题则同人的感觉和体悟能力有关,是人对某些矛盾、冲突、境域的困惑,在此意义上,问题就不再是疑惑、疑问,因为他对事物、事情是什么、怎么样是清楚明了的,而是因其价值理念和生活旨趣无法实现甚至严重缺失所得到的苦恼,是痛苦的体验,问题不再是问题而是难题,难题是与人的情感、意志和意义直接相关的,因此难题是生活形态的,是人的生活的丰富性的对象化。一当人的生活丰富性的对象化的通道被堵塞或失去对象,难题和苦恼就在所难免。问题表现为疑问,难题呈现为追问,但难题常常又以知识的形态出现。"一个问题的产生是由于我们知道得太少而极欲知道得太多;一个难题的产生是由于我们知道得太多,而各种知识却相互矛盾冲突。问题是好奇心的产物,难题则反映了知识的困境。"①关于问题与难题的关系,美籍犹太哲学家赫舍尔进一步精辟地指出:"提出一个问题(question)是一种理智的活动;而面对一个难题(problem)涉及整个人身的一种处境。一个问题是渴求知识的产物;而一个难题则反映了困惑甚至苦恼的状态。一个问题寻求的是答案,一个难题寻求的是解决方案。""没有哪一个真正的难题是从纯粹的寻根究底中产生的。难题是处境的产物。它是在处境艰难、理智困窘的时刻产生的,是在经历到不安、矛盾、冲突时产生的。"②也许焦虑和痛苦是人经常的存在状态,而快乐和幸福

---

① [美]赫舍尔:《人是谁》,隗仁莲译,贵州人民出版社1995年版,第2页。
② 同上书,第1页。

则是瞬间的体验。难题是人所唯一具有的，人不但生成着难题、遇到难题，而且感悟着难题，并把这种感悟以语言的形式呈现出来。自苏格拉底提出"认识你自己""自知其无知""美德即知识"三个命题，并以特有的方式表达其生活和终结其生命时起，哲学家、神学家和文学家就以语言为中介表达他们对各种难题的看法。马克思、费尔巴哈、尼采、叔本华、柏格森、海德格尔、利奥塔、福柯等似乎都在陈述对他们所遇到的生活难题的看法。这说明什么呢？

这说明人是一个创造意义、体悟意义和追问意义的存在物，一切难题都与这种意义相关。任何一种难题无不标示着无法实现某种意义，或缺失某种意义，这又与人对人的理解相关。"成人"并不仅仅是一个标示人的年龄和成熟的概念，而是一个人完成人、成为人、兑现承诺、实现人的尊严的过程。一切关于意义、价值的追问必然升华为对人是什么、能够成为什么即对人性和人的本质的理解。他本来就是并且总是一个难题。成为人就是成为一个难题，这个难题表现在苦恼，表现在人的精神的痛苦中。"人性应当是什么样子，人的本性应该怎样发挥作用，对此，每个人至少都有一个模糊的观念、形象或梦想。人的难题产生于矛盾。"①人们意识到了存在与期望之间的冲突或矛盾，即人是什么样与应当是什么样之间的冲突或矛盾。

人依靠自己的想象构筑出一个包括人的完整形象在内的可能性空间即可能世界来，然后又以这个柏拉图式的"善的理念"为摹本去衡量当下世界即事实世界的意义，结果发现，这个当下世界是一个有限的、非完满的世界，要么仅分有了"善的理念的"的一部分，要么阻止了某些"善的理念"的实现，这就是难题得以产生并能够存在的人性基础。每一个时代的人们都在探讨人是什么，每一时代的一些思想家都以为给人们提供了一个一劳永逸的关于人的概念，但却没有一个人能够完成此任。事实证明，每一时代的人们只提供他那个时代的人的概念，而这种概念是随着社会

---

① ［美］赫舍尔：《人是谁》，隗仁莲译，贵州人民出版社1995年版，第2—3页。

历史的变化而改变的。有了问题，人们就会以各种形式感悟问题、表达问题，于是便有了问题感觉和问题意识。这种感觉和意识有日常生活和理论思维两个层面。日常生活层面的问题意识表现为感觉、心理和精神三个层次，从本质上说，日常生活意义上的问题感觉和问题意识与问题本身具有直接同一性，当问题得以解决的时候，这种感觉便随之消失。问题的产生和解决始终伴随着强烈的内心体验和情绪形式，尽管问题的解决以及他所使用的方法都必须是理性的，但却始终有非理性因素渗透其中，不会以理论的形式对这些问题以及其他人与此相类似的问题进行反思和研究，更不会形成普遍性的理论。而理论形态的问题研究则不同，它不以个别人的问题感觉为对象，而以普遍的问题为对象，但它必须反映个别人的问题，进言之，以理论形态出现的问题研究是基于个别人的问题感觉而又超越于个别人的问题感觉的，问题意识与问题研究必须是理性的，它要用理性化的逻辑与话语去描述问题的成因、类型、本质；陈述研究者对问题的价值判断；制定解决问题的具体谋划。

从性质来说，又可从真与假、有意义与无意义的角度对问题进行研究，而实际情况又是极其复杂的，有些问题是真问题，但在特定条件下，对这些问题的讨论却是无意义的，比如，你把石头抛向空中一万次，它会一万次掉下来，作为公理的万有引力定律它永远是一个真问题，在相当长的时间内公理是推翻不倒的；而有些问题虽是假问题，但却是有意义的，比如上帝问题，在真理论的范畴内它是似乎一个假问题，但对它的讨论却是有意义的，因为它始终牵涉人性问题，牵涉对人性的理解和对人性的实现。

"人的存在从来就不是纯粹的存在；它总是牵涉意义。意义的向度是做人固有的，正如空间的向度对于恒星和石头来说是固有的一样。正像人占有空间位置一样，他可以被称作在意义的向度中也占据位置。人甚至在尚未认识到意义之前就同意义有牵连。他可能创造意义，也可能破坏意义；但他不能脱离意义而存在。人的存在要么获得意义，要么叛离意义。对意义的关注，即全部创造性活动的目的，不是自我输入的；它是人的存在的必然性。"①在赫舍尔关于意义的反反复复的追问和追索中，我们似乎看不出他关于意义的明确的规定，但我们可以深深地感受到他所说的意义是什么。意义，不是独立的价值物，也不是孤独的有着各种欲求的主体，但又离不开它们；意义是由人自己向自己提出的成为人、实现人和完成人的本质要求，人应当成为什么样、能够实现人的本质要求到何种程度，则取决于人的意愿、判断和能力。意义跟物有密切的关系，但又不是物本身，而是通过物达到的某种不可言说的状态。"意义意味着一种不能被归结为物质关系或不能被感觉器官感觉到的状态。意义是指同真实的事物具有相容性；还有，它是对于别的事物而言的一个事实，它是一个具有价值的客体的意义……实存状态与意义状态互相关联，生活只能用意义来衡量，这种信念深深地扎根于头脑中。追求意义的意志以及坚信我们试图弄清意义是合理的，这二者如同求生的意志和对生活的把握一样，本质上是合乎人性的。"②

意义，到底是什么？每个人都有自己的体悟和理解，也有自己的言说方式。赫舍尔作为犹太神学哲学家，他给意义的规定和描述，不易为普通人理解和把握；他用神学的思维和哲学的语言表达了他对意义理解。客观地说，神学家和哲学家的意义观是有高度和深度的，是普通人难以到达的境界，就如同康德所描述的日进无疆、达于至善的道德境界，是普通人达到的境界那样。如若所有的人、或者是绝大部分人都能够体悟赫舍尔的意义、实现康德的道德境界，那么现代化、现代性和全球化过程中出现的众多危险、危机、灾难就不可能普遍地、反复地出现。于是，在现代化和全球化语境下，我们对意义问题的研究就不应该仅限于赞美、追求和追寻神学家和哲学家给出的意义，相反，我们要研究作为普遍性事实而存在的意义现象，去发掘是什么原因和力量促使人们普遍地不再关注意义而只在乎获得价值物。若要对此一问题作出深入分析和论证，就必须寻找人

---

① ［美］赫舍尔：《人是谁》，隗仁莲译，贵州人民出版社 1995 年版，第 46—47 页。
② 同上书，第 50 页。

们普遍地遮蔽意义、丢失意义的人性基础和社会根源。

（2）意义迷失、丢失的人性基础和社会根源

意义一定与价值相关，但却不是价值本身。人是一价值性存在物，它必须通过创造价值而创造人本身。价值，最为普遍的含义是指，一个实体、一个状态、一个关系，并不为他者所决定而是自身自在地拥有的结构、功能、属性和效用;无论人们是否认识它、承认它、掌握它、拥有它，还是享用它，它都自在地立在那里。当人们把自己的某个或某些目的与这些功能和效用关联起来时，效用就进入了目的世界。"每种技艺与研究，同样地，人的每种实践与选择，都以某种善为目的。所以有人说，所有事物都以善为目的。（但是应当看到，目的之中也有区别。它有时是实现活动本身，有时是活动以外的产品。当目的是活动以外的产品时，产品就自然比活动更有价值。）由于活动、技艺和科学有许多，它们的目的也就有多种。医术的目的是健康，造船术的目的是船舶，战术的目的是取胜，理财术的目的是财富。"①当我们把实体、活动、关系、产品的结构、功能、属性、效用与具体目的关联起来时，效用就变成了价值，亦即从分析命题变成了综合命题，于是当我们在说价值时，就不再单指结构、功能、属性和效用，而是它们与某个目的（某个需求者的需要）的满足与被满足的关系。当把效用与目的关联起来形成价值概念之后，原本客观的结构与功能、属性与效用，就会因为某个具体目的的嵌入而显得像是具有主观性的，于是就会造成一种假象，似乎客体的功能与效用完全取决于需求者对它的确证和确认，进言之，效用能否成为价值取决于需求者是否将效用变成价值，继而将价值等同于意义。于是，在效用—价值—意义之间就建立起了类似于客观规律那样的主观逻辑，当这种在主观上"视其为真"有充分根据而在客观上根据不充分时，一种不再顾及客观规律的主观逻辑就被"顽强"地建立起来了。在这种主观逻辑的支配之下，一种只要拥有客体的效用、占

---

① ［古希腊］亚里士多德:《尼各马可伦理学》，廖申白译，商务印书馆 2003 年版，第 3—4 页。

有客体的价值就一定是有意义的,就一定能够带来快乐和幸福,一种类似于数学公式那样的函数关系就建立起来了。

确定性现象之间的关系常常表现为**函数关系**,即一种现象的数量确定以后,另一种现象的数量也随之完全确定,表现为一种严格的函数关系。当一个或几个变量取一定的值时,另一个变量有确定值与之对应,则称这种关系为确定性的函数关系,记为 y=f(x),其中 x 称为自变量,y 称为因变量。根据函数的定义可知,两个函数是否相等,需要看:二者的定义域是否相同;对于定义域内的每一个元素,它在这两个函数作用下的结果是否恒相同。在函数关系内,作为自变量的 x 的任何一个变化,作为因变量的 y 都有一个相应的变化与之相对应。函数关系公式所呈现的规律性事实,在理论上是成立的,因为它去掉了任何一种无法计算的甚至是意想不到的其他因素,后者会直接或间接地影响着 x 和 y 之间的对称关系,因为理论推理永远都无法涵盖和表达实践推理的全部可能性。在实践推理的意义上,效用—价值—意义之间是一种可能但不必然的关系,原因在于意义生成的复杂性。

意义是价值客体与需求主体之间的双向互逆过程。单一的价值客体和单一的需求主体都不能产生意义,意义是主客体经过双向互逆的相互嵌入之后形成的双重效应。从价值客体角度说,当它(他)的基于结构与功能之上的效用被需求主体认知、确证、享用时,价值客体的价值就得到了确证和实现,此之谓意义的客体性维度;当价值客体的效用被需求主体确证和享用时,在需求主体那里产生了令他快乐和幸福的体验,这种体验是主体的不足和匮乏、饱和和过量两种状态被解除之后产生的愉悦感。价值客体通过价值的转移,通过满足需求主体的各种需要且产生令他愉快的体验而证明了自己的价值,于是,衡量客体价值的实现程度取决于它满足需求主体之需要的程度,取决于令其产生愉悦之感的程度。这便是意义的主体性维度。价值客体与需求主体之间的这种双重互逆过程以及由此产生的双重效应,极有可能产生意义乃是一种函数关系的假象,即,只要有一个价值客体给出,便可以产生相应的主体效应,价值客体为自变量,而主体效应则为因变量。然而,事实上,二者之间并非充分条件关系,而是必要条件关系,即,没有价值客体就一定没有主体效应,有了价值客体却也未必产生主体效应。其原因有二,其一,同一个价值客体为何在不同的需求者那里会产生不同的主体效应? 其秘密就在于,由价值(客体性的、对象性的、可数的、可预期的)转换成意义,客体效用对需求主体的有效性,表现在满足需求主体之需要的程度,更取决于需求主体对这种满足状态的体验程度。不同需求主体对同一种客体效应的需求程度和强度是不同的,对客体效用在需求主体那里产生的满足感的体验程度也是不同的。在人的三重性即生物性—社会性—精神性序列中,无论个体间在文化、文明、德性方面有多大差别,在生物性需要的满足上,是差别较小的,相反,社会性和精神性需要的满足则存在明显差别,由此决定,人们对生物性需要的满足总是基础性的、自然性的,通常无需后天的培养和教化,至于在满足生物性需要的仪式方面有多么"文明",并不代表生物性本身比社会性和精神性需要更高级、更文明;相反,社会性和精神性需要则是"文治教化"的产物,它们是在主体间反复进行的生产、交往和生活中培养起来、表现出来的。缺少文化和文明的过程,需求主体就自然而然地徜徉于生物性需要的满足之中且乐此不疲;生物性需要及其满足是强必要性的,而社会性和精神性需要及其满足则是弱必要性的,且用于满足社会性和精神性需要的价值客体的创造远比满足社会性和精神性需要的价值客体复杂得多、困难得多。虽不能做出精确统一,但凭直觉可以判断,人类通过创造物质财富以满足物质需要所用的时间和精力会远远大于用于创造社会财富(秩序、关系、制度、规范)和精神财富(音乐、绘画、书籍、知识、理论、思想)所用的。于是占有并享有物质财富是获得生活意义、体验快乐和幸福的根本途径,就会成为根深蒂固的、普遍的价值观。而物质财富虽有多人多次享用的方面,但绝大多数都是一人一次消费,尤其是食物;人们为创造物质财富所需要的质料,绝大多数都是稀缺的,有些质料可能永远无法恢复,气候、耕地、湿地、水源、草场、森林、植被,一旦遭受破坏,实难恢复到平衡的状态。其二,无限的欲求世界与有限的价值世界。人的基于需要而生发出来的欲求和欲望是无边界的,它借助人的想象力可以穿透任何障碍而延伸到未知的世界中去；欲求、欲望是不可数的，因为它是非实体化的，没有面积、体积和重量，因为它是意念、欲念。当人们带着无限的基于欲求和欲望之上的意念和欲念去获取有限的、可数的世界价值时，就会产生无限对有限的矛盾与冲突，人们就会全力以赴地去获取满足物质需要的物质财富，人们认为，只有占有和享用无限的物质财富才能获得快乐和幸福，生活才会有意义。人们原本就存有把占有和享用价值等同于获得意义和体验意义的原始意识，只有人们构造出了令每个人把这种原始意识变成技术理性、实用理性并全力以赴攫取财富的社会结构时，一种全面的只要占有和享用价值就必然获得意义的观念和行动就会形成。基于现代化运动之上的现代社会和现代性正是一个将人们培养成只顾占有价值而不再过问意义的存在的过程。社会学家、哲学家、宗教学家，用反思、批判和重构的科学精神和伦理动机，从不同层面揭示不同社会领域的矛盾和冲突时，其隐藏在最深处的问题正是价值与意义的关系问题。由现代化运动所引发的全球化，其各种矛盾与冲突，其各种危险与风险，固然与价值的创造和分配相关，但更与意义的隐匿与迷失紧密相连。

当我们把描述性的和判断性的具有哲学性质的世界性存在整合在一起的时候，一幅整体性的现代性"肖像"就被标划出来了：描述性哲学性存在的时空、生产和观念，乃是马克思主义哲学中的原问题，它们构成了全球化的基础；作为判断性的哲学性存在的代价、正义和意义，乃是价值哲学中的根本性问题，它们构成了全球化的风险与危机；作为实践性哲学性存在的观念、制度和行动，乃是实践哲学中的核心事项，它们构成了矫正、修正和完善全球化的认识论和实践论基础。

四、实践性的哲学性存在（类意识、类实践与类本质：朝向全球化问题的类哲学）

现代化、现代社会、现代性、全球化，这就是我们的实际性，当我们根据相似性和亲缘性原则标划出它们的哲学性质时,分明是在呈现我们的实际性的根本性、基础性和全局性问题。如果说,我们借助知性给予我们的哲学范畴以根据建构性原则,将个别包含在普遍性之下加以思考,使得描述性和判断性的世界性存在"招致前来",那么,我们依据实践法则将人们的观念、制度和行动包含在普遍法则之下加以思考,遵循的是范导性原则。当我们用诸种概念标划出全球化的诸种症候时,隐藏在各个所指背后的不仅仅是那个被指之物的"所是",还有"应是"这一隐喻,这便是意指。我们不但把全球化的现实性规定给它,而且把潜在性和可能性指派给它,希望它朝着我们所希望的方向而共出。如果止于"所是",那只是一种事实叙述,如果朝向意指,那便是价值叙事。价值叙事是有要求的,有期盼的。这个要求和期盼就是将现代化、现代性和全球化中的危险、风险,总之是代价保持在可接受的范围内。"在透过语言这面镜子观察周围的世界时,我是通过隐藏在语言中的众多潜在性之镜领悟周围世界的现实性的。这样说意味着,潜在性就是'照此'显现出来的,它只是通过语言实现了潜在性:正是对某物的称谓,展示('设置')了它的潜力。"①现代化、现代性和全球化是生成性的、构成性的,是可变事物,它是被范畴和话语"照亮"的所是和被语言"照此"显现出来的潜在性,它们都借着我们的所指而现出其自身;然而作为"应是"的潜在性,本质上却不是一个意指问题,意指只是把理性自身依照合乎理性的方式而澄明出来、呈现出来,使之概念化和观念化,呈现在表象里,把握在意识中;然而,那个有理性东西自身依旧保持着它的自在的客观性,意指者依旧保持着概念和观念的抽象的主观性,消灭自在的客观性和抽象的主观性,使二者共属于同一个事实中,才会是现实的。这就是凡是有理性的东西都是现实的真义,完成这一过程的基础则是行动、实践。正是借助我们的行动才使现代性、全球化扬弃各种缺点于优点之中。

---

① ［斯洛文尼亚］斯拉沃热・齐泽克:《意识形态的崇高客体》,季广茂译,中央编译出版社 2017 年版,第 6 页。

实践哲学乃是这样一种学问,它要指出,只有当行动者拥有或分有逻各斯的时候,才能通过技艺创造出产品和艺术品来,才能借助行动的适度原则造成和谐的人际关系来。之于全球化而言的实践哲学,乃是充满着辩证法的思维与行动;它所指称的是因人而成的事情。在描述性、判断性的世界性存在中,除去那些纯粹自然的力量造成的危险、灾难而使人无法抵御和抗拒之外,全球化场域下的危险和风险都是因人的观念和行动而造成的。于是,人类便在普遍意识的水平上发出了这样的疑问:人们为何不能和谐相处而共在、共享和共生呢? 在全球化过程中,为何有各种各样的矛盾与冲突不断加剧和扩张呢? 为何持续存在着的个体、组织和国家的任性不能通过自我修正和矫正而改变、通过全球正义力量而得到遏制? 人们能否构造一个普适性的价值体系? 事实证明,真正具有普遍性的不是所有的人、所有的国家共在同一个文明体之中、遵循同一种信仰和信念、运用同一种情感和意志;唯一可以成为普遍性的价值乃是非实体性的精神和规则。在类哲学意义上,人类的现代精神应该具有的,乃是相互承认的态度、相互尊重的情感和共同有益的行动。这是康德所说的“世界公民意识”。康德认为在人的理论理性、实践理性和判断力之上,有一只看不见的“宇宙之手”在约束着同时也在激励着人类,完成人类本质中所应是的东西。人类作为有理性的被造物,就是要以人的方式交往和生活。“在人(作为尘世间唯一有理性的造物)身上,那些旨在运用其理性的自然禀赋,只应当在类中,但不是在个体中完全得到发展。”[1]作为“宇宙之手”的自然,它并不直接为人类构造出它所希望的秩序,更不可能把人类应当成为的样子直接“赠送”给人类,而是让人类依凭它的理性完成它自己的所是和应是。那么什么才是人类的“应是”呢?“自然迫使人类去解决的人类最大问题,就是达成一个普遍管理法权的公民社会。”那么公民社会是怎样一种社会呢?“既然唯有在社会中,确切地说是这样的社会,

---

① [德]康德:《关于一种世界公民观点的普遍历史的理念》,载《康德著作全集》第8卷,李秋零译,中国人民大学出版社 2010 年版,第 25 页。

它拥有最大的自由,从而有其成员的普遍对立,但毕竟对这种自由的界限有最精确的规定和保证,以便他们能够与别人的自由共存。"①建立一个以宪政为基础的公民社会,是"最难的问题,同时也是人类最后解决的问题。"这个公民社会既指共同体内部的公民状态,也指共同体之间的依照宪政构建起来的公民状态。"建立一种完善的公民宪政的问题,取决于一种合法的外部国际关系的问题,而且没有这种关系就不能得到解决。"②这是康德 1784 年提出的观点,而那时的柯尼斯堡还是一个远离欧洲工业和文化中心的"小城",18 世纪的欧洲也远未出现全球化的影子;那么,康德为何以哲学的语言证明,世界公民社会的建立,将是人类最难的,也是最后要解决的问题呢? 并且坚定地认为,解决问题的道路是在理性基础上,构建普遍有效的"公民宪政"。要建立一个完善的公民宪政就必须拥有"一种合法的外部国际关系",那么,这个"合法的外部国际关系"又如何可能呢? 在 240 多年后的今天,现代化、现代性与全球化以康德不曾想象的形式在世界范围内迅速扩展开来,令人不解的是,人类并未随着全球化的到来而构建一个以"公民宪政"为基础的"合法的外部国际关系";相反,前现代社会中人类的若干"国民性"在全球化过程中非但没有改造成现代人类精神,反而成为形成现代精神的最大障碍。真正的全球化需要新的哲学形态,而生成中的新的哲学也将为真正全球化的到来提供思想基础;这个新的哲学,可能以一个自足的哲学体系的形式产生,但更应该是全球化场域下各种行动主体所具有的意识、知识和行动,也就是哲学思维与实践智慧,但不是以往的哲学形态,而是对类意识和类本质的理论自觉,即类哲学。

实践哲学是朝向人的思考与行动的哲学沉思。思考是行动的观念基础,行动是思考的现实基础。朝向全球化的实践哲学,其思考与行动都拥有了新的形态和新的内容;类哲学将成为现代人类精神的哲学形式。在

---

① ［德］康德:《关于一种世界公民观点的普遍历史的理念》,载《康德著作全集》第 8 卷,李秋零译,中国人民大学出版社 2010 年版,第 29 页。

② 同上书,第 31 页。

实践哲学的视阈内，类意识和类实践将以它的元哲学形态、三种历史场域下的类意识和类哲学以及摆脱类意识和类哲学危机的诸种谋划三种范型而展开其内在的演进逻辑。

1. 类意识和类实践的元哲学形态

元哲学或哲学中的元问题，乃是一个形而上学问题，也就是关于始点的问题。类意识和类实践的元哲学形态，指称的就是关于"类"的始点问题，这个始点是就我们的知识而言的，亦即，如要有一种观点、理论和思想被反复进行的实践证明是正确的，那么我们的研究就从这个观点开始；这个始点是就事物自身而言的，亦即，有一个始点存在着，它有能力展开自身为他物（外化、对象化）又回归于自身，实践哲学就从这个行动者开始。关于类意识和类实践的元哲学探讨，追寻的正是这个始点；这个始点不在别处，正在于人的定义、原理和是其所是之中；人不但在存在论上进行着类的活动，而且在认识论上意识到自己是类存在物，并坚定地主张，不但在意识上而且在实践上把自己实现成类存在物，才是真正地实现了人的内在规定性，这是最有价值的事情。于是，所谓类意识和类实践的元哲学形态就是存在论、认识论和价值论三种形态上的类。

（1）存在论状态上的类意识和类实践

任何一种形式的类都以能"知止而后有定，定而后能静，静而后能安，安而后能虑，虑而后能得"的个体主体为存在论基础，类不是一定数量的个体主体的机械相加，而依照互惠互利原则或共同有益原则、通过分工与协作而形成的"团结"。如若一个或多个个体主体只是无意识地或被动地被置于一种由异在的力量控制的"团结"中，那么，被支配的个体主体就不是自知、自愿、自主的行动主体，而仅仅是被支配的客体；被某个或某些异在的力量所独断支配的"团结"以及由此而形成的类，尚不能成为真正的类。然而，无论是由个别或少数个体强制构造的类，还是通过使每一个成为有理性且充分而公开地运用理性者而构造出的"有机团结"，都是类的形式，二者区别不是类的有无问题，而是类的构造方式及其性质问题，即便是最为矛盾和冲突的类也是类的一种形式。由每一个人的"是其所是"决定的个体本质，原本就内在地包含着类的诉求，进言之，每一个只有以类的方式进行思考和行动才能实现他的"是其所是"。如果不是从道德立场先行判断类的性质，而是从类的原始发生考察类的类型和构造方式，那么，类便以如下方式而展开它的原始发生及其演变逻辑。

就个体主体因何而必须采取类的形式进行思考和行动而言，根源便是技艺和实践两种形式。技艺是生产性的，实践是非生产性的。生产性的技艺以获得活动以外的善为目的，技艺作为手段之善决定于它所获得的善的客观要求。当人的生产能力、生产工具和生产技术处在不发达的状态下，分工与合作的广度和程度也通常是低下的，且技艺的类型多以畜牧业和农业为主。自给自足的农业经济，使得技艺在极小的家庭和家族空间之内进行，类的形式也仅限于基于血缘和地缘关系之上的共同劳作、共享劳动财富的非政治性、非经济性的"机械团结"。每个劳动者无需考虑个人的得失与感受，决定他思考和行动的原初动机和终极目的是家庭和家族的共同利益，以及共享财富之后所获得的情感、意志与精神的回报。在此种语境下，马克思所说的，人不但在意识中理智地复现自己而且在实践中现实地复现自己，在他所创造的对象中直观自己和反观自己的本质力量，并在这种反观中证明自己，实现自己，通过对象化过程和对象性关系而获得满足和快乐。此种情形以极弱的形式存在着，即是说，劳作者通过植物的栽培和动物的养殖，而在对象上反观自己，但更令其愉快的是，他的"作品"被家庭和家族的其他成员享用时所产生的人与人之间的满足和被满足的关系，来自人与人之间的对象性关系远比因栽培和养殖形成的对象性关系来得重要。这也充分证明了，在被狭隘的人与自然的关系所限制的狭隘的人与人关系的历史场域之下，人与人之间的依赖性程度远远高于现代性语境下的依赖性程度。于是，与技艺这种生产性的构造类的形式相对应的非生产性的即实践形式的类，就在基于自然情感和社会情感之上的熟人之间展开。虽然熟人状态下的实践不具备城邦共同体中的实践概念所包含的丰富内容，但它同样具备实践概念所要求的基本功能,道德德性和理智德性同样展现出品质与功能两个向度上的含义,作为品质,团结在一起的个体拥有基于同情和利他主义之上的慷慨、友爱、公正、节制、自制;作为状态,每个人都尽可能地处在充分发挥其意志和理性的状态之上,更体现在主体间的和谐状态之上。在非生产性的感性本体论上,每一个交往者都感受到主体间的共同性,共通感与共同感使得他们能够相互理解、承认与认同。在意识上,则是一种自发的类意识,尽管主体思维或原子思维构成了其他思维的原初根据,因为只有预先感受到自己的感受,才能感受到他人的感受,但人们并不把实体、主体、原子思维置于关系思维和价值思维之上,相反,人们总是在关系思维中界定和规定个体主体。总之,无论是在生产性的分工与合作的劳动过程中,还是在感觉、知觉、表象、概念、判断和推理中,人们都充分地构造着类并切实地感受着类。这些被感受着的类,既有作为对象性存在的、物化的价值物,还有充满经验和体验的共同感和概念化、观念化的规则体系。

（2）认识论意义上的类意识和类实践

就类的存在方式而言,可有物化的类,即作为公共性的社会财富,无论是私有制还是公有制条件下的劳动产品,都是劳动者通过分工与协作而创造出来的,因为是普遍性的存在物,除了凝结着一般人类劳动,还可以普遍性地满足不同人的相似甚或相同的需要。然而,物化的类存在即劳动财富的创造、分配和享用,都是在类意识的支配下实现的。这除了表现在人们对劳动、劳动产品、财富的享用具有共同的感受和相同的理解之外,更加重要的是人们对精神世界和精神产品的同感共情。认识论意义上的类意识和类实践,同样表现在生产性和非生产性的活动两个向度上。认识论意义上的类意识和类实践所要探讨的是,人作为认识主体和行动者何以能够成为普遍的存在者？一个有理性的存在者,不但是客观上的普遍的因而是类的存在物,而且感受到、意识到甚至是思维着自己确实是类存在者。而完成这一切的均是那个能思的"我","我"都是个别,但每个人都是"我",所以,"我"乃是一个最普遍化的表达。

关于从这个能思的"我"如何能够得出普遍的"我",黑格尔在《小逻辑》中,深刻地说道:"当我说:'这个东西''这一东西''此地''此时'时,我所的这些都是普遍性的。一切东西和任何东西都是'个别的''这个',而任何感性事物都是'此地''此时'。同样,当我说'我'时,我的意思是指这个排斥一切别的事物的'我',但是我所说的'我',亦即是每一个排斥一切别的事物的'我'。康德曾用很笨拙的话来表达这个意思,他说,'我'伴随着一切我的表象,以及我的情感、欲望、行为等等。'我'是一个自在自为的普遍性,共同性也是一种普遍性,不过是普遍性的一种外在形式。一切别的人都和我共同地有'我'、是'我',正如一切我的情感、我的表象,都共有着我,'伴随'是属于我的东西,就作为抽象的我来说,'我'纯粹是自身联系。在这种的自身联系里,'我'从我的表象、情感,从每一个心理状态以及从每一性情、才能和经验的特殊性里抽离出来。'我',在这个意义下,只是一个完全抽象的普遍性的存在,一个抽象的自由的主体。因此'我'是作为主体的思维,'我'既然同时在我的一切表象、情感、意识状态之内,则思想也就无所不在,是一个贯串在一切规定之中的范畴。"[①]

　　"我",既是一个实际性的存在,也是一个语言性的存在;语言自身就是一个二重性的存在,既是一种所指又是一个被指,只有当所指和被指相互共属、相互共出的时候,语言的二重性存在才是一种现实性的事情。当"我"被"我"这个称呼揭示出来、澄明出来时,被指就被所指开显出来了。而每一个被称为人的个体都是"我",当他以"我"这个词述说自己时,他已经用"我"这个词语说出了作为实际性存在的"我"。但这个实际性的"我"并非因为"我"这个所指才成为实际性的存在,相反,无论从时间逻辑还是从行动逻辑观察,实际性的"我"都是先于作为词语的"我"的;被指并不因为所指而由无到有,而是被指因所指而被显现,而被界定和规定。于是,"我",作为实际性,乃是适合于一切人的,因为每个人都是"我",无论他是否被述说着。这是自在的、自然的普遍性,进一步地,是类的自然形态。其实,普遍性这个概念并不仅仅指称人本身,凡属类存在

[①] 　[德]黑格尔:《小逻辑》,贺麟译,上海人民出版社 2009 年版,第 86—87 页。

的存在物,都有类属。植物的类属是以固定的、不能自知的方式存在的;动物是以运动的、低级自为的但同样是不能自知的方式存在的;而人是以自为且自知的方式呈现、实现类属的类存在物。人不但像植物和动物那样自在地是类存在物,更以自知自为的方式构成着类,从而使自己成为现实的普遍的、类的存在物。

"如果我们稍微更仔细地考察精神,那我们就发现精神的最初的和最简单的规定就是:精神是自我。自我是一个完全简单的东西、普遍的东西。当我们说自我时,我们想到的大致是一个个别的东西;但因为每个人都是自我,从而我们只是说出了某种完全普遍的东西。自我的普遍性使得它能够从一切事物,甚至从它的生命中抽象出来。但是,精神不仅是这种同光一样的抽象简单的东西,从前把灵魂的单纯性同身体的复合性对立起来谈论时,精神就曾经被看作是这样的东西;相反地,精神是一个不顾其简单性而自身内有区别的东西,因为自我把自己自身与自己对置起来,使自己成为自己的对象,并从这个起初诚然是抽象的、还不具体的区别回复到与自身的统一。自我在其自相区别中的这种在自己本身中存在,就是自我的无限性或观念性。但这种观念性只有在自我与它面对的无限多样下料的关系中才得到证实。当自我抓住这个材料时,它就为自我的普遍性所毒化和理想化,而失去了它的孤立的、独立的持存并得到一种精神的定在。因此,精神很少为其表象的无限多样性而被从其简单性、从其自内存在而拖入到一种空间性的相互外在中去,结果反而是精神的简单的自身清澈明亮地贯穿于那种多样性而不容许它得到任何独立的存在。"①精神,既是自我把握自我之灵魂的能力和过程,又是被这些能力把握到的那个决定自我成为普遍性的因而是自由的存在者的东西。在"认识论意义上的类意识与类实践"这个标题之下所能呈现出的复杂性和深刻性,不仅仅是在范畴系列上的层次性,而且表现在通过意识而完成的自我的普遍性和自由本质的复杂性。

---

① [德]黑格尔:《精神哲学》,杨祖陶译,人民出版社 2015 年版,第 12—13 页。

　　在范畴系列中,自我与精神是同等程度的范畴。自我乃是一个在存在论上呈现为质料的多样性或要素上的杂多性的范畴,这使得自我存在着内在的张力,即差别、矛盾与冲突;正是因为要素上的杂多性才使得自我既可以为善也可以为恶,既可以成为圣人、智者,也可以成为暴戾之徒。用简单性或单一性原则去揭示自我的复杂性是行不通的,人性善或人性恶的主张,本质上并不是一个客观判断,而是一种信念;因为哲学无法令人信服地解释和论证自我的复杂性和多向性,亦即,自我是可能的存在物,不是既成的、已经完成了的存在物,相反,自我是可能的、完成着的存在物。于是,使自我成为人的原初性力量绝不是所有的要素,而是其中的使人求真向善趋美的力量,这就是精神。与其说精神就是自我,倒不如说精神是使自我成为普遍的、类的因而是自由的存在物的力量。于是,作为自我的精神不是别的,而正是意识、理性和思想。

　　意识、理性和思想是在自主能动性意义上的同等程度的范畴。如果说精神与自我是主要与次要、主动与被动意义上区别开来的范畴,那么意识、理性和思想则是在自主能动性意义上于程度上区别开来的概念。在以往的"意识"中,意识似乎是一个总体性概念,包含理性和思想于自身之内,但细分下来,其间具有明显的不同。我们可以说,世界是有理性的,但我们不能说世界是有意识的。意识具有相较于理性和思想而言的单一性,亦即,一个自我以主体的方式感觉、感知着自己又认知着对象而言。感觉、感知、体验、经验着自身的内在感受,称为内感知,内在感受称为内部视域;对对象的感知称为外感知,被感知的对象称为外部视域。在这里,意识就类似于康德意义上的感性经验,是借助时空这一先天直观形式而获得的感性材料。感受性、敏感性、回应性和接受性是意识的基本环节;在此基础上,感知者要对感性材料进行分类、比较,继而进行判断和推理,形成正确认识和正当判断。至此,意识似乎难以就自我的普遍性、类和自由有所作为,于是,理性和知性就从出于自我之中,越出意识的层面而指向所是与应是;若要合理地且是最大限度地实现诸种目的、满足各种需要,思考就必须正确,行动就必须正当;若此,灵魂就必须获得真,一个是就事物自身的真，一个是就与欲求和目的而言显得是真。灵魂肯定和否定真的方式有五种：科学、技艺、明智、智慧和努斯，理智是灵魂既把握可变事物又把握不变事物的能力，而努斯则是把握相关于欲求或目的的可变事物的能力。理智和努斯是亚里士多德用以把握是与应是的概念，理性和知性则是康德用以把握是与应是的范畴，而黑格尔则是综合了前哲学家的观点，构造出了自己的范畴群和话语体系。虽然，他们都是相关于类意识和类实践的哲学探讨，但黑格尔的哲学范畴和话语体系似乎更接近于类概念。

说人是普遍的、自由的因而是类的存在物，那分明是说，人是有思想的，因为只有思想才是普遍性的。思想是意识和思维的成果，是它们的高级形式，但不能把思想还原为意识和思维。黑格尔区分了思想和思想范畴："这里所说的思想和思想范畴的意义，可以较确切地用古代哲学家所谓'Nous（理性）统治世界'一语来表示。——或者用我们的说法，理性是在世界之中，我们所了解的意思是说，理性是世界的灵魂，理性居住在世界中，理性构成世界的内在的、固有的、深邃的本性，或者说，理性是世界的共性。"①整个世界甚或整个宇宙都共在于同一个理性之下，遵循着同一种理性法则即事物法则；而每一个类或一个种又共在于同一个类的理性法则之下；同一个类之下的个体并不分有一个与它们同在的、并列的共性，而是内在地具有同一种性质，这种性质原本就内在于个体的个别性的规定之中。这种共性就是它们的普遍性，它不是从外部植入到个别性之中的，更不是可移动的、让渡的，唯一的道路是把潜藏于内的普遍性实现出来。普遍性不是视听的对象，而是意识的对象，当它被语言说出时，也不是具象性地立在那里，而是呈现在意识中。这正像康德所认为的那样，实践法则只能被意识到而不能被视听到。

"如我们指着某一特定的动物说：这是一个动物。动物本身是不能指出的，能指出的只是一个特定的动物。动物本身并不存在，它是个别动物

---

① ［德］黑格尔：《小逻辑》，贺麟译，上海人民出版社2009年版，第93页。

的普遍本性,而每一个存在着的动物是一个远为具体的特定的东西,一个特殊的东西。但既是一个动物,则此一动物必从属于其类,从属于其共性之下,而此类或共性构成其特定的本质。任何一个事物莫不有一个长住的内在的本性和以外在的定在。

思想不但构成外界事物的实体,而且构成精神性的东西的普遍实体。在人的一切直观中都有思维。同样,思维是[贯穿]在一切表象、记忆中,一般讲来,在每一精神活动和在一切意志、欲望等等之中的普遍的东西。所有这一切只是思想进一步的特殊化或特殊形态。这种理解下的思维便与通常单纯把思维能力与别的能力如直观、表象、意志等能力平列起来的看法,有不同的意义了。当我们把思维认为是一切自然和精神事物的真实共性时,思维便统摄这一切而成为这一切的基础了。我们可以首先把认思维为 Nous 这种对思维的客观意义的看法,和什么是思维的主观意义相结合。我们曾经说,人是有思想的。但同时我们又说,人是有直观、有意志的。就人是有思想的来说,他是一个有普遍性者,但只有当他意识到他自身的普遍性时,他才是有思想的。动物也是具有潜在的普遍的东西,但动物并不能意识到它自身的普遍性,而总是只感觉到它的个别性。动物看见一个别的东西,例如它的食物或一个人。这一切在它看来,都是个别的东西。同样,感觉所涉及的也只是个别事物。自然界不能使它所含蕴的理性(Nous)得到意识,只有人才具有双重的性能,是一个能意识到普遍性的普遍者。人的这种性能的最初发动,即在于当他知道他是我的时候,当我说我时,我意谓着我自己作为这个个别的始终是特定的人。其实我这里所说出的,并没有什么特殊关于我自己的东西。因为每一个其他的人也仍然是一个我,当我自己称自己为'我'时,虽然我无疑地是指这个个别的我自己,但同时我也说出了一个完全普遍的东西。因此我乃是一个纯粹的'自为存在',在其中任何特殊的东西都是被否定或扬弃了的。这种自为的我,乃是意识中最后的、简单的、纯粹的东西。我们可以说:我与思维是同样的东西,或更确切地说,我是能思者的思维。凡是在我的意识中的,即是为我而存在的。我是一种接受任何事物或每一事物的空旷的收容器，一切皆为我而存在，一切皆保存其自身在我中。每一个人都是诸多表象的整个世界，而所有这些表象皆埋葬在这个自我的黑夜中。由此足见我是一个抽掉了一切个别事物的普遍者，但同时一切事物又潜伏于其中。所以我不是单纯抽象的普遍性，而是包含一切的普遍性。平常我们使用这个'我'字，最初漫不觉其重要，只有在哲学的反思里，才将'我'当作一个考察对象。在'我'里面才有完全纯粹的思想出现。动物就不能说出一个'我'字。只有人才能说'我'，因为只有人才有思维。在'我'里面就具有各式各样的、内的和外的内容，由于这种内容的性质的不同，我也因而成为能感觉的我，能表象的我，有意志的我等等。但在这一切活动中都有我，或者也可以说在一切活动中都有思维。因此人总是在思维着的，即使当他只在直观的时候，他也是在思维。假如他观察某种东西，他总是把它当作一种普遍的东西，着重其一点，把它特别提出来，以致忽略了其他部分，把它当作抽象的和普遍的东西，即使只是在形式上是普遍的东西。

我们的表象表现出两种情况：或者内容虽是一个经过思考的内容，而形式却为经过思考，或者正与此相反，形式虽属于思想，而内容则与思想不相干。譬如，当我说愤怒、玫瑰、希望等词时，这些词所包含的内容，都是我的感觉所熟习的，但我用普遍的方式，用思想的形式，把这些内容说出来。这样一来，我就排斥了许多个别的情况，只有普遍的语言来表达那些内容，但是那个内容却仍然是感性的。反之，当我有上帝的表象时，这内容诚然是纯思的，但形式却是感性，像我亲自感觉到的上帝的形式那样。所以在表象里，内容不仅仅是感性的，像在直观里那样，而且有着两种情况：或者内容是感性的，而形式却属于思维；或者正与此相反，内容是纯思的，而形式却又是感性的。在前种情况下，材料是外界给予的，而形式则属于思维，在第二种情况下，思维是内容的源泉，但通过感觉的形式这内容表现为给予的东西，因此是外在地来到精神里的。"①

---

① ［德］黑格尔：《小逻辑》，贺麟译，上海人民出版社 2009 年版，第 95—96 页。

　　借助于黑格尔关于普遍性、思维、思想及其相互关系的分析和论证，就认识论意义上的类意识与类实践而言，我们可以集中地表述为如下几个主要方面。第一，基于感性存在论之上的自我意识和对象性意识的原始发生。类意识和类实践得以发生的始点在于逐渐形成意识的个体，各种共同体作为类的外部形式，其内在基础都是逐渐觉醒起来的个体；共同体不过是类意识和类实践的对象性存在。而无论是外部的共同体还是内在的个体，它们均奠基于个体的感性存在及其感性意识之上。起初，个体只是一个自在的自我同一和他我同一的存在物，意识上的馄饨状态使得个体尚未感知到差别的存在。而就差别的原始发生看，他我差别感优先于自我差别感，在原初的感觉中，对他者和他物的感觉是前意识性的，他只是模糊地感觉到，他者和他物是异在性的；然而他并不认为这个他者和他物是异己的，而是属己的，不是附身性的，而是具身性的，于是他便前意识性地将诸种异在的他者和他物当作属己之物加以对待。随着诸种感觉的发生和完善，同时随着前意识向初级意识的发展，他愈发感觉到这些曾被认作是属己的异在者，并不听从他的属己意向和据为己有的努力；他时时处处都感受到了他者意志的存在和力量，甚至产生了抗拒这些意志力量的意识。这是类意识得以产生的原初根据，我们把这种初级形式的类意识称之为对象意识或他者意识。以此可以说，原初形态的类意识并非人们后来所明确规定的不同类属之间的差别性存在，而是同一个类即人类内部的个体之间的差别意识。直至今天，人类内部的个体之间、组织之间、民族和国家之间的差别意识甚至是矛盾和冲突意识依旧是类意识和类实践的根本形态。随着感受到了的个体间的差别意识的发展，个体自身的自我差别意识也逐渐地发展起来，他逐渐地感受到，这个自在的以身体形式存在的感性的我，与感觉着的、意识着的我是不同的。来自身体的、感性的意向和意向性，无需经过意识便自发地、强有力地表现出来，我感受到了这种力量，它促使我不问其是否合理而必须予以满足。然而，各种基于需要和欲求之上的意向和意向性，并不都合于身心健康和他者意志的规定性，于是，来自他者的要求、限制甚至是斥责便应运而生，是遵循逻各斯而思考、听从逻各斯的指引而行动,还是依照反对着、抗拒着逻各斯的欲求而随心所欲、任性妄为? 在反复进行的教化和教育中,个体便在基于感性存在之上的差别意识之上发展出了反思意义;每一个体都有反思性意识的潜能,但不天生具有反思性能力,这是在不断的社会化过程中逐渐形成的能力体系。但外在的差别意识反身嵌入到自我关系时,一种朝向自身的差别意识便生发出来。而就这种差别意识的类型说有两种,即直观的差别意识和反思的差别意识。直观的差别意识描述的是个体的完整的内部结构或内心世界,无论是自然发生的还是有意发生的,包括感觉系列、情感系列和理性系列,即性、情、理。对于三者之间的关系,休谟作了更为清晰的表述:

> 正像心灵的一切知觉可以分为印象和观念一样,印象也可以有另外一种分类,即分为原始的和次生的两种。这种印象分类法,也就是我在前面把印象分为感觉印象和反省印象时所使用的那种分类法。所谓原始印象或感觉印象,就是不经任何先前的知觉,而由身体的组织、精力、或由对象接触外部感官而发生于灵魂中的那些印象。次生印象或反省印象,是直接地或由原始印象的观念作为媒介,而由某些原始印象发生的那些印象。第一类印象包括全部感官和人体的一切苦乐感觉;第二类印象包括情感和类似情感的其他情绪。

> 确实,在心灵发生知觉时,必须要由某处开始;而且印象既然先行于其相应的观念,那么必然有某些印象是不经任何介绍而出现于灵魂中的。这些印象既然依靠于自然的和物理的原因,所以要对它们进行考察,就会使我远远离开本题,进入解剖学和自然哲学中。因为这个缘故,我在这里将只限于讨论我所称为次生的和反省的那些其他的印象,这些印象或是发生于原始的印象,或是发生于原始印象的观念。身体的苦乐是心灵所感觉和考虑的许多情感的来源;但是这些苦乐是不经先前的思想或知觉而原始发生于灵魂中或身体中的(称之为灵魂或身体都可以)。

> ⋯⋯

当我们观察各种情感时,又发现了直接情感和间接情感的那种划分。我所谓直接情感,是指直接起于善、恶、苦、乐的那些情感。所谓间接情感是指由同样一些原则所发生、但是有其他性质与之结合的那些情感。这种划分我现在不能再进一步加以辩解或说明。我只能概括地说,我把骄傲、谦卑、野心、虚荣、爱、恨、妒忌、怜悯、恶意、慷慨和它们的附属情感都包括在间接情感之下。而在直接情感之下,则包括了欲望、厌恶、悲伤、喜悦、希望、恐惧、绝望、安心。①

在一个有理性存在者那里,性、情、理原是相互嵌入、相互影响和相互运动的,凡是感觉着的东西无不在思维之中,凡是被思维着的东西无不是感觉着的东西。在充满流动的生命历程中,总有一种相关于性、情、理的基本范型伴随着我,它是我的普遍性的,是我的所是。如果把每一个人都看作是一个完整的类,那么属己的是便是属于我的类意识;如果没有这样一个原初性的类意识,那么充满杂多性或复多性的类意识就不可能产生,后者是前者的对象化过程及其业绩。当异在性的差别意识和向我而言的差别意识被叠加在一起的时候,一种真正的类意识便开始形成了,这就是主体间性状态下的类意识。

第二,基于主体间相似甚或相同体验之上的类意识。从范围上说,类意识既可以描述不同的类如有生命物质和无生命物质、有生命物质类型中的植物、动物和人类之间在意识上的差别性与同一性,也可以表达同一个类如人类之内部的不同个体(类)之间的差别性和同一性。在我们引证黑格尔关于思维、思想和普遍性的论述中,他所指称的正是人类内部不同个体之间的差异性和同一性。人类内部之不同个体之间的差异性和同一性,无论是以"机械团结"还是以"有机团结"的方式完成,都是意识、思维和思想的支配下进行的。不同个体之间的同一性构成了形成类意识的可能性基础,而他们之间的差异性则构成了必要性前提。基于主体间相

① [英]休谟:《人性论》(下),关文运译、郑之骧校,商务印书馆 1980 年版,第 309—310 页。

似甚或相同体验基础上的类意识，乃是消解了差别、矛盾和冲突意识之后形成的和解；它不是在对立与冲突之中消灭他者，而是消灭自己的孤独与任性而相融于他者之中，承认是事实意义上的和解，尊重是道德意义上的确证。在属人的世界里，每一个个体都是一个完整的类，他的感觉、体验、经验、意志、思维和思想，他的喜怒哀乐就是他的所是，是他的规定性、普遍性；他自在地具有合理性。个体间的类意识，就是意识到了他者的规定性和普遍性，并将这种规定性纳入自己的意识之中，他的所是就是确证和实现我之所是的普遍性，尽管这种普遍性是以特殊性的形式存在的、显现的，普遍性不是与个体性并列的、实体化的、具象化的实体，相反，普遍性是被意识到了的无数个他者的所是。需要特别强调的是，主体间性状态下的类意识并非单一的认识问题，毋宁说它也是实践的，是在意识中预先完成的实践；技艺性的、生产性的类实践是在这种实践现实地进行之前已经预先地在主体间的共识中完成了，这个共识正是类意识。

　　第三，以人类为基本单元而构建起来的类意识。若是以个体为始点构建类意识和类实践，那么必须承认的事实是，通过人而为了人，为了实现人的本质力量的对象化，为使人处在整体性的好状态，永远都是终极目的，以此便构建起了三重关系：人与自然的关系、人与人的关系和人与自身的关系，基于此，也就形成了三种逻各斯或道，即天人之道、人伦之道和心性之道，对道的感悟、顿悟和领悟就是类意识，将逻各斯或道贯彻到行动中，就是类实践。出于个体而不止于个体，而是止于类，这就是认识论意义上的类意识与类实践的本义。在对待与人造世界即人类社会不同的自然界时，类意识和类实践表现出了与属人世界中不同个体间的道路和形式。因为，属人世界之中的类意识和类实践是在相同的或接近的理性水平的基础上形成和实现的，是可以相互提出有效性要求的类意识和类实践。而与人类社会不同的自然界，则是有理性但却没有意识的系统，它无法像有理性的存在者——人那样用理性法则表达事物法则，唯其如此，人类便可以随意、任意地对待自然。当自然以其"无言的结局"的形式悄无声息地惩罚人类时，人类才深深地感受到自然理性的力量。

个体及人类必须以类的形式进行思考和行动,乃在于个体只有过集体的生活,才能获得幸福,这便是类意识和类实践的价值基础问题。

（3）价值论意义上的类意识与类实践

人被规定为过集体生活,那是因为在有生命的存在者中,只有人类才意识到并通过实践把集体生活实现为最有价值的生活;创造公共价值、分配和享用公共价值,是人类从事集体行动的逻辑。如果说类意识与类实践是人类过集体生活的形式,那么创造并合理分配公共或类价值则是构成内容。人类发展史就是一部在类意识和类实践基础上创造和分配类价值的历史;通过类意识和类实践,个体变成了社会性的存在,变成了普遍性的存在物;通过集体行动,个体以不断拓展和深化的形式满足着自己日益增长的物质需要和精神享受。

类意识和类实践基础上的类价值,以两种方式亦即物质价值和精神价值的样式而展开其自身。人类个体只是在极小的范围和程度上,可以单独创造出物质价值和精神价值,即便如此,也在技艺和观念上借鉴了人类的共同成果,相反,随着社会化程度的提高,人类的物质和精神产品已经越来越具有了类的性质,因为它们是集体行动的产物。如果单从人类物质文明史考察人类的类意识和类实践的发展历程,那么完全可以有理由说,由资本的运行逻辑所导致的现代化运动以及这一运动之上的现代化、现代性和全球化,资源在全球范围内的配置,创价和代价在全球范围内的分配,乃是人类的类意识和类实践在当代的最大限度的发展,尽管它们困难多多、危机重重,但把世界上的几乎所有民族和国家置于同一个生产—分配—交换—消费的逻辑体系中,无论如何都是类意识和类实践得到充分发展的证明。

首先,物质形态的公共价值,为每一个体最大限度地满足多重需要创造了物质条件。如果说,在前现代社会的各种社会形态中,人们是在极小的范围内生成着类意识和进行着类实践,公共性和普遍性是在极小的范围内生成着,如马克思所说,人与人之间的简单关系制约者人与自然之间的简单关系,反之亦然,这是因为社会分工不发达,生产能力低下,从而是一个生活资料简单甚至是匮乏的社会。起始于 15 世纪下半叶的现代化运动,使得人的社会化过程在完全不同的生产方式和生产关系的结构之下迅速展开,对此,马克思深刻地指出:"一切产品和活动转化为交换价值,既要以生产中人的(历史的)一切固定的依赖关系的解体为前提,又要以生产者互相间的全面的依赖为前提。每个个人的生产,依赖于其他一切人的生产;同样,他的产品转化为他本人的生活资料,也要依赖于其他一切人的消费。这种互相依赖,表现在不断交换的必要性上和作为全面中介的交换价值上。经济学家是这样来表述这一点的:每个人追求自己的私人利益,而且仅仅是私人利益;这样,也就不知不觉地位一切人的私人利益服务,为普遍利益服务。关键并不在于,当每个人追求自己私人利益的时候,也就达到私人利益的总体即普遍利益。从这种抽象的说法反而可以得出结论:每个人都妨碍别人利益的实现,这种一切人反对一切人的战争所造成的结果,不是普遍的肯定,而是普遍的否定。关键倒是在于:私人利益本身已经是社会所决定的利益,而且只有在社会所设定的条件下并使用社会所提供的手段,才能达到;也就是说,私人利益是与这些条件和手段的再生产相联系的。这是诗人利益;但它的内容以及实现的形式和手段则是由不以任何为转移的社会条件所决定的。"①以此可知,虽然从可行能力意义上,现代化运动、现代社会、社会分工和科学技术把人的类意识和类实践发展到全球化的程度,但它们并不都是令人愉快的,充满了矛盾和冲突,充满了侵略和控制,充满了剥削和压迫。"能够"与"应当"是我们衡量类意识和类实践是否健康发展的两个尺度,前者是科学根据,后者是价值尺度。

在物质形态之公共性和普遍性日益发展的基础上,物质资源和物质财富越来越符号化、观念化。资本就是资源和财富的符号化形式,而且是最典型的符号;随着交往的拓展和深化,随着依赖性的增强,各种符号似乎都可以转化为数字,数字化是公共性和普遍性高度概念化和观念化的

---

① 《马克思恩格斯文集》第 8 卷,人民出版社 2009 年版,第 50—51 页。

最典型形式,因为符号和数字已经超越了时空限制,它以时空压缩的方式实现着、表征着类意识和类实践。而这一切均得益于资本的公共性和普遍性本质。"资本是集体的产物,它只有通过社会许多成员的共同活动,而且归根到底只有通过社会全体成员的共同活动,才能被运用起来。因此,资本不是一种个人力量,而是一种社会力量。"①正是通过资本的社会性力量,才造成了庞大的商品堆积,形成了被物包围的世界。日益增加的生产资料和生活资料,是类意识和类实践充分发展的物质形态。

其次,类意识和类实践的社会价值和哲学人类学意义。在劳动中,劳动者双重地肯定了自己,他在劳动过程中物化了自己的本质力量于活动中,在劳动产品中,他反观和再现了自己的本质力量,因为产品是自己本质力量对象化的过程及其业绩;在精神上,他体会到了把自己的类本质应用到另一类事物上的类本质的复杂过程,唯其是复杂的、理性的,因而是成功的且感到快乐。不仅如此,劳动者的类本质还在他的劳动产品的社会化分配和享用中得到实现和证明。

"假定我们作为人进行生产。在这种情况下,我们每个人在自己的生产过程中就双重地肯定了自己和另一个人:(1)我在我的生产中物化了我的个性和我的个性的特点,因此我既在活动时享受了个人的生命表现,又在对产品的直观中由于认识到我的个性是物质的、可以直观地感知的因而是毫无疑问的权力而感受到个人的乐趣。(2)在你享受或使用我的产品时,我直接享受到的是:既意识到我的劳动满足人的需要,从而物化了人的本质,又创造了与另一个人的本质的需要相符合的物品。(3)对你来说,我是你与类之间的中介人,你自己意识到和感觉到我是你自己本质的补充,是你自己不可分割的一部分,从而我认识到我自己被你的思想和你的爱所证实。(4)在我个人的生命表现中,我直接创造了你的生命表现,因而在我个人的活动中,我直接证实和实现了我的真正的本质,即

---

① 《马克思恩格斯文集》第2卷,人民出版社2009年版,第53页。

我的人的本质,我的社会本质。"①正是在劳动产品的分享和共享过程中,类意识和类实践带给人们的满足和愉悦才得到了充分实现。在以物为媒介而完成的类意识与类实践,物的供给者具有一种来自物的享用者所给予的确认、确证和感恩,这是一种回报性的期盼,这种期盼是合理的,也是享用者所必须给予的回报和感恩。因为物满足了我的需要,使我获得了快乐与愉悦,使我的生命得以持存,我有义务感谢、感恩物的创造者,而被感恩者无需时时处处在场,以至于只有在场才会感恩,相反,无论是否在场,也是否有人称,享用者都须有感恩之心,心乃情之源,情乃心之见。真心、真情、真意均寓于一个"真"字,无待感恩对象在否,均有发于心和出于真的感恩,才是真正的感恩。因此,不但物是对象性的,物的享用也同样是对象性的。由此便完成了由双重对象性而来的从物质价值向社会价值和哲学人类学价值的飞跃。如果说,在物的生产和物的享用中,人们只是以物化的方式完成着、实现着类意识和类实践,那么在通过生产和享用而生成的关系中,则是以社会性的和精神性的方式映现着类意识和类实践,这恰恰是人类的本质规定;基于物而又超越于物而升华到社会性的和精神性的对象性关系中,才算是真正地实现了人的类本质。通过物的创造和享用而完成的不同主体实践之间的确证与被确证、满足与被满足、感恩与被感恩的关系,原本就是类意识和类实践所应有的内容和意义,然而这种意义却不是自发的、既成的,而是生成的,是非经过意识这个关键环节不可的,被意识到了的内容和意义,内容和意义才是现实的;只有体验和经验到了内容和意义,它们才是真实的。如果仅以一个消费者而不是以享用者来消费甚至消灭物,那便是一个纯粹的物和物之间的关系。在普遍的消费主义价值观支配下,在只有通过占有物和消费物才能证明自己的价值的境遇下,被物的占有和消费者记起的不再是物的创造者所付出的心智力量和汗水,而是基于等价交换原则之上的物的使用价值,他所念念不忘的是他所支付的货币。这便是马克思所严厉批判和普遍

① 《马克思恩格斯全集》第42卷,人民出版社1979年版,第37页。

担忧的物化世界的来临。更为严重的是,当物的创造者处在劳动资本化、资本制度化的社会场域下,异化劳动呈现出相互关联的四个向度,于是,物的创造者深深地感受到,获得来自物的享用者那里的回报与感恩已经变成一种奢望,甚至对劳动这个原本是他的本质力量对象化的证明的生命活动,都变成了剥夺他的生命的渊薮。以此可以说,作为能力概念的类意识和类实践与作为应当观念的类意识和类实践有着本质的区别,如何实现二者的统一,无疑是相关于国家的性质和制度的本质的事情。

其三,类意识与类实践的观念意义。这里的观念具有科学和价值双重含义,所谓科学意义上的类意识和类实践,指的是在可行能力基础上,人们实现其类意识和类实践所能达到的广度和深度。在人的类本质中似乎有一种共同的原始冲动,那就是"欲无止境",这种冲动源于个体的非自足、非完满性状态,欲壑难填、欲无止境,就是个体的原始冲动。当个体的欲壑难填被类意识和类实践整合到政体、体制和制度中去,一种集体性的、共同性的欲壑难填就毫无顾忌地、义无反顾地勇往直前了。当这种原始冲动以整个人类的方式朝向身外的自然时,人类就不再顾及自然界的类本质,将普遍性仅仅限制在人类这个类属中,事物法则被理性法则所替代。如果缺少了来自哲学的反思,那么科学意义上的类意识和类实践就会被证明是反科学的,为此就必须有一个价值即应当意义上的类意识和类实践。如果从积极自由的角度规定,能力意义上的类意识和类实践是进取性的,而应当意义上的则是协调性的;起始于 15 世纪下半叶的现代化运动,完成着两个建构,因为这是一个建构的时代,一个是向下的建构,这就是作为市场经济的建构和科学技术的飞速发展,一个是向上的建构,这就是经济哲学、政治哲学和精神哲学的发展。而就现代哲学的原始发生和理论旨趣说,其间始终交织着科学观念和价值观念的相互嵌入和相互制约。而在当代哲学中,虽不乏反思性的哲学家由对现代性的诸种弊端的深刻反思和严厉批判而从出,但解释性的哲学和综合性的哲学却是当代世界哲学的主流;人们乐此不疲于对过往哲学的阐释和反思,而对实践形态的类意识和类实践少有深刻的、整体性的反思。

至此，我们从存在论、认识论和价值论三个层面对类意识和类实践作了元哲学分析和论证，本质上属于横向的结构现象学范式，是一种系统论奠基，是结构主义和功能主义的，尽管包含着客观因果性陈述和意义妥当性论述，但依旧是静态的、机械的，属于论证的逻辑，而不是事物自身的逻辑。如要将类意识和类实践的原始发生及其演进呈现在表象里、把握在意识中，就必须运用纵向的发生现象学范式，这是生成论奠基。如果说，类意识和类实践的元哲学分析只是标划出了它们的内在根据和外在理由，解决的是何以可能的问题，那么将这种根据和理由还原到事物自身中去，就必须探讨它们如何可能的问题。类意识和类实践作为流动的生命过程，是流动的善，是在动态中创造普遍价值并实现普遍价值的；意识到自己是普遍的存在物并实现这种普遍性，都是在流动的过程中完成的；一切相关于类意识和类实践的差别、矛盾和冲突，都是在流动中得以产生和解决的。这就是作为整体概念的类意识和类实践：原始发生及其内在逻辑。对此一问题的研究原本是必不可少的，但限于论证空间的适度要求，将融汇到下一个论证单元的讨论中，这就是三种历史场域下的类意识与类实践，要从发生史的角度，判断作为能力和应当范畴的类意识和类实践。

2. 三种历史场域下的类意识与类实践

自从人类开启，类意识与类实践的发生史就从未中断过，就像一个个体的生命那样，从出现在这个现实的世界上，到从这个世界消失，其间从未中断过。那么我们为何用历史这个范畴来描述这个不曾间断的过程呢？事实上，历史这个范畴本来就有段落的含义，亦即一个连续的过程呈现出不同的段落。根据朝代划分段落根据的是实现"改朝换代"的主体，其所改变的只是权力主体即权力的所有者，而不是人类活动的结构性变迁，进一步的问题就是，晚出的权力拥有者未必就推动了历史的进步和社会的发展。而用以标识历史进步和人类发展的符号则是历史理性的发展程度,它表现为三个向度,其一,能否找到一个能够创造财富并合理分配财富的经济组织方式,市场经济、知识经济、数字经济之所以被视作是更有效率的经济组织方式,就在于它们比原始经济(采集与狩猎)和自然经济(畜牧业与农业)更具进步性,就在于它们推动类意识和类实践的发展,而发展了的类意识和类实践又反身嵌入到推动它们发展的经济组织方式之中。其二,建构一个令每个人都能够出于意愿且合理表达其政治意志的政治制度和体制,如若将已经被实践证明是落后的观念和体制如官僚主义观念和专制主义体制移植后来的社会形态中,尽管它们是后来者,但它们的观念和行动是落后的。经济文明表达的是人的物质生活的进步程度,政治文明反映的是人们政治观念和行动的进化程度。政治文明是政治文化中的优秀部分,但人们常常把政治文化视作是政治文明。其三,每一个有理性存在着都有意愿也有条件和环境过一种整体性的好生活,处在整体性的好状态之中。每一个人都是历史理性的感悟者和践行者。这是实现了的类意识和类实践。依照这样三个最为根本的价值标准反观人类类意识和类实践的发生史,便可以客观地标划出三种历史场域:前现代、现代和后现代。

　　(1) 前现代场域下的类意识与类实践

　　家庭是人类最原初的共同体,人的类意识和类实践都是在家庭这个伦理共同体中发生和展开的。一如前述,任何一种形式的类意识和类实践都是以个体的意识和实践为基础的,集体只是个体的集合,集体是不会思维的,也是不会实践的,所谓集体行动、集体行动的逻辑,实质上是个人的联合。在家庭中,个体的类意识原是发生于由他者构建起的充满生命、情感、照料、表达、安全的集体;个体的类意识来自充满呵护和照料的同质性的感觉系列,他感受到的是虽在外部样子上存有差别但本质上却是同质性的体态语和不可言说的温情。这种起于相貌上的差别尚不是真正的类意识,因为他实在感受不到他者的异己性存在。基于这种同质性的类意识,原初性的类实践也在共同意志基础上表现为"感同身受"和"同感共情"。这是基于血缘关系和自然情感之上的缺少计算、功利性质的类意识和类实践。人类的相互依存性情形绝不可能仅止于家庭这一狭小的生活世界里，随着生产能力的提高、活动范围的扩大，一种家庭的扩大形式诸如家族、村社、部落、部落联盟逐渐出现了。这是人类发生史和发展史上的重要事情，从此便开始了充满矛盾和冲突的类意识和类实践过程。尽管人类内部的个体、组织和集体乃至国家之间发生着诸种矛盾和冲突，甚至是战争，但由于前工业状态下的社会依旧以自然经济为主，虽有一定程度上的手工业和商业兴起，但与人类完全不同的自然界依旧保持着它的自在性和独立性，人类对自然的改造作用是极其有限的。农业和畜牧业本质上是复制经济或模仿经济，是人类模仿自然的结果。于是，人类和自然这个类依旧保持着相安无事的状态，作为问题的类意识和类实践尚未普遍地产生；任何一个哲学概念和哲学观念的产生，都是面对一个或多个危机而又无法摆脱危机时所产生的沉思和反思。如果考察哲学概念史和观念史，类意识和类实践，作为概念和观念，在古希腊哲学甚至在中世界哲学的词典里，是难觅其踪影的，它们是随着现代化运动而发生和发展起来的。

（2）现代性场域下的类意识与类实践

在某种意义上可以说，当代世界的人们既享受着现代化运动带给人们的价值，又承受着它带给人们的危险与风险；虽然说，在任何一种社会场域之下，都不可能有完全朝向目的之善的类意识和类实践，而是充满矛盾和悖论的存在，但现代化运动却把这种悖论发展到了极端的状态。

3. 摆脱类意识和类实践危机的诸种谋划

造成类意识和类实践危机的原因，可以归为人性基础和社会根源两个方面，其中前者又是始点性的，社会根源乃是人性基础的对象化过程及其后果。只有从始点寻找到摆脱危机的道路，作为复杂设置的社会系统才能被重建起来。

（1）观念的革命依旧是本源性的

从客体角度定义观念，就是"观念的东西不外是移入人的头脑并在人

的头脑中改造过的物质的东西而已"①。北宋邵雍在《观物内篇》中说道:
"夫所以谓之观物者,非以目观之也;非观之以目,而观之以心也;非观之
以心,而观之以理也。"显然,这里的观念乃是一种关于对象的正确认识,
当把这种认识改造成为结构化、系统化的逻辑时,就成为知识、理论和思
想,它们是相关于道或逻各斯的,亦即事物的法则。在如何获得就事物自
身而言的真时,中西方哲学供给了不同的致思范式,亚里士多德说灵魂肯
定和否定真的方式有五种,理智既把握不变事物又把握可变事物,而努斯
是基于欲求而把握可变事物的活动;相关于事物自身的把握方式是明智,
相关于实践的把握方式是智慧,而努斯则是智慧的最为集中的形式。康
德则通过先验逻辑与感性经验的有机统一来获得知识,知识就是主客观
都有充分根据的那种视其为真;但康德似乎从未把相关于善和美的认识
称之为知识,唯其是相关于人的欲求的事情,所以才有意志自由的问题,
也才有正当与否的问题,虽然也相关于正确,即如要行为正当思考就必须
正确,但追求正当是实践理性的目的。而在儒家哲学中,心理与天理或物
理的同源性预设,将获得知识、理论、思想和真理的复杂性消融在同源性
的直接规定之中。"唯天下至诚,为能尽其性,能尽其性,则能尽人之性;
能尽人之性,则能尽物之性。"(《礼记·中庸》)孟子更是明确地说道:"尽
其心者,知其性也。知其性,则知天矣。存其心,养其性,所以事天也。"
(《孟子·尽心章句上》)东汉赵岐注:"性有仁义礼智之端,心以制之,惟
心为正。人能尽极其心,以思行善,则可谓知其性矣;知其性,则知天道之
贵善者也。"朱熹对孟子的尽心、知性、知天论注释道:"心者,人之神明,
所以具众理而应万物者也。性则心之所具之理,而天又理之所从以出者
也。人有是心,莫非全体,然不穷理,则有所蔽而无一尽乎此心之量。故
能极其心之全体而无不尽者,必其能穷夫理而无不知者也。既知其理,则
其所从出,亦不外是矣。"②完全有理由说,在儒家哲学中,心、性、理具有

① 　[德]马克思:《资本论》(纪念版)第一卷,人民出版社2018年版,第22页。
② 　[宋]朱熹撰:《四书章句集注》,中华书局2011年版,第327页。

同源性,这是一个假设还是一个客观描述? 在此,我们试图论证的不是作为"思"之官能的"心"能否获得心之理、物之理和天之理,而是这个"理"本身。"理"本身就是一个动名词二元结构,作为动词之理便是去掉杂质以得宝玉的过程,亦即如切如磋、如琢如磨;作为名词之用的理则是道、事理、道理、原理。然而,心之理与物之理显然不同,心与性也有别,若是不能细分二者,或等同或模糊,都会造成心无所依,性无所见,理无所从出。"'心'或'人心'在这里是指:心识、心智、意识、心理……'性'(这里的'性'也可以叫作本性、共性、普遍性或通性)在这里是指:心的本性、心的习性、心的理性、心的德性。"①心性固然紧密相连,但毕竟有细微差别。我们以为,心是连接人性和物性的桥梁,但这绝不等于说,人性与物性是同一种类型的本性、共性或普遍性。一个充分的根据就是,人性乃是人的所是,在属性上可有自然性、社会性和精神性,而在始点上,三种属性均源自人的需要、需求和欲望,而物性之理则是与人性不同的他物的所是,至少到现在,尚没有哪个物性能像人性这样时时处处都在欲求着,且感受着、自知着这种欲求。

基于人性与物性的这种分别,在观念的讨论中,就不能将心之理、物之理和天之理视作是同一种范型的理。相关于类意识和类实践的观念就非常清晰地区分为与人的意志无关的他物的观念和直接相关于意志的观念。如果将观念规定为相关于是与应当的根本性的、全局性的看法、观点,那么就必然分为科学观念和价值观念两种;前者是拥有逻各斯的事情,后者是分有逻各斯、听从逻各斯的指引而行动的事情。科学观念与价值观念从来就不是各自孤立存在的,即便是出于天生的观、看,也存有科学与价值的两种性质。科学观念必以某种价值观念为目的,价值观念也以天人之道、人伦之道和心性之道为前提;但二者毕竟有着本质上的区别。指出二者相互嵌入和相互制约的关系,并不是要模糊它们之间的边界,相反倒是应该警惕以科学的名义推行价值观念,或将科学观念视作是

---

① 倪梁康:《心性现象学》,商务印书馆 2021 年版,第 8—9 页。

因人而异的价值观念。自由、民主、平等、正义、公平,都是价值意义上的道、逻各斯,是可变事物的理,这个理不像机械规律那样;而人伦之道和心性之道是因人的努力而可改变的道。然而,如果将这个道以必然性的名义推广到人的思考与活动所及的整个领域,就会抹杀基于差序格局之上的理。相反,如果把对所有人都有效的规则变成仅对自己有效的价值尺度,那么就会以普遍性的名义而消灭普遍性。

这里所指称的观念的革命,就是在经历了因现代化运动而产生的诸种危机之后而对已有的旧观念或错误观念发出的反思性要求;而且这种反思必须是彻底的、整体性的。就其类型说有 3 种,就其种类说有 14 种。人与自然的关系:自然观念、生态观念、时空观念;人与人的关系:财富观念、政治观念、权力观念、正义观念、平等观念、身份观念、社会观念;人与自身的关系:人格观念、情感观念、理性观念、幸福观念。表面看,这些观念是分散的,而在反复进行的现代性的生产与再生产中,它们被整合成了一个整体性的观念体系。

观念是人们在反复进行的生产、交往和生活实践中经思维而形成的根本性的、全局性的看法和观点,但观念一经形成便即刻反身嵌入到人们的思维、情感、意志和行动结构中,以至于人们不假思索地、极其惯性地运用这些观念进行思考和行动。

（2）现代性的观念基础

似乎人类的所有观念都根源于人的特定的存在状态及其展开方式,然而,无论是何种"出身"的人类种群和个体,在源初的存在状态上并无天壤之别,可在观念上怎会如此不同? 其最终解释可能在于不同种群所处的自然环境及其制造生产资料和创造生活资料的方式的差异。以此为依据,不同种群的任何一种观念都是从其特定的存在状态及其展开方式中生发出来的感知方式、判断能力和价值观念。并非所有的观念都与现代性相关,但却支撑了现代性;而有些观念一定相关于现代性,因为它们原本就是在现代化运动中产生出来的。

首先,先行于现代性产生但却支撑了现代性的观念。在所有的观念体系中,似乎哲学观念是最高级的。这些哲学观念不是人们学习了哲学之后而产生的,而是哲学家把日常观念提升到了形而上学的高度。在西方哲学观念体系中,实体思维似乎就是与现代性最为密切的观念,虽然它不是为着现代性而产生的,但却与现代性有着天然的亲缘关系。追问本体构成了古希腊哲学最初的意愿和意向,追问本体,追问事物的始因,乃是由人的本性所决定的,只有找到了事物的始因才能找到生成此物的初始性力量,也只有明了或支配了这个初始性力量才能支配此物。因此,获得初始性、确定性和因果性乃是人类的一种强烈愿望,无论把始基、始因定义为水、气、无限、数、原子,还是火,都是追问始基的方式,这种愿望具有二重性,当逻各斯在物自身而不在人这里,那人就必须要遵从逻各斯而行动,照逻各斯而生活。“这道虽然万古长存,可是人们在听到它之前,以及刚刚听到它的时候,却对它理解不了。一切都遵循着这个道,然而人们试图像我告诉他们的那样,对某些言语和行为本性一一加以分析,说出它们与道的关系时,却显得毫无经验。”①巴门尼德把关于本体的、道的追问直接演变成了存在论问题,并预设了被思想和思想的目标的同一性,人们只能思维存在者而不能思维不存在者。“因为能被思维者和能存在者是同一的。必定是:可以言说、可以思议者存在,因为它存在是可能的,而不存在者存在是不可能的……存在者不是产生出来的,也不能消灭,因为它是完全的、不动的、无止境的。它既非过去存在,亦非将来存在,因为它整个在现在,是个连续的一……可以被思想的东西和思想的目标是同一的;因为你找不到一个思想是没有它所表达的存在物的。存在者之外,绝没有、也绝不会有任何别的东西;因为命运已经用锁链把它捆在不可分割的、不动的整体上。”②思想与思想的对象是同一的,这是一种意愿还是一种事实? 它起于意愿、信念而止于部分事实。无数个事实证明了,人们只能部分地、一定层次上地感悟逻各斯、分有逻各斯,遵从逻各斯而生活,因

---

① 《西方哲学原著选读》上卷,商务印书馆 1981 年版,第 11—12 页。
② 同上书,第 22—24 页。

此完全知了和领悟逻各斯乃是一种坚定的信念和良好的意愿。将思想者与思想的同一性、将思想与思想对象的同一性视作愿望、视作情怀,固然体现了人类的信心和信念,但若是作为一个具有必然性的观念则潜藏着僭越逻各斯的风险。亚里士多德在《形而上学》中,将思想者与思想的同一视作最令人神往的善,他说,能被思想者一定是善的东西,甚至是最高的善,善型与善型的显现方式是一致的,这个显现方式就如同立在思想者和思想之间的一个中项,它把所指和被指有机地结合起来。如若有一种东西它是至善或最高的善,那它一定是一种自足的东西,它推动着追求和向往它的东西去运动,去实现它,它自身就是一个运动着的本体、实体。"它以这样的方式来运动;像被向往的东西和被思想的东西那样而不被运动。最初的这些东西也是这样。被欲求的东西,只显得美好,被向往的东西,才是最初的真实的美好。欲求是意见的结果而不是相反。因为思想是本原。理智被思想对象所运动,只有由存在所构成的系列自身,才是思想对象。而在这个存在的系列中,实体居于首位,实体中单纯而现实的存在者在先(单一和单纯并不相同。单一表示尺度,单纯则表示自身是个什么样子)。而美好的东西,由于自身而被选择的对象,都属于思想对象的系列。在一系列中,最初的永远是最好的或者和最好的相类。"①最初的东西就是最美好的东西,它总是这样地美好而不会变成别样,"由于它必然而存在,作为必然,是美好,是本原或始点。而必然性又有这所有含义,由于与意向相反而被强制,或者没有它好的结果就不可能,总须如此而不允许别样是最单纯的意义"②。在亚里士多德看来,天界和自然就是这种最初的本源,它们永远都是自足的,没有缺陷,只要完满;但人类就是有缺陷的,它总是想获得那个完满的东西,但总是以有限的方式去思想它和追求它。"天界和自然就是出于这种本原,它过着我们只能在短暂时间中体验到的最美好的生活,这种生活对它是永恒的(对我们则不可能),它的

① 《亚里士多德全集》第七卷,苗力田译,中国人民大学出版社 1993 年版,第 277 页。
② 同上书,第 278 页。

现实性就是快乐(因此，清醒、感觉、思维是最快乐的，希望和记忆也因此你而是快乐)。就其自身的思想，是关于就其自身为最善的东西而思想，最高层次的思想，是以至善为对象的思想。理智通过分享思想对象而思想自身。它由于接触和思想而变成思想的对象，所以思想和被思想的东西是同一的。思想就是对被思想者的接受，对实体的接受。在具有对象时思想就在实现着。这样看来，在理智所具有的东西中，思想的现实活动比对象更为神圣，思辨是最大的快乐，是至高无上的。如若我们能一刻享受到神所永久享到的至福，那就令人受宠若惊。如若享得多些，那就是更大的惊奇。事情就是如此。神是赋有生命的，生命就是思想的现实活动，神就是现实性，是就其自身的现实性，他的生命是至善和永恒。我们说，神是有生命的、永恒的至善，由于他永远不断地生活着，永恒归于神，这就是神。"①如若把人自身视作具有神性，那么他就一定是自我运动、自我沉思的，获得至善固然重要，但获得至善的过程更重要；获得思想重要，但现实地沉思着思想的对象更令人着迷，因为只有具有现实性的活动才更加重要。

但黑格尔把思维与存在、思想者与思想的对象视作是绝对同一的，这是一个充满风险和危险的哲学信念，而实现这个同一的则可以是绝对理性或绝对精神，也可能是国家，更可以是单个的人。而康德则为"物自体"保留了足够的先在性和源初性，人们只能认知、体验和把握关于"物自体"的表象，而永远不能彻底地掌握"物自体"，因为，"物自体"作为本体，作为初始性力量是先于人而存在的，人的理性与"物自体"并不具有完全对称的关系，人们必须遵循机械规律而待自然。而在由人的理性和

---

① 《亚里士多德全集》第七卷，苗力田译，中国人民大学出版社 1993 年版，第 278—279 页。黑格尔对亚里士多德"思想者与思想者是同一的"的思想高度重视。他在《哲学史讲演录》的"亚里士多德"部分，对这段话几乎是引用原话进行了逐句的讲解(见：《哲学史讲演录》第二卷，贺麟、王太庆等译，上海人民出版社，第 281—285 页)。在《精神哲学》的最后一节即 577 节中，论述"理念之自我分割"时，在注释中几乎逐字逐句地引证了亚里士多德的这段话。足见黑格尔对亚里士多德关于思想与思想者是同一的这一思想的高度重视。

行动所及的世界里,人则是自由的,因为它们是因人的行动而成的事情。

以此可以说,先行于现代化运动而产生的古希腊实体思维、思想者与思想的对象相同一的哲学观念具有二重性,从积极自由的角度看,一如亚里士多德所论述的那样,如若把人自身视作神,那么他就一定是一个自我运动、自我沉思的神,获得至善固然重要,但获得至善的过程更重要;获得思想重要,但现实地沉思着思想的对象更令人着迷,因为只有具有现实性的活动才更加重要。实现属人的善才是最具内在价值的事情,而实现属人的善就是要按照人的样子去行动。这里虽然没有明确的自然优先性的观念,但也绝没有可以任意对待自然优先性的主张。黑格尔虽然把思维与存在视作绝对的同一,但也从未主张特殊性可以任意对待普遍性,相反,只有受到普遍性光芒照耀的特殊性才是现实的。那么,古希腊以降至现代化运动之前的本体论和实体思维,是如何演变成现代化运动中的实体运动和实体思维的呢?哲学家构造各种体系、生成各种观念并不直接导致其体系和观念普遍化和现实化,国家治理和社会管理者也从未完全按照哲学体系和哲学观念治理天下的,因此,将古希腊以来的实体思维和本体论与现代化运动关联起来的,并不是哲学家,而是多个层次的行动者。

其次,实体思维与原子主义思维。 关系思维与实体思维是两种完全不同的思维方式,整个古希腊哲学的底色是就是实体思维,水、气、原子等等作为自然本体,就是原子,作为始基,这些原子具有源初性,展开自身为他物,他物又复归于原子。每一个思维者也同样是原则,亚里士多德德性论中的行动者就是各个层次的原子,政治家除了具备一般公民所必备的德性,还要具备政治家自身所应有的德性。每个能够思维和行动的社会原子相互交往、公共行动,构成了家庭、城邦等共同体。正是每一个原子的相似甚至相同的需求才使各个原子相互嵌入、相互制约,共同行动。这种观念和情感在现代化运动中被极大地扩展开来,每个人的人格性都是目的,每个人的生命权、财产权和自由权都具有不证自明的合理性。有个体定义整体,由原子定义关系,就是实体思维和原子主义思维。在这种思维支配之下，个体与整体对立着、人类与自然对立着；我是主体，他者是客体；人类是主体，自然是客体；对立的关系就要通过斗争来解决。任何一个主体，任何一个原子，都存有超越自身的有限性而变成全体、变成无限性的冲动；主体会把自由滥用到我即一切、朕即国家的地步。从实体思维和原子主义思维走向关系思维和价值思维，乃是西方当代形态的现代性所面临的最大难题。东方思维起初是关系思维和整体思维，人们总是自觉与不自觉地从整体定义个体、从关系定义存在。将中国哲学中的"道"与古希腊哲学中的"逻各斯"做对比，尽管仅仅具有形式上的意义而不具有实质性的价值，但对于实体思维、原子主义思维和整体思维、关系思维之于现代性的观念意义之研究，还是极为重要的。当代德国现象学哲学家罗姆巴赫对此有着颇为值得重视的见解："另一种思想的形成方式是不同的，它来自对道路（Weg）的经验，在道（Tao）中表达自身，就通过这种方式而被描述……道是一个基本词，就是说，像逻各斯在西方一样，道是一个同样类型的基本词。由各自的基本经验出发，（以下）这些对立的方面得到了思考。逻各斯讨论在，道讨论无；逻各斯讨论知识，道讨论无知；逻各斯讨论意志，道讨论无为。不过这种无为与无所为无甚关系，在其中显示的是，它能被建构一种高超的艺术。无为是如此发生的，即每个东西都在自己的构成运行。"①"对于道路的经验通向这种经验本身的'本质'，通向结构，在此道路显现了对于结构的经验方式，结构成为道的真实性形式。一个结构只能在某条道路上被经验，处于由一物向另一物的过渡中。逻各斯不是这样；逻各斯论及一种'超越'事物的经验方式。通过逻各斯经验的本质绝不是不可把握性，而恰好是每一事物的可把握性。由它超越事物的立场出发，它获得了'客体性'，这种客体性是西方哲学和科学的本真意义和诱因。"②在老子的道论中，无论是形而上之道还是形而下之道，道都是与人的存在须臾不可分离的，人们只能在"恒无欲"中把握

---

① ［德］海因里希·罗姆巴赫：《结构存在论：一门自由的现象学》，王俊译，浙江大学出版社 2015 年版，第 ii 页。

② 同上书，第 iii—iv 页。

无形之道,在"恒有欲"中把握有形之道;在顿悟和体验中把握通往道的道路。道路是由道开显出来的路向,也是通往道的路径。关系思维和境界思维超越了由实体思维所导致的原子主义和本质主义的风险。

面对源初的、扩张的和反思的现代性,实体思维、关系思维和价值思维经历着分离的、隔阂的状态,也蕴含着相互嵌入的、相互贯通的内在要求;只有将他者思维和集体意识贯彻到原子主义和个人主义之中,自由、民主、平等才会获得真正的含义;关系思维和价值思维只有将个体的初始性权力贯彻到集体无意识和有意识中,也才能获得真实的个体存在。两种不同的思维方式既然先行于现代性而生成并持久地发挥作用,那么,面对问题形态的当代现代性,只有超越各自的片面性,才能生成类似于罗姆巴赫意义上的"结构"。"结构不是范畴,而是很多范畴的安置。当结构的构造状态的范畴安置被阐明的时候,结构的构造状态也就被阐明了。其中的一些范畴始终在存在论中占有一席之地,如'关系'或'意义',有些是较新的,如'异化'和'动态',有些则是在最近才作为术语被接受,如'创造性'和'信息'。"①"结构"将"实体"和"体系"含括在自身之内,并把二者发展成动态的秩序构造过程,而将诸要素联结起来构成"结构"的关键则是"环节";世间存在可能从不缺少实体和体系,但却缺少环节,正是诸环节才让整个世界关联起来、运动起来,充满生机,持存秩序。关系思维和价值思维并非取代实体思维,而是把实体思维提升到了关系和价值的高度。

其三,理性无限的观念。自古希腊泰勒斯追问世界的本源开始,至费尔巴哈止,通常被称为西方传统哲学。西方传统哲学有两个传统,即两个承诺:包括人在内的整个世界一定存在着一个统一的本体、始因,它展开自身为万物,万物又复归于始基;人有足够的认识能力认知和把握这个本体。这就是本体论承诺和认识论承诺。整个古希腊哲学要么在论证这两

---

① ［德］海因里希·罗姆巴赫:《结构存在论:一门自由的现象学》,王俊译,浙江大学出版社 2015 年版,第 vi 页。

个承诺的必要性，要么在论证它们的可能性，但尚无明显的倾向对此表示怀疑和质疑。及至近代，笛卡尔第一个以全面而彻底怀疑的面相对这两个承诺进行了考察，在他那里，考察心灵认知能力的无限可能性问题具有优先地位。笛卡尔进行全面"怀疑"不是目的，而是一种获得"确定性"和"明晰性"的艺术。"我发现，'我想，所以我是'这条真理是十分确实、十分可靠的，怀疑派的任何一条最狂妄的假定都不能使它发生动摇，所以我毫不犹豫地予以采纳，作为我所寻求的那种哲学的第一条原理。然后我仔细研究我是什么，发现我可以设想我没有形体，可以设想我没有我所在的世界，也没有我立身的地点，却不能因此设想我不是。恰恰相反，正是根据我想怀疑其他事物的真实性这一点，可以十分明显、十分确定地推出我是。另一方面，只要我停止了思想，尽管我想象过的其他一切事物都是真的，我也没有理由相信我是过。因此我认识了我是一个本体，它的全部本质或本性只是思想。它之所以是，并不需要地点，并不依赖任何物质性的东西。所以这个我，这个使我成其为我的灵魂，是与形体完全不同的，甚至比形体容易认识，即使形体并不是，它还仍然是不可不扣的它。"①笛卡尔把我思想作为我所是的根据，正因我不停地进行思考、怀疑、考察、确证才使我成为我。成为我自己乃是沿着两条路向而展开的，一个是向外的，通过怀疑、考察和确证，一种具有确定性和明晰性的知识得以产生；一个是向内的，对自己的思想进行思想，这就是灵魂比形体更容易被认识。虽然在通常的认识中，笛卡尔被认作是西方近代哲学中唯理论或理性主义的先驱，但也同样可以找到通往经验论的元素。有一点是确定的，那就是，笛卡尔的最终目的是借助"我思"而获得思之对象的"是其所是"和思本身的"是其所是"，只有将两种"是其所是"有机地统合在一起，自古希腊以来的两种承诺才能被证实。至少在哲学论证中，人们不但相信理性的力量，也在孜孜以求于理性。在现代化的初始阶段，自然科学的高歌猛进，科学技术的飞速发展，人在产生知识和创制技术活动中的主体地位的

① ［法］笛卡尔：《谈谈方法》，王太庆译，商务印书馆2000年版，第26—28页。

凸显,使人们产生了理性可以创造一切、支配一切和解释一切的幻象。被高估的理性在三个领域或层面上展开它的力量。在亚里士多德那里,理性被构造成为三种,理论理性,是人的灵魂中科学把握不变事物的能力;创制理性,是技艺把握可变且可制作的事物的能力;实践理性,是因人的理智德性和道德德性而通过行动造成正义、友善等适度状态的能力。在雅典城邦这个有限度的生产、交往和生活空间中,人的理性虽然被确定起来、开显出来,但并未表现出"僭越"的态势。及至近代,亚里士多德的理性在两个人群、三个层面上被快速地激发起来,一个是科学家人群,一个是思想家人群。科学家借着各自的科学研究和卓越成就,将人的创制理性提高到了可以解构一切、制造一切、解释一切的高度,开启了一个海德格尔意义上的使世界图像化的时代。在思想家那里,理性沿着社会哲学、道德哲学和精神哲学的道路而扩展开来。社会哲学分化为经济哲学和政治哲学,亚当·斯密将社会理性分解成相互关联的四个方面:人性利己论、社会分工论、市场自治论和理性无限论。反复的社会实践证明,这不是一个周全的理论,也是靠不住的承诺。

其四,与现代性具有同质性的观念。在与现代性具有同质性的诸种观念中,主体性观念是最为重要也是迄今为止最根深蒂固的观念。现代化运动直接将个体变成的了单一的怀疑的主体(笛卡尔)、权利的主体(洛克)、道德的主体(康德)、思维的主体(黑格尔),而自由、平等和民主无不建立在"默会知识"之上:我是我的一切行动的出发点,也是我的归宿。"如果我们稍微更加仔细地考察精神,那我们就发现精神的最初的和最简单的规定就是:精神是自我。自我是一个完全简单的东西、普遍的东西。当我们说自我时,我们想到的大致是一个个别的东西;但因为每个人都是自我,从而我们只是说出了某种完全普遍的东西。自我的普遍性使得它能够从一切事物、甚至从它的生命中抽象出来。"①或许就个体生命的宿命而言,他天然存有将自己视作"存在事物存在的根据,也是不存在

① 　[德]黑格尔:《精神哲学》,杨祖陶译,人民出版社 2006 年版,第 14 页。

事物不存在的根据"的可能性，但只有在现代化运动中，这种可能性才逐渐变成了现实性。市场经济将某一个人变成了独立的甚至是孤立的个体，他必须将自己视作主体，视作自由的、平等的个体，他甚至要把这种个体变成明确的理念和坚实的行动。"在市民社会中，每个人都以自身为目的，其他一切在他看来都是虚无。但是，如果他不同别人发生关系，他就不能达到他的全部目的，因此，其他人变成为特殊的人达到目的的手段。但是特殊目的通过他人的关系就取得了普遍性的形式，并且在满足他人福利的同时，满足自己。由于特殊性必然以普遍性为其条件，所以整个市民社会是中介的基地；在这一基地上，一切癖性、一切禀赋、一切与出生和幸运的偶然性都自由地活跃着；又在这一基地上一切激情的巨浪，汹涌澎湃，它们仅仅受到向它们放射光芒的理性的节制。受到普遍性限制的特殊性是衡量一切特殊性是否促进它的福利的第一尺度。"①从黑格尔关于精神自我、关于个人自我这个特殊性与理性这个普遍性的相互关系的论证中可以看出，市民社会（市场经济是市民社会的经济活动形式）之于个人自由之确立、个人权利之确定与实现，具有双重作用，一方面，它使逐步确立起来的个人意识、自由与权利置于社会诸要素之首要位置，任何人无疑可以自在自为地将自己作为目的，将其他一切视为虚无，但任何一种特殊性都必须在普遍理性的照耀之下才能取得合理性，因为每个个人都是如此思考和行动的，它构成了自由、民主和平等的共同根源。然而，这只是一种理念、一种信念，在市民社会中，它们具有现实性基础；而在由资本和权力支配的充满差别的领域，自由就仅仅向处于优势地位的人群开放，民主和平等就仅仅成为处于弱势的人群的强烈呼声。

基于主体性和自主性意识之上的自由、民主、平等具有双重效应，它既可以发展出保障倒叙的平等逻辑（经济平等—社会平等—政治平等—人格平等）的规则体系，也可以假借民主、平等、自由之名义实现实质性的

---

① ［德］黑格尔：《法哲学原理》，范扬、张企泰译，商务印书馆 1979 年版，第 197—198 页。

不平等。或许可以说,人类从未真正实现过自由、民主、平等,而真正存在
的则是不平等,或有限度的平等,以此可以说,自由、民主、平等都是反思
性概念,作为完满的、自足的观念体系和规范系统,它们是用来批判、反思
和矫正不平等事实的。作为与现实性具有同质性的观念,基于主体性和
自主性之上的民主、平等、自由的实现方式和实现程度,固然决定于市场
社会的建立与完善,更决定于国体和政体。随着现代化运动的深化和拓
展,更随着现代性之复杂性和冲突性的呈现,社会主义制度或许比资本主
义制度更有利于实现民主和平等。

(3)自我救赎:摆脱类意识和类实践危机的自我革命

现代性场域下的类意识和类实践危机表象为人类与其他物类的矛盾
与冲突,以及人类内部以国家为基本单元之间的冲突。在摆脱危机的诸
种谋划中,自我救赎或自我革命才是根本的道路。

第一,如何做一个公正、理性、正当的决策—分配者?

作为决策—分配者,政治精英和各级官吏乃是政治权力和行政职权
的占有者和使用者,这种权威性地位对实现政治"是其所是的东西"具有
根本性的作用,因此他们是否具有德性、知识和理性乃是至关重要的事
情。首先,他们必须具有坚定的政治信念,这种信念不是空洞的,而是现
实的,那就是对政治"是其所是的东西"的确信和坚守。任何权力和职权
都来自人民,也必须用于人民。信念决定方向,决定道路。如若起初就没
有明确而坚定的信念,在具体的决策和管理中,就极有可能成为欲望和诱
惑的俘虏。所谓坚定的政治信念,表现在终极目的上就是让每一个人的
生活得以改善,使每一个人过上一种整体上的好生活。表现在手段上,就
是寻找和建构能够最大化实现这个终极目的的政策与制度。有了追求和
实现政治之目的之善的坚定信念之后,就必须把这种信念落在具体的德
性的修为、知识的积累和理性的训练之上。德性的修为是落实信念的根
本途径,在实际的国家治理和社会管理中,在一个时段、某些领域、某些方
面,我们似乎只停留于信念的建构、宣传和教化上,且把这种信念的教育、
宣传都落实在了他者身上。这种严重的不对等、不对称使得信念的建构

和实现变成了毫无内容的形式主义。基本理由在于，真正掌握权威性资源即权力和制度的人群才是实现政治信念的主体，如果他们仅仅是为了宣传、强调某种信念，而不去殚精竭虑地实现信念，那么信念就必然流于形式，这正是官僚政治和政治官僚的集中表现。第二，为着实现信念，政治精英和各级官员就必须强化品德修为。政治精英的德性具有双重结构，作为普通人，作为一般公民，他必须具有一般公民具有的德性，如真诚、善良意志、正义、诚实、同情、友爱；除此之外，还必须具有为一般公民不具有的德性，如大度、宽容、自治力、理智感。德性之美是建构一个良序社会所必须具备的条件，但这个条件仅仅是必要的条件，没有德性之美就一定不会有一个良序社会，但有了它却未必就有良序社会。从德性之美到城邦之善需要诸多中间要素和环节，二者具有不同的运行逻辑。在与政治之目的之善和手段之善有关的德性之美与城邦之善之间，其内在逻辑关系究竟应该怎样呢？

首先，政治精英和各级官员的德性乃是实现政治之目的之善的伦理基础。"自天子以至于庶人，壹是皆以修身为本。其本乱而末治者否矣，其所厚者薄，其所薄者厚，未之有也！"①在儒家那里，"明明德""亲民""止于至善"乃普遍有效性要求，但由于每个人的权力、地位、身份不同，"止于至善"的要求便是不同。"为人君，止于仁；为人臣，止于敬；为人子，止于孝；为人父，止于慈；与国人交，止于信。"②为人君者，既可为一国之君，亦可为谦谦君子。为一国之君者，当止于仁。何谓仁？视每个人为人，为一国之君所止之处，便是让每个人得其所得，让其应得，让其生活幸福。当把这个当止之处立于心中之深处，心中始终装着人民，这便是正其心，"所谓修身在正其心者，身有所忿懥，则不得其正；有所恐惧，则不得其正；有所好乐，则不得其正；有所忧患，则不得其正。心不在焉，视而不见，听而不闻，食而不知其味。此谓修身在正其心。"③之所以说修养自身的

---

① ［宋］朱熹撰：《四书章句集注》，中华书局2011年版，第5页。
② 同上书，第6页。
③ 同上书，第9页。

品性要先端正自己的心思,是因为心有愤怒就不能够端正;心有恐惧就不能够端正;心有喜好就不能够端正;心有忧虑就不能够端正。心思不端正就像心不在自己身上一样:虽然在看,但却像没有看见一样;虽然在听,但却像没有听见一样;虽然在吃东西,但却一点也不知道是什么滋味。所以说,要修养自身的品性必须要先端正自己的心思。为民之官、为国之君必须正其心,心不正则品不良。一国之发展在于创造更多的财富,平等分配这些财富;在于提升社会的自治力,形成良序社会;在于使每个人有尊严地生活着。这便是国之"是其所是的东西",把这个"是其所是的东西"立于心中,便是正心。政治权力和行政职权亦复如是,其是其所是的东西就是在正义、公平和平等原则支配下,完成或实现一国之"是其所是的东西",把这个是其所是的东西立于政治精英和各级官吏的心中,便是正心。反之,若把自己之私利或集团之利益置于心中,便是心不正。成为政治精英和各级官吏之正当动机的必须是这个"是其所是的东西",若把自己的占有和支配欲望视为、作为拥有和使用政治权力和行政职权的真实动机,便是动机偏离。一如康德所反复强调的那样,若没有善良意志,其他被称为品质的东西都可能被错误地使用。"在世界之中,一般地,甚至在世界之外,除了善良意志,不可能设想一个无条件善的东西。理解、明智、判断力等,或者那些精神上的才能勇敢、果断、忍耐等,或者说那些性格上的素质,毫无疑问,从很多方面看是善的并且令人称羡。然而,它们也可能是极大的恶,非常有害,如若那使用这些自然禀赋,其固有属性称为品质的意志不是善良的话。这个道理对幸运所致的东西同样适用。财富、权力、荣誉甚至健康和全部生活美好、境遇如意,也就是那名为幸福的东西,就使人自满,并由此经常使人傲慢,如若没有一个善良意志去正确指导它们对心灵的影响,使行动原则和普遍目的相符合的话。这样看来,善良意志甚至是值不值得幸福的不可缺少的条件。"[1]善良意志是使权力拥有者和使用者做正当之事的初始性力量。

---

[1]　[德]康德:《道德形而上学原理》,苗力田译,上海人民出版社 1986 年版,第 42 页。

　　若把善良意志贯彻于整个行为之中，第一个环节就是"诚其意"。"所谓诚其意者，毋自欺也。如恶恶臭，如好好色，此之谓自谦。故君子必慎其独也！小人闲居为不善，无所不至，见君子而后厌然，掩其不善，而著其善。人之视己，如见其肺肝然，则何益矣。此谓诚于中，形于外。故君子必慎其独也。十目所视，十手所指，其严乎！富润屋，德润身，心广体胖。故君子必诚其意。"①使意念真诚的意思是说，不要自己欺骗自己。要像厌恶腐臭的气味一样，要像喜爱美丽的女人一样，一切都发自内心。所以，品德高尚的人哪怕是在一个人独处的时候，也一定要谨慎。品德低下的人在私下里无恶不作，一见到品德高尚的人便躲躲闪闪，掩盖自己所做的坏事而自吹自擂。殊不知，别人看你自己，就像能看见你的心肺肝脏一样清楚，掩盖有什么用呢？这就叫作内心的真实一定会表现到外表上来。所以，品德高尚的人哪怕是在一个人独处的时候，也一定要谨慎。曾子说："十只眼睛看着，十只手指着，这难道不令人畏惧吗?!"财富可以装饰房屋，品德却可以修养身心，使心胸宽广而身体舒泰安康。所以，品德高尚的人一定要使自己的意念真诚。要做到真诚，最重要，也是最考验人的一课便是"慎其独"，在一个人独处的时候也谨慎，简而言之，就是人前人后一个样。人前真诚，人后也真诚，一切都发自肺腑，发自内心，发自我全部的感官，就像手脚长在我自己身上一样自然自如，一样真实无欺，而不是谁外加于我的"思想改造"，外加于我的清规戒律。从反面来说，"若要人不知，除非己莫为。"自欺欺人，掩耳盗铃，总有东窗事发的一天。本来具有利己之心，却要表现出一心为公、一心为民的样子，极尽表演之能事，就既无正其心，更无诚其意。

　　正其心、诚其意是政治精英和各级官吏能够一心为公、真正为民的道德基础，它解决的是意愿和动机问题，而要真正做到应当做的事情，还必须遵循国家治理和社会管理的客观规律，这就是所谓的"格物""致知"。格身外之物，以求天道；格心中之私欲，以尽善性，天道不可违，人道不可

---

① ［宋］朱熹撰：《四书章句集注》，中华书局 2011 年版，第 8 页。

逆。如何"格物"呢? 就是学习知识、把握规律、运用理论。格就是推究,研究,揣摩,体会,"致知"就是在认识上形成知识体系、理论体系,在实践上就是正确运用。只知其所知而不知其所以知,便是一知半解;若能运用到实践中,并证明知识是正确的,便是一智全解。"格物""致知"解决的是能够一心为公、执政为民的问题,其实质是理性能力的培养与运用。

其次,理性是使政治精英和各级官吏能够一心为公和执政为民的意识基础。如果说在千百年来都不曾变化的传统社会中,国家治理和社会管理较少充分且公开运用理性,而是反复使用过往的治理模式,那么在充满流动性、变动性、多样性的当代社会,若想建构一个良序社会,通过科学而有效的国家治理与社会管理而最大化地实现政治之目的之善,是必须要充分运用理性的。理性精神是现代精神体系中的核心内容,由理论理性、创制理性和实践理性构成。

理论理性包括知识与理论两个部分,理论理性作为一种能力首先表现为对管理知识的学习,对科学理论的掌握和运用。而无论是知识的习得还是理论的掌握,其目的都是为着理解、掌握和运用国家治理与社会管理的客观逻辑,因为平等作为一种客观的关系结构和几何比例关系,乃是一种过程、一个事实,如要追求这个事实,就必须遵循治理和管理之必然性,领悟、拥有、运用逻各斯,知识与理论乃是实现有效管理、实现正义、公平与平等原则的理性基础。

创制理性乃是一种进行技术创新、规范创新、制度革新的实践能力。平等作为一种适当的几何比例关系不是通过意见、情感来实现的,而是依靠可以反复使用的游戏规则来实现,因此,决策—分配者就必须不断进行制度创新和规范完善。在社会主义市场经济建立之初,政策设计和制度安排倾向于激励性的安排,如何实现财富的快速积累,以摆脱长期处于贫穷落后的面貌是第一要务,因此协调性的、预防性的制度设计则不够健全。几十年后,先富与共富、激励与预防、进取与协调之间的矛盾和不平衡逐渐暴露出来,贫富差距开始产生,职权滥用逐渐增多,如果不对原有的激励政策、分配体制、管理模式进行适当的矫正、修复和完善,势必使社会主义改革开放遭遇问题。决策—分配者就要时时处处根据活动结构和关系结构的变化，修复、完善已有的规范，创新、发现新的规范。当科学技术作为第一生产力被给定以后，或科学技术的内生变量已经给定的条件下，制度的完善与创新就会作为第二生产力而出现。

实践理性对决策—分配者而言，乃是最为重要的素养与素质。因为，在决定社会财富与资源的分配中，在实现平等的过程中，虽然说各种主体都会起作用，但决策—分配者则起着决定性的作用，因为他们是政治权力和行政职权的占有者和使用者，而权力又是最具支配性的力量，所以，决策—分配者是否具有实践理性、是否具有足够的实践理性对于实现社会平等而言，乃是最为要紧的元素。所谓实践理性乃是一个人在处理与自己的欲望有关的事项时所具备的能力体系，实践理性是保证一个做正当的事情以及正当地做事情的道德基础。实践理性所处理的对象是欲望与诱惑，欲望的根据在于人的需要、偏好，是促使一个人采取某个行动的动力。由需要跃迁到欲望，乃是一个客观的状态与指向的主观化或观念化的过程，欲望作为被把握在意识中的需要，乃是需要的表象，而需要一经表象化，其强度与广度就被大大扩展了。由于决策—分配者乃是掌握最具支配性力量即权力的人群，在某种意义上，他们对这种支配性力量就更加渴望。但如果这种借助权力而实施占有和表达的欲望超出了道德与法律的边界，欲望就会变成一切罪恶的渊薮。实践理性的作用就在于使权力拥有者在认知上判定欲望的合理性边界，在意志上，将不合法、不合理的欲望解决在萌芽之中。意念、欲念乃是一个行为得以发生的初始性要素。诱惑是外之善对人的吸引力、诱惑力，而就外在之善的类型说，可有财富、权力、荣誉、名声、地位、身份，在可能性上，这些外在之善乃是令一个人生活得以改善的基础，令一个人快乐的条件。对每一个正常的人来说，外在之善都是一种吸引和诱惑。然而，这些基础和条件对于权力拥有者的吸引和诱惑更大，因为他们较之没有支配权力的人群更有机会去获取它们。那么，在欲望与诱惑的推动下，决策—分配者该如何拥有实践理性并充分运用实践理性呢？首先，在动机上。实践理性表现为善良意志,所谓善良意志就是将权利和职权的"真理"即提供公共善作为占有、使用和支配权力的动机,此所谓"正其心",反之,如果将利己之心作为初始动机,就是动力偏离,此所谓心不正则品不良。贪婪乃罪恶之源,滥用职权生于贪婪、起于贪婪。自律必须从善良意志开始。只有将历史的声音、民众的心声置于动机之上,政治权力和行政职权才有可能沿着正确的、正当的轨道运转。第二,在过程之中。在过程中实践理性表现为"顽强的意志品质",除了排除来自自身欲望的冲动之外,还要抵御不断出现的各种外在诱惑。除了善良意志和自治力之外,实践理性尚有另一个任命,这就是克服各种困难以把善良动机贯彻下去的要求。这种要求乃是理论理性和创制理性意义上的,因为当一个正义、公平和平等作为价值诉求以目标或目的确立下来之后,最为关键的乃是创造条件、创设环境实现这些目标。而实现这些公共善的过程中,会产生各种阻力,出现各种困难,解决困难仅有善良意愿是不够的,还必须有理论、知识、判断力、执行力作保障。第三,在后果上。平等作为一种客观的行动以及由行动造成的利益关系,乃是一个行动的后果。一个追求平等的行动固然要以善良动机和自治力作保证,但如果不能产生平等的结果,那么善良动机和自治力也就没有了价值。在后果的意义上,实践理性对决策—分配者的作用在于促使他们对行动后果进行正当与否的鉴定,并通过鉴定检验自己的认知、情感与意志。自信与反思是这种检验的两个直接成果,自信是正当意义上的体验,当决策—分配者在善良动机和自治力的保证下,将公共善作为终极目标加以追求时,若实现了这个目标,那么就会增强更好地"执政为民"的信心,会从艰辛的"执政为民"的过程和令民众满意的后果中证明自己、再现自己,在对象性关系中实现自己的社会价值,称为人们的好公仆。若未能产生人们所预期的公共善,执政者也会总结失败的教训,在正确理论和科学知识的保障之下,矫正和修复既定的规范,以期做得更好。此时具有的体验乃是遗憾而不是悔恨。反之,若以利己为动机、以违背道德与法律规范为手段,以占有和支配为结果,那么能否实现正义、公平、平等的问题就会成为完全幻想的问题了。面对道德谴责、法律的制裁,权力和职权的滥用者毫无愧疚之感、悔罪之意,那么指望这些决策—分配者实现平等就是彻底的幻想了。如果滥用职权者面对自己的犯罪、过错表示悔过、悔罪、自责、忏悔,那么这种所谓的事后悔过也无实质意义,因为它是实践理性失效或根本就没有实践理性的恶果,因为他们不再具有补救重大损失的机会了,"悔过自新"只具有舆论的意义,而没有道德意义。因为道德的作用恰恰是在动机和过程之中,而不是后果主义的。若权力和职权的滥用者被持续地任用,那只能证明这个社会已经到了不可救药的地步。

总之,决策—分配者的人格结构、德性构成、理性能力乃是决定能否实现平等的最大的主体性资源。只有这些主体性资源被培养和积累起来以后,决策—分配者才能成为公正的旁观者、正确的思考者和正当的行动者,而只有成为三者合一者,政策的设计、制度的供给才可能是合理的,国家治理和社会管理才可能是有效的。

第二,如何做一个公正、理性、正当的辩护—批判者?

社会作为由若干个体依照各种规则、规范组织起来的共同体,并非仅有决策—分配者一个人群,尚有知识阶层和平民阶层。知识阶层作为一个具有知识、理论、人格与良知的人群,在实现社会主义平等过程中具有不可推卸的社会责任,其担负责任的方式明显不同于决策—分配者和劳动—享用者两个人群。在实现正义、平等的活动中,知识阶层的作用表现在如下几个方面,第一,有良知的中间人的角色。它身居决策—分配者和劳动—享用之间,起着上传下达、传下达上的作用。要把国家的信念、理念、意志传达到普通百姓中,变成人们的日常意识和日常行为,虽然国家并不一定代表和实现历史的声音和民众的心声,但国家总是在努力实现人民的意志。知识阶层还要把民众的心声以建议、提案、学术、思想的方式表达给决策—分配者。第二,知识阶层是有知识和理论的群体。知识阶层在实现平等过程中的作用就是以理论的方式对平等与不平等的事实及其根源、成因、后果进行反思、批判与预设:对过往的事实进行反思、对当下的问题进行批判、对未来的状态进行预设。第三,知识阶层较少受到权力和金钱的影响。而要完成这些使命,知识阶层就必须成为公正的旁观者、正确的思考者和正当的行动者。

知识阶层如何成为公正的旁观者呢? 所谓旁观者就是平等与不平等事实的观察者,而要成为关于平等与不平等事实的公正的旁观者,知识阶层必须拥有两个先决条件,一个是视界问题,一个是理性问题。视界就是视野、角度,就是立场。平等与不平等作为一种价值事实根本不同于一般的事实,而是在事实基础上形成的相关于善恶、美丑、利弊的判断,同样是一个比例关系,处于优势地位的人会认为是公平的、平等的,而处在劣势地位的人则认为不平等。这就是视界问题。知识阶层可以站在两个当事人之外,以公正的旁观者的角色对各种比例关系进行判断。所谓理性指的是,知识阶层所给出的判断是有充分根据的,是可以证明的。改革开放40 多年来,公正、正义、公平、平等问题日益凸显,政治哲学、伦理学、法学、教育学、社会学等等,从各自的学科视角进行讨论、争论,提出了各种各样的学术观点和理论模型,近几年每年一度的"平等状况调查"更是赢得了人们的普遍赞同和认同。由各个学科的平等观和平等理论而形成的"共识",愈来愈影响着政策的设计和制度的安排,也引领着普通百姓的平等观念。理性就是知识阶层表达平等观的意识基础,即是说,知识阶层的平等感、平等理论是充分且公开运用理性的结果,是沉思后的成果,只有经过前提批判,经过充分论证、经得起实践检验的感受和观点才是可信的,也才有说服力,也才是公正的视界。而要保证知识阶层对平等与不平等事实的观察期视界是公正的、理性是充分的,就必须保证知识阶层是正确的思考者。

如果说,视界和理性所保证的知识阶层对平等与否的观察是公正的,解决的是平等"何以可能"中的价值根据问题,那么正确的思考者所解决的则是"何以可能"中的事实依据问题。而价值根据与事实依据必须是统一的,这种统一就是价值逻辑与事实逻辑的统一。知识阶层把握平等问题的方式显明地有别于决策—分配者和劳动—享用者。决策—分配者在进行政策设计和制度安排时,必须以理论作支撑、以知识作基础,然而,决策—支配者却往往由于专心致志于具体的政策的设计、制度的安排以及具体的国家治理和公共管理之中，即便有学习知识、掌握理论的意愿，也由于时间和精力的稀缺而疏于理论素养的提升。如果说在农业社会人们是依照千百年来不曾变化的常识与经验进行国家治理和社会管理的，那么在充满流动性、变动性、偶然性的现代社会，国家治理和社会管理必须以知识和理论为基础。这种知识和理论只能由知识阶层来生产、创造和传播。这种知识与理论的作用就在于对实现平等的政策、制度、体制、治理、管理进行论证、验证、矫正、修复和完善。而普通百姓在追求平等的过程中，则是具体的要求、个人的视界，他们除了具备最基本的理性知识之外，对平等的根据、发生、根源似乎没有知其所以然的意愿，既不想也不能形成知识与理论，而在现代社会，对平等的追问、追寻和实现仅有经验和常识是不够的，是需要丰富的知识作支持，正确的理论作指导的。

当成为公正的旁观者、正确的思考者之后，知识阶层的使命在于将沉思之后形成的知识与理论运用到实现正义和平等的社会实践之中，借以检验知识的可靠性、理论的正确性，这就是正当的行动者问题。所谓正当就是知识阶层通过其知识和理论影响社会实践的方式与路径是可接受的、适当的。正当的方式表现为，其表达平等观念的类型是理论化的、理智化的。理论化的方式不同于意见和情绪的方式，意见和情绪不需要论证，不需要符合客观逻辑，而理论则不同，其所给出的平等理论，必须是经历过回溯的过程的，即经历由果溯因的过程，是实现了思维的逻辑与表述的逻辑的完整联结的，是实现了表述的逻辑与历史的逻辑相统一的。理智化的表达方式指的是，知识阶层是通过合法而合理的手段与途径表达其平等观的。在媒体已经高度发展的今天，知识阶层必须充分运用大众媒体的作用，努力将自己的知识与理论变成实际的平等观。

而知识阶层要真正成为公正的旁观者、正确的思考者和正当的行动者，就必须具有自由之思想、独立之人格。如果仅仅成为权威的辩护者，关于平等的真理就无法给出，因为他不能借助自己的理性、知性对感性进行正确地统合，以真理的形式呈现历史的声音、实现人民的心声。如果被权力与金钱所奴役、收编和收买,那就不会有独立人格,当一个人没有了正义感、平等感,没有了经得起检验的平等观,那他就不是真正意义上的知识阶层。中国特色社会主义改革与开放的伟大实践,需要着具有自由之思想、独立之人格的知识阶层,同时也锻造着知识阶层。

第三,如何做一个公正、理性、正当的劳动一享用者?

依照日常意识和经验,追寻和要求平等的人群,通常是那些感到自己没有被平等对待、没有平等获得财富、机会、身份、地位的人群。边缘人群和弱势人群就是处在劣势地位的人群,他们有自己的平等感和平等观,他们是依照自己的平等感和平等观念来对待权力、地位、身份和机会的。在以家庭为基本生产单位的农业社会,劳动者既是生活资料的生产者,也是劳动的组织者,自然经济具有很强的自组织性。在此种场域下,对于大多数人来说,平等问题仅限于熟人社会的算数比例关系和几何比例关系。当生产资料和生活资料发生分离,精神生产与物质生产发生分离,生产的决策者和生活资料的创造者发生分离,就会导致政治权力和行政职权集中于决策者—分配者手中,而使劳动者阶层成为强烈要求平等的阶层。在阶级社会,严重的私有制导致严重的阶级对抗,要求平等的行动通常表现为社会革命,而在以公有制和集体所有制为主体,个体私营为重要组成部分的社会主义社会,作为生活资料生产者的劳动者阶层,究竟该如何最大限度地实现平等呢? 最根本的道路乃是决策—分配者通过建构和完善科学而合理的政策、制度、体制来实现,当罗尔斯所倡导的两个正义原则已经给出,一组相对为好的激励制度已经给出,那是否意味着,劳动者阶层所企盼的平等就一定能够实现呢? 在这里必须修正一种观点,这就是很多人都认为,无论劳动者—享用者如何作为,在实现社会主义平等的道路上,他们似乎都没有任何责任。如果把这种观点推至极端就会出现这样的观点,即无论劳动者阶层是否努力,都应该也必须享受改革开放的成果。事实上,这是一种极其有害的认识和观念,因为按照这一观点,一个完全有劳动能力但却十分懒惰的人就有充足理由分享他人的劳动成果,这是十分不可接受的事实,因为它与平等之"是其所是的东西"相悖。

若劳动者阶层无论如何努力都不能改变现有的生活状况，那造成不平等的根源也就不在劳动者阶层这里，而在于马克思所深刻揭露的社会根源，即劳动、资本和土地的严重分离，罪恶的渊薮在于私有制；当社会主义公有制给出了相对公平的政策和制度保障，给出了相对的机会平等，然而一些有足够劳动能力的人却由于懒惰而不能充分把握和运用平等的政策与机会，如果，决策—分配者依旧像对待付出艰辛劳动的劳动者阶层那样分配给懒惰者以同样的生活资料，那么就是有目共睹的"显失公正"。在实现社会主义平等的道路上，应该正确处理要求的平等和被给予的平等之间的关系。被给予的平等又有如下两种情况，第一种情况是整体性的被给予，平均主义意义之下的平等就是由决策—分配者直接"分配"给劳动—享用者阶层，其实被给予的人群并不知晓什么是平等，什么是不平等。这种给予平等的方式只有在政治权力统合一切的历史场域下才能存在。打破平均主义观念之后，市场经济使每个人逐渐产生了自我意识，意识到了自己的权利和利益，开始出现要求和追求平等的情形。而这种要求平等的情形又有两种，一种是，经过自己的艰苦努力，使自己的生活状况与过去的我比较有了极大的改善，但与其他劳动者比较，改善的广度和力度相对迟缓，这种差距尽管也使发展较慢者产生些许的失落之感，但却认同这种差别，因为他们所付出的劳动存在差别，要么在能力上存在差别，要么在劳动积极性上存在差别。这充分证明，基于几何比例关系之上的平等观正在生成。另一种情形是，辛勤劳动者与劳动者以外的人群进行比较，现代媒体的传播作用，使得劳动者阶层逐渐了解到通过权力、制度、体制、身份优势的人群，是如何使自己快速"富裕"的，这使得劳动者阶层产生更加强烈的要求平等的愿望，也使他们产生了埋怨、怨恨、仇恨。这是来自民间的要求和追求平等的力量，在这种力量的推动之下，极有可能出现被给予的平等和要求的平等的有机结合。这是值得肯定、鼓励、培植的平等观念。需要批判和改造的平等观念是那种既不努力还又要求平等的情形，传统文化中的平均主义意识和现代社会中的等、要、靠思想，在一些人身上依旧根深蒂固地存在着。

那么,在建立和完善社会主义市场经济的过程中,劳动—享用者该如何成为一个**公正、理性、正当的劳动—享用者呢?** 第一,树立能力本位论的观念。能力才是一个人把握平等机会、创构财富并公平获取财富的基础。别人的错误不该成为自己犯同样错误的理由,在建立和完善社会主义市场经济过程中,权力滥用、渎职等行为固然存在,但如果劳动—享用者阶层不去打造自己的能力体系,而是模仿、运用不正当的牟利方式,只能使实现平等的愿望更加遥遥无期。第二,树立正确的政治观、权力观和平等观。平均主义只是一种极端的分配方式,是最低限度的平等,"应得""得其所得"、几何比例分配关系才是社会主义平等的根本要求。第三,学会用理智而不是冷漠与激情进行政治表达和表达政治。

在培养和践行作为公共意志的政治意志从而最大化实现政治之目的之善的道路上,成为一个有理性且无偏见的观察者、有理性且能正确言说的言说者、有理性且能正当行动的行动者,是每一个人的事情,因为政治作为最大的或最典型的公共性存在,就是相关于每个人之根本利益的社会观念、情感、意志和行动。

第3章 祛魅·附魅·返魅:现代生产与技术之于人的精神世界

　　祛魅与返魅是现代生活世界的一大症候,它们的原始发生源自现代生产逻辑的运行以及现代技术在广度和深度上的应用。就祛魅的原始发生而言,乃是一个包含多重含义的社会活动。首先,乃指基于劳动异化而来的劳动之伦理本体意义的消解,将劳动者于劳动过程中体验到的人性价值从劳动过程中排出出去,劳动者只有首先成为使用价值的创造者才最后成为目的,只有成为物质价值才能体现人的价值;其次,全面的物化和世俗化使得一向被尊崇的意识形态逐渐失去了源自自身的本质而来的神圣性和权威性;其三,技术万能论的幻想、技术可以分解一切又可以合成一切的幻象,使得人的物质需要和社会需要的满足被技术化,亦即数字化和数据化,进一步地,使得人们的情感和精神生活被压缩或还原为物质生活,社会需要和精神需要被还原成生物性需要。这着实是一个悖论,人类孜孜以求的市场逻辑、科学发展和技术进步,为的是使社会完善、个体发展,逐渐走向文明形态。然而,资本的运行逻辑却借助权力的力量和技术的魔力,使得人的立体需要及其满足平面化、世俗化,数字计算、算法正义被物质主义、功利主义、机会主义所算计,使得原本不能物化的、数字化的情感需要、信念需要被直接的物质需要所替代,或借助自媒体以不曾谋面的形式得以满足。附身性的满足方式逐渐替代了具身性的满足方式。然而,生活的意义并不完全取决于物质生活资料的快速生产和物质需要的极大满足,相反,真正的朝向生命之意义的生成,却常常源自社会需要和精神需要的满足。意义源自主体的原创性活动,价值来自客体有用性之创造,从价值到意义的原始发生奠基于人的原初的精神结构以及精神需要的充分实现。预先构造一个初始性的精神结构,继而以此为根据分析和论证现代性场域下的精神结构及其危机,构造一个返魅的可行之路;于此,如何附魅与返魅就成为了重构意义世界的关键要素和环节。

就"祛魅·附魅·返魅:现代生产与技术之于人的精神世界"这一题材所蕴含的理论意义和实践价值而论,绝不仅限于感性地、经验性地描述被人们普遍感受到的现代意义危机,这就是,丰富的物质生活世界与愈益贫乏的精神世界的"奇妙组合",使人们陷入深重的"价值纠结"之中,而是要如何重返人的丰富的精神生活世界,因为意义世界的生成,并不完全取决于一个日益丰富的物质生活世界。没有一个丰富的价值世界,便没有了一个令人快乐和幸福的必要条件,然而,拥有了一个丰富的物质世界却未必带来丰富的意义世界。"价值纠结"的实质是,人类如何才能创造出一个价值世界和意义世界之相互共在、相互共属和相互共出的和谐状态? 进一步地,如何构造一个相互共在的物理世界、相互共通的理智世界、相互共属的情感世界、相互共出的意志世界和相互共生的意义世界? 这是一个人类始终面对的普遍性问题和难题,而在现代性语境下,问题与难题变得异常突出。在此,我们只是从现代技术在广度和深度上都异乎寻常地嵌入人的精神世界从而导致意义危机的角度,分析和论证造成意义危机的深刻根源、呈现方式和返魅精神世界的可行道路。

一、意义世界:根源与来源

意义,永远是朝向人的生命的始点问题。目的论意义上的始点乃是指,人为什么要过一种有意义的生活? 这是意义的根源问题;实践论意义上的始点乃是指,人们如何才能过一种有意义生活? 这是意义的来源问题。可见,意义既是源初性的又是终极性的问题。当人类拥有了一个始点,便拥有了创造一切的原初性力量,从而使生活拥有了获得意义的条件，因自身之故而来的一切，是创造价值的源泉；当人类享用到了因始点的充分实现而创造出来的价值时，就会产生意义瞬间生成的体验。没有人能够离开意义问题而去无意义地追问和追寻，更没有人能够离开意义而获得快乐和幸福；然而人类常常不能如愿以偿，相反，总是在追问和追寻意义的道路上，过一种缺失意义甚至没有意义的生活。人类殚精竭虑地创造了令人幸福的前提，却没有创造幸福本身；在创造价值世界的同时却又失去着意义的世界。这是人类的命运，创造意义和体验意义，这是由人类的本性规定了的事情。

　　意义，虽不能言说、无法表达，但却是一种客观存在。作为意义的存在，与存在者不同，存在不是实体，而是实体所追寻和追求的关系，以及由这种关系呈现出的不可言说的"内容"。任何一种以感性形式存之于世的实体，都是存在者，都以广延的形式立在这里或那里，但无生命存在者是绝不会存在什么才是存在的问题的；动植物是存在着存在问题的，但它们从不会追问什么是存在。唯独人这个实体才以自为体的形式追问存在，于是，存在就构成了存在者的本体。存在作为被追寻和被追求的对象，也是可以思想的，而只有能够思想的存在者才能思想思想的对象，在思想着思想的对象的同时，思想着思想本身。"因为能被思维者和能存在者是同一的"，"可以被思想的东西和思想的目标是同一的；因为你找不到一个思想是没有它所表达的存在物的"①。能够作为思想对象的，或者说，被值得思想的，要么是那个逻各斯，要么是逻各斯的作用，因此作为思想之对象的存在只对能思者有效；进言之，意义只对追问和追寻意义的个体和人类有效。作为不可言说的事情，意义全是因了人有特殊结构这一点，无论是具身性的还是附身性的结构。"人的存在从来就不是纯粹的存在；它总是牵涉到意义。意义的向度是做人所固有的，正如空间的向度对于恒星和石头来说是固有的一样。正像人占有空间位置一样，他在可以被称作意义的向度中也占据位置。人甚至在尚未认识到意义之前就同意

① 《西方哲学原著选读》（上卷），商务印书馆 1981 年版，第 22、24 页。

义有牵连。他可能创造意义,也可能破坏意义;但他不能脱离意义而生存。人的存在要么获得意义,要么背叛意义。对意义的关注,即全部创造性活动的目的,不是自我输入的;它是人的存在的必然性。"①人是追问意义、创造意义和享用意义的存在物;意义不是自在的而是自为的,进言之,并不先天存在一个意义,是一个可以具象化的存在物,立在那里,等待着人们去享用它,毋宁说,意义根本就不是一个实体性的存在,尽管意义从未离开实体而存在。那么,意义到底是什么? 是关系? 是境遇? 是意向?"意义意味着一种不能归结为物质关系或不能被感觉器官感觉到的状态。意义是指同最真实的事物具有相容性;还有,它是对于别的事物而言的一个事实,它是一个具有价值的客体的意义。实存状态与意义状态互相关联,生活只能用意义来衡量,这种信念深深地扎根于头脑中。追求意义的意志以及坚信我们试图弄清意义是合理,这二者如同求生的意志和对生活着的把握一样,本质上是合乎人性的。"②如果我们只是从各种关系和情境出发界定意义,那么意义始终不能得到澄明。如果我们将相关于意义的非本质性的要素悬置起来,将人们相关于意义的先见、成见和成见悬置起来,直面意义本身,那么就可以获得关于意义的"本质直观"。这是一个从具体到抽象、从现象到本质的过程。意义的本质只能通过先天知性范畴而呈现在表象里、把握在意义中;实现本质直观并非最终目的,为的是理解、把握和体验意义,这便是从抽象回到具体、从本质回到现象的过程,这就是"本质还原"。毫无疑问,这是一种现象学的致思方式。

意义是联结主体性和客体性的中项,可以把主体性和客体性视作殊相,而把意义视作本相。所谓本相是就它是目的性的或终极性这一实项而言。殊相作为本相或实项之两端,若是缺少了将它们联结在一起的本相,是无所谓的事情,一如没有生命力的实体,无论怎样组合都没有意义那样;相反,对人类这个属类而言,它是非要实现主体性与客体性之有机

---

① [美]A.J.赫舍尔:《人是谁》,陶仁莲译,贵州人民出版社 1994 年版,第 46—47 页。

② 同上书,第 50 页。

结合不可的,否则那个作为本体或目的的实项即意义就不可能发生,而创造这个意义并享用这个意义正是人类的命运。

作为殊相之一的主体性构成了生成意义和实现意义的积极要素,是意义生成的根源,它既是意义的需求者也是意义的生成者,尽管这种生成不是凭空制造,而是需要条件和环境的。那么,这个主体性存在是因何而必须生成和实现意义呢? 人既是感性存在物因而是受动的存在物,又是理性的因而是能动的存在物。"人作为对象性的、感性的存在物,是一个受动的存在物;因为它感到自己是受动的,所以是一个有激情的存在物。激情、热情是人强烈追求自己的对象的本质力量。"①作为感性的存在物,人受制约于两种对象,自然物和劳动对象。人一时一刻也不能离开自然,人类只能在自然给定的可能性空间内运用它的能动性和积极性;自然仅提供给人类用于产生生活资料必需的质料,而没有提供现成的产品,因此,人类必须通过劳动创造自己需要的劳动产品。"正是在改造对象世界的过程中,人才真正证明自己是类存在物。这种生产是能动的类生活。通过这种生产,自然界才表现为他的作品和他的现实。因此,劳动的对象是人的类生活的对象化:人不仅像在意识中那样在精神上使自己二重化,而且能动地、现实地使自己二重化,从而在他所创造的世界中直观自身。"②那么,人类为何要如此殚精竭虑地使自己二重化呢? 是因了其自身的特殊结构及其存在样式。人是非自足、非完满的存在物,因而是生成的而不是既成的存在物。人的非自足性决定了他是依赖性的存在物,即是受动的存在物。为着使自己能够生存和生活下去,它必须构建对象性关系,要么创造对象以实现人的本质力量,要么享用对象以获得生命的意义。唯其人是需要着的因而是价值性的存在物,所以才时时刻刻都需要着价值;唯其人的需要是多方面的、立体的,所以需要各种价值。而在多方面的价值系统中,只有少量的价值是"自给自足"的,如自我审美、自我

---

① 《马克思恩格斯文集》第 1 卷,人民出版社 2009 年版,第 211 页。
② 同上书,第 163 页。

确证、自我救赎,此种价值可称之为具身性或由身性的;而绝大多数价值则是对象性的,或可称之为附身性、距身性的,是存在时空距离的。

作为单独存在的两个殊相(主体性和客体性)都不是意义,而离开两个殊相的本相、实项,意义也不可能产生。其实,当我们用殊相和实项来表示三者之间的关系时,就已经将它们在意识上有机结合在一起了;这不是意识的功绩,而是人作为能思者、能动者使然。并非人的意识使意义成为可能,而是人的能动性使意义成为必然。这种能动性从根本上保证了,不但作为客体性的价值体系是人依靠自身的能动性创造出来的,就连作为价值的充分实现即意义也是充分发挥人的能动性的结果。

意义既不是单一的需要者,也不是单一的价值体系,而是二者的有机结合。没有需要者,任何一种价值也不会用有用性加以规定,没有价值任何需要者便不能生存或持存。一如婚姻那样,缺少任何一方都不能成就婚姻,但若是任何一方独自地持存着,那么婚姻便就不是一种实存。以此说来,意义是一种实现,是结合、构合后实现的某种"内容"。那么这个"内容"到底是什么呢? 从外部结构看,意义是一种双向互逆结构,一方面是主体性向客体性的运动,是需要者朝向价值客体的意向和意向性。意向,是需要者对意义的先行拥有,是以想象的方式拥有价值并在享用价值的过程中获得的体验,唯其是想象体验,因而只能算是"虚拟享用";意向性,是需要主体实际地拥有和享用价值的过程,是意义的瞬间生成。另一方面是价值客体或被动或主动满足需要者之需要的过程,是价值客体向需要主体的运动。通过被需要者占有和享用,价值客体或一次性地被享用,或通过保持实体性的形式,解除需要者的不足和匮乏状态。这种双向互逆结构的发生,未必都以可视听的形式呈现在人们面前,心理、精神需要的满足,常常是在隐秘的状态下实现的。从内部结构看,意义是某种效应以及实现效用后的特殊状态。从价值客体说,意义是价值客体之有用性的充分实现,要么以营养的方式成为需要者的身体结构中的一个要素,如食物,要么成为身体得以持存的条件,如衣装、房舍、工具。或者在没有改变价值客体之自身结构的形式下而满足了需要者的需要,如信仰、信念、情感、意志,这是具身性的满足;或者以实体形式出现,但其价值却是附着或内含于其中的价值,如书籍、绘画、音乐。从主体方面看,意义是需要者自身之不足和匮乏状态的解除以及解除之后所产生的效应,可有生理、心理和精神效应三种。从客体方面看,或以消灭客体的形式,将价值客体变成需要者之自身的一部分,继而成为维持其生命、保证其生活的要素;或者以保持价值客体不变的形式,将价值客体中的内容流动到主体的"内部视阈"中,以满足需要者的情感、意志、信念需要。这就是两个殊相与一个实项(本相)之间的密切关系,外部结构是形式,内部结构是内容。意义就是价值的实现,或者说,意义就是通过实现价值而在主客体那里产生的双重效应。从客体角度看,价值客体或通过牺牲自身、或通过改变自身,将自身的有用性传递给了需要者,通过满足需要者的需要而证明自己的有用性,通过传递有用性而实现自身的价值。这就充分证明了,就主体的需要及其满足而言,价值客体永远都是外在于他的需要的"异己力量",他必须承认和尊重价值客体,否则他就将失去意义的来源。从主体方面说,意义意味着,作为需求者的主体之不足、匮乏状态的解除,是非自足性、未完成性的阶段性和领域性的实现。价值客体是意义的来源,主体性的需要是意义的根源。这是宏观层面的意义现象学,除此,尚有微观层面的意义现象学,只有通过微观现象学,意义的复杂、差别、矛盾和冲突的情形才能被见出。

对于人类而言,每一个生命个体都是意义的享用者和体验者,尽管并非每个人都是价值客体的创造者。除去最低限度的意义体验之外——因为只要一个人成为现实的需要者,即只要他生存或生活着,那他一定是意义的享用者,哪怕这种意义极其简单、极其底层——尚有意义体验的差别问题。需要作为产生意义的根源,固然先行于价值客体即意义的来源而发生,但意义必须基于价值客体之上而发生,没有来源,根源也就成为无源之水无本之木。若是价值客体已经给定,那么意义是如何发生的呢?这必须求助于对需要者之复杂结构的深入分析。没有价值客体做来源,作为意义之根源的主体需要是绝不会自行满足的,显然,来源是根源的必要性条件，但绝不是充分性条件，亦即，拥有价值就一定拥有意义。从根本上来说，意义的生成和实现究竟取决于什么呢？

首先，意义根源于需要自身。一切生命存在物都是需要着的，都是非自足、非完满的，因而是依赖着的、等待着的存在物。唯独人类能够意识到这种非自足状态，并通过自身的能动性创造满足需要的价值物，通过满足需要而获得意义、体验意义，因此意义只对人类有效；也只有人才会界定和规定需要，将需要概念化、观念化，甚至只有通过观念性的意义才能最后实现实体性的意义。需要作为一个概念既是分析性的又是规定性的。作为分析性的概念，需要描述的是一个生命个体持续地或阶段性地处在不足、匮乏状态，且时时刻刻感受着这种状态；由于非自足是一种非平衡状态，是一种感受性上的等待、渴望、希望，所以为着使生命体能够生存和生活，他必须解除这种状态、摆脱不平衡，于是便产生了意向、意愿、倾向，而且能够深深地感受到这种意向。当这种感受还只是一种内部状态，尚未与具体对象关联起来，那么它就是一种片面的、自发的、非客体化的感受。这种感受是人的强烈地追求自己的对象的本质力量，是从意愿转化而来的热情和激情。但若是始终处在单一的意愿或欲求状态，那么现实的生命和生活就不可能，于是，必须将意向、意愿发展成意向性、对象性关系，这是在意识上建立起来的需要与价值的外部关联。在行动上，意向性和对象性呈现为向外的占有和表达，占有是将价值客体据为己有的过程，表达是把自己的占有欲呈现出来的过程。当需要主体与价值客体处在对置的、相互构合的过程中，一方面，价值就处在享用因而是实现的过程中，另一方面则是需要主体之不足、匮乏、非平衡状态的解除过程中，其效应是，价值客体要么通过被"消灭"而成为需要主体的要素，要么保持持存但内容已转向或流动到主体的精神世界中。于是，我们就把需要主体对这些状态的感受或体验称为意义；意义既是客体性的又是主体性的，是双向互逆结构的生成和完成。可表述的是效应，不可描述的是体验。这是就意义的普遍性而言的，亦即，任何一种意义的瞬间生成都是客观性效应和主观性体验的有机统一；但就意义的特殊性而言，则出现了类体验状态下的意义差别和个体体验状态下的意义差别。类之阶段或段落状态上的意义差别表现为,因生产方式上的差异、科技水平上的差别、价值观上的不同而导致的对意义之不同形态的偏执,这是整个社会形态的意义偏好。就类形态的意义偏好而言,古希腊以正义为核心价值,中世纪以爱为核心价值,近代以来则以自由、平等、幸福为核心价值观。就个体体验状态下的意义差别而言,则表现为类状态下之意义差别的个体差别。这与其说是与个体的先天的生物结构有关,倒不如说是决定于个体接受教化和启蒙的方式和程度。在自然的、社会的和精神的要素的综合作用下,个体会基于自身的需要结构对特定的价值客体表现出独特的偏好,如在社会普遍追求社会意义和精神意义的境遇下,他却迷恋于生物需要的满足;当整个社会都痴迷于物质利益的追求和物质需要的满足时,一些个体却孜孜以求于社会意义和精神意义的追寻和追求。

　　而在普遍性意义之下,意义的多样化决定于或根源于个体需要之立体结构,若是缺少了这个自在而自为的需要结构,那么从物质意义向社会意义和精神意义的升华就绝无可能。物质意义表达的是个体在享用特定的价值客体以满足物质需要时所获得体验,即满足感、知足感;这种满足感令人愉悦。社会意义是指人们在社会交往过程中所获得的存在感、认同感和归属感;它是在主体间性的互动中产生和实现的,是个体的类生活,也是个体生命、生存和生活的类意义。精神意义是指个体与类在坚定的信仰和信念的支撑下,创造精神产品并在享用精神产品以满足精神需要的过程及其效应。在理想状态下,个体的需要乃是一个自足的完整结构:物质需要、社会需要和精神需要;与此相对,于人而言的意义也有三种:物质、社会和精神。其间的逻辑关系并非如人们想象的那样,可以从物质需要(意义)向社会需要(意义)和精神需要(意义)必然升华,从个体存在向共同体存在再向人类存在飞跃。事实证明,其间只是一种或然的、可能的递进关系,而不是必然的、自然的跃进关系。一如,人类从自然的绝对支配之下摆脱出来而又进入宗教支配状态下,从自然的和宗教的支配下解放出来进入科技文明状态,继而又从现代科技文明的支配下解放出来，最终进入人类文明，这是一种曲折的、可能的演进道路，而不是直线的、必然的递进逻辑。基于人的需要结构分析和论证意义的层级结构，为规定意义提供了根据，但只有把根据与依据统合起来，才能全面地规定和理解意义，这个依据就是意义的来源问题，即价值客体。

其次，意义来源于价值客体。在理想的状态之下，为着使人的立体需要先后或同时得到满足，从而获得立体的存在感、认同感和归属感，进而获得一种整体性的好生活，就必须创造出能够满足立体需要的充满层级的价值客体。但人类的观念史和实践史呈现给人类自己的样貌却并非如此；人类似乎从未构造出这样一种完整的、立体的意义状态，相反，倒是那种非平衡的意义结构。如果以一种极度悲观的态度看待意义问题，那么，任何一种意义状态都是个体与类之生活自身的体现，过任何一种缺失意义或无意义的生活都是一种生活，只要它以能够活着为底线。显然，这既不是个体之共同的意愿，也不是人类这个总体性的类生活所应有的精神。如果以适度乐观的态度观之，任何一种意义缺失或意义虚无，都是人类精神完成自己、实现自己所必需的要素和环节，就如同我们的实际性那样，现代化运动创造了被物包围的世界，却使人的情感和精神世界趋向简化甚至裸化的状态。这就是我们必须重视和正视的实际性。基于广泛而持续的祛魅过程及其后果，如何通过附魅与返魅从而拯救意义、重建意义世界业已成为人类所必须完成的事业。

二、祛魅与俗化：解构精神世界的两种方式

祛魅与俗化的原始发生，原本就存有主体性根源和客体性基础，也就是既具有个体的根源又有类的基础。"我们首先应当确定一切人类生存的第一个前提，也就是一切历史的第一个前提，这个前提是：人们为了能够'创造历史'，必须能够生活。但是为了能够生活，首先就需要吃喝住穿以及其他一些东西。因此第一个历史活动就是生产满足这些需要的资

料,即生产物质生活本身,而且,这是人们从几千年前直到今天单是为了维持生活就必须每日每时从事的历史活动,是一切历史的基本条件。"①但物质生活资料的生产和物质需要的满足并不是真正意义上的祛魅和俗化,相反,真正的物质生活资料的生产虽然是必须要去掉神秘因素的,因为劳动是实体性的改造活动,它必须以实在的生活资料的产出为其根本目的,任何迷信、巫术、宗教仪轨都不能替代物质性的、实体性的劳动过程;但劳动中,"人却懂得按照任何一个种的尺度来进行生产,并且懂得处处都把固有的尺度运用于对象;因此,人也按照美的规律来构造"②。人们可以给物质劳动和物质生活附加上神圣的、敬畏的色彩,那是为着敬畏自然和净化心灵而实施的附魅行为,就其自身而言并没有任何神秘性可言。但劳动过程及其结果却又将美的规律寓于其中。以此可以说,祛魅和俗化一定是朝向个体和类的社会生活和精神生活而言的,指的是将社会生活和精神生活还原为物质生活情形,或将社会意义和精神意义降低为物质意义那种情形。物化和裸化是祛魅和俗化的根本标志。正是这种还原和降低的行为,才使得原本立体的意义结构变成了单一的物质意义,一切神秘的、神圣的元素都无所遁其身,精神生活的虚无主义与物质生活的本质主义的奇妙组合,使得个体与类处在缺失意义和虚无意义的状态。

1. 祛魅与俗化的原始发生

祛魅与俗化不是本原性的,而是基于现代化运动之上的社会和精神现象,不是因其自身之故而自行发生的,是因他者的力量而被产生的。那么,前祛魅和俗化状态是怎样的呢? 若是没有前祛魅状态,怎会有"祛魅"之说呢? 没有"神化"怎会有"俗化"呢? 在"祛魅"和"俗化"发生之前,发生着"自魅"和"附魅"过程。"自魅"既是自在的又是自为的现象,就人之外的自魅而言,原是自然因其自身的力量而产生的充满公开与隐

---

① 《马克思恩格斯文集》第 1 卷,人民出版社 2009 年版,第 531 页。

② 同上书,第 163 页。

秘、确定与不确定性的状态,这便是自在的魅即自魅。自然界永远保持着不为人完全知晓的自然性和神秘性,宇宙秩序统合着心灵之序、社会之序和自然之序。自为的自魅乃是发生于人自身的现象,是因我的努力而成的事情。时至今日,即便是业已高度发展了的生物学、神经生理学、心理学、心灵哲学、精神哲学、精神分析学,仍旧未能将人自身的生物性、社会性和精神性彻底地置于科学的认知和描述之中,相反,当所有的人文社会科学面对"认识你自己"这个哲学命题时,都显得心有余而力不足。人类始终以自魅的、自明的形式觉知着、探寻着自身的公开与隐秘、确定与不确定状态。于是,人类便始终面对着两个"魅的世界":自在的自然之魅和自在而自为的自我之魅。任何一种"魅"都是一个充满意义的单元,要么以单一的形式呈现它的复杂性和神秘性,要么以复合的形式再现着整体意义上的神秘性。魅,只对能够感知着魅、述说着魅、构造着魅而又破解着魅的个体和人类而有效,人着实是一个悖论性的存在物:既构造着魅又破解着魅、既迷恋着魅又恐惧着魅;如何保留有意义的魅而舍弃无意义的魅,构成了人类必须面对的难题。因为,魅直接相关于人的生活,牵涉着生命的意义。

当人类的认知和意识尚未发展到相对地觉知和认知两个魅的世界时,人们就以自魅的形式觉知着魅的复杂性和神秘性,更进一步地将原本已经相对清楚的他者和自我,也涂抹上神秘的色彩,这是附魅的过程。任何一种附魅行为本质上都是承认力量和展现力量的过程,将人自身的观念、情感、意志和行动加以附魅,展现的是自身的力量,一部分是实有的力量,一部分是应有的力量,还有一部分是想象的力量,如超人。人们会用各种充满赞美的词句来实现自我确证和自我鼓励:魅力四射、魅力绽放、魅力无穷、魅力十足、魅力无限……当人类面对强大的自然力量而无力抗衡时,自在之魅强于自为之魅时,人们就会通过各种充满神秘色彩的仪式承认甚至放大自在之魅的复杂性和神秘性;但人类无论在其本性上还是在习性上似乎都不服从自在之魅对自为之魅的支配和控制。随着生产工具的发展、生产能力的提高,自为之魅逐渐摆脱了自在之魅的支配,而在

魅力绽放、魅力无穷信念的支配之下，发展出了日益强大的自为之魅。然
而这个无比强大的自为之魅并不是后来的社会力量和精神力量，如自由、
平等、正义、幸福，而是强大的神学体系；人从自然的支配之下解放出来却
又投入自我构造的神学体系中。于是，人类要从先前的自魅与附魅中解
放出来，而解放的过程就是普遍而持续的祛魅。然而，解除宗教的神学支
配与破除世俗世界的政治异化，是充满逻辑相关性的。祛除宗教的神秘
性而将人的本质力量归还给人本身，乃是一种精神的祛魅；从宗教的支配
下解救出来的人的本质力量，并没有归还给所有的人，而是归属于居支配
地位的统治阶级，于是与宗教祛魅充满逻辑必然性地是政治解放。这是
政治行动的祛魅。"就德国来说，对宗教的批判基本上已经结束；而对宗
教的批判是其他一切批判的前提。"①马克思深刻地揭示了神学宗教和国
家宗教的必然联系，指出了从精神祛魅到政治解放的现实道路。"人创造
了宗教，而不是宗教创造人。就是说，宗教是还没有获得自身或已经再度
丧失自身的人的自我意识和自我感觉。但是，人不是抽象的蛰居于世界
之外的存在物。人就是人的世界，就是国家、社会。这个国家、这个社会
产生了宗教，一种颠倒的世界意识，因为它们就是颠倒的世界。"②这个颠
倒了的国家和社会以政治宗教的形式获得了合法性和合理性，因此破除
这个颠倒的世界就不能使用对待神学宗教那样的方式即祛魅，而是依靠
政治革命这一现实的行动，这就是政治解放。宗教祛魅是政治解放的理
论前提，政治解放是宗教解放的实践目的。"任何解放都是使人的世界即
各种关系回归于人自身。政治解放一方面把人归结为市民社会的成员，
归结为利己的、独立的个体，另一方面把人归结为公民，归结为法人。只
有当现实的个人把抽象的公民复归于自身，并且作为个人，在自己的经验
生活、自己的个体劳动、自己的个体关系中间，成为类存在物的时候，只有
当人认识到自身'固有的力量'是社会力量，并把这种力量组织起来因而

---

① 《马克思恩格斯文集》第 1 卷，人民出版社 2009 年版，第 3 页。

② 同上。

不再把社会力量以政治力量的形式同自身分离的时候，只有到了那个时候，人的解放才能完成。"①宗教的神秘性在于人创造出了一个支配自己的精神力量，政治的神秘性是拥有政治权力的个体和集团创造出了借助国家这部机器支配被支配者意志的物质力量。源于个体和类本质的祛魅、附魅和返魅不是一种偶然的事情，相反，是一种普遍的精神诉求。

或许可以说，在相当长的历史段落中，宗教祛魅和政治解放对个体和类来说都是一桩重要的事情。宗教意义上的附魅与祛魅源自人类对无限意义的追求，当各种宗教仪式、仪轨，各种宗教法典，能够充分而完整地表达人类对无限意义的追求和体验时，为一个虚拟化的信仰对象进行附魅，乃是一种积极的创造精神意义的过程；因为在宗教法典的诵读中、在宗教仪式和仪轨的进行中，个体获得了心灵的安顿和精神的满足。当宗教不再是信众通过法典和仪式获得心灵安慰和精神满足的时候，当宗教成为政治统治的精神工具，或成为个人和少数利益集团利用信众的真诚和虔诚而获得特殊利益并以此支配信众的意志时，也就是成为人民的精神鸦片的时候，对宗教神秘性的祛除就成为一种重返人类自身的宗教解放运动。宗教意义上的附魅与祛魅，其积极意义和消极意义，以宗教是否促进个体和类的精神进步为事实根据和价值依据。

政治意义上的附魅与祛魅与宗教具有相似的情形。政治行动与宗教活动虽然在性质上有所不同，前者是世俗的，是实体性意志的普遍物，后者则是虚拟的，是精神性意志的普遍物；但二者之间却可以有互通性，即政治行动宗教化、宗教活动政治化。政治活动宗教化是通过使意识形态神圣化和神秘化实现的，当政治行动借助权威性的、强制性的支配力量即政治权力而使其自身变成神圣的、不可置疑的独立存在物时，政治就变成了远离民众意愿和公共意志的独立存在。这时的祛魅就成为马克思所指出的政治解放。在一个充满宗教信仰的历史空间中，当宗教政治化和政治宗教化已经发展到了背离人类根本价值的时候，马克思所说的宗教解

---

① 《马克思恩格斯文集》第 1 卷，人民出版社 2009 年版，第 46 页。

放是政治解放的理论前提、政治解放是宗教解放的实践目的的情形就普遍出现了。而在一个充满世俗化的历史空间里,当宗教附魅与祛魅不是根本性问题的时候,政治上的附魅与祛魅就显得极为突出而重要。

在现代化运动中,宗教解放和政治解放虽然表现出若隐若现的样貌,但始终是存在的。除此之外,更加普遍化的、且极富消极意义的祛魅与附魅则是生活意义上的,它们以工具性的价值消解着精神性的意义。这便是由现代生产逻辑的构造和现代科技的发展所带来的精神世界的危机,这是继宗教和政治的附魅与祛魅而来的、解构人的精神世界的第二种方式;在某种意义上,其广度、深度和力度均超过了第一种方式所造成的精神后果。

2. 现代生产逻辑之于人的精神世界

一如思维与存在是哲学的基本问题那样,精神世界与物质世界及其相互关系之于人的生存、生活和生命而言,也同样是基本问题。对于两个世界及其相互关系的沉思,必须充分运用现象学的方法,具体表现为结构现象学、功能现象学和发生现象学。

(1) 人的世界的构成

若是把人类视作与其他物类同等程度的存在,那么它们均归属于同一个世界,那就是若干个星球中最为特殊的一个,即地球。地球被视作是人类生存于其中的唯一空间,在这个空间中,虽有若干他类与人类共存着,但人类却是灵长类动物中的优秀者;人们不仅自在地存在着,从而成为自在体,更因是通过劳动而创造属人世界的,因而成为自主体。在构造对象世界的过程中,人也构造出了自身的二重世界:物质世界和精神世界。在存在与性质双重关系中,存在是性质的载体,性质是存在的灵魂;灵魂作为一种精神,借助质料因、动力因、形式因和目的因,使人的自在存在变成了自为存在,使人的物质世界具有了精神意义。那么,人的两个世界是如何关联起来的呢? 这就是人的生物性、社会性和精神性之间相互嵌入、相互促进的内在逻辑。"全部人类历史的第一个前提无疑是有生命的个人的存在。因此，第一个需要确认的事实就是这个个人的肉体组织以及由此产生的个人对其他自然的关系。"①个体首先是一个自然存在，是在时空结构中实存着的实体，它必须同周围的他物进行物质和能量上的相互交换，无论是生产生产资料、生活资料，还是生产社会，其所使用的资料都是自然先行供给的。通过生产和交换，人类获得了用以满足衣、食、住、行、用等物质需要的价值物；由物质需要和物质价值构成的世界，就是人的物质世界。这个物质世界虽以物质性和生物性为其标识，但却从来就不是一个纯粹的物理世界，毋宁说，它是深深地打上了人的社会性和精神性烙印的物质世界，通过人的社会性，人们来自精神世界的意义注入到了物质世界之中。而完成意义生产和注入意义过程的正是人的劳动，通过劳动人变成了能动的、积极的现实的人，而不再是纯粹的自然人。"我们的出发点是从事实际活动的人……它从现实的前提出发，它一刻也离不开这种前提。它的前提是人，但不是处在某种虚幻的离群索居和固定不变状态中的人，而是处在现实的、可以通过经验观察到的、在一定条件下进行的发展过程中的人。"②把人类同其他物类区别开来的不是人的肉体组织，而是人的肉体组织的充分运用，这就是劳动。"可以根据意识、宗教或随便别的什么来区别人和动物。一当人开始生产自己的生活资料，即迈出由他们的肉体组织所决定的这一步的时候，人本身就开始把自己和动物区别开来。人们生产自己的生活资料，同时间接地生产着自己的物质生活本身。"③人类只有不断地进行生产，才能不断地生产社会和创造精神。"这种活动、这种连续不断的感性劳动和创造、这种生产，正是整个现存的感性世界的基础，它哪怕只中断一年，费尔巴哈就会看到，不仅在自然界发生巨大的变化，而且整个人类世界以及他自己的直观能力，甚至他本身的存在也会很快就没有了。"④通过连续不断的感性活动—劳

---

① 《马克思恩格斯文集》第 1 卷，人民出版社 2009 年版，第 519 页。
② 同上书，第 525 页。
③ 同上书，第 519 页。
④ 同上书，第 529 页。

动,人类生成了三种性质:生物性、社会性和精神性,其中社会性是联结生物性和精神性的中介,它把人的生物性变成了精神性的存在,把人的精神性又变成了物质性的存在。以社会性为中介的物质活动和精神活动,使人类创造出了物质和精神两个世界,虽然人的需要呈现为物质、社会和精神三种样态,但却在性质上归属为物质和精神两个世界。由衣、食、住、行、用等物质需要和物质价值构成是人的物质世界,由信、知、情、意等精神需要和精神价值构成的是人的精神世界。物质世界可以视见,而精神世界只能基于想象而进行感受和体验。物质需要的满足可以产生出社会和精神意义来,但精神需要的满足却无法归结为物质意义;进一步地,精神需要不能还原为物质需要,精神价值也不能还原为物质价值。这就是人的世界的构成。在理想状态下,人的整体性的好生活应该表现为生物性、社会性和精神性需要的顺序满足,然而在这三种需要类型中,在两个世界的构造中,生产、交往、生活却表现为极为复杂的情形,生物性、社会性和精神性需要也表现为多种组合方式;三种需要的顺序满足只是一种理想状态,在现实的世界中,则是存有各种缺陷的满足方式。当我们用附魅、祛魅和返魅这些极具表达能力的范畴去描述各种满足方式时,真正的理论旨趣在于指明一种实现整体性的好生活的现代道路,以及意识上的整体性谋划。

(2)由现代生产逻辑的建构而来的劳动之伦理意义的祛魅过程

在实体性的意义上,"劳动首先是人和自然之间的过程,是人以自身的活动来中介、调整和控制人和自然之间的物质变换过程。"①从实体性活动的意义上说,劳动过程就是具有劳动能力的劳动力借助劳动资料作为于劳动对象从而创造劳动产品的过程,然而,从客体价值和主体意义说,劳动又是一个朝向劳动对象的"去蔽""解蔽"因而是"祛魅"的过程,朝向主体的人的本质力量的对象化过程,从而成为一个"附魅""创造意义"的过程。通过劳动,借助技术,劳动对象从遮蔽状态而进入到了解蔽

---

① [德]马克思:《资本论》第一卷,人民出版社 2018 年版,第 208 页。

状态；劳动对象的先在性、自然秩序都在解蔽状态中充分展现出来。"一切生产制作过程的可能性都基于解蔽之中。如此看来，技术就不仅是手段。技术乃是一种解蔽方式。倘我们注意到这一点，那么就会有一个完全不同的适合于技术之本质的领域向我们开启出来。此乃解蔽之领域，亦即真理之领域。"①而劳动对象之本质与真理之被开显的过程，同时就是人的本质力量得以对象化的过程，劳动产品的生成，也就是劳动对象之本质与真理得以显现的过程，另一方面，又是劳动者在劳动产品中反观自己和证明自己之本质力量过程。以此可以说，劳动过程既在客体意义上又在主体意义上实现了双重对象化：劳动对象在劳动过程中实现了自己的本质和特性，劳动者又在劳动过程中实现了自身的本质，所以劳动过程的本体意义乃在于它的伦理性质，劳动产品的形成是这种伦理性质的生成。劳动的伦理意义源于劳动的哲学人类学性质。"假定我们作为人进行生产。在这种情况下，我们每个人在自己的生产过程中就双重地肯定了自己和另一个人：(1)我在我的生产中使我的个性和我的个性的特点对象化，因此我既在活动时享受了个人的生命表现，又在对产品的直观中由于认识到我的个性是对象性的、可以感性直观的因而是毫无疑问的权力而感受到个人的乐趣。(2)在你享受或使用我的产品时，我直接享受到的是：既意识到我的劳动满足人的需要，从而使人的本质对象化，又创造了与另一个人的本质的需要相符合的物品。(3)对你来说，我是你与类之间的中介人，你自己认识到和感觉到我是你自己本质的补充，是你自己不可分割的一部分，从而我认识到我自己被你的思想和你的爱所证实。(4)在我个人的生命表现中，我直接创造了你的生命表现，因而在我个人的活动中，我直接证实和实现了我的真正的本质，即我的人的本质，我的社会本质。"②在对象化活动中，在劳动的物质性中生成了精神性，在个体性中生成了类特性，劳动的哲学人类学性质与劳动的伦理意义内在地关

---

① ［德］海德格尔：《技术的追问》，载《海德格尔选集》，下卷，孙周兴译，上海三联书店 1996 年版，第 931 页。

② ［德］马克思：《1844 年经济学哲学手稿》，人民出版社 2000 年版，第 183—184 页。

联起来。

　　然而资本的运行逻辑,使得劳动的哲学人类学性质和伦理意义在劳动与资本的分离中、在异化劳动和私有财产中被遮蔽起来,精神性被物质性所代替,精神价值被使用价值所代替、目的被手段所代替。在私有制条件下,"异化劳动,由于(1)使自然界同人相异化,(2)使人本身,使他自己的活动机能,使他的生命活动同人相异化,因此,异化劳动也就使类同人相异化;对人来说,异化劳动把类生活变成维持个人生活的手段。第一,它使类生活和个人生活异化;第二,它把抽象形式的个人生活变成同样是抽象形式和异化形式的类生活的目的……(3)人的类本质,无论是自然界,还是人的精神的类能力,都变成了对人来说是异己的本质,变成了维持他的个人生存的手段。异化劳动使人自己的身体同人相异化,同样也使在人之外的自然界同人相异化,使他的精神本质、他的人的本质同人相异化。(4)人同自己的劳动产品、自己的生命活动、自己的类本质相异化的直接结果就是人同人相异化。"①除去因私有制而来的劳动异化之外,还有一种普遍化的去伦理性质的劳动异化,这就是全面的物化。

　　这着实是一个历史悖论,没有高度发展的生产力,没有日益发达的社会分工,没有激发人的积极性和创造性的制度安排,就不会有日益提高的生产效率,因而也就不会有越来越丰富的生活资料。然而,这一切都必须通过现代生产逻辑才能实现。生产—分配—交换—消费是现代生产逻辑的集中表达,当生产不再完全受制约于个人的肉体组织而是受到社会总的生产逻辑的制约时,只有首先为别人生产才能最后实现自己的目的;而普遍交换则是实现这一目的的中介。现代生产逻辑就是产品生产、分配、交换和消费的逻辑,这是一个完全物化的过程。"以物的依赖性为基础的人的独立性,是第二大形式,在这种形式下,才形成普遍的社会物质变换、全面的关系、多方面的需要以及全面的能力的体系。"②从形式上看,普遍

① 《马克思恩格斯文集》第 1 卷,人民出版社 2009 年版,第 161—163 页。
② 《马克思恩格斯文集》第 8 卷,人民出版社 2009 年版,第 52 页。

化的交换和全面性的交往，建立了于每个人而言的全面依赖关系，从而获得了使人自由而全面发展的外貌；然而事实上，全面的依赖关系只是物质性的，而不是在物质性的依赖中发展社会性和精神性的依赖关系。似乎一切只有成为商品、通过交换过程使使用价值成为交换价值，进言之，只有通过价格，产品的使用价值、商品的交换价值才能实现。进一步地，作为对象化的物质依赖性一旦被建构起来，就获得了独自发展的力量。"个人的产品或活动必须先转化为交换价值的形式，转化为货币，并且通过这种物的形式才取得和证明自己的社会权力，这种必然性证明了两点：（1）个人还只能为社会和在社会中进行生产；（2）他们的生产不是直接的社会的生产，不是本身实行分工的联合体的产物。个人从属于像命运一样存在于他们之外的社会生产；但社会并不从属于把这种生产当作共同财富来对待的个人。"①表面看来，在普遍交换和广泛交往中，人们似乎是自主的，是基于心意之上的自由选择，然而却无不受着外在的各种关系的制约。在制约人们的诸种力量中，既有在私有制条件下的有人称的异化劳动，如雇佣工人、资本家、土地所有者，也有被人称掩盖下的工资、资本利润、地租，前者是人格化的关系，后者是非人格化的关系。除此之外，还有一种非人称的独立的生产关系，这是一种"抽象统治"。"这些外部关系并未排除'依赖关系'，它们只是使这些关系变成普遍的形式；不如说它们为人的依赖关系造成普遍的基础。个人在这里也只是作为一定的个人相互发生关系。这种与人的依赖关系相对立的物的依赖关系也表现出这样的情形（物的依赖关系无非是与外表上独立的个人相对立的社会关系，也就是与这些个人本身相对立而独立化的、他们相互间的生产关系）：个人现在受抽象统治，而他们以前是互相依赖的。但是，抽象或观念，无非是那些统治个人的物质关系的理论表象。"②无论是私有制之下的异化劳动，还是源自物质关系的"抽象统治"，都使人在生产关系和社

①　《马克思恩格斯文集》第8卷，人民出版社2009年版，第53页。
②　同上书，第58—59页。

会关系中被普遍地物化了,它们将劳动过程和劳动产品中的伦理性质隐去了,存留下来的就只有产品的使用价值;在社会关系,在物质交换之外进行的情感和思想交流也被物质关系和利益计算所侵染,甚至只有变成物质关系才显示出它们的价值。将人情和人性内容从生产、交往和生活中逐渐隐去,是源自现代生产结构的建构而来的祛魅过程。

3. 现代技术之于人的精神世界

所谓技术,就是在物与物之间、人与物之间、人与人之间完成的一种复杂设置,通过这种设置,要么改变了客体结构,产生了新功能,要么改变原有的关系,产生了更有价值的新关系。技术具有二重性,既可以通过解蔽,使客体亮出它的光彩,也可以通过摆置,使人失去主体性地位,变成资本和技术运行逻辑中的一个要素。解蔽了事物的结构却又遮蔽了事物的意义。技术原本是人的一种解蔽方式,然而作为一种设置,不仅改变着人外的自然和自身的自然,也从根本上改变着人思维方式、交往方式和生活方式,总之改变着人本身。智能技术是人类技术发展到今天所取得的最高成就,作为一种解蔽方式,它更加体现出了解蔽与遮蔽这一二重性质,继而也在双重意义上改变着人的精神世界。

（1）AI 技术的祛魅过程及其后果

人工智能是新一轮科技革命和产业变革的重要驱动力量,是研究、开发用于模拟、延伸和扩展人的智能的理论、方法、技术及应用系统的一门新的技术科学。人工智能是智能学科重要的组成部分,它企图了解智能的实质,并生产出一种新的能以与人类智能相似的方式做出反应的智能机器。人工智能是十分广泛的科学,包括机器人、语言识别、图像识别、自然语言处理、专家系统、机器学习,计算机视觉等。人工智能大模型带来的治理挑战也不容忽视。营造良好创新生态,需做好前瞻研究,建立健全保障人工智能健康发展的法律法规、制度体系、伦理道德。着眼未来,在重视防范风险的同时,也应同步建立容错、纠错机制,努力实现规范与发展的动态平衡。生成式人工智能(Generative artificial intelligence)是人工智能的一个分支，是基于算法、模型、规则生成文本、图片、声音、视频、代码等内容的技术。这种技术能够针对用户需求，依托事先训练好的多模态基础大模型等，利用用户输入的相关资料，生成具有一定逻辑性和连贯性的内容。与传统人工智能不同，生成式人工智能不仅能够对输入数据进行处理，更能学习和模拟事物内在规律，自主创造出新的内容。2022年末，OpenAI推出的ChatGPT标志着这一技术在文本生成领域取得了显著进展，2023年被称为生成式人工智能的突破之年。

无论是经典的AI技术还是生成式人工智能，本质上都是模拟人的认知而创制出的模拟器，无论它具有怎样的与人的智能相似的智能，但终归是智能机器。由人工智能的创制及其应用所产生的哲学问题则是，其一，在终极之善的意义上，人工智能究竟为人类带来了什么；其二，在仿制的意义上，人类对象化自己的最后界限是什么；其三，人工制品的广泛运用，为人情感和思想交流带来了什么；总之，人工智能于人类创造意义和享用意义从而生成一个丰富的意义世界，究竟意味着什么。

人类似乎有一种强烈的类哲学意义上的潜意识，那就是创制出一个超人，它能够完成人类所意欲完成的一切，然而这个超人又必须听从人的控制和指挥。如若这个潜意识变成了意识，变成了将这个意识贯彻到底的行动，那么技术万能的信念就会被广泛地建立起来。这着实是一个悖论，如果超人是全知全能的，那么那个创制超人的非全知全能的人就必然成为超人的控制和支配物，因为人是有限理性的存在物。这便是人类对象化自己的最后界限问题。如果人类的全部人性内容都可以被仿制，可以物化，那么这种祛魅过程及其后果就必然是人类的物质化，源自人的心灵和精神的所有未知和神性都将被物性化并通过物化过程而见出自身。无论是经典的人工智能还是生成式人工智能，本质上都是对人的认知能力的模仿，亦即对人类智能的仿制；然而人类除了具有智能之外更有智慧，智能社会并不就是智慧社会，智能治理和管理并不就是智慧治理。人类除了具备先天的认知能力尚有欲求能力和判断能力；它们都遵循着某种先天原则而生成和运行，能否将除认知能力之外的欲求能力和判断能力物化从而有效仿制呢?

"以这种方式,心灵的两种能力亦即认识能力和欲求能力的先天原则从现在起就已查明,并根据其应用的条件、范围和界限得到了规定,而由此就为一种科学的系统的、既是理论的也是实践的哲学奠定了更为可靠的基础。"①认识能力和欲求能力都必然地相关于理性,是理性得以充分运用的两个领域。理性先天地规定了这两种能力的应用条件和界限,借以证明这两种能力都是有限的,有限理性决定了能力的有限性。如若将纯粹的认识能力运用到它的界限以外,"越过自身的界限,迷失在无法达到的对象,或者甚至是相互冲突的概念中间"②,那么它必然陷入二律背反之中。宇宙秩序规定了人的认识能力的可能性空间,人工智能作为对人类智能的仿制不可能超出宇宙秩序规定给认识能力的界限。而人们总是要在技术万能论这一坚定信念的支配下,试图仿制人类的全部智能,甚至幻想着创制出人的智能所没有的能力。意识上的祛魅比行动上的祛魅走得更远。第二个先天具有的能力便是欲求能力,这是与个体生命与生俱来的能力。"生命是一个存在者按照欲求能力的法则去行动的能力。欲求能力是存在者通过其表象而是这些表象的对象之现实性的原因的能力。愉快是对象或者行动与生命的主观条件相一致的表象,亦即与一个表象就其客体的现实性而言的因果性的能力(或者规定主体产生其客体的各种力量去行动的能力)相一致的表象。"③依照经验的自然观点,任何时候都应该把愉快看作是欲求能力的基础,然而根据理性原则,由欲求能力的充分实现而来的愉快必须根据先天原则而行动。欲求能力的充分实现以及由此而来的愉快,乃是理性的实践应用的重要方面,在这种应用中,"理性关注的是意志的规定根据,意志是一种要么产生出与表象相符合的对象、要么规定自己本身去造成对象亦即规定自己的因果性的能力"④。如

① 《康德著作全集》第 5 卷,李秋零主编,中国人民大学出版社 2019 年版,第 13 页。
② 同上书,第 38 页。
③ 同上书,第 32 页注①。
④ 同上书,第 38 页。

果说人的欲求能力以及由此而来的愉快乃是源自人的生命的先天能力，那么在人的心灵中同样存在着约束欲求能力的先天法则，这就是绝对命令。人工智能作为对人的智能的仿制，同时也是对人的欲求能力的模仿，因为毫无疑问，创制各种人工智能制品，绝不仅仅是为了纯粹的艺术欣赏的目的，而是为着诸种功利目的。人工智能制品的创制者和使用者，都试图通过或借助人工制品实现自己的欲求能力以及由此而产生的愉快，人工制品是实现人的欲望的要素和工具；然而，人工制品的创制者和使用者极有可能在强烈欲求能力的支配下，不再顾及理性向人们提出的道德命令。如果技术理性完全代替了目的理性、一般意志支配了特殊意志，那么AI技术的祛魅过程及其后果就具有典型的道德性质。

那么，是怎样一种能力能够把认识能力和欲求能力有机地关联在一起呢？——判断力。"一般判断力是把特殊的东西当作包含在普遍的东西之下，来对它进行思维的能力。如果普遍的东西（规则、原则、法则）被给予了，那么，把特殊的东西归摄在普遍的东西之下的判断力就是规定性的。但如果只有特殊的东西被给予了，判断力为此必须找到普遍的东西，那么，这种判断力就纯然是反思性的。"①前者指向纯粹的理论理性，后者指向纯粹的实践理性。尽管充分运用判断力的目的是愉快和不快的情感，但唯有判断力方可把知性所遵循的正确性原则贯彻到建构性之中，将理性所遵循的正当性原则贯彻到范导性之中；如果缺少了判断力，知性的和理性的先天原则都无法得以实现。AI技术能够仿制人的智能，但却无法模仿更无法复制人的判断力，唯有人的判断力才能判其真假、断其善恶、别其美丑；即便是生成式人工智能也无法模仿从而运用人的判断力，以在真善美和假丑恶之间作出正确选择。人的自在而自为的魅均源自人的心灵结构，作为制品的人工智能无法将人的心灵完全而彻底地物质化、技术化，这是人类自身之魅的最后园地。人工制品的创制者和使用者无

---

① 《康德著作全集》第 5 卷，李秋零主编，中国人民大学出版社 2019 年版，第 232—233 页。

论怎样地殚精竭虑地将人的植根于人的心灵之上的认知能力、欲求能力和判断能力物质化、技术化,或者说,人类无论怎样外化、对象化自身于对象性之中,都不能将三种能力从心灵深处连根拔起。人工智能的祛魅能力是有限度的,人的心灵和精神的物化更是有限度的,人的理性为这种限度预制了先天法则。

然而,现代生产和技术对人的精神世界的祛魅过程及其后果却也是不争的事实。

(2) 现代技术之于人的精神世界

如果说,人的认知能力、欲求能力和判断能力为人类对象化自身的基础,并规定了 AI 技术在模仿、仿制和复制这些能力的过程及其限度,这探讨的是 AI 技术的始点问题,即目的论始点和能力论始点,那么,对现代技术对人的精神世界之影响的探讨,则是对 AI 技术运用之过程及其后果的描述;前者是反思性的,后者是描述性的,前者是本体性的,后者则是现象界的。尽管人们对 AI 技术的创造力及其限度、人工智能对人性的影响问题做了深入的讨论,[1]但却由于缺少前提性的、始点的、本体性的关照,很难对 AI 技术的哲学人类学性质及其意义作出朝向终极意义的规定。而就作为结果和属性的人工智能对人的精神世界的意义,尚有更为深层次的问题需要予以专门的研究。第一,知识的有效性问题。以知识的名义而来的各种信息,于广度、深度和力度上影响着人们的学习过程,进一步地影响着人们的认知方式。知识是被反复实践证明是正确的命题、判断和推理以及由此构成的严密的逻辑体系;知识可以指导人们进行正确思考和正当行动。正确的知识只能在社会实践中获得,既可以通过学习将前人获得判断和推理继承过来,此谓间接知识,亦可在亲自实践中获得正确判断和推理,这是基于自身的体验和经验而来的正确的知识,此谓直接知识。AI 技术或生成式人工智能可以模仿人的学习过程,从而提供所谓

---

① 参见高新民:《人工智能及其创造力》、殷杰:《人工智能如何影响人性》,载《光明日报》2024 年 10 月 30 日第 11 版。

的知识，本质上这种知识不是从反复进行的社会实践中获得的，而只是已有知识的重现或再现。更加重要的是，人工智能本质上只具有工具性价值。人工智能的一个重要成果就是创制出了形态各异的传播工具，无论是权威媒体还是自媒体，都在不同程度发挥着制作信息、传播信息和接收信息的功能；由于媒介在空间上的普遍性和时间上的持续性功能，使得信息的制作和传播也具有无处不在、无时不有的功能。于是，信息与知识便混杂在一起，人们把获取信息视作是获得知识的过程；当人们花费大量的时间和精力获取所谓知识时，而实际得到的却是信息、常识、意见和情绪，它们固然满足了人们的好奇和猎奇，但本质上都是无效信息，对于提升人的认识能力、欲求能力和判断能力并无积极作用。最为重要的是，当人们沉陷于获取由生成式人工智能通过模仿和复制已有知识而来的信息时，亲自获得间接知识和生产新知识的主动性和积极性就会弱化，认知懒惰、沉思怠惰就会形成，主体性地位的丧失，使得知识的更新和创新变得愈加困难。

第二，情感的慰藉问题。情感源自情绪而又高于情绪。或因自身或因外界，有形和无形的，结果的和过程的事物，能否满足需要主体的需要，从而在需要主体的内心世界产生的体验，就是情绪，情绪是感受到了内心状态，并把这种感受通过语言或体态语表达出来。就情绪的性质说，有积极和消极两种，或是居间于二者之中的混合状态；而就体验说，可以有快乐、平静和沮丧三种状态。情绪是自发的，是非理性的，其发生源自生命体的感受性、敏感性、选择性和接受性，情绪不是计算出来的，而是感受出来的。情绪本身的价值决定于它们对生命体所具有的意义，既对自身有效，也对他者有效。而情感则是在反复进行的生产、交往和生活中基于情绪之上而形成的稳定的、类型化的、评价性的体验；继而将体验升华为立场、态度和观点。情感虽然并无纯粹理性贯彻其中，但却是经过理智安排后的态度和观点，是有理蕴含其中的感受性。如果说，情绪是生命体的基底，那么情感则是这个基底中的核心部分，因为，真正决定人的意志进行正确思考和正当行动的，不是情绪而是情感。与真善美这三种对象性的价值相对应,人的情感也由理智感、道德感和审美感三个部分构成。既然情绪和情感是生命体的基底和基底中的核心力量,那么生命体就有强烈的情绪和情感需要。实体性的价值固然可以满足人的情绪和情感需要,但本质上必须通过人和人之间的情绪体验、同感共情和思想交流完成。

在一个朝夕相处、共同生活的熟人社会,基于人同此心、心同此理之上的感同身受、同感共情是极易产生情绪和情感体验的。家庭、家族、村社之中的成员,在共同感受之上、在同质意志之下,形成了相似甚或相同的体验,自然情感和社会情感为这种体验奠定了坚实的心理和精神基础。安全感、认同感和归属感在共同生活中发生着、持存着。在一个充满利益冲突的市民社会,异质意志支配着人们的选择和行动。由资本的运行逻辑以及 AI 技术、生成式人工智能的飞速发展,使人们的情感处在不断的变动之中,情感不在同他者以及不同事物上的停留与转义,分解了整体意义上情感,又稀释了单元情感的厚度;情感缺失或情感空场导致自然情感和社会情感处在不同程度的结构之中。结果是,人们有着强烈的情感需要,却又创造不出满足情感需要的价值客体。

这着实是一个悖论,现代化运动成为一个自反性的社会运动过程:创造着使人幸福的前提,却没有创造幸福本身;创造着满足精神需要的基础,却没有创造出满足人们精神的价值客体来。如何创制出一个重返意义世界的返魅之路?

三、重返意义世界:返魅的诸种谋划

个体和类是一个制造魅、消解魅而又重返魅(附魅)的存在物,没有魅的生活是一个直白的、裸化的生活,然而如果永远处在被神化或被神秘遮蔽着的世界,那么通过对象化过程而解蔽神化和神秘性的现实的、此在的世界就不可能产生。如何在祛魅、附魅与返魅之间求得一个平衡状态,乃是现代人类所意欲实现的一个目标。在现代生活中,返魅已不再是神学意义上的返回神秘世界,而是哲学人类学意义上的附魅和返魅,即:使人成为社会化的人、使社会成为人性化的社会。在返魅的诸种谋划中,类哲学、社会哲学和个体哲学乃是三种最为根本的范式。

1. 基于系统观念而来的三种生产

基于个体的生物性、社会性和精神性而来的需要类型,必然地呈现为物质需要、社会需要和精神需要,为此,人类就要在系统观念支配下创造满足三种需要类型的价值物:物质财富、社会财富和精神财富。然而,由主体性能力和客体性资源的有限性所决定,人类似乎始终未能在三种需要和三种财富之间构建起平衡的发展关系。在生产能力和科学技术相对落后下的前现代社会,人类创造出了相对丰富的社会财富和精神财富,然而在生产能力和科学技术飞速发展的现代社会,人们创造出了日益丰富的物质财富,①却没有创造出高度发展的社会财富和精神财富。于是,如何在系统观念支配下,在物质生产、社会生产和精神生产之间确立起平衡的发展关系,无疑是重返意义世界的唯物史观基础。

物质生产乃是创造能够满足人们衣、食、住、行、用之诸种物质需要的价值物的过程,在这些价值物中,有些可以共享、分享,而有些则是独享,但其性质是共同的,这就是,它们都是基于人的身体之上的有用性。市场经济被视作是迄今为止人类能够发现的相对有效率的经济组织方式,它通过生产、分配、交换和消费四个要素借助相互转换的环节构建起了现代生产逻辑;而支配这个逻辑的价值基础则是基于不同使用价值之上的等价交换原则,能够实行等价交换且能够在市场上可公度其交换价值的产品通常是物质产品,因为可以为多人共享或分享的社会产品和精神产品,

---

① "资本主义生产方式占统治地位的社会的财富,表现为'庞大的商品堆积',单个的商品表现为这种财富的元素形式。"参见[德]马克思:《资本论》第一卷,人民出版社2018年版,第47页。

则往往不能在一次性交换中证明和实现其使用价值,换言之,在同等条件下,社会产品和精神产品不会像物质产品那样可以在分配、交换和消费中取得最大收益。多人多次消费的产品一定不如一人一次消费的产品更能实现获取最大收益的目的。无论是 AI 技术还是生成式人工智能,也无论是这些技术怎样地减轻了繁重的体力劳动、降低了劳动中的风险,提高了生产效率,但其生产的对象总是和物质产品密切相关。资本的运行逻辑是获取剩余价值,而社会生产和精神生产则不能带来丰厚的剩余价值,因此作为"庞大的商品堆积"的社会财富的形式,通常都是物质生产资料和物质生活资料的快速积累,由现代科学技术推动下的现代生产能力的快速发展所造成的直接后果就是,创造出了一个被物包围的世界。这就进入一个自我完成着的生产—消费逻辑,市场的物质性取向激发着人们的物质需要,而被激发起来的物质需要又进一步推动着物质生产;不是人们的物质需要及其满足成为物质生产的起点和终点,而是物质生产成为始点和终点,物质需要及其满足只是资本运行逻辑之物质性的一个要素和环节,当人们变成了物质消费的机器的时候,社会需要和精神需要极其的迫切性就被物质需要的"神圣激发"替代了;人们会产生一种幻象,物质生活资料的无限制的占有,物质需要的无边界的满足,就是社会地位的显现,就是人生意义的实现。

　　社会生产乃是空间生产和意义生产。所谓空间生产指的是介于家庭和国家之间的狭义的社会空间的创造,"在市民社会中,每个人都以自身为目的,其他一切在他看来都是虚无。但是,如果他不同别人发生关系,他就不能达到他的全部目的,因此,其他人便成为特殊人达到目的的手段。但是特殊目的通过同他人的关系就取得了普遍的形式,并且在满足他人福利的同时,满足自己。由于特殊性必须以普遍性为其条件,所以整个市民社会是中介的基地;在这一基地上,一切癖性、一切禀赋、一切有关出生和幸运的偶然性都自由地活跃着;又在这一基地上一切激情的巨浪,汹涌澎湃,它们仅仅受到向它们放射光芒的理性的节制。受到普遍性限制的特殊性是衡量一切特殊性是否促进它的福利的唯一尺度"①。在市民社会中，"占统治地位的只是自由、平等、所有权和边沁"②。在这个社会空间中，并不只是利益关系决定着人们的交往和交流，尚有社会情感孕育其中；除去基于生产、分配、交换和消费之上的非日常交往之外，还有大量的日常交往。在生产和消费中，马克思所说，颇具伦理性的证明、反观、感恩之体验蕴含其中；在非日常交往中，基于社会交往、物质交换、情感和思想交流而来的认同感、归属感应运而生。一个好社会的标志并不仅仅在于构造出了一个被物包围的世界，更在于构造出了一个基于情感和思想交流之上而产生的认同感和归属感的属人世界；属人世界的生成，完成了一个充满价值和意义的世界。属人社会的生成，将家庭中的自然情感扩展并升华为社会情感，将市民社会中的物质性和功利性改造和升华为生产过程、结果、关系、类本质中的人性内容，也将来自政治权力的支配变成了权利与义务的对等关系。"因此，社会性质是整个运动的普遍性质；正像社会本身生产作为人的一样，社会也是由人生产的。活动和享受，无论就其内容或就其存在方式来说，都是社会的活动和社会的享受。自然界的人的本质只有对社会的人来说才是存在的；因为只有在社会中，自然界对人来说才是人与人联系的纽带，才是他为别人的存在和别人为他的存在，只有在社会中，自然界才是人自己的合乎人性的存在的基础，才是人的现实的生活要素。"③只有在社会中，个体的社会性才能培养出来、实现出来，才能成为类存在物，只有成为类存在物，存在感、认同感和归属感才能获得本体性的体验，这是一个总体性的社会意义的生成；只有在这个总体性的社会意义中，个体的生命价值、社会价值和精神价值才能得到证明和实现。

精神生产是创造用于满足人们信、知、情、意等精神需要之精神财富的过程。精神需要虽然基于物质需要及其满足，但却不能归结为物质需

---

① ［德］黑格尔：《法哲学原理》，范杨、张企泰译，商务印书馆 1961 年版，第 197—198 页。

② ［德］马克思：《资本论》第一卷，人民出版社 2018 年版，第 204 页。

③ ［德］马克思：《1844 年经济学哲学手稿》，人民出版社 2018 年版，第 79 页。

要的心理和精神需求。一如物质生产和物质需要乃是相互嵌入、相互促进的过程那样,精神生产与精神需要更是相互嵌入、相互激发的过程。精神需要是一种潜能、潜质,只要后天的启发和激发,精神需要就会成为一种巨大的精神力量。精神需要只能靠精神财富来满足,而就精神财富的存在方式而言,可有产品和行为两种,音乐、绘画、小说、诗歌,就是产品形态的精神财富;仪式、舞蹈、演讲、朗诵,就是身体形态的精神产品。现代化运动不止是物质产品的生产和消费,更是社会关系和精神财富的创造和享用。只有将三种生产有机地统合起来,将功利价值、社会价值和精神价值共同地整合到政策设计和制度安排中,一个丰富多彩的社会才能被建构出来。这就需要有更加高级的社会自组织能力被培养起来。

2. 从社会支配到支配社会

如果将现代生产逻辑彻底地运行起来,就会产生社会支配人的后果。毫不相干的个人之间的互相的和全面的依赖,构成他们的社会关系,而这种关系只有表现为物与物之间的交换关系,人的关系只有表现为不同使用价值之间的价值,人的地位、人的价值才能得到实现和体现。"活动的社会性质,正如产品的社会形式和个人对生产的参与,在这里表现为对个人是异己的东西,物的东西;不是表现为个人的相互关系,而是表现为他们从属这样一些关系,这些关系是不以个人为转移而存在的,并且是毫不相干的个人互相的利害冲突而产生的。活动和产品的普遍交换已成为每一单个人的生存条件,这种普遍交换,他们的相互关系,表现为对他们本身来说是异己的、独立的东西,表现为一种物。在交换价值上,人的社会关系转化为物的社会关系;人的能力转化为物的能力。"①这是一个悖论性的生产逻辑,人们越是创造使用价值继而创造交换价值,就越是受由此而建立起来的社会关系的支配;如果说在雇佣工人和资本家的直接对立中,那么对立和支配是有人称的、具象的,而被普遍交换建立起来的社会

---

① 《马克思恩格斯文集》第8卷,人民出版社2019年版,第51页。

关系则是一种抽象的、无人称的统治。只有超越因社会分工而来的分化、专业化、分离化，只有将颠倒了的物与物、物与人的关系重构成为人与物、人与人的关系，只有实现从社会支配到支配的结构性变迁，人成为对象性的存在、对象性成为人的存在才能实现。而这只有通过统一安排劳动、统一分配社会财富才有可能。

"全面发展的个人——他们的社会关系作为他们自己的共同的关系，也是服从于他们自己的共同控制的——不是自然的产物，而是历史的产物。要使这种个性成为可能，能力的发展就要达到一定的程度和全面性，这正是以建立在交换价值基础上的生产为前提的，这种生产才产生出个人同自己和同别人相异化的普遍性的同时，也产生出个人关系和个人能力的普遍性和全面性。"①高度发展起来的个人组成一个自由人联合体，他们超越了个人的自私的动机，而将充满个别形式的劳动视作是整个社会劳动的不同形态，每个劳动者都以各尽所能的形式贡献着形态各异的社会财富。一如马克思所说，这是一个自觉而自为的历史过程。只有实现了由人来支配社会的现代化才是最合乎人性的社会变革运动。

3. 从价值到意义：基于体悟能力之充分运用而来的意义世界

如若个体的社会化、社会的人性化已经完成，那是否就意味着一个走向意义世界的返魅过程就会自行完成呢？"对私有财产的扬弃，是人的一切感觉和特性的彻底解放；但这种扬弃之所以是这种解放，正是因为这些感觉和特性无论在主体上还是在客体上都成为人的。眼睛成为人的眼睛，正像眼睛的对象成为社会的、人的、由人并为了人创造出来的对象一样。感觉为了物而同物发生关系，但物本身是对自身和对人的一种对象性的、人的关系，反过来也是这样。当物按人的方式同人发生关系时，我才能在实践上按人的方式同物发生关系。"②即是说，私有财产的扬弃，为

---

① 《马克思恩格斯文集》第 8 卷，人民出版社 2019 年版，第 56 页。
② ［德］马克思：《1844 年经济学哲学手稿》，人民出版社 2018 年版，第 82 页。

使人的眼睛成为眼睛,是眼睛的对象成为眼睛的对象性存在,从而使眼睛在对象性存在中产生了审美感,继而生成了审美意义,创造了必要条件;然而,只有拥有审美潜能的眼睛才能产生审美感,因此,"从主体方面来看:只有音乐才能激起人的音乐感;对于没有音乐感的耳朵来说,最美的音乐也毫无意义,不是对象,因为我的对象只能是我的一种本质力量的确证,就是说,它只能像我的本质力量作为一种主体能力自为地存在着那样才对我而存在,因为任何一个对象对我的意义(它只对那个与它相适应的感觉来说才有意义)恰好都以我的感觉所及的程度为限"①。这充分证明了,只有具备了客体性条件和主体性基础,一个复返于意义世界的返魅过程才能生成。准备客体性条件需要扬弃私有财产,需要有全面发展的个人以及由个人形成的自由人联合体,统筹安排整个劳动,统一分配社会财富,将社会支配转变为支配社会。构建主体性基础需要培养人的体悟、感悟、享用意义的能力,没有高度发展的理智感、道德感和审美感,人们所期望的那个丰富多彩的意义世界就无法创造出来。创造价值需要生产能力,体验意义需要悟性能力。在可实践的意义上,就是要把康德所主张的三种先天能力及认知能力、欲求能力和判断能力充分开显和培养起来。

---

① ［德］马克思:《1844 年经济学哲学手稿》,人民出版社 2018 年版,第 83—84 页。

第4章 基于体验和经验而来的现代焦虑症

　　生存焦虑源自人的特定结构及其展开方式,而现实的生存焦虑则根源于特定的社会结构及其展开方式。由资本的运行逻辑所导致的市场化、资本化、符号化、全球化,使得现代性场域下的生存焦虑具有了显明的集体的、类的性质。对这种集体的、类的生存焦虑进行社会学意义上的解释和心理学意义上的诊断固然重要,但它们似乎都是过程性的、后果性的诊疗方式,而价值哲学甚至是哲学人类学才会对类的生存焦虑进行前提的预设、过程的批判和后果的反思。只有造成类的生存焦虑的源初性根源被澄明了,一种可行的摆脱类的焦虑而指向一种整体性的好生活的道路才被标划出来了。对不可言说的"道"和"逻各斯"的"悟"就是要回到通向公共善和终极善的原初力量自身,澄明这个初始力量及其展开过程便是经验那个通往终极之善的"道路"。在体悟不可言说的"道"和经验可言说的"道路"的追问和追寻中,中国的儒家伦理和道家哲学或许是不可或缺的思想资源。

　　只要成为人,只要以人的方式生产、交往和生活,生存焦虑就在所难免,但它并不总是作为问题而存在。作为普遍的价值问题,或者说,人通过自己的活动造成了普遍的生存焦虑,且能感受到和反思着这个焦虑的正当性基础时,它才真正成为普遍的价值问题。这是现代性的后果,也是现代性本身。描述现代性场域下生存焦虑的内部结构和外部特征并不是一件困难的事情,心理学、社会学,甚至精神分析科学似乎都能描述得很好。但只有价值哲学才会追问焦虑产生的一般哲学基础、特殊哲学依据和个别哲学前提。于是,在价值哲学的视阈中,生存焦虑便以人性基础追问、现代性之拷问、超越论之设计三个方面展开其自身。

一、生存焦虑的人性基础追问

关于生存焦虑的认知方式和消解之路约有三种类型：精神分析、社会心理和价值哲学。弗洛依德在研究现实的神经症的过程中，第一次发现了焦虑问题，早在 1895 年的一篇论文"焦虑性神经症"中他就作了初步的讨论，其基本主张是，"焦虑起源于累加的紧张"；在《释梦》中写道："焦虑是一种力比多冲动，其根源是在潜意识中，而且是受前意识抑制的"，"原始欲望"受到压抑，没有消失，也无法消失，而是转换成了焦虑。在这之后的几年里，弗洛依德意识到，力比多受到压抑可能不是产生焦虑的根源，至少不是唯一根源。[①]弗洛依德在不同时期的不同论著中，对焦虑的根源、性质和类型的论述可能有所不同，但他对焦虑问题的论证均奠基于他的本我、自我和超我理论之上，以及前意识、潜意识和意识理论之上，也更相关于本能理论。对我们有启发意义的是，弗洛依德对焦虑成因的追问过度集中于对力比多的假设，可称为内源性根据；至 1925 年的《抑制、症状与焦虑》一书开始，开始探寻产生焦虑的外部根源，可称为外源式根据。必须承认，从精神分析角度对焦虑进行研究，迄今无人能够超过弗洛依德。其一，弗洛依德既是精神医学的研究者，又是实践者，临床经验为其提供了感性材料，精神分析又为临床实践提供了理论指导。其二，弗洛依德所假设的各种理论模型，既不能完全被证成，也不能完全被证伪。最为要紧的是，如何借鉴精神分析中正确和正当的内容。当然，如果我们把焦

[①] 弗洛依德写于 1925 年 7 月、1926 年 2 月下旬出版了《抑制、症状与焦虑》一书，全书共分 11 章；1933 年又出版了《精神分析引论新编》，全书共分 7 章，其中第四章，也称"第32 讲"，以"焦虑与本能生活"为标题，集中讨论了焦虑问题。《抑制、症状与焦虑》一书的英文编者还在该书之后的"附录二"中编列了弗洛依德主要论及焦虑的著作目录。此目录可参见车文博教授主编的《弗洛依德文集》第 9 卷，第 307—308 页。

虑仅仅视为病理学现象加以论证,而不去追问其存续的社会根源,不从生产、交往和生活的运行逻辑中寻找产生整体性焦虑的根源,便不可能对焦虑作出客观因果性陈述和意义妥当性陈述的有机结合。

对产生焦虑的社会路径依赖的论证方式则是直观效用论。它虽然没有直接论及焦虑,但却从需求规律角度分析和论证了诸种需求的满足对人的满足感、快乐感的影响。其代表人物便是德国经济学家海因里希·戈森(1810—1858),其代表作是《人类交换规律与人类行为准则的发展》。

除了精神分析的、经济分析方式之外,对焦虑问题的研究还有第三种方式,价值哲学的视野。此种方式可有两种致思向度,即哲学式、价值哲学式,前者着眼于生存焦虑的人性基础追问和社会根源之深度分析;后者则要对生存焦虑的正当性基础进行追问,并深度开显生存焦虑对于个体和类而言的生物性(生理)、社会性(心理—情感)和精神性(理性—沉思)的意义。将两种致思范式统一起来的则是生存焦虑存续的事实逻辑与价值逻辑的统一。于是,价值哲学视阈中的生存焦虑就以如下的方式展开其自身。

1. 生存焦虑存续的人性基础追问

所有有生命物质都是非自足的、非完满的,都是有条件的存在物,都必须假借自身之外的他物以使自己存续下去。作为灵长类之最高形式的人类也必然如此,然而,人与其他所有生物不同,人既是既成的,更是生成的,人是通过创造生活世界而创造人自身;然而,人无论怎样超拔于他物而成为最具创造性的生物,却永远被如下这一矛盾所纠缠,人的一切烦恼、纠结、痛苦、不幸都来自这一矛盾:人的需要的多样性与其能力的有限性之间的矛盾。个体乃至整个人类都在殚精竭虑地制造着、解决着、体验着这一矛盾,且以自在而自为、自发而自觉的方式解决和体验。于是,人们也就必然地要以价值和意义两种方式解决和体验这一矛盾。所谓价值的方式是指,人的任何体验都与价值相关,要么相关于物的价值,要么相关于人的价值、交往价值和道德价值。所谓意义的方式是指，价值并不就是意义，没有价值就一定没有意义，但有价值却也未必有意义。所谓意义的方式是指，价值并不就是意义，没有价值就一定没有意义，有价值却也未必有意义。意义是价值的充分实现，是客体价值在主体那里得到的充分证明，是价值在满足需要时所产生的效应，是经过需求主体之认知、体验和实现活动之证明后的结果。由此便可推导出需要主体在享用价值、丢失价值和缺失价值时的体验状态：快乐、幸福、无奇、沮丧、痛苦，焦虑便是用以描述或表述沮丧、痛苦之体验状态的概念，无论是把焦虑视作病理学事实还是视为可接受的正常现象，都不会改变焦虑的价值哲学性质，即要么是缺失价值，要么是丢失价值，要么是有价值而无意义。

2. 直面焦虑事实自身

一如上述，生存焦虑可能具有生物学、社会学、精神分析的性质，但其所具有的价值哲学性质却是需要我们进一步分析和论证的问题。我们试图沿着主体、客体及主客体关系，从存在论、认识论和价值论三个层次加以论证。其一，主客体关系进路。主客体哲学虽然视为主客二分模式，具有不可克服的自身缺陷而备受质疑和诟病，但作为一种思考方式依旧有它的妙用。谁的焦虑、何种性质的焦虑，对这些问题的分析和论证必须运用主体主义的思考方式，个体、群体、类，是焦虑的三种主体形式，其中个体形态无疑是最基本的、最初始性的，即便是群体的类的焦虑最终都要体现为个体的焦虑。而造成个体之焦虑的原因很多，一如弗洛依德所言，可以和个体幼年、少年之特定的经历有关，也可以和个体之独特的原始欲望、心理结构相关，这在任何一种历史场域中都是可能的。因此，单个人的焦虑情形并不能直接显示出它的社会学、政治学和精神哲学的意义。若特定场域下的某个特定人群因共同的经济、政治和文化原因而表现出了群体性的焦虑，那么此种情形的焦虑便具有了经济、政治和精神意义。如若在整个世界范围内，因现有的相对有效的秩序被解构掉了，或应该有但当下却没有的新型秩序尚未建构起来，导致出现世界范围内的风险，使预期降低,就会出现类焦虑,使每一个处在此种风险之下的人产生心理压力、失望情绪、焦躁体验,从而出现广泛而持续的生存焦虑。

所谓客体思考意义上的焦虑,乃是指与焦虑密切相关的成因和后果。造成个体之焦虑现象的直接原因可有前提、过程和后果三种形态。我们既可以用正面叙述的方式,也可以用倒叙的方式描述和把握焦虑现象。在后果的意义上是描述的,在过程的意义上是生成的,在前提的意义上是反思的。而把这三点联结起来的基本原则则是类型学的思考方式,当把这种思考的结果应用于对产生焦虑的成因的描述上,就必须全面而深刻地发掘造成焦虑的社会根源。在这种发掘中,固然要着眼于社会运转过程中的重大而特殊事件,但更要着眼于这些事件所造成的后果,即通常是集体性、整体性、类性的焦虑。一如上述,以假价值哲学的视野关注焦虑现象,必有一个道德哲学和伦理学的视角。如果仅仅着眼于某个因特殊的个人经历而形成非整全的道德人格,呈现出气质性的焦虑,而不完全顾及社会根源,那么这种顾及方式便是医学的、精神分析的,因为此时的焦虑是病理学意义上的,而不是政治学、政治哲学、价值哲学意义上的,其救治的根本路径是医学和精神卫生的设计方案。相反,集体性的、整体性的、类性的焦虑,其救治方式一定是重建全球治理、国家治理和社会管理。进一步的问题则是,必须对焦虑现象进行正当性基础的论证。由于不能正确认知、试图通过非正义途径获得、享用价值而产生的焦虑,显然不是我们深入分析和论证的对象,相反,是我们必须批判和谴责的现象。个体因未能好的知识的教育和道德的教化而导致人格不完善,作为其心理和行动之后果的焦虑也同样不在我们的分析框架内。如若只关系自身的利益得失,仅在乎自己的内心感受,而不顾及他者的生活状况,体会他者的快乐疾苦,此种焦虑也同样不在我们的讨论之中。我们只在"得其所得"的意义上,着力分析和论证集体性、整体性和类性的焦虑现象。于是,我们关注的是在主客体关系的框架内,进入价值哲学的视野里,乃是那些在主客体关系的相互嵌入中因失去世界之序和心灵之序、不能"得其所得"而产生的、基于对好生活的追求、对正确性和正当性追问而产生的焦虑。

价值哲学把握焦虑现象的另一种方式便是存在论、认识论和价值论及其相互嵌入的方式。所谓存在论的认知方式，是指从生产方式、交往方式和生活方式三个维度研究焦虑现象。个体与社会的相互嵌入可视为作为整体性概念的社会存在，它涵括着事实与价值两层意思，一是怎样的一种存在方式，一是怎样的存在方式才是有意义的，前者是一个事实概念，无论具有怎样的存在状态，哪怕是尼采、萨特笔下的"虚无""无意义感"，它都以其不可否认、不可忽视的客观实在性在这里、在那里。每个人或以敏感的方式、或以迟钝的方式感受着这种存在，以情绪和情感的方式体验着这种存在，以概念、话语和逻辑把握着这种存在。当人们以追问和追寻的方式反思、批判和预设在的意义时，焦虑就变成了认识论问题。拥有最基本感受能力的人无不时时刻刻地感受着、体验着当下的存在状态，以及由这种状态所产生的生理效果、心理效应和精神意义。人们可以以情绪、意见、体态语表达这种焦虑，也可以以理性、逻辑的方式表达或陈述他的感受、情绪和情感。知识自发的认识论。若不止于此，而是把个体的、群体的、集体的、类的焦虑作为沉思的对象，以学科、学说、理论和思想的方式，以理论把握世界的方式反思、批判和建构焦虑现象，这是自觉的认识论。被把握在意识里、呈现于表象中的焦虑，以范畴、话语和逻辑的方式，以论述和陈述的方式被表达出来。其目的并不仅仅在于指明什么是焦虑、谁的焦虑、何种类型的焦虑，更要指明其成因，判断其性质、预测其取数，论证其产生和存续的正当性基础。

有关焦虑的存在论、认识论的把握方式，并不仅仅在于指明焦虑自身，更在于焦虑者的价值诉求。没有人愿意获得焦虑，但有理性的人作为追问在的意义的存在者，往往会产生悲情意义上的焦虑，它是求真、向善、趋美失效之后的深刻体验。如若把这种悲情变成动力，朝向更高层次的求真、向善、趋美，那么此时的焦虑就具有了伦理美学的意义。本质上，焦虑不是一个纯粹的认识论问题，毋宁说它是一个典型的实践哲学概念，它需要理论理性的分析和论证，更需要创制理性和实践理性的解决。认识焦虑需要智慧,因为它是问题;消解焦虑需要智慧,因为它是难题。"一个问题的产生是由于我们知道得太少而极欲知道得太多;一个难题的产生是由于我们知道得太多,而各种知识却相互矛盾冲突。问题是好奇心的产物,难题则反映了知识的困境。"①关于问题与难题的关系,美籍犹太哲学家赫舍尔进一步精辟地指出:"提出一个问题(question)是一种理智的活动;而面对一个难题(problem)涉及整个人身的一种处境。一个问题是渴求知识的产物;而一个难题则反映了困惑甚至苦恼的状态。一个问题寻求的是答案,一个难题寻求的是解决方案。""没有哪一个真正的难题是从纯粹的寻根究底中产生的。难题是处境的产物。它是在处境艰难、理智困窘的时刻产生的,是在经历到不安、矛盾、冲突时产生的。"②实践理性助益实践智慧,实践智慧助力我们寻找消解焦虑的道路,促使人们过一种整体性的好生活。

二、现代性与现代生存焦虑的逻辑前提批判

如若不执拗于个体性的焦虑事实,而着眼于集体性、群体性、类性之焦虑的持续性存在,那么就必须对造成现代性生存焦虑的逻辑前提进行价值哲学批判。首先,现代化、现代社会与现代性之于人类的意义问题。人类始终孜孜以求于能够创造财富并公平分配财富、提升社会自治能力、令每个人过上整体性的好生活的国家治理和社会管理模式,西方近代以来的现代化运动以及由此而成的现代社会据说是被人类找到的相对有效率的方式。这种方式既要求着又生成着三根支柱:欲望的激发,它为现代化运动提供了动力;市场经济的发现与运作,它为现代化运动提供了环境;科学技术的迅猛发展,它为现代化运动提供了手段。当动力、环境和

---

① ［美］赫舍尔:《人是谁》,隗仁莲译,贵州人民出版社1995年版,第2页。
② 同上书,第1—2页。

手段被并置在一起的时候，现代化运动这辆战车就被发动起来了。实践证明，凡是推行市场经济这种经济组织方式的地区和国家，几乎都造成了财富的快速积累这一普遍事实，但由现代化运动造成的危险与风险也在国内及国际间蔓延开来，它集中表现为人与自然的危机、人与人的危机、人与自身的危机。我们完全可以用大数据的方式细致地描述这些危机，但我们在这里所要做的工作是要深入分析和论证由这些危机所造成的生存哲学意义上的个体性、群体性和整体性焦虑。

现代化、现代社会、现代性之于人类的意义是双重的，作为一种新型的生产方式、交往方式和生活方式，从总体性上考察，其所带给人类的价值至少体现在如下三个方面，其一，市场经济的发现和运用，为人类找到了能够快速积累财富的方式，资本的运行逻辑打破了地域限制和文化屏障，将不同地区、民族和国家的人们在利己动机的推动下，在互惠互利的合作中联在一起，形成了世界性的生产、分配、交换和消费的现代生产逻辑。世界性的生产、全球化的合作，是不同文化背景下的人们互通有无、取长补短、共担风险、共享成果。在世界范围内进行资源配置，既可以保持文化多样化，又可以创制统一的生产标准，从而实现特殊与普遍的有机结合。物质产品和精神产品的多样性，极大地丰富了人们的物质生活和精神生活。其二，由现代化运动所导致的全球化后果，极有可能导致政治生态的多样化。在人类历史上，不同民族和国家的人们在各自不同的自然环境和特定思维方式之下，形成了不同的国家治理模式和社会管理模式，构建了属于其自身的政治观念、制度、体制和行动。自由、民主、平等、正义，被确立为现代政治的核心价值体系，它们既构成手段之善也被视作目的之善。事实证明，这些核心价值并非为某种政治制度和政治体系所独有，而为所有政治体系所共有。但在这些核心价值体系的运行中，不同的政治体系会从自身的社会场域和文化传统出发，以其能被理解和践行的方式追寻和实现着这些价值。政治生态的多样性，为不同形态的政治体系相互认同和相互借鉴创造了世界性的环境。如若先行标划出一个好政治的目的之善，那么它将集中表现在如下三个方面：财富的快速积累并合理分配;社会自治力的提升,构建出类似于恩格斯笔下的合力来;每个人都有意愿也有条件和能力过上整体性的好生活。依照这个目的之善,判断一种政治体系的优劣就在于它实现这种目的之善的方式和程度,但也不能由此断定,曾经追求和实现这个目的之善的政治体系却也并非始终是好的体系。如若它偏离了它曾执着的目的之善,那么其曾有的合理性也就消耗殆尽了。另一种情形则是,某个政治体系在某个或某些历史段落中可能会适合特定类型的国家治理和社会管理,但当新的世界格局形成并形成新的世界性问题、难题时,此种政治体系可能更适合面对新问题、解决新难题。其三,人文生态学可能是把握文化或文明多样性的最好方式。所谓人文生态学是指把握器物文化、制度文化和思想文化之多样性的问题域、范畴群、话语体系和逻辑结构。由资本的世界运行逻辑所导致的全球化、世界化,真正造成了不同文明体系间的碰撞、冲突和融合,人类可以借鉴任何一种文明体的优长,以应对和解决全球化过程中出现的诸种问题、难题。发展有先后,文明无优劣。任何一种文明体都是人类在解决目的之善与手段之善的过程中所形成的观念、认知、情感、意志和行为类型,都是经过历时选择后的精神成果。

如若在求真、向善、趋美的意义上,在经济、政治和文化协调发展的角度上,整合各文明体的心智力量,人类则有望构建一个既相互区别又相互支持的世界性意义上的生产、交往和生活。但事实上,这仅仅是一个美好的愿望;相反,人们并不能完全摆脱个人利己主义、集团利己主义和国家利己主义的动机,甚至走上了哲学意义上的独断论的路线,解构已有秩序、威胁新型秩序。于是,在现代性场域下,便由于故意和非故意的任性导致风险社会的来临,从而造成个体、集体、群体和类意义上的生存焦虑。生存焦虑的复杂性取决于主体和客体及其相互关系的复杂性,还相关于造成生存焦虑之社会根源的故意与非故意的任性行为,更相关于是由于人格缺陷还是社会不公正所导致的生存焦虑。为着使对于生存焦虑问题的讨论呈现出内在的生成逻辑特征,我们试图沿着由内到外、由特殊到普遍的进路展现生存焦虑的复杂性和冲突性。

1. 相对空间中的生存焦虑问题

现代化运动就是一个不断创造城市、不断建构与解构城乡二元结构的过程。对因城市化而产生的生存焦虑的探讨无疑是具象的，是对有人称的群体性焦虑的描述。城乡二元结构及其矛盾与冲突问题，是很多推行现代化运动的国家所遭遇到的共同问题。20世纪70年代末以来城乡之间产生了一些发展不均衡。如果以人造物及其集中"放置"来评价改革开放的功绩，那么人们会一致同意，大城市乃至超大城市的迅速崛起就是推行市场经济的最大业绩。并非城市改变了城市的物理空间，而是改变了物理空间的社会性质，把曾经的乡村改造成了城市，或将城市的边界拓展到了农村。然而，这种物理空间的社会性改造并不具有实质性意义，具有实质意义的是，它改变了城市和农村居民的生存状况、身份变迁和认同归属，正是这三个要素的相互交织，导致了城市和农村居民的生存焦虑体验，显然这是一种外源式焦虑生成逻辑。对这一生成逻辑的价值哲学论证，可有客观因果性陈述和意义妥当性论证两种。市场化是市场经济的根本路径，也是它的根本特征，"市场化"并非简单的中国古代社会的"交易所之也"，即交易之所，或去交易，它只是交换行为的物理空间。市场化的真正含义是商品化，通过交换把产品变成商品，再把商品变成消费品，这就是马克思所说的"现代生产逻辑"：生产、分配、交换和消费。城乡二元结构的生成过程不过是人们在建构现代生产逻辑的过程中所必然产生的一个后果，其原因性就在于决定现代生产逻辑的力量是在城市而不在农村，这些力量包括政治、经济、科技、资本、知识、教育等多个方面。社会主义市场经济不同于资本主义生产方式的一个方面，即在于它是自上而下的过程。德国社会学家桑巴特在其三大卷的《现代资本主义》中详尽描述了犹太人、日耳曼人、苏格兰人如何从社会生活的最底层一步一步地成为资产阶级即市民阶层的。市民社会既指介于家庭和国家之间的广阔的生产、交换和交往空间，又指决定这个生产—交换行动的社会阶层。而社会主义市场经济则是由经济政策和制度推动的自上而下的过程，尽管它并没有造成城乡二元结构的直接意图，但也在一定程度上产生了城乡之间的发展不平衡。由于政治、金融、科技、教育、人才资源都集中在城市,于是,祖祖辈辈都生活在农村的人们,若欲摆脱贫困生活,挣脱狭小的生产、交往和生存空间,就必须或主动或被动地参与到城市化的过程中来。然而,他们改变的只是劳动的方式,却没有改变公共管理模式给予他们的地位和身份。离开他们曾经熟悉的乡土,离开他们获得认同感和归属感的乡土结构,只身来到陌生的城市,客观上造成了三个层次上的生存焦虑。一是财富上的。离开土地进入城市,直接的目的便是改变原有的生活状况,然而由知识与技能所决定,他们只能从事以计件或计时工资为主要形式的初级或中级程度的体力劳动。廉价的劳动以及充满风险的工资给付制度,使他们不可能在可视见的时间段落里改变现有的生活状况。辛勤劳动但却不能致富,城市快速积累财富而自己却不能相应发展的残酷现实,使他们对勤劳致富的信念和信心失去了动力。生存状况的压力会严重影响到他们对城市及市民的认知,也会形成心理拒斥感。二是认同感与归属感的危机,这是产生生存焦虑的最为深刻的原因。通常情况下,经济体制改革总是先行于政治体制改革和观念上的革命。由于政策设计和制度安排,参与城市建设的乡下人不能获得城市的认同,无法获得市民身份,继而无法获得各种利益保障和社会保障,城市对他们是"陌生的城市""熟悉的角落"。更由于他们没有城市生活的体验和经验,无法认知、领会和体验城市文化,其思维方式和行为方式常常不符合行为规范的要求,常常遭到来自市民的以无声语言和有声语言为主要形式的嫌弃和唾弃。城市文明与农业文明的差别、矛盾与冲突,导致他们在情感上无所适从。这就使得生存焦虑从物质形态向心理状态转移。因心理状态的失衡所导致的生存焦虑,可有由内向外和由外向内两种。由内向外的心理焦虑表现为意向和意向性的封闭与拒斥。身心分离是他们的深层体验,身在城市而心和情却在乡土,他们无法融入这个他们亲手创造的、日新月异的城市,城市空间对他们没有心理学和社会学意义,有的只是物理空间,却没有人际交往空间;有强烈的融入城市空间、城市生活的意向,却没有使这种进入和融入成为现实的对象系列,无法得到来自城市管理制度和市民认知与情感的确认、承认和指认。"熟悉的角落""陌生的城市"也已成为事实。当他们较长时间地离开乡土而在城市"辛勤"劳动时,对他们的孩童记忆有深刻影响的乡土气息也有了些许的陌生,曾经的认同感和归属感也逐渐淡去、褪祛。一种双重的"无家可归"加重了他们的情感焦虑。

另一方面,这一群体的诉求在一定程度上受到了忽视,他们既缺乏合理表达自己诉求的渠道,也得不到表达诉求的环境。相关部门和媒体更多是以恢复和矫正正义的名义予以"关注",这种"消极自由"式的处理方式,作为后果主义的制度安排,不能以"积极自由"的方式,赋予这个群体以政治、社会和道德意义。不能以消灭的方式,而必须以改革、矫正和改造的方式解决城乡二元结构问题。实质上,"农民工"这个非常悖论式的称呼所体现的乃是对"历史合理性"和"世俗不合理"之矛盾的语言表达式。以城市建设者的身份建设城市,但却不是工人;以农民身份进城务工,但却不是农民。身份的"纠结",真实身份的"空置",使这个群体越来越失去了本体性安全,即认同感和归属感危机,这加剧了城乡之间的矛盾。

与第一代城市建设者之生存焦虑相关联的则是他们的子辈,在非常确定的意义上,可称他们为"二代农民工"。子辈的生存焦虑会更加严重,其根据在于,其一,他们的童年经历是无根的,在身份确认上,他们同父辈一样,或出生于农村或出生于城市却生活于城市,但都是农民身份;他们又与父辈不同,子辈通常没有父辈那么长时段的乡村生活经历,从未获得来自传统的家庭、家族、村社的基于血缘和地缘自然情感的熏染,农民原有的那种朴实无华的德性结构很难在子辈身上养成。其二,在个体生命的历程中,从其出生之日起便深深地感受到城乡之间在接受教育、生存状况上的差异,这加剧了他们对城市社会和城市生活的双重心理:羡慕与记恨的混合。另一方面,当子辈有了基本的判断能力,便时时追问,为何父辈的艰辛却换不来同等的城市生活,父辈们反复存续的生存焦虑与无声处延展到了子辈的心理。子辈们既无农村的土地,又无法和城市居民享受同等的城市公共服务,更无文化上的认同,将使子辈比父辈更加艰难。以此观之,父辈与子辈的生存焦虑绝非一般的社会事实和社会学现象,其背后的公平、平等、正义、好生活才是问题的根本。

价值哲学就是要依照客观因果性陈述和意义妥当性陈述,深入分析和论证造成生存焦虑之社会根源的正当性基础。相对空间中的生存焦虑的另一种表现便是城市人的生存焦虑。并非所有的城市市民都会产生生存焦虑,而是中等收入和边缘人群。他们极有可能在城市变迁中失去往日的"优势地位"(相对于农民而言),或因城市体制改革而失去固定职业,或因人才涌入导致机会丧失。这个人群的生存焦虑虽不像"城市移民"那样明显,但同样是值得重视的生存焦虑事实。

2. 作为整体或类形态的生存焦虑

整体或类超出了民族和国家的边界,变成了世界性的存在,这便是作为全球化、现代性之后果的类的生存焦虑。

第一,世界范围内的变动性和流动性导致本体的隐匿与消失,本体追问重又成为哲学中的元问题。在西方哲学传统中,有两个支柱,即主观上认其为真而客观上却缺少充分根据的那种"视其为真",康德说这是哲学上的一桩事情,①即本体论承诺和认识论承诺。在早期希腊自然哲学中,确信自然界存在着"始基""初始者""本体",它展开自身为万物,而万物又复归于它。无论是泰勒斯的水,德谟克利特的原子,还是赫拉克利特的活火,都是"始基"的具体形态。这些"始基"是不可视见的,既不能被证实也不能被证明,但却可以信其为真。而这种信其为真必须以人类有自

---

① "视其为真是我们知性中的一桩事情,它可以建立在客观的基础上,但也要求在此作判断的人心中有主观原因。如果这件事对每个人,只要他具有理性,都是有效的,那么它的根据就是客观上充分的,而这时视其为真就叫作确信。如果只是在主观的特殊性状中有其根据,那么它就称之为置信。视其为真,或者判断的主观有效性,在于确信(它同时又是客观有效的)的关系中有如下三个层次:意见、信念和知识。意见是一种被意识到既在主观上、又在客观上都不充分的视其为真。如果视其为真只是在主观上充分,同时却被看作在客观上是不充分的,那么它就叫作信念。最后,主观上和客观上都是充分的那种视其为真就叫作知识。"([德]康德:《纯粹理性批判》,邓晓芒译、杨祖陶校,人民出版社 2017 年版,第 474、475 页)

足的认知和知识可以接近这个"始基"，并最终将其澄明出来为前提，这便是第二个承诺，即认识论承诺。西方近代哲学对传统哲学中的这两个承诺或两个坚定的信念提出了怀疑，这个怀疑是从证明人的"认识和知识究竟是有限的还是无限"的这个问题开始的，最后发展为经验论和唯理论之间的激烈论争。对人的认识能力和知识的有限性的证明，都以康德所说的主客观均有充分根据的那种"视其为真"为依据。求真既是人类的认识旨趣，又是人类实践的价值诉求。人类求真的旨趣和宿命的初始根据就是人类对确定性的渴望，因为只有确定性才可能保证真理得以显现，而真理只有作为普遍有效的知识才能正确指导人们的行动；只有追求和体现正确性和正当性的行动才是有效的行动。获得正确性的能力就是人的认识能力，它以理论理性为基础；获得正当性的能力是欲求能力，它以实践理性为基础。在属人的世界里，因为原因性作为本体是嵌入在人自身中的力量，无论是独断轮、怀疑论还是辩证论，都以不容置疑、怀疑和确信的方式，追问和追寻着这个确定性。现代化运动、现代社会和现代性把人们置于一个变动不居、充满风险的世界里，普遍的信念、知识、法则处在不断的结构、建构之中。不确定性、变动不居、捉摸不定，使人们丧失了往日的本体性安全；往日的身体的无纷扰和灵魂的安宁已经变成了遥遥无期的彼岸。整体性的类的焦虑伴随着变动不居油然而生，于是哲学重又追问"何为本体"这个元哲学问题；何为存在者、何为存在？在充满风险、逐渐祛魅、完全裸化的场域下，在的意义问题又变得极为突出，类的忧虑、焦虑已经不是个别的体验，而是类的整体感受，那么追问在的意义这个问题就变得格外迫切。"这个最广泛且最深刻的问题最终又是最原始的问题。我们这样说是什么意思呢？设若我们就对之发问的东西的最广泛的程度，即存在者整体本身来思考我们的问题，无疑在提问之际，我们就会完全撇开各种特殊的、个别的，这样或那样的在者，我们说的是在者整体，没有任何别的偏爱。"①在的意义何所向？何所为？

① ［德］海德格尔：《形而上学导论》，熊伟、王庆节译，商务印书馆1996年版，第5页。

第二,流动性导致身份认同的断裂。身份认同需要两个条件,其一是,在一个反复交往的人群中,身份认同才有可能;其二是,身份认同对于维护组织和共同体的存续具有重要作用,它是一种价值共识,是组织和共同体存续的秩序基础。流动性的增强意味着偶然性的增加,而偶然性恰恰是产生机遇和机会的条件,人们总是试图利用偶然性来把握机遇和机会。在不断的流动中,人们的身份也在不断地被解构和建构,身份的不断变换,身份的不断消失和不断获得,又直接造成了认同感和归属感的危机,人们愈益过着那种没有本体、没有根基的生活;身份的不断变迁,极有可能使人丧失自我同一性;面具化以及面具的不断变换也可能使思考和行动不断变换,从而难以形成和保持完整的德性结构。

第三,空间与时间之哲学人类学意义的消解。在哲学的意义上,时间可作三种意义上的理解:时间是物质的根本属性,也是物质的存在方式;时间作为先天直观形式是人们把握感性世界的方式;时间是生命质量的存在长度和呈现方式。其中,第三种可称为哲学人类学意义上的时间。生命的持存、生命的流动、生命的绽放,都通过时间来展示。在自然时间的框架里,人可以通过社会时间的安排,创设出一个有立义于其中的意义时间,把时间作为享用价值而体验意义的本体性存在;时间不仅仅是外在于我的他物的流逝,而是我的生命的绽放,是体验的流动,不断清空一些可有可无的东西,留存值得纪念的要素,并不断添加更有意义的素材,以充盈我的生命。依照一个饱满的、流动式的生命框架,生命的绵延应该是前在、此在和后在于内心体验上的持存,是不可断开的生命之流;借助这种流动和绵延,生命的意义能够在不断地继承和创新中得以瞬间生成。当时间不再是体验的流动、意义的绵延,反而变成了段落、条块,那么关于在的追问,对意义的追寻,也就只剩下这个孤独的“此在”了。没有前在和后在的“此在”就一定是无根的、孤独的。虽然说,只有“此在”才是唯一可以依赖和信赖的时间形式,但若它与前在与后在失去了本体性的联系,它就变成了片段化、段落化的存在。在相对稳定从而能够把握和指称在的意义的场域下,意义尽管也是瞬间生成的,但却是“意识流”“意义

链"；虽然是意义的瞬间生成，但却不断地"绵延着"。生命在前后相继的
时间流动中亮出它的光彩来。

在现代性场域下，人们在效率与速度观念的支配下，人们的活动、体
验、沉思被紧紧地压缩在狭小的时间的框架中，且这个框架是不断移动
的，且其移动通常不具有前后相继的运行轨迹，它被偶然性推动着。在类
型学上，可把时间分成自然时间和社会时间，人们无法改变自然时间，但
可以改变社会时间。马克思在《1857—1858 年经济学手稿》中指出了社
会时间的哲学人类学意义："如果共同生产已成为前提，时间的规定当然
仍有重要意义。社会为生产小麦、牲畜等等所需要时间越少，它所赢得的
从事其他生产，物质的精神的生产的时间就越多。正像在单个人的场合
一样，社会发展、社会享用和社会活动的全面性，都取决于时间的节约。
一切节约归根到底都归结为时间的节约。正像单个人必须正确地分配自
己的时间，才能以适当的比例获得知识或满足对他的活动所提出的各种
要求一样，社会必须合乎目的地分配自己的时间，才能实现符合社会全部
需求的生产。因此，时间的节约，以及劳动在不同的生产部门之间有计划
的分配在共同生产的基础上仍然是首要的经济规律。"[1]

由资本的运行逻辑所推动的现代生产体系的运行，生产是起点，消费
是终点，分配和交换是中介。如果依照资本的使命是获取最大化收益，那
么生产与消费就成为生产逻辑的两极。于是，时间的节约就在两个向度
上展开，一是生产的时间，二是消费的时间。单位时间生产的产品为多，
或单个产品所消耗的时间为少，便是有效率；产品在单位时间内被多人消
费，或单个人在单位时间内消费的为多，便是有效率。于是，生产和消费
的时间逻辑便把人们裹挟到生产—消费的逻辑之中，人变成了手段、工
具，生产和消费变成了目的。产品不断花样翻新，人们不断变换消费。一
切都是那样匆忙而过，一切都是那样转瞬即逝。人们不停地在生产—消
费的链条上舞蹈，却无法停下脚步，追问生产—消费的意义；一切只有变

---

[1] 《马克思恩格斯文集》第 8 卷，人民出版社 2009 年版，第 67 页。

成时髦、成为时尚,才能被人们过问。《大学》中一章所描述的"知止而后有定,定而后能静,静而后能安,安而后能虑,虑而后能得。物有本末,事有始终。知所先后,则近道矣"重又成为人们求心问道的难题。自然的本体消失了,人性的本体丢失了,剩余下来的只有那个只问生产数量和消费指数的资本逻辑了。当时间离人而去,变得捉摸不定;意义也随之而去,变得飘忽不定。人们创造了使人幸福的前提,却没有创造幸福本身。这才是真正意义上焦虑,是集体性的、整体性的、类的意义上的生存焦虑。

三、何所向与何所为:消解生存焦虑的诸种谋划

何所向是目标,何所为是行动。人作为有限理性存在者,在不断地制造问题,又不断地在殚精竭虑地解决问题。本质上,人就是问题性的存在。人类从未放弃过对美好生活的追问和追寻,也从未停止过进行自我反思、自我矫正和自我完善,这是人类的智慧所在;同样,人们对现代性的建构、解构、重构、反思、批判、修正也从未停止过。马克思作为资本主义之发轫、发展、扩张阶段的见证者,用科学的态度和伦理的立场,用辩护与批判相一致的方法,把他感受到的、理解了的、批判过的资本主义,以理论把握世界的方式呈现给了他同时代的人,也把这份哲学遗产留给了后来者。给出了摆脱劳动异化、回归属人世界的解放之路,这就是建立人类共同体。法兰克福学派对现代科学技术之于人"嵌入"作用进行了哲学批判;现象学还原指出了欧洲科学的危机,人被"座架"的后果就是存在和存在者的分离。市场万能论、理性无限论被大量的社会事实证明是靠不住的承诺。现代生存危机并不是生产资料和生活资料的危机,而是制度危机、文化危机、情感危机和精神危机,且已超出个体和集体的范围,变成了整体性的、类的焦虑体验。自摆脱生存危机的道路上,我们何所向与何所为?

在摆脱生存焦虑的道路上,可有主体性和客体性两个向度,在客体性

的向度内，又可分为主观故意和客观必然两种情形。

1. 消解生存焦虑的社会道路

尽管人类始终孜孜以求于一个能够最大化实现目的之善的手段之善，即国家治理模式和社会管理模式，人类历史上出现的所有民族、国家，都是人类能够找到的这些国家治理和社会管理的模式之一。历史事实证明，没有任何一种模式是最好的，最多只是相对为好的那种。任何一种国家治理和社会管理模式都是创价与代价的统一，现代化、现代社会、现代性就是人类能够找到的诸种方式之一，它更是充满了创造与代价之间的内在冲突与张力，在把价值呈现为人们的同时，也把代价一同"奉献"给了人们，就像一块银币的两面，福祸相依、好坏参半。由现代性所造成的挥之不去的诸种焦虑，绝非出自人的意愿，也不是人们故意所为，因为没有任何一个理智健全的人试图过一种充满诸种焦虑的生活，任何一个具有基本道德理性知识和道德判断力的人绝不会认为，现代性之诸种隐忧，乃是集体、整体和类所希冀的事情。于是，思想家以理论的方式，政治家以观念和制度的方式，民众以情感和行动的方式，批判着、抗拒着现代性带给人们的诸种隐忧，并殚精竭虑地寻找摆脱生存焦虑的道路与方案。

第一，制定严格的环境保护制度，以求遵循天人之道，获得人与自然的和谐。现代化实质上就是城市化、工业化和科技化的过程，为着获得快速增长的财富，就必然要创制用于开发人之身外自然和人之自身自然的工具系统，一时间，煤炭、矿产、土地、森林、砂石等等，总之，一切能被开发的自然资源都不同程度地进入了生产领域，要么变成了生产对象，要么变成了工具体系。在资本运行逻辑的推动下，对人之自身的改造、开发也以各种科学的名义开展起来，人类基因图谱的绘制，为人为地干预与生殖目的有关的基因结构提供了生物学基础。结果，人之自身的自然和身外的自然以无法抗拒的形式被改造了，又以无声的语言拒斥了这种改造，自然惩罚了人类。这是群体性、整体性、类之生存焦虑得以产生的自然根源，但其原罪则在人自身。于是，无论是先发国家还是后发国家，都在现代化

的道路上,一方面不断地快速地积累着财富和欲望的神圣激发,另一方面
又不断地医治着现代性带给人们的创伤。对后发国家而言,人与自然的
关系更是处于双重性的危机。首先,在西方快速发展的模式下,后发国家
便试图以"超常规""跨越式"的发展模式赶超西方国家,于是,一种严重
的先破坏后治理的运行模式就会被推广开来,生态环境以惊人的速度遭
到破坏,这使得可持续发展的观念难以落到实处。其次,在现代化的初
期,发达国家掌握了国际治理和世界市场的游戏规则话语权,这就使得后
发和落后国家在生态治理上处于双重困境之下,既要坚守先发国家制定
的生态原则,还要加持本国的快速发展原则。在资源的世界性流动中,上
游、中游和下游国家更是处在不对等的"交换"之中。先发国家或以掠夺
的形式或以平等的名义,将资本和技术输入到后发或欠发国家,而从他国
获取稀缺性资源和直接的生活资料。利用别国的自然资源(水、土地、草
场、森林、劳动力)进行生产,劫走价值,留下代价;还要把本国的生产废料
和生活垃圾转嫁到其他国家。对发展中和落后国家而言,由生态危机造
成的生存焦虑已经成为值得高度重视的难题。

　　第二,基于平等的内部构成及其运行逻辑制定政策和制度。在现代
化进程中,市场经济是最为根本的经济组织方式。而市场经济的精神就
是自由和平等原则,即每个人有依据自己的意愿进入和退出市场的自由,
只要遵守预先制定的市场规则;每个人都必须根据等价交换原则进行生
产、分配、交换和消费。然而,并非所有人都有相同的或接近的权利、机会
和能力;天赋地位和自致地位的差别,导致某个人或某个人群处于不利地
位,而处于有利地位的人群则更有可能把我并运用政策与制度带给人们
的益处;而因天赋地位处于不利地位的人群则无法平等地获得政策和制
度的益处;当弱势人群在初始性制度安排中,处于不利地位,那么他们将
持续地处于不利地位,除非政策和制度变得对他们特别地有利。政策和
制度的制定者和执行者在理智德性和道德德性支配下,在初始性的制度
安排中,尽可能平等地对待每一个人群,但由于天赋地位和自致地位的差
异导致每个人群不可能有接近的可行能力把握同等的政策和制度,于是,

政治精英就要不断地矫正、修正和完善政策和制度。因此,因不能"得其所得"和不能被平等地对待而产生生存焦虑的人群,便可以通过不断完善政策和制度形式得以解决。

第三,重建伦理共同体对于消解生存焦虑何以重要? 德国社会学家滕尼斯在《共同体与社会》一书中分别了共同体与社会的边界:"人的意志存在于人们相互之间的多种关系里,只要关系中的一方是主动者或施加作用者,而关系的另一方是受动者或感觉到作用者,那么任何这样的关系都是一种相互作用。这里讲的'作用'具有两种性质,它或者趋向于维持受动者一方之意志与身体,或者趋向于毁灭它们,也就是说,它是肯定的作用或否定的作用。这样的关系包含了人们的相互扶持、相互慰藉、相互履行义务,它们在人们彼此之间传递,并且被视作人的意志及其力量的外在表现。通过这种肯定的关系形成的群体,一旦被理解成统一地向内或向外发挥作用的生命体或物体,那么它就被称作一种结合。对关系本身,因此也即结合而言,如果我们将它理解为真实的与有机的生命,那么它就是共同体的本质;如果我们将它理解为想象的与机械的构造,那么它就是社会的概念。"共同体与社会的本质区别在于人与人之间的肯定与否定的关系:"所有亲密的、隐秘的、排他性的共同生活都被我们理解成共同体中的生活;而社会是公共生活,社会就是世界。在共同体里,一个人自出生起就与共同体紧密相连,与同伴公共分享幸福与悲伤;而一个人走入社会就走入另一个国度。"①维系共同体与社会的基础乃是人的意志,滕尼斯自创了"本质意志"和"抉择意志",借此分别共同体与社会。本质意志是与个体的心灵共在的,情感、欲求、感受、意志共在于同一个心灵结构之中,它源自人的内心世界,它是生成性的,对象化性。当相互交往的人们均基于此种意志相互了解、理解、信任、支持与合作时,便形成了同质意志,以及认同、尊重、宽容、友爱等心理因素,它们共同构成了人们和谐相

---

① [德]斐迪南·滕尼斯:《共同体与社会》,张巍卓译,商务印书馆 2019 年版,第67—68 页。

处的心理基础。由此形成的团体便是血缘、地缘和精神共同体。"作为本质的统一体,血缘共同体发展着,并逐渐地分化成地缘共同体;地缘共同体直接地体现为人们共同居住在一起,它又进一步地发展分化成精神共同体,精神共同体意味着人们朝着一致的方向、在相同的意义上纯粹地相互影响,彼此协调。我们可以将地缘共同体理解成动物性生命之间的关联,就像我们将精神共同体成心灵性生命之间的关联。"①在共同体中,每一个体都在相互依赖、相互协调中被界定、被规定,他的灵性在他者那里得到肯定、证明和映照;同样地,他者的灵性也在我这里得到肯定,他们之间是基于共同感、共通感之上的共生、共在和共享;认同感和归属感的持存,共同体使风险降到最低,类似于现代性语境下的生存焦虑是不可能产生的。

2. 消解生存焦虑的主体道路

以血缘、地缘和精神为纽带的共同体,无疑给了人们以信念上的认同、情感上的慰藉和心灵上的安顿,但也显示出了它的两个方面的不足,财富的匮乏和理性的弱化。人们可以执着于这样一种温情脉脉的共同体,而毫不在意财富的匮乏和理性的迟缓,但历史的发展逻辑还是通过不可抗拒的人类命运使人们在共同体之外开显出了广阔的生产、分配、交换和消费的社会空间,这便是狭义的社会,介于家庭和国家之间的广阔空间。市场社会从根本上实现了从先前的领域合一到领域分类的飞跃,使经济、政治、文化和科技回归自身,以各自的方式发挥各自的功能。被开显出来的生产、交往和生活空间依照公共理性和社会情感而运行起来。

依照个体及人类整体的价值诉求,具有健全人格的人,都渴望过一种整体性的好生活。市场经济和科学技术就是人类找到的能够过上好生活

---

① [德]斐迪南·滕尼斯:《共同体与社会》,张巍卓译,商务印书馆 2019 年版,第87 页。

的社会环境和社会手段,然而它们作为不同于人的意愿与情感的客观力量,一旦被建立起来就沿着属于其自身的道路而运转开来。只要人们有正确的创价意识和代价意识,依凭人类智慧可以有限度地减少各种风险,降低以至减少生存焦虑。在当代场域下,产生生存焦虑的真正根源恰恰不是客观力量所致,而是人为风险所致。在所有公共善中,秩序是最大的公共物品,不管是微观的家庭、中观的社会,还是宏观的国家,如若正常运行,以创造公共价值,必须以良序为基础。良序降低了风险、提高了预期。在全球化已成事实的场域下,构建良好的国家秩序是实现国家间产品、科技、文化交换和交流的根本条件,构建人类命运共同体可以降低全球性风险,文化多样性可以各具风格的文明类型各美其美、美人之美、美美与共。

然而,先行发展起来的发达国家面对日益发展起立的后发国家的压力,借助单边主义,以保护它以往的垄断地位和支配全球的话语权,保持以往的不对等的独霸天下的所谓秩序。由此而造成的全球范围内的动荡不安,秩序解构,价值颠覆,出现了世界性的生存焦虑。只有充分发挥每个国家、民族的智慧,才能构建真正和谐的世界体系。当外部环境和条件已经给定,它们构成人们摆脱生存焦虑的客体性方面,那么如何发展自己和完善自己就构成了摆脱生存困境的主体性方面。

生存焦虑固然相关于外在之善,但更相关于身体之善和灵魂之善。假如外在之善已经给定,如何理性地确定自我的哲学边界,如何在有限的价值世界体会出无限的意义来,做到知止与知足。所谓知止,乃指充分认识到自己的观念和行动的当止之处。所谓知足,就是在物质需要得到满足的基础上,充分发展自己的社会需要和精神需要,发展自己的理智德性、提升自己的道德德性。

四、道德焦虑及其伦理效应

道德焦虑属于生存焦虑结构中的心理—精神层次,它虽基于生存困境但却是指向具有善恶性质的人和事的。

就生存焦虑的存续环境而言,可有两种,相对稳定状态和社会非常状态。相对稳定状态下的生存焦虑主要表现为具有个体性特征的情绪化和非理性状态;非常状态指的是朝向更好的社会结构演进的社会变革状态,这是一种进步意义上的社会变迁,另一种非常状态是并非所有人都意愿的社会状态,如人为发动的战争、人为制造的恐慌,由自然界自然生成的致命病毒、各种瘟疫、自然灾害等等。事实证明,无论处在何种状态,生存焦虑作为复合和复杂现象,并不仅仅指生理现象、止于生物性行为,更多的是表现为心理现象和精神现象。在一个相对稳定的社会状态下,虽然也存在着因善恶选择上的冲突或悖论而引发的道德焦虑,但并非总是如此,因为对绝大多数人而言,出于道德直观而来的道德习惯已经促使大多数人,在面临善恶选择时,并非每每都要经历艰难的选择和痛苦的抉择,而是依照已经相对固化下来的道德判断、道德情感和意志作出在他自己同时也在他者看来是正确的选择。至于某些极个别的行动者因生理智障、心理缺陷和精神障碍而做出的与法律和道德共识明显对立的行为,则不属于道德焦虑的范畴,因为,在行为者那里通常并不存在道德认知上的茫然、道德情感上的矛盾和善恶选择上的冲突;因为没有犹豫、纠结、愧疚、罪感体验,就不会有道德焦虑。道德焦虑这概念和观念主要用于分析和论证社会转型过程和非正常状态下与善恶判断有关的犹豫、纠结、愧疚、耻感、罪感等意识和心理行为,这种行为本质上是相关于求真向善趋美的,具有一定程度的普遍性。

1. 道德焦虑的原始发生及其社会效应

对道德焦虑问题的勘定与确定,取决于是否存在这样一个事实,要么人们之间在道德认知、情感和行动上存在着严重的冲突,要么是人们共有的道德认知、情感和意志以及人们共用的道德规范,面对重大自然风险和社会危机而无语、无助和无力,如战争、地震、海啸、致命病毒。或者,即便出现了上述事实,人们也未能产生道德焦虑的体验,那么道德焦虑也不会作为一个普遍性问题而产生和表现出来。表面看来，道德焦虑是一个应用伦理学问题，但实质上，它原是有着深厚的人性基础和坚实的社会根源的，它所呈现出的是理与理、情与理、情与情之间的复杂关系，而情与理恰被认为是揭示人之拥有德性且能够充分运用德性之秘密的两把锁钥；而道德焦虑正是道德悖论和道德冲突于情与理上的集中表现。

道德焦虑绝不是初始性的、源发性的心理和精神状态，以及行为主体对这一状态的体验；它必须奠基于道德认知、情感、意志、判断和选择之上，即它是一种复杂的情理结构。亚里士多德说："既然灵魂的状态有三种：感情、能力与品质，德性必是其中之一。感情，我指的是欲望、怒气、恐惧、信心、妒忌、愉悦、爱、恨、愿望、嫉妒、怜悯，总之，伴随着快乐与痛苦的那些情感。能力，我指的是，使我们能获得这些感情例如使我们能感受到愤怒、痛苦或怜悯的东西。品质，我指的是我们同这些感情的好的或坏的关系。"①在亚里士多德所列举的情感或感情中，有些是属于"始点"的，它们是天生的、天赋的，不是后天养成的，如欲望、恐惧、愿望，它们在无对象的情境下也会表现出来，亦即意向，也会因为外界的刺激而呈现出来，亦即意向性；而有些则是诱使性或激发性的，即便是诱使性的也不是因为有了客体的刺激才有了对刺激的感受性，而是这种感受性已经预先地潜存在感受者的内心世界中了，前者是单一的，后者是复合的。情是属人的，每个人都有情，作为属己的存在，每个人时时刻刻都在感受着情、体验着情；然而，每时每刻都在体验着的属己状态，却未必说得清楚、讲得明白。何以至此？大概有两个原因，其一，情是标识人的最复杂一面，既有不变的基底，又有变化无常的外表；其二，情多半是不可言说、无法名状的状态，它先于理而发生，又时时刻刻影响着理而持存，以致有"情本体"之说。情乃是心灵结构中的底层，作为基底，人的知性、理智、概念、判断、推理都立于其上，人们无法精确地描述它们之间的力量对比关系，但绝对会

---

① ［古希腊］亚里士多德：《尼各马可伦理学》，廖申白译，商务印书馆2003年版，第43页。

感受到情与理之间的复杂关系及其内在张力。从亚里士多德关于感情与情感的划分中，我们似乎看到了可用源流来刻画的次序关系。源的部分可称为需要、欲求，它们是指不足、匮乏和饱和、过量状态，以及由此决定的由外到内的占有和由内到外的表达两种指向；当这些状态与指向和外感知结合在一起的时候，即可称为情欲。

亚里士多德关于情之源与流的区分，在休谟那里得到了更为清晰的表达："正像心灵的一切知觉可以分为印象和观念一样，印象也可以有另外一种分类，即分为原始的和次生的两种。这种印象分类法，也就是我在前面把印象分为感觉印象和反省印象时所使用的那种分类法。所谓原始印象或感觉印象，就是不经任何先前的知觉，而由身体的组织、精力或由对象接触外部感官而发生于灵魂中的那些印象。次生印象或反省印象，是直接地或由原始印象的观念作为媒介，而由某些原始印象发生的那些印象。第一类印象包括全部感官和人体的一切苦乐感觉；第二类印象包括情感和类似情感的其他情绪。

"确实，在心灵发生知觉时，必须由某处开始；而且印象既然先行于其相应的观念，那么必然有某些印象是不经任何介绍而出现于灵魂中的。这些印象既然依靠于自然的和物理的原因，那么要对它们进行考察，就会使我们远远离开本题，进入解剖学和自然哲学中。因为这个缘故，我在这里将只限于讨论我所称为次生的和反省的那些其他的印象，这些印象或是发生于原始的印象，或是发生于原始印象的观念。身体的苦乐是心灵所感觉和考虑的许多情感的来源；但是这些苦乐是不经先前的思想或知觉而发身于灵魂中或身体中的。

"当我们观察各种情感时，又发现了直接情感和间接情感的划分。我所谓直接情感，是指直接起于善、恶、苦、乐的那些情感。所谓间接情感是指由同样一些原则所发生、但是有其他性质与之结合的那些情感。这种划分我现在不能再进一步加以辩解或说明。我只能概括地说，我把骄傲、谦卑、野心、虚荣、爱、恨、妒忌、怜悯、恶意、慷慨和它们的附属情感都包括在间接情感之下。而在直接情感之下，则包括了欲望、厌恶、悲伤、喜悦、希望、恐惧、绝望、安心。"①

　　基于亚里士多德和休谟对情感的分类和论证，我们试图做进一步讨论，这种讨论并非是可有可无的，对于深入分析和论证道德焦虑问题乃是元理论意义上的基础。首先，必须确立情感的始点问题，这就是休谟的原始印象和直接情感问题。在这里我们试图用需要概念作为描述情感之始点的核心范畴。需要是一个描述性和分析性的概念，其所指是，一切有生命存在物所处的不足、匮乏、饱和、过量状态，以及由此决定的由外到内的占有和由内到外的表达；这种状态和指向便是一切有生命存在物的原始结构，它们是自然的，是不经人的努力而成的，人只能改变这种存在状态的样式及其展开方式的具体道路，但却不能决定它们的有和无，取消了它们就等于取消了有生命存在者自身；一如试图取消人的贪心、贪念和贪婪那样，就等于取消了人之进行各种获得的全部动力；只有当贪心、贪念和贪婪超出了伦理限度时，它们才是恶的。一切自然而然的东西都是好的，它们自有其存在的理由，且理由来自它自身之内，因而都是被承认和尊重的对象，它们自在地就是有理性的，或是合乎理性的；它们有足够的根据和理由展开自己为他物，然后又复归于自身。每一种有生命存在物都这样地存在着，但人却是自知其存在状态及其展开方式并借助这种展开而追问存在意义的存在者。如果说，需要概念所描述的是人的原始的存在状态及其展开方式，且时时刻刻感受和体验着这种状态和指向，我们就把这种基于感受、体验之上的存在感、意义感称为休谟意义上的原始印象。这是必须得到承认和尊重的事实，一切意愿、意志和权利均立于其上。需要是一个极具总体性和整体性的概念，就其自身而言就已是相当复杂，而由需要引发的其他相关项就更加复杂了。需要所描述和规定的虽然是一个原始结构，但人们不会或多半不直接满足需要，进行直接占有和表达，需要虽然是本己的，但却不是本能的。

　　非自足感、非完满性、非完成性，这就是第一印象，原始印象，它们不

---

① ［英］休谟著：《人性论》（下），关文运译，商务印书馆 1980 年版，第 305—306 页。

经由任何其他感觉而先行,自行发生;只要有生命发生着、存续着,这种感觉就一定自在地发生着。与其他动植物不同,人几乎不会直接解除不足和匮乏,释放能量、恢复平衡,而是将这种状态、指向以及立于其上的诸种感觉呈现在表象里、把握在意识中,将生物—物理—社会事实变成心理—精神事实,然后生发出解除不足、释放能量的生理倾向性和心理—精神倾向性来,这便是欲望。欲望是连接需要与情感的中介,当需要变成欲望时,欲望者就会处在不能完全分有甚至是抗拒逻各斯的状态,沉浸在盲目追求快乐的情状之中;情状不是纯粹的客观事实,而是充满倾向、趋向的主观事实;当欲求者处在自行设计的情境状态而无具体的善的事物时,便是一种意向,即单一的、非对象性的主观存在;这便是休谟的原始印象。它们只能被称为情状、性状,但不能称为情感、情绪。当欲求者或通过想象而虚拟地满足需要,或通过实际地占有和表达而满足需要—欲望时,便会在内心产生满足感、快乐感、幸福感;当未能满足欲求时,会产生失望感、失落感、挫折感,其欲求者会清晰地感受着这些内心体验状态,当把这些快与不快的感受与对象关联起来,形成对象性的关系时,一种评价性的感受和判断就产生了,这就是休谟的第二或次生印象、间接情感。所谓情绪或情感是指,因人或物有无价值、有多大价值而在欲求者那里产生的内感知,即体验,这就是情绪和情感,这是诱使性的、因变量式的情绪和情感。当欲求者将自身的内感知、体验以态度、立场和价值观等主观形式附加到对象上去的时候,从而表现为言说和行动时,就是心因性的、自变量式的情绪和情感。

焦虑是密切关联于情感和情绪的心理—精神现象,尽管人处在极度焦虑中也会有强烈的生理反应,但就焦虑的本质说,则属于心理—精神现象。焦虑直接起源于需要—欲望未能得到满足而产生的压力;压力是用来描述某个或某些具体需要—欲望未能得到满足的状态、未能得到满足的程度,以及这种状态和程度给需要—欲望者造成的心理—精神上的紧张感。压力是人的生存和生活状态的基本样式,是情感和情绪中的负价值状态,即不满足、缺憾、遗憾、失望、绝望状态,情感和情绪的其他两种状态是平静、平和、平淡、淡定，以及满足感、快乐感和幸福感。压力作为情绪和情感中的"底线"之下的状态，乃是需要—欲望者对其具体需要—欲望未能得到满足而产生的心理—精神反应，是生命有机体的非正常的、非健康的运行形式；或者说是亚健康状态。压力是焦虑的直接来源，但并不是任何一种压力都是焦虑，都会产生焦虑；焦虑通常是同一种压力累积到需要—欲望者无法摆脱压力而产生的无奈、无助和无望感。焦虑是过度了的压力，是试图摆脱压力而又无法摆脱压力的心理—精神悖论；是行为主体试图摆脱于生理—心理—精神生活不利状态而恢复到健康乃至快乐状态而进行的艰苦努力；它表明，行为主体对压力的性质、程度以及造成压力的根源的认知是正确的，对解决压力的态度是积极的，信心是坚定的。当焦虑者或对产生焦虑的根源完全丧失认知、对摆脱焦虑的行动完全丧失信心；或对焦虑的根源、焦虑的性质和程度产生视而不见、麻木不仁甚至完全否认的态度时，因焦虑而产生的病理学意义上的有机体状态，就是严重损害生理—心理—精神健康的反向状态了。道德焦虑则不属于病理学意义上的压力过度，而是一种健康的、积极的道德心理状态。

虽然说任何一种焦虑都是生理—心理—精神的不健康的、负面的有机体状态，诸种焦虑可能有相似甚或相同的原始发生及其演变的逻辑，但在性质上是有区别的。当焦虑这种心理—精神现象与善恶相关时，我们就把焦虑在相关于正当性基础的意义上区分为道德焦虑和非道德焦虑两大类。所谓非道德焦虑是指，从来源上看，是由于行动者的生物性、社会性和精神性需要较长时间或长期得不到满足而产生的压力积累；从性质上看，此种心理—精神行为并不涉及利益相关者、公共善和公认的公序良俗。而道德焦虑是一定相关于利益相关者和道德规范的心理—精神现象；道德焦虑是负面情绪和情感的表达，是对善的隐匿和恶的泛滥的唾弃与愤怒，是拥有坚定的道德信念、丰富的道德情感和鲜明的道德立场的人，对"人心不古、世风日下"之状况的谴责与批判，同时又无力改变这种状况之后形成的无奈和无助感；是有德性的人面对不道德的他者和不道德的社会所发出的无声的呐喊，是一个不想泯灭良知的人试图以一己之力"力挽狂澜"的遐想、理想、空想和幻象;但又是觉得"无力回天"后的"捶胸顿足""愤怒不已"。当我们用哲学概念、话语和逻辑更加深入地沉思道德焦虑时,仍有如下问题需要进一步分析和论证。

道德焦虑的主体是具有理智德性和道德德性的行动者。一个拥有健康而完善道德人格的人,会形成对社会道德状况的感受性、敏感性、接受性和回应性;一如并非所用人都有同等程度的理智德性和道德德性那样,也并非所有人都有同样的道德焦虑这种高级的心理—精神现象,虽然道德焦虑是道德情感的反向表达,但它的作用却是积极而健康的。道德焦虑是如何产生的和道德焦虑如何发挥积极而健康的作用,是尽管密切关联但却不尽相同的两个问题。我们可以设想这样两种情形:社会由完全有理智和道德德性的人组成;社会由无德之人组成。事实证明,这是想象的产物,实际情况则是第三种,有德之人和无德之人共同组成了一个既有假丑恶行为又有真善美行为的复合社会。以此推论,就道德焦虑存在的比例而言,既不属于全无也不属于全有,一个被治理和管理得至好的全善社会,几乎是不可能存在的,一个毫无秩序、结构崩溃、价值毁灭的社会,也绝不会长久;那么,持存下来的就只有真善美和假丑恶相互交织的社会状态,因而道德焦虑也不会发生在所有行为者身上,从而成为普遍的和会现象。社会良知不是社会文化的全部,它是社会文化中朝向真善美的力量,是可以称作文明的部分。那么,为何不是所有人都能够产生基于道德情感之上的道德焦虑,并借助有声和无声的语言彰显社会良知、伸张社会正义、谴责诸种不义、重构伦理环境? 这就好像要求所有人都有德性是不现实的那样,让所有人都有道德焦虑感及其表达也同样是不现实的,那我们就讨论作为普遍现象(既不多也不少)的道德焦虑问题。

就拥有健全道德人格的行动者来说,其道德焦虑的原始发生源自自我认知和自我感知着的道德冲突;而就道德冲突的存续形式说有内在的和外在的两种。所谓内在的道德冲突,指的是,行动者总是面临着正确认知和正当行动问题。一个拥有基本理性能力的个体,会在反复进行的公共交往和公共生活中形成道德感受性、敏感性和回应性,而就感受性的对象而言，有内感知和外感知，敏感性和回应性均奠基于这两种感知之上。内感知是行动者在面临善恶选择时所产生的情感和情绪上的纠结、矛盾和冲突。在每个人所处理的诸种关系中，绝大部分都会涉及健康与正当问题，向行动者自身而言的情感与情绪纠结、矛盾，描述的是行动者在作出选择、采取行动时，是完全听从欲望的摆布，从心所欲、任性妄为，还是听从逻各斯的指引和理性的呼唤？因为人的身心必须在和谐的状态下才能正常运转，为获得快乐和幸福提供生物基础和心理安排。任何一个能有健康体验的人，时时处处都会遇到理性与非理性、任性与自律的纠结、矛盾和冲突，除非是一个任性成瘾的人，由于无法抗拒欲望的趋势，而甘愿选择损害身心健康的生活方式，拥有最基本理性能力的人，都会将欲望和任性限制在自我合理性的范围内，过一种自律的、有节制的生活。由于这种焦虑本质上不涉及他者利益和公共道德规范，便不属于典型的道德焦虑范畴。典型的道德焦虑发生于外感知领域，亦即，当具备一定感受性、敏感性和回应性能力的人，面对个体的、集体的、集团的持续的不道德行为，非但没有收到相应的道德谴责和法律制裁，反而大行其道、持续获益时，所产生的道德谴责和情感愤怒；是面对他心目中的理想道德和理想社会渐行渐远而产生的内心上的忧虑和无望。朝向外感知而产生的道德焦虑又有极为复杂的情形，一种是疾风暴雨式的社会转型过程的道德焦虑，一种是相对稳定状态下的道德焦虑。这便是道德焦虑之原始发生的人性根源和社会基础问题。

2. 场域：道德焦虑之原始发生及其演变的社会基础

任何一种道德焦虑的发生都是有特定环境和基础的，一如前述，这个环境和基础既有主体性的又有客体性的，行动者的内心世界是内部环境，亦称"内部视阈"，他所处的时代和周围世界则是外部环境，亦称外部视阈。从可能性角度说，只要内外环境都客观地立在那里，道德焦虑即可产生，进言之，无论社会处在相对稳定状态还是处在失序甚至无序状态，都不排除道德焦虑这种心理—精神现象能够产生，然而有研究意义的则是作为普遍现象的道德焦虑。

在传统的农业社会，人们朝夕相处，日出而作、日落而息，生存生活在一个相对固定的熟人状态中；人们依靠着千百年来不曾变化的家规、族规、村规，以基于血缘关系之上的自然情感，以基于地缘关系之上的社会情感，维系着长幼有序、男女有别的差序格局。在这里，没有陌生的领域，只有熟悉的角落；在一个相对封闭的生活空间内，很少有外来要素渗透到封闭的领域中来，一旦有陌生人进入熟人领地，人们会不约而同地保持足够高的道德警惕性，共同的道德信念、认知、情感和意志，构筑起了强大的防御体系；即便有个别人离开这个熟人世界，待将来回到这个熟人空间，也同样要遵守他曾经遵守的游戏规则。于是，相似甚或相同的主体性德性和客体性规范，大大提高了道德上的"违约成本"，道德上的共通感、共同感以及"高昂"的道德代价，阻止了违反道德规范行为的发生率。在此种语境下，很难产生普遍化的道德焦虑，如若有道德焦虑发生也只限于行动者因出于利己动机而或明或暗地损害了他者利益而产生的耻感和愧疚，真正说来，这不属于典型的道德焦虑，因为它在任何一种社会形态下都可能出现；唯其是充满对与错、善与恶的纠结、矛盾与冲突，行动者会在外在的道德舆论的约束下、内心道德感的呼求中，修正、矫正自己的观念和行为，以解除因道德情感的纠结而产生的道德焦虑。真正的道德焦虑发生于激烈的社会变迁和变动不居的社会状态中。当我们从学理上给出了普遍化的道德焦虑得以发生的内部视阈和外部视阈时，并未给出一个极为复杂的现实的过程，如若没有对社会变迁和社会革命的细致分析和缜密论证，道德焦虑之原始发生和自我演变、社会呈现的内在逻辑就无法揭示出来。

一如在传统的农业社会所实际呈现的那样，普遍化的道德焦虑是无法发生的，尽管在中国传统的农业社会曾发生过多起农民起义，单却并未发生因起义而出现的道德焦虑，那是因为，每次农民起义所能改变的只是朝代的更迭和国家权力的易手，并未彻底改变传统的农业社会的生产、交往和生活方式，以及立于其上的主体性的德性结构和客体性的规范系统的根本性改变。而社会革命则不同,它是社会基本矛盾的根本性解决,是生产、交往和生活方式的彻底改变,是原有道德人格的解构和新型道德人格的重构;它从根本上改变着原有的产权关系,也生成着新型的利益关系。

在充满政治压迫和阶级剥削的社会状态下,被压迫和被剥削阶级就既无能力也无权利获得幸福,因为权力、资本、身份、地位、运气都掌握在统治阶级手里。如要改变广大劳苦大众的被剥削状态,一个人、几个人、一些人的革命是不可能实现的。促使每个人获得幸福构成了集体行动的价值逻辑。那么,在人类历史上是否产生过以这样的价值逻辑行动的政党呢? 资产阶级及其政党曾以最革命的形式登上了历史舞台,也曾经提出了所谓普世价值的口号,自由、平等、博爱、民主,也确实起过非常革命的作用,"资产阶级在历史上曾经起过非常革命的作用"。这种革命作用具有积极和消极两个方面的意义。"资产阶级在它已经取得了统治的地方把一切封建的、宗法的和田园诗般的关系都破坏了。它无情地斩断了把人们束缚于天然尊长的形形色色的封建羁绊,它使人和人之间除了赤裸裸的利害关系,除了冷酷无情的'现金交易',就再也没有任何别的联系了。它把宗教虔诚、骑士热忱、小市民伤感这些情感的神圣激发,淹没在利己主义打算的冰水之中。它把人的尊严变成了交换价值,用一种没有良心的贸易自由代替了无数特许的和自力挣得的自由。总而言之,它用公开的、无耻的、直接的、露骨的剥削代替了由宗教幻想和政治幻想掩盖着的剥削。

"资产阶级抹去了一切向来受人尊崇和令人敬畏的职业的神圣光环。它把医生、律师、教士、诗人和学者变成了它出钱招雇的雇佣劳动者。资产阶级撕下了罩在家庭关系上的温情脉脉的面纱,把这种关系变成了纯粹的金钱关系。

"资产阶级除非对生产工具,从而对生产关系,从而对全部社会关系不断地进行革命,否则就不能生存下去。反之,原封不动第保持旧的生产方式,却是过去的一切工业阶级生存的首要条件。生产的不断变革,一切社会状况不停的动荡,永远的不安定和变动,这就是资产阶级时代不同于过去一切时代的地方。一切固定的僵化的关系以及与之相适应的素被尊崇的观念和见解都被消除了,一切新形成的关系等不到固定下来就陈旧了。一切等级的和固定的东西都烟消云散了,一切神圣的东西都被亵渎了。人们终于不得不用冷静的眼光来看他们的生活地位、他们的相互关系。"①

资产阶级把旧有的充满地位差别的神圣关系,把充满敬畏的宗教关系,把充满温情脉脉的家庭关系都变成了赤裸裸的金钱关系;它把人们之间的精神关系、感情联系变成了简单的功利关系、雇佣与被雇佣的关系;资产阶级拆除了以往社会赖以存续的坚固的社会基础,颠覆了过往社会的一切稳定性,使一切都处在变动不居的状态,充满了偶然性,也充满了风险。显然,马克思和恩格斯是以辩护与批判的态度论述资产阶级和资本主义经济形态的价值二重性的。从生产、分配、交换与消费的角度看,资产阶级更是把国内市场拓展到国际空间中,从而建立起了世界市场,这为后来的世界化和全球化准备了经济基础。

"不断扩大产品销路的需要,驱使资产阶级奔走于全球各地。它必须到处落户,到处开发,到处建立联系。资产阶级,由于开拓了世界市场,使一切国家的生产和消费都成为世界性的了。"资产阶级通过建立世界市场也使得经济活动的正义性与非正义性随着时间的推移而变成了世界性的空间正义问题。"使反动派大为惋惜的是,资产阶级挖掉了工业下的民族基础。古老的民族工业被消灭了,并且每天都还在被消灭。它们被新的工业排挤掉了,新的工业的建立已经成为一切文明民族的生命攸关的问题;这些工业所加工的,已经不是本地的原料,而是来自极其遥远的地区的原料;它们的产品不仅供本国消费,而且供世界各地消费。旧的、靠本国产品来满足的需要,被新的、要靠极其遥远的国家和地带的产品来满足的需要所代替了。过去那种地方的和民族的自给自足的闭关自守状态,

---

① 《马克思恩格斯文集》第 2 卷,人民出版社 2009 年版,第 33—35 页。

被各个民族的各方面的互相往来和各方面的互相依赖所代替了。物质的生产是如此，精神的生产也是如此。各个民族的精神产品成了公共的财产。民族的片面性和局限性日益成为不可能，于是由许多种民族的和地方的文学形成了一种世界文学。"①由生产和消费的世界化和全球化所造成的诸种后果，一方面看，它使民族工业失去了坚实的基础，一切文明民族如若生产下去，就必须主动融入世界性的生产和消费过程中。但另一方面看，生产与消费的世界化也打破了民族的片面性和局限性，这就极有可能使物质生产和物质财富、精神生产和精神财富变成世界性的从而成为全人类的共同财富。

除了世界性的生产与消费之外，生产工具的改进、交通工具的发达，也使得世界性历史交往形式成为可能，一种普遍化的资产阶级文明极有可能代替隔离状态下的民族的、地方的文明。"资产阶级，由于一切生产工具的迅速改进，由于交通工具极其便利，把一切民族甚至最野蛮的民族都卷到文明中来了。它的商品的低廉价格，是它用来摧毁一切万里长城、征服野蛮人最顽强的仇外心理的重炮。它迫使一切民族——如果它们不想灭亡的话——采用资产阶级的生产方式；它迫使它们在自己那里推行所谓的文明，即变成资产者。一句话，它按照自己的面貌为自己创造出一个世界。"世界经济体系的建立，世界历史交往形式的形成，各个民族如若想生存下去，就必须尽到资产阶级的文明体系中来，这就极有可能产生双重文化效果，使野蛮民族摆脱野蛮性而逐渐形成现代文明；使拥有灿烂传统文化的民族丢掉自己的文明而被迫融入充满世俗、功利、竞争、冲突的现代文明体系之中。

当资产阶级及其政党把它的曾经的革命性消耗殆尽的时候，它就开始"发展"了它的保守性和反动性。它消灭了封建地主对新兴资产阶级的压迫和剥削却又造成了它对雇佣工人的剥削；它推翻了封建制度的私有制，却又建立起了资产阶级私有制。如果在前资本主义社会，统治阶级

---

① 《马克思恩格斯文集》第 2 卷，人民出版社 2009 年版，第 35 页。

和被统治阶级还是一种混合的、复杂的形态,那么资产阶级则把社会阶级分成了极为简单的两个阶级:资产阶级和无产阶级。"从封建社会的灭亡中产生出来的现代资产阶级并没有消灭阶级对立。它只是用新的阶级、新的压迫条件、新的斗争形式代替了旧的。"①资产阶级把私有制发展到了最完备的形式,而且借着资本的运行逻辑,将这种私有制推广到了世界的各个角落。曾经标榜自己是人类普遍价值的倡导者和实践者的资产阶级,最后把民主、自由、平等、博爱发展成了只对资产阶级自身有效的价值体系。

在彻底颠覆封建统治而建构资产阶级私有制的过程中,就如同激烈的权力争夺和利益纷争那样,道德焦虑也疾风暴雨式地进行着,但人们似乎感觉不到道德焦虑的普遍性发生和普遍性作用,那是因为,当武器的批判已经达到了令批判的武器显得"可有可无"的时候,人们就不再顾及作为内心体验的道德焦虑和伴随着武器的批判而发挥的舆论和精神作用了。事实上,在疾风暴雨式的社会革命中,因道德冲突而引发的道德焦虑是同样激烈而复杂的。

首先,多重主体问题。在社会革命中,人们会在极短的时间内进行利益重新分配和阶级关系调整,而由原来的被压迫、被剥削者通过革命成为权力的拥有者和行使者,在他们那里通常不会发生道德焦虑,相反他们会沉浸在通过权力争夺和道德革命而成为"统治阶级"的喜悦中,相反,被革命了的原统治阶级则会用旧有的道德谴责和抗拒革命行动;道德焦虑则明显发生在因失去统治地位而又无法接受统治者被革命这一事实的集团那里,他们会用曾经维护和巩固他们曾经的统治地位的道德规范体系而强烈谴责新兴的革命者的革命。显然,这样的道德焦虑并不指向一个充满民主、自由、平等、富强的社会,而是对日薄西山、夕阳西下的非正义社会状态的道德留恋,这种与历史进步和人的发展相背而行的道德焦虑,非但不是我们所主张的、值得推进的心理—精神力量,恰恰是我们必须严

---

①　《马克思恩格斯文集》第 2 卷,人民出版社 2009 年版,第 32 页。

厉批判和彻底摒弃的对象。

而在资产阶级革命中,在资产阶级还是革命阶级的时候,广大的无产者会在资产阶级革命口号的感召下,同资产阶级一同采取集体行动,推翻封建统治,建立资产阶级所信誓旦旦地承诺给劳苦大众的理想社会,此时的劳苦大众不会产生道德焦虑,因为同资产阶级短暂地享受到进行社会革命的益处。然而,资产阶级的阶级本性已经决定了,它不过是用更加精致而高级的私有制代替了封建社会的普通私有制,所以马克思说,无产阶级的终极目标就是消灭一切私有制,即消灭资产阶级私有制。当资产阶级在把封建统治者确立为自己的敌人的时候,它已经在把无产阶级发展成了自己的敌人,消灭敌人和树立敌人是同一过程的两个方面。当资产阶级撕下普世价值的伪装而把民主、自由、平等、富强这些共同价值仅仅变成对资产阶级有效的具体价值时,在全部无产阶级那里产生的道德焦虑便迅速而普遍地蔓延开来。这种道德焦虑在内容上是多重的,一个是对资产阶级更加伪装的、充满假象的,精致的、借助市场化的过程而实施的剥削和压迫充满了道德上的谴责、批判和愤怒;同时对自己的被奴役状态感到极端不满而又无力摆脱这种状态从而产生了无助、失望甚至是绝望的体验。作为一个具有基本感受性、敏感性和回应性的被压迫、被剥削者,都会产生或强或弱的道德焦虑,然而普通民众对待自己的道德焦虑的态度和表达通常都是情绪和情感性的,他并不理性地追问产生道德焦虑的人性基础和社会根源,更不会去构想那个普遍有效的道德法则,而只是着眼于极具个体性的自我生产、生活和感受状态;更不会将道德情感借助普遍有效的传播方式理性地传播出去,从而形成具有反思、批判和预设性质和气质的精神力量。把无产阶级的道德焦虑变成一个严密的逻辑体系,并以科学社会主义和共产主义学说形式表达出来、传播出去,从而成为一种巨大的"批判的武器",是由马克思、恩格斯以及后来的共产党人逐步完成的。如果说,马克思和恩格斯是把无产者的道德焦虑变成了可实践的理论和思想体系,那么,中国共产党人则把它变成了伟大的社会主义实践。

　　由共产党人领导的无产阶级政党是迄今为止人类历史上唯一代表劳苦大众的政党。"他们没有任何同整个无产阶级的利益不同的利益。"共产党人的最近目的就是推翻资产阶级的统治,由无产阶级夺取政权:"共产主义的特征并不是要废除一般的私有制,而是要废除资产阶级的私有制。"①夺取政权,建立社会主义国家,这只是实现人类终极目的、促使广大民众获得幸福的一个关键步骤,而更为要紧的则是能够创造出一个朝向目的之善的政治制度、经济制度和文化制度来,并将这些制度落实到反复进行的生产、交往和生活实践中。进一步地说,终极目的是逐步实现的。"当阶级差别在发展进程中已经消失而全部生产集中在联合起来的个人的手里的时候,公共权力就失去了政治性质。原来意义上的政治权力,是一个阶级用以压迫另一个阶级的有组织的暴力。如果说,无产阶级在反对资产阶级的斗争中一定要联合为阶级,通过革命使自己成为统治阶级,并以统治阶级的资格用暴力消灭旧的生产关系,那么它在消灭这种生产关系的同时,也就消灭了阶级对立存在的条件,消灭了阶级本身的存在条件,从而消灭了它自己这个阶级的统治。代替那存在着阶级和阶级对立的资产阶级旧社会的,将是这样一个联合体,在那里,每个人的自由发展是一切人的自由发展的条件。"②

　　由中国共产党人领导的社会主义运动,无论是在民主主义革命时期,还是在社会主义建设和发展时期,始终把人类的终极目的标划为确定为国家治理和社会管理的目标,并使之成为发展社会主义和完善社会主义的根本动力,更重要的是,将人类孜孜以求的终极目的转换为具体的目标:寻找一个能够创造财富并合理分配财富的经济组织方式。起始于 20世纪 70 年代末的改革开放,使我们逐渐找到了这样一种经济组织方式,这就是建立和完善社会主义的市场经济。构建一个促使每个人有意愿、有能力且能合理地表达政治意志的制度安排,将民主制度落实在每一个

---

① 　《马克思恩格斯文集》第 2 卷,人民出版社 2009 年版,第 45 页。
② 　同上书,第 53 页。

环节上,形成全过程民主。在经济基础和政治保障之下,每个人有能力、有条件过一种整体性的好生活。中国共产党人的伟大之处固然是将人民的利益和幸福确定为一切行动的终极目标,更加伟大的是,通过不断艰苦探索和实践,经过自我革新、自我完善,在各种艰难困苦中,探索出了一条充满中国智慧、中国格局和中国风格的社会主义道路。然而,道路是曲折的,建设是复杂的;在复杂而艰难的探索和实践中,依然有道德焦虑产生,以道德认知、道德情感和道德行动表达着对贫穷和落后的不满、对社会主义未来的忧虑。

中华人民共和国的成立,标志着由中国共产党人领导的伟大的社会主义运动进入了新阶段,是进行社会主义建设的开始。在本体论的意义上,此时的根本任务表现为如何安排政治、经济和文化这三个根本要素,只有将这三个要素置于既相嵌入、支持,又相独立的和谐的、平衡的状态之中,早已立下的初心、早已确定的使命才能最大化地实现。经济、政治和文化构成了社会结构中的三个根本性元素,它们分别为社会提供着不可替代的价值系统,有着各自的运行规律,如若使其中的任何一个元素强制性地替代其他两个元素,都会使国家治理和社会管理处在非均衡状态之中,从而不能实现初心和使命。经济解决生产和生活资料的来源问题,为社会提供财富,它所遵循的价值原则是效率与公平,效率解决的是财富的来源问题,公平解决的是财富的分配问题。中国共产党人之所以领导千千万万个劳苦大众推翻三座大山,建设一个富裕、民主、平等和自由的社会,就是因为被推翻的那个社会是一个既无效率又不公平的社会。政治解决秩序保障问题,为经济、文化和政治自身提供政策设计和制度安排,遵循的是正义与平等原则。文化为人们的生产、交往和生活提供意义支撑,遵循的是自由与幸福原则。如果说在革命时期,夺取政权具有先行于经济和文化的优先性,那么夺取政权后进行社会主义建设,则必使经济建设处于优先解决的地位。经过初步的探索和实践,通过社会主义改造,中国逐渐找寻到了解放生产力和发展生产力的道路,从而使人民的生活发生了翻天覆地的变化。然而,在新中国成立初期直至20世纪70年代末,社会主义建设面临着各种困难和矛盾,生产力极度落后,国际环境压力重重,国内矛盾层出不穷,如何在权力、资本和文化之间做出合理布局,成为重大的哲学问题。

如果将以夺取政权为直接目标的社会主义革命时期的观念和行动直接移植到社会主义建设中来,用政治权力统合经济和文化,那必然是经济的无效率和文化的无自由;而如果任由经济依照市场原则发展起来,又有可能出现资本与权力的"互联互通",权力资本化、权力知识化、资本权力化,产生颠覆社会主义政治制度体系的风险,如何在权力、资本和知识之间寻求和解和平衡,就成为政治哲学、经济哲学和文化哲学所必须予以研究和解决的问题。实践证明,在新中国成立后的 29 年里,尽管把发展经济和创造财富作为建设社会主义的首要任务时断时续地确立下来和践行起来,但总的格局是政治统领经济和文化,以致到 20 世纪 70 年代末,出现了严重的贫穷与落后的社会状况。在半个世纪之后的今天,人们似乎可以以"公正的旁观者"姿态来评价社会主义建设时期的种种事实,历数经验与教训的诸多方面,但半个世纪之后的其他的"公正的旁观者"也同样可以历数我们的种种教训。只有将任何一种相关于真善美与假丑恶的评价置于历史的运行逻辑中加以评定,才是客观的、公允的。"我们判断一个人不能以他对自己的看法为根据,同样,我们判断这样一个变革时代也不能以它的意识为根据;相反,这个意识必须从物质生活的矛盾中,从生产力与生产关系之间的现存冲突中去解释。无论哪一个社会形态,在它所能容纳的全部生产力发挥出来之前,是决不会灭亡的;而新的更高的生产关系,在它的物质存在条件在旧社会的胎胞里成熟以前,是决不会出现的。所以人类始终只提出自己能够解决的任务,因为只要仔细考察就可以发现,任务本身,只有在解决它的物质条件已经存在或至少是在生成过程中的时候,才会产生。"[1]在新中国成立后的 28 年里,中国共产党人在殚精竭虑地探索和实践着解放生产力、发展生产力,建设一个强大的社

---

[1]　《马克思恩格斯文集》第 2 卷,人民出版社 2009 年版,第 592 页。

会主义国家的道路，但人们只能在自然、社会和历史给定的可能性空间内思考和行动，社会的进步和个人的发展自有其内在的运行逻辑，超越这一逻辑就会出现冒进的危险，滞后这一逻辑就会有错失发展机遇的可能。

经过深刻的理论反思和艰苦的实践探索，从 20 世纪 70 年代末开始，中国走上了改革开放的道路，生产力得到了巨大的解放和发展，这是一场伟大的变革。经过市场经济到底是手段还是目的的争论和"试验"，最终确定下来，社会主义有计划、资本主义也有计划，资本主义有市场、社会主义也有市场，市场经济作为一种资源配置方式，既可以为资本主义服务，同样也可以为社会主义服务，甚至更好地为社会主义服务。以城市为中心开启了全面的经济体制改革，使得社会主义建设走上了快速创造财富和积累财富的道路。在不断推进市场化的过程中，也时隐时现地出现了亚当·斯密所描述的"看不见的手"和"公正的旁观者"景象。斯密首次使用"看不见的手"这一短语是在《天文学史》(Ⅲ，2)中，在写到早期宗教思想时，他谈到，只有不合常规的偶然事件是神奇的力量引起的。"火燃烧起来，水得到补充；重的物体下降，轻的物体上升，这是它自身性质的必然；也不是朱庇特的这只看不见的手觉察到而作用于这些物体。"[1]在《道德情操论》中，斯密将"看不见的手"表述得更清楚："一只看不见的手引导他们同穷人一样对生活必需品作出几乎同土地在平均分配给全体居民的情况下所能作出的一样的分配，从而不知不觉地增进了社会利益，并为不断增多的人口提供生活资料。当神把土地分给少数地主时，他既没有忘记也没有遗弃那些在这种分配中似乎被忽略了的人。后者在享用着他们在全部土地产品中所占有的份额。在构成人类生活的真正幸福之中，他们无论从哪方面都不比似乎大大超过他们的那些人逊色。在肉体的舒适和心灵的平静上，所有不同阶层的人几乎处于同一水平，一个在大路旁晒太阳的乞丐也享有国王们正在为之战斗的那种安全。"[2]在《国富

---

[1] [英]亚当·斯密著：《道德情操论》，蒋自强等译，商务印书馆 1997 年版，第 17 页。
[2] 同上书，第 230 页。

论》"论限制从国外输入能生产的货物"小标题之下,再一次地论述到了"看不见的手":"确实,他通常既不打算促进公共的利益,也不知道他自己在什么程度上促进那种利益。由于宁愿投资支持国内产业而不支持国外产业,他只是盘算自己的安全;由于他管理产业的方式目的在于使其生产物的价值能达到最大程度,他所盘算的也只是他自己的利益。在这场合,像在其他许多场合一样,他受着一只看不见的手的指导,去尽力达到一个并非他本意想要达到的目的。也并不因为事非出于本意,就对社会有害。他追求自己的利益,往往使他能比在真正出于本意的情况下更有效地促进社会的利益。"①

不可否认,亚当·斯密所说的"看不见的手",事实上是基于个人、组织、企业的自利行为而造成的意想不到的社会公益后果;每个行动者并无利他动机,但由于每个人之间、企业与个人之间、企业与企业之间、企业与政府之间的相互依存性决定了自利动机的社会效果。事实上,这并非一个典型的伦理问题,而只能算是企业自利行为的伦理后果问题。而造成这一后果的企业是否担负社会和道德责任,倒是一个典型的伦理问题。首先,自利性的普遍性问题。如果将每一个人、每一个企业视作是利益主体,那么每个企业的利己动机都是合理的,如果每个人和每个企业都放弃了促使自己利益最大化的努力,而等待其他利益主体的救济,那么谁又会通过利己行为而客观上造成社会利益增加呢?这里的关键不在于利己动机,而在于于人于己有利的自利行为,而不是损人利己。在市场经济条件下,正是不同利益主体之间的相互依赖性,导致人们或不同企业之间必须遵循互利原则。这正是康德所给出的普遍法则:要按照你希望别人对待你的方式对待别人。依照康德的论证,只有出于责任的行为才有道德价值,如果是出于自利目的而不得不遵循互利原则,而对于遵循互利原则本身并无爱好,那么这种行为只是具有功利价值,因为每个利益主体都是依

① 　[英]亚当·斯密著:《国富论》,郭大力、王亚南译,商务印书馆 2015 年版,第428 页。

照利己意图而行动的。相反,反乎责任的行为则不但不具有道德价值,反而具有负的道德价值,但此种情形则不会持久而普遍,因为,如果互相欺骗、欺诈成为普遍法则,则任何一个人的自利目的都无法实现。

然而,亚当·斯密的"看不见的手"的理论没有充分考虑到私有制与公有制的本质区别,如若每个企业家首先是资本家,进一步地说,"看不见的手"的运行是在资本家与雇佣工人之间的阶级对立和对抗条件下的,即便是产生了意想不到的社会伦理后果,那么它的伦理基础就是不道德的,是一部分压迫和剥削另一部分的后果,尽管遵循的是互惠互利原则,但它们的前提是不公正的,对此,马克思对貌似平等而实则不平等的"看不见的手"的理论及其实践后果做了正确的批判:"劳动力的买和卖是在流通领域或商品交换领域的界限内进行的,这个领域确实是天赋人权的真正伊甸园。那里占统治地位的只是自由、平等所有权和边沁。自由!因为商品例如劳动力的买者和卖者,只取决于自己的自由意志。他们是作为自由的、在法律上平等的人缔结契约的。契约是他们的意志借以得到共同的法律表现的最后结果。平等!因为他们彼此只是作为商品占有者而发生关系,用等价物交换等价物。所有权!因为每一个人都只支配自己的东西。边沁!因为双方只顾自己。使他们连在一起并发生关系的唯一力量,是他们的利己心,是他们的特殊利益,是他们的私人利益。正因为人人只顾自己,谁也不管别人,所以大家都是在事物的前定和谐下,或者说,在全能的神的保佑下,完成着互惠互利、共同有益、全体有利的事业。"①

斯密用他的"旁观者"理论来约束和矫正一个功利者的利己动机。人和人之间之所以构成一个互惠互利的利益整体,除了那只看不见的手的作用之外,还有一个根本性的主体性力量,那就是同情心和慈善。"无论人们会认为某人怎样自私,这个人的天赋中总是明显地存在着这样一种本性,这些本性使他关心别人的命运,把别人的幸福看成是自己的事

---

① 《马克思恩格斯全集》,人民出版社 2001 年版,第 204—205 页。

情,虽然他除了看到别人幸福而感到高兴以外,一无所得。这种本性就是怜悯或同情,就是当我们看到或逼真地想象到他人的不幸遭遇时所产生的感情。这种情感同人性中所有其他的原始感情一样,绝不只是品行高尚的人才具备,虽然他们在这方面的感受可能最敏锐。最大的恶棍,极其严重地违犯社会法律的人,也不会全然丧失同情心。"①同情与怜悯,作为一种原始情感,发生于不同的人之间,是一个没有遭受痛苦的人,在直接感受到或想象地感受到遭受痛苦人的感受时而产生的内心体验,本质上是一个移情的过程,即把他人的感受迁移到自己的想象中来,然后再把这种想象体验推至遭受不幸的人那里,继而产生安慰、抚慰。同情和怜悯使自己一分为二了,这便是斯密有名的"旁观者"理论。这种理论,斯密虽然是在同情心这种原始情感中来运用的,但对于深入理解康德普遍法则的有效性,同样有着深刻的借鉴意义。一个法则能被普遍地遵守,在心理机制和意识水平上,是建立在想象力基础上的,即当我遵循某个法则而行动时,我意愿同时我也相信他人也一如我那样遵守,反之亦然。

"显然,当我努力考察自己的行为时,当我努力对自己的行为作出判断并对此表示赞许和谴责时,在一切此类场合,我仿佛把自己分成两个人:一个是审查者和评判者,扮演和另一个我不同的角色;另一个是被审查和被评判的行为者。第一个我是个旁观者,当以那个特殊的观点观察自己的行为时,尽力通过设身处地地设想并考虑它在我们面前会如何来理解有关自己的情感。第二个我是行为者,恰当地说是我自己,对其行为我将以旁观者的身份作出某种评论。前者是评判者,后者是被评判者。不过,正如原因和结果不可能相同一样,评判者和被评判者也不可能全然相同。"②一个公正的旁观者,既可以以同情和怜悯表达对遭受不幸的人的关爱和安慰,也可以把自己分成两个人,以公正的态度对自己的行为作出公正的评价,就如评价别人的行为那样,运用相同的评价标准;也如同

① ［英］亚当・斯密著:《道德情操论》,蒋自强等译,商务印书馆 1997 年版,第 5 页。
② 同上书,第 140 页。

别人评价自己那样,保持和他者评价的一致性。

经过近 20 年的经济体制改革和市场经济的发展,斯密所描述的"看不见的手"和"公正的旁观者"景象似乎并未普遍地出现,这着实令人深思:不改革原有的经济体制和经济增长模式,结果是共同贫穷与落后;建立市场、解放生产力和发展生产力,财富积累起来了,经济总量增加了,却又加深了贫富差距的程度。然而,正是需要价值哲学对这些表层和深层的价值观念和价值实践问题予以深入研究的时候,它却表现出了乏力甚至是无语的状态。面对这些难题和困境,观念的冲突再一次成为理论研究和实践抉择的核心问题。首先,什么才是一个相对为好的社会的核心价值以及核心价值观? 于是一场关于社会主义核心价值观的讨论便迅速开展起来。公正地说,持续多年的社会主义核心价值观的研究,取得了令人瞩目的成就,甚至成为被普遍认可的主流形态的观念体系,国家、社会和个体的"三位一体"结构从外部给予了逻辑上的自证。但要理性地沉思这一观念体系,还必须在已然、实然和应然之间标划出一个相对清晰的边界,这才能确证这个核心价值体系的正确性和有效性。所谓正确性是指,它基本上揭示出了社会历史实践中潜藏着的价值体系,因为所指与被指之间只有相互共属和相互共在的时候,所指才是正确的。所谓有效性是指,被构造出来的核心价值体系是可实践的,如果仅仅满足于认知心理上的需要,那么只要这个体系足够自洽、完整且合乎形式逻辑的要求就是了。因为我们既不打算也无能力将其变成具有实践能力的信念、认知、情感、意志和行动,而是一种理论的需要和心理的满足。如果用康德的建构性原则和范导性原则来构造一个可行的核心价值体系,那么面向人类社会实践的价值哲学沉思是必须的,这就是三个活动领域、三种价值系统和三种价值原则的理论构造。①经济活动是人类全部社会活动中的基础部

---

① 这个理论体系与主流形态的社会主义核心价值观绝对不是矛盾和冲突的,相反,它们是一致的。前者着眼于一种实际性的价值和观念体系,是正在生成和发展之中的现实的价值和观念体系。而后者是将"尚未是"的价值和观念前置到"正在是"的价值体系中来加以思考和建构,更具有引领和指导实际性的价值体系的作用。

分,它的价值在于为人们提供物质和精神生活资料,为人们的公共交往和公共生活提供环境与条件,它的价值原则就是效率与公平。政治活动是人类活动结构中的核心部分,自有国家产生以来,它以政策、制度和体制的形式决定着、制约着所有资源的配置和分配,它的价值原则是正义与平等。文化是人类社会活动中的精神层面,是相关于如何配置资源、分配财富和享用财富的全局性问题,它的价值原则是自由和幸福。于是,三个领域、三种价值和三种原则共同构成了一个相对为好的社会的基本结构。社会主义制度的优势就在于它要通过寻找合理的国家治理和社会管理模式,最大限度地实现效率与公平、正义与平等以及自由与幸福。

然而,经过近 20 年的社会改革,至 20 世纪 90 年代中期,一种新的问题产生了,这就是资本、权力与知识的"互联互通""通存通兑"。资本借助权力的力量扩大了经营、增加了收益;权力借助资本的力量使自身获益;有增长而无发展、有效率而无公平的情况越来越突出。权力、资本、地位、身份、运气在少数人群中的集中,阻塞了各种资源在整个社会领域流通的通道,在初始性制度安排中处于不利地位或边缘地位的人群,越来越处于不利地位,以致他们通过培养和提高可行能力而参与社会资源和社会财富的再分配的可能性越来越小。权力资本化、知识化;资本权力化、知识化;知识权力化、资本化,三种核心要素相互嵌入、相互勾连,形成了一个相对稳定的利益联盟。资本、权力和知识都逐渐地超出了自己运行的合理边界,变成了既相独立又相勾连的支配性力量。这充分证明了,在权力、资本和知识之间确实存在着自动、自发连接的可能性;事实证明,当权力变成了权力拥有者借助资本和知识攫取更多稀缺性资源的工具时,当资本变成了资本拥有者借助权力和知识获取更多的不合理、不合法收益时,社会必然出现严重不平等式的双向流动:权力、资本、知识、教育、地位、身份、运气向权力和资本拥有者人群流动;代价、风险、贫穷、无知、疾病、失业等等,向边缘人群和始终处在不利地位的人群流动。

社会主义建设和发展能否找到一种超越权力、资本和知识而又能统领这些支配性要素的根本力量? 这无疑是发展和完善社会主义所必须深入思考和努力解决的问题。这种指向目的之善的力量就是政治。长期以来，无论是在理论研究上还是在日常思维和日常观念上，政治就是权力、权力就是政治，这种观念根深蒂固。事实上，在"正在是"的当代场域下，无论是全球治理还是国家治理和社会管理，一种指向目的之善的政治观念在逐渐地确立起来，人们正在逐渐地超越政治观念上的技术主义思维而构建本质主义思维。如果把政治定义为获取甚或是攫取权力的技艺，这就是技术主义的定义方式，它将权力当作目的，而把政治当作获取权力的手段，此时的政治就是计谋、手腕、权术，懂得政治的人就是懂得并熟练运用权术的人。当技术主义的思维作为一种根深蒂固的观念支配了拥有权力和资本的人，那么权力和资本之间的"合谋"也就变成了自然而然的事情。何以能够广泛而持续地出现权力与资本的"合谋"？拥有权力和资本的人何以能够自发甚至是自愿地将这种外在的支配性力量视作自身的、非他莫属的力量？甚至借助这些支配性力量随心所欲、任性妄为？事实证明，这原是有着原初的人性基础和坚实的社会根源的。如果试图将恩格斯的自然辩证法改造成自然辩证法、社会辩证法和思维辩证法，然后再将三种辩证法改造成自然哲学、社会哲学和文化哲学，就不能停留在对权力、资本和知识"互联互通""通存通兑"的诸种表现的描述上，以及对以权谋私、滥用权力现象的痛恨与愤怒上，而应该进行理性的沉思和正确观念的建构上。为何为恶容易而为善却艰难；为何以权为民、以权为公艰难，而以权谋私却容易？因为，向我性、为我性和利我性，总之是利己心，是无需培养的，是植根于人的非自足性和非完满性之上，而将利己性转变成利他之心和利他之行则是需要培养，需要康德式的善良意志、实践理性和实践法则改造的。而就朝向权力的正确和正当运用的理性改造过程，便是重建一种正确的政治观。如果将政治定义为：相关于每个人之根本利益的所有方面，那么先前的技术主义的定义就会被置于本质主义定义的反思、批判和预设之下。本质主义的政治是朝向终极之善的概念、观念和一系列政策设计和制度安排。

一如自然辩证法被改造成自然、社会和思维辩证法那样，自然哲学、社会哲学和文化哲学也以追寻天人之道、人伦之道和心性之道的形式,开始将权力、资本和知识(文化)置于既相相互嵌入、相互支撑又相对独立的平衡状态。用政治智慧进行国家治理和社会管理,智慧中国和理性社会的运行模式正在形成,朝向目的之善的中国道路正在展开它的历史魅力。

如果超越断面思维而进入段落思维和历史思维中,几乎完全可以清晰地标划出百年党史实践中的元哲学问题的原始发生及其历史流变的整体画面。作为存在论问题的权力的获得与运用问题,在经济、政治和文化之间如何将事实逻辑(唯物史观)和价值逻辑(价值论)实现有机统一问题,如何认识社会主义的根本性质,如何运用整体性意识、复杂性思维和冲突性观念去把握社会主义建设的普遍性和特殊性问题,社会主义运动经历着革命、建设、发展和完善的不同阶段,它的终极目的从未丢失过,但实现终极目的的手段、道路和环节却呈现出多样性、复杂性和冲突性样式。没有符合历史规律的社会主义实践便不可能有社会主义的正确认识,同样,没有正确的社会主义认识也不可能有正确的社会主义实践。可以说,百年党史实践就是一部社会存在论、社会认识论和社会价值论三者不断统一、相互嵌入、相互促进的历史,也是寻找手段之善从而最大限度地实现目的之善的历史。

如果说,在充满剥削和压迫的私有制社会,人们是以民众和理论家的形态表达对私有制的谴责和批判,从而呈现道德焦虑的话,那么在公有制场域下,人们是对违背公共善的行为进行道德谴责、从而呈现道德焦虑的。朝向公共善的道德焦虑总是积极的,它以社会舆论和内心信念的形式来揭露假丑恶从而求真向善趋美的;在没有改变公有制基础上,如何最大限度地创造财富并合理分配财富,也同样是一个理论难题和实践困境,基于对这种难题和困境的感悟之上的道德感受性、敏感性和回应性,也同样是道德焦虑的要素;甚至可以说,基于现代性和全球化场域之上的道德焦虑具备了更为复杂的内容。因为,任何一种道德焦虑都是特定的人群对他那个时代的难题和困境的道德感悟,并以道德语言和道德行动表达对假丑恶的批判和对真善美的追求。如若认为，在社会主义已经相对充分发展了的当代世界，人们不可能产生道德焦虑，也不应该充分运用道德反思与批判这个"批判的武器"，那么也就从根本上取消了拥有良知的人们对假丑恶表达道德意志的可能性。历史的声音和人民的心声就是道德焦虑得以产生和表达的社会根据和人性根基，它们构成了道德焦虑得以持存并获得理性基础的历史尺度和人性尺度。

3. 现代性与全球化场域之下的道德焦虑：复杂性及其指向

对于道德焦虑的发生史研究可有两种范式，一种是历史叙事，一种是哲学叙事。对于历史叙事的执着体现的是学术价值，因为那是将不同时代的人的道德焦虑置于一个连续的历史时空中加以叙述，但它无法标划出一个具体的人群的道德焦虑及其体验来，因为叙事者只是根据若干所能使用的素材、数据述说已经没有生命力的固定的善，一如当人们说道，孔子面对他那个时代的礼崩乐坏的道德境况而发出"是可忍也，孰不可忍"的感叹，人们便纷纷述说着原本属于孔子但却像是自己的道德焦虑，然而这是怎样一种感叹呢？人们只能通过想象力实现超越时空的"移情"和"同情"。当下的学术界似乎有一种促使学术史研究成为显学的取向，这种将所指与被指严重对峙起来的致思范式，在常识的、知识的意义上是重要的，但它不会产生理论和创造思想。理论和思想来自将所指与被指所共同立于其上的实际性。如果不从我们的实际性中见出道德焦虑的原始发生及其演变，那么所指与被指就永远处在分离的状态，而完成这一任务的致思范式正是哲学叙事。当我们致力于基于我们的实际性之上的道德焦虑的原始发生及其演变时，人们看到和听到的是一个充满流动、充满生命力的善的世界。这个世界是由我们创造的，它要么就是我们自身，要么就是我们的通过对象化活动而完成的对象性世界。唯其是一个现实的价值世界，在一定范围和程度上满足着人们的各种需要，从而使人产生快乐和幸福，觉得这是一个有价值的世界和有意义的生活。然而这又是一个不完善的世界，除了人类不可抗拒的自然灾害，还有人为制造的危险和风险,人们对自然灾害不会产生道德焦虑,面对超出人的实际能力的自然力量,人们一方面敬畏自然,一方面又感到无奈和无助,但绝不会进行道德谴责,否则只是杞人忧天。道德所确证、承认、谴责和批判的对象一定是由人的行动而来的事情。那么,现代性和全球化场域下的道德焦虑究竟是怎样一种情形呢?对此我们将采取从客体性存在到主体性体验、再到主客体统一的叙事逻辑。现代性和全球化是我们的生活世界,这是一个喜忧参半的客体性存在,无论人们全盘接受还是坚决抗拒,它都毅然决然地立在那里,因为它原本就是我们的对象化过程及其结果,一切的道德体验都源于它;它具有普遍性,对任何一个生存生活于其中的人都有效,它又是持存的,不会在短时间内"转瞬即逝"。然而人们对这个广泛而持存的世界的道德感受性、接受性和回应性是不同的,不但在道德评价上不同,在道德选择上更加不同,有些人不忘初心、牢记使命、一心为公,有些人以权谋私、罪恶累累、恶赢满贯,在理智感、道德感和审美感上表现出极大差别甚至对立。主体不同,主体的道德人格有别,道德焦虑的性质和程度也就必然不同;有人面对自己的瑕疵、过错、违法、罪恶表现出极端的"道德焦虑",悔恨有加、忏悔颇深,然而这是一种丧失掉前摄性和过程性道德焦虑而后产生的"事后道德焦虑",是对诸种重大损失无法挽回后的"自怜"。事实证明,这种"道德焦虑"既无积极意义更无建设价值,因为它所面对的是无价值甚至是反价值事实,这种朝向自我之丧失善良意志而又无法寻找善良意志的自我悔恨,并不属于积极而健康的"道德焦虑"的范畴,因为他不再拥有寻找善良价值并创造社会价值的机会了,或许他从来就不曾有过善良意志;当他以"道德焦虑"的外表而忏悔、悔恨,祈求"重新做人"的机会时,其实这是靠不住的立意和承诺。我们绝不该纠结于这个没有积极意义的"道德焦虑"现象,而要集中分析和论证朝向具体善和公共善的"道德焦虑"。

（1）集现代性与全球化于一体的对象性世界

在我们的实际性中,人工自然的比例远远大于纯粹自然,这完全得益于现代化运动及由此构建的现代社会。人类始终孜孜以求一个能够创造财富并合理分配财富的经济组织方式,创造出能够降低劳动强度、提高劳动效率的科学技术体系,能够基于个体自主性而进行公共交往和公共生活。起始于 15 世纪下半叶的现代化运动使人类的上述愿望获得了实现的社会基础。"现代性一词指涉各种经济的、政治的、社会的以及文化的转型。正如马克思、韦伯及其他思想家所阐述的那样,现代性是一个历史断代术语,指涉紧随'中世纪'或封建时代而来的那个时代。"在马克思和韦伯等人看来,"现代性与传统社会相对立,它具有革新、新奇和不断变动的特点。从笛卡尔起,贯穿着整个启蒙运动及其后继者,所有关于现代性的理论话语都推崇理性,视为真理之所在和系统性知识之基础。人们深信理性有能力发现适当的理论与实践规范,依据这些规范,思想体系和行动体系就会建立,社会就会得以重建。"①由现代化运动所构造的现代社会拥有了与前现代社会完全不同的生产方式、交往方式和生活方式,这是为其自身而拥有的本质规定,可称之为现代性。中国的改革开放起始于 20 世纪 70 年代末,40 多年的改革开放史,始终伴随着不同性质和不同形态的道德感受性、敏感性、接受性和回应性;如果说,在如火如荼地进行着的中国式现代化新道路构成了道德焦虑产生的客体性存在,那么人们在道德认知、情感、意志和观念上的变化,则构成了道德焦虑的主体性存在。当主体性存在与客体性存在相互嵌入、相互制约在一起的时候,现代性场域下的道德焦虑便以整体性、复杂性和冲突性的样式招致前来。它的整体性体现在,它不再是过往之道德焦虑的单一形态,亦即阶级冲突基础上的具有消灭私有制性质的道德焦虑,不再是被压迫和剥削者以及代表劳苦大众心声的思想家的共同的对剥削和压迫的道德谴责、批判和愤怒,并将这种愤怒化成武器的批判;相反,在现代性语境下,道德焦虑在性质上已不再是一个阶级推翻另一个阶级的具有革命性质的道德批判和道德革命,而是以公有制为基础多种经济形式并存场域下的道德感受、接受和回

---

① [美]斯蒂文·贝斯特、道格拉斯·凯尔纳:《后现代理论》,中央编译局 1999 年版,第 2—3 页。

应,是社会进步和人的发展已有质的飞跃基础上的道德不满和道德期盼。人们总是以为,中国式现代化道路已经在极短的历史段落里从一个一穷二白的国家一跃而成为世界第二大经济体,消灭了绝对贫困、缩小了相对贫困,怎还会有道德谴责和道德期盼从而产生道德焦虑呢?这种感觉、认识和观点完全忘记了,道德焦虑产生的根源、性质和指向具有鲜明的历史场域性,用新中国成立前的视界和立场看待新中国成立后的生产、交往和生活,与用改革开放后的视界和立场看待改革开放前的社会发展水平,将会得出完全不同的道德焦虑来;这种观点也完全否认了一种积极健康的、求真向善趋美的道德焦虑乃是推动人类社会进一步发展的精神动力这一事实。现代性场域下的道德焦虑是整体性的,既有因质料的不同组合和分配而来的道德焦虑,又有因形式(规范)的冲突或悖论而来的道德难题;既有因个人利益与他者和社会整体利益的冲突而来的道德冲突,也有一定程度的贫富差距带来的矛盾。道德焦虑的整体性蕴含着它的冲突性,事实上,道德焦虑原本就是道德冲突的产物,关键是我们能否在道德冲突基础上产生的道德焦虑中,生成一种真正指向公共善的道德共识来,并以内心信念和道德舆论的方式,将道德共识贯彻到个体、集体和国家的行动之中。当我们从整体性、复杂性和冲突性三个向度深度考察当代道德焦虑时,一种直面事情本身的整体画面就会被标划出来。

(2)充满复杂性的当代道德焦虑

当代道德焦虑得以发生的社会基础乃是社会进步意义上的社会转型,而不是疾风暴雨式的社会革命;唯其如此,既要防止将道德焦虑问题意识形态化,又要避免把道德焦虑视作一个可有可无的日常意识、日常行为来看待。我们试图从质料与形式、客体与主体的相互嵌入与相互制约的复杂关系中阐释当代焦虑的复杂性和冲突性问题。

因质料的变化而来的道德焦虑。质料与形式是人们进行伦理判断的两个根据,当财富、权力、地位、身份、机会、运气不能依照人们共同认可的法则而进行分配时,不能得其所得或得其应得者,就会对这一分配结果产生道德不满、谴责甚至愤怒,如若这种不满或愤怒是偶尔的或一次性的,那么，不满或愤怒就不会产生道德焦虑。因质料变化而来的道德焦虑是因持续的不公正、不公平而来的压力的持续积累；持续存在的不满或愤怒生成了持续的心理—精神压力，这就是质料性的道德焦虑。始自20世纪70年代末的改革开放运动，在不同地区和人群中造成了发展的不平衡，预先发展起来的地区和集团会充分利用制度优势、资源优势和财富优势，将其诸种优势固化下来，以巩固自己的优势地位。基于财富分配而产生的贫富差距，会在一定程度上使得处在边缘和弱势地位的群体以及反映和代表这一群体之根本利益的理论家就会产生道德不满、谴责和愤怒，当这些不满和愤怒产生持续的心理—精神压力时，道德焦虑就形成了。

因形式冲突或悖论而来的道德焦虑。社会转型描述的是当代中国从前市场社会向市场社会、从前现代性向现代性的结构性变迁；无论这种结构性变迁的领域、内容、性质有多么复杂而多变，但无非是质料和形式两种类型。质料表现为资源、财富、权力、资本、地位、身份、机会和运气，总之就是生产资料和生活资料；形式表象为风俗、习惯、惯例、家规、族规、村规、道德规范和法律体系。生产、分配、交换、消费方式的变革是以观念的革命为前提的；人们不能快速适应的往往不是质料性的，而是心理—精神上的，亦即人的规范意识。任何一种规范都是奠基于人们的社会依存性之上的，它是用来规定质料的所有权和使用权的，或者是用来规约人的意志与行动的；通过规范的设置和运行，天人之道、人伦之道和心性之道得到了彰显，合理的秩序结构为人们之间能够产生合理预期奠定了基础。任何一种规范体系之能够产生和运行，必有其内在根据和外在理由，要么其自身就是有理性的东西，要么就合乎理性的存在。改变一种规范体系就是在改变人们已成心理定势的信念、认知、情感和意志，由此而造成的心理—精神上的纠结、矛盾、冲突是深刻的、广泛的、持续的。改变一种规范体系就意味着改变一种认知、判断和选择模式；当两种规范体系并存于人的表象与意识中时，试图兼顾而又不能兼顾的心理体验就会产生，于是，他便站在一个界分点上，当他享受到了改革开放的成果而令自己的生活得以改善时，他会充分地肯定新兴规范体系的合理性，如努力实现自由、民主、平等、富强这些社会价值和精神价值的道德与法律体系;当随着社会的发展,个人主义、享乐主义、利己主义日益泛滥,现代传媒既让日常交往便捷化而又被现代传媒手段予以控制时,当数字经济飞速发展,有些地方滥用技术导致个人隐私受到侵犯时,人们也会产生不满。这种因创造了价值而没有创造意义、创造出了使人幸福的前提但却没有创造幸福本身而来的道德焦虑,是本体性的、根本性的、终极性的;它虽然起于个体的思考与行动,但却是指向类的,是不同个体间基于对美好生活的共同追求而产生的类体验。

当我们把因质料的变化和形式的改变而引发的道德焦虑内在地关联起来时,一种立体性的道德焦虑便呈现出来,这就是生物性—社会性—精神性的演进逻辑。当道德焦虑不再纠结于个人的得失、荣辱,而是指向社会之公共善的时候,一种真正趋向于真善美的道德焦虑才能溢出;而指向公共善的道德焦虑乃是情与理的相互嵌入和相互制约。

（3）情理融通的当代道德焦虑

就其存在的状态和性质而言,道德焦虑无疑是属于非理性的,是或因自己的道德理想无法实现、或因对象性的质料使人陷入不公正的对待、或因规范体系的冲突与悖论,使行动者产生了道德不满、谴责、愤怒,从而形成持续的道德压力;没人预先经历一个我是否应该产生一个针对一个持续的不道德的人和不道德的社会而来的道德焦虑的判断和推理的一个过程,人们只能在事后安慰自己说,我不该仅仅停留在道德不满和愤怒上,而应该把"批判的武器"变成"武器的批判",将内心的强烈的道德焦虑变成强大的道德舆论,把无声的道德愤怒变成有声的道德语言。在一个由不道德的人组成的不道德社会中,拥有理智感、道德感和审美感的人,或因外部的强大压力而将道德不满和愤怒压抑到内心世界,使自己变成一个愤怒的、但仅仅是自我愤怒着的公正者,或因外部强大的专制力量足以让表达道德不满和愤怒的人失去生存条件甚至失去生命,都会使道德焦虑或变成毫无意义的情感体验,或使道德焦虑超越健康限度而使人的身心出于崩溃状态。这在古代和近代社会是可能的,但在追求民主、自由、平等、富强的现代社会，道德焦虑则具有了情理融通的性质。

作为一种情感体验，道德焦虑是行动者借助感受、接受和回应能力，对主体内心的善恶冲突、耻感纠结，对对象性的外部世界的不道德的人和不公正的事，所表达出来的不满、谴责和愤怒，表现为内部视阈的非平衡状态，表现为外部视阈的谴责、批判和抗拒状态。在现代性场域下，除非因个体的理论理性和实践理性不足、或因强大的外部意识形态压制，使得道德焦虑无法表现和实现，否则，无论是道德焦虑的主体还是被道德不满和愤怒所指向的客体，在一定范围和程度上，都会理性地对待道德焦虑。事实上，道德焦虑的原始发生及其演变，其自身就蕴含着理性因素。一个人，当他处在内心的善恶冲突和耻感纠结时，当他面对持续存在的不道德的人和不道德的社会时，他能够"自发"地产生道德不满和愤怒，从而产生因持续的道德压力而来的道德焦虑，分明是有"自觉"先行发生于"自发"之前，分明是道德信念、道德知识、道德判断和道德推理的综合运用，哪怕是这些要素的瞬间运用，只是这些要素在产生道德焦虑之前已经预先地潜存在他的心灵结构之中了。这一点可以称之为道德焦虑的前理性状态。当因持续的道德压力而来的道德焦虑持存于行动者的内心世界从而导致身心失衡时，他定然会"后思"。当一个人处在激愤的道德焦虑状态时，他是不会后思和反思的；当同一个人将自己的道德焦虑作为一个思维的对象时，他分明是从那种激愤的状态中抽身出来了，他把自身分化为处在道德焦虑状态的我和沉思道德焦虑状态的我。"反思以思想的本身为内容，力求思想自觉其为思想……须知只有人有宗教、法律和道德。也只有因为人是能思维的存在，他才有宗教、法律和道德。所以在这些领域里，思维化身为情绪，信仰或表象，一般并不是不在那里活动。思维的活动和成果，可以说是都表现和包含在它们里面。不过具有为思维所决定所渗透的情绪和表象是一回事，而具有关于这些情绪和表象的思想又是一回事。"①"为思维所决定所渗透的情绪和表象"乃道德焦虑问题自身；

---

① ［德］黑格尔：《小逻辑》，贺麟译，商务印书馆1980年版，第39页。

"具有关于这些情绪和表象的思想"是哲学，"由于对于这些意识的方式加以'后思'所产生的思想，就包含在反思、推理等等在内，也就包含在哲学中。"①道德焦虑自身中的"哲学"，就是行动者对自身道德焦虑的后思或反思，他要理性地追问，我何以能够、何以应该产生道德焦虑，因为我对内外世界中的不道德事实有足够的感受性、敏感性、接受性和回应性，正是因为能够自发而自觉地产生道德不满和愤怒，我才是一个有健全的道德人格的人，这是被我的道德感受所证明了的，是一种自我完成的道德确证和确认，而无需他者的指引和评判。后思或反思的作用还表现在，当我的道德焦虑表现于外，与他者的道德判断和道德选择相互嵌入、相互共在于同一个语境时，我的道德焦虑的合法性和合理性需要接受他者和社会的检验；植根于每个人心灵深处的正义感和同情心，会在公共交往中形成公共性的社会良知，在社会良知面前，任何一种道德认知、判断和推理，任何一种道德情感和道德选择都会得到公度。正是在相互确证和检验中，道德焦虑的主体会对自己所意向秉持的道德信念、知识、判断和推理进行自我怀疑、质疑和确证。当道德焦虑的前理性和后思与正义感和同情心有机地结合在一起的时候，道德焦虑的情理融通就"昭然若揭"了。道德焦虑的情理融通原是建立个体自身的内心世界之上的，"充满了我们意识的内容，无论是哪一种内容，都是构成情绪、直观、印象、表象、目的、义务等等，以及思想和概念的规定性的要素。依此看来，情绪、直观、印象等等，就是这个内容所表现的诸形式。这个内容，无论它仅是单纯地被感觉着，或掺杂有思想在内而被感觉着、直观着等等，甚或完全单纯地被思维着，它都保持为一样的东西"②。有情而无理，情则失去方向；有理而无情，理则毫无内容。所处环境不同，所欲解决的问题有别，情理结构自然不同。究竟是何者优先？在道德焦虑产生和持存过程中，无疑是情优先于理，因为无人面对不道德的人和不道德的社会，会预先理性地沉思：我

---

① ［德］黑格尔：《小逻辑》，贺麟译，商务印书馆 1980 年版，第 39 页。

② 同上书，第 40 页。

是否应该产生和表达道德不满和愤怒？在表达和实现道德焦虑的反思、批判和预设功能时，则必是理优先于理。由于道德焦虑的主体是不同的，虽然在正义感和同情心的性质上，凡是拥有这种道德感的人我们都视作是有完善道德人格的人，但由于每个拥有道德感的人在道德感受性、敏感性、接受性和回应性方面是有差别的，除此，表达和实现道德反思、批判和预设的目的也不尽相同，有人指向个人所得、个人感受，并不追求一种公共善；而有些人则超越个人的感受与所得，指向于所有人都有效的终极之善；有些人则不只是评价性的，而且是建构性的，或者说是生产性的。基于这样一种事实，在现代性场域下，道德焦虑的主体就被划分为民众、理论家和政治家。三种主体面对同一种社会困境可能会产生相同的道德焦虑，如资本的运行逻辑导致整个社会的实用主义、功利主义甚至是利己主义倾向；在情理结构中，实用理性和计算理性在消解着支撑着人们私人生活和公共生活的情感基础，如自然情感和社会情感；技术的广泛运用造成了人对物的绝对依赖，垃圾信息的制造与广泛传播、常识和无效知识的泛滥，导致真知识生产的下降；物质生产和物质享用的无底线扩张，导致精神生产能力下降、精神产品匮乏；被"物包围"的世界的形成与无存在感、无价值感和无意义感的并存；从 20 世纪 70 年代末的匮乏的物质世界，到 40 多年后的今天，似乎走向了贫穷的精神世界。面向具体善的丧失而来的道德焦虑可以通过重构更加合理的社会结构而消解；朝向抽象的物意义世界而来的道德焦虑，只能通过重构一个创造意义和体悟意义的精神世界而超越。当下的道德焦虑已经不是简单的个别现象，相反，已经成为集体的、人类的事情，具有了哲学人类学意义。

4. 何所向与何所为：消解道德焦虑的诸种谋划

何所向是目标，何所为是行动。人作为有限理性存在者，在不断地制造问题，又不断地在殚精竭虑地解决问题。本质上，人就是问题性的存在。人类从未放弃过对美好生活的追问和追寻，也从未停止过进行自我反思、自我矫正和自我完善，这是人类的智慧所在；同样，人们对现代性的

建构、解构、重构、反思、批判、修正也从未停止过。马克思作为资本主义
之发轫、发展、扩张阶段的见证者,用科学的态度和伦理的立场,用辩护与
批判相一致的方法,把他感受到的、理解了的、批判过的资本主义,以理论
把握世界的方式呈现给了他同时代的人,也把这份哲学遗产留给了后来
者。给出了摆脱劳动异化、回归属人世界的解放之路,这就是建立人类共
同体。法兰克福学派对现代科学技术之于人"嵌入"作用进行了哲学批
判;现象学还原指出了欧洲科学的危机,人被"座架"的后果就是存在和
存在者的分离。市场万能论、理性无限论被大量的社会事实证明是靠不
住的承诺。现代生存危机并不是生产资料和生活资料的危机,而是制度
危机、文化危机、情感危机和精神危机,且已超出个体和集体的范围,变成
了整体性的、类的焦虑体验。在摆脱道德危机的道路上,我们何所向与何
所为?

在摆脱道德焦虑的道路上,可有主体性和客体性两个向度,在客体性
的向度内,又可分为主观故意和客观必然两种情形。

(1)消解道德焦虑的社会道路

尽管人类始终孜孜以求于一个能够最大化实现目的之善的手段之
善,即国家治理模式和社会管理模式,人类历史上出现的所有民族、国家,
都是人类能够找到的这些国家治理和社会管理的模式之一。历史事实证
明,没有任何一种模式是最好的,最多只是相对为好的那种。任何一种国
家治理和社会管理模式都是创价与代价的统一,现代化、现代社会、现代
性就是人类能够找到的诸种方式之一,它更是充满了创造与代价之间的
内在冲突与张力,在把价值呈现为人们的同时,也把代价一同"奉献"给
了人们,就像一块银币的两面,福祸相依、好坏参半。由现代性所造成的
挥之不去的诸种焦虑,绝非出自人的意愿,也不是人们故意所为,因为没
有任何一个理智健全的人试图过一种充满诸种焦虑的生活,任何一个具
有基本道德理性知识和道德判断力的人绝不会认为,现代性之诸种隐忧,
乃是集体、整体和类所希冀的事情。于是,思想家以理论的方式,政治家
以观念和制度的方式,民众以情感和行动的方式,批判着、抗拒着现代性

带给人们的诸种隐忧，并殚精竭虑地寻找摆脱生存焦虑的道路与方案。

第一，制定严格的环境保护制度，以求遵循天人之道，获得人与自然的和谐。现代化实质上就是城市化、工业化和科技化的过程，为着获得快速增长的财富，就必然要创制用于开发人之身外自然和人之自身自然的工具系统，一时间，煤炭、矿产、土地、森林、砂石等等，总之，一切能被开发的自然资源都不同程度地进入到生产领域，要么变成了生产对象，要么变成了工具体系。在资本运行逻辑的推动下，对人之自身的改造、开发也以各种科学的名义开展起来，人类基因图谱的绘制，为人为地干预与生殖目的有关的基因结构提供了生物学基础。结果，人之自身的自然和身外的自然以无法抗拒的形式被改造了，又以无声的语言拒斥了这种改造，自然惩罚了人类。这是群体性、整体性、类之生存焦虑得以产生的自然根源，但其原罪则在人自身。于是，无论是先发国家还是后发国家，都在现代化的道路上，一方面不断地快速地积累着财富和欲望的神圣激发，另一方面又不断地医治着现代性带给人们的创伤。对后发国家而言，人与自然的关系更是处于双重性的危机。首先，在西方快速发展的模式下，后发国家便试图以"超常规""跨越式"的发展模式赶超西方国家，于是，一种严重的先破坏后治理的运行模式就会被推广开来，生态环境以惊人的速度遭到破坏，这使得可持续发展的观念难以落到实处。其次，在现代化的河流中，先发国家始终处于现代化的上游，发展中国家处于中游，而落后或欠发达地区则处于下游。在国际治理和世界市场的运行中，游戏规则的话语权常常掌握在先发国家手中，这就使得后发和落后国家在生态治理上处于双重困境之下，既要坚守先发国家制定的生态原则，还要加持本国的快速发展原则。在资源的世界性流动中，上游、中游和下游国家更是处在不对等的"交换"之中。先发国家或以掠夺的形式或以平等的名义，将资本和技术输入到后发或欠发国家，而从他国获取稀缺性资源和直接的生活资料。利用别国的自然资源（水、土地、草场、森林、劳动力）进行生产，劫走价值，留下代价；还要把本国的生产废料和生活垃圾转嫁到其他国家。对发展中和落后国家而言，由生态危机造成的生存焦虑已经成为值得高度重视的难题。

　　第二，基于平等的内部构成及其运行逻辑制定政策和制度。在现代化进程中，市场经济是最为根本的经济组织方式。而市场经济的精神就是自由和平等原则，即每个人有依据自己的意愿进入和退出市场的自由，只要遵守预先制定的市场规则；每个人都必须根据等价交换原则进行生产、分配、交换和消费。然而，并非所有人都有相同的或接近的权利、机会和能力；天赋地位和自致地位的差别，导致某个人或某个人群处于不利地位，而处于有利地位的人群则更有可能把我并运用政策与制度带给人们的益处；而因天赋地位处于不利地位的人群则无法平等地获得政策和制度的益处；当弱势人群在初始性制度安排中，处于不利地位，那么他们将持续地处于不利地位，除非政策和制度变得对他们特别地有利。政策和制度的制定者和执行者在理智德性和道德德性支配下，在初始性的制度安排中，尽可能平等地对待每一个人群，但由于天赋地位和自致地位的差异导致每个人群不可能有接近的可行能力把握同等的政策和制度，于是，政治精英就要不断地矫正、修正和完善政策和制度。因此，因不能"得其所得"和不能被平等地对待而产生生存焦虑的人群，便可以通过不断完善政策和制度形式得以解决。

　　第三，重建伦理共同体对于消解道德焦虑何以重要？德国社会学家滕尼斯在《共同体与社会》一书中分别了共同体与社会的边界："人的意志存在于人们相互之间的多种关系里，只要关系中的一方是主动者或施加作用者，而关系的另一方是受动者或感觉到作用者，那么任何这样的关系都是一种相互作用。这里讲的'作用'具有两种性质，它或者趋向于维持受动者一方之意志与身体，或者趋向于毁灭它们，也就是说，它是肯定的作用或否定的作用。这样的关系包含了人们的相互扶持、相互慰藉、相互履行义务，它们在人们彼此之间传递，并且被视作人的意志及其力量的外在表现。通过这种肯定的关系形成的群体，一旦被理解成统一地向内或向外发挥作用的生命体或物体，那么它就被称作一种结合。对关系本身，因此也即结合而言，如果我们将它理解为真实的与有机的生命，那么它就是共同体的本质;如果我们将它理解为想象的与机械的构造,那么它就是社会的概念。"共同体与社会的本质区别在于人与人之间的肯定与否定的关系:"所有亲密的、隐秘的、排他性的共同生活都被我们理解成共同体中的生活;而社会是公共生活,社会就是世界。在共同体里,一个人自出生起就与共同体紧密相连,与同伴公共分享幸福与悲伤;而一个人走入社会就走入另一个国度。"①维系共同体与社会的基础乃是人的意志,滕尼斯自创了"本质意志"和"抉择意志",借此分别共同体与社会。本质意志是与个体的心灵共在的,情感、欲求、感受、意志共在于同一个心灵结构之中,它源自人的内心世界,它是生成性的、对象化的。当相互交往的人们均基于此种意志相互了解、理解、信任、支持与合作时,便形成了同质意志,以及认同、尊重、宽容、友爱等心理因素,它们共同构成了人们和谐相处的心理基础。由此形成的团体便是血缘、地缘和精神共同体。"作为本质的统一体,血缘共同体发展着,并逐渐地分化成地缘共同体;地缘共同体直接地体现为人们共同居住在一起,它又进一步地发展分化成精神共同体,精神共同体意味着人们朝着一致的方向、在相同的意义上纯粹地相互影响,彼此协调。我们可以将地缘共同体理解成动物性生命之间的关联,就像我们将精神共同体成心灵性生命之间的关联。"②在共同体中,每一个体都在相互依赖、相互协调中被界定、被规定,他的灵性在他者那里得到肯定、证明和映照;同样地,他者的灵性也在我这里得到肯定,他们之间是基于共同感、共通感之上的共生、共在和共享;认同感和归属感的持存,共同体使风险降到最低,类似于现代性语境下的生存焦虑是不可能产生的。

(2)消解道德焦虑的主体道路

以血缘、地缘和精神为纽带的共同体,无疑给了人们以信念上的认同、情感上的慰藉和心灵上的安顿,但也显示出了它的两个方面的不足,

---

① [德]斐迪南·滕尼斯:《共同体与社会》,张巍卓译,商务印书馆 2019 年版,第67—68 页。

② 同上书,第 87 页。

财富的匮乏和理性的弱化。人们可以执着于这样一种温情脉脉的共同体，而毫不在意财富的匮乏和理性的迟缓，但历史的发展逻辑还是通过不可抗拒的人类命运使人们在共同体之外开显出了广阔的生产、分配、交换和消费的社会空间，这便是狭义的社会，介于家庭和国家之间的广阔空间。市场社会从根本上实现了从先前的领域合一到领域分类的飞跃，使经济、政治、文化和科技回归自身，以各自的方式发挥各自的功能。被开显出来的生产、交往和生活空间依照公共理性和社会情感而运行起来。

依照个体及人类整体的价值诉求，具有健全人格的人，都渴望过一种整体性的好生活。市场经济和科学技术就是人类找到的能够过上好生活的社会环境和社会手段，然而它们作为不同于人的意愿与情感的客观力量，一旦被建立起来就沿着属于其自身的道路而运转开来。只要人们有正确的创价意识和代价意识，依凭人类智慧可以有限度地减少各种风险，降低以至减少生存焦虑。在当代场域下，产生生存焦虑的真正根源恰恰不是客观力量所致，而是人为风险所致。在所有公共善中，秩序是最大的公共物品，不管是微观的家庭、中观的社会，还是宏观的国家，如若正常运行，以创造公共价值，必须以良序为基础。良序降低了风险、提高了预期。在全球化已成事实的场域下，构建良好的国家秩序是实现国家间产品、科技、文化交换和交流的根本条件，构建人类命运共同体可以降低全球性风险，文化多样性可以各具风格的文明类型各美其美、美人之美、美美与共。

然而，先行发展起来的发达国家面对日益发展起立的后发国家的压力，借助单边主义，以保护它以往的垄断地位和支配全球的话语权，保持以往的不对等的独霸天下的所谓秩序。由此而造成的全球范围内的动荡不安、秩序解构、价值颠覆，出现了世界性的生存焦虑。只有充分发挥每个国家、民族的智慧，才能构建真正和谐的世界体系。当外部环境和条件已经给定，它们构成人们摆脱生存焦虑的客体性方面，而如何发展自己和完善自己就构成了摆脱生存困境的主体性方面。

生存焦虑固然相关于外在之善，但更相关于身体之善和灵魂之善。假如外在之善已经给定，如何理性地确定自我的哲学边界，如何在有限的价值世界体会出无限的意义来，做到知止与知足。所谓知止，乃指充分认识到自己的观念和行动的当止之处。所谓知足，就是在物质需要得到满足的基础上，充分发展自己的社会需要和精神需要，发展自己的理智德性、提升自己的道德德性。而要实现这一点，根本的道路还是人类自身的自我教化和教育；只有将人类自身用文明武装起来，才能重建世界之序、社会之序和心灵秩序，这正是当代教育所要深入研究和解决的问题。

五、政治形态的生存焦虑及其政治意义

焦虑是行动者面对外部压力、风险深感无助、无奈的心理体验和精神反应，是试图摆脱困境而又无力摆脱困境的矛盾心态。从积极性立场看，焦虑是对外部压力和风险的正常反应，它表明，具有一般心智能力的行动者能够对外部环境作出及时有效的"映现"，是对外部世界的无价值甚至是反价值事实的确认与确证；从消极性角度看，焦虑是行动者面对压力和风险感到无奈和无助的"过激"反应，是超出心理和精神承受能力而造成的消极、悲观情绪和情感。此种情绪、情感的持续存在会严重地影响到行动者的认知判断和行动选择，致使焦虑者失去对好生活的信心，甚或走向极度绝望的深渊。引发焦虑的人性基础和社会根源是极其复杂的，或许可以说，只要每个个体存在着，只要人们总是向往一种整体性的好生活，基于不满、失望之体验之上的焦虑就不可避免；在创造性的意义上说，焦虑是产生动力的基础，是催发人的积极性和创造性的推动力，它把人的潜质激发到了坚决摆脱困境、抗拒倒退、消解风险的境地，因而具有了哲学人类学的意义；世界原本就没有意义，即便有意义也时时处处面对着消解意义的风险，因此，人要顶住压力、摆脱困境，将意义注入这个充满各种可能性的世界中去。在造成焦虑的诸种事件中，政治事件是最为重要的一种，在现代性场域之下，此种情形更加明显。政治焦虑症是基于人们对和谐社会和美好生活的向往却又因为政治事件而不能实现这种心愿的一种

深刻体验。在现代性场域之下,亚当·斯密的那只看不见的手,常常被两只看得见的手即资本和权力所掌控,而政治是正当调节和合理安排资本和权力的核心力量和最好方式。而政治焦虑恰是因缺少政治力量而任由资本和权力掌控政治而造成的心理与精神上的失望与绝望。当政治焦虑越过了生理、心理和精神之健康底线时,它就会演变成政治抑郁症。相较于其他焦虑形式,政治焦虑通常是普遍的,它相关于每一个人;它又是持续的,一旦失去政治生态,就会在较长的时间段落里,使社会处于失序状态。政治生态是人文生态中的核心部分,当政治失序延伸到人与自然的关系上,就会产生世界失序,当政治失序向人的精神世界嵌入时,就会造成心灵失序;当世界失序、社会失序和心灵失序被并置在一起的时候,一种全面而深刻的社会危机就来临了。政治失序和政治焦虑只有通过政治的力量才能解决。

1. 作为病理学概念的"政治抑郁症"

在病理学概念之下,抑郁症作为人的一种行为症候,是可描述的,抑郁症是超过健康限度的焦虑症,是焦虑症发展到了为行动者无力抵御的一种非正常状态。在大多数情境下,关于抑郁症的描述都是规范性的:抑郁症又称抑郁障碍,以显著而持久的情绪低落为主要临床特征,是心境障碍的主要类型。临床可见心境低落与其处境不相称,情绪的消沉可由表层的闷闷不乐到深度的悲痛欲绝,自卑抑郁,甚至悲观厌世,可有自尽企图或行为,甚至发生木僵;部分病例有明显的焦虑和运动性激越,严重者可出现幻觉、妄想等精神病症状。全球约有 3.22 亿抑郁症患者,世界抑郁症患病率4.4‰;我国地市级以上医院对其识别率不足 2%,只有不到1%的患者接受了相关药物治疗。导致抑郁症的病因并不十分清楚,但可以肯定的是,生物、心理与社会环境等诸多因素参与了抑郁症的发病过程。而无论是由何种原因造成,抑郁症具有如下症状:心境低落,无用感、无望感、无助感、无价值感、过度自责自罪;思维迟缓;意志活动减退;认知功能损害;身体病状。

从以上描述中，既可以从成因方面，也可以从过程和后果方面对抑郁症进行分类。在诸多类型中，有一种特殊类型的抑郁症，称之为政治抑郁。政治抑郁是一种临床症状。近年来，政治性抑郁（political depression）已经从一种隐喻层面的症候成为一种临床症状，符合美国心理学会的抑郁症标准。根据罗伯特·卢森（Robert Lusson）的《政治性抑郁》一文，内源性抑郁症临床上主要是以患者自身的内在的原因而导致的抑郁。外源性抑郁症是由相应的外部事件引发，是我们对生活所遭遇的挫折、不幸，工作和学习中的压力等一系列偶发、突发事件的情感和精神反应。政治抑郁或政治性抑郁症，除了在症候方面具有一般抑郁症所具有的特征外，还有其自身的特有属性。

我们可以从病理学角度对政治抑郁症做一般性的分析。病理学这一概念可有生物—医学意义和心理—哲学意义两种解释和理解。疾病是一个极其复杂的过程。在病原因子和机体反应功能的相互作用下，患病机体有关部分的形态结构、代谢和功能都会发生种种改变，这是研究和认识疾病的重要依据。病理学（pathology）的任务就是运用各种方法研究疾病的原因（病因学，ethiology）、在病因作用下疾病发生发展的过程（发病学，pathogenesis）以及机体在疾病过程中的功能、代谢和形态结构的改变（病变，pathological changes），阐明其本质，从而为认识和掌握疾病发生发展的规律，为防治疾病，提供必要的理论基础。病理学是用自然科学的方法，研究疾病的病因、发病机制、形态结构、功能和代谢等方面的改变，揭示疾病的发生发展规律，从而阐明疾病本质的医学科学。病理学既是医学基础学科，同时又是一门实践性很强的具有临床性质的学科，称之为诊断病理学（diagnostic pathology）或外科病理学（surgical pathology）。按照研究对象的不同，还可分为人体病理学和实验病理学。

对政治抑郁症的病理学研究，完全可以参照生物—医学意义上的病因学、发病学、症候学、诊断学和救治学等步骤与方法予以直观、诊断、防治和治疗；政治抑郁症虽有鲜明的政治学、政治伦理学、政治哲学和政治人类学的性质，但同样具有生物—医学基础。不能因为具有显明的政治性质而忽略了政治抑郁症的生物—医学基础,从而拒绝运用基于自然科学和医学科学之上的观察、分析和论证的原则与方法;也不能将政治抑郁症现象完全实证—科学化,而忽视了它的政治学和政治人类学根源。如要做到适度判断和深度分析,就要引入心理—哲学意义上的病理学概念,对此,康德为我们提供了虽然未能充分展开论证但却颇有启发意义的"病理学"概念。康德在 1785 年出版的《道德形而上学奠基》的第一章,就什么行为才具有道德价值问题,规定了第一条原理:"并非出于爱好而是出于义务去增进自己的幸福,并且正是这样,他的行为才首次具有了真正的道德价值。"①对此,康德以《圣经》中的经文为例,对这一原理进一步论述道:"无疑,由此我们也可以理解《圣经》中的经文,里面命令我们要爱邻人,甚至爱我们的敌人。因为爱作为一种爱好是无法被命令的,但是出于义务本身的善行,即使根本没有任何爱好驱使我们去实现之,甚至还被自然的、难以克服的反感所抵制,却是实践性的而非病理学的爱,它在于意志,而不在于情感偏好;在于行动的原则,而不在于温柔的同情心;但唯独这种实践性的爱能被命令。"②译者杨云飞在页边批注说,"病理学的"在此的意义是指依赖于感性的,或由感性冲动所规定的,具有生理情绪的性质。在 1788 年问世的《实践理性批判》的第一卷"纯粹实践理性的分析论"中的第一章"纯粹实践理性的诸原理"中的第 1 节里,康德两次使用"病理学"这个概念。"如果人们假定,纯粹理性能够在自身中包含着一个实践的、亦即足以规定意志的根据,那么就存在着实践的法则;但如果不是这样,那么,一切实践的原理都将是纯然的准则。在一个理性存在者以病理学的方式受到刺激的意志中,可以发现有种种准则与他自己认识到的实践法则的一种冲突。"③"如果命令式本身是有条件的,亦即不是把意志完全当作意志来规定,而是就一种被欲求的结果而言来规定,也就是

---

① 〔德〕康德著:《道德形而上学奠基》,杨云飞译,人民出版社 2013 年版,第 20—21 页。

② 同上书,第 20 页。

③ 《康德著作全集》第 5 卷,李秋零译,中国人民大学出版社 2007 年版,第 19 页。

说,是一些假言命令式,那么,它们虽然是实践的规范,但却不是法则。法则必须在我问自己是否在根本上具有达成一个被欲求的结果所要求的能力,或者为了产生这一结果我必须做什么之前,就足以把意志当作意志来规定,因而是定言的,否则就不成其为法则;因为它们没有这样一种必然性,这种必然性要想是实践的,就必须不依赖于病理学的、从而偶然地附着于意志的条件。"①在此,我们无意于对康德道德哲学进行深入的讨论,而是试图准确把握康德将病理学概念运用于普遍的实践法则的分析与论证之中,所欲揭示的实践法则的本质。在我们看来,将病理学概念应用于实践法则的分析和论证,根本目的并不在于论证实践法则的普遍有效性,而是这种普遍有效性是由什么力量来保证的,这就是意志。就与一个具体行动直接相关的意志而言,可有一般意志和特殊意志两种,前者是与利益和快乐相关的动机和意志力,而后者则是与行为的正当性相关的动机和意志力。如果一个行动者,在他的行动涉及利益相关者和行为规范时,不能够用特殊意志规定一般意志,相反却用追求利益和快乐的意志抑制善良意志,那么这种情形就是病理学的,亦即"是依赖于感性的,或由感性冲动所规定的,具有生理情绪的性质"。毫无疑问,康德的"病理学"概念并无生物—医学意义,而单指过度、过分依赖于生理—心理需求而言,缺少理性判断和约束的过分感性冲动和生理情绪而言。如果将心理—哲学意义上病理学概念应用于"政治抑郁症"的分析和论证上来,那么它的政治哲学和哲学人类学意义就有可能被揭示出来。

2. 政治抑郁症的复杂性和冲突性问题

如果将生物—医学和心理—哲学两种意义上的病理学概念应用于政治抑郁症的分析和论证中,那么,政治抑郁症的复杂性和冲突性性质就会被揭示出来。

---

① 《康德著作全集》第 5 卷,李秋零译,中国人民大学出版社 2007 年版,第 20—21 页。

首先,从起因上看,无论是内源性还是外源性的,政治性的焦虑或抑郁一定是相关于政治事件的,而就因政治事件而起的焦虑或抑郁而言,可有主动意愿者和无情趣嵌入者两种情形。虽然每个人在需要结构和类型上是相似甚或是相同的,如从二分法看,可有物质需要和精神需要,从三分法看,可有生物性、社会性和精神性需要。从理论上说,既然人的需要是多层次、多领域因而是立体化的,那就应该相互嵌入、相互促进、共同发展。然而,由于主客观两个方面的原因,人的多层次需要不可能得到同步的、同等程度的发展。从主体性角度看,或是因为先天的生物基因,或是由于后天教化,不同个体总是在某个或某些需要上表现出强烈的心理倾向和精神旨趣。人们常说,情趣是培养起来的,但人们忘记了,培养起某个兴趣,必须以被培养者之先天的生理、心理和精神结构的接受性为基础。人的心灵绝非如洛克所言,乃是一块白板,即便是白板,不同的侧面也有不同敏感性和接受性。另一方面,即便个体有足够的愿望让所有需要自由而全面地发展,客观上也是做不到的。从客体性角度看,物质价值与精神价值的稀缺性,也不可能使人的所有愿望得以实现。以此可以说,人们对政治事件具有不同的心理取向和偏好;不同个体对政治事件具有不同的感受性、敏感性、选择性和接受性,由此而产生的政治体验也就根本不同。

其次,由主客观条件所决定,不同的个体就某个确定的价值物而表现出不同的偏好。虽然政治相关于每个人之根本权利和利益的所有方面,但不是所有的人都对政治有浓厚的兴趣;对政治有明显的、浓厚的、超乎寻常的兴趣的人,如若形成政治焦虑或抑郁,通常是内源性原因所致,因此,可对那些对政治有超乎寻常兴趣的人作动机意义上的分析。如若这种兴趣是在正常人所能够接受的范围内,则不属于政治性抑郁的范畴,因为,根据美国心理学会精神疾病标准判断,则不符合主要标准,但依旧可以做"病理学"意义上的分析,虽不属于健康心理学抑郁症标准,但却介于二者之间,即属于"病理学"概念,其对政治的兴趣超出一般人的程度,即康德意义上的过度的、执迷的、迷恋性的欲求。而就这种兴趣的性质看，又有"公共性"和"利己性"两种；在"利己性"标题下，又有"单一性"和"重叠性"两种。"单一性"的政治动机，表现为只对权力有浓厚兴趣而对政治无任何兴趣，所谓政治乃是指政治权力和公共职权是否实现了"公共善"而言。如果把"政治"一词"拆分"成"权力"和"公共善"，那么"权力"就是手段之善，"公共善"就是目的之善。因为没有政治权力和公共职权，那么"公共善"的实现也失去了手段意义上的力量。是把权力还是公共善确立为对政治有超级兴趣的人的动机，在后果和行动的性质上，具有质的区别。康德在谈到经院哲学时说道："各学派的一个古老的语式是：我们不欲求任何东西，除非考虑到善；我们不拒绝任何东西，除非考虑到恶。"①"认其为善"具有双重含义，对此，康德注释道："'考虑到善'这个表述也是有歧义的。因为它说的可能是：如果并且由于我们欲求（意欲）某种东西，我们就把它想象为善的；但也可能是：我们之所以欲求某种东西，乃是因为我们把它想象为善的，以至于或者欲求是作为一种善的客体之概念的根据，或者善的概念是欲求（意志）的规定根据；因为'考虑到善'在第一个场合会意味着我们在善的理念下而欲求某种东西，在第二个场合会意味着我们根据这个必须作为意欲的规定的根据先行于意欲的理念而意欲某种东西。"②除非认政治为公共善，否则我们不去获得它；除非认政治为权力，即一种支配性力量，通过支配获得心理和精神上的因支配而产生的满足，或是获取利益的手段，否则我们不去获取它。这就是康德所谓的"认其为善"所产生的歧义。就对政治有超乎寻常的兴趣而产生的焦虑和抑郁症而言，便有了"公共性"和"利己性"两种情形。"单一性"的"利己性"所描述的情形是仅视政治为权力、为支配性力量、为获得利益和满足支配欲的手段而言。"单一性"的"利己性"所描述的是这样一种情形，他只对权力有直接兴趣，而对政治并无直接兴趣，亦即政治权力和公共职权是否实现了"公共善"，不会成为他追求的目标。而他的直接

---

① 《康德著作全集》第 5 卷，李秋零译，中国人民大学出版社 2007 年版，第 63 页。
② 同上书，第 64 页。

兴趣就是攫取政治权力和公共职权,借助权力获取稀缺的资源、地位、身份、机会、运气,以满足物质上的和荣誉上的欲求;通过支配他人的意志和行动,实现支配意志的心理—精神满足。此种类型的人可能患有双重政治性抑郁症,一种是正常社会状态下,因未能获取或得而失去政治权力而引发的政治抑郁,这是典型的内源性政治抑郁症;另一种是,社会发生重大会颠覆性政治危机而引发的政治焦虑,这便是外源与内源相重叠的政治抑郁。因未得或得而复失权力,极有可能改变渴望者的政治人格。原本就没有坚定的政治信念,没有正义感、政治正义感和正义行动,故而其政治信念也就表现为极端的利己主义的权力信念,一旦失去曾经使其飞黄腾达的权力,似乎就失去了一切,因为没有独立人格而完全依赖于他物的人,往往缺少过一种健康生活的根基。失去权力,会使失去者在情感上转向对一切社会之善的冷漠,对公共善和公共舆论视而不见、听而不闻。在行为上,可能会出现偏激、拆穿、诬陷、诽谤、造谣、攻击政治对手。毫无疑问,在功利主义、利己主义价值观支配下的政治抑郁症乃是被政治哲学和政治伦理学所严厉批判的对象,也是公共舆论所唾弃的对象。而我们需要深入分析和论证的乃是因为违背善意和良知意义上政治事件或持续的政治瑕疵而使有政治正义感的人所产生的政治抑郁症;它的表现形式是消极的,而其真实动机则是积极的。

3. 善意和良知视阈下的政治抑郁

过度激情和冷漠均不利于建构和维持政治生态,因为,疾风暴雨式的政治只能是政治暴动或政治革命,这当然是需要的,它仅对于获得革命政权而有效。在相对稳定的社会状态下,和谐的政治生态才是实现社会进步和人的发展的坚实基础。拥有正确的政治认知和深厚的政治良知的人,通常会对重大的政治事件保持足够的感受性、敏感性、接受性和回应性;对一个好的政治制度、体制充满渴望,对当下"显失公正"的政治现实表现出鲜明的正义立场,进行道德谴责,甚至予以反抗和抗议;对贤明政治和政治领袖表现出赞誉和敬佩。反之,曾经的权力集团或政治精英偏离了其所承诺给民众的目的之善和手段之善，致使政治权力和公共职权变成了积累个人政治资本、获得支配性快乐的工具时，拥有正义感的人们就有可能采取激进的行动或消极失望的态度。激进的行为表现为激进的语言和行动。当这些激进的行动不足以扭转政治局势、反而遭受不公正待遇，甚至付出失去人身自由和生命的沉重代价，那就极有可能在短时间内出现一般抑郁症患者所具有的临床特征。导致此种政治抑郁的政治现象可有两种，一种是"自由、民主、平等"名义下的利益分化。权力集团分化为利益集团，权力斗争转化为利益纷争。分层化、阶层化、特权化和固定化，使物质财富和精神财富的真正生产者边缘化、弱势化，社会基本价值体系被重新分化，一方面是财富、权力、地位、身份、机会、运气在既得利益集团方面积累，一方面是贫穷、匮乏、疾病在边缘和弱势人群方面积累。另一种情形则是，消灭了差别、惩治了腐败，结果是控制力的强化，意识形态建设被置于经济、政治、社会建设之上；一种消灭不平等、消灭贫困之后的意志和行动控制。经历过民主、平等社会过程的人们，对这样一种意志支配产生强烈的失望感。此种情形之所以产生和持续，并非由于人们毫无底线的道德宽容所致，如果这种宽容美德足可以令人称羡，那么这一定是纵容了恶的那种；唯其是放任了恶的存续，故此种道德宽容是绝对不足取的。

政治抑郁症的产生和持存具有极其复杂的社会根源，总括起来有三个关键因素，且相互嵌入、共同发生作用。其一，四种分离。德性与规范的分离、言说者与行动者的分离、行动的受益者与责任者的分离、自律与他律的分离。其二，话语权的垄断。如果民众的公意不能得到合理的表达，甚至遭受"显失公正"性的对待，那么，"显失公正"的行为就无法得到遏制。如果立足于宏观、中观和微观三个层次，从整体性、复杂性和冲突性三个维度探讨政治抑郁症的根源及其表征，那么其间的复杂关系便可揭示出来。其一，整体性。现代社会不同于前现代社会的一个重要方面，在于它的联系的全面性和现代传媒媒介的广泛性。世界性的风险社会已经来临，地方、区域性事件瞬间就会演变成全国性乃至世界性的危机；单元国家的国家治理和社会管理短时间内就会产生世界性效应；某个国家的生态政策和经济危机就极有可能导致全球生态系统遭受破坏、生产—消费链条断裂。在国内矛盾重重、国际冲突倍增的语境下,一种民间性的民主管理模式已经无法应对日益复杂化的国内外复杂情况,一种强人政治或精英政治被证明是更加有效的治理模式。然而,这种情形又是复杂的,不应该对精英政治作出简单的评价和非理性批判。一种被视作是追求民主、平等和自由的精英政治,在其国家治理和社会管理中被看作是正当而有效的,然而在处理国际关系时,却没有将民主、平等的价值原则贯彻到国际事务和全球治理中,相反却一意孤行地推行着单边主义、本国至上的政策。逐渐地,在反复进行的单边主义和本国利益至上的行动中,发展中国家的人们逐渐理性地看清了西方发达国家一致奉行的所谓普世价值的虚假性和虚伪性,开始深刻怀疑西方文明的真实性和进步性。这是一种民族的和国家形态的政治抑郁症,发展中国家的人们或以国家意志的形式、或以知识精英的名义,对由西方发达国家主导的混乱不堪的全球化所导致的政治危机予以坚决抗拒和严厉谴责。由于产生的原因不同、产生作用的方式不同,政治抑郁症具有极其复杂的情形。

其二,复杂性。强人政治或精英政治可能会造成双重政治压力,这并不是在同一个人群中,而是分属两个不同的人群。一个人群是有坚定信念、强烈正义感、民主感和自由感的知识精英,由于对当下的政治事实严重不满,忍无可忍,有可能极端地表达自己的政治立场、态度、情绪和观点;但以权威传播媒介表达出来的理论体系和价值观念,以理性的、学术的话语和逻辑,更能直击政治事实的本质。而政治精英及其权力集团自然会有来自自身的认知与情感,以及对政治地位的感受和思考,会非理性地拒斥这种能理性的分析和情感的批判,更无法接受充满利益诉求的集体行动。出于名义上的国家利益和社会安全,也出于政治支配的意志诉求,通常会采取更加严厉的措施,或舆论批评,或行政处罚,甚至法律治罪。这会使民众和知识精英的政治信念、情感、意志和行动受到严重甚至致命打击。然而,他们似乎很难彻底放弃已有的信念、情感和意志,愈挫愈勇的心理可能增强了对峙和对抗。当这种欲罢不能、欲弃不忍的内心体验愈益增强时，一种矛盾的、冲突的政治心理就形成了，这正是政治抑郁症得以产生的心理基础。显然，这是一种朝向好的国家治理和社会管理的政治诉求，是一种积极向上的政治力量，是历史的声音和人民的心声；其性质并不是要解构任何一种国家治理和社会管理，而是要将当下的政治事实改造成更能实现终极之善的政治生态。根据美国心理学会精神疾病的标准，能够基于正常交往、生活和思维，但对政治事实表现出过分激情和冷漠的立场、态度和行动这一心理特征，可称之为非典型政治抑郁症。我们如此集中地讨论非典型政治抑郁症，其旨趣就在于，非典型政治抑郁症可能产生的负面效应。其中最为直接的就是基于公共善的公共意志的形成，公共理性的培育及其充分运用。

4. 政治抑郁症的救治：构建政治生态

从根源来说，政治抑郁症是那些追求政治正义、实现人类目的之善的人群，面对偏离政治正义、失去政治生态，试图通过自己的方式改变这种现状而又无力改变现状的心理体验，是朝向好的社会状态而发出的灵魂诉求和意志表达。政治抑郁症的救治固然相关于试图改变政治现状的正义者人群，但根本的道路在于拥有且行使政治权力和公共职权的政治精英集团的自觉。当政治精英的自觉和民众的觉醒被共同的朝向目的之善的政治行动变成可实践的事项时，一种朝向政治生态的建构就会展开。由中国共产党人领导的社会主义百年实践，正是一个不断构建政治生态从而实现政治正义、朝向目的之善的伟大进程。最为核心的就是不断构建、矫正、修正、完善社会主义制度，社会主义制度的优越性正是通过中国共产党人的不断自我革命来实现的。不断进行的自我革命和自我完善，从根本上消解了产生政治抑郁症的根源。

任何一种制度的原始发生均奠基于人的相互依存性之上，无论是激励性、规约性还是惩戒性的制度均用于公共善的分配以及对个体、组织、政党之观念与行动的规定。制定制度、运用制度旨在创制秩序、分配财富、规约行动，因为没有以制度为基础的秩序，一切都将不可预期，甚至导致社会价值体系崩溃、社会结构系统解体、社会观念系统混乱。好的社会必以好的制度为基础,而好的制度就是最大限度地实现个体与社会之终极之善的规范体系。制度优势这一称谓所描述的就是在"制度丛"中,某一制度相较于自我之过往的制度体系,更有利于实现富强、民主、自由、正义和文明,这是历时性结构意义上的;某种制度较之其他制度类型更有利于实现终极之善,这是共时性意义上的。在比较哲学的意义上,较之以往的制度、比之于资本主义制度,社会主义制度更有利于实现终极之善。社会主义制度的优势是在百年的社会主义革命、建设和发展过程中,由中国共产党人在理论理性、创制理性和实践理性的支配下经过不断地自我创新、自我矫正和自我完善的过程而彰显和实现出来的中国气象、中国气派和中国气质,是信念论、观念论、德性论和实践论的高度统一。在充满风险、危险、矛盾和冲突的现代性场域下,社会主义制度更加彰显出了它的优势。

证明一种社会制度是否较之其他类型的制度更有优势,约有两种路径,一种是认识论的,一种是实践论的,前者与制度制定者的意愿和能力有关,后者则由该制度实现终极之善的程度而定。只有预先澄明制度的原始发生及其演进逻辑,才能把握制度的本质;只有将关于制度的现象学呈现还原到具体的历史场域下,才能证明一种特定制度类型的优与劣;只有将制定、矫正、修正和完善制度的主体性根据分解成信念论、观念论、德性论和实践论,才能真正找寻到实现制度优势的主体性力量。

(1)制度的现象学考察与制度优势的哲学规定

"我们判断一个人不能以他对自己的看法为根据,同样,我们判断这样一个变革时代也不能以它的意识为根据;相反,这个意识必须从物质生活的矛盾中,从社会生产力与生产关系之间的现存冲突中去解释。"①判断一种制度类型是否具有优势固然要考察决定制度优势的认识论因素,但本质上则是实践论问题。作为充分且公开运用理论理性和创制理性之结果的制度,能否呈现天人之道、体现人伦之道和再现心性之道,才是决

---

① 《马克思恩格斯文集》第 2 卷,人民出版社 2009 年版,第 592 页。

定制度优势的根本力量。对制度进行现象学考察，实质上是要预先解决两个问题，这就是根源和来源问题。所谓根源便是人的存在状态及其过程，任何一种制度要么是用于规定物的，要么是用于规约人的；而无论哪一种，都是出于人而为着人的。人是被规定过集体生活的高级动物，"我们越是往前追溯历史，从而也是进行生产的个人，就越表现为不独立，从属于一个较大的整体：最初还是十分自然地在家庭和扩大成为氏族的家庭中；后来是在氏族间的冲突与融合中而产生的各种形式的公社中。只有到十八世纪，在'市民社会'中，社会联系的各种形式，对个人来说，才是表现为达到他私人目的的手段，才表现为外在的必然性。但是，产生这种孤立个人的观点的时代，正是具有迄今为止最发达的社会关系的时代。人是名副其实的政治动物，不仅是一种合群的动物，而且是只有在社会中才能独立的动物。"①个体的非自足性和非完满性，即个体需要的多样性与其能力的有限性的矛盾，决定了个体与个体之间、个体与集体之间必须进行持续而有效的合作。合作的目的是为了产生合作剩余，继而公平地分配合作剩余。这便是人与人之间的相互依存性。人与人之间的相互依存性具有三重功效，一种是融合的，一种是并行的，一种是冲突的。我们既不能夸大利己主义动机的作用，又不能扩张利他主义趋向的功能，正是基于相互依存性基础之上的利己与利他动机、同质意志与异质意志之间的复杂关系，才使规范的制定与修正成为必要与可能。"由于人的本性和人的生活条件，我们无法指望所有的人单凭其自身的行为驱动就会带着一种令其他人感到欣慰的从容始终采取或放弃这种类型的行为方式。行为人有限的利他主义和满足其需求的资源的明显匮乏不可避免地使其受到牺牲他人利益以实现自身利益的诱惑。因此，为了确保对这些利益得到足够尊重，需要感兴趣者的意志和自己做出努力以贯彻相应的行为方式，这也包括战胜行为者可能与此背离的行为驱动。"②以此观之，规范根

---

① 《马克思恩格斯全集》第 46 卷（上），人民出版社 1979 年版，第 21 页。
② ［德］鲍曼著：《道德的市场》，肖君、黄承业译，中国社会科学出版社 2003 年版，第 49 页。

源于基于人的非自足性从而需要合作这一相互依存性之上的既相一致又相冲突的意愿与意志之间的相互关系。为着不至于人由于懒惰、逃避而无法进行合作,继而严重缺乏生活条件,更不至于将所有的生活资料全部垄断到某个人或某些人手里,从而使整个人类都无法生存和生活下去,人与人之间不断进行着意愿和意志上的博弈,通过制定相对有效的规范,以解决合作和资源分配问题。进一步地,为着降低"交易成本",更为了增强行为的可预期性,人们便用观念表达用于规定物和约束人的规范体系,规范既是观念的对象化,又是客观秩序的观念化。"在自然界中每一物件都是按照规律起作用。唯独有理性的东西有能力按照对规律的观念,也就是按照原则而行动,或者说,具有意志。既然使规律见之于行动必然需要理性,所以意志也就是实践理性。如果理性完全无遗地规定了意志,那么有理性东西那些被认作是客观必然的行为,同时也就是主观必然的。也就是说,意志是这样一种能力,它只选择那种,理性在不受任何爱好影响的条件下,认为实践上是必然的东西,也就是,认为是善的东西。"①我们可以简约地将规范得以原始发生、演变的根源、来源澄明如下:为着每个人的生存与生活,人们必须以集体的方式生产、交换、交往和生活,借以创造生活条件和生活环境;为着这一目的,人们就必须正确处理人与自然、人与人、人与自身的关系,从而形成一个"目的王国",它既是一个价值王国又是一个秩序王国;人们将价值和秩序预先呈现在表象里、把握在意识中,将它们观念化,形成原则和规范;再用对象化、观念化的原则和规范规定事物、规约人的观念与行动。所谓规范是指,人们为了有效地达到特定目标,在一定宗旨指导下,在一定的理论理性和实践理性支配下,或经民主讨论给出、或由精英人物直接供给、人人须遵守的游戏规则。一个有效的规范是被共同承认且共同遵守的游戏规则;但规则的有效性却直接取决于受规则决定或影响的人们之间在利益和意志上的博弈;制定规则的人往往是破坏规则的人,因此,制定对所有人都有利的规则永远都是

---

① 　[德]康德著:《道德形而上学》,苗力田译,上海人民出版社 1986 年版,第 63 页。

广大民众的意愿和行动。

并非所有的规范都可以被称为制度,如果无原则地将所有的规则都称为制度,就无法呈现权威性、强制性的政治、经济和文化制度不同于风俗、习惯、惯例、社会组织规范的本质规定。"制度优势"这一术语指称的是不同于风俗、习惯、惯例、道德规范、组织章程的规范体系,它具有合法性、权威性、强制性和普遍性(弥散性);在具有这些特性的规范中,有一种规范类型在实现终极之善的过程中更能体现正义性和平等性。显然,当人类采取现代生产逻辑(生产—分配—交换—消费)时,一种超出地域性的生产、交换、交往和生活关系就会产生,人与自然、人与人以及人与自身的关系就会出现新形态,矛盾、冲突、风险、危险倍增,在此种语境下,过往的具有地域性的风俗、习惯、惯例,以及具有领域性的组织规范,就根本无法应对日益复杂的活动、关系和社会。一种具有整体性功能、调节性功能、整合性功能的制度就会应运而生。或许,在人类发展的任何一个阶段上,都存在着"制度优势"问题,但从来没有像今天这样,国家治理体系和治理能力现代化的客观要求会显得如此迫切。那么,如何打造"制度优势"呢?

从结构主义视角透视现代制度体系,其复杂性和矛盾性呈现为如下样式。从主体看,并非所有人都有能力、意愿和权力制定制度,而是政治家或政治精英集团;从手段看,政治家制定制度所依据的是思想上层建筑和政治上层建筑这种支配性力量,这是一种权威性的支配性力量;从所依据的主体性资源看,是政治家或政治精英集团所拥有的理论理性和实践理性;从过程看,是政治家或政治精英集团在理论理性和实践理性支配下经反复科学论证、经各方意愿和意志的博弈而生成规则的过程;从客体看,制度表现为具有合法性和合理性的规范系统,集中体现为政治制度、经济制度和文化制度,以及三种形态的交互形式;从性质与功能看,制度具有权威性、合法性、强制性、广泛性、持续性和不可逆性,制度一经生成便成为"看似有理性结构";从终极目的看,政治、经济和文化均指向三种目的之善:寻找一种经济组织方式,此种方式能够最大限度地发挥每一个人的积极性和创造性,创造财富并公平地分配财富;创制一种充分尊重民众意愿并最大限度体现和实现公共意志的政治治理体系,此体系能促使每一个公民积极参与政治事务,借以提升社会自治能力;构建一种文化观念体系,此体系能够促使每个人都有意愿和能力过一种整体性的好生活。

从生成论的视角反思制度,一种好的、具有优势的制度,绝不仅仅限于技术规范,也绝不像科技规范那样,可以在反复试验中发现出来、创制出来,技术制度仅仅指向科学意义的组合,即在物与物之间、人与物之间、人与人之间实现一种有效组合,借以生产或创造用于满足衣、食、住、行、用的物质需要和信、知、情、意精神需要的价值物,以及规则体系,在此一过程中,创制者愈少主观就愈是成功。相反,政治、经济和文化制度是一定相关于人的意愿和意志的,它们愈是着眼于每个利益主体的"主观"、愈是充分考虑异质意志,就愈是合于"目的王国"的普遍性要求,它们固然需要创制理性,但更需要实践理性。

当我们从结构主义和生成论视角于学理上给出了创制、修正、完善制度的复杂性和冲突性之后,一种理论上自明的模型就被给予了。然而,在充满流动和风险的现代性场域下,一种具有优势的制度体系,其原始发生及其演进却表现出更加复杂而艰难的过程,但无论如何,制定制度的主体性资源永远都是最为源初的、根本性的力量。这种力量表现为由四种要素组成的有机体:信念论、观念论、德性论和实践论。信念决定方向,观念决定道路,德性决定品质,实践决定行动。而将信念、观念、德性和行动统合起来的范畴,就是道德人格。德性之美与城邦之善之间是必要条件关系,而不是充分条件关系,没有政治家和政治精英集团的德性之美就绝不会有城邦之善。以此可以说,社会主义制度优势的四种论证方式恰是中国共产党人之道德人格的展开和实现过程,同时也是哲学元理论中的本体论、认识论与价值论的有机统一过程。中国共产党人在其百年的跌宕起伏、腥风血雨、百折不挠的革命、建设和发展实践中,从未将制定一套好的制度作为全部目标,因为它只是手段之善,而是将历史的声音和人民的心声先行标划为内心的坚定信念,再经过科学化和民主化的过程,将坚定的信念变成有效的制度体系,再殚精竭虑地依照制度实现先行标划的信念。因此，只有将制定制度的信念、制定制度的过程和实现制度的实践有机结合起来，才能见出社会主义制度优势的原始发生及其实现的复杂历程。于是，按照已经是、正在是和将要是的三重时间逻辑，社会主义的制度优势就自在地展现为革命时期、建设时期和改革开放时期三种社会历史形态。在叙事方式上，我们将从中国特色社会主义发展史的三种历史形态中提炼出决定制度优势的四种普遍要素来，通过四种论证方式彰显中国共产党人在实现终极之善的艰难岁月里、艰苦道路上，是如何在信念、观念、德性的支撑下，在艰苦卓绝的实践中实现终极目的的。

（2）信念论：决定制度优势的意向与意志

目的先行于行动而存在，为着实现目的就必须遵道而行、照章行事，这就需要秩序；将秩序观念化，再将观念条理化，这就是规范得以生成的内在逻辑。规范的生成逻辑也就是制定规范者充分且公开运用理论理性和实践理性的过程，理论理性决定了规范制定者能否识道、体道和悟道，即体认天人之道、体悟人伦之道和感悟心性之道，这是认识问题；实践理性决定了规范制定者的意向与意志，即为着什么和有利于谁而制定规范，这是道德哲学和伦理学问题。认识问题是观念，道德问题是信念和行动。

康德在《纯粹理性批判》中相对清晰地规定了信念、知识和意见之间的关系。知识（真理）是指主客观都有充分根据的那种"视其为真"；信念是指主观有其充分根据而客观根据不充分的那种"视其为真"；意见是主客观都缺乏充分根据的那种"视其为真"。制定制度以及实现制度之终极目的的信念论基础就在于，把最大限度地实现个体与社会的终极之善视作制定、修正、完善制度体系的初始动机和终极目标，将这种动机和目标化作内心的坚定信念就是"初心"和"使命"。信念作为一种起自心意以内的由己性，就是一种意向和意志，当把这种意向和意志变成具有具体对象的行动时，它们就变成了直接指向行动的意向性和对象性。中国共产党人在其百年的社会主义运动中，始终将最大限度实现终极之善作为制定各种制度的动机、意向、初心和使命，作为意向性和对象性加以追求。中国共产党第一次全国代表大会于 1921 年 7 月 23 日晚上开幕，这既是中国人民近现代史上的一个伟大的集体记忆,也是开启中国特色社会主义运动的文化符号,记忆和符号的意义就在于,一个以实现全人类解放为目标的政党将出现在中国近现代史的舞台上,也出现在人类政党史的舞台上,并由此改变中国人的历史命运。从这一时刻起,一个坚定的信念被深深地植入到这个政党的灵魂之中:"党的一大通过的中国共产党纲领,确定党的名称为'中国共产党',确定党的纲领是:革命军队必须与无产阶级一起推翻资本家阶级的政权;承认无产阶级专政,直到阶级斗争结束,即直到消灭社会的阶级区分;消灭资本家私有制。纲领明确提出要把工人、农民和士兵组织起来,并确定党的根本政治目的是实行社会革命。"①党的一大通过的纲领,表明中国共产党从建党开始就旗帜鲜明地把实现社会主义、共产主义作为自己的奋斗目标。在社会主义革命阶段,消灭经济剥削、消灭政治压迫就是革命的直接目的,使劳苦大众翻身求解放、当家做主人就是信念的直接目标。此一阶段的信念是改造性的,它要使一个不合理的非人的世界变成一个属人的世界。无论是在民族解放中,还是在国内战争中;无论是在革命低潮时,还是在革命胜利时,实现政治解放和经济独立的坚定信念始终都没有丢失过。在社会主义革命时期,坚定的信念表现为实践论意义上的从实质性的手段之善到部分实质性的目的之善的价值逻辑转变,是解构性与建构性相统一的双重实践逻辑。任何一种终极目的的实现,必须具备三个必要基础:第一,主体。必须拥有一个将终极之善立为初心、视作使命的政治家和政治精英集团,他们是进步观念的倡导者、先进生产力的代表者、进步生产关系的建构者、社会进步的实现者。第二,环境。环境就是场域、境遇、机遇,一种相对合理的国家治理和社会管理模式的出现是在特定的历史场域下出现和实现的。第三,手段。如要实现三种终极之善就必须拥有实现它们的手段,这就是拥有政治、军事和经济权力。从中国共产党成立之日起,中国共产党

---

①　《中国共产党历史》第 1 卷(上册),中共中央党史研究室著,中共党史出版社 2002年版,第 68 页。

人就把"以人民为主体"（为实践主体和价值主体）、"为人民服务"作为坚定的信念确立下来，这就是终极目的的先行标划，然而这只是主观上有充分根据而客观根据不充分的那种"视其为真"，只是一种善良动机和美好愿望，要实现这个动机和愿望就必须具备主体、场域和条件，进言之，必须优先创制手段之善。那么什么才是社会主义革命时期的手段之善呢？这就是拥有政治、军事、经济权力。中国共产党作为被压迫被剥削者的代表，如若使广大民众翻身求解放、当家做主人，就必须预先拥有使之成为主人的条件，而中国共产党人在社会主义革命阶段，几乎都处在弱势、被动状态，如何获得军事权力、政治权力就成为必须先行解决的问题，拥有手段之善的坚定信心构成了中国共产党人信念体系中的首要部分。而实现这一信念的现实道路就一定是解构性和建构性的有机统一。打破一个旧世界，建立一个新中国。历经 28 年之艰苦卓绝的斗争，社会主义发展史、中国共产党史上的另一个集体记忆和文化符号诞生了，这就是中华人民共和国的成立，它是中国历史上的最大的建构性，它从根本上结束了一切政治压迫和经济剥削的阶级社会，开启了人民当家做主的新篇章。

社会的结构性变迁，社会主义国家这一实体性结构的建立，使得中国共产党人的信念发生了革命性的变革，这就是从如何获得政权到如何使用政权以实现终极之善的转变，这是由社会主义建设的根本任务决定的。革命与建设的本质区别就在于，革命是从无到有，建设是从有到优。解构一个旧世界需要信念、观念和行动，而建立一个新世界更需要理论、创制和实践理性。如果把获得政权作为行动的终极目的，用权力去遮蔽甚至替代个体与人类所孜孜以求的目的之善，那就必然要重复阶级社会的历史循环。中国共产党及中国共产党人的革命性就在于它颠覆了用新的私有制替代旧有的私有制的历史循环，破解了善恶循环的历史魔咒。"一切所有制关系都经历了经常的历史更替、经常的历史变更。例如，法国革命废除了封建的所有制，代之以资产阶级的所有制。共产主义的特征不是要废除一般的所有制，而是要废除资产阶级的所有制。但是，现代的资产阶级私有制是建立在对立上面、建立在一些人对另一些人的剥削上面的产品生产和占有的最后而又最完备的表现。从这个意义上说,共产党人可以把自己的理论概括为一句话:消灭私有制。"①建立社会主义公有制,建构社会主义国家体系,是中国共产党人获得政治、经济和文化权力并初步运用这些权力的一个伟大"业绩",但却不是终极目的,终极目的就是在社会主义革命时期实现被中国共产党人先行标划出的坚定信念:创造财富并公平的分配财富;激励、激发每个公民积极参与政治事务并合理表达公共意志;促使每个人有意愿和能力过一种整体性的好生活。中华人民共和国史正是实现这个终极之善的历史,是建构和完善社会主义政治、经济和文化制度的历史,也是最大限度实现富强、民主、自由、正义、法治的历史。在这一历史过程中,我们从未丢失早已确定的坚定的信念,始终在追求足额地兑现承诺、实现信念。虽然在社会主义制度下仍有矛盾,但在矛盾、冲突和风险的现代性场域下,社会主义制度展现出了超强的矫正性、完善性和适应性能力,而这种能力则是来源于中国共产党人的道德人格,除了坚定的信念,还有科学的观念、德性和行动。

（3）观念论:制度优势的历史逻辑和理论基础

实现目的之善必须遵循自然规律和社会规律,认识规律是这两种规律的理论形态;将自然与社会规律通过认识呈现为理论,通过观念化将理论转变成可遵循的规范,借以生成公共善并分享和共享公共善。自然规律是与人的努力无关而完全依照自然的力量运行的必然性;社会规律是与人的行动有关但却依照社会各种主客观力量共同起作用的客观必然性,恩格斯在写给布洛赫的信中用"平行四边形"理论形象地论证了社会规律的复杂性。人类可依照自然的逻各斯而行动,这是自然科学的使命,是思辨理性所把握的对象;虽不拥有但可以分有逻各斯而行动,这是技艺所创制的对象,是创制理性的对象;因人的行动而成的事情,是相关于人的行动的规律,是实践理性的对象。于是,对规律的表象和把握就被分成两种类型,一种是关于不变事物的规律,一种是关于可变事物的规律,关

---

① 《马克思恩格斯文集》第 2 卷,人民出版社 2009 年版,第 45 页。

于前者可称之为科学观念,关于后者可称之为价值观念。信念论本质上就是关于价值可能性的判断和预设,它是可能但不必然的事情,如若成为现实就必须遵循规律,以科学观念为指导。基于此种分析和论证,信念论必须以观念论为基础,这就是"观念论是制度优势的历史逻辑和理论基础"的真实含义。

无论是在社会主义革命还是在社会主义建设时期,始终存在着信念论,也必然存在着观念论。在波澜壮阔、跌宕起伏的社会主义运动中,有过成功更有过失败,究其原因,凡是成功之事都是遵循了自然规律、社会规律和思维规律;凡是失败之处,多半因为违背天人之道、悖逆人伦之道、背离人心之道。

一种制度是否具有优势,是否持续地保持优势,根本之点在于此种制度是否建立在科学理论之上,而科学理论就是对客观的矛盾关系的认识与把握。中国共产党人在社会主义革命时期,既有成功的经验,又有惨痛的教训。大革命失败、第五次反"围剿"失败,关键之点在于没有正确认识复杂的社会关系,没有把握到社会的基本矛盾以及矛盾的普遍性、特殊性,主要矛盾和次要矛盾,矛盾的主要方面和次要方面。在革命道路问题上,究竟是走农村包围城市还是走从城市扩展到农村的道路,有过理论上的激烈争论,更有过实践上的惨痛教训,铁的历史事实证明,只有把马克思主义的普遍真理与中国革命的具体实践有机地结合起来,才能找到中国特色的实现目的之善的道路。在这个意义上可以说,中国特色社会主义理论与实践是一个有机的相互嵌入、相互促进的关系:没有革命的理论就不会有革命的实践;没有伟大的实践就不会产生伟大的理论。由政治家和政治精英集团形成的中国特色的社会主义理论体系为社会主义制度优势奠定了坚实的理论基础,它是政治家充分运用思辨理性的一个伟大成就。正确的理论就是充满生命力的理论,而充满生命力的理论来源于充满活力的社会实践;一个理论被一个民族和国家的接受程度以这个理论解决这个国家的实际问题的程度为基础。毛泽东在 1938 年 9 月至 11 月召开的党的六届六中全会上,在政治报告《论新阶段》中首次提出"马克思主义中国化"问题。①使马克思列宁主义在中国具体化,就是要深入研究中国的国情,研究中国社会的状况、阶级构成、主要矛盾,做到这一点也就算是做到"实事求是"了。"共产党员应是实事求是的模范,又是具有远见卓识的模范。因为只有实事求是,才能完成确定的任务;只有远见卓识,才能不失前进的方向。"②这是毛泽东第一次提出"实事求是"概念。1940年1月,毛泽东在《新民主主义论》中指出:"科学的态度是'实事求是','自以为是'和'好为人师'那样狂妄的态度是决不能解决问题的。"③1941年5月19日,毛泽东在延安干部会议上作《改造我们的学习》的报告时,第一次解答了什么是"实事求是"。④那么,什么才是社会主

---

① "马克思、恩格斯、列宁、斯大林的理论,是'放之四海而皆准'的理论。不应当把他们的理论当作教条看待,而应当看作行动的指南。不应当只是学习马克思列宁主义的词句,而应当把它当成革命的科学来学习。不但应当了解马克思、恩格斯、列宁、斯大林他们研究广泛的真实生活和革命经验所得出的关于一般规律的结论,而且应当学习他们观察问题和解决问题的立场和方法。……共产党员是国际主义的马克思主义者,但是马克思主义必须和我国的具体特点相结合并通过一定的民族形式才能实现。马克思列宁主义的伟大力量,就在于它是和各个国家具体的革命实践相联系的。对于中国共产党来说,就是要学会把马克思列宁主义的理论应用于中国的具体环境。成为伟大中华民族的一部分而和这个民族血肉相连的共产党员,离开中国特点来谈马克思主义,只是抽象的空洞的马克思主义。因此,使马克思主义在中国具体化,使之在其每一表现中带着必须有的中国的特性,即是说,按照中国的特点去应用它,成为全党亟待了解并亟待解决的问题。"(《毛泽东选集》第二卷,人民出版社1991年版,第533—534页)

② 《毛泽东选集》第二卷,人民出版社1991年版,第522—523页。

③ 同上书,第662—663页。

④ 毛泽东说,无论在认识上还是在行动中,我们都要反对错误的观点,坚持正确的观点;错误的观点就是主观主义的态度,正确的观点就是马克思列宁主义的态度。"在这种态度下,就是引用马克思列宁主义的理论和方法,对周围环境作系统的周密的调查和研究。在这种态度下,就是不要隔断历史。在这种态度下,就是要有目的地去研究马克思列宁主义的理论,要使马克思列宁主义的理论和中国革命的实际运动结合起来,为着解决中国革命的理论问题和策略问题而从它找立场,找观点,找方法的。这种态度就是有的放矢的态度。'的'就是中国革命,'矢'就是马克思列宁主义。我们中国共产党人所以要找这根'矢',就是要射中国革命和东方革命这个'的'的。这种态度就是实事求是的态度。'实事'就是客观存在着的一切事物,'是'就是客观事物的内部联系,即规律性,'求'就是我们去研究。我们要从国内外、省内外、县内外、区内外的实际情况出发,从其中引出其固有的而不是臆造的规律性,即找出周围事变的内部联系,作为我行动的向导。"(《毛泽东选集》第三卷,人民出版社1991年版,第800—801页)

义革命时期的"实事"呢？如何用马克思列宁主义的理论与方法射中"实事"中的"是"呢？在社会主义革命时期，中国共产党人所面对的国内外形势是复发的、特殊的，但半封建、半殖民地则是基本情形，中国革命的对象、任务、动力、原则都必须基于对这些客观情形的深刻认识，中国共产党人的政治制度、经济制度、文化制度和军队制度建设，必须建立在对社会基本结构和基本运行规律的正确认识之上。在第一次国内革命战争时期，毛泽东的《中国社会各阶级的分析》（1925 年 12 月 1 日）、《湖南农民运动考察报告》（1927 年 3 月）两部著作，对中国社会各阶级的构成、政治、经济、文化和精神状况做了深入考察、分析和论证；在第二次国内革命战争时期，《中国的红色政权为什么能够存在》《井冈山的斗争》《星星之火可以燎原》《我们的经济政策》《中国革命战争的战略问题》，每一篇宏文都是对当时社会状况以及战争时局的深刻认识和正确把握。在《实践论》和《矛盾论》中，毛泽东把对社会结构、各个阶级的经济、政治和文化状况的认识，提升到了哲学的高度，它远远超出了日常的、大众的观念，而是上升到了普遍的、思辨的高度，实现了抽象与具体、特殊与普遍、个性与共性的高度统一。在抗日战争时期，以毛泽东为代表的中国共产党人以及由此组成的领导集体，更是审时度势，在革命实践中生成理论，在理论中寻找指导原则。《论持久战》就是中国共产党领导抗日运动的理论体系。在写于 1939 年 12 月的《中国革命和中国共产党》一书中，第一章《中国社会》的"中华民族""古代的封建社会"和"现代的殖民地、半殖民地和半封建社会"三个小节中，对整个中国的基本情形做了分析和总结；在第二章《中国革命》中，毛泽东在梳理百年来革命运动的基本情形和规律之后，就中国革命的对象、任务、动力、性质、前途，中国革命的两重任务以及中国共产党与这两重任务的关系，作了精辟的分析和论述，特别是新民主主义革命思想的提出，为中国共产党人在夺取政权之后如何治理国家和管理社会，提出了高瞻远瞩式的原则和道路。"整个中国革命是包含着两重任务的。这就是，中国革命是包括资产阶级民主主义性质的革命（新民主主义的革命）和无产阶级社会主义性质的革命、现阶段的革命和将来阶段的革命这样两重任务的。而这两重革命任务的领导,都是担负在中国无产阶级的政党——中国共产党的双肩之上,离开了中国共产党的领导,任何革命都不能成功。"①关于思想体系与社会制度的关系,毛泽东在《新民主主义论》中指出:"共产主义是无产阶级的整个思想体系,同时又是一种新的社会制度。这种思想体系和社会制度,是区别于任何别的思想体系和任何别的社会制度的,是自有人类历史以来,最完全最进步最革命最合理的。"②

社会主义革命实践证明,正确的观念为制定和贯彻正确的制度提供了理论基础和方法论指导,波澜壮阔的革命实践又检验了、完善了社会主义理论。没有坚定的信念、没有正确的观念便不可能有社会革命实践中的正确制度,更没有这些制度的优势。社会主义革命的胜利以及新中国的成立,本身就是中国共产党的理论优势的最好证明。

中华人民共和国的成立开辟了社会主义发展的新纪元。如果说社会主义革命的根本任务是夺取政权,以国家形态出现的社会主义制度体系尚未成型,社会主义革命的优势主要体现为夺取政权而建立的政治、经济、文化和军事制度,那么,当中国共产党人建立了一个实体性的社会主义制度之后,当压在中国人民头上的三座大山被彻底消灭之后,社会基本矛盾发生了性质的变化,这就是必须从革命时期的政治、经济、文化革命转向建设;从先前的以解构为主向以建构为主的社会运行方式上转变。所谓建构,就是如何通过一个实体性的社会主义国家,借助思想上层建筑和政治上层建筑,通过合法化的方式,制定合理化的经济、政治和文化制度体系,以最大限度地实现在社会主义革命时期所孜孜以求的目的之善:经济上摆脱贫穷,过一种相对富足的生活;政治上人民当家做主,积极参政议政。然而,这是一种全新的历史任务,它要求中国共产党人必须继续秉持实事求是的思想原则和工作作风;深刻认识和把握社会主义建设的

① 《毛泽东选集》第二卷,人民出版社 1991 年版,第 651 页。
② 同上书,第 687 页。

根本任务,这个任务必须是基于对社会主要矛盾的正确认识而确立起来的。这个主要矛盾就是人们不断增长的物质文化需要与落后的生产力之间的矛盾。由此,解放生产力和发展生产力乃第一要务。解决这一矛盾的根本道路,表现在制度体系上,就是要在经济、政治和文化之间寻找内在的逻辑,实践证明,寻找创造财富和分配财富具有逻辑上的优先性。在认识上,在对唯物史观的理解上,常常因为未能正确区分经济决定论和经济基础论的辩证关系走向两个极端,一个是将经济置于政治和文化之上,用经济指标衡量一切、决定一切,最终陷入严重的贫富差距之中,产生由阶层差别演变成阶级对立的风险;另一种是担心经济决定政治和文化会导致矛盾和冲突,而用政治的方式解决经济和文化问题。事实证明,新中国成立后,在探索社会主义建设道路的过程中,人们在一些历史阶段未能正确认识社会的主要矛盾,没有正确处理政治、经济和文化之间的逻辑关系。这导致社会生产力没有得到充分解放,人民的生活水平没有得到充分提高。这充分证明了,主观有充分根据和客观根据不充分的信念论必须以主客观都有充分根据的真理论、观念论为基础。"实事求是"不仅仅是一种理论原则和思维方式,更是一种实践理性和行动智慧。

起始于20世纪70年代末的改革开放将工作重心转移到经济建设上来,标志着社会主义信念论、观念论和制度创新将以三位一体的形态展开它的生成,并沿着政治、经济和文化既相分离又相嵌入的道路展开它的演进历程。这是一个全新的社会结构变迁过程,经济和文化从先前的政治统合中相对独立出来,发挥各自的功能,国家制度体系作为一种观念、原则、道路将三种目的之善彰显出来、实现出来:社会主义市场经济的建立与发展,提供了快速创造财富和公平财富的制度安排,体现了效率与公平原则;不断自觉进行的政治体制改革,构建了现代化的国家治理和治理能力体系,体现了正义与平等原则;持续进行的精神文明建设,为人们求真向善趋美提供了文化制度安排,使得人们有意愿和能力过一种整体性的好生活,体现了自由与幸福原则。党的十八大以来,中国共产党面对充满矛盾、冲突和风险的国际环境和国内局势,进行深度改革、完善规范,创造多种形态的手段之善,以实现目的之善,更加彰显了社会主义制度的优越性。如果说信念论和观念论为社会主义制度提供了信念与科学支持,那么共产党人的道德人格则为不忘初心、担当使命奠定了坚实的伦理基础。

(4)德性论:决定制度优势的道德人格基础

依照一般的理论推论,被组织得良好的城邦一定是由善人组成的,但仅有善的个人却不一定导致良序的城邦。个体的德性之美只构成良序城邦的必要条件:无之必不然,有之不必然。这是一个无须证明的命题。然而由善的个人组成的社会一定是优良的社会,却是一个需要证明的命题。①亚里士多德不无自信地认为,只要每个公民不但具有一般的善德且具有公民的善德,统治者除了具有一般人的善德,更具有统治者的善德,优良的城邦就是必然的了。在古希腊的伦理概念中,善人的品德与公民的品德是有细分的,成为公民的品德不必是善人的品德;在日常生活中,每个人不必是善人,但在城邦里司职,成为一个合格的公民,就必须具有公民的品德。亚里士多德以水手之于船舶的关系比附公民的品德与城邦之善的关系。作为一个团体中的一员,公民[之于城邦]恰恰好像水手[之于船舶]。水手们各有职司,一为划桨,另一为舵工,另一为瞭望,又一为船上其他职事的名称;[船上既按照各人的才能分配各人的职司,]每一位水手所应有的品德就应当符合他所司的职分而各不相同。但除了最精确地符合于那些专职品德的个别定义外,显然还须有适合于全船水手共同品德的普遍定义:各司其事的全船水手实际上齐心合力于一个共同的目的,即航行的安全。在一个合法界定的雅典城邦共同体中,公民们

---

① 依照道德的标准,就可能性而言,在道德的个人与道德的社会之间有四种组合方式:(1)道德的个人与道德的社会;(2)道德的个人与不道德的社会;(3)道德的社会与不道德的个人;(4)道德的个人与不道德的社会。在实际的情况中,第一种和第四种组合较少出现,但并非不可能。亚里士多德对第一种情况充满了期待和信心。他在历数了斯巴达政体、克里特式政体、迦太基政体之优缺点之后评论道:"在前代立法家中,为雅典创制的梭伦可称贤达,他怀有民主抱负,完成一代新政,能保全旧德,不弃良规。"参见《政治学》,吴寿彭译,商务印书馆 1996 年版,第 440 页。

一如水手那样,公民既各为他所属的政治体系中的一员,他的品德应该符合这个政治体系。好公民不必统归于一种至善的品德,作为一个好公民,不必人人具备一个善人所应有的品德。①"所有的公民都应该有好公民的品德,只有这样,城邦才能成为最优良的城邦。"②然而由于每个公民在政治体系所司职位各不相同,甚至有很大分别,如支配者和被支配者,他们的品德是否相同呢?"全体公民不必都是善人,其中的统治者和政治家是否应为善人?我们当说到一个优良的执政就称他为善人,称他为明哲端谨的人,又说作为一个政治家他应该明哲端谨。"③"明哲(端谨)是善德中唯一为专属于统治者的德行,其他德行[节制、正义和勇毅]主从两方就应该同样具备[虽然两方具备的程度,可以有所不同]。'明哲'是统治者所应专备的品德,被统治者所应专备的品德则为'信从'('视真')。被统治者可比作制笛者;统治者为笛师,他用制笛者所制的笛演奏。"④为何统治者和政治家必须具备"明智"这种品德呢?这是由他们所从事的活动以及由这种活动所要求的品德所决定的。"明智是一种同善恶相关的、合乎逻各斯的、求真的实践品质。所以,我们把像伯利克里那样的人看作是明智的人,因为他们能分辨出那些自身就是善、就对于人类是善的事物。我们把有这种能力的人看作是管理家室和国家的专家。"⑤在政治学中,政治家在两个方面表现出明智的品德:一种主导性的明智是立法学,另一种明智是处理具体的政治事务,处理具体事务同实践和考虑相关,因为法规最终要付诸实践。

从亚里士多德的论述中完全可以说,政治家或政治精英集团的德性(道德人格)是形成好的法律、依照好的法律治理国家、管理社会的主体

---

① 参见[古希腊]亚里士多德:《政治学》,吴寿彭译,商务印书馆1996年版,第120—121页。
② 同上书,第121页。
③ 同上书,第122页。
④ 同上书,第125页。
⑤ [古希腊]亚里士多德:《尼各马可伦理学》,廖申白译,商务印书馆2003年版,第173页。

性基础,是源初性的力量。在信念论和观念论的支配下,政治家充分运用理论理性和创制理性创制出追求和实现目的之善的规范体系,并在实践理性的支配下将规范用于财富、机会、地位、身份和运气的分配,同时用于规约他人和自己的观念与行动。道德人格是一个用以标识德性的完整概念,从性质上看,道德人格、德性是令一个生活得好并使他出色地完成他的活动所需要的可行能力体系以及在这种能力实现过程中所表现出的优良品质;从构成上看,道德人格由信、知、情、意四个要素组成,缺少任何一个要素都难以使行动者广泛而持续地完成他的求真向善趋美的活动。除去上已述及的信念论和观念论之外,情感论和意志论则虽是非理性但却是影响巨大的心理和精神力量。道德情感和道德意志是从信念经由观念再到行动的关键环节,如果政治家和政治精英集团,作为决策者、管理者和执行者,没有足够的理智感、正义感和同情心,是决不会治理好国家、管理好社会的。

如果说道德情感是指向终极之善的强烈的心理倾向,那么道德意志则是直接导致行动的心理要素。作为动机,它就是善良意志,作为可行能力它就是实践理性。作为动机,善良意志通过想象力将作为形式的实践法则、作为质料的终极之善先行置于自己的表象里、意识中,使之作为一种决定行动方向的内在信念,信念与善念始终指引着他的思考与行动;作为可行能力,道德意志能够在行动过程中,抵御内心利己的冲动、抗拒外部各种诱惑,以使自己的信念和善念向着终极之善前行;作为结果,善良意志表现自我反思的心理过程,此乃"吾日三省吾身",以求尽忠、尽义、尽孝、尽信。

从理论上说,德性构成了制度优势的道德人格基础,但在复杂多变的社会行动中,德性却总是表现出可能但不必然、拥有却不持续的样式。好制度、好社会、好生活是一个相对概念,而不是一个绝对范畴,一如正义概念那样,它是一个反思性概念,是理念上自足的观念,是完满、美好的状态,人们用它指称一个理想的正义城邦,但却从未出现一个完全正义的社会,于是,人们用一个完满、自足的正义观念去指涉各种各样的不正义事实,唯其如此,人类才孜孜以求于心目中那个完满的、正义的社会。追本溯源,在决定制度优势的诸种要素中,信念论、观念论、德性论都是稀缺性的、非完满的主体性要素。在拥有且行使政治权力和公共权力的人群中,虽不排除绝大多数人具有亚里士多德意义上的政治伦理,但也绝不排除个别的权力拥有者通过制造道德假象而窃取公共权力以实现个人目的的可能性。于是,作为制度优势之心理和精神基础的德性就表现出两种"反思性"的情形,一是起初就缺少足够的德性,但却通过各种"涂层",制造道德假象,窃取权力;二是曾经拥有且表现出相对完整的德性,但在拥有和行使公共权力过程中,无法抗拒反复出现的以权谋私这一场域,合理而合法的游戏规则被群体性的潜在规则所支配,于是便陷于道德悖论之中,主观上无法放弃往日的信念、观念与德性,而在行动上又被迫放弃初心、丢失使命。无论从理论上还是从实践上,都可以有根据地说,德性作为非自足、非完满性的主体性力量,乃是一种有限的自治力量。完全依靠自觉的、相对完满的道德力量治理国家、管理社会的政治家一定是有的,但绝不是每一个拥有权力的人都能够以德治理、以德管理。当自律的力量表现为不充分、不完满的时候,一种外在的约束力量就必须参与进来,这就是无处不在、无时不有的道德舆论,以及具有权威性和强制性的法律体系。以此可以说,制度优势不仅仅表现在通过激励和约束体系以创造财富、分配财富,营造求真向善趋美的伦理环境,提升社会质量,更表现在创制扬善抑恶、惩治腐败的惩戒性制度体系。一个好的制度体系可以安邦兴业,一个坏的制度体系可以使城邦分崩离析、价值崩溃。说到底,决定制度优势的核心力量一定是个人、集体乃至整个人类的哲学思维和实践智慧。

（5）实践论:朝向目的之善的行动

信念论、观念论和德性论均构成了行动的主体性基础,而基于行动之上充分且公开运用理论理性和实践理性所创造的诸种规范,并不直接为着体现和实现人的主体性力量,而是依靠这些主体性力量创造各种善。"每种技艺与研究,同样地,人的每种实践与选择,都以某种善为目的。所以有人就说,所有事物都以善为目的。"①创制各种规范也是为着某种善,一种是基于不变事物的把握而创制的技术规范,一种是基于对可变事物而且可制作的事物的把握而创制的规范。视规范为善的事物,是因为技术规范可以造成可供分享和共享的价值物,而道德的或政治性的规范则是用于分配何种善以实现正义和平等。于是,奠基于信念论、观念论和德性论之上的行动表现为制定规范和执行规范,借以创造价值和分享、共享价值。亚里士多德在《尼各马可伦理学》的第一卷和第十卷都强调了政治学、政治、立法在城邦治理中的重要地位。在各种善型中一定存在着某种最高的善,"看起来,它是最权威的科学或最大的技艺的对象。而政治学似乎就是这门最权威的科学。因为正是这门科学规定了在城邦中应当研究哪门科学,哪部分公民应当学习哪部分知识,以及学到何种程度。我们也看到,那些最受尊敬的能力,如战术、理财术和修辞术,都隶属于政治学。既然政治学使其他科学为自己服务,既然政治学制定着人们该做什么和不该做什么的法律,它的目的就包含着其他学科的目的。所以这种目的必定是属人的善。尽管这种善于个人和城邦是同样的,城邦的善却是所要获得和保持的最重要、最完满的善。因为一个人获得这种善诚然可喜,为一个城邦获得这种善则更高尚[高贵],更神圣。"②在《尼各马可伦理学》第十卷结尾处,亚里士多德又说:"我们将对前人的努力作一番回顾。然后,我们将根据所搜集的政制汇编,考察哪些因素保存或毁灭城邦,哪些因素保存或毁灭每种具体的政体;什么原因使有些城邦治理良好,使另一些城邦治理糟糕。因为在研究了这些之后,我们才能较好地理解何种政体是最好的,每种政体在各种政体的优劣排序中的位置,以及它有着何种法律与风俗。"③以此来看,政治家、国体、政体、制度、法律、政治伦理是相互嵌入在一起的、相关于好的城邦、好的治理的要素。当把这些

---

①　[古希腊]亚里士多德:《尼各马可伦理学》,廖申白译,商务印书馆 2003 年版,第 3—4 页。

②　同上书,第 5—6 页。

③　同上书,第 318 页。

要素整合在一起，朝向目的之善时，一种基于现代性场域下的有关制度优势的复杂倾向便被刻画出来。

第一，当代中国制度优势的内部构成及其复杂性。前已述之，并非所有的规范都可以称为制度，也并非所有制度都具有强制性，只有相关于每个公民之根本利益的规范、制度才具有强制性，这就是经济、政治和文化制度。制度作为可以反复使用的游戏规则必须具有广泛性和连续性，其复杂性不仅表现在社会活动领域的多元化和制度体系的多样性，更在于各个活动领域的特殊性以及各个活动领域、各种制度体系之间的相关性。首先，社会领域的多元化与制度体系的多样性。建立和完善社会主义市场经济以来，经济和文化开始相对独立地发挥各自的功能，分别为社会提供独特的价值。我们把由计划经济向市场经济转变称为社会转型，伴随着这种转型，社会领域分化和全面的制度变迁也迅即实现出来。十一届三中全会以来，随着社会领域的分化、制度的创新，社会主义核心价值观开始全面得到体现和实现，社会主义制度自身的优势在自我更新和完善中得到提升。其次，当经济和文化开始相对独立地发挥作用，但如若没有保证这些价值得以实现的制度体系，就会出现经济活动中的两极分化、文化领域中的各种负面的观念，于是，如何随着经济体制改革和文化观念的转变而及时创制体现社会主义核心价值的制度体系，就显得十分迫切。正是在持续不断的制度变迁和规范建制中，中国共产党人的信念论、观念论和德性论以新的内涵、新的原则、新的方式融会贯通到国家治理和社会管理的伟大实践中。社会主义制度优势以正常状态和非常状态两种形式全面地体现和实现出来。

第二，正常状态下的社会主义制度优势。所谓社会的正常状态，描述的是虽有各种自然风险、各种社会矛盾，但整个社会是在可控的范围和程度上运转。在相对稳定的社会状态下，判别一个制度体系是否具有优势或优越性，要视其实现终极之善的程度而定，而且不是在一个段落上、某个层面上，而是在普遍性和连续性意义上实现终极之善。这就决定了制度优势是在流动性和变动性中实现的，因为社会领域的分化、各个领域之间的相互嵌入是在流动和变动中完成的。其中,创造财富和公平地分配财富具有时间和价值逻辑上的优先性。市场经济作为一种经济组织方式,乃是一个以市场为导向进行资源配置的制度体系、生产方式和分配方式。事实证明,市场经济要比单一的计划经济更能激发经济主体的积极性和创造性,按劳分配为主体,多种分配方式并存的分配原则的确立,为快速创造财富、公平分配财富提供了制度政策设计和制度安排。然而这种制度安排相较于从前的干多干少一个样、干和不干一个样的绝对平均主义分配原则,无疑是有明显优势的,然而,建立社会主义市场经济的历史前提是,各个地区、各个人群在自然资源、科技水平和可行能力等诸多方面是不均衡的,于是,让所有地区和所有人同步富裕是不可能的,允许一部分地区、一部分人先行富裕起来,然后带动大家共同富裕,乃是一种现实的、相对为好的选择。然而,在初始性制度安排中,那些没有享受到来自制度安排的益处的人群和地区,就极有可能在后续的改革中始终处于边缘状态和弱势地位。随着矫正性制度安排的持续进行,预先富裕起来的地区和人群就极有可能成为既得利益者继而影响甚至决定着后续的制度矫正与完善。于是,资源、地位、身份、机会、运气、尊严等稀缺性资源就极有可能流向预先富裕起来的人群,而代价、污染、垃圾等流向边缘和弱势人群。如果不利用制度加以约束,当市场经济的这只"看不见的手"被少数既得利益者加以控制并与权力这只"看得见的手"结合起来,新的不平等、严重的两极分化就会出现,而这是与社会主义制度的终极目的相违背的。如果任由资本和权力掌控社会的稀缺资源,导致广大民众无法享受到社会主义制度的优越性的时候,那么社会主义的本质规定也就被颠覆了。事实证明,中国共产党人表现出了超强的政治智慧,一个指向民众终极之善的政治安排就应运而生了。通过实现国家治理体系和治理能力现代化,中国共产党人找到了实现共同富裕的道路。这是中国共产党人基于信念论、观念论和德性论之上的朝向目的之善的行动。

　　第三,非常状态下的社会主义制度优势。非常状态是指来自自然和人为的公共危机事件而导致的社会公共危机情形。与过往的公共危机相比，现代性场域下的危机事件更具有全球的性质和持存的特点。在危机状态下，除了正常状态下的社会矛盾、国家治理、全球治理困境等依旧存在之外，新的关乎人的生命的全球性难题也瞬间爆发出来，这就是在资本逻辑、权力逻辑和生命逻辑何者优先的问题。这在新冠肺炎疫情中体现得尤为明显。世界上科技最发达、经济实力最强、自称国家治理最科学的美国，在资本逻辑的推动下，在商人思维的支配下，将资本和权力置于生命之上，长期隐藏在光鲜之下的黑暗全面地曝光出来。相比之下，在中国共产党人领导下的抗击新冠肺炎疫情，却取得了令世人瞩目的成就。何以如此？一种制度是否具有优势，不但在正常状态下，能够通过经济制度实现效率与公平，通过政治制度实现正义与平等，通过文化制度实现自由与幸福，更在于在非常状态，通过增强制度体系的灵活性和应变性，在资本、权力和生命之间，选取生命高于一切的治理原则和管理战略。这充分证明了，社会主义制度的优势就在于，不但将人民至上原则贯彻到任何一个领域、任何一个层面，将目的之善视作信念论、观念论、德性论的终极目标，还借助这些可行能力和优良品质，创制直接指向目的之善的手段之善。只有把手段之善和目的之善有机结合起来并保持制度的灵活性、变动性和适应性的制度才是真正具有优势的制度。社会主义制度正是这样的制度体系。

第5章 知错·认错·改错:可能性及其限度

　　个体与类作为有限理性存在者,理应作出有限的价值判断,过一种有限度的生活,即来自自然的限制和人性的限度;但个体与类作为欲望主体,从来都试图成为无限者。欲望的无限性与其能力的有限性之间的矛盾,依靠人的有限的认知、判断、选择和行动能力,是无论如何也不能彻底解决的。但人之永远都无法满足的欲望,推动着个体与类做着超出自然限制和人性限度的事情,因此,犯错乃是不可避免的事情。一种错是由于愚昧、幼稚、无知,即便是犯了错,却不知晓这是一种错,这是不知错。有一种错,是出于故意而造成的,但却在能够意识到错的前提下不认错。还有一种错,认识到了错、也承认了错,但就是依然故我、不断就范,或许说,知错、认错和改错不只是一种理智德性和道德德性问题,更是一种令人难堪甚至是受辱的行为。来自无意识和潜意识的抗拒,使得改正错误的行为极为困难。

　　任何一种错,无论是无意的还是故意的,都是个体与类之先天不足和后天缺陷的表现,都是不能正确思考和正当行动的确证。人类发展史某种意义上就是一个不断犯错和纠错的社会历史过程,每个时代的个体和类都有属于其自身的错,以及认错和纠错的方式,但不同时代的错却又有着共同的特征。将特殊形态的错与普遍意义上的错密切关联起来,分析和论证现代性场域下的错,构成了对现代性之各种矛盾和冲突进行价值哲学批判的重要内容。

　　追索错之根源、追问错之责任、追寻改错之道路,内在地充满着本体论、认识论和价值论三个维度。本体论意义上的错,乃是一种特殊状态,是可以认知、体验和判断的状态。错,不是一个简单的事实,而是一种事件;可能是一个事件,是一个事件的持存,也可能是多个事件的并存,是多个事件的相互嵌入，相互叠加，共存和持存。叠加、共存和持存的特殊状态，意味着对于一个或多个需要者，乃是一种无价值、反价值状态，它要么不利于社会进步，要么阻碍人的发展。当一个事件或多个事件被规定是错的时候，分明是认识到了、体验到了这个错，对错的感知和体验先行于人对错的认识而发生，虽然在没有体验到错的时候，对错的认识也可以先行发生，这既可以发生在主体那里，也可以发生于他者那里。这便是认识论意义上的错。对错的认识包含着事实确认和价值确证两个方面。知错、认错、改错，这是人有理性并能够充分运用理性的过程及其结果；然而，这个过程却是复杂的，既有科学问题，又有道德问题。科学意义上的错，乃是指，并非出于故意，而是由于理智德性和道德德性的非自足性和非完整性造成的；道德意义上的错，乃是指，既由于能力不足，又由于德性缺失，这种形态的错乃是双重意义上的错，既没有创造价值又毁掉了原有的价值。"理智德性主要通过教导发生和发展，所以需要经验和时间。道德德性则通过习惯养成，因此它的名字'道德的'也是从'习惯'这个词演变而来的。"①当把理智德性和道德德性统合起来用于现出错之产生的原因、见出知错、认错、改错的现实道路时，一幅相关于错的现象学考察就被刻画出来了。以价值论为旨归，寻找纠错和改错的现实道路，乃是我们从现象学角度探讨错之现象的根本目的。

一、"错"之字源学和语义学考察

錯（错） cuò 清纽、铎部；清纽、暮韵、仓故切。

錯[1]—錯[2]—錯[3]—錯[4]—錯[5]—錯[6]—錯[7]—錯[8]—錯[9]—錯[10]—錯[11]—錯—错
《说文》小篆 秦　秦　秦　汉　汉　汉　汉　汉　汉　汉　楷书 楷书
1《说文》295 页。2、3《战文编》910 页。4《睡甲》207 页。5—11《篆隶表》1002—1003 页。

---

① ［古希腊］亚里士多德：《尼各马可伦理学》，廖申白译，商务印书馆 2003 年版，第 35 页。

　　"错"小篆作图 1、2,是形声字,其表义符号为"金"。"金"作为表义偏旁,往往指金属。右部的"昔"作声旁表音,"昔"和"错"的上古音都在铎部。由于语音演变,"错""昔"读音不同了,这个字的形声结构也不易看出了。"昔"指往日,于此作不表义的声符。早期隶书与小篆基本相似(图 3、4),后期隶书将"昔"上部符号变为"艹"(图 8—11),在此基础上又进一步发展成为楷书。

　　《说文解字》:"错、金涂也。"段玉裁说:"谓以金措其上也。"就是在某种物件上涂上或镶上金银等贵金属,这是"错"的本义,所以"错"从金。在特种工艺中,错金、错银等指在器物表面用金属丝镶嵌成花纹或文字。这种工艺的发端很早。根据考古发现,早在春秋时期,就有一些表面镶嵌有金银或红铜的青铜器。文献中的例子也屡见不鲜。早在《诗经·小雅·采芑》中就有"约辆错衡,八鸾跄跄"之句。"错衡"就是用金嵌错成文采的车辕横木。《后汉书·舆服志下》说到佩刀时谓"诸侯王黄金错"。根据王先谦的《集解》,所谓的"黄金错"就是以黄金错文。

　　在古代的这种金错工艺中,有两道工序。首先要将金银丝嵌入青铜器中预先留好的凹槽内,紧固后,再用厝石进行打磨,使嵌入的金银与铜器表面齐平。最后在器表用木炭加清水进一步打磨,使器表增光发亮,从而利用金银与青铜的不同光泽映衬出各种色彩辉煌的图案与铭文。"错"字的意义引申也就沿着这两个方面展开。由于金错工艺首先是镶嵌出纹饰,因此"错"可以指一般的镶嵌或绘绣及其美丽的形象。"错彩镂金"就指雕绘工丽,后来还形容诗文辞藻绚烂。镶嵌上去的材料与器底互相交错分布。"错"就又有了交错、间杂等含义。这种交错在本质上器底与镶嵌物的不一致,因此,错又有交错杂乱、互相错舛等意义,这就是人们常常说的错误了。《广韵》中错杂的"错"是铎韵,错误的"错"是暮韵,两者的读音也产生了分化。

　　"错"字又可以指打磨玉石,也指磨制玉石用的石头。《说文》:"鑢,错铜铁也。"徐锴《系传》:"摩错之也。"王筠句读:"错有磨义。"又如《诗经·小雅·鹤鸣》:"它山之石,可以为错。"不过,这个"错"很多人认为本该是"厝"字。《说文》卷九下:"厝,厉石也。"所引诗经字作"厝"。"厝"字从"厂"为义符。"厂"甲骨文像石崖之形。因此其作为表义符号常可表示石头。如"石"字,甲骨文从厂。而表示打磨及磨石等意义的字多从"石"。这一方面充分说明了古代治玉石工艺的发达,也说明打磨之具本当为石。而打磨装饰的对象最早也应该是玉石。早在新石器时代,原始先民就有十分发达的玉石雕琢技术。考古发现的良渚、龙山等新石器时代文化中就有大量的雕琢精细的玉器。可见,表示打磨、磨石等意义的"错"字本来是由"厝"来表达的。从语音上看,"错"和"厝"都以"昔"为声符。古音都是清母铎韵。因此两个字之间存在着同音通用的关系。然而,前面已经提到,在金错工艺中,打磨也是一个极为重要的步骤。因此,"错"字之所以具有"打磨"类的意义,恐怕还跟这种工艺技术有关。

错之本义指用金涂饰,泛指用金属对别的物体进行涂饰、镶嵌,引申指刻画花纹,再引申指交错,又引申为不相合,再引申为安排时间不重合、不冲突或相互避开,行动不发生冲突。由交错不合引申为与规范的标准不相合、差误。作名词用,指过失,即常说的错误,用于比较时指差、坏。错通厝,指磨玉石的石头,用作动词,指打磨。古音、古义的错,原本并无现代汉语中的不正确、错误之含义,而指,为使制品表面拥有耀眼花纹、纹路,以显审美价值,便人为地镶嵌金丝银丝,其目的是使制品更显艺术,使拥有者更显高贵。从古义发展为今天的含义,错,便实现了两个转义,从而获得了新义。第一,从本然向显然的转变。一个制品,其本色已由制作过程给出,这是有质料而牵出的本然,若是技艺是充分而完整的,由质料而牵出的制品就必是如此之样式,这是本然、实然。如果这个本然不能满足人的审美、功利和社会需要,便会涂抹特定色彩或嵌入其他质料,以具备其所需要的样式和质性。显然,这种错金、置纹,是出于错金者之主观目的的,他不会顾及错金过程对于他者的后果,这就隐含着将自身的主观目的置于错金过程的首要地位,成为首要动机。改变一种状态而求得另一种状态,如果只是出于改变者之主观目的,而不顾及他者,那么就存在着被错置的风险。因为,对错金者有利而对他者不利的错金过程及其结果,对他者而言就是错误的,就是错置。以此可以说,当存在利益相关者和相关规范体系的时候,错金之对与错是可以加以确定和确证的。错金过程及其结果,既是一个事实概念,又是一个价值范畴。第二,从自在到自为。一种自然而然的东西是无法判断其是非、善恶、美丑的,因为凡属自然的东西都是始点性的,都是事物之本质性的东西,构成了事物的是与所是。但人类从不满足于所有事物的自然状态,他要把他的自然以及改变之后的自然,对象化到他物那里,借以实现他的各种目的,对于人类来说,这就是自在自为的过程。错金就是一个自为的过程,错金的目的是他预先设定的,或者说,错金所朝向的那个目标是他所知晓的,为着这个目的他要殚精竭虑地添加、嵌入新的质料,借以产生新的结构和功能。唯其是自为的过程,错金者就必须为他的错金行为担负责任。人们之所以将某种观念和行为是错误的,正在于它是某个错金者故意为之之事,当人们从"错"这个概念判断一个错金行为时,分明是把责任归属到了错金者的故意之中。当我们完成了语义学或语言哲学的规定之外,错之事实就自然地进入现象学的分析之中。

二、"错"之现象学规定

(一) 朝向错之自身的本质直观

(1) 错,是什么? 确证和确认错的范式有两种:普遍主义和特殊主义。普遍主义论域中的错,体现出的是时空结构的普遍性,亦即,在空间上,被多个有理性存在者普遍认同的事实,如专制制度、极权现象;在时间上,被不同时代的人们普遍承认的事实,如战争、屠杀、盗窃、草菅人命……特殊主义论域中的错,是由特定个体、集体、民族、国家认定和认可的仅对自身不利的事实,其根据和标准具有相对性和特殊性特征,特殊主义论域中的错的确证和确认是复杂的,其根本方面就是利益和意志之间的冲突。

（2）错，朝向错之自身的规定。被共出的错，是被意识到的特定状态，是被表达出的特定状态，是可以进行正当性基础论证的特殊状态。无论是普遍主义还是特殊主义论域中的错，都是某种可以被确定、确证和可表达的无价值甚至是反价值状态；错，所描述和表达的意涵，还不止于这种无价值或反价值状态，而是造成这种状态的主体性根源。对造成错之根源的确定和确证，才是研究错之问题的本质所在。

（3）错，朝向错之根源的追责。错，只对因人的认识和行动造成了无效后果而言，才有责任问题，无论是否知错、认错和改错，认识和行动的主体都是责任者；与人的知与行无关的无效性，不存在责任问题，尽管这种无价值甚至是反价值会扩展到无责任者那里。在错之归责问题上，是否故意乃是关键要素。因无知和无能造成的错，与故意而为之的错，在后果上可能没有本质区别，但在担负责任的性质、程度和道路上却有本质区别。当我们将相关于责任的类型学用于因错而来的归责时，便有了对他者和对自己的不完全责任和完全责任的类型学考察。

（4）对错之人性基础追问和社会根源考察。错乃是一个事实性的和价值性的事件，或各种事件的并存；就其后果而言，对于价值性的或需要着的存在者都是无价值和无意义，甚至是失去意义。这种从后果沉思错的方式，不容易确定错之责任归属。只有将错归于造成错的行为和行为主体，亦即，将错的事实人格化，才能最终确定错之责任。这是一种回溯性或归因式的沉思，是一种相关于错的思想的自然态度。经验的自然态度乃是一种相关于错的日常意识和日常概念；理论的自然态度乃是相关于错的知性判断和理性原理；思想的自然观点乃是对错的发生学考察，亦即，开显出产生错的人性基础和社会根源。

第一，因认识能力的有限性而来的错误认识。产生错的终极根源乃在于人的能力的有限性与其欲望的无限性之间的矛盾。人性的优点在于自知和体验着因这个有限与无限的矛盾而来的明智和智慧；人性的弱点在于，唯其自知着和体验着自身的有限性，却偏执地求取、争夺、掠夺与其有限的能力不匹配的资源,只因资源是稀缺的、能力是有限,所以才会贪得无厌。在认识上,人类总是试图认识那些无限的东西,从而陷入矛盾之中。"人类理性在其知识的某个门类里有一种特殊的命运,就是:它为一些它无法摆脱的问题所困扰;因为这些问题是由理性自身的本性向自己提出来的,但它又不能回答它们;因为这些问题超越了人类理性的一切矛盾。"①求知是人的天性,当这种好奇还只是一种孩童般的天真,只是一种疑惑和疑问而已,那么成年人的基于好奇之上的求知欲望则是有着明显的意向和意向性的,这就是通过建构性原则获得关于事物的正确认识,这就是知识、理论和思想;然而,尽管如亚里士多德所说,沉思是最令人着迷的事情,但现代人已经完全不满足于沉思这种自足的精神活动了,而是用知识、理论和思想去统握那个与人不同的世界,继而以此去改造世界,甚至去创造一个新的世界。然而,即便是像公理这样的命题,也常常被弄错。以此可以说,人类的认识史就是一个不断犯错、纠错和改错的历史。

"我们假定灵魂肯定和否定真的方式在数目上是五种,即技艺、科学、明智、智慧和努斯,观念与意见则可能发生错误。"②亚里士多德虽然没有明确地说过,通过科学得来的知识就是正确的认识,就是真理,但他对科学的真理性似乎是不加怀疑的。"科学的品质我们可以作如下表述。我们必须在准确的意义上使用科学这个词,而不理会其派生的意义。我们都认为,我们以科学方式知道的事物不会变化,变化的事物不在处于观察的范围之外,我们无法知道它们是存在还是不存在。所以,科学的对象是由于必然性而存在的。因此,它是永恒的。因为,每种由于必然性而存在的事物都是永恒的。而永恒的事物既不生成也不毁灭。"③必须指出的是,即便是错误的认识,也不会使世界发生根本性的改变,因为任何一种理论和思想都只是观念地改造世界,解释世界,而问题是改变世界。

---

① [德]康德:《纯粹理性批判》,邓晓芒译,人民出版社2017年版,第1页。
② [古希腊]亚里士多德:《尼各马可伦理学》,廖申白译,商务印书馆2003年版,第169—170页。
③ 同上书,第170页。

（5）问题形态的错

如果说，认识上的错还只是形式上的，那么技艺和实践上的错则是质料的或实质性的。在现代性语境下，错，以错综复杂的形式向人们走来，一些被证明是错误的观念还在支配着人们的意志与行动，一些无法矫正的行动之错还在蔓延着。作为问题形态的错，以主体性和客体性两种形式或明或暗地呈现着，这便是具身性或切身性的错、附身性的或对象性的错；有些错则以主体性与客体性相互交织的形式呈现着。对作为问题形态的错的把握，只有通过现象学的方法才能直观其本质。

（二）基于"纯粹意识"而朝向错的本质直观

只有预先完成"纯粹意识"与"事物自身"的相互共在、相互共属和相互共生，一个朝向错之自身的"本质直观"才能现出和见出，这便是现象学把握错之本质的方法。就朝向错之自身的"自然观点"而言，可以有三种：经验的、理论的和思想（现象学哲学）的。关于错的经验的自然观点，乃是那种仅凭感觉经验或先验直觉而来的关于一个观念和行动对与错的判断，它并不就其是否真的是对还是错而给出具有坚实根据和充足理由上的证明，这既可能发生在行动者那里，也可能发生在旁观者那里。如果发生在行动者那里，要么是出于无知、要么是出于恶念，想当然地认为自己的观念和行动是正确的，不管这个观念和行动对自己和对他者是有利还是不利。这种非反思性的、仅凭感觉和直觉而来的错，不仅仅是发生在日常生活中的行动者和旁观者那里，也可能是发生在基于知识、权力和资本而产生的观念和行动之中。然而，即便是在日常意识和日常行为中，如果人们任性地做出明显是错误的事情，那么，不但是个体的行动，而且集体行动都将无法进行下去，因为无论是对于个体的意愿还是对于集体行动的价值逻辑，一种明显的错误观念和行动，都将使他们的目的无法实现、需要无法满足。于是就产生了日常意识和日常生活中关于对错的辩证法，亦即，人们都会追问和追寻那些能够实现其目的、满足其需要的被称为正确的事物,而规避或避免违背其意愿、破坏其目的从而被称为错误的事物。但一般行动者是不会将正确与错误的事情概念化、观念化,从而形成相关于对与错的理论,这一任务由理论工作者来完成。

相关于错的理论的自然观点,其原始发生的动因并不完全出于理论家的个人旨趣,这固然是一个重要的根据,更加根本的原因在于,人是类存在物,个体只有团结起来,采取集体的行动,才能产生合作剩余,继而共享或分享合作剩余,以实现各自的目的、追求各自的快乐和幸福。而这一切完全取决于能否通过集体行动创造出诸种价值来,而价值和意义的产生均奠基于正确的观念和正当的行动之上,于是,如何将正确与正当概念化、观念化,就成为十分重要的理论任务和实践诉求。在一定意义上说,所有的人文社会科学、自然科学、工程学,都是关于正确与正当问题的研究,即便是不以它们为直接的研究对象,也是以它们为隐喻的对象。在这一方面,各种科学都以不同的方式通过知识、理论和思想,呈现直面正确与正当的观点。然而理论的自然观点只提供了相关于正确与错误的原理、概念和话语,并未提供一种经常出现的具有普遍性的错误是如何发生的,更没有提供相关于错的心理分析和精神分析。将发生学的方法用于错的问题的研究,便可权且称之为思想的或现象学哲学的自然观点。在这一观点的构成中,直接表现为结构现象学、价值现象学和发生(历史)现象学三个有机部分。

1. 作为问题形态的错的结构现象学

在某种意义上可以说,相关于错的问题的类型学同时就是关于错的价值判断,亦即,一个事件于谁而言是错的,如何提供一个可普遍化的规范体系,用以证明这个事件是错的。在这里,为着保证关于错的问题的类型学足够准确,就必须引入主体主义思维,其根由在于,在日常语言和哲学语言中,当人们说错的时候,其所指认的并不仅是某个事件是错的,而是导致这个事件的观念和行动是错的。就一个事件是错的而言,要么就是这个事件乃是一种错的摆置,它的结构不合理因而没有产生于任何人而言的价值,如自然灾害、人为风险。人们指认一个事件是错的时候,通常是理智的,人们不会因为自然灾害而发怒,但人们会因为人为造成的危险和风险事件而痛恨制造者。如此一来,关于作为问题形态的错的结构现象学的学理分析和论证,就必须贯彻主体主义思维,亦即,怎样的行动者造成了怎样的错。

致错之主体的类型学。从客观性意义上,可以把主体定义为:一个行动的发动者、承担者、受益者和责任者,从行动之原始发生的角度说,便是行动的前提、过程和结果。这一定义适合于任何一个行动者,但如果将这个定义不加分类地应用于任何一个行动者,那么因错而来的责任就不可能归属于"得其所得"或"得其应得"。因为,因主体自身之故而致错和借外部力量而致错,其错的性质和效应是不同的,规则的途径和程度也是不同的。如果一个人仅通过最基本的主体力量而致错,这无论对于行动者自身还是对利益相关者所造成的不利影响而言,都是可数的、有限的,除非是极端恶劣的暴力事件。我们把仅依靠自身的力量而致错的主体称为日常意识和日常生活意义上的致错主体,这是普遍的,每一个人都会在日常意识和日常生活中因其自身之故而致错。这在法律担责和道德规则上,是可以清晰地予以规定的。与此不同,掌握权威资源而又因其自身之故而致错的主体,则是那些掌握物质权力和精神力量的个体或集体。所谓物质权力主要是指政治权力、公共职权和资本,它们虽然不是具身性的存在而是附身性的存在,但它们所产生的社会效应却远远大于依靠自身的力量而产生的社会效应为大。因权力的滥用和资本的侵略所导致的错误,其效应具有空间的广泛性和时间的持续性,甚至会导致民族冲突和国家灭亡。由权力的滥用和资本的横行所导致的错,往往不能清晰地确定和确证其无价值、负价值甚至是反价值程度和广度,因其是违背天人之道、人伦之道和心性之道的观念与行动,因此常常使得整个社会处在危机重重之中。因权力的滥用和资本的侵略所导致的错误,已经远远不是道德归责和法律担责问题,而是任何一种担责都不能挽回的事情,因为这种错是不可逆的。依照常识,拥有权威性资源的个体或集体,通常都不是平庸者,而是在理智德性和道德德性两个方面优于普通者。然而拥有权威资源的个体或群体,通常都有着为普通者所不具有的欲求体系和能力结构,在占有和表达上有着更为强烈的意向、意向性和行动。无论是源于先赋地位还是出自自致地位,争夺、占有、支配和运用权威性资源的结构约有三种:通过行动获取资源;通过获取制定规则的权力而获取资源;通过精神而支配大众意志。如果这三种结构被不同的个体和人群相互嵌入、相互关联在一起,那么他们就会成为整个社会结构中的精英阶层。这着实是一个悖论,精英阶层既已拥有了权威性资源,那便有了完全的责任,服务社会,造福人类。然而,欲望的强烈性程度应该与道德人格的能力成正比,他们比普通者更需要节制和自制这种品质;普通者连同精英阶层都相信和坚信,精英者有着水一般的品质。"上善若水。水善利万物而不争,处众人之所恶,故几于道也。居善地,心善渊,与善仁,言善信,正善治,事善能,动善时。夫唯不争,故无尤。"唐代强思齐在《道德真经玄德纂疏》引中论述道:"人者,体柔守弱,去高处下;受辱如地,含垢如海;言顺人心,身在人后。人之所恶,常独处之;恬若无心,荡若无己;变动无常,与道流止。去己任因,莫过于水,帝王体之,用之为治。其德微妙,有何忧矣?"这是一个应然判断还是一个实然判断?至少这不是一个全称判断,亦即,并非所有的帝王都能拥有水的品性,也并非所有的帝王都违背水的本性。因误用、错用和滥用权力而导致的严重后果,虽不为必然但却是可能的。

致错之根源的类型学。如果是在普遍确认、确证一个观念和行动为错的前提之下分析和论证致错之根源,那么如下类型也应该是被公认的。

其一,虽出于善良意志但却由于无知而致错。在日常意识和日常生活中,因无知而致错的情形是常见的。这除去那些未成年人在社会化过程因缺乏理论和实践知识而经常致错这种情形,成年人也会因为缺乏完备的理论和实践知识而致错。在一个相对封闭的社会状态下,相互交往的族群会在相对广泛而持续的交往中,将诸种实践知识相互传播和相互传递。但较少出现虽因其知识具有常识性和地方性而故意违背常识、弃用知识而致错的,因为反复的致错会导致其生命无法延续、生活无法进行、快乐和幸福难以获得。如若掌握支配性力量——权力,因其严重缺失进行治理和管理所必备的理论和实践知识而致错,那则是为权力所及的人群所不能容忍的,然而在一个不能由权力所及的人群自愿选出有意愿、知识和能力的人来进行治理和管理者,那必是因为官僚政治和专制制度所致。在此种语境下,即便拥有权力者虽出于善良意志且殚精竭虑,但因其无知和无能而致错,也为民众所不能容忍。

其二,既无知识又无善良意志而致错。此种情形在日常生活中较少出现,除非是指暴力事件那种情形;但却可以出现在以权力为支配性力量的场域之中。如果不顾及权力的获取或攫取方式,而就如何运用权力来说,确有既无知又不善良而致错的那种情形。这是因权力而致错之诸种情形中最糟糕的一种,不但未能创造价值而且贪得无厌而占有已有价值。无知使其无法正确认知,贪婪使其无法正当行动;无知可能导致治理与管理无效、失效,社会失衡、心灵失序。贪婪加重了失衡、失序的广度和深度。因贪婪而来的情形约有两种,一种是附身性的,即,据民众财富和公共资源为己有,贪得无厌,骄奢淫逸,挥霍无度;另一种是具身性的,即,通过国家机器进行意志支配和精神监控。反复进行的历史实践证明,专权和极权治理和管理一定是最不合理的权力运行方式,因为它无法实现社会进步和人的发展,因而也绝不是文明的类型,尽管它是一种文化现象。

其三,虽有知识和能力但却因缺少善良意志而致错。知识和能力是能够正确思考和正当行动的基础,但知识与能力也可以用于满足自己的欲壑难填式的私人欲求,而不顾及行为知否正当。如若不能将知识与能力用于创造价值,而是普遍地用于完全的利己目的,那么人类将无法持存下去。通常的情形倒是,有知识和能力创造价值,也要足够利己之心和"技艺"获取不正当利益。

2. 作为效用形态之错的功能现象学

如果把普遍主义和特殊主义原则贯彻到对错之效用问题的分析上

来,那么,关于错的判断确实充满着绝对与相对的辩证关系。这涉及对错之判断的实际性和历史性两个维度,其复杂性需要从空间上的广泛性和时间上的持续性来证明。空间维度也就是实际性,即即时性。人们通过外感知,感受到了由个体、集体或群体的观念和行动导致的一个实际性后果,朝向这个实际性后果的当事人和旁观者是共存于这个事实之中的;如果这个实际性后果于任何一个当事人和旁观者都是不利的,那么,人们会在拥有基本的、相同的判断力基础上,确定和确证这个实际性后果以及促成这一后果的观念和行动均为错。但源于观念与行动之错的实际性后果,如若对行动者有利,而对若干利益相关者是不利的,那么作为受益者的行动者自然不会承认他的观念和行动为错。这或者是由于无知,或者由于恶的动机,或由于根深蒂固的错的观念。之所以在空间的共时性上,于不同的利益主体而言,同一种实际性后果会有不同的效应,本质上皆由于权力、资源、地位、身份、机会之相互争夺所致。在时间的持存性上,一种在特定语境下被确定和确证为正确的观念和行动及其源于它们的实际性,在后来的场域下被证明是错误的,这便是错的历时性问题。这种历时性的错既可以发生于个体那里,更容易发生在集体行动中。相关于民族和国建之命运的错,通常不是由个人造成的,而是错的集体行动,其复杂性在于主体性资源的缺失和客体性资源的误用、错用和滥用。如果说,因个体之错的观念和行动所导致的实际性,尚不能通过反思性的知错和认错而汲取教训,其所造成的后果尚不足以促成民族危机和国家颠覆,那么集体性的错误则可能如此。然而,任何一种知错和认错都不会改变已成既定事实的错,改错只对后错行为有效。在集体行动中,如果一种实际性后果在即时性的空间之内即被确定和确证为错,而在后续的集体行动中,错的观念和行动及其实际性后果依旧反复出现,那么其后果要么是徘徊不前,要么是严重倒退。与此不同,如若一个集体能够深刻反思,从理性、情感和意志等多个层面知错和认错,并在持续的继续行动中改正错误,那么,其后果是,在曲折的道路上实现进步和发展。

3. 作为历时形态之错的发生现象学

在朝向错的沉思中，结构现象学和功能现象学只是属性和后果思维，是名词哲学，如果只是沉浸在认知和理论层面上的知错和认错，而无深刻反思、痛定思痛，更无后续的矫正、修正和改正，那么同样的错误会在不同的语境下重复出现。发生现象学所要完成的任务是构建一种动词哲学，将共时性和历时性密切关联起来，将导致错的观念、行动、条件和环境呈现在知性的概念和观念中，见出其间的嵌入、促进、生成的复杂过程；将始点、要素、环节和道路呈现在表象里、把握在意识中，现出事物自身的本质。一如上述，对错之诸种形态的研究，必须还原到始点上来，由纯粹自然的力量造成的危险、灾害不属于错的范畴，因为我们只有拥有逻各斯才能顺从、顺应自然的安排，自然是最初的也是最后的界限。人类只能在自然给定的界限内思考和行动，即便是通过分有逻各斯而创造属人世界，也是自然预设给人类的可能性。于是，对错的发生学考察，就必须从人类是否能够分有逻各斯这一始点出发，如若客体性资源已经给定，究竟是怎样的观念、思维、认知、判断、选择和行动导致错的发生？这便是错的实际性和历史性问题。

三、错之实际性与历史性

（一）问题与错

在问题和错误之间是存有分别的。错，因问题而起，也因问题而终。任何一种错一定是问题，但并非所有问题都可以称为错。人类就是制造问题和解决问题的有理性存在者，除去无知那种情形，一个能够感知问题、分析问题和理解问题的人，也一定知道什么样的观念和行动是错的。如果一个人连常识意义上的错都不能分辨出来、判断出来，且能从事治理和管理，那是不可思议的事情；如果由一个无知、无能、无耻之人来决定人类的命运,那无疑是人类之最大的不幸。正确地认识问题是明智,合理地解决问题是智慧。问题既是摆脱错误而走向正确的契机,也是因愚昧无知、不耻之耻而走向错误的节点。**问题**是一切生命体所共同面对的,生命体作为一种非自足性存在物必须同周围的他物进行物质、能量与信息的交换过程,以此来维持自己的存在。但人以外的其他一切生物是以本能的形式完成这一过程的,其解决生存的方式是既定的,即在自然以给定生存资料的前提下进行的,所遵循的生存规律是"优胜劣汰、适者生存"。更主要的还在于,人以外的其他生物并没有在其进化中生发出类似于人的意识来,更没有锻造出与人相似的实践能力来,这样,无意识能力、无创造力的生物就只能以本能的形式适应环境,而不能使环境适应自己,因此,对人以外的其他生物来说,它既不会制造问题,也不会有问题意识,对它来说,它对他物的关系不是作为问题存在的,只是一般的物物交换。问题是对人而言的,只有人才创造着问题,只有人才意识到问题并试图以人的方式解决问题。创造问题和解决问题乃是不可逃避的事情。

宽泛地说,**问题有认识论的和存在论的两种**。认识论的问题表现为疑惑、疑问,是对某一领域的事情不知或知之甚少,其旨趣在于明白某事或某物是什么和怎么样,实质是某些知识的缺乏。存在论的问题则同人的感觉和体悟能力有关,是人对某些矛盾、冲突、境域的困惑,在此意义上,问题就不再是疑惑、疑问,因为他对事物、事情是什么、怎么样是清楚明了的,而是因其价值理念和生活旨趣无法实现甚至严重缺失而感到的苦恼,是痛苦的体验,**问题不再是问题而是难题**,难题是与人的情感、意志和意义直接相关的,因此难题是生活形态的,是人的生活的丰富性的对象化的丧失,或无法实现人的本质力量的对象化。一旦人的生活丰富性的对象化的通道被堵塞或失去对象,难题和苦恼就在所难免。问题表现为疑问,难题呈现为追问,但难题常常又以知识的形态出现。"一个问题的产生是由于我们知道得太少而极欲知道得太多;一个难题的产生是由于我们知道得太多,而各种知识却相互矛盾冲突。问题是好奇心的产物,难题则反映了知识的困境。"①关于问题与难题的关系，美籍犹太哲学家赫舍尔进一步精辟地指出："提出一个问题（question）是一种理智的活动；而面对一个难题（problem）涉及整个人身的一种处境。一个问题是渴求知识的产物；而一个难题则反映了困惑甚至苦恼的状态。一个问题寻求的是答案，一个难题寻求的是解决方案。""没有哪一个真正的难题是从纯粹的寻根究底中产生的。难题是处境的产物。它是在处境艰难、理智困窘的时刻产生的，是在经历到不安、矛盾、冲突时产生的。"②也许焦虑和痛苦是人经常的存在状态，而快乐和幸福则是瞬间的体验。难题是人所唯一具有的，人不但生成着难题、遇到难题，而且感悟着难题，并把这种感悟以语言的形式呈现出来。自苏格拉底提出"认识你自己""自知其无知""美德即知识"三个命题，并以特有的方式表达其生活和终结其生命时起，哲学家、神学家和文学家就以语言为中介表达他们对各种难题的看法。马克思、费尔巴哈、尼采、叔本华、柏格森、胡塞尔、海德格尔、利奥塔、福柯、拉康等似乎都在陈述对他们所遇到的生活难题的看法。

这说明什么呢？这说明人是一个创造意义、体悟意义和追问意义的存在物，一切难题都与这种意义相关。任何一种难题无不标示着无法实现某种意义，或缺失某种意义，这又与人对人的理解相关。"成人"并不仅仅是一个标示人的年龄和成熟的概念，而是一个人完成人、成为人、兑现承诺、实现人的尊严的过程。一切关于意义、价值的追问必然升华为对人是什么，能够成为什么，即对人性和人的本质的理解。人本来就是并且总是一个难题。成为人就是成为一个难题，这个难题表现在苦恼，表现在人的精神的痛苦中。"人性应当是什么样子，人的本性应该怎样发挥作用，对此，每个人至少都有一个模糊的观念、形象或梦想。人的难题产生于自我矛盾。"③即人们意识到了存在与期望之间的冲突或矛盾，即人是什么样与应当是什么样之间的矛盾或冲突。

---

① ［美］赫舍尔：《人是谁》，隗仁莲译，贵州人民出版社1995年版，第2页。
② 同上书，第1页。
③ 同上书，第2—3页。

人依靠自己的想象构筑出一个包括人的完整形象在内的可能性空间即可能世界来,然后又以这个柏拉图式的"善的理念"为摹本去衡量当下世界即事实世界的意义,结果发现,这个当下世界是一个有限的、非完满的世界,要么仅分有了"善的理念的"的一部分,要么阻止了某些"善的理念"的实现,这就是难题得以产生并能够存在的人性基础。每一个时代的人们都在探讨人是什么,每一时代的一些思想家都以为给人们提供了一个一劳永逸的关于人的概念,但却没有一个人能够完成此任。事实证明,每一时代的人们只提供他那个时代的人的概念,而这种概念是随着社会历史的变化而改变的。

有了问题,人们就会以各种形式感悟问题、表达问题,于是便有了问题感觉和问题意识。这种感觉和意识有日常生活和理论思维两个层面。日常生活层面的问题意识表现为感觉、心理和精神三个层次,从本质上说,日常生活意义上的问题感觉和问题意识与问题本身具有直接同一性,当问题得以解决的时候,这种感觉便随之消失。问题的产生和解决始终伴随着强烈的内心体验和情绪形式,尽管问题的解决以及他所使用的方法都必须是理性的,但却始终有非理性因素渗透其中,不会以理论的形式对这些问题以及其他人与此相类似的问题进行反思和研究,更不会形成普遍性的理论,只是一种经验的自然态度。理性不是目的,只是把人的需要与欲望、情绪与情感、快乐与幸福安置在适当位置的一种能力,是一种手段之善,相反,快乐与幸福才是目的之善。而理论形态的问题研究则不同,它不以个别人的问题感觉为对象,而以普遍的问题为对象,但它必须反映个别人的问题,进言之,以理论形态出现的问题研究是基于个别人的问题感觉而又超越于个别人的问题感觉的,问题意识与问题研究必须是理性的,它要用理性化的逻辑与话语去描述问题的成因、类型、本质;陈述研究者对问题的价值判断;制定解决问题的具体谋划。

从性质来说,又可从真与假、有意义与无意义的角度对问题进行研究,而实际情况又是极其复杂的,有些问题是真问题,但在特定条件下,对这些问题的讨论却是无意义的,比如,你把石头抛向空中一万次,它会一万次掉下来,作为公理的万有引力定律它永远是一个真问题,在相当长的时间内公理是推翻不倒的;而有些问题虽是假问题,但却是有意义的,比如上帝问题,在真理论的范畴内它是似乎一个假问题,但对它的讨论却是有意义的,因为它始终牵涉到人性问题,牵涉对人性的理解和对人性的实现。人把人自己的本质力量对象化为上帝,然后再从对上帝的信念和信仰中获得意义。

就问题的类型说,问题主要有两大类型:科学问题和价值问题。科学问题是对事实的研究与沉思,旨在解释事实的状态、结构和功能。事物与事物之间、事物内部诸要素之间的结合方式有多种,但事物的结构不同,其功能也就不同,对人的作用也就不同。由此观之,人们只有找到好的办法、正确的道路、充分的条件,才能解决问题。这是沉思的理智的任务。

而相关于努斯的行动则是价值性的,是主体性和客体性的存在于人的意义问题,是从目的出发朝向始点所做的推理,欲求引起实践,而实践是实现目的的手段。这是实践的理智的任务。价值性的问题永远都是综合判断,它是两个相关但却不互相包含的事项之间的相合与否的问题。因沉思的理智而来的科学问题,表现为知识的创造和确证,但当人们确证一种知识为真理时,固然是确证了此一认识的真假问题,但这一真假判断只对需要知识或真理的人类有效。无论是科学问题还是价值问题都与对错相关,虽然不能说,所有的问题都是错,但所有的错则一定是问题。错,无疑是问题,但不是那个没有得到解决的问题,而是没有得到正确解决而造成的无价值甚至反价值后果。最大的错乃是那种情形,非但没有解决原有的问题,反而制造了新的问题。错是具身性的事件,不是附身性的,本质上不是指这个事件的性质,而是造成这一事件的行为、行动和行动者。只有将诸种错归因到行动者,知错—认错—改错才有必要性和可能性。出于善良动机且穷尽了各种办法仍无法解决有限性与无限性之间的矛盾,不能确定、确证为错,而只能视作是困难、困境;人们也不会将其视为错误而加以谴责和惩罚。错,是就或出于无知或出于故意而造成的那种后果而言。只有将理智德性和道德德性作为分析和确证错的行为和行为者的理论框架,才能为错进行伦理辩护与批判提供根据。

（二）错之实际性与历史性

人类就是一个不断制造错、认识错、承认错和改正错的存在物,只要人类愿意生活下去并意欲过上整体性的好生活,知错、认错、改错就在所难免。因为,所有的意义无不相关于诸种问题,所有的错无不表示没有意义或失去意义。

任何一种错,都具有当下性和历史性。当我们确证一种观念和行动为错时,分明是说,这个错正在发生着,这是错的实际性;或者说,错的效用正在延续着,这是错的历史性。缺少实际性维度,任何一种错都无法被确证,因为当我们以当下的眼光看待过去的错误时,总是以这种错误的当下效应为判别根据的;缺少历史性维度,我们便无法知晓一种错误为何在不同的历史阶段反复出现的根源,如因为贪欲或贪婪而来的权力滥用,人类永远无法完全杜绝权力滥用这一社会行为。于是,关于错的判断,在时间或历时性维度上便有了断面思维、段落思维和历史思维三种形式。必须用整体性思维、复杂性意识和矛盾性态度认识、判断和改正错。断面思维意义上的错,乃是在实际性的意义上将一种被确定或确证为错的观念和行动,从充满整体性、复杂性和冲突性的背景中抽离出来,单独来思考,这通常是一种日常意识和日常生活的判断,是一种经验性的自然观点。这种就事论事式的判断,往往缺少整体意识和复杂思维,在判断的效果上,容易产生极端主义倾向,它无法将产生错的根源充分地展现出来,更无法制定一个规避错误、改正错误的制度安排。如果将朝向错之思考的断面思维限制在日常生活中,那么无论从空间的广泛性和时间的持续性上加以立论,错的社会效应都会在极小的范围内发生着。如果将国家治理和社会管理意义上的错当作日常之错来看待和对待,那么其社会效应将是广泛而持存的;更加重要的是,如果不能用理论的和思想的自然观点沉思、反思私人的日常生活中的错,公共生活中的相关于若干他者的利益与情感的错,相关于每个人之根本利益的治理和管理知错,那么其后果将更为严重。

历史思维意义上的错,乃指那种,在任何一种历史条件下都会出现的错，这种错源于人类的天然的且无法克服的缺陷。就人类的天然缺陷而言，从始点的意义上来说，有两种，即需要的无限性和能力的有限性；一切具体的错都根源于需要的无限性和能力的有限性之间的矛盾，这不仅仅是个体的事情，更是人类的命运。无论是在无知的前提下还是在自知的场域下，超出人类的有限性的能力而去获得无限性的价值并过一种被欲望支配的生活，似乎已经成为人类的无意识和潜意识，当人类意识到这个矛盾时，非但没有努力地去提高人类的能力、限制人类的欲望，反而反复地制造人类理性无限论、科学技术万能论、市场经济自治论的假象甚至是幻象，以致身处其中而不能自拔。如果我们不仅仅指向错的描述的现象学，而是进一步地走向指向错的说明现象学和发生现象学，那么，我们就必须将指向错的分析和论证集中到知错—认错—改错的可能性及其限度这一主题上来。

四、知错—认错—改错：可能性及其限度

在知错—认错—改错之间蕴含着从理智德性到道德德性的演变过程，亚里士多德说，智慧、理解和明智是理智德性，慷慨和节制是道德德性。智慧是一个总体性概念，表述的是一个人在总体性上有智慧，而不是在某个方面，而明智则是一个人在某个方面有智慧，它与人的事务相关。"所以，智慧显然是各种科学中的最完善者。有智慧的人不仅知道从始点推出的结论，而且真切地知晓那些始点。所以，智慧必定是努斯与科学的结合，必定是关于最高等的、居首位的科学。"①如果说智慧乃是一种总体意义上的德性，那么在科学与努斯的结合的意义上，智慧就是理智，可有沉思的理智和实践的理智。沉思的理智是相关于事物自身的动因，即始

---

① ［古希腊］亚里士多德：《尼各马可伦理学》，廖申白译，商务印书馆 2003 年版，第175 页。

点,一切正确的判断都是源于这个始点的,是始点展开自己为他物又回归于自身的过程,如果推理正确,就必须依据这个始点而从出。而实践的理智则是相关于目的的考虑,当把某个具体目的作为始点,那么实践活动就要依据这个目的而给出。努斯主要与欲求相对,是灵魂的基于某种目的而把握可变动的题材的能力的总称。努斯是为着某种目的而进行推理的东西,是推理的和实践的思想,它与欲求一道引起动物和人的原因:欲求是实践的理智的出发点,实践的理智的终点又是行为的始点。在这种意义上,努斯是理智的一个部分,如果理智既是对不变事物的沉思,也是对可变事物的思考和推理。而无论是科学与努斯,还是沉思的理智和实践的理智,它们必须以追求和实现真为目的。相应于理智的两个部分,灵魂所欲把握的真也区别为两种。因为,灵魂的不同部分所把握的东西皆与其自身有某种亲缘关系。沉思的理智把握的是事物的本然的真,因它不是欲求,没有目的;实践的理智把握的是相对于目的或经过考虑的欲求的真。它仍然是真,然而,是在本然的真的类比的意义上的真,是似真、像真。为着这两种真,就必须在行为中把意愿、选择、考虑和希望有机地关联起来。尤其是基于欲求而来的努斯,除了这些品质以外,还要有道德德性。亚里士多德列举了 15 种之多,其中自制、节制则是相关于从意愿而来的正确与错误、善与恶的重要品质。当我们将理智德性和道德德性综合地运用于对知错—认错—改错行为的分析时,一个整体性的面貌就被描画出来了。在此,我们不再过多地关注于体现历史性和实际性的错,亦即,不再关注于作为对象性存在的错的类型学考察,而是集中分析和论证,致错的人性基础追问和社会根源。

1. 源于人性而来的本性和习性

追问错之人性基础,就是从始点上找寻个体与类因其自身原因而致错的根源,无论是由于能力的有限性还是由于欲壑难填,无不相关于人的本性和习性,而将二者统一在一起的便是人性。就性的本体而言,可有物性、人性和神性,既然都被称为性,那必有共性寓于其中。“性”作为一个合体字,乃由"心"和"生"两个偏旁合体而成。从字源学考察"性",可从构词方法和形声兼会意之词义来理解它。

"性"作为"心"与"生"的合体字,且是左右结构的形声兼会意字,在实体意义上是前偏后正结构,而在能动性意义上则是前正后偏结构。"生"何以先于"心"而发生?"生"乃指有生命力的生命体,借以区别于无生命存在物。作为生命体的"生",既是名词又是动词。作为名词存在的生就是身体、实体,具有广延性,是一空间性的存在。人们通过外感知感受到一个生命体以身体、实体的形式与其他实体共在、共属于同一个时空之内;同时又由于广延性的差异以及外显形式的不同,而在共属的同一种时空结构中,把不同的身体、实体区别开来。显然,身体、实体优先于赋予其上的精神性的功能而实存,这也是为何身体、实体停止其实存功能便使精神性的功能失去基础而致自身消失的根本原因。然而,以身体形式显现自身的生命体并非像非生命体那样,仅仅是刻板地伫立在那里,而是显现在这里或那里,作为其自身的现就是显现,作为被现,就是见出。只有当显现和见出相互共在、相互共情从而相互共出时,一个生命体才获得了现实性。而显现的过程便是以动词形式出现的生命力,这就是生长、成长、长成。生命体生长和长成全是依赖于自身的潜能,将潜能发展成权能、将潜质展现为素质,就是生的动词含义。作为有生命力的身体,并非仅仅是一个物质性的结构,而是一个充满诸种潜能和功能的复杂"装置",而能够感受到这种复杂装置并引领这个装置进而体现为一种精神的力量,便是心。人们完全可以在实体及其功能的意义上规定心,作为一个象形字,乃指人和高等动物体内推动血液循环的器官。但古人更多地是把心作为思维的器官,一切理性的、情感的、意志的潜能及其运用均源于心的充分运动。当把"心"与"生"作为两个偏旁组合在一起构成一个合体字时,性便获得了哲学意义上的原初结构和功能。尽管在儒释道那里,身体均有被重视的情形,但始终是作为隐喻性的存在而被见出,而被充分强调并加以规定的是"性"之结构中的左侧偏旁:心。

"心"在《论语》出现过 6 次,而在《孟子》那里则出现过 117 次。在孟子那里,心具有道德本体的意义,一切道德天赋似乎均源于这个能思的"心"。"心"作为非对象性、非客体化的本体,无论在时间逻辑还是在实践逻辑上都是在先的实存,是一种前思虑、前行动结构。能思的"心"附着于"生"之上,它不是一个分殊而是一个总体;它既有向善的自然禀赋,也有向恶的自然禀赋。孟子通过强化心的向善禀赋而把心引向了性善论的轨道;为善源自于心,为恶也源自于心,当心的向善的自然禀赋强于为恶的倾向时,就必然产生"吾欲仁,斯仁至矣""为仁由己,而由他人哉"之后果。尽管从先验的道德本体直接推论出先验的道德本性,是缺少足够的逻辑环节的,但作为一种主观有其根据而客观根据不充分的那种视其为真,仍然为理论和实践立下了坚定的道德信念。

纵观中国哲学中的"心"观念,自然可以悟出"心"的本义、转义和新义来。在孟子那里,"心"既是功能性的又是价值性的,功能性的"心"乃指思之本,作为能思的心,其充分运用便是其功能的充分发挥。这是心之功能性的善,若是心没了能思这一善性,便不可能有为善与为恶的两种路向了。唯其能思的心既可以把人引向善也可以倒向恶,才可以说,"心"具有善性,即功能性。而人以外的存在物则因其没有能思的心,故而也就不存在善性和恶性的问题。显然,若是忽略了孟子关于心之功能性的建基,而只着眼于紧随其功能性的善性而来的"为仁由己而由他人哉",那必是把孟子的"心"当作无根基的道德本体而加以单面立论了。对于"心"之功能性的善,公都子问孟子,为什么同样是人,有些人是君子,有些人是小人,何故? 孟子答道:"从其大体者为大人,从其小体者为小人。"那么,同样是人,何以有从其大体者又有从其小体者? "耳目之官不思,而蔽于物。物交物,则引之而已矣。心之官则思,思则得之,不思则不得也。此天之所与我者。先立乎其大者,则其小者不能夺也。此为大人而已矣。"[1]在功能性上,"心"之不同于耳目,乃在于,它虽然以因耳目得来的感应性

---

① 《孟子·告子章句上》,《孟子译注》,杨伯峻译注,中华书局 2010 年版,第 249—250 页。

的经验材料为思之对象,但却不为经验材料所遮蔽,甚至走向歧途,在生理与心理之结合处,既可以满足身体次要器官之身体欲求,也可以满足身体重要器官之精神需要,甚至只有预先将能思的心建立起来,并将前者置于后者的支配之下,才能把作为潜在的善性发挥出来,进而成为君子。若是因了来自身体之次要器官的欲求遮蔽了能思的心的善性,那必是使"心"迷失了方向,丧失了善性;于是,必须使迷失了方向的"心"回归于出处。"仁,人心也;义,人路也。舍其路而弗由,放其心而不知求,哀哉!人有鸡犬放,则知求之;有放心而不知求。学问之道无他,求其放心而已矣。"①显然,孟子之心无疑是含括功能性和道德性两种意义于其中,而就作为功能性的知觉、意识而言,也不仅仅是一种感知事物的一种能力,同时也是一种体验、经验,是非客体化或非对象性的内心感受,即情感。除此,心还是一种意志力,如若"放其良心""失去本心",便可通过先天性的反思和悔过而"求其放心",这种先天性的反思和悔过就是意志。作为动机,便是孟子的善性,即四端;作为能力或意志力就是"尽其心""知其性"。"万物皆备于我矣。反身而诚,乐莫大焉。强恕而行,求仁莫近焉。"②以此可以说,孟子之心乃是知、情、意之统一体;无知、不知、少知,便无法体认本心之善恶,冷漠、无情,便无法体验善性与恶性之显现后的状态,便无罪感和耻感,"人不可以无耻,无耻之耻,无耻也"③。无意,便不能扬善抑恶,求其放心。孟子的知、情、意统一体即心体,乃一先天结构和先验结构,是非客体化的自体化,是非意向性的意向;无待对他物之感应而先行发生,无待他者之意志而先行作用。"在这个意义上,这类昭示本心的心识活动,是前客体化的行为、前意向性的行为。如果用康德的'知、情、意'三类范畴,那么它们更应当被归入'意'的范畴:意志、意愿、意欲、意念、不能等等。它们都不指向具体的客体,不是客体化的行为,甚

---

① 《孟子·告子章句上》,《孟子译注》,杨伯峻译注,中华书局 2010 年版,第 247 页。
② 同上书,第 279 页。
③ 同上。

至不是胡塞尔意义上的意识行为,但却是引发客体化意识行为的东西。"①作为知、情、意的统一体,心乃是先天和先验结构,是"未发"状态,是"中","喜怒哀乐之未发,谓之中"。但"未发"不能始终处在"未发"状态,它是潜能性的和功能性的,但却不是目的性的,为着在其自身之外的目的,它必须外化出去,从而通过对象化过程建构出一个对象性的存在来,以此可以说,通过建构性实现潜存于未发中的目的,才是未发存在的意义。这个外化的、对象化的过程正是"发而皆中节","发而皆中节,谓之和。中也者,天下之大本也;和也者,天下之达道也。"

唯其如此,孟子之心绝不仅仅是这种作为先天和先验结构的"未发",绝不是一种功能性的善性,更是一种能动性的善行;不仅仅是一种结构性的功能现象学,更是一种能动性的发生现象学。"良知""良能"作为本然如此之心,乃是一种潜心、潜能,但它如同一颗麦粒,势必成长起来、发生出来。"人之所不学而能者,其良能也;所不虑而知者,其良知也。孩提之童无不知爱其亲者,及其长也,无不知敬其兄也。亲亲,仁也;敬长,义也;无他,达之天下也。"②那么,亲亲、敬长这两种品德何以能够通行于天下呢?"无为其所不为,无欲其所不欲,如此而已矣。"③孟子之心虽有客体化或对象化之内在动力,但孟子似乎并未将心之对象和结果纳入到思考和论证之中,亦即,孟子之心主要限于所指和能指,所指是良能、良知、意愿、意向;能指是能够被理性共出、被意愿见出、被人理解的表达方式,即包括学术语言(概念、范畴、语句)也包括日常语言和体态语,如身体行为。那又如何证明心之性之为善或恶呢?只有当被指被所指和能指见出时,功能之心和能动之心才能有机地统一起来,从而形成一个集横向的功能之心和纵向的发生之心于一体的德性和德行结构,完成由前客体化到客体化再到后客体化的转向。若此,就必须将理或道纳入到心的思考中来。

---

① 倪梁康:《心性现象学》,商务印书馆2021年版,第19页。
② 《孟子·尽心章句上》,《孟子译注》,杨伯峻译注,中华书局2010年版,第284页。
③ 同上。

关于心理结构的问题构成了宋明理学的中心课题。事实上，在《大学》和《中庸》中既已隐喻性地论述了心理结构问题。"大学之道，在明明德，在新民，在止于至善。"朱熹阐释道："明，明之也。明德者，人之所得乎天，而虚灵不昧，以具众理而应万事者也。但为气禀所拘，人欲所蔽，则有时而昏；然其本体之明，则有未尝息也。故学者当因其所发而遂明之，以复其初也。革者，革其旧之谓也，言既自明其明德，又当推己及人，使之亦有以去其旧染之污也。止者，必至于是而不迁之意。至善，则事理当然之极也。言明明德、新民，皆当止于至善之地而不迁，盖必有其以尽夫天理之极，而无一毫人欲之私也。"①朱熹将曾子隐喻性的理澄明于至善的境界之中，明德既指心的先有状态，又指遵道而思、循理而行，从而达于至善而不迁。明德并非一种没有能动性的本然之体，而是一个整体性的向内求索向外探索的能动的生命体；因有达于至善的目的蕴含其中，明德必是要现出其自身的潜能、能力、力量。然而，至善作为心理与伦理的有机结合，乃是实现了的心理、完成了的伦理。但同时，明德并非一种完整的德性结构，无需后天的修为，相反，是必须有一个持续的修为过程。从环节说，便是正其心、诚其意、格物致知；而在先后逻辑说，则是知先行于情和意。"知止而后有定，定而后能静，静而后能安，安而后能虑，虑而后能得。"朱熹阐释道："止者，所当止之地，即至善之所在。知之，则志有定向。静，谓心不妄动。安，谓所处而安。虑，谓处事之精详。得，谓得其所止。""物有本末，事有终始，知所先后，则近道矣。"朱熹阐释道："明德为本，新民为末。知止为始，能得为终。本始所先，末终所后。"②虽有明德之本体，然却没有先天之德性，只有经由后天的修为方可将潜能变成能力、将潜质变成素质。而知—定—静—安—虑—得，便是修为的过程；正心、诚意、格物、致知，便是修为的环节。当诸环节在目的的牵引之下，自觉、自知、自愿地被关联起来，形成一个不断的进阶过程，那便是心的运行

---

① ［宋］朱熹撰：《四书章句集注》，中华书局 2011 年版，第 4 页。
② 同上。

逻辑了,这就是心理。若是心理被有机地运行起来,那终极目的也绝非是这种运行本身,而是达于至善;至于至善并非仅是德性的完善和外显,更是伦理的充分实现。何谓伦理? 便是天人之道、人伦之道和心性之道,道,只有被呈现在表象里、把握在意识中,并被贯彻在行动中,道才得以显现和实现,这便是理。道是理的体,理是道的用。只有将伦之理充分地实现出来,心之理才是能动的;只有将心之理客体化、对象化,伦之理才是现实的。

如果说在《大学》那里,心之理和伦之理还是在宏观和中观的意义上被关联起来,那么《中庸》则将微观中的"道""理""性"澄明出来。"天命之谓性,率性之谓道,修道之谓教。"何谓"命""性""道""教"? 它们在心之理与伦之理的相互嵌入、相互映现、相互共在、相互共属的过程中,是如何实现其自身的? "命,犹令也。性,即理也。天以阴阳五行化生万物,气以成形,而理亦赋焉,犹命令也。于是人物之生,因各得其所赋之理,以为健顺五常之德,所谓性也。率,循也。道,犹路也。人物各循其性之自然,则其日用事物之间,莫不各有当行之路,是则所谓道也。修,品节之也。性道虽同,而气禀或异,故不能无过不及之差,圣人因人物之所当行者而品节之,以为法于天下,则谓之教,若礼、乐、刑、政之属也。盖人之所以为人,道之所以为道,圣人之所以为教,原其所自,无一不本于天而备于我。"①在先秦儒家诸说中,在心理和伦理之间,虽各有侧重,但心和理、心理和伦理必是有差别的,尽管相互嵌入和相互共属,但不等同。至宋明之际,心与理、心理与伦理之间的差别被消解了,理被统一到心之中,心即理似乎成为一种普遍的定理。北宋邵雍以心为宇宙的本体,"心为太极"。"物莫大于天地,天地生于太极,太极即是吾心,太极所生之万化万事,即吾心之万化万事也。"(《渔樵问答》)朱熹说:"心者,人之知觉,主于身而应于事者也。"(《朱子语类》卷五)陆九渊提出了"心即理"的命题:"天之所以与我者,即此心也。人皆有是心,心皆具是理,心即理也。"(《于李宰

① [宋]朱熹撰:《四书章句集注》,中华书局 2011 年版,第 19 页。

书》)王守仁认为："致吾心之良知者,致知也;事事物物皆得其理者,格物也;是合心与理而为一者。"(《答顾桥东书》)心乃天地万物之主,"人者天地万物之心也,心者天地万物之主也。心即天,言心则天地万物皆举矣"(《答季德明书》)。

纵观中国哲学之"心"的诸种观念,可察其本义、可悟其转义、可显其新义。其本义是,心乃思之官,心官之用谓之思。作为实体形态的心,不但为生命体提供动力,还以心脑结构的形式为任何一种心理—精神活动进行实体性奠基。于是,心之转义便有了原初性和能动性之规定,心的原初性使生命个体获得心理的、精神的力量,正是原初的心理和精神力量的充分发挥,使得人这个生命体从根本上把自己与其他一切存在物区别开来,使他能够认知错误、承认错误和改造错误。心的能动性使得人不但感应外界、体悟内心,更可以改造客观世界和主观世界,从而生成社会和历史。开显心的新义,在于直面人之源之于心的能动性和创造性,将人的感受性、敏感性、选择性和接受性,将人的体验和经验即情感,将人的感觉、知觉、判断和推理即意识,作为思索、判断和意愿的对象,以学科和科学的形式加以研究。人是唯一凭着心的结构功能和原始发生而从事科学研究的存在者,更为重要的是,人也是通过诸种存在者而追问存在为何的存在者。开显心的新义,更为深层的问题在于,心是否构成了人性中的核心内容,从身到心,从身心到心性,其间具有怎样的内在逻辑? 心性如何决定着个体和人类在犯错、知错、认错和改错问题上的广度和程度、可能性和必然性? 这是追问错之人性基础的根本性问题。

从"性"的构词法见出"性"的语义,是规定和理解"性"的前提。作为形声字和会意字,"性"由左右两个偏旁"心"和"生"组合而成。"生"既可以理解为一个总体性概念,用以表示生命体之寓于自身的生命能力,当潜在的内在规定性借助于外部的环境和条件而长成自己、完成自己、实现自己,便是它的生命力的形成和实现过程,一切有生命存在者无不具有一定的生命力;也可以作为一个殊相概念,被规定为与心相对的实体性存在,即身体。于是,从性的构词法便可以看出,身心关系构成了人性的原初结构;离开身和心都无法规定和理解性。

身心关系或身体与灵魂的关系始终是哲学中的"斯芬克斯之谜",每每遇到知识、理性、真理的讨论和争论时,身心关系都是横亘在哲学家之间的一座巨石。绕开这座巨石讨论身心关系,那一定是最糟糕的讨论,而越过这座巨石深入到身心关系的底层和深层,借以探究其间的奥秘,那一定是好的哲学。但迄今为止所有的关于身心关系的讨论,似乎没有任何一种学说被普遍认可。直至在西方现当代哲学中出现实现"身体转向"的反意识哲学家如尼采、福柯、弗洛依德、拉康、德勒兹等等之后,身体哲学才似乎成为哲学研究中一个的"意识流"。在中国哲学中,虽然没有出现身心平行论、身心冲突论和身心和谐论这样的学术论争,但身体作为一种隐喻性的存在,却始终是在心的支配和社会规范的统治之下。

在中国哲学中,身心关系虽然并不像在西方哲学中那样,始终处在纠结和焦虑之中,身体作为隐喻性的存在,并不构成一切罪恶的渊薮,也不是灵魂始终摆脱的羁绊,更不是知识、理性和真理所唾弃的对象,身体只构成引领的对象、修为的对象。

《论语·学而》:"曾子曰:吾日三省吾身:为人谋而不忠乎? 与朋友交而不信乎? 传不习乎?"朱熹在注释中并未就吾身作出明确的阐释,但对忠、信、传、习作出了明确的解释。"身"在《论语》共出现了 15 次,除 1 次用于量词之外,其余 14 次则指代身体、本身、本人。《论语集释》(程树德撰)对"吾日三省吾身"之"身"也未作任何阐释;由杨伯峻译注的《论语译注》也未作任何注释。"颜渊问仁。子曰:'克己复礼为仁。一日克己复礼,天下归仁焉。为仁由己,而由人乎哉?'"[1]此处之"己",为身体、为私欲、为意志、为任性?"仁者,本心之全德。克,胜也。己,谓身体之私欲也。复,反也。礼者,天理之节文也。为仁者,所以全其心之德也,盖心之全德,莫非天理,而亦不能不坏于人欲。故为仁者必有胜私欲而复于礼,则事皆天理,而本心之德复全于我矣。又言一日克己复礼,则天下之人皆

---

① [宋]朱熹撰:《四书章句集注》,中华书局 2011 年版,第 125 页。

与其仁，极言其效之甚速而至大也。又言为仁由己而非他人所能预，又见其机之在我而无难也。日日克之，不以为难，则私欲净尽，天理流行，而人不可胜用矣。程子曰：'既是私欲，如何得仁？须是克尽己私，皆归于礼，方始是仁。'"①此处之己，无疑是三个层面的交集，作为实体性的己，乃是自己，一个自我觉知着的、体验着的、意识着的我便是自己，且是在与他者共在的时候才会将自我作为自己看待，因为一个独处的自我，不会认自我为自己。作为处在特殊状态的自己乃是一个欲求着的自我，我感觉到了我的欲求，它要么来自身体，要么来自心理和精神，它意味着自己处在缺失状态、非自足状态，且这种状态存有突破规范、礼乐的可能性。于是，此处之己，更是一个知觉到应该用礼乐和规范约束自己欲求的自我。唯其自己之私欲有僭越礼乐的可能性，才会意识到有约束私欲的必要性。若能日日克己，那便有归仁的可能性。因此，如果不能从三者交集的意义上理解朱熹对"克己复礼"的阐释，那便是不能掌握朱熹的用意。

程树德在《论语集释》中批评朱熹对"克己复礼"的阐释有"先入为主"从而失之偏颇之嫌。"集注之失，即在先有成见。如此章孔子明言复礼，并未言理。止言克己，并未言私欲。今硬将天理人欲四字塞入其中，便失圣人立言之旨。孔子一生言礼不言理，全部论语并无一个理字。且同一'己'字，前后解释不同，其非经旨甚明。其病总在先有成见，此端一开，后来解经者莫不挟其私见，假托圣言，以伸其说。"②程树德以为，"克己为约身，谓约非礼之身以反于礼。克己复礼，克责己之失礼以复之也"③。如若直面人性自身，视其由心和生形声和会意而成，那便是性的本质了。在实体的意义上，身心、身体与灵魂从未分离过，历代哲学家总是试图从二元化的思维出发，去规定人性，如若不是出于主观臆测，而是根据身心之间的根本区别，那么，作为合身与心于一体的人性，正是源出其自身的二元性质。只有先行对于人性或"性"以语义学理解，方能理解

---

① ［宋］朱熹撰：《四书章句集注》，中华书局 2011 年版，第 125 页。
② ［清］程树德撰：《论语集释》（下），中华书局 2013 年版，第 945 页。
③ 同上书，第 947 页。

人性的二元性质,这种二元性质正是个体与类能够致错也能够致错、认错和改错的根源。

性,可在实体、功能和属性三个层面加以规定。它有一个实体存在着,它要么被人们通过先天直观形式即时空被感知到,从而具有广延性和持存性,要么被理性共出、被语言见出;它因其具有内在的规定性而将自身与他物区别开来。这个实体因其内在的规定性而有一定的功能,通过质料因、动力因、形式因和目的因而自行运动起来,借以现出自身的运行逻辑,从而表现其特有的性质。简言之,性,乃是存在与本质的自在合一状态;性,是实体的自然状态,因其自身之故而自在、自为;自然乃是始点、始基,因其自身之故而"独立不改、周行不殆"。

然在所有实体中,唯有人自知其自然、自明其本性。此一本性,当处于未发状态便是中,谓大本也,意谓诚者;发而皆中节,谓之和,诚之者也。"自诚明,谓之性;自明诚,谓之教。"作为自明者,人既能自悟其自身之自然,又能明了身外之自然。而能自悟和明了自然之基则在于心,佛儒乃心性之学。心,既是性自身又是觉知人之性的基地;只有尽其心方能尽其性;只有尽其性方知天命。尽心尽性源自《大学》"正心、诚意、格物、致知"。"正其心"乃指心之所在,在于当止之处,在止于至善。至善,既是状态,又是礼,也是理。至善,源于仁、行于义、合于礼;至善作为善行,乃指当止之处,即"为人君,止于仁;为人臣,止于敬;为人子,止于孝;为人父,止于慈;与国人交,止于信"。明明德、新民均是为了实现仁义礼智信、恭宽信敏惠;而若心不在此处,且自知不在此处却要佯装如此,那便是不能正其心、诚其意。而不能尽其心、诚其意,则往往因四种情感扰乱心绪,"身有所忿懥,则不得其正;有所恐惧,则不得其正;有所好乐,则不得其正;有所忧患,则不得其正"①。忿懥、恐惧、好乐、忧患作为一种体验、情感,均为人所不能无者。"然一有之而不能察,则欲动情胜,而其用之所行,或不能不失其正矣。"若此四种情感处于已发状态而又不能察其是否

---

① ［宋］朱熹撰:《四书章句集注》,中华书局 2011 年版,第 9 页。

适当、正当，任其发作无常，那必然导致"心不在焉，视而不见，听而不闻，食而不知其味"。若是心已旁落他处，而又不知使之回归于原处，那必是心有不存，则无以检其身、察其实，最终无以至于至善。

人心本为至诚、至善。内隐于心之至善，乃基于"良能、良知"之上的"本然之善"，外显于行至善，乃合于仁义礼智信之君臣之仁敬、父子之孝慈、交往之诚信。无本然之善心，便无外显之善行；善心为体、善行为用，心为本，身为表，体用结合方为型。型，便是人性。善性、善行，决定于心而约身于礼。善心就是善性，何谓善心？"恻隐之心，人皆有之；羞恶之心，人皆有之；恭敬之心，人皆有之；是非之心，人皆有之。恻隐之心，仁也；羞恶之心，义也；恭敬之心，礼也；是非之心，智也。仁义礼智，非由外铄我也，我固有之也，弗思耳矣。"[1]天、性、心具有何种关系？"尽其心者，知其性也。知其性，则知天矣。"朱熹阐释道："心者，人之神明，所以具众理而应万事者也。性则心之所具之理，而天又理之所从以出者也。人有是心，然不穷理，则有所蔽而无以尽乎此心之量。故能极其心之全体而无不尽者，必其能穷夫理而无不知者也。既知其理，则其所从出，亦不外是矣。"格物在知性，尽心则求知。朱熹引用程子的话说，心、性、天乃逻辑一体化之实存。"心也、性也、天也，一理也。自理而言谓之天，自禀受而言谓之性，自存诸人而言谓之心。"[2]天人之道、人伦之道、心性之道谓之理，禀赋天理于内谓之性，"存其心、养其性，所以事天也。"性乃本然之善，心乃实践之善；心之向内觉知，知其性，此心便是善念，即四端，心之向外显化，便是善行。尽心知性、知性知天。一内一外，求其放心，学而时习之，齐家治国平天下。于此，便可知性之二分：本然之性即天性、本性；习得之性、习性。因天性、本性本然为善，故尽心、知性、知天才有可能；人良能、良知，继而有四端之心，然又有私欲之念，忿懥、恐惧、好乐、忧患之情，天理、善心被私欲所累，被气物所蔽，故有存心养性之必要。

---

① ［宋］朱熹撰：《四书章句集注》，中华书局 2011 年版，第 307 页。
② 同上书，第 327 页。

要而言之,致错、知错、认错、改错确有人性之基础。如果错是一种可以确认、确证、评估、计算的无价值甚至是反价值事实,那么,在致错的人性基础中,究竟是怎样的原初结构及其运行才会致错、知错而不改呢? 在中国传统哲学中,无论是在道家还是在儒学和佛学中,人性论均构成其核心内容,在某种意义上,都是一种规范理论。无论是儒家内部的性善与性恶之争,还是佛学唯识论中的"心王"和"心所"的争论,道家哲学"道"与"欲"之原初结构中的纠结,"恒无欲也,以观其妙;恒有欲也,以观其徼"(《道德经》第一章);"不尚贤,使民不争;不贵难得之货,使民不为盗;不见可欲,使民心不乱。是以圣人之治也,虚其心,实其腹,弱其志,强其骨。恒使民无知无欲也,使夫知者不敢弗为而已,则无不治矣"(《道德经》第三章),似乎都有一种隐喻性的预设,即,在人性结构中,既有致错的元素,又有阻止犯错以及改错的元素,因性善的元素在人性的原初结构中始终处于支配性地位,因而有足够丰富的知识和足够顽强的意志,将致错的欲求限制在合理的限度内。即使是坚持性恶论的荀子,也坚信,通过"化性起伪"可以致善行。"故圣人化性而起伪,伪起而生礼义,礼义生而制法度;然则礼义法度者,是圣人之所生也。故圣人之所以同于众,其不异于众者,性也;所以异而过众者,伪也。"(《荀子·性恶篇》)在中国传统文化中,似有一种根深蒂固的人性等级结构论,圣人、贤人的人性结构都是性善的,是"恒无欲也,以观其妙"之人,而民众则是"恒有欲也,以观其徼"之人;圣人"化性起伪"、制作礼义法度以约民众,而圣人自身却可以出于"心"而达于"无心"。这似乎是一个无法证明因而是靠不住的承诺,若是圣人并不仅限于宗教圣人、学问圣人,还指政治圣人,一如老子在《道德经》第八章所描述的那样,圣人的品德似如"上善若水",那么,政治圣人又如何"从心所欲而不逾矩"呢? 宗教圣人和学问圣人通常是那些远离权力中心而进行宗教布道和道德教化之人,因缺少足够的世俗功利的诱惑,因而较少金钱欲、权力欲、荣誉欲,容易做到"恒无欲也"以观其妙。相反,政治圣人须是有如水的品质,通过"居善地、心善渊、与善仁、言善信、正善治、事善能、动善时"这七个环节,以达于水善利万物而不争,处众人之所恶，故几于道矣之境界；"是以圣人处无为之事，行不言之教。万物作而弗始也，为而弗恃也，成功而弗居也"。如若老子的论断乃一绝对命令，作而不始、为而不恃、成而不居，乃是一实然判断，那么源于权力的观念和行动就不可能致错。然而，事实上，政治圣人只是一个理想模型，相关于政治圣人的道德描述，更多的是一种道德附魅，不是绝对命令而是相对命令，是应然判断而不是实然判断；拥有和行使政治权力和公共职权的人，无法普遍地成为圣人，相反，他们比民众拥有更加强烈的金钱欲、权力欲、支配欲和占有欲；拥有和行使政治权力和公共职权的个体和群体，因错用、滥用权力而导致的错误，远比无权无势之民众致错的可能性为大。拥有制定规范之话语权的个体与群体，往往也是改变乃至破坏规范的群体；更为重要的是，由权威者制定的规范通常只对民众有效，而对自身则缺少足够的约束力。

在古希腊伦理学中，尤其是在亚里士多德那里，国家治理者首先必须具备常人具有的常人德性，继而具有智者具备的德性。自制和节制是常人德性，明智、智慧、努斯则是智者拥有的德性，而只有智者才有智力和智慧治理国家、管理社会。以此可以说，就致错和改错的人性基础而言，必须直面人性自身，从整体性、复杂性和冲突性三个维度，见出致错与改错的必要性根据和可能性条件。在比较哲学的意义上，中国传统哲学史的底色则是隐喻性的欲求史，而在西方哲学中，欲望、欲求则是显性的存在；在中国哲学中，欲求被放置在心性之外或置于心性的绝对控制之下，作为隐性存在的欲求几乎不会成为德性论、规范论和实践论所分析和论证的核心议题；身心关系始终被设定为自然和谐状态。如若将因欲求的原初力量所可能造成的性恶始终作为一个被善心和善行完全支配的元素，不能将内隐的欲求与德性的矛盾以及外显的冲突纳入道德哲学和伦理学的深度思考中，而只是将一种意向性的道德判断作为理论的坚实根据，那么便无法揭示出致错、知错、认错、改错的真正根源来。

自泰勒斯开启的古希腊自然哲学，到苏格拉底实现的哲学转向，基于身心关系之上的公正问题，始终是自然哲学、社会哲学和精神哲学所讨论的核心。从苏格拉底的"认识你自己"到柏拉图的经验世界与理念世界的对立,再到亚里士多德的灵魂把握真的五种方式,公正、正义、和谐始终是一条拥有和分有逻各斯的线索。在对致错的根源的探讨中,知具有首要地位;在洞穴隐喻中,知更是连接经验世界和理念世界的环节;在因我而成的事情中,思辨理智和实践理智则是知的具体化。那么,具有强大之原始动力的欲求究竟来自何处呢? 为什么说,一切罪恶的渊薮都可以在欲求中找到根源?

在古希腊哲学中,即便是在自然哲学那里,欲求也是被视作是阻碍实现公正、正义的因素,而欲求的终极来源就是身体。身体哲学和意识(理性)哲学始终以相互纠结的方式运行着。苏格拉底以无罪之自我辩护的形式,叙述着精神、灵魂高于欲求、身体的道德立场。死亡不是生命的结束,相反,是灵魂真正获得自由的过程,死亡不过是身体的死亡,是"灵魂和肉体的分离;处于死的状态就是肉体离开了灵魂而独立存在,灵魂离开了肉体而独立存在"[①]。来自身体的欲求阻止人们探求真理,扰乱了人们的觉知和判断;战争、利益、金钱、权力等种种贪欲也来自身体,它们搅乱了灵魂的纯粹的探究,"我们要接近知识只有一个办法,我们除非万不得已,得尽量不和肉体交往,不沾染肉体的情欲,保持自身的纯洁"[②]。在柏拉图那里,身体是贪欲的寓所,灵魂是真理的基地。因此,在柏拉图那里,身体和灵魂的二元对立是一个基本的构架:身体是短暂的,灵魂是不朽的;身体是贪欲的,灵魂是纯洁的;身体是低级的,灵魂是高级的;身体是错误的,灵魂是真实的;身体导致恶,灵魂通达善;身体是可见的,灵魂是不可见的。大体上说来,灵魂虽然非常复杂,但它同知识、智慧、精神、理性、真理站在一起,并享有一种对于身体的巨大优越感。身体距离永恒而绝对的理念既陌生又遥远。[③]自笛卡尔之后,意识或理性哲学彻底战胜了身体哲学,在理性主义哲学家那里,身体与灵魂、理性、精神之间永远存有

---

① ［古希腊］柏拉图:《斐多》,杨绛译,辽宁人民出版社 2000 年版,第 13 页。

② 同上书,第 17 页。

③ 汪民安:《身体、空间与后现代性》,江苏人民出版社 2006 年版,第 5 页。

一道无法逾越的鸿沟;在康德那里,感性世界只提供为知性和理性加以统握的材料,其自身则由理性予以立法;在黑格尔那里,只有精神才有一以贯之之道,生命体本质上是个体精神发展史。直至尼采、福柯、胡塞尔和梅洛-庞蒂,身体哲学才有重新回到哲学的园地,身体哲学、情感哲学、意志哲学、意识哲学被有机地统合起来,构成一个完整的生命哲学。

这极易造成一种假象甚至是一种幻象,似乎任何一个拥有身体、情感、意志、意识、理性和精神的个体,都会遇到哲学家们所描述的那种境遇:身心充满了矛盾和冲突,因而也就充满了痛苦和不幸;于是,人们就会按照哲学家们所提供的方案,将身体和欲求置于灵魂的支配之下。事实上,这是一种无法完全对称的价值事实和价值观念,因为极端的性善论和性恶论都无法令人信服地证明个体与类致错与改错的人性基础。人们并不是在学习和领会了哲学家的观点之后,才去思考和解决身心矛盾和冲突,相反,人们是在反复进行的思考和行动中,学会处理身心关系的。如果将致错、知错、认错和改错这一主题深深地嵌入到对人性结构的分析和论证之中,那么我们就必须借助现象学的横向结构论和纵向生成论,发掘致错和改错的人性基础。

一如我们把人性划分成天性和习性两个先天的结构那样,我们对致错与改错的人性基础的追问,也必须基于天性和习性这两个概念和观念的预设与运用。天性亦即现象学中的横向结构,习性就是现象学中的纵向发生。作为横向结构的天性可以被描述成为事实性的和价值性的状态,二者是相互嵌入、相互蕴含的,均不能独立实存。事实性的结构自身就蕴含着向善与向恶的自然禀赋,当这两种禀赋凭借自身的潜能和外在条件,而将善性和恶性生长起来、表现出来的时候,事实性的结构就成为价值性的结构。价值性的结构既是事实性的又是评价性的,当人们述说善性与恶性的时候,分明是把"是"的命题变成了"应当"与"不应当"的命题,分明是在具体的价值关系中判断观念和行动的。把分析判断演变成综合判断乃是由天性自身的事实与价值的二元性质所致。那么,这种二元性质究竟来自何处呢?

它源自人之存在的特殊状态以及对这种状态的自我觉知。人首先是一个实体，他同所有存在者一样，有广延性，有体积和重量，都在相互并存或先后相续的实存中。然而，人是有生命的存在者，而任何一种生命存在都是需要着的因而是价值性的存在物。所谓需要着的存在，乃是指，它是处在不足和匮乏状态之中的，而它依靠自身无法先天地获得解除这种状态的质料，这是任何一种有生命的存在物都能感受得到的状态；他必须获得能够解除不足和匮乏状态的质料，唯有如此，他才是有生命的存在者。于是，如何从自身之外获得解除不足和匮乏状态的质料，就成为第一需要。"全部人类历史的第一个前提无疑是有生命的个人的存在。因此，第一个需要确认的事实就是这些个人的肉体组织以及由此产生的个人对其他自然的关系。"①生命存在物的肉体组织以及与其他自然的关系是必须确定和确证的事实，这是它的最为原初的结构。这是一种天性，是无需后天努力而先天获得的结构，这是有生命存在者的宿命，它要倾其全部能力为解除不足和匮乏状态而操心、操持，这种原初结构既是产生快乐和幸福的源泉，又是造成痛苦和不幸的根源。

只要是有生命的存在物，都会感受到这种原初的状态，但是，人之外的存在物只能通过低级的感受系统来感知它，而人不但能够感知着它，而且能够将这种感知清晰地呈现在表象里、把握在意识中。于是，就其意识行为而言，人的天性本身并非一种简单的客观事实，毋宁说，它是一种符合事实。它由三项事实构成：自存着的不足和匮乏状态；觉知和意识这种状态的"意识行为"；将意识和被意识自然关联在一起的体验、"意识流"。这并不像一些哲学家所说的，这是非客体化的意识行为，而是以自身的天性结构为对象的客体化行为；一如任何一种意识都是有对象的，都有意识相关项，以自身的天性结构为对象的感知和意识行为，才是以身外自然为意识对象的基础。以自身的"自然"和以身外的"自然"对对象的客体化行为，构成了客体化行为的全部；其中前者不但在时间上而且在能动性上

---

① ［德］马克思、恩格斯：《德意志意识形态》，人民出版社 2018 年版，第 11 页。

都是逻辑上在先的事情,即便是那种在外表上是单一的向外的客体化行为,也同样是以自我之间的客体化行为为前提的,只是以无意识和潜意识的方式存在着。只有这样才可以清晰地描述致错、知错、认错、改错的人性基础。

如果只把来自身体的自然结构视作是欲求和欲望的唯一来源,而完全忽视对欲求和欲望的觉知,那么这是纯粹的自然主义观点;而如果把欲求和欲望视作是一种主观感受,而忽视它们的自然基础,那么是一种纯粹的主观主义观点。"推动人从事活动的一切,都要通过人的头脑,甚至吃喝也是由于通过头脑感觉到饥渴而开始,并且同样由于通过头脑感觉到饱足而停止。外部世界对人的影响表现在人的头脑中,反映在人的头脑中,成为感觉、思想、动机、意志,总之,成为'理想的意图',并且以这种形态变成'理想的力量'。如果一个人只是由于他追求'理想的意图'并承认'理想的力量'对他的影响,就成为唯心主义者,那么任何一个发育稍稍正常的人都是天生的唯心主义者了。"[①]这似乎是一种觉知和被觉知的东西是同一个的情形。

然而,致错之根源、改错之条件并非直接源于人的天性结构以及对这一结构的觉知和意识,相反,充分觉知和意识自身的天性恰恰构成了每一个生命个体的第一要务和义务,所有的操心和操持无不相关于通过解除不足和匮乏而使自身处于平衡的、和谐的状态这一义务。如果说,不足、匮乏以及基于二者之上的占有与表达构成了一个完整的天性结构,那么需要就是表达这一结构的核心概念。唯其生命个体是被外感知的空间和内感知的时间规定了的存在者,因此,作为天性结构之表达的需要一定是有限的。人之外的有生命存在者的存在同样是有限的,但它们从来没有意识到这是有限的,它们自然而然地生存着,既没有意识也没有能力改变这种有限的状态。而人则不同,"人直接地是自然存在物。人作为自然存在物,而且作为有生命的自然存在物,一方面具有自然力、生命力,是能动

---

① 《马克思恩格斯文集》第 4 卷,人民出版社 2009 年版,第 285—286 页。

的自然存在物;这些力量作为天赋和才能、作为欲望存在于人身上;另一方面,人作为自然的、肉体的、感性的、对象性的存在物,同动植物一样,是受动的、受制约的和受限制的存在物,就是说,他的欲望的对象是作为不依赖于他的对象而存在于他之外的;但是,这些对象是他的需要的对象;是表现和确证他的本质力量所不可缺少的、重要的对象。说人是肉体的、有自然力的、有生命的、现实的、感性的、对象性的存在物,这就等于说,人有现实的、感性的对象作为自己本质的即自己生命表现的对象;或者说,人只有凭借现实的、感性的对象才能表现自己的生命。说一个东西是对象性的、自然的、感性的,又说,在这个东西自身之外有对象、自然界、感觉,或者说,它自身对于第三者来说是对象、自然界、感觉,这都是同一个意思。饥饿是自然的需要;因此,为了使自身得到满足,使自身解除饥饿,它需要自身之外的自然界、自身之外的对象。饥饿是我的身体对某一对象的公认的需要,这个对象存在于我的身体之外,是使我的身体得以充实并使本质得以表现所不可缺少的。太阳是植物的对象,是植物所不可缺少的、确证它的生命的对象,正像植物是太阳的对象,是太阳的唤醒生命的力量的表现,是太阳的对象性的本质力量的表现一样。一个存在物如果在自身之外没有自己的自然界,就不是自然存在物,就不能参加自然界的生活。一个存在物如果在自身之外没有对象,就不是对象性的存在物。一个存在物如果本身不是第三存在物的对象,就没有任何存在物作为自己的对象,就是说,它没有对象性的关系,它的存在就不是对象性的存在。非对象性的存在物是非存在物[Unwesen]。假定一种存在物本身既不是对象,又没有对象。这样的存在物首先将是一个唯一的存在物,在它之外没有任何存在物存在,它孤零零地独自存在着。因为,只要有对象存在于我之外,只要我不是独自存在着,那么我就是和在我之外存在的对象不同的他物、另一个现实。因此,对这个第三对象来说,我是和它不同的另一个现实,也就是说,我是它的对象。这样,一个存在物如果不是另一个存在物的对象,那么就要以没有一个对象性的存在物存在为前提。只要我有一个对象,这个对象就以我作为对象。但是,非对象性的存在物,是一种非现实的、非感性的、只是思想上的即只是想象出来的存在物，是抽象的东西。说一个东西是感性的即现实的，这是说，它是感觉的对象，是感性的对象，从而在自身之外有感性的对象，有自己的感性的对象。说一个东西是感性的，是说它是受动的。

"因此，人作为对象性的、感性的存在物，是一个受动的存在物；因为它感到自己是受动的，所以是一个有激情的存在物。激情、热情是人强烈追求自己的对象的本质力量。

"但是，人不仅仅是自然存在物，而且是人的自然存在物，就是说，是自为地存在着的存在物，因而是类存在物。他必须既在自己的存在中也在自己的知识中确证并表现自身。因此，正像人的对象不是直接呈现出来的自然对象一样，直接地存在着的、客观地存在着的人的感觉，也不是人的感性、人的对象性。自然界，无论是客观的还是主观的，都不是直接同人的存在物相适合地存在着。

正像一切自然物必须形成一样，人也有自己的形成过程即历史，但历史对人来说是被认识到的历史，因而它作为形成过程是一种有意识地扬弃自身的形成过程。历史是人的真正的自然史。"①唯其是有生命的存在物，唯其是非自足、非完满的存在物，因而也必然是对象性的存在物，失去了对象或缺失了对象，人就不可能获得他的生命。人的生命不但这样实存着、显现着，而且人时时刻刻地感受到这种实存和显现。这是一个完整的天性结构，它无需后天的构造，后天的行动只是为了实现它，而不能使其由无到有，能够改变的只是它的实现方式和呈现方式。当相关于需要的觉知和被觉知以相互共在、相互共属的形式呈现出来的时候，一种被觉知到了、且被概念化和观念化的感受性存在就生成了，这就是欲望。欲望是被感受到了需要，是被呈现在表象里、把握在意识中的需要。被主观化了的需要，欲望拥有了为需要不具备的特质：空间上的无限性和时间上的持续性。唯其脱离了需要的身体自然以及身体之外的自然的限制，所以

---

① ［德］马克思：《1844 年经济学哲学手稿》，人民出版社 2000 年版，第 105—107 页。

欲望变成空间之外的虚拟性存在,它只受想象空间的限制,凡是能够被想象得到的占有和表达都可以在欲望的概念中有其现实性;借助于内感知,欲望在时间的序列中,不再是、正在是和将要是不受限制地关联在一起。唯其不受时空限制,欲望在广度、力度和强度上被无限地扩展开来,以至于人们不再区分欲望与需要的界限,以为只有满足了没有边界的欲望才会获得快乐和幸福。更加突出的是,欲望具有自我构造的能力。借助于想象力,人们把能够各种可以想象出来的占有和表达整合在一起,形成新的更加强烈的占有和表达,在虚拟享用的意义上,把那些应得与不应得的价值物都据为己有,并通过虚拟享用使自己徜徉于完全是想象出来的享受中。这种基于先天结构之上的自我感知、自我构造过程,使得自我获得同先天结构同样原始的性质:出我性、向我性、为我性和利我性。自我的原始性建构,使得我的一切思考和行动都源于我的基于不足和匮乏之上的占有和表达这一始点;我的思考与行动都朝向我的占有和表达而发生;我要尽我之所能地做有利于使我快乐和幸福的事情;从终极目的看,起于心意以内的由己性才是观念和行动得以原始发生的根源。

　　然而,如若所有的人都一意孤行地将起于心意以内的由己性作为思考和行动的唯一根据,为着通过占有和表达而获得快乐和幸福而置其他任何人的感受与利益之上,那么,最终是无法实现自己的目的的。"如果一个人只同自己打交道,他追求幸福的欲望只有在非常罕见的情况下才能得到满足,而且绝不会对己对人都有利。"①于是,每一个个体必须在天性基础上发展出习性来,习性既不脱离天性又超越于天性。如果把天性视为个体的第一自然,那么习性就是第二自然。习性既不出于自然但也不违背自然,亚里士多德把习性等同于习惯,事实上,习性的内涵远远大于习惯,因为习性除了表现为模式化、一律化或类型化的行为这一方面之外,还有动机、意志、情感、意志、知性、理性和精神这些更为内在的方面。如果把习性等同于习惯,那么作为潜能存在于本性中的善性和恶性就会

————————————

① 《马克思恩格斯文集》第 4 卷,人民出版社 2009 年版,第 292 页。

变成不可改变的行为模式，进言之，致错和改错都将成为无法改变的倾向。潜存于本性中的潜能、潜质、良能与良知是天然存在的，并非可有可无的，但它们的实现和表现方式则是可变的，人们可以依照习性中的意志和理性在善与恶、是与错、美与丑之间做出选择。人并不天生致错，也不天生不改正错误，相反，可以在自律与他律的相互作用下致错、知错、认错和改错。

习性既不出于天性（自然）也不违背天性（自然）这一性质，源自作为身心合一结构的人性的两种潜能，既非客体化的横向结构和客体化的纵向发生。作为非客体化的横向结构，人性以身心、欲望与理性相混合的方式实存着，而这种实存时时刻刻都被人以觉知的方式感受着、体验着，感受和体验作为一种朝向自身的而言的意识行为，虽不构造客体，但却是以自身的身心、欲望与理性的相混合状态为客体的。于是，联结天性与习性的中间项就是知性和意志这两种能力。知性保证了人能够明了自身的身心关系的对立统一关系，它使人认识到身心关系是辩证的，西方哲学通过知性强调了二者的对立关系，并通过意志使灵魂绝对性地支配了身体、理性绝对性地控制了欲望；中国哲学则以先天和谐的形式使得身体和欲望在原初状态中就变成了心性的奴隶。亚里士多德则给出了基于知性和意志这两种能力之上的身心、欲望与理性的辩证关系。知，何以在由天性向习性的转变中居于首要地位？因为，在人的行为结构中，意愿、选择、考虑和希望无不以知晓对象和明了自身为前提，知优先于智而发生，在《大学》中，定、静、安、虑、得均奠基于知之上；即便是最无理性的行为也是以知为前提的，只是知之甚少而已。只有可知的事情才是可实践的，因而拥有最基本理性知识和实践能力的人，怎会对致错而浑然不知呢？那么，这个可以反复使用的可行能力即知性与意志是如何形成的呢？在亚里士多德那里，知被归在理智德性之下，意志被置于道德德性之中，二者均属习性范畴。知和意志虽然在人的天性中拥有其潜能和潜质，但必须经过后天的训练和培养，正是在反复进行的训练和培养中，知和意志由可能能力发展成了可行能力。在灵魂与逻各斯的关系中，可有两种关系状态，一种是灵魂无逻各斯的部分,一种是有逻各斯的部分;有逻各斯的部分又有两个部分:一个部分思考其始因不变的那些事物,另一个部分思考可变的事物。科学是把握其始因不变的事物的能力,而技艺与实践则是把握可变事物的能力。而在无逻各斯的灵魂中,有一部分是营养和生长的“德性”,它为所有生物共有,因而不属于人的德性。除此之外,灵魂中还有一部分,它们反对着、抗拒着逻各斯,不能自制、冲动、愠怒、鲁莽、无耻、放纵、妒忌、挥霍、自夸、好名、奉承、谄媚、操劳、虚荣、铺张、教化,等等,都是反对着、抗拒着逻各斯的部分。毫无疑问,它们都与欲望密切关联。然而,在与欲望相关的灵魂中,虽然无逻各斯却可以分有逻各斯,“因为我们既在自制者中,也在不能自制者中称赞他们的灵魂的有逻各斯的部分,这个部分促使他们做正确的事和追求最好的东西”①。这个充满欲望的部分,虽然不是在严格意义上具有逻各斯,但在一定程度上受到逻各斯的部分的影响,听从父亲和朋友的正确意见而行动,这一点表现在我们的劝诫、指责、制止的实践中。有德性的人是自己有头脑的人,也是已经或很容易获得始点的人;如果不能获得始点却可以听别人的劝告,也是很好的;那些既无头脑又不肯听从的人,是最低等的人。

理智德性和道德德性作为相关于理智和意志的能力和品质,都是在反复进行的实践中获得的;作为一种习性,它们在致错、知错、认错和改错的过程中,起着根本性的作用。“理智德性主要通过教导而发生和发展,所以需要经验和时间。道德德性则通过习惯养成,因此它的名字‘道德的’也是从‘习惯’这个词演变而来……德性在我们身上的养成既不是出于自然,也不是反乎自然的。首先,自然赋予我们接受德性的能力,而这种能力通过习惯而完善。其次,自然馈赠我们的所有能力都是以潜能形式为我们所获得,然后才表现在我们的活动中……第三,德性因何原因和手段而养成,也因何原因和手段而毁丧。”②德性与感觉不同,我们先有感

---

① [古希腊]亚里士多德:《尼各马可伦理学》,廖申白译,商务印书馆 2017 年版,第34 页。

② 同上书,第 37 页。

觉能力然后才运用它们,我们先运用它们而后才获得它们,是后天的学而时习之。我们通过做公正的事成为公正的人,通过节制成为节制的人,通过做事勇敢成为勇敢的人。习惯的养成密切相关于人的生活环境,"正是通过同我们同邦人的交往,有人成为公正的人,有人成为不公正的人。正是由于在危境中的行为的不同和所形成的习惯的不同,有人成为勇敢的人,有人成为懦夫。欲望和怒气也是这样……简言之,一个人的实现活动怎样,他的品质也就怎样。所以,我们应当重视实现活动的性质,因为我们是怎样的就取决于我们的实现活动的性质。从小养成这样的习惯还是那样的习惯绝不是小事,正相反,它非常重要,或宁可说,它最重要"①。

如果说作为习得性的理智德性和道德德性在于把握不变事物和可变事物的始点,借以拥有逻各斯和分有逻各斯,那么,在致错和改错的具体过程中,知与意志究竟起到何种作用,又是如何起作用的呢?任何一种错都是相关于善的事实,然而善的事实在性质上是不同的,就善的基本类型真、善、美而言,真显然是科学和技艺意义上的,善和美则是实践即德性意义上的。在正确与正当的意义上,相关于真这种善,人要通过理智德性来把握,这是一个观念和行动是否正确的事情;相关于善和美这两种善的事物,人要基于道德德性来把握。知与意志、理智德性与道德德性的划分和灵魂与逻各斯之间的关系是一致的。"灵魂分有逻各斯的和没有逻各斯的两个部分。我们现在要在有逻各斯的部分再作一个类似的划分。我们假定这个部分中又有两个部分:一个部分思考其始因不变的那些事物,另一个部分思考可变的事物。因为对于不同性质的事物,灵魂也有不同的部分来思考。这些不同能力同那些不同性质的事物之间也有某种相似性和亲缘关系。"②灵魂的结构及其功能灵魂与灵魂要把握的对象具有相似性和亲缘关系。知作为灵魂中的理智德性的核心,可有知识与推理两个部分,作为知之充分运用的理智正是人所特有的把握不变事物和可变事物

① [古希腊]亚里士多德:《尼各马可伦理学》,廖申白译,商务印书馆 2017 年版,第38 页。

② 同上书,第 181—182 页。

的德性。沉思的理智把握的是不变的事物,可称为知识,实践的理智以考虑与推理把握可变的事物;科学和技艺是知识与推理和考虑的两种活动形式。所谓不变的事物并非就是事物自身是不变的,而是指,这些事物并不因人的知与意志而改变,换言之,它们是因其自身的原因而存在的。在致错与改错的活动中,科学具有前提性的作用,知识就是通过科学而拥有逻各斯的结果;人们用知识表达具有必然性的事物,并用这种知识来指导人们的思考与行动,因此,在致错与改错的道路上,因知识的缺乏而导致的错,乃是一个普遍性的事实,没人愿意或故意违背科学而任性地去思考和行动,因为这对任何人都不利。除了相关于不变事物的科学知识,还有一种相关可变事物的知识,即实践知识,这是技艺活动所要获得的东西。

技艺的本质是制作、创制、生成。"所有的技艺都使某种事物生成。学习一种技艺就是学习使一种可以存在也可以不存在的万物生成的方法。技艺的有效原因在于制作者而不是被制作物。"①技艺是因人的努力而成的事物,是将一种可能存在的事物变成实际存在的事物的过程。毫无疑问,制作本身不是目的,制作的真实目的是通过创造新的事物以满足人的欲求。而与欲求密切相关的人的德性中,努斯似乎是一种总体性的品质。努斯既是一种能力又是一种品质。"努斯主要与欲求相对,是灵魂的基于某种目的而把握可变动的题材的能力的总称。努斯是为着某种目的而进行推理的东西,是推理的和实践的思想,它与欲求一道引起动物和人的运动的原因:欲求是实践的理智的出发点,实践的理智的终点又是行为的起点。"②努斯是与欲求相关的理智的逻辑,它既是目的性的又是规范性的,它与沉思的理智不同,作为实践的理智,它是为着终极之善和手段之善而实现真;而沉思的理智所欲把握的是不变事物的真,是理性知识,因而它不属于努斯的范围,作为具有目的性的实践活动,努斯既是推动动物和人进行活动的动因,又是这些活动所欲达到的目的。进言之,努

① ［古希腊］亚里士多德:《尼各马可伦理学》,廖申白译,商务印书馆 2017 年版,第 187 页。

② 同上书,第 182 页注⑦。

斯既追求事物的本然意义上的真，因为，虽然说科学是无欲求的，但科学知识对人的终极目的是有益的。人们用实践的理智所欲把握的可变事物，必须在不变事物预先规定好了界限内才有可能，自然规定给人的界限是自然以必然性的形式向人类作出的规定。努斯作为一种能力和品质，是以在欲求的推动下获得真为目的的。"沉思的理智把握的是事物的本然的真，因为它不是欲求，没有目的。实践的理智把握的是相对于目的或经过考虑的欲求的真。它仍然是真，然而，按照亚里士多德的方法，是在本然的类比的意义上的真。"①这种似真、像真，虽然不是就事物自身而言的真，而是相对于我们的欲求和目的的真，但同样要遵循逻各斯。"欲求中的追求与躲避也总是相应于理智中的肯定与否定的。而如果道德德性是灵魂的进行选择的品质，如果选择也就是经过考虑的欲求，那么就可以明白，要想选择得好，逻各斯就要真，欲求就要正确，就要追求逻各斯所肯定的事物。这种理智和真是与实践相关联的。而沉思的理智同实践与制作没有关系。它的状态的好坏只在于它获得的东西是真是假。获得真其实是理智的每个部分的活动，但是实践的理智的活动是获得相应于遵循着逻各斯的欲求的真。选择是实践的始因（选择是它的有效的而不是最后的原因），选择自欲求和指向某种目的的逻各斯开始。所以，离开理智和某种品质也就无所谓选择。（因为离开了理智和品质，好的实践及其相反者就不存在。）理智本身是不动的，动的只是指向某种目的的实践的理智。实践的理智其实也是某种生产性活动的始因。因为，无论谁要制作某物，总是预先有某种目的。制作活动本身不是目的，而是属于其他某个事物。而完成的器物则自身是一个目的，因为做得好的东西是一个目的，是欲求的对象。所以，选择可以或称为欲求的努斯，或称为理智的努斯，人就是这样一个始因。"②

　　源于人的知与意志都相关于一个具体的目的，甚至是多个目的。当

---

　　① ［古希腊］亚里士多德：《尼各马可伦理学》，廖申白译，商务印书馆 2017 年版，第183 页注⑤。

　　② 同上书，第 183—184 页。

这个或这些目的作为动力推动着人们进行思考和行动时,目的就变成了一种规律。"劳动过程结束时得到的结果,在这个过程开始时就已经在劳动者的表象中存在着,即已经观念地存在着。他不仅使自然物发生形式变化,同时他还在自然物中实现自己的目的,这个目的是他所知道的,是作为规律决定着他的活动的方式和方法的,他必须使他的意志服从这个目的。"①当某个具体目的成为多个人或所有人共同追求的目的时,人们就会把这个目的作为普遍性的规律而确立下来。那么,何种目的能够成为普遍意志呢? 生活资料的生产。一如马克思所说,人类的第一个活动便是生产生活资料的活动,在亚里士多德那里被称为技艺,在马克思那里被称为生产和劳动。

技艺或生产本身不是目的,而只是技艺;可以普遍使用的生产规则就是技术,充满个性化的操作程序就是艺术,不论是产品还是艺术品,都可以被公度为价值物,因为它们会不同程度地满足人们的物质、交往和精神需要。为着能够创造出产品和艺术品,人们要么拥有逻各斯要么分有逻各斯;技艺作为一种创制价值物的活动,决不能以人的任性和意见为基础,相反,必须以知识为基础。于是关于不变事物的知识构成了科学,关于可变事物的知识成就了技艺。人们可以从是与非、正确与错误表达知识与谬误的关系,但它们绝不是见仁见智的问题,而是能否形成正确的知识和能否正确运用知识的问题;人们会用成功与失败去表达理智的沉思和实践的沉思及其后果。科学和技术之所以是普遍的,其根本原因就在于任何一种知识的生成和技术的创造都是依据逻各斯而成的事情,这是一种常识。没有人愿意去违背逻各斯而使自己处在持续的失败之中。

那么,个体和类如何才能遵循逻各斯而行动,借助沉思的理智和实践的理智来获得知识和技艺,从而创造出满足诸种需要的价值物呢?"我们假定灵魂肯定和否定真的方式在数目上是五种,即技艺、科学、明智、智慧

---

① ［德］马克思:《资本论》第一卷,人民出版社 2018 年版,第 208 页。

和努斯,观念与意见则可能发生错误。"①意见是可以表达出来但却缺少证明的看法;观念是对于可变动的且不能作出证明的事务所提出的、可能会遭到反对的判断。因此,意见和观念都无法必然地发现和呈现真、把握和运用真。而科学作为我们可以凭它来作证明的那种品质,则是对由于必然性而存在的事物把握,以自身作为始点的事物,我们要么通过归纳而走向始点,要么通过演绎而从始点走向终点,所以可以是普遍的知识。而只有普遍的知识才可以传授,"只有当一个人以某种方式确信,并且对这结论依据的始点也充分了解时,他才是具有科学知识"②。如果用意见和观念代替科学去指导人们进行思考与行动,那定然会招致失败。

技艺作为以产品或艺术品为目的的制作活动,必须具有合乎逻各斯的品质。"如果没有与制作相关的合乎逻各斯的品质,就没有技艺;如果没有技艺,也就没有这种品质。"③唯其是必须合乎逻各斯而行动,尽管是因人的行动而成的事情,却必须遵循普遍而有效的规则而行动,因而本质上是分析的而不是综合的;在多种可能性当中,只有一种可能性才是人们普遍希望的,那就是产品的生产和艺术品的创造。

在因我们的行动而成的事物中,除了要追求一个创制活动之外的具有普遍价值的产品和艺术品这个目的之外的技艺,还有一种是朝向整体性的好生活的考虑与选择,这种品质就是明智。"明智的人的特点就是善于考虑对于他自身是善的和有益的事情。不过,这不是指在某个具体的方面善和有益,例如对他的健康或强壮有利,而是对于一种好生活总体上有益。"④基于明智这种理智德性之上的对整体性好生活的考虑,不消说,会使得每一个具有完整人格的人,都不会有意犯错,因为追求快乐和幸福是人的天性;而明智则是在反复进行的生活实践中形成的习性。"明智是

---

① [古希腊]亚里士多德:《尼各马可伦理学》,廖申白译,商务印书馆 2017 年版,第185 页。

② 同上书,第 186 页。

③ 同上书,第 187 页。

④ 同上书,第 188 页。

一种同人的善相关的、合乎逻各斯的、求真的实践品质。"在明智上,出于意愿的错误显得更坏。

"智慧显然是各种科学中的最为完善者。有智慧的人不仅仅知道从始点推出的结论,而且真切地知晓那些始点。所以,智慧必定是努斯与科学的结合,必定是关于最高等题材的、居首位的科学。"①有智慧的人考虑的是普遍的事物,而并不是具体的事务,明智总是考虑不同的具体的事务,并在不同的事务中选择对其自身为善的那一种。而智慧的人,对他们自己的利益全部知晓,他们知晓的都是一些罕见的、重大的、困难的、超乎常人想象而又没有实际用处的事情,因为他们并不追求对人有益的事务。思想家和政治家都是有智慧的人,他们并不愚钝到不考虑自身的个人利益,而是把追求普遍事物作为自己追求的目标。如果能够拥有超乎常人的沉思这种品质,且能够把这种品质运用于思索和实践中,那么必定就是哲学家和政治家。他们除了拥有明智这种德性,用于处理有差别的、具体的事务,更能够依据始点推出结论,并将欲求与逻各斯自觉地结合在一起;他们可以用概念和话语表达逻各斯,还可以把逻各斯充分运用到行动之中。作为科学与努斯的结合的智慧,保证了哲学家和政治家不会犯下违背逻各斯而产生的重大错误。如若缺少了智慧这一德性,却又治理国家、管理社会,那么致错的可能性就会极大地增加,由错误而产生的无价值甚至反价值将是普遍的。

当我们把基于人性之上的天性和习性的元理论用于致错、知错、认错和改错之成因的分析时,一个系统化的致错和改错之人性基础便标画出来。

2. 源于天性和习性而来的致错与改错

科学、技艺、明智、智慧和努斯,是相关于真的理智德性,这些德性在人的天性中表现为潜能,在向外的关系中表现为接受性;在从潜能到现实

---

① ［古希腊］亚里士多德:《尼各马可伦理学》,廖申白译,商务印书馆 2017 年版,第191 页。

的过渡中,始终蕴藏着四个环节:感受性、敏感性、选择性和接受性。四个环节都是通过教导而发生和发展,所以需要经验和时间,那么因对于欲求不能自制和节制,在各种选择中出于利己之心而选择损人利己的行为,由此而产生的错误,又具有何种性质和后果呢? 这便是道德德性问题。在亚里士多德那里,实践与德性是同义的,它是因人的活动而成的事情,但却不像技艺那样,虽然也是面向可变事物的,但却是非生产性的,亦即它只因人的行动而使既成的价值在所属关系上有所改变,改变之后的价值,要么是相关于物的,要么是相关于人的,即相关于人的意志和人格的。道德德性是一个人在安排和分配排他性资源(物)和非排他性资源(人格)时所具备的能力,以及由能力的充分发挥而形成的优良品质。理智德性的基础是感知,道德德性的基础是感受,而构成二者之共同基础的则是意欲。"如果仅仅考虑其他标示意向活动形式的三种'遍行心所':'感受''感知'和'意欲',那么每一次的意识活动便都是以这三种模式中的一种在进行,或者是以感知的方式,或者是以感受或情感的方式,或者是以意欲的方式。但在感知进行时,感受或意欲也会同时进行,反之亦然。不过,每次都只有一个心是以主导的方式进行,其余的都是以从属的方式进行。"[1]理智德性虽是以感知和意欲为主导形式的意向活动,但道德德性通常是以三种形式相互嵌入的形式进行的,尽管在特定场合是以其中的某一个形式为主导的。因道德德性的缺失而致错,是道德哲学和伦理学研究的题材,它们直接相关于行动者的意愿或动机,而感知和感受是以辅助的形式影响意愿或动机的。

　　属人的德性乃是人的那种不同于其他任何生命存在者的特殊活动,正是在这种特殊活动中,存在着致错与改错的根据与理由。源于无知而来的错,是否存在道德责任问题?

　　(1)相关于意愿的错

　　起于心意以内的由己性,是行动者作出一个具体行为的动力,当这个

---

① 倪梁康:《心性现象学》,商务印书馆 2021 年版,第 120 页。

动力仅仅是考虑自身的,即或令自己生活得以改善或令自己快乐时,那就是纯主观的,是欲望对感觉的依赖,即偏好;如果是相关于他者的利益和快乐时,其动机就是客观的。假定,这个具体行动是存在利益相关者且有相关规范予以规定时,那么,他的行动就是伦理性的。拥有最基本理性能力的人,在将动机变成行动之前,是有道德判断先行发生的,亦即,由其行为所能产生的伦理后果是他所知晓的。于是,是将遵守法则而行的动机置于首要地位,还是将利己的动机置于优先地位,就是他必须在前行动状态予以先行决定的。这就是特殊意志与一般意志的矛盾关系。是出于、合乎还是反乎实践法则而动,就成为行动必须予以谨慎考虑的事情。如果将作为一般意志的利己动机置于特殊意志或利他动机之上,那么这种相关于错的意愿就是错的。善念与恶念便是直接决定对与错的要素,然而它们又源于何处呢?《大学》对这一问题有深入的阐释。下面将对《大学》的文本作出阐发。

"知止而后有定,定而后能静,静而后能安,安而后能虑,虑而后能得。物有本末,事有始终。知所先后,则近道矣。"

"知止",知晓行为当止之处,行为是在欲念的支配下进行的,知止便有欲念上的当止以及行为上的当止。行动者须对其行为可能产生的后果有理知上的"明白",拥有最基本理性能力,首先是拥有理知上的判断力,其次拥有行为上的判断力。如果是科学意义上的对与错、成功与失败,那么行动者就必须拥有科学技术方面的知识;如果是道德上的善与恶,那么行动者就必须拥有实践理性知识,是关于善恶的知识。"美德即知识"就是关于善恶的知识。当止就是关于一个观念是否正确、一个行动是否正当的知识。"止者,所当止之地,即至善之所在也。"何谓"至善"?"至善,则事理当然之极也。"知晓事理之后方能有明确志向,"知之,则志有定向。"志向非一时之意向,而是在相当长的时间里甚至是终其一生所趋之于它的那个方向。有了正确的努力方向,便会有稳定的心境,继而不会妄念而动,"静,为心不妄动",心不妄动方有"所处而安"。处事静而安,方可处事精详。知所当止、志有定向、心有静安、处事精详,才能悟得事理,知其所止。以此可知,虽有意念、情感、意向先于知而发生,感受先于感知而发生,甚至说喜怒哀乐之未发构成了发而皆中节基础,但在向外的运动中,则必是知先于情而意而发生。知—定—静—安—虑—得既是德性的生成逻辑,又是道德行动的逻辑。于是,格物就拥有了先行于情和意而来的地位。

"古之欲明明德于天下者,先治其国;欲治其国者,先齐其家;欲齐其家者,先修其身;欲修其身者,先正其心;欲正其心者,先诚其意;欲诚其意者,先致其知。致知在格物,格物而后知至,知至而后意诚,意诚而后心正,心正而后身修,身修而后齐家,齐家而后国治,国治而后天下平。自天子以至于庶人,壹是皆以修身为本。"

在三纲八目中,"修身"为本。"修身"原是有着向内和向外两种发生逻辑的。在向内的维度上,"修身"是一个总体性概念,作为反向陈述,以"修身"为本的由外至内的逻辑是:平天下—治国—齐家—**修身**—正心—意诚—致知—格物;以"修身"为本由内向外的对象化过程便是:格物—致知—意诚—正心—**修身**—齐家—治国—平天下。修身作为联结内与外的中项,是将德性外化为伦理的关键。而统领内与外的则是三大纲领:明明德、新民、至善。明德为始、为体,新民为途、为路,至善为末、为终。以此可以看出,《大学》中的这一章构成了一个自足的德性结构。这是一个将语境悬置起来而直面德性自身所构造起来的逻辑体系,唯其是隐去了源于语境的各种矛盾性和冲突性,将语境中的复杂性情形简约为内外贯通的理论逻辑。如若将这个自足的理论逻辑直接运用于充满复杂性的语境之中,而毫不顾及理论逻辑和实践逻辑之间的本质区别,就会产生儒家给出的基于性善论之上的、将应然视为必然、实然的道德幻相。事实上,理论逻辑只构成现实逻辑的必要条件,而不构成充分必要条件;某种意义上,康德也有这种倾向,即我应当从而我能够。如若格物、致知、意诚、正心已经形成,那是否就必然新民—至善,齐家治国平天下呢? 又进一步地,如格物、致知、诚意、正心均为一个正当行为进行了道德基础奠基,那是否意味着这个正当性行为就必然见出呢?

　　起于心意以内的由己性被称为意愿或动机,它们既是推动一个行动能够发生的动力,又是决定这个行动的方向和性质的力量。与动机相对的概念是目的和目标,动机是目的的清晰化意识,或者说,动机是被行动者意识到的目的,目的是动机的内容或实质。如果说目的是内在于行动者自身的意志,那么目标则是意志所意欲的对象,是异在于目的的他者。就这个他者的发生而言,既可以是由自己的行动而成,也可以是他人的劳动成果。这个异在的他者作为目标和目的保持着时间和空间上的张力,它并不天然为行动者所拥有,而他却欲念着这个他者,他欲求它,是因为它可以实现行动者的目的,从终极目的看,任何一个现实的目的都是出于特定需要并为着这个需要的。通过获得某个具体目标从而满足诸种需要,这就是目的的本质。

　　如果将目的、目标和德性有机地结合起来,那么相关于意愿的错,就可以这样来表述。在尚不具备善恶观念的未成年人那里,其行为的原始发生完全是本然的、本能性的,其行为的目的是尚未意识到的意志,甚至说,动机和意志、意向和意向性都是没有被意识到的纯自然力量;因为根本就没有对与错的观念,所以他的行为都是直接性的,可称为"直接上手"。由于没有对错概念、善恶观念,因而也就没有危险和风险意识。由此而导致的错,无论对自己还是对他者,都不能用错来表示。

　　而对于拥有最基本理性知识和完全行为能力的成年人而言,在对错和善恶观念已经形成的前提之下,其行为动机的善恶性质通常是自知的,善念存诸心中,身心互得其益;善行施之他人,众人各得其利。若恶念存诸心中,即便没有实质意义上的恶行,就已经是恶的了,因为只要环境和条件具备,恶行就会产生。既然拥有最基本理性知识和实践能力的人,对自己的意念是善是恶是自明的,那么,为什么会发生明知是恶的动机还去将恶念变成恶行呢?难道是不知善恶吗?美德即知识命题多要探讨的正是善恶知识的重要性,尽管在个体生命周期中,善恶知识是后于身体的具身性存在而发生的,即人们并不先天具有善恶知识,但有领悟和理解善恶知识的潜能,将潜能变成可行能力,正在于外在的教化、启发、启蒙和正在的觉悟、觉知。在个体之逐渐社会化过程中,在觉悟和教化的双重作用下,一种自知的善恶知识被建构起来,于是,善恶知识就先行于善念和恶念而发生,它会不同程度地影响到动机的原始发生和动机的善恶性质。那么,知识是如何发生又是如何影响动机的呢?

说获得知识的途径在于认识、研究万事万物,是指要想获得知识,就必须接触事物而彻底研究它的原理。人的心灵都具有认识能力,而天下万事万物都总有一定的原理,只不过因为这些原理还没有被彻底认识,所以使知识显得很有局限。

因此,《大学》一开始就教学习者接触天下万事万物,用自己已有的知识去进一步探究,以彻底认识万事万物的原理。经过长期用功,总有一天会豁然贯通,到那时,万事万物的里外巨细都被认识得清清楚楚,而自己内心的一切认识能力都得到淋漓尽致的发挥,再也没有蔽塞。这就叫万事万物被认识、研究了,这就叫知识达到顶点了。

另外,朱熹认为这是《大学》中唯一有缺损的地方。朱熹说,此章释"格物、致知之意,而今亡矣",所以借用二程的研究和意见,将缺损的部分补充完整。就朱熹所补充的这一段话而言,足见其哲学功夫由三个关键词构成:天理、穷理、致知。值得思考的是,穷其理、致其知,功在何处?

朱熹解释说:"所谓致知在格物者,言欲致吾之知,在即物而穷其理也。盖人心之灵莫不有知,而天下之物莫不有理,惟于理有未穷,故其知有不尽也。是以《大学》始教,必始学者即凡天下之物,莫不因其已知之理而益穷之,以求至乎其极。至于用力之久,而一旦豁然贯通焉,则众物之表里精粗无不到,而吾心之全体大用无不明矣。此谓物格,此谓知之至也。"何谓"格"?作名词之用的"格",乃指层次、格调、境界,如人格,亦即做人的层次和境界;作动词之用的"格",乃指将杂多普遍化,祛除、去除、清除不应该有的念头和行为。推究事物之理,以求天人之道和人伦之道;格心中之私欲,已尽心性之道。通过推究和去除而来的知识,并非一蹴而就,是要反复进行,"至于用力之久,而一旦豁然贯通焉,则众物之表里精粗无不到,而吾心之全体大用无不明矣"。如是,格物致知业已完成,那是否就意味着,"美德即知识""知识即美德"呢?反复进行的实践证明,美德知识只构成美德行动的必要条件,无美德知识便无美德行动,而有之却不必然。那么,联结知识与行动的中间环节是什么呢?是诚其意和正其心。

"所谓诚其意者,毋自欺也。如恶恶臭,如好好色,此之谓自谦。故君子必慎其独也!小人闲居为不善,无所不至,见君子而后厌然,掩其不善,而著其善。人之视己,如见其肺肝然,则何益矣。此谓诚于中,形于外。故君子必慎其独也。曾子曰:'十目所视,十手所指,其严乎!'富润屋,德润身,心广体胖。故君子必诚其意。"

"不自欺"是理解"诚其意"的关键。使其意念如其所是,何意?此处之"是"乃是"真"与"诚"的"奇妙"组合。若是以"真"论"诚其意",那便是"实事求是",其意念是善是恶如是供出和现出。这是真实的,意念的善与恶被真实地说出,这显然不是"诚其意"的本义,若此,便可受到赞许,将恶的意念如实说出,并切实地照恶念而行。这非但不是善念和善行,而且是最大的恶念和恶行,明知是恶的却还要如实说出且照念而行,还指望被称为"表里如一",若是天下已是被恶贯满盈者统治却又将自己说成是"表里如一",那一定意味着,人类已经走向尽头。这不是对"诚其意"的正解,而是曲解。第二种情形是,原本是恶念却现出善念的样式,这是"表里不一"那种情形。这是曾子关于"诚其意"的本义,也是正解。其转义是,善念或恶念对行为的善恶而言,乃是始点意义上的,不可不察、不可不议。曾子从消极的"恶恶臭"和积极的"好好色"两个方面进行了比附性论证,像厌恶腐臭的气味那样厌恶恶念,像喜欢美色那样喜爱善念。毫无疑问,这种比附性的论证方式确实便于理解和掌握,但其最大问题在于,将一种意识行为感性化甚至物质化,隐含着将道德意识、道德动机实用化、功利化的风险,将原本具有自足的道德价值演变成了实现功利价值的手段。或许说,这正是儒家伦理以及实践伦理所存在的最大的问题。道德价值与道德的价值具有巨大的差别,如果把道德价值等同于道德价值,那么任何一种普遍的、持存的道德行动都将不可能。道德实用主义或功利主义的最大风险就是道德机会主义的产生和发展。依照曾子的论述,如能消极地"恶恶臭"和积极地"好好色",便可获得一个"谦"的心理体验,"谦,快也、足也。"如能"恶恶臭"和"好好色"就愉悦和知足了,就有了心安理得的体验了。否则,"自欺云者,知为善以去恶,而心之所发未有实也。"即形式上、语言上、外表上,以存善而去恶,然在内心深处依旧是善恶相混、恶念累累。是否存善而去恶,是否表里如一于善念与善行相互共属、相互供出之中,关键在于"慎独"。就其"慎独"的原始发生看,可有心理空间和社会空间两种,心理空间中的"诚其意"乃指自知其意念的善与恶,他者无论是否在场,都是先于社会空间的"慎独"而发生的,只有自己知晓的善念与恶念,对自己的善行才是至关重要的,因为这是始点意义上,是将善念贯彻于行为始终的内心信念。就此一点而言,朱熹似乎未能开显出来,他更强调一种他者在场的社会空间中的"慎独"。无论他者是真实在场还是虚拟在场,他者的眼光和诉求始终是促使一个人弃恶从善的力量,"十目所视,十手所指,其严乎";拥有君子人格的人,能够"为仁由己,而由他人哉",小人则是"小人闲居为不善,无所不至,见君子而后厌然,掩其不善,而著其善"。在不甚严格的意义上,君子积善念生善行,乃依据善良意志而自律;小人则闲居不善,掩其不善而著其善,恐惧于他者谴责与苛罚而依他律。

"富润屋,德润身,心广体胖。故君子必诚其意。"诚其意,积善念施善行,固然有身心方面的益处,但却不能以此为主要甚至是唯一目的而施之善行,这同样存在着将道德价值归属于道德的价值的风险。一个行为的道德价值,依照康德的论证,乃是那种只为敬重先天实践法则而来的行为必然性,即单纯出于责任的行为。因为,一旦将外在的功利和内心的快乐作为善念善行得以持存的条件,那么就会将道德工具化、功利化,产生闲居不善而掩其善、著其善。"道德的第一个命题是:只有出于责任的行为才具有道德价值。第二个命题是:一个出于责任的行为,其道德价值不取决于它所要实现的意图,而取决于它所规定的准则。从而,它不依赖于行为对象的实现,而依赖于行为所遵循的意愿原则,与任何欲望对象无关。这样看来,我们行动所可能有的期望,以及作为意志动机和目的的后果,不能给予行动以无条件的道德价值,是十分清楚的。如若道德价值不在于意志所预期的效果,那么,到什么地方去找它呢? 它只能在意志的原则之中,而不考虑引起行动的目的。意志好像站在十字路口一样,站在它作为形式的先天原则,和作为质料的后天动机之间。既然意志必须被某种东西所规定,那么它归根到底要被意志的形式原则所规定,如若一个行动出于责任,那么,它就抛弃了一切质料原则了。第三个命题,作为以上两个命题的结论,我将这样表述:责任就是由于尊重规律而产生的行为必然性。"([德]康德:《道德形而上学原理》,苗力田译,上海人民出版社1986年版,第49—50页)依照实践理性知识,一个行动者怎会不考虑行动的效果呢? 难道遵先天法则而行动以使行为符合形式(道德法则)原则,不是一种效果吗? 若是没有了任何质料性的效果,仅有按形式原则而来的行动,那是怎样一种行动呢? 依照效用原则,这是难以想象的。康德的道德哲学功绩在于他充分论证了一个具有利益相关者和行为规范的行为,往往面临着反乎、合乎和出于责任三种境遇,进一步地始终存在着功利价值和道德价值的差别、矛盾与冲突。问题的关键在于如何平衡,而不是非此即彼式的二元对立。一个具有伦理性的行动,乃是由多个要素和环节构成的,一个道德行动的发生就是这些要素通过环节而不断发生和持存的过程,功利价值正是道德价值实现其自身的一个必要环节,独断式地将功利价值从道德价值的谱系中清除出去,只剩下单纯而崇高的道德价值,那么此时的道德价值也就没有任何道德哲学意义。毫无疑问,在处理一个行动的道德价值和功利价值的具体关系时,康德采取了独断论式的二分法。这着实令人疑惑,为何在思辨理性中,感性、知性和理性始终处于辩证关系之中,即它们是相互嵌入、相互共在、相互共属和相互共出的关系,而在实践理性中,感性和理性却处于水火不相容的冲突之中? 事实上,无论是以道德价值还是功利价值为行动的首要动机,与之不同的另一方都是实现其自身的一个环节。在不同的民族文化中,在同一个民族的不同历史阶段上,以哪种价值为首要动机,是存在着差别的。那么,康德为何如此坚定地认为,一个有理性存在者完全可以单一地、单纯地依照先天实践法则行动而完全不考虑行动的效果呢？甚至，在《实践理性批判》中将《道德形而上学》中的原则发展成了实践原理。"实践原理乃是包含着意志的一般规定的一些命题，这种一般规定之下有种种事件规则。如果主体认为这种制约只对他的意志有效，那么这些原理就是主观的，或者只是准则；如果他认识到这种制约是客观的，即对一切有理性的存在者的意志都有效，那么它们就是客观的，或者就是实践的法则。"（［德］康德：《实践理性批判》，关文运译，广西师范大学出版社 2002 年版，第 3 页）这是确定实践原理的总原则，在这个总原则指导之下，四个定理被建构起来。定理一："一切实践原理，凡把欲望官能的对象（实质）假设为意志的动机的，都是依靠经验，而不能提供实践法则的。"（第 6 页）定理二："一切实质的实践法则，顾名思义，都属于同一种类，并且都归在一般的自爱原则或幸福原则之下。"（第 7 页）定理一是作为对象而确立下来的行动的目的，这个对象是外在于行动者的，他要通过一个意愿着这个对象的行动而获得它，那么这个对象究竟是什么呢？令行动者生活得以改善、令行动者之社会的、政治的需要得到满足的外部价值，如满足衣食住行用需要的生活资料，满足社会需要的地位、身份、机会、运气，满足政治需要的政治权利，等等。定理二是作为行动者之内心体验而确立下来的快乐感和幸福感，这便是自爱或幸福原则。在康德看来，无论是外在的还是内在的，只要它们是质料的，作为规则只对行动者有效，那么它们就不能作为普遍法则而被共出，无论是出于先天的利己和自爱原则，还是源于后天的体验和经验，都是那种主观有充分根据而客观根据不充分的视其为真。它们只具有功利价值，而不具有道德价值，如果与道德相关，那也只是道德的功利价值，是作为工具、条件和环节的道德对于行动者的功利和幸福而言的有用性，不是道德价值自身，而是使用价值。为着解决行为规则的普遍性问题，康德构建了另外两个定理，这两个定理完全满足了康德所制定的严格的必然性和真正的普遍性原则。定理三："一个有理性的存在者必须把他的准则思想为不依靠实质而只是依靠形式决定其意志的原理，才能思想那些准则是实践的普遍法则。"（第 12—13 页）定理四："意志的自律是一切道德法则所依据的唯一原理,是与这些法则相符合的义务所依据的唯一原理。反之,任意选择一切的他律不但不是任何义务的基础,反而与义务原理,与意志的道德性相互反对。唯一道德原理的本质,就在于它可以离开法则的一切实质(即欲望的对象)而独立自主,同时并借着一个准则所必然含有的普遍立法形式来决定任意选择。但前一种独立性就是消极意义下的自由,至于纯粹的(因而是实践的)理性的自立法度,则是积极下的自由。"(第 20—21 页)针对自律原则,康德为何用消极自由和积极自由予以论证呢? 其答案已由《道德形而上学原理》给出。"要只按照你同时认为也能成为普遍规律的准则去行动。"([德]康德:《道德形而上学原理》,苗力田译,上海人民出版社 1986 年版,第 72 页)被认作普遍有效的行动准则不能从基于感受性之上的经验得出,因为人们无法从相互分离的个别性中得出普遍性法则,它只能被理性想到并用知性予以见出。毫无疑问,这是一种自主性的行为,是完全得益有理性存在者之理性和知性能力的充分运用。但仅仅被理性想到并被知性说出,只意味着有理性存在者在认识上将理性法则从经验性的规则中剥离出来,以示它与功利和自爱原则的本质区别,在此尚不能将法则见之于行动,亦即尚未通过行动将法则充分实现出来,因而仅仅是消极意义下的自由。如果人们永远停留在仅仅是被想到的实践法则的状态之下,那么它就永远不会有实质意义;它只是完成了一个行动被意识到是正当的,但却不是正当的行动,因此必须完成由意识上的自由向行动上的自由的转变,这便是积极意义的自由。在康德看来,在应当与能够之间是存在着内在的过渡关系的,一个人只要意识到应当就一定能够通过他的行动将应当变成行动。"你的行动,应该把行为的准则通过你的意志变为普遍的自然规律。"([德]康德:《道德形而上学原理》,苗力田译,上海人民出版社 1986 年版,第 73 页)如若把应当和能够统一到行动之中,那么那个可言说的综合的道德命题就被澄明出来了:"你的行动,要把你自己人身中的人性,和其他人身中的人性,在任何时候都同样看作是目的,永远不能只看作手段。"([德]康德:《道德形而上学原理》,苗力田译,上海人民出版社 1986 年版,第81页)在三个命题中,第一个是认识论的,第二个是实践论的,第三个是综合命题,既是认识的又是实践的,既是形式的又是质料的;且是认识自由和行动自由的完美统一。对于二者的关系,康德在《实践理性批判的》的一个页下注中明确论述到:"我在这里称自由为道德法则的条件,随后又在论文本身声言道德法则是使我们初次能够意识到自由的条件,所以为了防止人们妄想在这里找到一种矛盾起见,我只能说自由是道德法则的存在理由,道德法则是自由的认识理由。因为假使道德法则不是预先在自己的理性中明确地思考到,那我们便不应认为自己有理由来假设'自由'这种东西(虽然这也并不矛盾)。但是如果没有自由,那我们就不可能在自身发现道德法则。"([德]康德:《实践理性批判》,关文运译,广西师范大学出版社2002年版,第2页注①)有理性存在者存有自由这种潜能,无论是认识上的意识能力,还是行动中的实践能力。若是没有这种潜能,一个道德法则如何在意识上被理性思考到,这就是自由是道德法则得以被见出的存在论基础;而道德法则能够在意识上被理性共出,则使我们初次意识到,道德法则是自由的认识论基础。

那么,在道德哲学意义上,或者说,在德性的发生学意义上,诚其意能否导致正其心呢? 心与意到底具有怎样的关系?

"所谓修身在正其心者,身有所忿懥,则不得其正;有所恐惧,则不得其正;有所好乐,则不得其正;有所忧患,则不得其正。"心不在焉,视而不见,听而不闻,食而不知其味。此谓修身在正其心。之所以说修养自身的品性要先端正自己的心思,是因为心有愤怒就不能够端正;心有恐惧就不能够端正;心有喜好就不能够端正;心有忧虑就不能够端正。心思不端正就像心不在自己身上一样:虽然在看,但却像没有看见一样;虽然在听,但却像没有听见一样;虽然在吃东西,但却一点也不知道是什么滋味。所以说,要修养自身的品性必须要先端正自己的心思。

朱熹认为,正心、诚意、格物、致知,"盖是四者,皆人心之所用,而人所不能无者。然一有之而不能察,则欲动情胜,而其用之所行,或不能不失其正矣。心有不存,则无以检其身,是以君子必察乎此而敬以直之,然后此心长存而身无不修也"。

如何以灵魂学或心灵学领会朱熹之意？可否在具体行动中领会之？事实上，理论上的厘定并不困难，困难的是人在具体行动中所感受到的苦难。行动进行中会缺失反思，而反思之时则行动已经终止；前思、在思和后思是行动的三个时间节点，前思中的动机、意向，善念和恶念，都会在思考中被反复甄别，因为任何一种心理过程都伴随着意识活动，如果说善念或恶念只是起于心意以内的由己性，那么，只有将这种由己性呈现在表象、把握在意识中，才会进到前行动结构中，一闪念尚不足以成为具有实践力量的动机和动力。在思是行动者在行动中对原初性的动机的判断，此时，已经不是简单的对动机之善与恶性质的判断，而是在具体的语境中，将与他者的人格的关系、与他者之状况（利益）与他者之状况的交互关系，纳入同善念与恶念之关系的判断中来。是依善而行还是执恶而动，都迫切地需要理性和意志予以"关照"，意志的作用在于将经由理性判断过的动机予以持存或终止。后思是以后置的形式对意念、行动及其后果的省思，这便是曾子所说的"吾日三省吾身"，这是事后之心理逆向检查，如若善念已成善行，使众人各得其益，那么便是因兑现诺言、履行责任而来的自我确证，是道德人格的充分实现。若是恶念导致恶性，或有明确的良好愿望却因技术理性的缺失而导致坏的效果，便会产生愧疚、沮丧的体验，这就是罪感和耻感。由此看来，诚其意构成了正其心的一个必要条件。心，乃是一个总体性概念，意，是其中的一个要素或一个环节。而将意和心密切关联起来的中介则是"诚"，这是子思在《中庸》中对诚其意和正其心问题的深化和拓展。

人的灵魂俨如一驾马车，御车者乃是理智，而两翼则是欲望和情感。"在下位不获乎上，民不可得而治矣。获乎上有道，不信乎朋友，不获乎上矣。信乎朋友有道，不顺乎亲，不信乎朋友矣。顺乎亲有道，反诸身不诚，不顺乎亲矣。诚身有道，不明乎善，不诚乎身矣。"任何事情，事先有准备就会成功，没有准备就会失败。说话先有准备，就不会语塞中断；做事先有准备，就不会受挫；行动先有准备，就不会后悔；道路预先选定，就不会陷入绝境。在下位的人,如果得不到在上位的人信任,就不可能治理好平民百姓。要得到在上位的人信任是有办法的,得不到朋友的信任就得不到在上位的人信任;要得到朋友的信任是有办法的,不孝顺父母就得不到朋友的信任;孝顺父母是有办法的:自己不真诚就不能孝顺父母;要使自己真诚是有办法的:不明白什么是善就不能够使自己真诚。

"诚者,天之道也;诚之者,人之道也。诚者,不勉而中,不思而得,从容中道,圣人也。诚之者,择善而固执之者也。博学之,审问之,慎思之,明辨之,笃行之。有弗学,学之弗能,弗措也;有弗问,问之弗知,弗措也;有弗思,思之弗得,弗措也;有弗辨,辨之弗明,弗措也;有弗行,行之弗笃,弗措也。人一能之,己百之;人十能之,己千之。果能此道矣,虽愚必明,虽柔必强。"真诚是上天的原则,追求真诚是做人的原则。天生真诚的人,不用勉强就能做到,不用思考就能拥有,自然而然地符合上天的原则,这样的人是圣人。努力做到真诚,就要选择美好的目标执着追求:广泛学习,详细询问,周密思考,明确辨别,切实实行。要么不学,学了没有学会绝不罢休;要么不问,问了没有懂得绝不罢休;要么不想,想了没有想通绝不罢休;要么不分辨,分辨了没有明确绝不罢休;要么不实行,实行了没有切实做到就绝不罢休。别人用一分努力就能做到的,我用一百分的努力去做;别人用十分的努力做到的,我用一千分的努力去做。如果真能够做到这样,虽然愚笨也一定可以聪明起来,虽然柔弱也一定可以刚强起来。

"自诚明,谓之性;自明诚,谓之教。诚则明矣,明则诚矣。"由真诚而自然明白道理,这叫做天性;由明白道理后做到真诚,这叫做人为的教育,是习性。真诚也就会自然明白道理,明白道理后也就会做到真诚。人有天然的依法则而行的潜能,将潜能变成实际能力,要么是依靠自身的觉悟,要么是依靠他者的教化和启蒙,前者为圣人、智者,既能自觉又能接受启蒙则为贤者,不能自悟仅靠他者教化,则为常人,有足够的理解能力但却是一个天生的自我主义者,则是一个天性和习性都有严重缺陷的人。子思便在诚的发生和程度上,将人分成圣人、贤人和常人。

"唯天下至诚,为能尽其性;能尽其性,则能尽人之性;能尽人之性,则能尽物之性;能尽物之性,则可以赞天地之化育;可以赞天地之化育,则可以与天地参矣。"只有天下极端真诚的人能充分发挥他的天赋本性;能充分发挥他的本性,就能充分发挥众人的本性;能充分发挥众人的本性,就能充分发挥万物的本性;能充分发挥万物的本性,就可以赞助天地养育万物;能赞助天地养育万物,就可以与天地并列为三了。

"其次致曲,曲能有诚。诚则形,形则著,著则明,明则动,动则变,变则化;唯天下至诚为能化。"比圣人次一等的贤人从细微处入手推究道理,也能达到真诚的境界。做到了真诚就会表现出来,表现出来就会逐渐显著,显著了就会发扬光大,发扬光大就会感动他人,感动他人就会引起转变,引起转变就能化育万物。只有天下最真诚的人能化育万物。

"至诚之道,可以前知。国家将兴,必有祯祥;国家将亡,必有妖孽。见乎蓍龟,动乎四体。祸福将至:善,必先知之;不善,必先知之,故至诚如神。"真诚到极点,可以预知未来。国家将要兴旺,必然有吉祥的征兆;国家将要衰亡,必然有不祥的反常现象。或者呈现在占卜的蓍草龟甲上,或者表现在人的动作状态上。祸福将要来临时,是福可以预先知道,是祸也可以预先知道。所以极端真诚就像神灵一样微妙。

"诚者自成也;而道自道也。诚者物之终始,不诚无物。是故君子诚之为贵。诚者,非自成己而已也,所以成物也。成己,仁也;成物,知也。性之德也,合外内之道也,故时措之宜也。"真诚是自我的完善,道是自我的引导。真诚是事物的发端和归宿,没有真诚就没有了事物。因此君子以真诚为贵。不过,真诚并不是自我完善就够了,而是还要完善事物。自我完善是仁,完善事物是智。仁和智是出于本性的德行,是融合自身与外物的准则,所以任何时候施行都是适宜的。

"故至诚无息,不息则久,久则征,征则悠远,悠远则博厚,博厚则高明。博厚,所以载物也;高明,所以覆物也;悠久,所以成物也。博厚配地,高明配天,悠久无疆。如此者,不见而章,不动而变,无为而成。""天地之道,可一言而尽也:其为物不贰,则其生物不测。天地之道,博也,厚也,高也,明也,悠也,久也。今夫天,斯昭昭之多,及其无穷也,日月星辰系焉,万物覆焉。今夫地,一撮土之多,及其广厚,载华岳而不重,振河海而不泄,万物载焉。今夫山,一卷石之多,及其广大,草木生之,禽兽居之,宝藏兴焉。""今夫水,一勺之多,及其不测,鼋鼍蛟龙鱼鳖生焉,货财殖焉。《诗》云:'惟天之命,於穆不已!'盖曰天之所以为天也。'於乎不显,文王之德之纯!'盖曰文王之所以为文也,纯亦不已。"

所以,极端真诚是永不停止的。永不停止就会保持长久,保持长久就会有效验,有效验就会悠远,悠远就会广博深厚,广博深厚就会高大光明。广博深厚才能承载万物;高大光明才能覆盖万物;悠远长久的作用是生成万物。广博深厚可以与地相比,高大光明可以与天相比,悠远长久则是永无止境。达到这样的境界,不自我显示也会自然彰明显著,不活动也会感人化物,无所作为也会自然有所成就。

天地的法则,简直可以用一个"诚"字来囊括:诚本身专一不二,所以生育万物有难测之妙。大地的法则,就是广博、深厚、高大、光明、悠远、长久。今天我们所说的天,原本不过是由一点一点的光明聚积起来的,可等到它无边无际时,日月星辰都靠它维系,世界万物都靠它覆盖。今天我们所说的地,原本不过是由一撮土一撮土聚积起来的,可等到它广博深厚时,承载像华山那样的崇山峻岭也不觉得重,容纳那众多的江河湖海也不会泄漏,世间万物都由它承载了。今天我们所说的山,原本不过是由拳头大的石块聚积起来的,可等到它高大无比时,草木在上面生长,禽兽在上面居住,宝藏也是从里面开发出来。今天我们所说的水,原本不过是一勺一勺聚积起来的,可等到它浩瀚无涯时,蛟龙鱼鳖等都在里面生长,各种货物财富都在里面繁殖生长出来。

在子思的论证中,始终有本体界和现象界的相互嵌入和相互交织,甚至用诚其意、正其心的社会效应来比附论证意诚和心正的本质。而康德则要通过形而上学的道路来证明善良意志、实践理性和实践法则的自明性。子思的"自诚明"类似于康德自明性,"自明诚"类似于康德的行动者的理性和知性。这里的问题是,康德将一个行为的道德价值和道德行为的价值明确地区别开来,甚至走上了将道德的价值从道德价值中驱除出去,借以显示道德价值的自足性和纯粹性的道路。理性、知性与感性的分离,是康德论证动机、意愿的基本方式,而在《中庸》中却不曾出现理性和知性范畴,本质上是情感主义和境遇主义的论证方式。在这里,格物、致知、诚其意、正其心是一个自我完成着的道德进化过程,其间少有康德所体验到的那种个别与普遍、感性与知性、欲求与理性、质料与形式之间的差别、矛盾与冲突,解决冲突的办法是将个别、感性、欲求与质料归属到经验的感性世界中,而将普遍、知性、理性和形式滞留于理智或理知世界,然后用理智世界来规训感性世界。"有理性的东西自己认为,作为理智,是知性世界的成员,而只有他属于这一世界的作用因的时候,他才把自己的因果性称为意志。在另一方面,他也意识到自己是感觉世界的一部分,他的行动在这里只不过是感觉世界的因果性的现象。但我们并不清楚,这些以我们所不知道的原因为根据的行为是如何可能的;或者可以认为这些行动是由另一些现象所规定的,例如,欲望和爱好等属于感觉世界的东西。作为知性世界的一个成员,我的行动和纯粹意志的自律原则完全一致,而作为感性世界的一个部分,我又必须认为自己的行动是和欲望、爱好等自然规律完全符合的,是和自然的他律性相符合的。我作为知性世界成员的活动,以道德的最高原则为基础,我作为感觉世界成员的活动以幸福原则为基础。既然知性世界是感性世界的依据,从而也是它的规律的根据,所以知性世界必须被认为是对完全属于知性世界的我的意志有直接立法作用。所以,我认为自己作为理智,是知性世界的规律的主体、是意志自律性的主体。总而言之,在必须承认自己是一个属于感觉世界的东西时,我认为自己是理性的主体,在理性在自由观念中包含着知性世界的规律。所以,我必须把知性世界的规律看作是对我的命令,把按照这种原则而行动,看作是自己的责任。"①在康德这里,现实世界中的诸种矛盾,被预先地在意识世界先行发生,矛盾的解决也是在被构造出来的意识世界得到解

---

① ［德］康德:《道德形而上学原理》,苗力田译,上海人民出版社 1986 年版,第 108—109 页。

决的。两个世界的预设，既为矛盾的产生创造了条件，又为矛盾的解决奠定了基础。康德把那个拥有最基本理性知识和道德判断力的人所共同承认的现象世界的事实，预先地呈现在表象里、把握在意识中，将客观的道德事实概念化、观念化，然后在这个理想的思想实验中，寻找解决矛盾的道路。

"道德法则虽然也并不能给我们提供任何展望，却拿出一个绝对不能感性世界中任何与件、绝对不能用我们理性的全部理论的应用范围来解释的事实——这个世界就指出一个纯粹悟性世界，甚至还把这个世界肯定地规定出来，而使我们认识到有关它的某种事情，即法则。这个法则就给予作为感性自然的感性世界（就有理性的存在者而言）以悟性世界形式，即超感性存在形式，而同时又不致破坏前一世界的机械作用。但是最广义下的自然就是受法则所控制的事物的存在。一般有理性的存在者在感性世界的存在乃是指他们在受经验制约着的法则之下的存在而言，这种存在在理性看来就是他律。反之，同样存在者在超感性界的存在乃是指他们合乎不依任何经验条件的那个法则的存在而言，因而属于纯粹理性的自律。而且那些单靠认识就可使事物的存在的法则既然有实践力量，所以超感性的存在（就我们能设想它而言）就不外乎是受纯粹实践理性的自律所控制的一种存在。但是，这个自律法则就是道德法则，因而道德法则就是一个超感性存在和一个纯粹悟性世界的基本法则；这个世界的副本必然存在于感性世界之中，但是并不因此损害了这个世界的法则。我们可以称前一个世界为原型世界，这个世界，我们只能在理性中加以认识，至于后一个世界，我们可以称它为模型世界，因为它包含着可以作为意志动机的第一个世界的观念之可能结果。因为事实上道德法则就把我们置于一个理想领域（在那里，纯粹理性如果赋有充足的自然力量，就会产生最高的善），并且决定我们的意志给予感性世界以一种形式，使它仿佛成了理性的存在者所组成的一个全体。"①通过感性世界和理智世界的

---

① ［德］康德：《实践理性批判》，关文运译，广西师范大学出版社2002年版，第31—32页。

预设,作为本体的知性世界对作为现象的感性世界有原因性关系,一个思想实验被完全描画出来。这是典型的义务论的伦理学,是动机论的现象学;将不能具象化的意识世界表象化,使得有理性的存在者在理想领域预先完成朝向实践法则的动机生成。这样就在始点上找到了走向正确和正当而摆脱错误和失当的原初性力量。

曾子和子思似乎也在做着同样的工作,在一个预设的理想世界里,完成了一个自足的德性生成过程。三纲为总原则,大学之道,在明明德,在新民,在止于至善。那么如何具体实施呢? 通过修其身这个核心,完成六个元素五次飞跃,继而生成格物、致知、诚其意、正其心的演化逻辑,最后实现齐家治国平天下的价值目标。这足以表明,在儒家的德性论、规范论和实践论中,存在着三重逻辑:理论逻辑、实践逻辑和理论与实践相统一的逻辑。从实践哲学的学科性质和学科使命来看,这确实是完整和自足的;这在某种意义上,似乎在实践哲学的价值诉求上超越了康德只有思想实验性的理论逻辑而严重缺少现实逻辑的缺陷,陷入感性世界与理知世界、理论逻辑和实践逻辑严重二分的泥潭。然而,这种理论上的判断似乎不能证明,康德的道德哲学就是理想而不现实的,儒家的道德哲学既是理想的更是现实的。进一步地说,康德关于绝对命令的陈述尽管满足了道德黄金律的要求,但无论从形式还是从质料看,都是普遍而抽象的。孔子也给出了中国伦理文化意义上的道德黄金律:积极的意义上的己欲立而立人,己欲达而达人,消极意义上的己所不欲勿施于人。然而,这确实是一条功利原则,即在功利的分配和占有过程中,贯彻对等原则。

这就提出了一个严峻的理论问题,普遍法则与具体行为的关系问题。在康德那里,唯其保持了实践法则的抽象性、形式性,才可以是普遍有效的,才将特殊包含着在普遍之下加以思考和判断,抽象的实践法则始终保持着对特殊利益的始点意义上的有效性。如若在现实的生活世界,有理性存在者始终能够拥有普遍的法则意识,并能够用普遍约束特殊,那么,这就防止了将德性和规范工具化和实用化的可能性,尽管这不可能完全被阻止。道德哲学必须回归到时间哲学中来,但这决不意味着,只有用世俗的功利标准才能检验一个道德理论的有效性。在儒家伦理中确实有着强烈的实践化的诉求和倾向,但这也不同程度折射出了,在日常和非日常生活中,将德性和规范工具化和实用化的强烈诉求和倾向。

（2）相关于观念的错

在某种境遇之下,意愿会偏离观念而先行发生作用,但在足够长度的思考与活动中,一个人的观念会决定他的意愿。如果将政治定义为获得权力的技艺,变成一个根深蒂固的观念,那么他在意愿和选择上,就会把政治变成获得权力和使用权力的手段。人并不先天具有观念,或具有先天的观念,但有接受观念的基础,就像一个人并不天生地为善和为恶那样;然而人接受观念的能力却是先天的,它以某种潜能的方式存之于他的心灵结构中,这就是他在感知上的感受性、敏感性、选择性和接受性。在反复进行的观念的灌输中,适合于他的心灵结构的观念就会在他的心灵深处扎下根。每一个个体对内心世界的感受、对外部世界的感知,都有其特定的感知和接受方式,除了对于个体之生存与发展的基本价值的普遍性依赖和共同兴趣之外,诸如相关于衣食住行用这些具身性的价值,对于附身性的价值,诸如权力、荣誉、身份、金钱等等,并不具有相同的观念。

人类为何有错误的观念? 有在错误观念指导下的错误的行为? 人对错误的观念的矫正和修正的可能性究竟在哪里? 人非圣贤孰能无过这句俗语,似乎在为自己的错误观念和错误行为进行缺少充分根据的辩护,为自己的错误进行无根据的辩护,其本身就是一种知错而不认错、认错而不改错的行为。

当我们梳理出了致错而不能知错、认错、改错的人性基础和社会根源之后,一个根本性的追问便招致前来,这就是,当致错者已经没有了自愿、自觉改错的能力,那么,如何才能运用他者的力量予以改错呢? 这便是社会制度的制定、变迁和完善问题,而这一过程则是不同利益集团相互博弈、相互斗争的过程,进言之,人类文明的进化程度问题。如何实现从文化到文明的跃迁,是人类推进文明进步的根本道路。

第6章 从文化到文明：教化、启蒙、救赎

只有人类才有文化问题，也只有人类才会追问什么是文化，人们为什么要有文化，过一种有文化的生活，所有的文化是否都有利于人类的进步和个体的发展。所有这些疑问和追问，无不相关于个体与类对生命和生活之意义的追问。

如果说，文化是个体与类之创造价值、分配价值和享用价值的所有方面，人类的一切思考和行动均可视作文化，那么，在文化中就存在着良莠并存、好坏参半的客观事实，因为并非所有的人都能够求真向善趋美，相反，出于无知和故意而产生的假丑恶想象却始终存在着。人类总是想望着甚至幻想着，每个人都能够使善念存诸心中，使身心互得其益；使善行施之他人，人人各得其利，构建一个没有战争、没有攻击、没有算计、没有嫉妒的社会。然而，个体的德性之美和群体的政治之善，从未完整地出现在人们的生活中，相反，各种罪恶行为倒是层出不穷。

如果说这些恶念和恶行只是由个体的思考与行动造成的，那么，大规模杀伤武器的生产以及各种形式的侵略，则是集体的暴行。而无论是个体的还是集体的恶念和恶行，都是在自知的情境下发生的，这些恶行要么是对他者价值的掠夺、侵占，要么是对无辜生命的毁灭，都是因人的行动而成的事情，因而都属于文化现象。

这着实令人感到迷惑，既然文化是与个体与类的思考与行动有关的所有方面，是人类区别于其他事物的根本标志，那么，为何还要把各种恶念和恶行也视作是文化现象呢？这是具备最基本理性知识和理性判断力的人，都会产生的疑问。于是，关于罪恶与文化的关系问题，就产生了这

样两个疑问：其一，如果把文化视作是一个总体性或综合性概念，那么它就内含着真善美和假丑恶两个方面的内容，因为它们都是个体和类有意为之的事情。其二，能否把文化中的真善美内容独立出来加以单独立论，借以形成一个能够贯彻建构性原则和范导性原则的概念？这个概念不是别的，正是文明。个体和类的任何一种形式的思考与行动，本质上都是文化性的，但却未必是文明式的。无论在日常意识和日常语言中，还是在严格的学术研究中，文化与文明常常被混同在一起，不加区别地使用。这一方面是，在文化和文明之间确实难以做出泾渭分明式的划分；另一方面，将文化特别是将违背人类基本价值原则的思考与行动这种特殊文化当作文明加以立论和扩张，就会掩盖恶念和恶行的反人类本质，假借文明之名义行抢占、侵略、毁灭之实。由资本的世界运行逻辑所导致的全球化过程及其后果，使得违背人类良知和人类共同价值原则的罪恶行径更加突出，且具有全球性的破坏后果。文明是文化中的优秀部分，是能够促进社会进步和个体发展的方面。实现从文化到文明的飞跃，是个体和类实现自我教化、启蒙和救赎的根本道路。

一、相关于文化和文明研究的几个前提性问题

前提也就是始点，前提性问题也就是始点问题。关于始点的哲学沉思构成了意识主体进行思维的前提，同时也构成了意识对象之能够发生的前提。于是，关于始点的哲学沉思，就直接构成了意识主体和意识对象的前提性问题。

1. 关于始点的哲学规定

任何事物之能够发生和持存，都是有前提的，我们可以把这个前提称之为根据和条件。条件和根据似乎又有区别，根据是内在的，条件是外在的；根据是事物得以发生和持存的内在起因，或者是质料的，或者是形式

的。质料和形式的有机统一是实体。没有质料，任何实体就因为缺少立于其上的"基地"而不能发生，一如人的身体就是人的心理和精神现象得以发生的质料，是人的一切快乐和幸福的体验和经验立于其上的基地。但质料不会自动实现其自身，一切生命有机体都有一个属于其自身的实体，在实体中，除了有一个质料作为基地之外，尚有形式嵌入在质料之中，它是实体运动起来的原初力量。当这种原初力量尚未使实体运动起来时，便是一种潜能和潜质，当这种潜能和潜质使实体运动起来实现它的是而成为所是时，就是一种现实的力量，可称之为生命力。"喜怒哀乐之未发，谓之中；发而皆中节，谓之和。中也者，天下之大本也；和也者，天下之达道也。"①"未发"即为潜能、潜质，发而皆中节，谓之生命力之展开。如果说，实体是一种存在，那么潜能、潜质、生命力就是本质，在时间上，质料先于潜能、生命力而存在，没有质料，潜能就没有立于其上的基地；在逻辑上，亦即，在能动性上，则是潜能先于质料而发动，正是凭借潜能和生命力，实体才获得了外化其自身从而完成其自身的现实性。存在先于本质和本质先于存在，原是合而为一的问题，也是关于始点问题的两种表达方式。

在关于始点的哲学沉思中，可有实践论或行动论上的始点和动机论或目的论上的始点两种。"始点"是一个反思性概念，至于把什么作为始点建立立论，追问和追寻实现的能思者，是自知和自明的，因为关于始点的哲学沉思只对能思者的人有效。始点就是开端，"这个开端一方面来自一个反思，即最初的真相必须推导出一切后继的东西，另一方面来自一个需要，即最初的真相应当是一个熟知的东西，或更确切地说，一个直接确定的东西。"②如果一个始点作为开端，能够在所有的能思者那里普遍地存在着，那么它就是一个普遍有效的始点，反之，如果这个始点只在一个事物或一个能思者那里有效的，那么它就是特殊的。

---

① ［宋］朱熹撰：《四书章句集注》，中华书局 2011 年版，第 20 页。
② ［德］黑格尔：《逻辑学 I》，先刚译，人民出版社 2019 年版，第 53 页。

关于动机论或目的论意义上的始点，可就研究的动机和目的这一方面而优先加以讨论。人是创造文化、发展文化和研究文化的能思者，文化原本是个体的思考与行动以及由此造成的对象性存在，但作为能思者，人类可以将思考与行动或者将文化作为一种客观的对象加以研究。但文化学或文化哲学作为一门相对独立的学科，则是近代之后的事情。而文学、诗歌、戏曲、宗教，作为关于文化的描述和记述，虽不能称之为文化学或文化哲学，但却提供了极为丰富的文化素材，甚至可以说，它们本身就是文化现象。自从人类发明的符号、文字和数字并使用它们的时候起，人类就开始用文学、诗歌、戏曲、宗教等形式表达自己的情感、意志和观念了。文化研究成为一种学术热潮，原本是文化反思和文化冲突的产物。文化反思乃是历史反思的一种观念表达方式，当人们试图构造一个更能实现自己之终极目的的社会结构时，便开始反思过往的文化对人们的思考与行动的滞阻作用。批判和反思的目的是"去粗取精，去伪存真，由此及彼，由表及里"。毛泽东在《实践论》中用这个哲学方法，所要解决的认识任务，是如何将感性认识发展成为理性认识，这主要是意识主体在客体化的意向性活动中完成的对意向对象被给予性。当对人自身的思考与行动即所谓文化进行批判和反思时，分明是在批判和反思自身之具身性的主观活动，这是意识主体在非客体化的自我相关的意向活动中完成的活动。

然而，在对自己的文化进行批判和反思时，却极有可能产生"陌生化"的研究感受和致思范式。原本是对自身文化的批判，但却好像是在反思和批判别一种文化似的。这种将研究者置身于意识对象之外的研究方式，直接关涉文化反思和文化批判的始点或开端问题，或者说直接关涉研究的动机问题。如果是出于见出文化的原始发生及其运行逻辑的目的，将意识对象与自己的思考与行动相对地分离开来，或者将自身的思考与行动作为一个客观的对象加以反思和批判，而不是将自身的先见、成见和偏见完全纳入反思和批判之中，使自己成为一个公正的旁观者，那么毛泽东所提出的对感性认识进行"去粗取精，去伪存真，由此及彼，由表及里"，从而形成理性认识的致思过程，就会真正揭示出已有和现有文化的劣根性方面。反之,如若将反思和批判视若与自己的思考和行动完全无关的事情,且以公正的旁观者自居,仅是出于纯粹学术研究的目的,那么这样的始点或动机的真实性或真确性也是大可怀疑的。

另一方面,如果反思和批判的目的只是为着论证某种论说的正确性,或为一种文化命题的正确性做无分析和无批判的伦理辩护,不是为着通过指明某种文化类型的劣根性而制进和发展新型文化的实践谋划,以便以更先进的文化为基础构建更加合理的社会,那么,这样的动机和始点同样是可疑的。指明这一点,对于出于通过进行深刻的自我革命而实现社会进步和个人发展的动机而进行文化反思和文化批判,无论在理论上还是在实践中,都是极为重要的。

对始点或开端真正有意义的哲学沉思,那是对人的思考与行动之始点和开端的分析和论证。“我们应当从已知的东西出发。但已知的东西是在两种意义上已知的:一是对我们而言的,而是就其自身而言的。”①如若有一种理论知识和实践知识被反复进行的社会实践证明是正确的,那么,它们就是我们获得新知识的始点,而没有必要重复已经被证明是正确的知识的产生过程。人类知识是不断累积和进化的,文化学或文化哲学也必须基于已有的知识而发展相互新知识,已有的民族学、民俗学、文化社会学、文化政治学,是当代文化学和文化哲学所必须重视和学习的知识。

最为困难的,是如何澄明就事物自身而言的始点问题。对于非生命物质而言,始点或开端问题是不存在的,只有人才会追问和追寻始点问题。而用以追问和追寻始点的能力就是理智,如果追问和追寻的始点是与人的思考与行动无关的、别一种事物的始点,那么所用到的就是沉思的理智,如果是将需要、欲求、欲望立为思考与行动的始点,那么所用到的就是实践的理智。如果说沉思的理智是人的心灵中的一种高级能力,那么

---

① ［古希腊］亚里士多德:《尼各马可伦理学》,廖申白译,商务印书馆 2003 年版,第10 页。

实践的理智就是比沉思的理智更加高级的能力,它不是一般的理智、明智、聪明,而是智慧。理智、明知关注的是具体的事务,而智慧所要把握的是永恒的东西,是政治之善。用以表达智慧的概念就是努斯。努斯作为心灵中的一种最高级能力,是分有逻各斯并依照逻各斯的指引而进行沉思的那种能力。沉思的理智把握的是不变事物的逻各斯,因而是灵魂中拥有逻各斯的那种能力,实践的理智或努斯,把握的是可变的或可因人的行动而引起的变化的事物的逻各斯的能力,因而是灵魂中分有逻各斯听从逻各斯的指引而行动的能力。努斯一定与逻各斯相关,甚至可以说,如若没有逻各斯,努斯就既无必要性又无可能性。在某种意义上,努斯可能被包含在逻各斯中,但绝不等同于逻各斯。"据其实际的用法,(逻各斯)本指说话、言语、言说、谈论、词等等,进而也指谚语、传说、寓言、箴言、警句、名言等等,以及包含在这些语言形式中的道理、思想、理性、推理、思虑、意见等等。"①如果把努斯视为一种理性,那么,本质上,逻各斯就是被努斯试图抓住的某种东西,而努斯就是经过将逻各斯变成"理性原则""合理理由""规则""论据"对逻各斯进行推理从而统握逻各斯的过程。如果做一个不十分恰当的比喻,努斯就是那个意识主体的纯粹意识,而逻各斯作为意识对象就是纯粹意识所试图统握的对象。

沉思的理智把握的是不变事物的逻各斯,目的是获得关于逻各斯的知识,而这种知识就是欲求,就是目的。而作为实践的理智的逻各斯的目的,不仅仅在于统握可变事物的逻各斯,从而获得实践理性知识,而且更有用实践理性知识知道自己的实践,以实现更大的欲求。因此,必须将努斯与欲求密切关联起来,才能领会和把握努斯这种高级能力的本质和目的。"努斯主要与欲求相对,是灵魂的基于某种目的而把握可变动的题材的能力的总称。努斯是为着某种目的而进行推理的东西,是推理的和实践的思想(理智),它与欲求一道引起动物和人的运动的原因:欲求是实

---

① [古希腊]亚里士多德:《尼各马可伦理学》,廖申白译,商务印书馆 2003 年版,第 10 页注③。

践的理智的出发点,实践的理智的终点又是行为的起点。在这种意义上努斯是理智的一部分,如果理智既是对不变事物的沉思,也是对可变事物的思考、推理。"①欲求作为具体目的的主体性感受,是推动主体进行思考和行动的动力,欲求就是一种能力,将某种试图到达的状态或某种意欲获得价值物呈现在表象里、把握在意识中,然后再将这种表象和意识还原到实践中,因为作为意欲的对象尚不是拥有或持有的对象,它非得经过人的行动才能拥有或持有它们。这是因人的行动而成的事情,是可变动的题材,为着实现达到目的,实现欲求,行动者就是必须进行实践推理,分有可变事物的逻各斯并听从逻各斯的指引而行动,这种基于某种目的而进行判断和推理的能力就是努斯。作为能力总称,努斯既是知识论的又是实践论的,是一个人在反复进行的社会生产、交往和生活实践中生成并可以反复使用的可行能力。

对始点问题进行哲学沉思,旨在通过一种回溯思维,找到那个一切思考和行动从出于它的那个始点、开端,这是一个艰苦的"悬置"和"还原"工作,将情绪、情感、先见、成见和偏见悬置起来,只剩下一个"纯粹意识",对意识对象进行悬置,获得一个直面事物自身的直观,从而将事物得以发生的始点、开端在表象和意识中显现出来,同时也将始点和开端的展开过程也一并描画出来;然后将抽象出来的始点和开端及其运行逻辑,再还原到它赖以发生的语境中,将悬置起来的要素重又返回到它们依附其上的始点和开端结构与运行之中。通过"悬置"和"还原",我们构建起了一个可以为任何一个思考和行动进行正当性基础奠基的"原理",有了这样一个可以进行有效性检验的"原理",我们就可以为分析任何一个自称是有坚实基础的思考与行动是否真的拥有一个正当性基础提供理论论证。因为,任何一个恶念和恶行也可以说是拥有一个正当性基础,然而,这个基础是不能成立的,因为尽管它在能力范围内是可能的,但在普遍有

---

① ［古希腊］亚里士多德:《尼各马可伦理学》,廖申白译,商务印书馆 2003 年版,第167 页注⑥。

效性原理中,它却是不可行的。这个普遍有效性原理,康德在《道德形而上学原理》中已经明确地制定出来了,胡塞尔则用现象学方法将这个原理的原始发生,通过悬置和还原而揭示出来了。

如若将关于始点和开端的哲学沉思运用到文化和文明的理论研究和实践操作中,那将会是怎样的情形呢?

2. 从文化到文明:教化、启蒙、救赎

关于始点的哲学沉思,具有多方面的意义。而就最为普遍的意义来说,可以为任何一个思考和行动寻找始点,要么是动机论的,要么是能力论的。如果不考虑思考与行动的善恶性质,而只就一个行动之能够发生而言,都可以在动机和能力两个维度上找到根据。任何一种思考和行动都有它的目的,这个目的要么是朝向对象的,获得这些对象能够改变自身的生活状态,如资本、权力、地位、身份、机会、运气等等。"一切实践原理,凡把欲望官能的对象(实质)假设为意志的动机的,都是依靠经验,而不能提供实践法则的。我所谓欲望官能的实质乃是指我们欲求实现的那个对象而言。如果我们把欲望作为原则,而在这种条件下,使对于这个对象的欲望占了实践原则的上风,那么我们就说,这条原理就永远是依靠经验的。因为在这里,选择的动机乃是'对象'的表象和这个表象与主体的关系——欲望官能就是被这种表象和关系所制约,企图实现那个对象的。但是表象与主体的这种关系就是所谓实现目的之快乐。"①依靠经验,通过获得外在的价值而使自己的生活状况得以改变,从而满足占有的欲望,最终目的是获得快乐。占有外界价值就成为思考和行动的始点,而能够实现占有的目的,就成为能力上的始点。如果不考虑这种占有是否出于、合乎还是反乎普遍的实践法则,而仅就思考与行动对于行动者的占有欲望而言,无疑具有自在合理性。

要么是朝向行动者自身的,即,进行思考和行动,目的是获得快乐和

---

① [德]康德:《实践理性批判》,关文运译,广西师范大学出版社2002年版,第6页。

幸福,而实现快乐和幸福的条件就是获得外在的价值物,除了已经指出的权力、资本、机会那些,还包括名声、荣誉等等。"一切实质的实践原则,顾名思义,都属于同一种类,并且都归在一般的自爱原则或个人幸福原则之下,'事物存在'表象给人的快乐,就其成为人对这个事物的欲望的动机的一个原则而言,乃是依据在主体的感受性上面,因为它是依靠于一个对象的现实存在的……所以只有在主体从对象的现实存在所期待的那种愉快感觉决定其欲望官能的范围以内,这种快乐才可以促进实践。一个有理性的存在者能够意识到终身不断享有的人生乐趣,就是所谓幸福;把幸福立为选择的最高动机的那个原理,正是自爱原理。"①一如上述,把幸福立为选择的最高动机,并且作为一个实践原理,具有自在合理性。因为每一个能够作为目的自身而实存和持存的有理性存在者,能够终其一生地通过自在而自为的思考与行动获得幸福,乃是它的使命和义务;如果一个拥有最基本思维能力和劳动能力的人,好吃懒做、无所作为,一切靠他者救济或供给,那么就是放弃了自己对自己的义务,是违背普遍性的实践法则的。

另一方面,如果把基于利益相关原则之上的道德判断引入到对始点和开端的哲学沉思中来,那么,并非任何一个思考与行动(哪怕是最有利于某个自身之外的他者)都自在地是合理的,当一个思考与行动为着所谓的功利和自爱目的,而损害他者利益时,根据普遍有效的实践法则,我们就会说,他的行为是违背道德规范和法律规范的,他的动机是恶劣的。于是,人们就在反复进行的交往中形成了人人都要遵守的道德法则和法律规范,我们就把这样的思考与行动称之为有文化和合乎文明的行为。

然而,更为深层的问题是,相对于人之思考与行动的始点或开端而言,文化和文明之于人的功利原理和自爱原则,究竟意味着什么? 文化和文明能否替代功利和自爱而成为思考与行动的动机、始点、开端? 或者说,人们必须为着文化和文明而去生活? 然而,理性地、深入地分析和论

---

① ［德］康德:《实践理性批判》,关文运译,广西师范大学出版社 2002 年版,第 7 页。

证这个所谓的深层问题，以及这个问题的提问方式，我们发现，这是一个根深蒂固的错位观念；在这个错误观念的指导之下，人们将文化建设和文明重构做成了一个与人的真正的出于功利和自爱动机的思考与行动毫无关系的"事业"，文化与文明好像是一个与人的思考与行动相对存在的他物，这个他物是有价值的，拥有这个价值可以使我们成为拥有文化、体现文明的人。在这种观念的支配下，无论是自发性的还是制度安排下的文化建设和文明重构，都未能实质性地提高人的文化素养和文明水平。

至此可以说，对始点和开端进行哲学沉思之于研究文化和文明的本质及其意义所具有的重要性，是显而易见的。文化和文明是人的思考与行动之属己性、属人性的呈现方式，作为一种性质和属性的表达方式，文化和文明作为一个概念和一种观念，表达的是，个体与类是怎样以人的方式生产、交换、交往和生活的，是源于对人的本质规定而来的自我实现过程，以及属人的外部特征。人把人自己规定为文化性和文明式的存在物，这个源初性的本质规定构成了人的是，这个处于未发状态的是，势必通过充分发挥人的潜能和潜质而呈现为所是，在这个所是中，"由于特殊性必然以普遍性为其条件，所以整个市民社会是中介的基地；在这一基地上，一切癖性、一切禀赋、一切有关出生和幸运的偶然性都自由地活跃着；又在这一基地上一切激情的巨浪，汹涌澎湃，它仅仅受到向它们放射光芒的理性的节制。受到普遍性限制的特殊性是衡量一切特殊性是否促进它的福利的唯一尺度。"①出于和合乎责任的行为生成着，反对着责任的行为也发生着；人的理性在完善着，人的利己之心和各种欲望也在膨胀着，于是就既有"发而皆中节"的情形，也有利欲熏心、损人利己的事情。于是，在所是的多重差别、矛盾和冲突中，人类向自身提出了以善念存诸心中、以善行施之他人的道德命令，康德把这个道德命令以质料的和形式的、知性的和行动的方式表达出来。"定言命令只有一条，这就是：要只按照你

---

① ［德］黑格尔：《法哲学原理》，范扬、张启泰译，商务印书馆 1961 年版，第 225 页。

同时认为也能成为普遍规律的准则去行动。"①这是在信念、意志和知性中完成的事情，是在主观上将一个准则确定为一个普遍有效的实践法则的过程。"你的行动，应该把行为准则通过你的意志变为普遍的自然规律。"②这是在实践理性的支配下、在善良意志的保证下，将法则意识变成道德行动过程。如果说信念和知性是认识论的，理性和意志是实践论的，那么，这种认识和实践究竟是为着什么的呢？这就是道德命令的质料问题。"你的行动，要把你自己人身中的人性，和其他人身中的人性，在任何时候都同样看作是目的，永远不能只看作是手段。"③为了在人的现实的所是中，使得人的善念和善行能够当前化或现实地拥有，个体和类就必须照自己给自己立下的道德命令而思考和行动，这就是人类自己向自身提出的应是。个体和类的发展史就是把处在未发状态中的是外化出来、实现出来，从而形成所是，在所是中，有些是出于责任的，有些是合乎责任的，而有些则是反乎责任。人的是其所是是一定要把作为理性的是充分实现出来的，这是人之成为人的宿命、使命，于是，在所是中尽管存在着合乎理性和反乎理性的思考与行动，但人的理性一定会通过它的理性和意志实现它的是其所是，这就是黑格尔著名理性命题的辩证含义。"凡是合乎理性的东西都是现实的；凡是现实的东西都是合乎理性的。"④蕴藏在人的是之中的"是其所是"不会自动实现其自身，它必须借着人的潜能和潜质、在善良意志和实践理性的保证下而外化出来、实现出来。自在的"是其所是"是可能形态的理性，而自为形态的"是其所是"则是理性的现实化。所以，只要是出于理性的东西一定是现实的，亦即"是其所是"的东西，反之，人的"是其所是"是一定会从可能变成现实的。那么，人作为能够思考和行动的有理性存在者，怎样才能自觉而自愿地实现人的"是其所是"呢？是否所有的有理性存在者能够成为能动的道德主体，不借他者

---

① ［德］康德：《道德形而上学原理》，苗力田译，上海人民出版社 1986 年版，第 72 页。
② 同上书，第 73 页。
③ 同上书，第 81 页。
④ ［德］黑格尔：《法哲学原理》，范扬、张启泰译，商务印书馆 1961 年版，第 12 页。

的力量而自行实现人的本质规定？这就是文化和文明的实质性问题。文化和文明是个体和类出于自己、通过自己而完成自己的方式，而就这种方式而言，一种是基于自主能动性之上的自为自律过程，一种是经由他者教化和启蒙而成的被动他律过程。而无论哪一种，都必须奠基于个体能够成为文化性的、文明式的存在者这个基础之上。

首先，是否存在一个先天的道德基地？康德用他的两个世界理论，为有理性存在者拥有一个先天的道德基地提供了道德哲学论证。"有理性的东西认为自己，作为理智，是知性世界的成员，而只有他属于这一世界的作用因的时候，他才把自己的因果性称为意志。另一方面，他也意识到自己是感性世界的一部分，他的行动在这里只不过是感觉世界的因果性的现象。但我们并不清楚，这些以我们不知道的原因为根据的行为是如何可能的；或者可以说认为这些行动是由另一些现象所规定的，例如，欲望和爱好等属于感觉世界的东西。作为知性世界的一个成员，我的行动和纯粹意志的自律原则完全一致，而作为感觉世界的一个部分，我又必须认为自己的行动是和欲望、爱好等自然规律完全符合的，是和自然的他律性相符合的。我作为知性世界成员的活动，以道德的最高原则为基础，我作为感觉世界成员的活动以幸福原则为依据。既然知性世界是感觉世界的依据，从而也是它的规律的依据，所以，知性世界必须被认为是对完全属于知性世界的我的意志有直接立法作用。所以，我认为自己作为理智，是知性世界的主体、是意志自律性的主体。总而言之，在必须承认自己是一个属于感觉世界的东西同时，我认为自己是理性的主体，这理性在自由观念中包含着知性世界的规律。所以，我必须把知性世界的规律看作是对我的命令，把按照这种原则而行动，看作是自己的责任。"①客观地说，康德给出的两个世界理论，并以此论证，一个可以立足于其上的先天的道德基地是存在的，这是一种信念还是一种可以证实的客观事实？而事实

---

① ［德］康德：《道德形而上学原理》，苗力田译，上海人民出版社 1986 年版，第 108—109 页。

证明，这是一个可能但不必然的事实。即便不是一个可以必然出现的普遍事实，但仍不失为一个有充分根据的假设和坚定的道德信念，而这一假设和信念，正是人类文明得以发生的坚实基础。

其次，教化、启蒙、救赎何以必要与可能？ 每一个生命有机体并不天生具有文化性的、文明式的思考和行动，只有拥有这些性质和方式的潜能，而只有在不断的社会化甚至是不断的人化过程中，才会将人性中的天性内容发展成后天的习性，而习性才有文化性和文明式这样的元素。而使个体生命不断具有人性内容并充分实现这些内容的根本途径就是教化，教化之最原始的含义是养育、培育、呵护，通过为一个生命个体提供必要的养分和环境使之茁壮成长的过程。任何一种教化，如要行之有效，必须立于受教化者的接受性之上，而就接受性而言，有可能接受和愿意接受两个方面。一如在人的天性中，既有向善的自然禀赋也有向恶的自然禀赋那样，在生命个体的接受性中，既有接受理智德性和道德德性教化的能力，也有接受恶的观念和恶的行为的能力。唯其生命个体有向恶而行的可能性，所以教化是必要的；又有向善而行的可能性，所以教化又是可能的。启蒙则具有特殊的含义和用意，本质上是在构建现代社会过程中由理性向人们提出的通过发挥主体性而摆脱依赖状态的必然诉求。"启蒙就是人从他咎由自取的受监护状态走出。受监护状态就是没有他人的指导就不能使用自己的理智的状态。如果这种受监护状态的原因不在于缺乏理智，而在于缺乏无须他人指导而使用自己的理智的决心的勇气，则它就是咎由自取的。因此，要敢于认识！要有勇气使用你自己的理智！这就是启蒙的格言。"①这与其说是个体从咎由自取的受监护状态走出，倒不如说是现当代社会的普遍精神，因为，一个处在受监护状态下的生命个体之能够感受到这种受监护状态对个性的压抑、对自由的限制，并非是在私人生活领域发生的，相反，启蒙更具有政治哲学的含义，因而是一个集

①　［德］康德：《康德著作全集》（注释本）第 8 卷，李秋零译，中国人民大学出版社2024 年版，第 47 页。

体的意志，是处在受监护、受压抑状态的集体，试图摆脱受监护状态、充分运用自己的理智而追求基于充分发挥自主能动性而来的自由状态的集体意志。然而，个体从封建统治之下解放出来，进入一个自由、民主的社会状态之后，却又陷入了新的受监护状态之中，这就是具有政治性质的资本家集团对雇佣劳动者的统治，基于全面的物化而来的"抽象统治"。而快速发展起来的现代科学技术，又把人自己置于技术的统治之下，随着智能被技术仿造和复制，人越来越变成了技术的努力。物质生产、物质生活和物质欲望的加速、扩大和膨胀，人把自己置于被物包围的世界之中，精神生产的弱化、精神产品的稀缺、精神需要的羸弱，使得人的情感和精神需要日益荒漠化。如何在权力、资本和技术的全面统治之下解放出来，回归人本身的立体生活世界，需要人类自己再次解放自己，这是一个自我救赎的过程。

总之，对始点的沉思和追问，对生命和生活意义的渴望，使得人们不得不从文化和文明的角度批判和反思自己的所作所为，因此，只有深入分析和论证已有和现有的文化，才能找到获得快乐和幸福的根本道路。

二、在文化与文明之间

从文化和文明的字源学考察中，不难发现，在古代文字和语词的使用中，文化和文明是作为动词出现的，它们均表示一种由外到内、再由内到外的过程。"文化"的关键字是"化"，"文明"的关键字是"明"。而蕴含在"化"和"明"之中的本义、转义和新义，只有通过字源学考察才能见出。

1. 从本义、转义到新义：文化与文明的语义学考察

准确地说，文化和文明都不是本体性的存在，但却是本体的根本功能和属性。文化和文明不会独立实存和持存，它们必须依赖于创造它们并用它们现出自己的本质力量的实体。这个实体不是别的，正是有生命力

的个体以及个体的有机联合——人类。文化可以是个体的也可以是类性的，但文明一定是类性的事情，文明是以民族、国家和人类的形式出现的；我们会说一个人很有文化、行为很文明，但我们不会说，一个人是一个文明体。既然文化和文明都是本原性的、本体性的，而是实体、本体的功能和属性，那么，文化和文明立于其上的实体或本体是怎样一种结构？这便是个体以及个体的有机联合形式即类的思考与行动。

在对文化和文明进行语义学考察时，从最早的文字和语词的来源看，二者几乎没有本质区别。"文明"一词最早出现在《易经》中，"文明以止"出现在《易传》贲卦第 22 卦。"刚柔交错，天文也；文明以止，人文也。观乎天文，以察时变，观乎人文以化成天下。"所谓"天文"指阴阳迭运、刚柔交错的自然变化过程与运行法则，而"人文"则指人类制作的礼仪典章制度，及其对人的行为的规约教化作用。"取象效法"的终极目的在于化以成人，或以仁成人。"文明"在《易传》中凡六见，其一见于"《乾文言》，余皆见于《彖传》"。如果一个人（圣人、智者、贤人）的德性能够像天地日月一样，正大光明，并用礼乐来教化世人，那么天下的民众就被他们的光明之德所感召和指引，人人遵从礼仪，以至行其所当行，止其所当止。

在《尚书·舜典》中有"睿哲文明"；《易经·乾》曰："见龙在田，天下文明。"何以是"飞龙现田"？"龙"在中国人的观念中，乃是那种集实体与属性、存在与本质于一身的"符号"。无论人们把龙描绘成怎样的形象，无论是潜龙勿用、见龙在田，还是飞龙见天，人们都从未具象地视听过"真龙"。作为一个隐喻、一个符号、一个观念，"龙"乃始点意义上的实体，既是实体，那便是具备了令自己的灵魂运动起来的质料、潜能、形式、动力和目的，这些是使自己拥有巨大能量的要素，但这些要素不是独立自存，而是相互依存；且要经过诸多环节，才使诸要素关联在一起，相互嵌入、相互支持、相互过渡。因其自身之能而生成和运行，又因其自身之故而发生和持存，亦即，它不为他物而生存，而只为自身而自存。龙因四时而动，因机缘而兴，虽外显为变化无常，却内隐为万变不离其宗。若是依据"见龙在田"这一语句、句式、句法所赖以产生的自然、社会和语言环境，那么，此处之龙象,便有自然之龙象和人间之龙象。自然界有其自身的始点,作为始点,自然之实体因其自身而生、而兴、而成,不为尧生、不为纣亡,独立自存,周而不殆。此谓"刚柔交错,天文也"。自然不因人而成,而人却因自然而成。"道"之生、之兴,诚也,此谓自然之"龙"象。然而,自然之实体,虽含括人之实体在内,但人之成为实体,却与任何其他实体不同,其关键之点,在于人是能思者。如果把龙隐喻为自然的力量,乃是因为自然有其为人类不可抗拒的力量,只有认识和服从这种力量,才能实现人的意志。

而对人类社会来说,也有属于个体和类的自然,但这种自然却因如下两点而与自然界不同。其一,个体与类对自己的目的是自知的。而就目的具体内容而言,又有不同的类型。虽然人类可以预设出一个或多个终极目的来,但个体与类却因能力的有限性而不能实现这些终极目的,唯其如此,个体与类就常常把手段当成目的,把手段之善当成终极之善加以追求。困难的不是去设定各种目的,不是描画出各种愿景,而是创造出能够实现目的的手段。于是,就会出现倒置现象。而自然界却不同,它似乎不是为着哪个所谓的终极目的而运行,它是无目的的目的性存在。其二,个体和类会在行动之前,或者说,在尚不具体手段和条件之前,把目的预先设定出来,然后再殚精竭虑地去创造条件、创制手段去实现这个目的。唯其是预先设定目的,因而能思者常常不会考虑自然给人类的限制、人性自身给人的限定,而是一意孤行地把预先设定出来的目的当作不可抗拒的意志加以贯彻。但人类决不会超出自然限制和人性限度多远而真正地一意孤行,人类会在自知其目的究竟为何的前提下,充分考虑各种目的得以实现的可能性,从而遵循天人之道而动、恪守人伦之道而动、依照心性之道而思。只有将思维的逻辑和实践的逻辑高度契合起来,才能最后实现终极目的,而这个双重逻辑正是人文。人文是人类属己性的秩序和规律,是人为自身立的法。与天文不同,人文是由人类自身依靠其理论理性、创制理性和实践理性,在充分发挥理智德性和道德德性基础上,自行创制出来的秩序和法度,是以文化成天下的业绩,用一个总体性的概念加以表达,就是文明。

从天文和人文的原始发生说，虽然它们都以自在的方式预先地存在着，但它们必须首先被呈现在表象里、把握在意识中，而这一过程恰恰就是"观乎天文，以察时变，观乎人文以化成天下"。唯其天文和人文都是语言性的存在，它们始终保持着向语言性存在物而言的敞开性，而只有语言性的存在才是可以认知、理解和把握的事情，只有能够被人类的理性想到并用语言说出的事情，才是可知的。在汉语言中，"观"是一个极具哲学意蕴的文字；目之所见、心之所现。只有经由心之所意、所虑、所思之见，才是目之所视之物的"质"和"性"。故而说，无论是天文和人们，绝非仅是目之所视之物的"纹路""条理"，而是经由心之思虑之后的"质性"。

既是均为经由心之思虑而后获得的"纹路"和"条理"，那为何天文没有文明一事，只有人文方有"文明以止，以化成天下"这第一等之事？"文明以止"是相关于人之成为人这第一等之事的。理解"文明"和"文明以止"的关键，不在于描述各种各样的事物是否具有文明这一属性，而在于对"文明"的发生学考察。但从语义学和语言哲学角度理清文明的含义，依然是前提性的理论工作。

在所有的汉字中，似乎没有哪个字能像"文"这个字那样，一形多义。从甲骨文字形来看，"文"字像一个站立着的人形，最上端是头，头下面是向左右伸展的两臂，最下面是两条腿，在人宽阔的胸脯上刺有美观的花纹图案。这个字形表明"文"是一个象形字，其本意指的是"文身"，即古代人在身上刺花纹的习俗。"文"像纹理纵横交错的形状。文，既可以是单体字，单独表意，亦可作偏旁部首，与其他字符构成合体字，如"纹"、"忟（忞）"等等。在现象学的意义上，"文"是融现象与本质为一体的。从"文"的原始来源上说，"文"首先是一个视觉对象，是目之所视之物。尽管人们通过听也能感受到"花纹""纹路"，但却是不可书写的。比如音乐，人们可以用宫商角徵羽这五个音符合乎秩序地表达乐谱，但符合音律和韵律的音乐本身却不是这个乐谱，从而将听觉视觉化，但音乐本身不是乐谱本身，而是声音的律动。这是人类特有的能力，是将听的音律和韵律视觉化的过程；将不同的感觉分别、分辨出来，然后在不同的感觉之间实现相互转换,这是人类的一种奇禀异赋。人类不但可以在各种感觉之间相互转换,还可以将只有用知性才能表达出的原理、道理感性化、感觉化;将感觉知性化,再将知性感觉化。唯其如此,人类才能将原理、道理变成可视、可听的感性活动,而正是在可视、可听的感性活动中,个体之间才能产生感同身受,继而才有志同道合、情投意合。这便是人同此心、心同此理。若是失去了同感共情、感同身受,那么任何一种教育和教化都不可能发生。

以此可以说,无论是"天文"还是"人文",都具有了双重意涵,既是它们本身又不是它们本身,既是感觉对象又是知性内容,既是感性活动又是理性活动。通过将"文"视觉化、听觉化,总之是感性化,"文"变成了可以言说的事情,从而成为语言。只有将"文"变成语言、变成语言性的存在,才成为了可以表达的、可以理解和掌握的对象。语言是打开"文"之秘密的锁钥,没有语言便不可能有一个敞开着的生活世界,只有将不可识见的隐秘世界通过语言澄明到人的视界中,世界才是可理解的,也才是可统觉、可统握的世界。那么,什么才是决定语言所具有的解蔽、澄明之功能的呢?那便是由心性构成的人的内心世界。所有的语言性存在都源于人的可外化、可对象化的内心世界,那么,能够被语言解蔽和澄明的"文"究竟是什么和怎样的呢?"天文","刚柔交错,观乎天文,以察时变"。花纹、纹路、纹理,可以描绘,又可以符号化、文字化,但察而得事变,观乎人文以化成天下,却是不可识见之事。"时变""化成天下"都不是经验到、直观到的具象存在,而是在意识中,在理性要求和方法指导下,经由知性范畴而呈现出来的。将先天知性范畴与后天感性经验有机结合起来,才能形成知识。锣鼓听声、说话听音,声音无疑是一种物理意义上的听觉,但其意义却不是声音本身,也不是听觉,而是弦外之音、背后之义;声音之义不能通过听觉而获得,只能通过意识而完成,判断和理解才是获得声音之意义的关键环节。"时变""化成天下"虽可通过视听获得感觉,但其意义必须经过意识来完成。任何一种意义行为都含有意向,这个意向既可以指称一个可视听的客体,也可以指向一个客体所代表的意义。那么,

"文明以止""化成天下"又是怎样的客体以及客体所代表的意义呢？个体与类当以"文明"的方式呈现其纹路、纹理，而这个纹理、纹理并非自在地、天然地立在那里，是可视听的对象，相反，它们是由人自身完成的自我化成过程，因此，化成的根据、过程和结果便是"文明"。

为何不称之为"明文"和称之为"文明""人文"与"天文"不同，它不属于人的天然之自然，而是人性自然之使然，是人性自为之物。这个自为之物源自何种力量和必然要求呢？是人之本性之使然。人的本质在逻辑上先于人的存在而先行获得，作为能动的实体，作为能思者，必以它的本质为潜在的力量，它是始点，它通过四因（质料因、形式因、动力因和目的因）而借助诸多环节实现出来、呈现出来。本质作为潜能、潜质，自在地预先存在于人的结构和状态之中，但它势必要实现出来和表达出来，从自在状态进到自为状态，这个自为的过程便是"文明"。"文明"是一个主宾句式，表达的是一个生命体展开自身之本质特性的过程，"文明"同时又是由隐结构和显结构组成的双重语式，"文"是隐结构，"明"是显结构，"明"是"文"的彰显、显现、昌明。《易经·乾·文言》："见龙在田，天下文明。"孔颖达疏："天下文明者，阳气在田，始生万物，故天下有文章而光明也。"在诸种关于"文"的解释中，多半都是从"形"和"象"这两个角度加以立论，文的含义就只剩下形而下的形和象，若是没有了生命、没有了灵魂，丝织品再精美，也是不能生化的器物，既不能感于天道、也不能动于地道。这样的文就既不能明也不可能章了。"明"是人类认知物性的前提，"文"是物的本性。"文"，既具有物相之文，也具有性象、理象之文。"明"，既为物性、物理、物象之光明，也为物之生生之明。

在语言或词语结构上，"文明"具有双重结构，既可以是连动结构，又可以是主宾结构。作为连动结构，"文"便在三个意义上被使用。首先，作为一种潜能，作为一种力量，"文"是人的内在本质，即通过这种本质，人以"文"的方式展开其自身。其次，"文"是由具身性到附身性的转变过程。作为潜能，"文"只是一种可能的力量，如果使之变成真正的力量、现实的能力，就必须完成一个程序复杂且充满心智力量的制作过程，这就是语言文字的制作。人是语言性的存在物，语言文字的制作过程，就是人性从普遍性本质到普遍性外观的过程，语言的边界就是人类的意识、思维和生活世界的边界，但我们不会把语言文字当成本体性的存在，因为语言文字不会自动生成，它必须立于人的理论理性、创制理性和实践理性及其充分运用之上。以此可以说，作为主体性存在的欲望、情感、意志、理智、信念、信仰，才是"文"的源头。其三，作为动词的文，乃是个体和类涂层自身的过程，文其身、显其纹、现其质。这里的质不是生物之质，而是社会之质和精神之质，是人之成为人的本质。那么，人类为何要文其身、显其纹、现其质呢？关于文与质的关系，《论语·雍也》曰："质胜文则野，文胜质则史。文质彬彬，然后君子。"质朴多于文采，流于粗野；文采胜于质朴，流于虚伪浮夸。只有质朴和文采配合得恰当，才是个君子。此处之文，显然不是指语言文字，而是人的行为举止。如此一来，无论是文还是质，都有一个理想状态的"适度""适当""正当"问题。这充分说明，在人性结构中，有自然属性的质和社会属性的质。作为自然而自在的存在，欲求是人的灵魂中反对和拒斥逻各斯的部分，欲求与文的关系是双重的，一个是与文相对立的部分，是需要用文加以引导、改造甚至是加以抑制的源初性力量，是人性中的趋恶的自然禀赋。它们是与人性中的向善的自然禀赋相反的力量，它们对个体可能极为有利，但对他者可能极为有害。如自私、利己、抢夺、攻击、支配、控制等等欲求。另一方面，即使是人性中向善的自然禀赋，其实现和表现也存在适度问题，如慷慨、明智、正义，等等。适当地实现、适度地表现，就是"文"。这就是"文质彬彬"的本义。

就字面意思说，天文和人文均为表象，其间的纹理乃是先验结构和后天表象之统一。人必须以文的方式生存和生活，文的本质先于人的存在而发生，是一种潜能，是作为初始力量而实存和持存的始点。作为潜能，文势必要实现出来、表达出来，即，使文明亮起来、敞亮起来。文为内，明为外。文是潜能、是形式，明是显现、是外观，其现出的是文的外化过程及其业绩。

如果说，我们已经从语义学或语言哲学角度给予"文明"以较为准确的理解和清晰的阐释，那么，真正的困难在于书写文明的创造及其实现的复杂过程。文明何以是一个哲学问题？

2. 文明何以是一个哲学问题？

哲学只与具有哲学性质的对象具有相似性和亲缘性。文明是相关于人之成为人的事情，是源于天人之道、人伦之道和心性之道的思考与行动。语义学和语言哲学视阈中的文明，只是提供给人们一种理解和把握"文明"这个概念的语言学方法，但并未将文明的哲学性质澄明出来、揭示出来。只有将发生学的方法引入到文明的发生过程，才能真正把握文明的本质。

"刚柔交错，天文也；文明以止，人文也。观乎天文，以察时变，观乎人文以化成天下。"显然，在天文与人文之对举式的说明中，似乎二者有着明显的不同，但如果将二者都视为宇宙万物中两种具体的事物，那么，二者只是因为如下一点而区别开来，那就是生成方式的不同，同时也因为共同遵守着相同的宇宙规律而变得相似甚或相同。首先，天文和人文何以不同？这绝不是因为"刚柔交错"和"文明以止"之区别，因为"文明"本身也同样是"刚柔交错"，"文明"作为"刚柔交错"却与天文不同。天文乃自然因其自身而成的"纹理"、"纹路"，在更加广泛的意义上，人文同样是宇宙之文，是宇宙之文的人类化形式。但人文却是因人类自身的努力而成的事情，是因了人的思维、理性、情感、意志和行动而成的事情，是自知着的已经发生、正在发生和将要发生的思考与行动；是起于心意以内的由己性，是个体与类之本质力量的对象化过程及其业绩。因此，人的本质力量的对象化，才是理解"文明"的关键。在讨论文明时，个体与类的是、所是和应是，才是根本性或本体性的根据。个体与类必须也必然是以文的形式生成和生活，这是它的是，但作为外部形态的文一经表达出来，作为外化形式的文，作为对象性的存在，就呈现出了多样的外观，这个外观具有多样性、复杂性和冲突性的属性。作为对象性存在的"文"并不都有利于个体与类的发展和社会的进步。一如在人的"是"中那样，并不都有向善的自然禀赋，尚有趋恶的自然禀赋，这些自然禀赋都有外化对象性存在的潜能,那么,它们是否都可以被称为"文"呢?

需要—欲求—欲望,是文明的初始根据,无论是哪一种形态的"文",无不奠基于先天存在的初始根据及其展开过程之上。生殖欲、金钱欲、权力欲、荣誉欲,是个体进行占有和表达行动的初始根据,需要—欲求—欲望具有非对象化出来不可的内在动力,当这些基于欲求—欲望之上的行为外化为对象性的社会事实时,就存有善恶两种性质,它们被置于宗教的、道德的、政治的、公序良俗的辩护与批判之中;于是,多样化、复杂化和冲突性的思考与行动,就超出了文明这个概念所能含括的范围,而进到了另一个含义更加复杂、领域更加广泛的概念之中,这就是文化。并不是先有了文明概念尔后才有了文化范畴,相反,是在不断对文化的甄别和超越中,将人性中向善的自然禀赋突出出来,将文化中的有利于发展和进步的元素确定和确证出来,从而形成了"文明"观。那么,如何实现从文化到文明的飞跃呢?

三、从文化到文明

从对文明的语义学和语言哲学考察中,从对文字起源的梳理过程中,我们发现,"文明以止"并不明确地具有现代文明的含义,本质上是一个"大文化"概念。将内在的普遍性本质,即将个体与类的作为内部视域的"文",内于心而隐于世,然后,将"明德"经由正其心、诚其意、格物、致知诸环节,而达于外,将内隐的文外化于外、显明于世,出于世,现于世,便是普遍性外观。这是一个作为动词的"文明"的生成过程。从普遍性本质到普遍性外观,乃是"文明以止"的根本道路。从对"文明"的语义学考察中,文明与文化并无根本分别,"文明以止"的过程也就是文以成人、文以树人的过程,文化就是成人成己的本质力量。

直至近代,狭义的"文明"概念和观念才逐渐产生。摆脱野蛮状态,进到开明、进化状态,与粗野、愚昧、武略相揖别,就是作为动词的"文明"

过程。"文质彬彬""温文尔雅""文治教化""天下昌明",描述的就是这样的状态。在西方文化观念中,文明作为一个比较成熟的概念,兴起于18 世纪启蒙时代,与宫廷贵族的"礼貌""有教养""城市的""市民的"等概念相对使用。恩格斯在《家庭、私有制和国家的起源》中用文化人类学的方式,以大量民族志材料为依据,分析和论证文化和文明发生分离的深层原因。其根源在于,个体与类的批判与反思能力逐渐发展起来,对过往的社会结构、礼仪制度、宗教信仰、风俗习惯进行理性批判,一切都要接受理性法庭的审判。在西方之文明概念史的演变中,文明实际上是起源于现代化运动过程基于建构性原则和范导性原则而来的观念追求和实践诉求,是奠基于两次解放运动之上的社会改造运动。要从强大的自然力量的支配下走出,就必须大力发展科学技术、不断提高的劳动能力,而日益发展起来的科学技术、不断提高的劳动生产能力,又反身嵌入人们的思考与行动之中,更加强化了摆脱自然支配的信心和决心。当人们把解获得解放的信心和决心从自然界转向人类社会时,即刻感受到,自身同时又被深深陷入在宗教和政治的控制中,于是如何从宗教和政治的控制中走出,就成为了求得解放的精神追求和政治诉求。随着双重解放运动的不断深化,进一步地随着欲望的神圣激发、科技的飞速发展和广泛应用、市场经济的发现和深度运用,一个可识见的和不可识见的庞大的物的世界被建构出来。可识见的物的世界表现为资本—资本家、地租—地主、工资—雇佣工人之间的人格关系掩盖下的非人格关系,即物的创造、分配和消费的关系;不可识见的是基于社会分工的不断深化和细化之上而日益发展起来的生产力和生产关系,日益成为强大的物质力量,人们被置于一个能够深刻地感受到但却不可识见的"抽象统治"之中。飞速发展的人工智能又使人置于技术的全面支配和监控之下。如果说启蒙意味着从咎由自取的受监护状态下走出,目的是从自然的控制和宗教与政治的统治中解放出来,那么这两种解放的自反性后果,却又要求着人类从自己的被异化了的对象化过程和对象性结果的控制中解放出来。

正是在三重解放的意义上,"文明"就与愚昧、蒙昧、原始、野蛮相互对峙和对立起来。文明着实是一个悖论性的社会历史过程。科技文明是对自然文明的超越，当人类殚精竭虑地发展科学、创造技术、武装自身，逐渐从强大的自然力的控制之下解放出来，却又陷入了自身制造的资本、技术、产品的支配之中；当人们从虚幻的宗教和异化的政治的统治中解放出来，却又陷入了任性的自我、极端的自私、可怕的孤独之中，"逃避自由"的愿望远远超过了获得自由的渴望。于是，一方面，人类不断追问着和追寻着文明，却又不断地掉入文明的陷阱之中；另一方面，又面临着如何从低端文明走向高端文明的人类使命，这就是如何从自然文明走向科技文明，最后走向人类文明。这充分证明了文明的深刻本质，即，所有的文明形态，其终极的根源和根据是人类自身的文明，是人类在理智德性和道德德性两个向度上的进化程度。

文化和文明都是由宾词和动词组成句法结构。观乎人文，以文化人、以文成人；省察文明，文治教化、天下昌明。从字源学和概念史加以考察，在初始阶段，"文化"和"文明"并无本质区别，只是到了近现代，特别是在当代，人们开始寻找文化与文明之间的内在区别。用文化表示人之不同于动植物而为人自身所特有的本质力量，亦即人的普遍性本质和普遍性外观。当人类从自然界的绝对支配之下解放出来，却又将自身置于由其自身创制的神的支配之下；与自然对人类的绝对支配作用不同，神或宗教对人类自身的控制则具有完全不同的性质。虽然从自然的绝对支配下摆脱出来、从宗教的异化状态下挣脱出来，都可以被称为解放，但宗教的异化状态则完全是人类自己给人类自身制造的精神枷锁。自然的支配是物质性和身体性的，是人与自然两种物质力量的对比，而宗教控制则既是身体的又是情感的和精神的。在近代，宗教解放成为获得自然解放和政治解放的先导，它占据了现代化运动的绝大部分内容。韦伯笔下的《新教伦理与资本主义精神》，表达的是通过对宗教教义的颠覆性阐释，开辟出一条从传统的宗教信仰走向世俗的企业家精神的道路；马克思在《论犹太人问题》和《〈黑格尔法哲学批判〉导言》中，试图从青年黑格尔派的不彻底的宗教批判中开辟出一条使人摆脱宗教控制和政治异化而真正使人成为人的现实道路。马克思为何要从对宗教的批判而走向政治批判，从宗教解放走向政治解放？文化是朝向人与其他存在物之本质区别的，而文明则是朝向人类自身之愚昧、蒙昧、异化状态的，改造自然依靠的是文化，改造人类自身依靠的是文明。

于是，在文化和文明概念的发生和发展史上，就有了中西之别。在西方，文明概念基本上是近现代观念，而在中国，则是一个古代概念。这是从文化和文明之原始发生的角度看的。而就概念自身的性质看，文化是一个描述性的、解释性的概念，而不是一个建构性的、范导性的概念。相反，文明在本质上则是建构性、范导性和反思性的概念。所谓建构性，文明是源于心而成于行的能力体系，能力体系的充分运用便是创造出了用于社会进步和人的发展的对象性存在。文明的建构性乃是本体性的，始点意义上的，是人作为实体使人成为人并实现人的是其所是的潜能，是人的本质力量的对象化过程，是朝向终极之善的对象性存在的生成。所谓范导性，乃是指将对象化过程规范化、程序化和格式化，其中蕴含着基本法则以及不同历史场域之下的规范体系，以及将法则和规范用于分配权力、地位、身份、机会、资源，用于激励、范导和规约人的思考与行动。所谓反思性，可有三层含义，其一是生成论意义上的后思，即马克思所说的"向后思索法"，这是一种思维过程、意识行为，是一种意向性。通过由果溯因的逆向思维过程，寻找到了那个令人的创造性活动得以发生的始点，这个始点是无法直观或经验到的，因为它已经渗透在过程和结果中了。作为思维的产物，始点是各种规定的综合，它不是从思维中产生的，而是被呈现在表象里把握在意识中的事物自身。其二是价值论意义上的判断，即将法则和规范立为根据和标准，对文明现象进行价值判断。其三是概念论意义上的反思，一个反思性的概念，一经被构建出来，就意味着，后来的一切规定性都被同时预想到了。当人们使用文明时，文明概念所包含的一切后续的东西就被使用者预先想到并被说出了，这是一个使未来的东西准当前化的过程。

至此，文明便与文化在表现形态、价值属性和实现方式上，于细微处区别开来了。将二者等同起来,无法区分它们的本质属性和价值类型;又不能将二者完全割裂甚至完全对立起来,否则便遮蔽了文明的文化来源。

所谓文化,乃是个体与类创造价值、分配价值和享用价值的所有方面。这里充满着所指、被指和能指的辩证关系。这里的所指具有双重含义,一是行动者的所指,二是旁观者的所指,如果不作这种区分,行动者和旁观者就会在所指意向上产生矛盾甚至冲突,只有行动者和旁观者在文化的所指上统一起来,文化的本性才能被共出。被行动者和旁观者所意指的是文化的属人性质,揭示出的是人的内在规定性在文化上的表现,也可以说是,人的本质是注定要以文化的形式表现出来。人要以人的方式生成和展开人的"是",文化就是人的普遍性本质,而其普遍性外观则是个体与类创造、分配和享用价值的过程及其对象性存在。当人以文化的方式完成自己和实现自己的时候,分明是为着一个明确的目的系统进行的,这个目的系统就是价值系统,包括终极之善和手段之善,亦即价值理性和工具理性。以此可以说,人在本性上是价值性的存在物,它的文化属性乃是价值属性的呈现和表达方式。当人类以生产、交往和生活为基本形式创造、分配和享用价值时,人的文化属性就展示出来了。生产,无论是物质生产还是精神生产,都以创造出一个具体的价值物为根本目的,这个价值物比创造过程更重要,技艺是以制品为目的。技艺活动所遵循的是技术规则,本质上是分析的。而交往纯然是在人与人间完成的互换和交流。情感和思想交流是生产性的,如爱、慈善、关爱、同情、安慰、鼓励、激励,等等。这是一种过程性的生产,它并不留下一个对象性的存在,随着过程的完成,爱的共出也就实现了、完成了。非生产性的交往包括交换行为在内,以物易物、以物示情,是交换行为的基本类型。互换礼物,揭示出的往往是交换行为的文化人类学性质。生活是文化的终极形式。虽然人们可以把劳动和交往都看作是生活,因为它们既可以创造工具性价值,也可以创造目的性价值。但狭义的生活则是以满足各种需要为目的的活动,是享用价值从而产生快乐和幸福的过程。如果说生产和交往既可以创造价值又可以获得意义,那么生活则纯然是享用价值从而产生意义的过程。

显然,在把人们创造、分配和享用价值的过程视作文化的表现形式的时候,分明是强调了人之成为人从而与其他存在者区别开来的质性特征,但却缺少了一个从始点和结果两个角度判断文化之优劣的维度。强调这一点乃源于广泛而持续的文化事实。既然凡是出于人的思考与行动的现象都可以称之为文化,那么,在诸种文化类型中,为何会有广泛而持续的违背良知和规范的现象? 如战争、盗窃、欺骗、贪污,这些社会现象虽然亦可称为文化现象,但却与"文化"概念的本然含义相对立,它们要么使个体的生命和财产陷入极度困境和危险境地,要么使财富毁于一旦,使社会秩序濒临崩溃的边缘;更为普遍的认知和感受是,在现代文化和当代文明的表达之下,官僚主义、集权主义依旧盛行着。这着实令人困惑不解、陷入沉思,文化和文明到底有何区别?

在常识性的甚至是理性的认知中,人们常常以文明的名义从事着与文明相悖的文化行为,如一些表面上反对和抗拒专制主义、极权主义和官僚主义的文化行为本身就是专制主义和集权主义。如果不能预先确定一个可普遍化的判定标准,那么任何一种因人的思考和行动而成的社会现象都可以称为文化,从而具有自在合理性。一如前述,文明是描述性的、解释性的,而文明则是建构性的、反思性的、范导性的。于是,不管关于文明的定义有多少种,定义的根据就只涉及两个:对个体和类的意义究竟是什么,而将这两个根据立于其上的价值依据就只有发展与进步。至此,可以将文明规定为:令个体得以发展、令社会得以进步的文化。从终极目的来看,个体的发展又是社会进步的目的。

关于文明,我们依然可以用所指、被指和能指来进行分析和论证。如果把所指者的感觉、情绪和意见暂时悬置起来,只留下"纯粹意识",那么,我们可以以一个公正的旁观者的立场来指称文明现象。在为善与为恶之间,为善无疑是绝大多数有理性存在者所共同期盼的,即便是罪大恶极者,也会先天地承认,为善是个体与类进行思考和行动所必须遵守的先天实践法则。因为,即使世上罪大恶极者,也需要最基本的价值物和最基本的秩序，价值和秩序只有通过为善才能创造和获得。既然如此，怎还会有罪大恶极的行为呢？唯其人世间始终存有假丑恶事实，一如在人性中先天地存有向恶的自然禀赋那样，人类也就始终向自身提出求真向善趋美的伦理诉求，这就是文明观得以原始发生的始点和根据。

文明是被意指者意指出的善良动机和善良意志，在先天实践法则的支配下，在实践理性能力的支持下，创造性地制作产品、创制规则和遵守规则的过程。如果公正的旁观者的意指和文明的创造者的动机相互契合的话，那么，令个人发展和社会进步的社会活动及其制品就会生成。行动者的动机和旁观者的善良动机是文明得以发生的始点。当然，人们绝不会仅仅满足于相关于文明的意指状态，而是求得一个真实的文明能够共出。于是，作为被指的文明便招致前来。然而，招致前来的并非文明概念自身，而是有着各种缺陷的社会事实。第一，被意指者意指出的文明并未完全现出，或者说，在依然的和实然的社会事实中，并未完全现出或见出那个被意指者意指出的文明来。由于被意指的或理想状态中的文明是一个自足的、完善的价值系统，而依然和实然的社会事实则是一个存有严重缺陷甚至是与意指中的文明相去甚远的状态。文明的概念是完满的、文明的观念是自足的，而社会事实却是不完满的。我们把社会现实中除去与被意指的文明概念相合或接近部分，尚有许多与文明概念相悖的部分，这被称为文明的缺憾，而文明概念中尚未在现实中实现的部分，被称为文明的剩余。文明的剩余是一个亟待被意指者认知和实现的可能性空间，它推动着个体与类殚精竭虑地去构造、理解和实现它。于是，就文明的所指和被指之间的相互关系而言，就存在着三种可能：过度、不足与适度。当所指大于被指时，就是所指过度，在所指与被指之间存有一个余额。当所指小于被指时，就会出现文明亏欠，亦即社会现实远远超出了人们对文明的预期。当所指与被指相近甚或相等时，即可称为适度。当把在文明上的所指与被指之间的三种关系状态，转换成文化与文明的关系时，即可做如下表述。文明剩余描述的是，文明概念除了有与文化中具有文明性质的部分相契合时，尚有概念剩余，亦即文化中尚有与文明概念不相契合的部分,其中的一部分是可以宽容的,一部分是被严重批判、谴责、厌恶和憎恨的。至于不足和适度的情形则是难以存在的。

而就文明剩余这种情形而言,则具有理论和实践两个方面的意义。在理论上,相对地清晰地分别文化和文明的关系,是很重要的。虽然都是个体与类在完成自己和实现自己的过程中表现出的一切人之不同于其他存在者的本质属性,但相较于人自身的是、所是和应是而言,文明则是三者之间的"应是";文化是描述性和解释性的,而文明则是建构性、反思性和范导性的,文明是朝向终极之善的。如果不能把文明从文化中"鉴别出来""稀释出来",把文明等同于文化,就会把野蛮和愚昧、战争和掠夺、欺骗和虚伪,等同于进步、视若进步。如果是出于无知,那么这种等同就是无意识的,如果是出于故意,则是人类理性发展起来之后的道德堕落。文明、进步、发展,都是相关于人自身而由人自身完成的向愚昧、野蛮、贪婪而展开的斗争过程。而无论是无意还是故意,文明都是潜藏于人的心灵深处的向善的自然禀赋向恶的自然禀赋展开艰苦卓绝的斗争的过程,文明在本质上永远是人类向自身提出的充分实现人格的过程。这就是实践哲学所要殚精竭虑地解决的问题。

文明犹如潜存于文化之中的求真向善趋美的伟大力量,它存在于个体的心灵结构和意识结构之中,常常是一种隐喻性的力量,但它必须表现为文化现象,并通过文化而实现其自身。尽管文化的生成和实现需要理智德性,而文明的实现,除了需要理智德性之外,更需要道德德性,需要善良意志和实践理性。

四、本质与类型:源于内在结构而来的
整体性、复杂性和冲突性

在相关于文明的所指与被指的复杂关系中,如果使文明从文化中超拔出来,成为朝向终极之善的思考与行动,就必须超越所指与被指之间的

意向性本质，而走上实践论道路。这就是能指。能指作为联结所指与被指之间的中项，乃是既超越于所指的直观性又超越于被指的自在性而关联到行动上的现实性。

一如我们一再所认为的那样，文明乃是个体与类朝向终极之善而进行的创造性活动。在极为宽泛的意义上，个体与类的任何一种从无到有、从少到多、从量到质的改造或制作过程，都可以称之为创造性活动；但如果缺少终极之善这个客观根据的关照，那么任何一种据说是体现创造性的活动都可以是合理的，生化武器的制造、致命病毒的合成，都体现了"创造"的外观，然而，它们却与终极之善完全相悖。于是，文明只能作如下规定：个体与类的朝向终极之善的创造性活动；它内在地由善良意志、先天法则和实践理性（知识、情感与行动）三个要素构成。毫无疑问，这三个要素是始点意义上，缺少任何一个要素，一种具有文明性质的创造性活动都不可能发生。然而，如果个体和类只是固守着这三个要素而沾沾自喜、自我满足，任何一种具有文明性质的创造性活动同样不可能。作为内在的、始点意义上的三个要素，只构成了任何形态的文明得以能够产生的主体性条件，或许可以说，任何一个民族都有创造文明的潜能和潜质，但却不必然具有现实形态的文明成果。何以至此？约有如下几种情形。其一，某些民族先天地缺少创造人类文明的潜能和潜质，在他者看来，他们仍然处在野蛮和蒙昧状态；然而，对于这个被他者称为处在野蛮和蒙昧状态的民族自身而言，他们并未感受到甚至不认为这是一种野蛮和蒙昧状态。于是，这就有可能出现这样的情形，自称是文明的民族和国家以文明的名义进行文化殖民，并以所谓的先进性和进步性的文化为这种文化殖民进行所谓的正当性辩护。在某种意义上，西方预先发展起来的现代化运动，正是一个文化殖民的过程。在文化殖民背后，隐藏着的是经济侵略、军事打击和政治控制；在现代文明扩张的背后掩盖着的则是真正的野蛮。其二，某个民族和国家虽有创造人类文明的潜能和潜质，但始终缺少实现这种创造性活动的客观环境，尤其是自然环境。外部环境是产生人类文明的必要条件，而就这种外部环境而言，具有复杂性特征。第一，就外部环境而言,约有两种,一种是纯然的自然环境,另一种是人文环境,即由个体和类的对象化活动所创造出来的对象性存在,如观念、制度和行动。其中一部分是具身性的,一部分是附身性的,它们共同构成了个体与类进一步发展的条件。然而,它们一经形成就成为一种看似有理性结构,虽然是被创造出来的,但对于后来的个体和类的思考与行动而言,却成了先在的结构,以先验的形式决定着后来者。它们既可能是社会进步的推动因素,也可能是沉重的历史包袱。进一步的问题是,曾经的文明变成了文化,成为一种滞阻个体与类超越自身而奋力前行的障碍。我们虽然不能得出结论说,个别或某些民族无法进到摩尔根和恩格斯所描述的自蒙昧时代经由野蛮时代而进入文明时代的历史进程中,但这个民族或这些民族中的个体和类,是否意识到和认识到了,只有甩掉历史包袱而进到更高级的社会形态中,一种新的文明形态才是可能的。

基于这种分析,文明便内在地呈现出密切关联的三种形态:主体、客体和中介。所谓文明的主体形态,乃是先天地存在于个体和类的心灵结构和意识结构中的创造文明所需的潜能和潜质,即康德意义上的认知能力、欲求能力和判断能力,与这三种能力相对应的理论理性、实践理性、愉快与不快的判断力,以及这些能力的充分发挥所坚持的建构性原则和范导性原则。所谓先天的潜能和潜质,乃是一个种族或民族所先天具有的基因结构和心智结构。这是始点意义上、原初形态的力量。一个种族或民族在先天结构中缺少"返本开新"的始点和原初性力量,那么即使拥有丰富的外部资源,也很难创造出新的文明形态来。如果在所指的意义上,文明乃是个体与类所拥有的从蒙昧到野蛮再到文明的先天结构,那么,构建人类文明新形态的意愿和意向,就首先应该指向自身的先天结构,一如康德要在进行哲学批判之前,必须对人的先天拥有的认识能力预先进行考察那样,要对我们能否建构人类文明新形态所应具备的先天结构进行批判,这是一种反思性的工作,是一种前提批判。"康德的批判哲学的主要观点,即在于教人在进行探究上帝以及事物的本质等问题之前,先对于认识能力本身,作一番考察工夫,看人是否有达到此种知识的能力。他指出,人们在进行工作以前,必须对于用来工作的工具,先行认识,假如工具不完善,则一切工作,将归徒劳。康德这种思想看来异常可取,曾经引起很大的敬佩和赞同。但结果使得认识活动将探讨对象,把握对象的兴趣,转向其自身,转向着认识的形式方面。如果不为文字所骗的话,那我们就不难看出,对于别的工作的工具,我们诚然能够在别种方式下加以考察,加以批判,不必一定限于那个工具所适用的特殊工作内。但要想执行考察认识的工作,却只有在认识的活动过程中才可进行。考察所谓认识的工具,与对认识加以认识,乃是一回事。但是想要认识于人们进行认识之前,其可笑实无异于某学究的聪明办法,在没有学会游泳以前,切勿冒险下水。"①事实上,黑格尔对康德批判哲学的批判,并不完全正确。对人的认识、意识、情感、欲求的过往史进行批判是必要的,因为这种批判并非完全抽象的,而是在对认识的反思性的、回溯性的逆向的发生学中进行的。如果把对认识能力的反思性批判,转变成一个客体是如何被主体把握到的这样一个问题,那么,我们便可以借鉴性地将这种方法运用于文明的创造过程中,反思、反观个体与类创造文明的可行能力。这就辩证地指出了一个客观事实,个体与类是否具有创造文明的潜能和潜质,是否具有先天结构及其充分运用,要以文明的创造过程及其对象性存在为根据。于是,文明就必然走出主体形态而进到中介和客体形态。

对文明的中介形态进行深度考察,对于理解和把握文明的发生及其演化过程极为重要。没有中介,主体与客体就永远处于分离状态,进一步地,任何一种形态的文明都不可能发生,也不可能被人们认识。在认知的意义上,如果人们只是指认文明的客体形态,而不顾及甚至完全忽视文明的主体和中介形态,那么,人们就不可能全面而正确地把握文明的发生、发展及其本质规律。中介形态与客体形态密切关联,创造何种形态的文明就会选择何种形态的中介。在这里,中介具有两种形式:一种是质料性的,一种是形式性的;前者是生产性的,后者是非生产性的。为着准确地

---

① [德]黑格尔:《小逻辑》,贺麟译,上海人民出版社 2009 年版,第 66 页。

把握中介形态的文明,首先必须对客体形态的文明有准确的理解。客体形态的文明既是主体形态文明的对象化过程及其成果,也是它的目的,尽管不是终极目的。因为任何一种形态的文明的终极目的,都是通过人而为了人,为着个体和类过一种有意义的整体性的好生活。而好生活是以一定的价值系统为基础的,客体形态的文明就是一个有机的价值系统。

客体形态的文明,乃是个体与类朝向终极形态的好生活而创造动态价值和静态价值的过程及其业绩;是个体与类之心智力量的对象化,是自知的也是自觉的在善良意志的基础上,遵循先天实践法则,充分实现实践理性的过程;是基于始点而朝向终点的意识之发生、行动之运行的过程。文为始基、为隐性,明为过程、为显现;既是心智结构的外显、显明过程,也是以文化成天下的过程;既是创造对象性存在的过程,也是成人成己的过程,通过创造证明自己是文明人,通过教化和启蒙而使他者成为文明人。

从呈现方式上,客体形态的文明表现为动态和静态两种类型。动态文明乃是那种具有具身性的文明形式,亦即个体和类先天拥有的"普遍性本质"和"普遍性外观"。所谓"普遍性本质"乃是个体与类,如要为着通过人而为了的目的而进行思考和行动,或者说,如要以文明人的形式去生存、交往和生活,就必须具备能够这样生活的先天结构,这是一种元结构。在不同民族那里以及在同一个民族之不同时代,这个先天结构可能有弱与强、简单与复杂之分别,但元结构却具有相似性的,它们是文明的始点,也是文明的源泉,更是不同民族之间之能够进行文明互鉴的基础。它们以潜能的形式实存于人的实体之中,它们如同潜存于麦粒中的信息那样,只要具备充足的外部条件,麦粒就会生长成麦子,并最后以麦粒的形式完成其生命的整个历程。在人的实体结构中,同样存在着使自己成为文化人、文明人的信息。它们以人的身体为质料基础,以使自己成为人为动力因,以把潜质发展成为潜能和动能为形式因,以创造对象性的文明、提升和完善自己为目的因。这就是文明的"普遍性本质"。但这种本质绝不会始终处在隐蔽的未发状态;个体与类不可能始终处在"喜怒哀乐之未发,谓之中"的状态,它势必要外显出来、对象化出去,产生出"发而皆中节,谓之和"的后果。中也者,大本也,和也者,达道也。

从未发到已发、从内隐到外显,必有其环节和中介,就中介能够源于某个始点而言,可有具身性和附身性两种。所谓中介文明的具身性形式,是就语言性存在而言的。无论是作为物理形式的有声语言,还是作为表义形式的文字,都是个体与类表达其意愿、意志和思想的中介;也是人的历史事件和精神世界得以持存的载体。古文明遗迹虽然多半以实物形式被保留下来,但为后人能够通过实物所了解、理解和把握的却是古文明主体的语言系统,以及由此呈现给后人的意义世界。所有以实物形式留存于后世的古文明形式,最终的形态还是个人的意识、思想、情感和意志世界。这既是他们的先天结构,也是这种结构的物化形式;是真实世界、隐秘世界和想象世界的综合体。甲骨文作为汉字之最古老的表义形式,就是古人之精神世界的表达方式。之所以有若干字符无法被后人破译,就是因为作为中介形式的文明具有时空性、地域性和时代性。以此可以说,能够了解、理解和把握一个民族的文明,最为核心的中介形式,就是它的语言、文字、符号、数字系统。语言就是文明的"普遍性本质",也是文明的"普遍性外观"。破译和通译不同语言系统的意义世界,乃是实现文明互鉴的根本道路。

语言与文明的关系,绝非仅仅具有语义学和语言哲学意义,更具有实践哲学和哲学人类学意义。学习一种语言,理解一种语言,掌握和运用一种语言,就意味着通向另一个意义世界。语言既是工具性的又是目的性的,目的性的语言就是人的精神世界,工具性的语言作为中介,就是精神世界的呈现方式。不同文化类型之间的差别、矛盾和冲突,本质上不是物化世界的差别和冲突,而是具有不同文化类型的个体与群体在创造物化世界和支配物化世界时的矛盾和冲突。是意识、思想、情感和意志上的矛盾与冲突,最终是目的性语言和工具性语言的矛盾和冲突。

除了作为中介形式的文字、符号、有声语言之外,还有体态语。体态语是最具具身性或由身性的语言,是流动的、充满灵动感的语言,也是表意之最为方便的符号形式。表情语、手势语、坐姿语和步姿欲,作为体态语的四种表现形式,是表意的最直接形式。虽然最为直接和方便,但却难以留存下来,我们无法直观到古人的体态语,因而也无法通过表情语、手势语了解和理解古人之起于心意以内的由己性。于是,人类便发明的文字、符号、数字,作为表意符号,它们是语言的物化形式,它们从根本上克服了体态语之无法留存的缺陷,从而使语言之物化形式的文字、符号和数字能够成为超越时空、地域和时代的中介形式。丢失了或消灭了一个语言系统,就意味着消灭了一个意识世界和意义世界。

作为中介形式的文明,其基本职能在于表意,但其最核心的价值是记录和表意。被记录和表意的对象乃是那些具有事实性和规范性的思考与行动。事实性的或质料性的思考与行动就是创造价值的过程,这既是文化的定义也是文明的核心。被文字、符号、数字记录下来的历史性事实,就是古人之质料性和规范性活动的物化形式,它们将流动的、充满灵动感和生命力的思考与行动凝固化,将康德所说的数学原理(空间的组合关系)和物理学上的动力学原理(时间上的结合关系)知性化,把感性的、流动的经验世界概念化、观念化,将理性的原则和方法命题化,后人就是通过概念和命题而了解和理解古人的精神世界的。记录古人之实体性的思考与行动的文字、符号和数字,必须遵循所指与被指之间的符合原则,对历史事件的确认必须通过实物遗存和"史记"加以确证。而规范性的思考与行动,则只能通过古人留存给后人的文字、符号和数字来理解。距离文明最近的是个体和类的先验结构,其次是表意的文字、符号和数字。如果没有汉字字符,我们便无从知晓古代的史学、文学和哲学,不会领悟孔子、孟子、荀子的思想世界,更不会就宋明理学和心学而讨论心性问题。

胡塞尔的"本质还原"似乎难以完成"历史还原"。通过想象和移情,将古人创造文明的过程文字、图像、符号、数字化,后人将这些文字—符号进行本质还原,借以想象古人所具有的创造文明的"先天结构"以及创造文明的心路历程。然而,这种想象和移情却是附身性或距身性的,而不是具身性和切身性的，因此，永远不能完整地把握和领悟所谓古代文明的精神实质。文字、图像、符号、数字是联结不同文明形态的中介。除了用以表达精神形态之文明形式的中介之外，尚有物质形式的中介，这便是以"物"的形式出现的"文明"，即"物质文明"。事实上，"物质文明"并非文明自身，而是文明的物化形式，或者说是作为对象性存在的文明。如果人们完全着眼于文明的外化或物化形式，而忽视创造这些物化形式的"先天结构"，那就会因为"舍本求末"而遮蔽先天结构的发现和培养，徜徉于文明的"普遍性外观"和忽视"普遍性本质"。

文明的物化形式，除了表意的文字、图像、符号和数字之外，还有制品。制品是作为创制理性的"技艺"的充分运用及其结果，这种制品集中表现为"生产资料"和"生活资料"两种形式。生产资料，亦可称为劳动资料。"劳动资料是劳动者置于自己和劳动对象之间、用来把自己的活动传导到劳动对象上去的物或物的综合体。劳动者利用物的机械的、物理的和化学的性质，以便把这些物当作发挥力量的手段，依照自己的目的作用于其他的物……劳动资料不仅是人类劳动力发展的测量器，而且是劳动借以进行的社会关系的指示器。"①

在物质文明这个总体性概念中，除了一般性的劳动资料即生产工具作为测量器和指示器之外，更为重要的是机器。工具与机器就成了联结劳动者与劳动对象的中介，缺少这个中介，劳动者就无法将自己的劳动能力运用到劳动对象上去，创造出各种制品，以实现劳动者之预先设定出来的目的。如果用科技文明来表示劳动资料的现代形态，那么现代科技文明的最主要的表达形式便是机器，即现在被称为 AI 技术、生成式人工智能、ChatGPT 与 DeepSeek。关于现代科技作为劳动资料是否属于"文明"概念，必须以专题的形式加以论证。在现代生产、交换、交往和生活中，作为中介的机器、工具和技术，已经深度地嵌入到了人们的思考与行动之中，甚至产生了技术万能论的幻象。技术可以分解一切又可以合成一切

---

① ［德］马克思：《资本论》，人民出版社 2018 年版，第 209—210 页。

的实际功效,使得人们坚定地认为,只要人类创制一个智能系统,就可以构造一个智能社会。

　　然而,如果理性地看待和对待现代科技,那么,科技的本质依然是工具系统,是联结劳动者与劳动对象的中介。它既不是能力意义上的始点,更不是目的论意义上的始点。科学技术的拟人化或类人化永远无法从根本上替代人类化过程;拟主体和似主体无法代替个体和类作为能思的、能行动的主体这一基础地位。更加重要的是,技术无法制定出约束其自身的规范来,更无法为它的因误用、错用和滥用而造成的代价矫正、修正、改变其自身。一个无法为它的行为担负起其责任的实体永远不可能成为主体。在这个意义上,无法将作为中介的技术置于文明概念之下加以规定。相反,技术必须在由能够成为主体的个体与类的约束和范导下被运用,而用以约束的手段就是规范体系。规范体系是人类文明的重要内容,它既是文明的产物,又是创造文明的基础;当它是文明的产物时,它是涉身性和具身性的,当它约束人的思考与行动时,它又是距身性和附身性的。

五、具身性与附身性的统一：规范体系的文明性质

　　在某种意义上可以说,人类是唯一能够制定规范、遵守规范,同时也是破坏规范的存在物,因为人类是唯一的有理性存在者。理性既可以成为制定规范和遵守规范的原初性力量,也可以是破坏规范的工具性力量,这也是康德为何把善良意志而不是把理性作为具有内在价值的道德确立下来的理由。没有规范,人类便无法进行可预期的思考和行动,但拥有规范却未必能够正确地思考和正当的行动,一如专制制度那样。官僚制度作为一种具有强制性、权威性、合法性、不可回溯的规范体系,它将某个人或某个集团的意志置于被支配者的意志之上,以极端任性的方式实现着所有的自由。当我们说,规范具有典型的文明性质的时候,分明是指,规

范既可以是朝向文明的、实现文明的主体性力量，也可以是反对着和抗拒着文明的支配性力量。将规范纳入现代文明这个总体性概念之下加以分析论证，既拓展了又深化了现代文明理论。

（一）原始发生与历史变迁：致思规范的一般哲学原理

悬置与还原是一种方法论原则，悬置完成的是从个别到一般、从特殊到普遍，还原完成的是从一般回到个别、从普遍回到特殊。所有的规范都是工具论或手段论问题，舍弃了目的的追问和追寻，任何一种规范理论都是空洞的。原始发生并非要回到人类的原始状态，以历史叙事的方式，重现原始状态下的人类制定规范的过程，而是将规范的发生视作一种现象，将无关宏旨的要素和环节悬置起来，也将意见、成见和偏见悬置起来，以公正的旁观者的身份实现朝向规范的本质直观。表面看来，规范的原始发生是因为旁观者的揭示和澄明获得了被给予性，但实际上却是规范发生的客观逻辑借助旁观者而现出其自身的过程；这是所指、被指和能指之间的语言关系，只有所指、被指和能指能够相互共出、共现、共属从而共在的时候，规范的现出才会体现出真正的必然性和严格的普遍性。不但规范是语言性的，就其所约束的对象和追求的对象而言，也同样是语言性的，都是可理解、可言说的存在。

1. 根据与理由：规范之原始发生的人性基础与社会根源

人类为何要殚精竭虑地制定规范？这便是根据问题。根据是因其自身之故而自我设定起来的原因，"自因，我理解为这样的东西，它的本质即包含存在，或者它的本性只能设想为存在着。"自因只对成为实体的存在者有效，"实体，我理解为在自身内并通过自身而被认识的东西。换言之，形成实体的概念，可以无须借助于他物的概念。"只有通过自身并完成其自身的存在者才是自由的，"凡是仅仅由自身的本性的必然性而存在、其行为仅仅由它自身决定的东西叫作自由。反之，凡一物的存在及其行为均按一定的方式为他物所决定,便叫作必然,或受制。"①人和人之外的所有存在物都是实体,或因其自身原因或由于他者之故,以各自的方式实存着,但人却不止是实体,更是主体,人因其自身之故而把自己从自在体状态发展成了自主体。人之完成着自身、实现着自身,并觉知着这种完成,这充分证明人是具有能动性的,自主体作为自为的、自知的主体,体现的正是这种能动性。这也充分证明,人是"能动的自然"而不是"被动的自然"。"'能动的自然'是指在自身内并通过自身而被认识的东西,或者指表示实体的永恒无限的本质的属性,换言之,就是指作为自由因的神而言。但是'被动的自然'则是指出于神或神的任何属性的必然性的一切事物,换言之,就是指神的属性的全部样式,就样式被看作在神之内,没有神就不能存在,也不能被理解的东西而言。"②人认自己为神,只有把自己当作神才会具有神一般的自由因。然而,人的自由因、能动性却不是一种纯粹的单一体,相反,乃是包含被动和限制于自身内的能动性,因为是自由与限制、能动与被动的综合体,唯其人是受限制的因而是被规定的实体,才成为了超越限制和规定从而成为自我决定的主体。人既是感性存在物因而是受动的存在物,又是理性的因而是能动的存在物。"人作为对象性的、感性的存在物,是一个受动的存在物;因为它感到自己是受动的,所以是一个有激情的存在物。激情、热情是人强烈追求自己的对象的本质力量。"③作为感性的存在物,人受制约于两种对象,自然物和劳动对象。人一时一刻也不能离开自然,人类只能在自然给定的可能性空间内运用它的能动性和积极性;自然仅提供了用于产生生活资料而必需的质料,而没有提供现成的产品,因此,人类必须通过劳动创造自己需要的劳动产品。"正是在改造对象世界的过程中,人才真正证明自己是类存在物。这种生产是能动的类生活。通过这种生产,自然界才表现为他的作品和他的现实。因此,劳动的对象是人的类生活的对象化:人不仅像在意

---

① [荷兰]斯宾诺莎:《伦理学》,贺麟译,商务印书馆1983年版,第1—2页。
② 同上书,第28页。
③ 《马克思恩格斯文集》第1卷,人民出版社2009年版,第211页。

识中那样在精神上使自己二重化,而且能动地、现实地使自己二重化,从而在他所创造的世界中直观自身。"①成为类存在物就是成为普遍的存在物,也就是在意识上预先完成普遍性的意识和认识,因而具有思想。思想是能动的普遍性。思维是人之精神的诸种活动或能力之一,与感觉、直觉、想象、欲望、意志等并列杂陈。不过,作为思维活动的产物,思维的形式或思想的规定性一般是普遍的抽象的东西。而思维之能够如此,全是得益于思维的能动性,"思维作为能动性,因而便可称为能动的普遍。而且既然思维活动的产物是有普遍性的,则思想便可称为自身实现的普遍体。就思维被认作主体而言,便是能思者,存在着的能思的主体的简称就叫作我。"②人只有作为能动的普遍体并借助这种它呈现普遍性的东西,才能产生思想。"就人是有思想的来说,他是一个有普遍性者,但只有当他意识到他自身的普遍性时,他才是有思想的……只有人才具有双重的性能,是一个能意识到普遍性的普遍者。"③人只有作为普遍者才能够将普遍的东西呈现于意识中来,而作为呈现普遍性之形式的思想也就必然与普遍性相连。"思想和普遍的东西的性质,思想是思想的自身又是思想的对方,思想统摄其对方,绝不让对方逃出其范围。"④作为思想的产物,普遍的东西(共相)是事物的实质、本质、核心和真理。然而,事物的真相如何得来呢? 一切对象、性质、事变的真实性,内在性,本质及一切事物所依据的实质,都不是直接地呈现在意识面前,也不是随对象的最初外貌或偶然发生的印象所提供给意识的那个样子,反之,要获得对象的真实性质,我们必须对它进行反思,唯有通过反思才能达到这种知识。

成为普遍者,这是人类的命运。他非成为普遍者不可,否则便不能以人的方式实存于世。动物也是类存在物,但动物并不知道它自己是类存在物,因为它是既成的;而人是生成的、自为的类存在物,他不但把自己视

---

① 《马克思恩格斯文集》第1卷,人民出版社2009年版,第163页。
② [德]黑格尔:《小逻辑》,贺麟译,商务印书馆2011年版,第68页。
③ 同上书,第81页。
④ 同上书,第70—71页。

作一个类,而且把其他存在物也当作类来看待。何以至此? 作为生成的、自为的存在物,他不能像其他动物那样直接享用自然界供给的或恩赐的生存资料,他非得经过劳动不可,借以创造出人所需要的一切。于是,人必须自知自身的本质和规律,更要知道其他类的本质和规律。动物只能适者生存,而人则自在而自为地生存;人意识到自己是类存在物,而且通过实践实现自己的类本质。"通过实践创造对象世界,改造无机界,人证明自己是有意识的类存在物,就是说是这样一种存在物,它把类看作自己的本质,或者说把自己看作类存在物。……动物的生产是片面的,而人的生产是全面的;动物只是在直接的肉体需要的支配下进行生产,而人甚至不受肉体需要的影响也进行生产,并且只有不受这种需要的生产才进行真正的生产;动物只生产自身,而人再生产整个自然界;动物的产品直接属于它的肉体,而人则自由地面对自己的产品。动物只是按照它所属的那个种的尺度和需要来建造,而人却懂得按照任何一个种的尺度来进行生产,并且懂得处处都把固有的尺度运用于对象;因此,人也按照美的规律来建造。"①那么如何才能把固有的尺度运用到对象上去呢? 所谓尺度就是道、逻各斯,就是规律,就是实体、主体能够运动起来的源初性力量、要素、环节和道路;而人是不会实体性地将不同事物之尺度并置在一切,偶然地、任意地完成组合、结合,相反,人要把道、逻各斯、规律概念化、观念化,使之成为朝向必然性的普遍性要求。将道和逻各斯观念化的过程就是将人的认识和行动规范化的过程,人是按照自己制定出来的规范将固有的尺度运用到对象上去的。"在自然界每一物件都是按规律起作用。唯独有理性的东西有能力按照对规律的观念,也就是按照原则而行动,或者说,具有意志。既然使规律见之于行动必然需要理性,所以意志也就是实践理性。"②人自在地是非自足、非完满因而是未完成的存在物,他要自为地借助意识在劳动中解决需要的无限性与自身之能力的有限性的矛

① 《马克思恩格斯文集》第 1 卷,人民出版社 2009 年版,第 162—163 页。
② ［德］康德:《道德形而上学原理》,苗力田译,上海人民出版社 1986 年版,第 63 页。

盾,从而成为虽依赖他物但却依靠自身的存在物。为着把不同的尺度统合起来,时时处处都把自己固有的尺度运用到对象上去,他就必须在意识上预先完成尺度的概念化和观念化。这就是人类制定任何一种形态的规范的根据,他源于人性自身而来源于社会结构。相对于自然,人类与他类事物并存着;在人这个类属中,不同的个体共存着。于是,为着实现人类的共同目的和个体的特殊目的,人类必须将个体和类约束起来,只有约束起来,才能避免随意和任性,人们期望的秩序和价值才能共出。将道和逻各斯概念化和观念化,就是制定原则和规则的过程。"观念的东西不外是移入人的头脑并在人的头脑中改造过的物质的东西而已。"①移入的过程就是表象化的过程,改造的过程就是思维的过程,亦即康德所确定的感受能力和判断能力。

借助理论理性,一个朝向事物自身的本质直观被呈现在表象中、被把握在意识中,这就是本质和规律的概念化和观念化。借助创制理性,观念化的本质和规律被概念化,通过概念和话语将本质和规律变成可表达、可理解的命题,命题就是命令,命令的陈述形式就是命令式。"一切命令式都用应该(Sollen)这个词来表示,它表示理性客观规律和意志的关系。"②如果命令式是用以表示如何通过劳动创造劳动产品的关系,那么命令式就是技艺性的,它只考虑一个使用价值如何被创造出来,而不考虑这些使用价值能否促成快乐和幸福,对产品而言,技艺性的命令式就是绝对命令,因为任何有悖于尺度的、意见与情绪、意念与执念都会使使用价值无法产生,唯其如此,面对技艺性的命令式,人们必须拥有共同意志。如果是表示行动意图的则是实然的、实用的、智巧性的命令式。如果是对所有行动者都有效的规则,则是必然的、绝对的命令式,即道德律令。前两种被康德称为假言命令,后一种是定言命令。技术性命令式的根据是自然规律,智巧的、道德命令式的根据是社会规律。"自然规律是万物循以产

---

① [德]马克思:《资本论》第一卷,人民出版社 2018 年版,第 22 页。
② [德]康德:《道德形而上学原理》,苗力田译,上海人民出版社 1986 年版,第64 页。

生的规律,道德规律是万物应该循以产生的规律,但却不能排除那些往往使它不能产生的条件。"①为着使智巧的、道德的命令式有效,人们必须拥有公共意志。

当我们用根据和理由去致思规范的原始发生时,一个可信的态度便呈现出来,人性基础和社会根源为规范的原始发生提供了坚实的根据,是发生于主体性和客体性之必然性要求之中的命令,当人们将命令概念化为语言性的存在时,规范就产生了。根据无需辩护,只需澄清;当依照根据为那些与诸种命令不相符合的观念和行动时,根据就成为理由。理由可以根源于根据,也可以偏离根据,而成为主客观都缺少充分根据的那种视其为真,这便是情绪和意见,表现在行动中就是任性和执念,是用个人意志取消公共意志的过程。将情绪和意见充当理由,用理由替代根据,是导致规范失效的根本原因。根据因其自身之故而被坚守,理由因个人意志而被执拗。用根据和理由呈现出来的规范的原始发生过程,构成了朝向规范之哲学沉思的第一原理;规范的本质、矛盾、冲突问题,总之,规范的复杂性问题均源于这个第一原理。它们是本相与殊相的关系。

2. 本质与形式:规范的本相与殊相

规范本质根源于规范的本相规定。本质是本相中的本质方面,但却不是全部。就规范的本相而言,乃由中项和特定的本相构成。特定的本相乃指作为对象性存在的价值系统,这些价值要么有利于社会的进步,要么有利于个体的发展。如果是自身性的、具身性的价值,那便是人格和尊严,如果是距身性的、附身性的价值,那便是公共善,要么是观念性的政策、制度,要么是实体性的财富、机会、运气。人格和尊严是非排他性的,而社会财富则是排他性的。与此相对,规范之另一种特殊的本相则是拥有各种需要、充满各种诉求的个体,这是主体性的,是目的论意义上的存

---

① ［德］康德:《道德形而上学原理》,苗力田译,上海人民出版社 1986 年版,第 36 页。

在。缺少了主体性的维度，任何一种形态的正义、平等、公正、公平都是无意义的。于是朝向主体性价值的人格与尊严、朝向客体性的社会财富而言，就自然而然地产生创造与分配的问题，正是这两个问题，才是规范的原始发生成为一种必然。通过规范这个中项把客体性的价值和主体性的人格有机地关联起来。从外部结构说，规范作为媒介，乃是本质性的，故可称之为本相，而将其他两者称之为殊相。然而，这极易产生误解或错觉，似乎规范才是本体性的，因为一个没有规范规定着的世界，一定是一个失序或无序的状态，霍布斯的原始状态或自然状态就是充满攻击、残害、破坏的失序状态。以此可以说，任何一种秩序哪怕是专制、专权，也比没有秩序要好。规范作为中项虽然不是本体性的相关项，但却是本质性的，既是普遍性本质又是普遍性外观。

规范作为联结客体性价值和主体性人格这两个殊相的中项，却不是实体性的，而是观念性的，尽管规范可以通过听觉和视觉变成可理解和可接受的命令式，但规范本身却不是这个用语言武装起来的表达式、命令式，而是如何尊重人的尊严、如何公正地分配社会财富的观念。观念是规范的本质规定，命令式是形式，观念是本质。形式与本质是我们理解和把握规范的两个维度，并不是规范约束着人的思考与行动，而是观念支配着人们的行动。一个良序社会固然表现为拥有一个卓有成效的规范系统，但本质上则是拥有一组实现和体现人类之基本价值、核心价值和终极价值的观念系统。在社会运行过程中，常常会发生相关于规范的形式主义和本质主义相背离的情形。形式主义着眼于一种"看似有理性结构"的建构，而不致力于规范的有效性实施，表面看来，人们似乎拥有了一个集激励、约束和惩罚机制的规范体系，似乎拥有了极具实践能力的观念体系，而实际上则是满足于因形式而来的虚假满意。规范制定与实施上的形式主义，根源于政治权力和公共职权的专断和滥用。形式主义还表现在规范的正义指向和权力行为的非公共性运行；形式上的公正和平等掩盖了实质上的不平等。人们缺少的不是用语言武装起来的规范陈述，而是缺少在公正观念支配下的正义行动。"官僚政治一语，通常应用在政府权力全把握语官僚手中，官僚有权侵夺普通公民自由的那种政治制度上。那种政治制度的性质，惯把行政当作例行故事处理，谈不到动机；遇事拖延不决，不重实验。在极端场合，官僚且会变成世袭阶级，把一切政治措施，作为自己图谋利益的勾当。"①将观念视作规范的本质规定，为人们实现进步意义上的规范演化提供了坚实的意识前提。随着一种新型的社会结构的产生，一场观念的革命也招致前来，甚至可以说，观念革命是先行于规范的革命而发生。一种新型的、更能实现人类基本价值、核心价值和终极价值的社会结构的生成，必以更加进步的观念的生成为前提。

3. 基于规范之原始发生而来的正义和平等问题

无序与失序也是一种秩序；战争与暴乱是对和平与公正的严重践踏和破坏，但对于进行战争和暴乱的人而言，则是一种对他们有利的秩序。进一步地，在充满剥削好和压迫的社会状态下，相关于生命权、财产权和自由权之规范的制定，其话语权全部垄断在统治阶级手里。自近代以来，正义、平等、自由、民主日益成为人们强烈追求的社会价值，这些价值作为一种观念也成为人们制定各种规范的基础。当正义与平等、人格与尊严逐渐成为社会最为基本的价值体系时，规范作为将两个殊相统合起来的中项，能否保证人们在规范的约束下最大限度地实现正义和平等呢？这是对我们具有切近意义的规范正义问题。一个基本的判断是，人类永远无法制定出适合于全部社会活动领域的普遍规范，也无法制定出适合所有特殊领域的个别规范。这是由主客体两个方面的原因决定的。

即便出于公共目的、在公共意志的支配下制定规范，规范系统也无法实现空间上的普遍性和时间上的持续性。人是有限理性存在者，无论是理论理性、创制理性和实践理性，都是有限的。作为客体性存在的天人之道、人伦之道和心性之道，无论在空间上还是在实践上，都大于和长于主体性的理性。人类的观念与行动无论怎样殚精竭虑地出于理性和合乎理

---

① 　王亚南：《中国官僚政治研究》，商务印书馆 2010 年版，第 6 页。

性，都不可能完全地遵照道和逻各斯而行动。在把道和逻各斯概念化和观念化同时，被规范化的自然、社会和灵魂已经发生了变化；将流动的自然、社会和灵魂固化，本质上就是一个机械化甚至僵化的过程。在规范之原始发生的始点上，原本就不可能统觉和统握所有的可能性，而只能把以语言性存在的样式向概念和观念敞开着的部分统觉和统握到规范中来，若干隐蔽着的、被人类的无知和偏见遮蔽着的潜语言性存在，还都隐藏在冰山之下，尚未开显的无意识、被压抑着的潜意识，还游离在道德和法律的视野之外。正是由于客观世界的无限性和主观直接的有限性，才使得任何一种规范都是相对的。因此，任何一种规范一经制定出来只能以"看似有理性结构"的形式存在着；人类只能在自然、社会、意识和意志的可能性空间内思考、领悟和体验天人之道、人伦之道和心性之道；唯其如此，规范变迁乃是必然的事情。在初始性制度安排中，人类无论怎样地充分且公开地运用理性，都不可能将所有关于正义的可能性含括到制度设计和安排中来，不但初始性的制度设计是如此，矫正性的、重构性的制度安排亦复如是。无限世界和有限理性，为我们正确认识规范的有限性提供了事实根据。

　　另一种情形则是动机偏离意义上的规范缺陷问题。康德给出了一个以理想的、无限的、无名的契约为基础的目的王国概念，在这个以道德为唯一条件、以有理性存在者为终极目的的王国里，每个人拥有着平等的立法参与权。每个人都是有理性的存在者，因而都是目的，这是普遍道德命题，每个人都必须在实践法则支配下、在善良意志保障下、在实践理性使用中，做出于责任的事情，即具有道德，才会成为立法成员。有理性使人自在地成为目的，运用理性使人自为地成为立法者。"道德就是一个有理性东西能够作为自在目的而存在的唯一条件，因为只有通过道德，他才成为目的王国的一个立法者。"①有理性东西的自在自为性成为他获得参与

---

① ［德］康德：《道德形而上学原理》，苗力田译，上海人民出版社1986年版，第88页。

权的坚实基础。道德或德性之所以获得如此之高的评价,"不过是因为,它给有理性东西取得了普遍立法参与权,正是有了这种参与权,它才有资格成为可能的目的王国的成员。作为自在目的,有理性东西的本性就规定它为目的王国的立法者"①。显然这是一个理想的王国,而现实的社会则是一个充满差别、矛盾和冲突的空间。这一点,康德用自然目的论加以论证:"目的论把自然当作一个目的王国;道德学则把一个可能的目的王国当作自然王国。在前一种情况下,目的王国是用来说明现存事物的理论观念。在后一种情况下,自然王国则是一个实践观念,要通过我们的行动,把尚未存在的东西变成现实也就是与实践观念相符合。"②完全可以看出,康德的目的王国是一个存在差异的实践观念,有理性东西自在地是目的,因而理应成为目的王国的立法成员,但条件是必须拥有德性并运用德性。显然这是一种道德推理,而是不是事实推理,亦即,只要能够充分运用理性,出于责任而行动,就应该同时也必然拥有参与权和立法权。事实上,这只是可能但不必然的事情。相反,在现实的世界里,无论是天赋地位还是自致地位都处在差别状态,每个社会成员无论是否拥有且运用理性,都不能保证他们成为立法者。没有差别就没有平等,没有基于差别之上的不平等就不会有消灭不平等的法律主张和道德诉求。处于优势地位的个人和集团拥有相对于处于劣势或不利地位的人群的控制和支配社会资源的力量,这种力量往往不是通过"民主协商"获得的,而是通过博弈甚至斗争挣得的。于是在如何平等地拥有相关于政治权力的道路上,近代政治哲学家所提出的各种主张,卢梭代表的是平民的呼声,平等优先于自由,而洛克代表的则是新兴资产阶级的立场,自由优先于平等。而具有现实可能性的则是洛克的谋划,因为,卢梭主张的权利契约常常缺少坚实基础和现实条件而变为理想。或许在人类的心灵深处,从不缺少先天的平等观念。这种平等的观念可能是一种天赋观念,植根于每一个人的

---

① ［德］康德:《道德形而上学原理》,苗力田译,上海人民出版社 1986 年版,第88 页。

② 同上书,第89 页注※。

心灵深处，每个人都是天生的平等派。"没有人能够自立为皇帝或国王，人民提升某一个人使之高于自己，就是要让他依据正确的理性来统治和管理人民，把他所有的给予每一个人，保护善良的，惩罚邪恶的人，并使正义施行于每一个人。但是如果他妨碍或搅乱了人民建立他所要确立的秩序，也就是违反了人民选择他的契约，那么人民就可以正义而理性地解除服从他的义务。因为是他首先违背了将他们联系在一起的信仰。"①这是11世纪一位思想家提出的观点。

将充满差别、矛盾和冲突的社会关系悬置起来，或置处于优势地位的个人与集团的欲求与意志于不顾，固然可以构造一个实现正义与平等的理想类型，但处于支配地位的个人与集团难以倾听民众对于正义与平等的吁求，而是依照自身的意愿和意志实施支配行为，却是必须正视和重视的事实。如果不以这个事实为基础沉思规范性问题，那么任何一种分析、论证和主张都是不客观的。

所谓在制定规范和运用规范过程中出现的动机偏离问题，乃是指两种情形，即在制定规范的过程中，在个人意志与公共意志发生冲突的情形之下，或隐蔽或公开地将个人意志置于首要位置。所谓公开的情形，乃是指在合法的前提下，将资源的分配规范化，在形式上取得向所有人开放的形式公正，但在规范的实施过程中，绝大多数人既无条件也无机会参与社会资源的分配，更何况在信息垄断的情形之下。事实上，在始点的意义上，规范的制定者就在个人意志的支配下，将追求公共意志的人群的权利与机会排除在外了。在合法化的形式下，相关于公共资源的分配仅向少数人或个别集团开放，其行为具有公开的"显失公正"的性质，处于不利地位的人群既无权利更无机会来修改和矫正规范。这种情形无论是在激励性的、约束性的还是在惩罚性的规范之制定与运行中，都会存在。所谓隐蔽形式的公正问题，是就无法广泛知晓而言。能够被书写和广泛表达

---

① ［英］迈克尔·莱斯诺夫等：《社会契约论》，刘训练等译，江苏人民出版社2006年版，第13页。

的规范体系,常常是那些无法具象化和具体化的表达式,而相关于社会与国家之核心资源分配的规范,乃是具体的、根本性的规定,这些规定要么是相关于政治权力和公共职权的,要么是相关于公共资源的,如资本、知识、公权力。对于这些规范的制定和实施,普通民众并无参与权更无康德意义上的立法权,尽管规范制定者也对权力、资本、知识和媒介的分割、设置、使用做了严格的"自我约束",但这种约束是以制定者以其自身理解了的公共意志作为基础的,而不是公共意志的直接运用。当作为中介的传播媒介作为第四种权力形式被广泛用于监督和表达时,传媒就成为诸种形态的利益主体争夺的对象。另一种隐蔽形式的公正表现在规范的应用过程中。就相关于政治权力和公共职权的分割、设置、行使的规范体系而言,可有三种形态:原则、规范、规定。原则是最高形式的规范,它并不指向具体的内容,而是就作为客体形式的公共资源如何分配、作为主体形式的权力者如何思考和行动做最为抽象的规定,这些规定可以用规范化的概念、话语和语句书写出来,但其实质则是相关于如何获得权力和使用权力的观念。如果只是机械化地照章行事,而并无将公共权力用于公共目的,那么,被书写出来的原则就仅具有形式价值,而无实质意义。官僚主义和形式主义是这种情形的集中表现。规范是将原则贯彻到社会活动领域中具体资源之分配之中的过程,这是一个公共意志与死人意志、公共利益与私人利益相互交织的领域;是支配权和使用权的分配,诸如教育领域、医疗领域的资源的分配与使用,可以有利于某个特殊阶层和利益集团,也可以有利于最广大的民众。规定是规范与可数资源具体结合的过程;规定是抽象的,资源是具体的,观念是抽象的,操作是具体的。抽象的规定与具体资源的分配之间有多个结合点,如果将公共目的视作首要原则,那么操作者就会将规定结合到最有利于民众的节点上,如果将利己动机立为首要需要,那么就会结合到最不利于民众的节点上。制定和实施最大限度地实现人类基本价值、核心价值和终极价值的规范体系,不仅仅是一种观念,更是一种技艺。

规范是观念和技艺的有机结合。通过理论理性,人们将特定社会状态下的道和逻各斯揭示出来，从而为制定朝向客体的资源和朝向主体的思考与行动的规范体系，提供理论基础，形成一个相对成熟的观念系统，将观念对象化为可理解和可接受的语言符号系统，为激励、规约和惩罚提供根据和尺度。规范是被理性想到并用概念说出的语言性存在，要将这种语言性存在与客观的语言性存在相互共出，就必须充分运用创制理性。一个极具建构性又具范导性的制度，是一种更具创造性的生产力，好的制度可以创制一个良序社会，坏的制度可以使社会结构解体、使社会价值系统崩溃。在规范的原始发生上，人性论作为前意识结构，起着初始性的作用。性善论将规范的原始发生置于普遍的善意之上，约束性和惩戒性规范的严重缺失，为基于权力欲、支配欲和占有欲支配之下的权力滥用留下了广阔的空间；如果将性恶论立为制定规范的观念基础，那么就会制定出类似于康德所构想出的规范类型：指令性的、禁止性的、除外性的。禁止性的、惩戒性的规范之先天缺失，或惩戒性不足，就会造成普遍的违约成本过低的后果，这是权力滥用行为普遍存在的根本原因。观念的、舆论的约束是有限的，甚至是脆弱的。当人们借助理论理性提供了制定规范之必要性和可能性的根据，创制理性为制定整全的规范体系供给了技艺，那么如何将仅具有形式正义的规范转变为实质性的过程和结果正义，则必须拥有实践理性，且充分而公开运用实践理性。

4. 对置与措置：规范与观念的两种结合方式

观念是规范的本体，规范是观念的外化，二者之间是否一致、对置，直接决定着规范的合理化程度以及规范在行动上的有效性程度。对置描述的是，规范作为一种"看似有理性结构"虽然不能将充满流动性和完满性的观念完全外化、对象化，成为极具建构和范导功能的律令，但可以从根本上体现正义与平等、效率与公平、自由与幸福原则。就规范自身的功能而言，内在地存在着形式与内容的分别，内容是精神，形式是条文；精神是充满生命力的，是流动的善，而条文则是固定的、稳定的句式。即便句式已经不完全符合已经变化了的社会语言系统，但如果其所坚守和表达的精神却依旧是出于理性和合于理性的,那么这种表达式就依然是充满生命力的。传统文化中的传统之所以被称为传统,恰在于蕴藏着人类最为根本的精神,在观念与规范之间虽然不是直接的对应关系,但依然是形式与内容、语句与精神的有机统一。观念与规范的一致所表达的,乃是观念和规范都指向人类基本价值、核心价值和终极价值而言,如若偏离甚至背离了人类价值系统,那么观念和规范无论具有怎样的形式合理性也必须舍弃、摒弃。对置与一致是从积极角度分析和论证观念与规范之关系的。

从消极或重构的角度说,观念与规范之间尚有措置的一面,而用以论证措置现象的观念基础则是时间和空间正义问题。相关于规范的时空正义问题,尚未得到足够的重视,更缺少深入研究。在此一问题上,我们试图通过规范、观念和行动三个概念加以论证。在时间正义问题上,有如下几种情形,第一,将一种必须摒弃的观念和规范直接移植到已经发展和进步了的社会场域中,属于一种整体性的措置,它以强制性和非强制性的、公开的和隐蔽的形式,严重滞阻着观念的革命和社会的进步。将历史思维充分运用于规范之时间正义的研究中来,才能真正甄别出何种观念和规范是"守正创新"的对象。第二,在段落思维的意义上,观念与规范的措置则有如下情形。一个形式上出于和合于理性的规范体系被创制出来,取得了形式上的普遍有效性,但无论是处于优势或支配地位的行动者还是大众尚不完全具备与规范体系所要求的目的相一致的观念、能力和行动,被理性思维到的正当性却未必具备实现这一正当性的情感、意志和能力。另一种情形是,先进的观念已经基本形成,但作为规范之权威形式的制度和体制却是滞后的,尤其是朝向政治权力和公共职权之设计、分割和运用的安排,无法将公共意志以自愿接受的方式,整合到制度变迁和体制变革之中。在断面思维中,人们总是用简单思维来看待和对待那些被证明是落后的观念和规范、进步的观念和规范,期望可以清晰地将前者从意识中删除掉、从行动中清除掉;殊不知,这些被舍弃或摒弃的观念和规范恰是进步的观念和规范产生自身、发展和完善自身所必需的环节。任何一种能够在人类生活中出现的作为主体性要素的情绪、直观、印象、表象、意志、情感、目的、义务，以及基于这些主体性要素形成的客体性的规范、制度、体制，都是有着人性基础社会根据的。人类的进步就在于，随着理论理性、创制理性和实践理性的发展，创制出了更能够实现人类价值的社会结构和社会价值。

（二）挽救规范与摆脱危机：自我救赎与自我革命的可能性及其限度

如果说三种致思范式为我们研究规范问题提供了立场和方法，将规范和方法都当作范式加以对待，那么规范的原始发生和历史变迁则是范式自身的生成、演变和发展，致思范式的一般哲学原理则是范式演化的理论自觉与学术表达。如要证明两种方式的正确性、正当性和有效性，就必须接受来自现实生活的检验，只有经得起实践检验的理论，才能够获得范导观念和行动的合法性。如何认识两种范式追求的是正确性，如何指导生活追求的是正当性。自我救赎是拯救规范的主体觉醒，自我革命是摆脱危机的现实道路。

1. 是知性判断、理性反思还是感觉幻相？

"规范失效还是道德危机？"这不仅仅是一个疑问句，也是一个判断句。拥有最基本感性确定性、知性判断力和理性反思性能力的人，都不会轻而易举地否认这个判断，因为这是事实，是我们的实际性。如若将经验的、理论的和思想的自然观点统合起来，直面我们的实际性时，相关于规范危机的整体性刻画就客观地浮现出来。

我们虽然没有从根本上失去创制、修正、发展和完善规范体系的基础和能力，但却遭遇着前所未有的危机。无论我们的实际性怎样地令人们茫然、失望、绝望，总之感到无助，但毕竟尚未临近世界末日的地步；我们生活在最低限度的秩序中。一方面，人类孜孜以求的科学技术的飞速发展、市场经济的深度推进、人工制品的广泛运用、知识生产的全面拓展、诸种欲望的神圣激发，创造出了前所未有的可能性空间，为个体和类追求整体性的好生活提供了日益丰富的条件和环境。另一方面，自反性现代性又把人类抛向了充满矛盾、冲突、危险、风险的深渊；创造出了怎样的多样性就同时生产出了怎样的复杂性，供给了怎样的机遇就带来了怎样的风险，这就造成了既殚精竭虑地构造现代性，又全身心地恐惧现代性的双重心理。那么，朝向规范问题而言的实际性到底是怎样一幅画面呢？

自反性现代性已经不再是一种理论，而是一种实际性。现代化运动自身是否内在地生成着否定其成就的元素？如若这是事实，那么这种事实是否可称之为"自反性现代化或现代性"？1997 年，乌尔里希·贝克、安东尼·吉登斯和斯科特·拉什以《自反性现代化》为书名出版了三篇长文和三篇回应文章，从不同角度集中分析和论证了现代化运动的自反性特征及其后果。[1]真正的现代性起始于 20 世纪 70 年代末至 90 年代初，而笼统的现代性则在 14—15 世纪既已开始。唯其是在西方文化主导之下，是通过军事打击、经济侵略、政治扩张和文化殖民的方式进行的，虽以民主、自由、平等、正义为核心价值观，但却由于自身无法克服的内在而深刻的矛盾而产生了自我否定的因素，由这些因素促成了自我反向运动即被社会学家称之为"自反性现代化"或"自反性现代性"后果。

"'自反性现代化'指创造性地（自我）毁灭整整一个时代——工业社会时代——的可能性。这种创造性毁灭的'对象'不是西方现代化的革

---

① 乌尔里希·贝克在其长文《再造政治：自反性现代化理论初探》的注释［1］中说道："'自反性现代化'的概念出现于吉登斯的《现代性的后果》（1990）和《现代性与自我认同》（1991）两本专著中以及拉什的论文《自反性现代化：美学维度》（1993）中。我在拙著《风险社会：新现代性初探》（1992）中使用了这个概念，并在《解毒剂：有组织的不负责任》（1994）中利用这个概念讨论了生态危机，在《爱之常态混沌》（1994）中利用这个概念讨论了性别角色、家庭和爱。"（《自反性现代化：现代社会秩序中的政治、传统与美学》，［德］乌尔里希·贝克、［英］安东尼·吉登斯和［英］斯科特·拉什著，商务印书馆 2001年版，第 66 页）

命,也不是西方现代化的危机,而是西方现代化的胜利成果。"①自反性现代化是在不知不觉中完成的,自我反对的要素在同自我肯定的进程中悄然生成。"工业社会变化悄无声息地在未经计划的情况下紧随着正常的、自主的现代化而来,社会秩序和经济秩序完好无损,这种社会变化意味着现代性的激进化,这种激进化打破了工业社会的前提并开辟了通向另一种现代性的道路。"从社会秩序、经济秩序和社会成就看,自反性现代化既否定了现代化运动的前提,也毁灭了现代化的胜利成果;而从推动和参与现代化的个体及集体来看,人们愈益清醒地感受和认识到了自反性的反向作用,从而激发起了纠正、矫正现代化的热情和理性。"自反性现代化的一个基本论点是这样的:社会的现代化程度越高,能动者(主体)所获得的对其生存的社会状况的反思能力便越大,因此改变社会状况的能力也越大。"②事实证明,反思和改变自反性现代化的能力只有超出理论和思想家的范围,而变成国家治理者和社会管理者以及民众的自觉意识和行动时,一种全面而彻底的改变自反性现代化的运动才能生成。然而在日益严重的国际治理危机、西方制度危机、文化危机、观念危机的境遇之下,西方形态的现代性依旧看不到自我纠正、自我矫正的曙光;相反,一种强大的逆全球化和反全球化浪潮却此起彼伏。现代化运动以极其矛盾或悖论的形式演进着。

(1)时空的现代性转向使秩序处在不断建构、解构、重构的循环之中

尽管造成全球化这一结果的原因是复杂的,其间充满着不平等、强制甚至是战争,但在当下,个体性的、集体性的、国家性的认知与行动,会在瞬间具有了世界性意义,则是必须重视和正视的事实。这意味着,至少在现实性的意义上,不同主体(个体、集体、民族、国家、人类)的认知与行动都要在全球性和世界性的时空之内进行,尽管并无意愿使自己的知与行产生世界意义,但全球化的过程及其后果一定影响到各种形态的主体。

---

① [德]乌尔里希·贝克、[英]安东尼·吉登斯和[英]斯科特·拉什:《自反性现代化:现代社会秩序中的政治、传统与美学》,商务印书馆 2001 年版,第 5 页。
② 同上书,第 174 页。

全球化场域下的时空,已经不再是简单的物质存在的基本形式和物质运动的基本方式,亦即不同事物之间的相互共存(空间)和同一个事物的先后相继和流动持存(时间),也不仅仅是主体用以把握经验材料的"先天直观形式",毋宁说,时空业已变成一种思维方式,一种构造世界并赋予世界以意义的"内部视域",时空成为一种充满各种意义的内心体验。流动的时空结构越来越呈现出基于物理事实之上的社会事实和哲学人类学意义;时空也越来越成为基于个体、集体、民族和国家而达于人类的世界性存在。时空在实现着从单一的客体性存在向主客体相统一的状态转向,越来越呈现出被建构和解构的性质。

首先,空间的主体性向度促使空间不断呈现出被建构与解构的性质。空间不再是一个简单的人们用以描述实体的广延性和并存性的概念,而越来越表现出康德的"先天直观形式"的作用;空间不再是被证明具有广延性和并存性的一个实体或多个实体被置放于其中那个广袤的外部框架,而是一个可以用价值和意义加以标识的活动领域,活动延伸到哪里,嵌入何处,空间就扩展到哪里,这就是延伸者和嵌入者的空间。一如殖民者所做的那样,它把那双充满侵略、打击、占有、侵占、支配的手伸到哪里,它就把自己的意志推广到哪里,那里的空间就是充满它的支配意志的空间。空间不再是固定的一个可丈量的物理框架,是一个仅有长、宽、高的外部形式,相反,空间变成了可以借助行动和想象所不断扩展着的物理世界、心灵世界和意义世界。意识空间和意志空间的形成,使得再不使物理空间发生改变的前提下,实现空间控制和支配。占有和支配了他者的意识和意志空间,就意味着占有了他者的社会空间。当空间的社会和哲学人类学意义超过了物理意义时,人们才不再顾及世界的物质性对人的认知与行动的限制,而是试图解除各种物理限制而随性而为,只要这种随性符合各种规范。不同主体之空间结构的不断压缩和扩展,还得益于飞速发展的现代传播媒介体系,直播技术的发明,使得处在不同物理空间的人们可以共在于同一个事件的影响之中,它将往日的延时性或延迟性消解在共时性之中。共在结构的形成直接造成了堆积性效应,亦即不同性质的事件、不同空间中的事件会在单位时间内迅速堆积到同一个主体那里,节约了的时间就是压缩了的空间。正是在这个意义上,时间就是不同事件在同一个时间单位中的共在,物理空间的宽度、广度被现代转播的即时性予以消解,所以,时间就是空间,是不同地点上的事件的相互共在和同时显现。

其次,时间越来越具有了内感知特性。在哲学常识中,时间被规定为同一个事物的持续性和不同事物的先后相继和不同显现。在这一规定中,时间被视作是同一个事物和不同事物的外在结构的流动,似乎是对这种流动的记录。但事实上,如果缺少了主体性的维度,那么不同事物的相互共存、先后相继,同一个事物的持存,就没有了可供判断的根据,即价值的依据、意义的根据。如果将主体的认知、行动和体验贯彻到对时间的规定和理解中,那么朝向主体的时间就具有了基于物理事实之上的社会价值和精神意义。时间的社会价值在于,在被人为设置的具有职业性的社会时间内,日常交往和非日常交往的相对分离,使得社会时间被外在地划分为必要劳动时间和自由时间;必要劳动时间的规定具有双重意义,其一是,被承认的劳动是通过劳动所延续的时间来证明的,尽管农业劳动不像工厂劳动或具有职业性质的工作那样,人们可以精确地规定其时间长度,但同样要通过自然时间来完成,如春耕、夏锄、秋收、冬藏。在成体制性的社会安排下,似乎一切劳动都要通过时间加以规定和度量。其二是,时间成为衡量劳动价值从而规定其劳动价格的依据,但不是完全依照时间长短,而是依据单位时间内劳动的效率来规定劳动价值和劳动价格。在社会主义制度之下,尽管人们真诚地希望甚至坚定地认为,劳动与幸福具有内在的必然性,但在马克思所描述的必要劳动时间内,劳动者很少感受到劳动带给劳动者的快乐,它依然受着市场经济规律的支配,那就是,劳动者对基于劳动之上的所得的兴趣还是远远超过了对劳动过程的兴趣;同时还在一定程度上存在着为着获得更多的收入,不得不延长劳动时间的现象。在社会主义市场经济条件下,劳动者必须遵循商品生产与商品交换的规则。社会主义市场经济条件下的时间,不仅具有衡量劳动价值和价格的作用，而且还有深刻的社会意义，同时也包含着被物化的风险。这着实是一个矛盾，个体劳动时间的社会化，为使个人的劳动得到社会承认，个人的价值获得社会的认同创造了条件；但由于劳动时间的价值必须通过商品这一物化形式、货币这一符号化形式表现和实现出来，于是，他者和社会关注于劳动者的价值，就不再是他耗费了多少劳动时间，而是提供了多少物化的劳动产品，这就有可能使劳动时间失去了本体论的意义，而只有它的物质价值。内时间意识的增强，客观的历史传承就陷入到了段落化、断面化的状态之中；心灵之序逐渐脱离了世界秩序、历史顺序，基于康德接受表象的能力和思维表象的能力，逐渐被自行构造起来的感觉和意志所替代。碎片化的感觉、分散化的知觉、断面化的思维，从心灵深处解构着诸种秩序。世界之序、社会之序、心灵之序处在急剧的变动之中，已有的、现有的规范体系处在不断的建构、解构、重构的循环之中。"一切固定的僵化的东西以及与之相适应的素被尊崇的观念和见解都被消除了，一切新形成的关系等不到固定下来就陈旧了。一切等级的和固定的东西都烟消云散了，一切神圣的东西都被亵渎了。人们终于不得不用冷静的眼光来看待他们的生活地位、他们的相互关系。"①作为内容的行动和关系处在变动不居的状态，作为形式的规范体系也必定处在不断的变迁之中。

（2）现代生产逻辑将利益算计变成了建构各种规范的原则

全面的物化与普遍的交换、多样的需要和立体的能力，这是现代生产逻辑的直接后果。交换古已有之，但只有在市场经济条件下，交换才变成了普遍的甚至是必然的事情，也变成了仅仅具有经济意义的事情。然而如果把交换仅仅视作一个具有经济意义的简单行为，那势必不能揭示出劳动所具有哲学性质的本体论、认识论和价值论意义来，因为这些意义是隐藏在经济意义背后的隐意或隐喻。在自给自足条件下，劳动仅仅具有劳动者自我的、血缘和地缘的、民俗文化的意义，相反，它的社会性质和哲

---

① 《马克思恩格斯文集》第 2 卷，人民出版社 2009 年版，第 34—35 页。

学人类学意义还是隐藏着的，因为劳动尚未变成普遍的社会性存在，进一步地尚未成为具有哲学性质的存在。当劳动者不再把自己的劳动产品直接用于自己的需要和享受，而是参与到社会总生产的逻辑体系中，参与到社会总财富的分配中，那么他的劳动产品就变成了社会总财富的一部分，只要他的产品具有使用价值。如此一来，以市场为导向而进行的资源配置方式，就在初始性的劳动—享用之间开显出了分配和交换两个重要环节。正是通过生产—分配—交换—消费，个体劳动才会变成共同劳动，私人劳动才会变成社会劳动。这就为使劳动成为普遍的、具有哲学性质的存在奠定了社会基础。马克思在类哲学的意义上，将劳动的这种哲学人类学性质描述为："假定我们作为人进行生产。在这种情况下，我们每个人在自己的生产过程中就双重地肯定了自己和另一个人：（1）我在我的生产中使我的个性和我的个性的特点对象化，因此我既在活动时享受了个人的生命表现，又在对产品的直观中由于认识到我的个性是对象性的、可以感性地直观的因而是毫无疑问的权力而感受到个人的乐趣。（2）在你享受或使用我的产品时，我直接享受到的是：既意识到我的劳动满足了人的需要，从使人的本质对象化，又创造了与另一个人的本质的需要相符合的物品。（3）对你来说，我是你与类之间的中介人，你自己认识到和感觉到我是你自己本质的补充，是你自己不可分割的一部分，从而我认识到我自己被你的思想和你的爱所证实。（4）在我个人的生命表现中，我直接创造了你的生命表现，因而在我个人的活动中，我直接证实和实现了我的真正的本质，即我的人的本质，我的社会的本质。"①毫无疑问，这是在共同生产、共同分配成为现实的基础上才能出现的景象，而要促使这种景象能够出现，人类必须经过尚没有能力由社会共同安排劳动、共同分配、按需分配而只能通过借助劳动被物化这一环节来实现。进言之，人类如欲实现马克思所预设的共同劳动、统一分配、自由发展、全面进步，似乎非得经过生产力有极大发展但又没有高度发展这一历史过程，或许人类永

---

① ［德］马克思：《1844年经济学哲学手稿》，人民出版社2000年版，第183—184页。

远都做不到高度的、充分的发展,这可能是由能力的有限性与欲望的无限性之间的矛盾永远无法得到彻底解决所致。市场经济或现代生产逻辑作为人类劳动与生产发展史上的特定阶段,必须在"前资本主义""资本主义"和"后资本主义"的历史链条中得到界定和规定。相较于"前资本主义",现代生产逻辑确实创造出了**普遍的交换、多样的需要和立体的能力**,通过越来越精细的社会分工,无论是物质生活资料还是精神生活资料的生产,都越来越多样化、细致化和精细化;通过基于社会分工之上的普遍交换,增强了人们之间的社会交往、情感交流和思想融通,这在客观上提升了个体的社会性,培养了公共理性。尽管这一过程受到劳动物化和劳动资本化的严重影响,从而降低了基于普遍交换之上的情感交流和思想融通的质量;劳动物化是与现代生产逻辑相伴而生的,如果取消了私人劳动与社会劳动、使用价值与价值、产品与商品之间的矛盾关系,那么也就取消了个体之思维和行动越来越社会化的道路,同时也就取消了培养个体之需要的多样性、提升个体之能力的专业性的社会基础;正是通过劳动的物化才有可能实现自由而全面的发展。然而,通过使劳动资本化而产生的私有制将劳动物化发展到了异化的程度,亦即劳动者通过劳动生成了异己性的世界;如果说在单一的劳动物化境遇下,是物的世界和物的关系支配着人们,那么既在物化又在异化的条件下,私有制使得物的世界和资本家共同支配着劳动者。这着实是一个悖论,没有劳动的物化,没有适度的私有化,就无法提高劳动生产率,就不可能创造出更多的社会财富;然而,如若被创造出来的社会财富绝大多数都掌握在少数人手里,而绝大多数人虽有积累但却是通过付出艰苦的劳动而获得的,这便是有增长而无发展的社会事实。这便是唯物史观所揭示出的社会基本矛盾规律,生产关系既可能是推动生产力快速发展的条件,也可能是滞阻生产力发展的基础。政治制度、经济制度和文化制度,尽管所约束的对象不同,但它们却遵循着共同的价值原则:有用性。数字劳动、数字经济、算法正义,无不以使用价值的创造、分配和使用为判别依据和标准。规范系统的平面化、单一化,使得原本朝向人的情感和精神活动的规范体系的建构,也无不充分考虑它们的经济意义。

（3）社会加速与伦理加速的冲突

如果说传统时空解构的现代性转向,只是从外部结构描述了现代化运动的广度(空间)和速度(时间),社会加速描述的则是作为体验和经验的主体性状态的速度向度。在物理时间已经给定的前提下,社会时间和心理时间取决于单位时间内所完成的事情或所经历的事情的数量,或者说,感受和体验一个具体的事情所需要的时间长度。社会加速的直接后果就是造就了一个加速社会。在现代化早期,科技只是推动市场经济发展的一个要素,在市场经济及后市场经济时代,科技越来越脱离了它曾经为之效力的政治、经济和文化活动,飞速发展的人工智能开辟出了令人应接不暇的诸种充满魔力的领域和物相,元宇宙、机器人、语言识别、图像识别、自然语言处理、专家系统、机器学习、计算机视觉等等,它们的魔力令人迷恋。魔力与迷恋的奇妙组合,使得人们在制度设计和体制安排上,将人工智能视作是促使社会进步和个人发展的核心甚至是唯一力量;人们把自己拥有的一切都附加到机器人之上,除了具备人的基本技能之外,还要产生超人技能。人们在把机器变成人的同时,就把人变成了机器。没有心灵、没有灵魂的人工制品替代了人的思考与行动,它们大大降低了从事一个具体活动所需要的时间,或者说,在单位时间内创造出了数量更多的产品,完成了数量繁多的活动。于是,人们便跟随人工制品的发展脚步而不断制定用于激发人工智能的规范,尽管人们千方百计地制定着用于约束人工智能生产和使用的所谓的科技伦理,但快速飞奔起来的人工智能不再倾听人类的劝告、不再顾及人类的感受,而是借着权力、资本和知识的力量而独自地一往无前了。

加速社会的一个直接后果就是不可重复性日益普遍化,普遍扩展开来的不确定性,使得规范的建构、结构和重构处在快速的交替演化之中。无所适从、不知所措正是对普遍存在的不确定的感受和体验。个体与类的生活需要的是伦理世界,而不是由机器组合而成的物化世界;伦理世界是一个充满稳定性的、拥有价值的世界,以及基于二者得以实现的意义世界。

　　"规范失效和道德危机"只是这个充满矛盾、冲突和危机的现实世界的表象,人们正在感受着这种表象,被动地接受着这种表象,然而人们却没有像康德所说的那样,深刻地思考着这些表象,并通过发展人的理论理性、创制理性和实践理性而改造这些表象。自我救赎和自我革命的力量内存于个体与类之中,人类绝不会让冲突与危机发展到令人类走向末日的地步。如果说,规范失效和道德危机只是社会危机的后果或表象,其根源绝不在于其自身,而在于导致失效和危机的始点,那么,自我救赎和自我革命就必须从这个始点开始。

　　2. 自我救赎和自我革命:观念与行动
　　救赎是个体和类在耻感和罪感推动下赎回业已丢失的灵魂的过程,自愿地、虔诚地赎回就是自我救赎,如果迫于外在的压力而被动地赎罪,那么灵魂的丢失就将是必然的事情。一方面,人类创造着令人幸福的前提却没有创造幸福本身,另一方面,在不遗余力地推进着现代化,却又毁灭着现代化运动带给人类的价值。资本的世界运行逻辑,使得人类建立了世界性的命运共同体,使得不同形态的文明交流和互鉴成为可能,先发国家却又恐惧这种互鉴,唯恐失去往日的优势、强势;一方面在创造着据说是先进的文明,另一方面却又以野蛮的方式毁灭着文明。个体和类都已到了非经过深刻的反思和彻底的反省而不能摆脱危机的程度。

　　(1)原子思维的现代命运
　　关系思维与实体思维是两种完全不同的思维方式,整个古希腊哲学的底色就是实体思维,水、气、原子等等作为自然本体,就是原子,作为始基,这些原子具有源初性,展开自身为他物,他物又复归于原子。每一个思维者也同样是原则,亚里士多德德性论中的行动者就是各个层次的原子,政治家除了具备一般公民所必备的德性,还要具备政治家自身所应有的德性。每个能够思维和行动的社会原子相互交往、公共行动,构成了家庭、城邦等共同体。正是每一个原子的相似甚至相同的需求才使各个原子相互嵌入、相互制约，共同行动。这种观念和情感在现代化运动中被极大地扩展开来，每个人的人格性都是目的，每个人的生命权、财产权和自由权都具有不证自明的合理性。由个体定义整体，由原子定义关系，这就是实体思维和原子主义思维。在这种思维支配之下，个体与整体对立着、人类与自然对立着；我是主体，他者是客体；人类是主体，自然是客体；对立的关系就要通过斗争来解决。从实体思维和原子主义思维走向关系思维和价值思维，乃是西方当代形态的现代性所面临的最大难题。东方思维起初是关系思维和整体思维，人们总是自觉与不自觉地从整体定义个体、从关系定义存在。将中国哲学中的"道"与古希腊哲学中的"逻各斯"做对比，尽管仅仅具有形式上的意义而不具有实质性的价值，但对于实体思维、原子主义思维和整体思维、关系思维之于现代性的观念意义之研究，还是极为重要的。当代德国现象学哲学家罗姆巴赫对此有着颇为值得重视的见解："另一种思想的形成方式是不同的，它来自对道路（Weg）的经验，在道（Tao）中表达自身，就通过这种方式而被描述……道是一个基本词，就是说，像逻各斯在西方一样，道是一个同样类型的基本词。由各自的基本经验出发，（以下）这些对立的方面得到了思考。逻各斯讨论在，道讨论无；逻各斯讨论知识，道讨论无知；逻各斯讨论意志，道讨论无为。不过这种无为与无所为无甚关系，在其中显示的是，它能被建构一种高超的艺术。无为是如此发生的，即每个东西都在自己的构成运行。"①"对于道路的经验通向这种经验本身的'本质'，通向结构，在此道路显现了对于结构的经验方式，结构成为道的真实性形式。一个结构只能在某条道路上被经验，处于由一物向另一物的过渡中。逻各斯不是这样；逻各斯论及一种'超越'事物的经验方式。通过逻各斯经验的本质绝不是不可把握性，而恰好是每一事物的可把握性。由它超越事物的立场出

---

① ［德］海因里希·罗姆巴赫：《结构存在论：一门自由的现象学》，王俊译，浙江大学出版社 2015 年版，第 ii 页。

发,它获得了'客体性',这种客体性是西方哲学和科学的本真意义和诱因。"①在老子的道论中,无论是形而上之道还是形而下之道,道都是与人的存在须臾不可分离的,人们只能在"恒无欲"中把握无形之道,在"恒有欲"中把握有形之道;在顿悟和体验中把握通往道的道路。道路是由道开显出来的路向,也是通往道的路径。关系思维和境界思维超越了由实体思维所导致的原子主义和本质主义的风险。

面对源初的、扩张的和反思的现代性,实体思维、关系思维和价值思维经历着分离的、隔阂的状态,也蕴含着相互嵌入的、相互贯通的内在要求;只有将他者思维和集体意识贯彻到原子主义和个人主义之中,自由、民主、平等才会获得真正的含义;关系思维和价值思维只有将个体的初始性权力贯彻到集体无意识和有意识中,也才能获得真实的个体存在。两种不同的思维方式既然先行于现代性而生成并持久地发挥作用,那么,面对问题形态的当代现代性,只有超越各自的片面性,才能生成类似于罗姆巴赫意义上的"结构"。"结构不是范畴,而是很多范畴的安置。当结构的构造状态的范畴安置被阐明的时候,结构的构造状态也就被阐明了。其中的一些范畴始终在存在论中占有一席之地,如'关系'或'意义',有些是较新的,如'异化'和'动态',有些则是在最近才作为术语被接受,如'创造性'和'信息'。"②"结构"将"实体"和"体系"含括在自身之内,并把二者发展成动态的秩序构造过程,而将诸要素联结起来构成"结构"的关键则是"环节";世间存在可能从不缺少实体和体系,但却缺少环节,正是诸环节才让整个世界关联起来、运动起来,充满生机,持存秩序。关系思维和价值思维并非取代实体思维,而是把实体思维提升到了关系和价值的高度;将实体思维反思性地安置在关系思维和价值思维的基地上;实体思维是关系和价值思维的存在论前提,因为没有诸多实体,没有"这一个"和"那一个"实体,关系和价值也就没有了存在的意义,事实上,关系

---

① [德]海因里希·罗姆巴赫:《结构存在论:一门自由的现象学》,王俊译,浙江大学出版社 2015 年版,第 iii—iv 页。
② 同上书,第 vi 页。

和价值正是若干个"这一个"和"那一个"实体相互嵌入、相互影响的过程及其成果；关系和价值思维则是实体思维得以存在的条件，是判断实体思维和行动是否合理的内在根据和外在理由。

（2）理性无限观念的后果

自古希腊泰勒斯追问世界的本源开始，至费尔巴哈止，通常被称为西方传统哲学。西方传统哲学有两个传统，即两个承诺：包括人在内的整个世界一定存在着一个统一的本体、始因，它展开自身为万物，万物又复归于始基；人有足够的认识能力认知和把握这个本体。这就是本体论承诺和认识论承诺。整个古希腊哲学要么在论证这两个承诺的必要性，要么在论证它们的可能性，但尚无明显的倾向对此表示怀疑和质疑。及至近代，笛卡尔第一个以全面而彻底怀疑的面相对这两个承诺进行了考察，在他那里，考察心灵认知能力的无限可能性问题具有优先地位。笛卡尔进行全面"怀疑"不是目的，而是一种获得"确定性"和"明晰性"的艺术。"我发现，'我想，所以我是'这条真理是十分确实、十分可靠的，怀疑派的任何一条最狂妄的假定都不能使它发生动摇，所以我毫不犹豫地予以采纳，作为我所寻求的那种哲学的第一条原理。然后我仔细研究我是什么，发现我可以设想我没有形体，可以设想我没有我所在的世界，也没有我立身的地点，却不能因此设想我不是。恰恰相反，正是根据我想怀疑其他事物的真实性这一点，可以十分明显、十分确定地推出我是。另一方面，只要我停止了思想，尽管我想象过的其他一切事物都是真的，我也没有理由相信我是过。因此我认识了我是一个本体，它的全部本质或本性只是思想。它之所以是，并不需要地点，并不依赖任何物质性的东西。所以这个我，这个使我成其为我的灵魂，是与形体完全不同的，甚至比形体容易认识，即使形体并不是，它还仍然是不可不扣的它。"①笛卡尔把我思想作为我所是的根据，正因我不停地进行思考、怀疑、考察、确证才使我成为我。成为我自己乃是沿着两条路向而展开的，一个是向外的，通过怀疑、考察

---

① ［法］笛卡尔：《谈谈方法》，王太庆译，商务印书馆 2000 年版，第 26—28 页。

和确证,一种具有确定性和明晰性的知识得以产生;一个是向内的,对自己的思想进行思想,这就是灵魂比形体更容易被认识。虽然在通常的认识中,笛卡尔被认作是西方近代哲学中唯理论或理性主义的先驱,但也同样可以找到通往经验论的元素。有一点是确定的,那就是,笛卡尔的最终目的是借助"我思"而获得思之对象的"是其所是"和思本身的"是其所是",只有将两种"是其所是"有机地统合在一起,自古希腊以来的两种承诺才能被证实。至少在哲学论证中,人们不但相信理性的力量,也在孜孜以求于理性。在现代化的初始阶段,自然科学的高歌猛进,科学技术的飞速发展,人在产生知识和创制技术活动中的主体地位的凸显,使人们产生了理性可以创造一切、支配一切和解释一切的幻相。被高估的理性在三个领域或层面上展开它的力量。在亚里士多德那里,理性被构造成为三种,理论理性,是人的灵魂中科学把握不变事物的能力;创制理性,是技艺把握可变且可制作的事物的能力;实践理性,是因人的理智德性和道德德性而通过行动造成正义、友善等适度状态的能力。在雅典城邦这个有限度的生产、交往和生活空间中,人的理性虽然被确定起来、开显出来,但并未表现出"僭越"的态势。及至近代,亚里士多德的理性在两个人群、三个层面上被快速地激发起来,一个是科学家人群,一个是思想家人群。科学家借着各自的科学研究和卓越成就,将人的创制理性提高到了可以解构一切、制造一切、解释一切的高度,开启了一个海德格尔意义上的使世界图像化的时代。在思想家那里,理性沿着社会哲学、道德哲学和精神哲学的道路而扩展开来。社会哲学分化为经济哲学和政治哲学,亚当·斯密将社会理性分解成相互关联的四个方面:人性利己论、社会分工论、市场自治论和理性无限论。反复的社会实践证明,这不是一个周全的理论,也是靠不住的承诺。

(3) 与现代性具有同质性的观念

在与现代性具有同质性的诸种观念中,主体性观念是最为重要也是迄今为止最根深蒂固的观念。现代化运动直接将个体变成了单一的怀疑的主体(笛卡尔)、权利的主体(洛克)、道德的主体(康德)、思维的主体

（黑格尔），而自由、平等和民主无不建立在"默会知识"之上：我是我的一切行动的出发点，也是我的归宿。"如果我们稍微更加仔细地考察精神，那我们就发现精神的最初的和最简单的规定就是：精神是自我。自我是一个完全简单的东西、普遍的东西。当我们说自我时，我们想到的大致是一个个别的东西；但因为每个人都是自我，从而我们只是说出了某种完全普遍的东西。自我的普遍性使得它能够从一切事物、甚至从它的生命中抽象出来。"①或许就个体生命的宿命而言，他天然存有将自己视作"存在事物存在的根据，也是不存在事物不存在的根据"的可能性，但只有在现代化运动中，这种可能性才逐渐变成了现实性。市场经济将某一个人变成了独立的甚至是孤立的个体，他必须将自己视作主体，视作自由的、平等的个体，他甚至要把这种个体变成明确的理念和坚实的行动。"在市民社会中，每个人都以自身为目的，其他一切在他看来都是虚无。但是，如果他不同别人发生关系，他就不能达到他的全部目的，因此，其他人变成为特殊的人达到目的的手段。但是特殊目的通过他人的关系就取得了普遍性的形式，并且在满足他人福利的同时，满足自己。由于特殊性必然以普遍性为其条件，所以整个市民社会是中介的基地；在这一基地上，一切癖性、一切禀赋、一切与出生和幸运的偶然性都自由地活跃着；又在这一基地上一切激情的巨浪，汹涌澎湃，它们仅仅受到向它们放射光芒的理性的节制。受到普遍性限制的特殊性是衡量一切特殊性是否促进它的福利的第一尺度。"②从黑格尔关于精神自我、关于个人自我这个特殊性与理性这个普遍性的相互关系的论证中可以看出，市民社会（市场经济是市民社会的经济活动形式）之于个人自由之确立、个人权利之确定与实现，具有双重作用，一方面，它使逐步确立起来的个人意识、自由与权利置于社会诸要素之首要位置，任何人无疑可以自在自为地将自己作为目的，将其他一切视为虚无，但任何一种特殊性都必须在普遍理性的照耀之下才能

---

① ［德］黑格尔：《精神哲学》，杨祖陶译，人民出版社 2006 年版，第 14 页。
② ［德］黑格尔：《法哲学原理》，范扬、张企泰译，商务印书馆 1979 年版，第 197—198 页。

取得合理性,因为每个个人都是如此思考和行动的,它构成了自由、民主和平等的共同根源。然而,这只是一种理念、一种信念,在市民社会中,它们具有现实性基础;而在由资本和权力支配的充满差别的领域,自由就仅仅向处于优势地位的人群开放,民主和平等就仅仅成为处于弱势的人群的强烈呼声。

基于主体性和自主性意识之上的自由、民主、平等具有双重效应,它既可以发展出保障倒叙的平等逻辑(经济平等—社会平等—政治平等—人格平等)的规则体系,也可以假借民主、平等、自由之名义实现实质性的不平等。或许可以说,人类从未真正实现过自由、民主、平等,而真正存在的则是不平等,或有限度的平等,以此可以说,自由、民主、平等都是反思性概念,作为完满的、自足的观念体系和规范系统,它们是用来批判、反思和矫正不平等事实的。作为与现实性具有同质性的观念,基于主体性和自主性之上的民主、平等、自由的实现方式和实现程度,固然决定于市场社会的建立与完善,更决定于国体和政体。随着现代化运动的深化和拓展,更随着现代性之复杂性和冲突性的呈现,社会主义制度或许比资本主义制度更有利于实现民主和平等。

事实上,现代化运动自身就内在地生成着抑制其缺陷的观念和力量,无论是在观念上还是在行动中,从不缺少自我革命、自我修正和自我完善的元素。如何将通过自我革命而形成的观念贯彻到行动中,一个重要的环节就是重构更能实现人类价值的规范体系。

3. 重构规范体系:原则与方法

重构更能实现人类价值的规范体系,根本原则是正确性和正当性,只有充分体现正确和正当原则的规范才会是普遍有效的。为着这一目的,规范的建构者必须具备这一原则所要求的素养和素质。社会支配性资源的规范体系很大程度上是由处于优势、支配地位的个人和集团来实现的。为此,规范的建构者就必须成为正确的言说者、公正的旁观者和正当的行动者。正确的言说者不但认识和领悟到了道和逻各斯,而且能够言说给世人。"这个'逻各斯',虽然永恒地存在着,但是人们在听见人说到它以前,以及在初次听见人说到它以后,都不能理解它。虽然万物都根据这个'逻各斯'而产生,但是我在分别每一事物的本性并表明其实质时说出的那些话语和事实,人们在加以体会时却显得毫无经验。因此应当遵从那人人共有的东西。可是'逻各斯'虽是人人共有的,多数人却不加理会地生活着,好像他们有一种独特的智慧似的。"①拥有正确认识的能力和完整的知识是建构规范的认识论前提。公正的旁观者保证了规范的制定者,时时处处都把公共善和公共意志视为目的和根据。"当我努力考察自己的行为时,当我努力对自己的行为作出判断并对此表示赞许或谴责时,在一切此类场合,我仿佛把自己分成两个人:一个我是审察者和评判者,扮演和另一个我不同的角色;另一个我是被审察和被评判的行为者。第一个我是个旁观者,当以那个特殊的观点观察自己的行为时,尽力通过设身处地设想并考虑它在我们面前会如何表现来理解有关自己行为的情感。第二个是行为者,恰当地说是我自己,对其行为我将以旁观者的身份作出某种评论。前者是评判者,后者是被评判者。"②如果说正确的言说者是智者,那么公正的旁观者则是德者。正当的行动者是把理智和明智有机结合到行动之中的过程,从而具有智慧。明智考虑的是具体事物的善,而智慧则沉思总体的善。"智慧显然是各种科学中的最为完善者。有智慧的人不仅知道从始点推出的结论,而且真切地知晓那些始点。所以,智慧必定是努斯与科学的结合,必定是关于最高等的题材的、居首位的科学。"③明智关注具体的善,智慧关系的是城邦之善。只有将智者、德者和行者被统一在一起,从而拥有完整的道德人格的时候,一个真正能够实现人类价值的规范体系才能被建构起来。如果以上是构建规范的原则,那

---

① 《古希腊罗马哲学》,北京大学哲学系外国哲学史教研室编译,商务印书馆 2021 年版,第 19—20 页。

② [英]亚当·斯密:《道德情操论》,蒋自强等译,商务印书馆 1997 年版,第 140 页。

③ [古希腊]亚里士多德:《尼各马可伦理学》,廖申白译,商务印书馆 2003 年版,第 175 页。

么将原则贯彻到具体的建构过程之中,就形成了科学的方法。

(1) 规范平衡问题

社会是由多个相互关联的领域构成的,每个领域因其自身的性质而拥有适合于其自身的规范系统。每个具有特定的领域就是"场域",布尔迪厄把"场域"定义为在各种位置之间存在的一个关系空间。场域中的位置由两方面的因素来界定:一是占据某一特定位置的行动者所拥有的资本的总量及其类型的结构;二是这些位置之间的相互关系,如支配关系、屈从关系、结构上的对应关系等等。场域是由习性、权力和规则构成的,习性是构成场域的内在力量,而权力和规则则是各种习性独自和相互运用的结果。而就诸种场域说,可有依照权威性力量而实施支配性行为的领域,如由政治权力和公共职权构成了政治领域,由各种非权威性力量构成的社会公共领域,还有基于血缘关系之上的私人生活领域如家庭。所谓规范平衡问题,就是每一个场域都有适合于其自身性质的规范系统,且相对有效。如若出现了规范非平衡状态,就会使社会秩序出现或专制或混乱状态。如通过政治权力和公共职权建构起来的非竞争的独断领域,而没有构建起与独断领域既相配又相制约的公共领域,就会产生不同领域之间的矛盾和冲突。相反,如果在普遍交换和广泛交往已经逐渐发生和发展的基础上,随着现代传播媒介的创造,一种反映民意的公共意志已经成熟起来,进言之,公共舆论已经具备了表达真理的能力,而独断的、非竞争领域的规范并不具备接受公共舆论监督和质询的能力,就会出现国家意志和公共意志的冲突。现代政治文明的一个重要标志就是国家既是伦理理念的领悟者,又是伦理理念的实现者。"国家是伦理理念的现实——是作为显示出来的、自知的实体性意志的伦理精神,这种伦理精神思考自身和知道自身,并完成一切它所知道的,而且只是完成它所知道的……单个人的自我意识由于它具有政治情绪而在国家中,即在它自己的实质中,在它自己活动的目的和成果中,获得了自己的实体性的自由。"[1]只

---

① ［德］黑格尔:《法哲学原理》,范扬、张企泰译,商务印书馆 1961 年版,第 253 页。

有将理智德性和道德德性有机统一起来的人,才能领悟并实现作为伦理理念现实的国家的使命。规范平衡问题不仅仅表现在各个社会领域都有实现正义与平等的规范、且卓有成效,更指它们遵循着共同价值原则,如正义与平等、效率与公平、自由与幸福,作为价值原则分属于政治、经济和文化领域,但它们共同遵循着每一个有理性存在者既是手段又是目的这一最高价值原则。

（2）规范边界问题

规范边界问题实质上是规范的溢出效应问题。表面看来是特定场域中的规范跃出自己的边界而嵌入、侵蚀到其他社会场域,致使其他规范失效的过程,实质上是权力的无理性扩张问题。将权力、地位、身份超出其边界而迁移到社会领域,继而占有社会资源的行为,是导致公共领域之规范失效的根本原因。在社会领域逐渐分化、各个领域愈益专业化的过程中,在国家与家庭之间形成了黑格尔意义上的市民社会,亦即公共领域。来自独占、非竞争领域的政治权力,来自私人生活领域的私权,都要在公共意志的约束下,获得各自的合理性、合法性地位。成熟起来的公共领域具有强大的自组织能力、自适应能力,它会依照来自各自立场的意志而整合成一个被理解、被共识、可公度的公共规则来调节各种利益关系,被先前用权力和私权限制了的人格,在公共领域获得了独立性。每个人的意志和利益既受到其他个人意志的约束,更受到被建构起来的公共规则的制约,唯其如此,他的利益、意志与人格才会得到保证和尊重。而这一切都决定于人们是否形成成熟的公共理性,并充分运用它。"公共理性在三个方面是公共的:作为公民的理性,它是公众的理性;它的目标是共同的善和基本正义问题;它的性质和内容是公共的,因为它是由社会的政治正义概念所赋予的力量和原则,并且对于那种以此为基础的观点持开放态度。"①

① [德]黑格尔:《法哲学原理》,范扬、张企泰译,商务印书馆 1961 年版,第 68—69 页。

　　如果说人类制定规范、修正规范和完善的过程，呈现的是人类文明程度的外部表现，那么人类能否拥有完成这一切的观念、情感、意志，总之是否拥有日益完善的理智德性和道德德性，才是创造人类文明的原初性力量。人类只有提升和完善其自身的主体性力量，一个被称为新形态的人类文明才是可能的。这才是我们深入思考"是规范失效还是道德危机"这一题材的真正意图。观念、情感、意志既是制定和遵守规范的原初性力量，也是纠正和修正失范行为的外部力量。进一步地，作为进行教化、启蒙和救赎的中介，规范必须具有普遍有效性，而要实现这一目的，制定和支配规范的人首先必须完成自我教化、启蒙和救赎。教育者本人一定是受教育的。"环境的改变和人的活动或自我改变的一致，只能被看作是并合理地理解为革命的实践。"①在任何时候，制定和支配规范的权力都是一种权威性的支配力量，也是垄断教化和启蒙之话语权的权威性力量。作为具身性的力量，规范的发生和变迁源于人的心智力量及其充分发挥；作为附身性的权威力量，规范又是对他者之心智力量的支配和控制。规范是文明性的，但却未必是文明本身。在现代国家治理和社会管理中，专制具有文明性质，但却不是现代文明本身；自由、民主、平等、富强、和谐不仅具有文明性质，而且就是文明本身，因为它们要么就是快乐和幸福本身，要么就是追求和获得快乐与幸福的基础。唯其如此，规范不仅具有工具价值，更具有目的意义。

---

　　① 《马克思恩格斯文集》第 1 卷，人民出版社 2009 年版，第 500 页。

第7章 幸福：哲学原理与实践智慧

　　人生的目的和意义究竟为何？在现实的生活中，每个人从出世到去世，似乎就像被抛入这个世界，受命运的支配，烦忙、烦心、烦躁、烦忧。而所有的体验和经验、意识和思维、理念和观念，无不与意义相关，要么拥有意义和失去意义，要么没有意义。一如时间那样，不问我时间究竟为何，我尚能知其义，如非要我回答时间是什么，我倒茫然无知了。意义亦如是。一当将意义追问到底，一个生灵何以要生存和持存的基础顿时就被解构了。语言破碎处，意义不再言说。意义就是不可言说的言说。然而，作为最为隐喻的概念，意义虽然无法言说，但却始终萦绕在每一个生灵的心头，所以它注定要从隐喻、隐蔽、遮蔽状态走出，而进到解蔽和无蔽状态中来。当被问及什么是人生意义的时候，常常会一时语塞、无言以对，若是将人生意义关联到生命体验中，那会顿觉惆怅至极，人生八苦、人生如秋、人生朝露、人生如戏、人生苦短……一系列悲情的词语跃然纸上。如要将意义问题转成一个充满渴望和追求的词语，那个充满悲情的意义就会转换成充满激情的幸福。幸福一词虽然依旧含有抽象的成分，但却是一个被理性试图抓住的那个东西。幸福是可以被描述、叙述和表述的事情，因而是具象的；意义是无法叙事和叙述的抽象状态，一旦将意义具象化，那意义失去了一切含义，只剩下意义这个概念本身。而幸福则不同，它不但是可言说的事情，而且是可实践的事情。只有可实践的事情才是现实的。幸福是最具哲学性质的事情，体现了严格的必然性和真正的普遍性。必然性在，幸福是每个人的终极目的，没有哪个人会拒绝快乐和幸福，相反，人终其一生所欲获得的东西恰恰就是快乐和幸福。普遍性在，每一个人都以快乐和幸福为终极之善。幸福之所以能够成为个体和类进行思考和行动的始点或开端，乃是因为幸福概念满足了作为始点的两个内在要求，第一，它是一个反思性概念，一旦被所指者意指出来，其所包含的后续的一切就都被想到了，且可以用语言澄明出来。第二，它是一个熟知的概念，每个人未必在被指的意义上形成共识，但每个人似乎都理解幸福概念。哲学与具有哲学性质的事物具有某种亲缘性或相似性；由哲学所构造起来的幸福原理要比根据其他科学诸如心理学、经济学、社会学构造起来的幸福原理更能体现对象的确定性和论述的明晰性，也更加彻底，因为它不仅包含着一个完备的逻辑体系，而且因为包含着一个彻底的前提批判而使得这个原理具有坚实的内在根据和充分的外在理由。

一、学术史意义上的幸福原理

自从人类开始用哲学思维思考外部世界和内心世界的时候，幸福问题就作为显性的和隐性的问题纠缠着、纠结着个体的认知、性感、意志。"善的事物已被分成三类：一些被称为外在的善，另外的被称为灵魂的善和身体的善。在这三类事物中，我们说，灵魂的善是最恰当意义上的、最真实的善。而灵魂的活动也应当归属于灵魂。所以我们的定义是合理的，至少按照这种古老的、被哲学家们广泛接受的观点是这样。其次，我们的定义把目的等同于某种活动也是正确的。因为这样，目的就属于灵魂的某种善，而不属于外在的善。第三，那种幸福的人既生活得好也做得好的看法，也合于我们的定义。因为我们实际上是把幸福确定为生活得好和做得好。此外，人们所寻找的幸福各种特性也都包含在我们的定义中了。有些人认为幸福是德性，另一些人认为是明智，另一些人认为是某种智慧。还有一些人认为是所有这些或其中的某一种再加上快乐，或是必然地伴随着快乐。另外一些人则把外在的运气也加进来。这些意见之中，有的是许多人的和过去的人们的意见，有的是少数贤达的意见。每一种意见都不大可能全错。它们大概至少部分地或甚至在主要方面是对的。我们的定义同那些主张幸福在于德性或某种德性的意见是相合的。因为,合于德性的活动就包含着德性。"①如何评价亚里士多德认为的,幸福是合于德性的实现活动? 亚里士多德为何要构造一个幸福论的伦理学或目的论的伦理学? 其普遍性根据在于,只要以哲学的方式沉思人之身外的自然和人自身的自然,必须也必然要面对着人生的终极意义问题。无论是直接地提出还是间接地回答,幸福问题都是终极性的。其特殊性在于,亚里士多德所生活于其中的雅典城邦,为其把幸福作为具有内在价值的终极之善提供了社会基础。

在西方伦理学中,功利主义有着悠久而又日趋成熟的历史。伊壁鸠鲁的快乐论是功利主义的原初形态,他把追求快乐和幸福视为是人生的根本目的。"我们说快乐是幸福生活的开始和目的。因为我们认为幸福生活是我们天生的最高的善,我们的一切取舍都从快乐出发;我们的最终目的乃是得到快乐,而以感触为标准来判断一切的善。"②在快乐的序列中,人们总是基于策略最优原则而在痛苦与快乐之间选择快乐、在快乐的序列中选择最大快乐者。"既然快乐是我们天生的最高的善,所以我们并选取所有的快乐,当某些快乐会给我们带来更大的痛苦时,我们每每放过这许多快乐;如果我们一时忍受痛苦而可以有更大的快乐随之而来,我们就认为有许多痛苦比快乐还好。"③但追求快乐并不是没有边界和无约束的。边界来自理性的要求,极端的肉体快乐和放荡正与幸福相反,真正的快乐是身体上无痛苦和灵魂上无纷扰,而"使生活愉快的乃是清醒的理性,理性找出了一切我们的取舍的理由,清楚了那些在灵魂中造成最大的纷扰的空洞意见"④。

---

① [古希腊]亚里士多德:《尼各马可伦理学》,廖申白译,商务印书馆 2003 年版,第21—23 页。

② 周辅成编:《西方伦理学名著选辑》(上卷),商务印书馆 1987 年版,第 103 页。

③ 同上书,第 103—104 页。

④ 同上书,第 104—105 页。

18世纪法国哲学家爱尔维修把利益、正直与情感结合起来加以考虑。"利益是我们用以判断各种行为的根据，它使我们注意每一行为对于公众是否有利、有害或有关，因而判断它是道德的，或是过恶的，或是可容许的。同样利益也是我们用以判断各种观念的根据。所以，不论道德问题或认识问题，都只是利益，支配着我们的判断。"①根据经验，我们可以得出的结论是："个人利益是人类行为价值的唯一和普遍的标准。因此，有关个人的正直，依据我的定义看来，不外是对个人有利的行为的惯常表现。"②人作为物质性的存在物，能够感觉到肉体的快乐与痛苦，因此他寻求前者，逃避后者。就是这种经常的寻求与逃避，构成了我们说的自爱，这种情感是身体的感受性的直接后果，因而为人人所共具，乃是与人不可分离的。"这种感受性在人身上产生出什么呢？一种喜爱快乐、憎恶痛苦的情感。从这两种结合在人身上并且永远呈现于人的精神的情感，形成人身上那种称为自爱的情感，这种自爱产生出幸福的欲望；幸福的欲望产生出权力的欲望；后者又生出妒忌、悭吝、野心，并且一般地生出人为的感情。"③

继18世纪法国功利主义之后，英国的边沁和穆勒使功利主义成为一个系统的伦理学理论。边沁认为苦乐感情是人性或道德的基础。苦乐的精确计算和道德上的善恶评价密切相关。"最大多数人的最大幸福"，就是一切社会道德的标志，也是决定个人行为的方向，这个原则又叫功利原则。"自然把人类置于两个至上的主人——'苦'与'乐'的统治之下。只有它们两个才能指出我们应该做些什么，以及决定我们将要怎样做。"④世上的一切都与快乐与痛苦相关。如果把快乐和痛苦的因素去掉，不但幸福一词变为无意义的，就是正义、义务、责任以及美德等词（这类名词一向被认为与快乐痛苦无关）也都成为无意义的了。边沁把人的这种趋乐

---

① 周辅成编：《西方伦理学名著选辑》（下卷），商务印书馆1987年版，第44页。
② 同上书，第47页。
③ 同上书，第61页。
④ 同上书，第210页。

避苦的基本向度称为功利原则。"功利原则指的就是:当我们对任何一种行为予以赞成或不赞成的时候,我们是看该行为是增多还是减少当事者的幸福;换句话说,就是看该行为增进或者违反当事者的幸福为准。"①边沁把"功利""社会利益"和"幸福"关联起来论证他的功利主义立场。所谓功利,即意指一种外物给当事者求福避祸的那种特性,由于这种特性,该外物就趋于产生福泽、利益、快乐、善或幸福,或者防止对利益攸关之当事者的祸患:痛苦、恶或不幸。社会利益是伦理词汇中可能出现的最为普遍的用语之一,它表达这样的含义:社会是一种虚构的团体,由被认作其成员的个人所组成。那么社会利益又是什么呢?——它就是组成社会之所有单个成员的利益之总合。社会利益是个人利益的组合,社会利益只有分解为或还原为个人利益、幸福才是有意义的。不了解个人利益是什么,而侈谈社会利益是无益的。一件事物如果趋于增大某个人的快乐之总和,或者减少他的痛苦之总和,那么我们就说它是增进那个人的利益或者有补于那个人的利益的。因此,功利原则不仅是判断个人行为"应当"与"不应当"的标准,同时也是评价政府及其政策的正确与否的根据。"有一种行为,其增多社会幸福的趋向大于其任何减少社会幸福的趋向,我们就说这个行为是符合功利原则的,或者为简短起见,只就是符合功利的。""如果有一种政府设施(这不过就是为某一个或若干个具体的人所执行的一种特定的行为),同样地,其增多社会幸福的趋向大于其任何减少社会幸福的趋向时,则可以说它是符合或者遵从功利原则的。"②凡与功利原则不同甚或相反的原则都在摈弃之列:无论什么原则,只要与功利原则有任何不合,就必然是一种错误的原则。在错误的原则中可能有两种情形:一、始终同功利原则相反,这就是"禁欲主义原则"。这一原则最初似乎是某些性急的玄想家的幻想,它从来不曾、也从来不能为任何活着的人所坚持奉行。只要让地球上十分之一的居民坚持奉行它,不超过一

---

① 周辅成编:《西方伦理学名著选辑》(下卷),商务印书馆 1987 年版,第 211—212 页。

② 同上。

天,就会把地球变成地狱了。二、有时与功利原则相反有时又可能与之相合的"同情与反感原则"。它是这样一种原则:它赞成或反对某种行为,既不虑及它是否趋于增加有关当事者的幸福,也不计及它是否趋于减少他的幸福,而仅仅因为一个人觉得自己想要赞成它或反对它,他把赞成或反对本身看成了充分理由,而否认寻求任何外在根据的必要。

边沁不仅给出了用以评判行为与政策是否合理的功利原则,而且把苦乐从性质和量上作了区分,这为以后关于快乐、痛苦、幸福的类型学研究奠定了基础。边沁认为苦乐有四种裁可或来源,①分别地看,可以把它们称作"自然的""政治的""道德的"和"宗教的"。除了四种形态或来源之外,苦乐还可以量化并计算出它们的价值来。但对一个人本身来说,单说一种苦或乐本身,则苦乐价值的大小是依照以下四个条件决定的:1.它的强度;2.它的持久性;3.它的确定性或不确定性;4.它的迫近性或遥远性(时间上的远近)。但是如果为了估量任何产生苦乐的行为的趋势而研究苦乐的价值,那么还有两个条件应该考虑进去;5.它继生性,或苦乐之后随之产生同类感受的机会,也就是乐后之乐,苦后只苦;6.纯度(是否纯粹),或者苦乐之后不产生相反感受的机会,也就是不产生乐后之苦,苦后之乐。对一些人来说,苦乐价值的大小,是依照七个条件来决定的(除了前面的六个之外,还有"范围"):强度、持久性、确定性或不确定性、迫近性或遥远性、继生性、纯度、范围(也就是苦或乐扩展所及的人数,或者换句话说,受苦乐影响的人数)。有了这七个量化标准,就可以计算一个具体行为之苦乐价值的大小。"从而如要对任何足以影响社会利益的行为

① "裁可"一词原是一个拉丁文,用来表示束缚的动作。由于词意上常有的一种转变,它就变成指任何用来束缚一个人的东西了,也就是,束缚人们遵守如此这般的一种行为方式。在此意义上,裁可就是一种强制力或动机的来源,也就是苦与乐的来源。这些苦乐依照它们与如此这般的行为方式的联系,起着动机的作用,的确,也只有它们能起这种作用。依照此理,"道德"也是一种"裁可"。"道德裁可"作为一种"制裁""拘束力",是引导个人行为成为道德的行为的理由或力量。也即是在各人都在追求自己利益(即快乐)而又不免冲突的情况下,人"应该如何行为"的根据。也是一种义务力量或动机的来源,因而也是苦乐的来源。这种"裁可"或拘束力,可能有多种,洛克分为三种:神的奖惩,法律的惩罚,社会的惩罚;边沁则分为四种。

之总的趋势加以计算,可照下述方式进行:作为起始,在那些其利益最直接受该行为影响的人群中,任选一人,然后计算下列各点:1.计算看来是那行为所首先产生的每一明显快乐的价值。2.计算看来是那行为所首先产生的每一痛苦的价值。3.计算看来是那行为在初次快乐以后所产生的每一快乐的价值。这构成初次快乐的继生和初次痛苦的不纯。4.计算看来是那行为在初次痛苦以后产生的每一痛苦的价值。这构成初次痛苦的继生和初次快乐的不纯。5.总计一面所有快乐的一切价值和另一面所有痛苦的一切价值,加以衡量。如果快乐的一边为重,就将使该行为对于该个人的利益总的说来有好趋势;如果痛苦的一边为重,该行为总的说来就有坏趋势。6.计算有利害关系的人的数目,对其中每一个个人都重复以上计算。就该行为对每一个个人(如果其趋势总的为**好**)所有的好趋势的大小,求表示这一好趋势的程度的人数的总和;在行为对之有总的坏趋势的那些个人方面,也同样进行总计。权衡二者轻重,如果乐的一边为重,就将使该行为对有关的个人总数或集体有好的总趋势;如果苦的一边为重,就将对同一集体有坏的总趋势。"①当我们运用上述计算苦乐的方法去计算每一个行为时,就会产生相应的名称和价值判断:用于指称快乐的善、利益、方便、便宜、惠、好处、幸福;用于指称痛苦的恶、害、不便、不利、损失、不幸。而在边沁看来,却不能由于行为过程及其结果的善恶性质而推断人的动机存在着善恶。"就善恶而论,动机也同任何本身既非苦,又非乐的其他东西的情况一样。假如动机有善恶可言,那只是因为它们的效果使然。动机善,是由于它有产生'快乐'或阻止'痛苦'的趋势;动机恶,是由于它有产生'痛苦'而阻止'快乐'的趋势。"②所以,动机不过是效果好坏的延伸,正是通过效果的好坏我们才推断与其关联的动机的善恶,而就单一的动机来说,是无法判断其善恶的。"这样看来,根本不会有任何动机本身是坏的;因而不会有任何动机本身绝对是好的。至于

---

① 周辅成编:《西方伦理学名著选辑》(下卷),商务印书馆 1987 年版,第 227—228 页。

② 同上书,第 230 页。

它们的效果，也似乎有时坏，有时好，或者无所谓好坏。而且每一种动机显得都是这样的。因此假如任何一种动机，因其效果的缘故而为好或为坏，这种情况只有在个别的场合下，对个别的动机说来才会出现；而且对于一种动机，或者别的动机来说，都是一样。因此假如任何一种动机，就其效果来看，能叫成坏的而不失当，那只能是就它在某时期中可能有的两种效果权衡轻重的结果，这就是说，是就它的最常有的趋势是坏的而说的。"①

但边沁依然不能令人信服地说明，在动机、行为和效果之间的内在关联性。依照常识来解释，当一个做某件事情的时候，他通常是预先想好了结果以及为着这一结果所需要的诸种手段和环境，且要把此种行为对他人和社会可能造成的影响估计在内，因为无知造成的损害与故意造成的损害总是为少。按照康德的说法，一个有善良动机的人，可能由于诸多条件的缺失而未能造成预期的好结果，但他会在后来的类似行为中总结经验，力争坚持下去；而当一个怀有恶劣动机的人，只要具备条件，便可造成恶劣的结果。为此，边沁似乎找到了颇有几分道理的解释，可惜他并没有把这一解释深入下去。当我们作出事实判断时，动机就无所谓好坏；而作出具有好恶倾向的判断时，动机就有了善恶之分。然而，边沁却非常固执地说，之所以有关于动机存有善恶和无善恶的冲突，乃在于用于表述动机之名词的不同造成的结果。"所有陈腐的道德高调的空洞性就在于其中采用了许多淫欲、残酷，以及贪婪等等的名词，并给它们打上了谴责的烙印。这些名词如用于事实上，都是错的；用于名称上，它们确实是对的，不过无何用处罢了。假如你想对人类做出一件实际的贡献，那就给他们指出在那些情形下，性的要求**应得**淫欲之名，不快**应得**残酷之名，爱财**应得**贪婪之名吧。"②问题的关键在于，当一个行为只涉及行为当事人，显然无法给其行为动机及其效果以罪恶之名；当这种行为是损害他人而利己的，

---

① 周辅成编：《西方伦理学名著选辑》（下卷），商务印书馆 1987 年版，第 234—235 页。

② 同上书，第 235 页。

那一定存有善恶,不管是否以语言的形式作出这种判断。边沁之后的另一位功利主义代表人物穆勒的观点就显得更温和一些,他把功利、快乐、幸福与美德关联起来。"功利主义理论,难道要否认人们欲求美德,或者主张美德是不应该欲求的东西吗? 恰恰相反。功利主义主张美德是应该欲求的,而且应该为美德本身,无所为而为地欲求它。"①幸福也不仅限于功利上的、生理上的,还包括心理和精神上。"实际上,除了幸福,别无可追求的。凡是不作为达到自身以外的目的手段而最后却得到幸福的欲求对象,它本身就是幸福一部分。但是在未成为幸福的一部分时,他本身也并不会被人欲求。所有为美德而美德的人,他们之所以追求美德,或者因为意识到美德是一种快乐,或者意识到没有美德便是一种痛苦,或者两个理由同时都有,实际快乐与痛苦很少分离存在,差不多永远并行,同一个人因得到一定程度的美德而觉得快乐,也因不能多得一些而觉得痛苦。如果这种美德不使他快乐,那种美德不使他痛苦,那么,他就不会爱好或追求美德了;或者他欲求美德,只不过因为美德可以为他自己或为他所关切的人,产生另外的种种利益而已。"②不过,边沁也不是极端的坚持仅从利己的角度考虑动机问题的功利主义者,他只是坚持只有从效果来看动机才能判断动机善良与否的性质,他并不否认行为在效果上可能造成对他人有利或有害的事实,"因此,一种更为简易的方法,似乎应该是根据动机看来,对其他社会成员利益的影响来分类;而不把当事者本人的利益考虑进去。换句话说,就是根据各个动机看来,使个人利益同其他社会成员的利益一致不一致的趋势,来进行分类。在这样的计划里,动机可分为社会的,非社会的,以及自顾的三种。社会的一类里有(一)善意(Good will),(二)好名,(三)求友,(四)信教。非社会的一类里有(五)不快。自顾的一类里有(六)生理要求,(七)金钱喜好,(八)权力爱慕,(九)自我保全,它包括怕感官痛苦,爱舒适,和爱生命在内。"③

---

① 周辅成编:《西方伦理学名著选辑》(下卷),商务印书馆 1987 年版,第 264 页。
② 同上书,第 267 页。
③ 同上书,第 237 页。

边沁的功利原则、苦乐的质与量及其价值计算、需要（动机）的分类如何影响了经济学中的人性假设是一个非常复杂的问题，①但功利主义确实影响了近代以来的西方经济学是不可否认的事实。大多数现代经济学著作都很少对经济学的理论前提进行正当性的考察，"极少有人告之经济学初学者这门科学是如何随着时代的变化而发展的。相反，大多数教科书都只是以对今日经济学为何物的简短描述开篇，使读者想当然地以为经济学过去是、现在是、将来仍将是如此。在这样的假定前提下，一本教科书作了这样的表述：'经济学的中心问题表现在稀缺的概念上。稀缺概念认识到，人的需求实际上是无限的，而资源——劳动力、土地、自然资源以及机器——却是有限的。这就是中心问题'的实质。"②

由功利、苦乐、幸福原则转换为经济学上的自利原则，基于人的行为目标的"边际效用理论"是重要的一个环节。德国经济学家赫尔曼·海因里希·戈森（Hermann Heinrich Gossen，1810—1858）于 1854 年出版了《人类交换规律与人类行为准则的发展》一书，然而在经济学中历史学派占据主导地位的德国，戈森的著作并未引起人们的注意，在失望与痛苦之余，在 1858 年戈森要求停止发行并销毁余书，以致该书曾长期下落不明、埋没于世。直至 19 世纪 70 年代，才由法国经济学家瓦尔拉斯和英国经济学家杰文斯发现并肯定了戈森学说的价值与意义。杰文斯在其《政治经济学理论》的再版序言中（1879），详细介绍了戈森的思想观点，并承认这些观点是先于自己的。自此以后，戈森的理论才开始为人们所重视，在国际上产生了影响。1889 年戈森的著作重印发行。

戈森指出："人的行为的目标是，使他的生活享受总量最大化"，为此，"必须把享受安排得使一生中的享受总量成为最大值"③。一旦使人

---

① 关于人性、功利、效用、福利的关系问题，我们将在"辩护与批判：经济学之人类学理念的历史嬗变"部分讨论。

② ［美］马克·A.卢兹、肯尼思·勒克斯：《人本主义经济学的挑战》，王立宇等译，西南财经大学出版社 2003 年版，第 30 页。

③ ［德］赫尔曼·海因里希·戈森：《人类交换规律与人类行为准则的发展》，陈秀山译，商务印书馆 1997 年版，第 5、7 页。

们明白了享受力量作用的规律，每个人必然会为自己的幸福而运用他的力量，这同时也是以最合理地促进社会幸福的方式为社会幸福运用他的力量。这非常类似于斯密所说，个人利益最大化的结果是增进社会收益最大化。戈森指出，如果仔细考察一下享受是怎样发生的，我们就会发现，在所有享受中有下列一些共同特征："1.如果我们连续不断地满足同一种享受，那么这同一种享受的量就会不断递减，直至最终达到饱和。2.如果我们重复以前已满足过的享受，享受量也会发生类似的递减；在重复满足享受的过程中，不仅会发生类似的递减，而且初始感到的享受量也会变得更小，重复享受时感到其为享受的时间更短，饱和感觉则出现得更早。重复享受进行得越快，初始感到的享受量则越少，感到享受的持续时间也就越短。"[1]由享受过程的两大特征所决定，戈森得出了与享受有关的三个定理：1.在任何一种享受中，都有一种主要取决于更经常地或比较经常地重复享受的方式和方法使人们的享受总量最大化。如果达到了最大化，那么，通过更经常地或比较经常地重复享受所得到的享受总量就会减少。2.人们在多种享受之间自由进行选择。但是，他们的时间不足以充分满足所有的享受。尽管各个享受的绝对量有所差别，但为了使自己的享受总量达到最大化，人们必须在充分满足最大的享受之前，先部分地满足所有的需要，而且要以这样的比例来满足：每一种享受的量在其满足中被中断时，保持完全相等。3.每当成功地发现了一个新的享受——尽管它本身还很小——或者通过自身训练或通过对外部世界施加影响提高某种已为人熟知的享受，都给人们提供了在现在情况下扩大生活享受总量的可能性。[2]

可以看出，戈森实际上已经完整地提出了边际效用理论的雏形，尽管他没有明确作出边际效用决定价值的结论，也没有提出一个统一的主观价值的尺度，然而却为后来的边际效用价值理论奠定了基础。把经济人

---

[1]　[德]赫尔曼·海因里希·戈森：《人类交换规律与人类行为准则的发展》，陈秀山译，商务印书馆 1997 年版，第 9 页。

[2]　同上书，第 15—27 页。

与效用理论关联起来并为经济学得以建立立下基础——自利、效用和完全知识的关键人物是奥地利学派的卡尔·门格尔和弗里德里希·冯·维塞尔。1871年门格尔出版了他精心写就的《经济学原理》,立刻声名远扬。门格尔将物品与其所称的"有用的东西"相区别。一种东西要具备物品的性质,必须同时满足4个条件:1.它必须能够满足人的需要;2.它必须具有使它有能力引起与欲望满足间的因果联系的各种特性;3.人们必须认识到这种因果联系;4.必须支配足够的这种物品来使它满足需要。按照门格尔的观点,如果经济人认识到对其某种需要的满足(或使其满足的完整性更高或更低)依赖于他们对该物品的支配,那么我们就说该物品具有价值。效用是某物满足人类需要的能力,而且是——如果这种效用为人所承认的话——物品属性的先决条件。物品对需求者的使用价值既取决于物品本身的效用,更取决于该物品在特定情境下对需求的重要性程度。维持生命既不依赖于拥有一张舒适的床,也不依赖于拥有一副棋盘,但对这些商品的使用确实在不同程度上对我们福利的增加作出了贡献。因此,无可置疑,当人们在没有一张舒适的床和没有一副棋盘间作出选择时,他们更乐于放弃后者,而不愿放弃前者。这就是一个经济人的定价过程中的主观因素,即由于这种因素使得不同的满足具有不同程度的重要性。门格尔也强调了在同一种类的商品中,满足的重要性也可能发生变化。其要点是,人们在满足不太迫切的需要之前,将努力去满足更为迫切的需要,但他们将把更为迫切的欲望的更为充分的满足,与不太迫切的欲望的较少的满足组合起来。门格尔进一步描述了经济人在定价过程中的一种客观的、具体的因素:因此,在每一个具体的场合,在由一个经济人可以支配的某种商品的全部数量所决定的全部满足中,只有那些对他来说重要性最小的满足依赖于全部数量的给定部分的可利用性。所以对这个人来说,商品的全部可用数量的任何部分的价值,等于那些由全部数量所保证和每一相等比例的产品都能达到的满足中重要性最小的满足对于他的重要程度。可以说,这是有关边际效用价值理论的较为准确的表达。①

　　但奥地利价值理论中的一些最有趣、最重要的贡献是由维塞尔做出的,其中包括了他在价值论方面首创的"边际"(Grenznutzen)、"边际效用"术语、在分配方面首创的"归属"(Zurechnung)一词。维塞尔使奥地利学派的主观价值论的基本概念和思想更加明晰化。价值"来自它们的效用"不仅仅是一个日常的判断,更是一个经济学命题。"第一,凡是世上过分多余、任何人都可以随意取有的财物,不论它们怎样有用,谁也不愿意花代价来取得它们……过分多余的东西被看作是没有价值的东西,而且是同那些并不多余的东西截然分开的。无论我们对待别的东西多么节约,我们也从不会想到去节省那些我们始终确信可以取用不尽的东西。谁也不愿意再设法去取得这些东西的所有权——在它们身上不存在产权问题;也没有人对它们发生兴趣。第二,有很大用处的东西往往比用处很小的东西具有较小的价值……第三,在某些情况下,同样的东西,数量多反而比数量少要具有较小的价值……第四,虽然用处的大小经常那样显著地同价值的大小不相一致,价值却经常正好地同用处的对立物(成本)相一致。我之所以是'对立物',是因为,财物如果就其用处说是人的朋友,就其必须包含的成本说,却是人的敌人。"②主观价值论的核心问题是确立人的需要问题,因为正是需要类型不同、强度各异才有了效用的差异。"'需要'一词的通常用法是指人类一切欲望,不论这种欲望是大的还是小的,是正当的还是不正当的、是必要的还是不必要的、是物质的还是非物质的。肉体上的福利、精神上的快乐、艺术上的欣赏、道德上的满足等等,全可一齐归类为人类需要的目的。"③基于需要之上的效用、价值都与需要的满足程度相关,"人人晓得对食物的欲望随着需要的逐渐满足

---

　　①　[美]小罗伯特·B.埃克伦德、罗伯特·F.赫伯特:《经济理论和方法史》,杨玉生等译,中国人民大学出版社 2001 年版,第 244—248 页。

　　②　[奥]弗·冯·维塞尔:《自然价值》,陈国庆译,商务印书馆 1997 年版,第 51—52 页。

　　③　同上书,第 54 页。

而减低，直至最后达到我们可以称之为'饱和点'的时候，在一定时间内欲望就完全消失，而且还可能变为它的反面，构成伤食或作呕。人人晓得许许多多的其他的欲望也有类似的情况；满足减弱着强烈的欲望，最终把它消灭或使之转变。"①但是，像这样供给充分的财物世界上是少有的；一般说，绝大多数财物都是稀缺的，不是供给无限，不能充分满足人的每一种需要，人必须在需要还不曾达到完全"饱和"的就放弃自己的需要。处于这一点的需要就是"边际需要"；财物满足边际需要的能力就是"边际效用"。效用是价值的来源，效用和财物的稀缺性相结合而形成的边际效用就是价值形成的条件，就是价值的尺度。维塞尔不仅指出了边际效用与边际需要的关系，还基于这种关系得出了成本定律。从生产财物方面看，这个定律是这样说："通常，相同的生产财物在每一件产品中保持着：第一，相同的价值；第二，通过生产财物的边际生产贡献附着于它们身上的那个价值。"从生产方面看，"这个规律是这样说：通常，一件产品的价值是用单位生产财物的价值来乘所使用的生产财物数量所得出的复合体，或者——考虑到每一件产品总是由几项生产要素生产出来的——产品价值是这些复合体之和。"②从这个成本定律中维塞尔得出了产品是有成本的，它构成了"产品的自然成本价值"。这种生产成本，"其中第一要素是，生产上的使用表现为支出、牺牲、损失等等；第二是，依靠这个，又引起对几个相关连生产的均等化的注意。说任何一种生产都含有成本，不过是意味着无疑地本来可以有效地用之于其他方面的经济的手段，或是在生产中用掉了，或是在生产中停留下来。成本就是这样一种财物，当把它们作某一种使用的时候，又由于它们具有可以另作别的使用的能力而采取支出、费用的形式。"③这种支出和费用，既可以是土地、资本，也可以是劳动力。

由戈森、门格尔、维塞尔、庞巴维克开启的主观价值论如何转变成了

① ［奥］弗·冯·维塞尔：《自然价值》，陈国庆译，商务印书馆1997年版，第56页。
② 同上书，第212页。
③ 同上书，第215页。

西方主流经济学中的"经济人假设",其间可能有若干环节,虽然我们无法把这些细节描述出来,但基本的演进脉络还是较为清晰的。

在 20 世纪 30 年代早期,经济学改变了它采用的科学方法。它放弃了从前偏重的 19 世纪实证主义,转而青睐一种新的、现代化的实证主义。此时的人们认为,科学随着新公理——相当于不证自明的基本假设——的形成而进步,从这些基本假设中又可以推导出能用从现实世界取得的统计数据加以检验的假设和规律。借助于通过对行为观察而得来的统计数据证明了经济人的行为方式,于是经济学上的逻辑实证主义的方法和行为主义方法对于确立经济人理念起了推动的作用。经济人从马歇尔的效用最大化追求者向完全行为主义的现代转变用了五十多年的时间。1935 年英国经济学家莱昂内尔·罗宾斯出版了《论经济人的本质及其意义》一书。罗宾斯将经济学定义为:"研究人的行为与目的和可作他用的稀缺资源的关系的科学"。人必须选择适当的资源来保证达到期望的目的,如果他的选择与他要达到的目的是一致的,那他就是理性的。罗宾斯认为由此可以推理:理性经济人变成了具有一致性的经济人。其隐含的基本假设是:个人想做的不同事情对他有着不同程度的重要性,因而可以按照一定的次序来安排。这就是说消费者心中有"不同次序的偏好"。罗宾斯声称,他的假定不证自明,根本不需要统计数据的检验。它"就是我们日常生活的经历,只需要认识到、说出来它是显而易见的就行了"。也正是这个假定后来成为支撑供求规律的两个支柱之一,而后又成为大多数经济学流派的支柱。除了规定性偏好次序的基本假设,还有三种行为罗宾斯认为理所当然不用证明的。它们是:1.传递性。它的意思是如果我偏好 A 甚于 B,又偏好 B 甚于 C,为了保持一致我一定要偏好 A 甚于 C。2.最大化行为。罗宾斯假定,个人处于"均衡"中,无论如何调整消费支出都不能带来最大的满足,这就是最大化行为。虽然我们不知道经济人到底在使什么最大化,但我们的确知道他在追求最大化。最大化的对象是没有限制的:金钱、爱情、美德、仇恨等等都是潜在的最大化对象。罗宾斯解释说,就我们而言,我们的经济主体可能是利己主义者,或纯粹的利他主义者,或禁欲主义者,或纯粹的肉体主义者,或更可能的是所有这些冲动的混合体。相对变化的标准(亦即偏好的顺序)不过是一种能方便地、按照人的本来面目反映人的固有特点的方式而已。3.目的与手段的分离。在其他因素相同的情况下,人类的行为和经济人一样。其他因素包括"非经济"的考虑,如期望得到显赫的社会地位、爱或安全,或强烈的忠诚感。所以,在假定所有这些"非经济因素"恒定不变的情况下,人总是会以尽可能高的价格出售,以尽可能低的价格购买。"经济人的历史是一段你方唱罢我登台的历史"。①尽管经济人假设受到了索尔斯坦·凡勃伦的致命打击,经济人似乎不行了,②罗宾斯把经济人从瓦砾堆里扒拉出来,而米尔顿·弗里德曼又给经济人注入了新的活力。

时至今日,经济人假设似乎已成了无须论证的前提,其合法性和合理性尽管受到来自经济学内部的质疑和伦理学的批判,但它依然是西方主流经济学的基本的逻辑前提。效用价值、边际效用、理性经济人、机会成本、帕累托效率、自由选择、需求排序、自由放任等等已经成为西方主流形态经济学的关键词。"在微观经济分析中,根据所研究的问题和所要建立的模型的不同需要,假设条件存在着差异。但是,在众多的假设条件中,至少有两个基本的假设条件:第一,合乎理性的人的假设条件。这个条件假设也被称作为'经济人'的假设条件。'经济人'被视为经济生活中的一般人的抽象,其本性被假设为是利己的。'经济人'在一切经济活动中的行为都是合乎所谓理性的,即都是以利己为动机,力图以最小的经济代价去追逐和获得自身的最大的经济利益。第二,完全信息的假设条件。

---

① [美]马克·A.卢兹、肯尼思·勒克斯:《人本主义经济学的挑战》,王立宇等译,西南财经大学出版社 2003 年版,第 81 页。

② 古典的学者将人置于快乐与痛苦的理性计算器的作用地位。"看不见的手"和所谓的自然规律引导人们的行动路线并且一般能够促进社会中最大多数人的最大福利。凡勃伦指责这种信仰是肤浅的胡说。按照凡勃伦的观点,人类是由特定的本能所支配的更为复杂得多的生物,并且以本能的行为和习惯为其特征。人不是快乐与痛苦的"轻便快捷的计算器",恰恰相反,而是好奇的动物,就其本性来说他偏好新的做事方式。[美]小罗伯特·B.埃克伦德、罗伯特·F.赫伯特:《经济理论和方法史》,杨玉生等译,中国人民大学出版社 2001 年版,第 348 页。

这一假设条件的主要含义是指市场上每一个从事经济活动的个体(即买者和卖者)都对有关的经济情况(或经济变量)具有完全的信息。"①

　　新制度经济学尽管致力于经济可持续增长的关键问题是制度及其变迁,但它们依然是把经济人假设作为必要的前提预先接受下来,作为基本理论。因为交易成本的存在恰由于交易双方都有追求利益最大化的偏好、机会主义动机和搭便车的可能。奥利弗·威廉姆森在《治理的经济学分析:框架和意义》一文中清晰地表达了这种理念。不过,威廉姆森是以批判的立场加以表达的,"经济学家们在陈述行为假设上一般非常轻率",包括弗里德曼在内都坚持认为,假设的现实性并不重要,理论的成就体现在它的结论上,虽然支持这一观点的证据有许多,早在 1955 年就有人(Bridgeman)告诫社会学家,"在对人的行为的理解上,主要的问题是要理解他们如何思考——他们的大脑是如何工作的"②。

　　一直处于西方主流经济学中基础和前提位置的"经济人"假设,自从其被确立以来始终受到怀疑甚至批判,但都并没有动摇它的前提性质和作用。以科斯和诺思为核心人物的新制度经济学从更为广泛而深刻的角度和层面对"经济人"假设提出了质疑,并给予了有说服力的批判,但他们并不是把它完全替换成另一套假设,而是在它的基础上使之更加接近于事实。在他们看来,利己的动机尽管通常条件下是从事经济活动的动力,但不排除还有其他的价值需求;完全理性的假设更值得怀疑,在一个经济往来十分简单且频率较低的场景下,信息的收集、使用以及基于周全信息之上的决策才有可能,当经济的复杂性已经远远超出经济人的理性能力时,经济人理性的稀缺性就完全暴露出来了;由于这一点,交易费用通常不为零;理性假设与机会主义动机是矛盾的,完全理性无法解决因机会主义动机而发生的误导、掩盖、迷惑、欺骗等行为,因为人无法完全把握

---

①　高鸿业:《西方经济学》,中国人民大学出版社 2000 年版,第 22—23 页。

②　[美]奥利弗·威廉姆森:《治理的经济学分析:框架和意义》,见埃瑞克·G.菲吕博顿、鲁道夫·瑞切特编:《新制度经济学》,孙经纬译,上海财经大学出版社 2002 年版,第 68—69 页。

一个人在发动行为之前以及过程中的真实想法。为着降低交易费用以及各种因信息不周全而存在的风险，降低交易费用和风险的努力——制度安排就显得十分重要了。威廉姆森对此作了十分清晰而准确的论述。

交易成本经济学试图分析"我们所知道的人性"。对于过程的经济分析来说，至少有三个人性特征非常重要：认知能力、动机和对自身以及社会的尊重，它们可以在理性、动机和尊严三个题目下得到详细分析。

（1）理性。我们可以区分出三个层次的理性。第一种或者说是最强形式的理性是**最大化**。这是新古典经济学的内容。企业被简单化为生产函数，消费者被简单化为效用函数，制度外生给定，优化行为无处不在。如果完全的跨时期交易可行的话，那么，就没有研究不同的合同订立方式的必要了。第二种是有限理性。有限理性是交易成本经济学所依赖的认知假设，这是一种中强形式的理性。人被认为"在主观上追求理性，但只能在有限程度上做到这一点"。交易成本经济学接受了有限理性的概念，并且，它认为这定义的两个部分都应得到重视。有限理性概念中的主观理性部分导出了最小化（交易成本）动机，而对认知能力有限的认识则鼓励了对制度的研究。所以说，主观理性支持交易各方会努力抓住每一个机会以实现效率的假设，而对有限理性的重视加深了对各种非标准形式的组织的理解。由于认知能力有限，交易各方如何组织以最好地利用其有限的能力呢？第三种是弱形式的理性。弱形式的理性是过程或感官理性，这是现代进化经济理论和奥地利经济学派所谈到的理性。

（2）动机。我们也可以区分出三个层次的自利行为。最强的形式是机会主义。所谓机会主义，就是欺骗性地追求自利，这包括——但并不仅限于——比较明显的形式，如说谎、偷盗和欺骗。机会主义更多地涉及更复杂的欺诈形式，包括主动的和被动的形式，包括事前的和事后的形式。事前和事后机会主义在保险文献中分别被冠以逆选择和道德风险。逆选择指保险公司没有能力区别风险、高风险投保者不愿意诚实地揭示他们真实的风险状况这种情况。投保人没有以一种负责任的方式行动，没有采取恰当的缓解风险的行动会引致事后的执行问题。这两种类型的保险问题都属于机会主义。更一般地，机会主义指不完全的或扭曲的信息揭示，尤其是有目的的误导、掩盖、迷惑或混淆，再加上不确定性，机会主义使经济组织问题更加复杂化了。结果，当事人和第三方（仲裁者和法庭等）面临更加苦难的真相揭示问题，而且各方的机会主义程度不一定完全相同。显然，如果没有机会主义，所有的行为都可以通过规则治理，而且并不需要完全的事前计划。意外事件可以用一般规则解决，通过这一规则，所有各方同意受最大化共同利润的行为约束。

机会主义是经济交易中不确定性的一个来源——如果人们在实现个人利益的行为上是完全坦率和诚实的，或者可以假定他们是完全服从、自我否定和驯服的，这种不确定性就会消失。坦率地或简单地追求自利是新古典经济学的行为假设。它是中强形式的追求自利。顺从是弱形式地追求自利（事实上，这是一种毫无意义的形式），它等于不追求自利。

虽然新古典经济人在市场上与追求自利的其他人进行交易，但这仅仅是假定交易在反映初始状况的条款上达成。这些初始状况将应对方要求彻底和诚实地揭示，对自然状态的公布将是准确的，交易的实施通过规则进行治理。因而，鉴于交易各方实现了其财富、资源、专利和诀窍上的法律赋予他们的所有优势，因此，从开始时，这些都是显而易见的，没有事后的意外。经济组织问题因此依赖于技术特征，交易者间不存在偏离规则的行为。

（3）尊严。经济人普遍具有的不受限制的认知能力被奇怪地与一种天真的人性联系在一起。从经济人到组织人的转变改变了这两个方面，但是，以牺牲对方为代价。交易研究中的组织人认知能力里经济人弱（组织人受制于有限理性），但在动机上却比后者复杂（组织人有机会主义动机）。由这一行为假设引致的组织经济问题可以精辟地陈述如下：组织交易以节约有限理性，同时保护交易防止机会主义危险。而对这两个方面都有影响的一个行为特征，是迄今为止一直被忽视了的人们对尊严的重视。这对过程的经济分析来说尤为重要，因为方法和目的都对尊严有影响。

不考虑尊严而讨论最小化交易成本会导致把人严格地看作为工具的观点。在研究资本市场和许多中间品市场的治理过程中，这样一种研究方法也许还可以。但是，当我们对劳动力的组织（劳动力市场）时，人们对自身和社会的尊重的需要就变得重要起来。在劳动关系中出现的过程的经济分析问题包括工人参与决策对应有过程的需求。尊严并不对所有交易都同等重要，而是对某些交易特别重要。因此，交易成本经济学要找出那些尊严在其中最为重要的交易，并分析其相应的治理结构意义。

如果尊严完全是一个私人价值，这样做是正确的，在这类情况中，交易各方会建立与交易相适应的治理结构。但是，尊严还有更重要的社会意义。因而，相对于其社会重要性来说，根据其个人功利主义计算来设计治理结构的各方将低估尊严的价值。如果交易各方的政治和社会潜能被贬低，社会将遭受损失。如果交易中对尊严的个人功利主义评估不仅损害了直接交易者的政治和社会潜能，而且对其他人也有不利的溢出效应，这种影响就更严重了。只有认识到尊严中也有社会利益，被忽视了的系统效应被认识到，经济激励被恰当纠正，这样的结果才可以避免。①

1998 年诺贝尔经济学奖得主阿马蒂亚·森于 1986 年 4 月 4 日至 6 日，在美国加利福尼亚大学伯克利分校作洛尔的讲座，这就是后来在本讲座基础上编辑而成的《伦理学与经济学》。这是试图把伦理学与经济学结合起来的一种真诚的努力，尽管缺少像新制度经济学中的产权交易学派或交易成本经济学那样的细腻的微观研究，但却充满了颇有穿透力的命题和思想。以至于为该书撰写前言的约翰·勒蒂奇说："对于那些关心当代经济学与道德哲学之间关系的经济学家、哲学家和政治科学家们来说，这本书可谓是一个思想'宝库'。阿马蒂亚·森教授清晰、通俗、活泼和富有激情的写作远远超出了那些对伦理学与经济学文献的简单综合。在全新的意义上，他阐述了一般均衡经济学能够对道德哲学分析所做出

---

① ［美］奥利弗·威廉姆森：《治理的经济学分析：框架和意义》，见埃瑞克·G.菲吕博顿、鲁道夫·瑞切特编：《新制度经济学》，孙经纬译，上海财经大学出版社 2002 年版，第 69—74 页。

的贡献;道德哲学和福利经济学能够对主流经济学所做出的贡献。并指出了对自利行为假设的滥用已经严重损害了经济分析的性质。"①

当我们以"经济行为的动机:是最大效用观？伦理动机观？还是社会成就观？"来设问时,已经超出了对经济行为之纯经济学的分析,而把问题引向了更为广阔的价值空间。追问经济行为之价值基础的工作绝非设定"经济人"或"自利行为假设"一种,因为它们只是解释人类行为尤其是经济行为的一种方式,也许是重要的方式,但绝不是唯一的、全部的方式。新古典经济学中的自利行为假设的致命缺陷在于这样几点:第一,把这种自利行为假设变成了解释经济行为之价值的唯一合法的解释模式,它把个人、组织从事经济行为的动机生态学简化为机械动力学。实际上,作为一个正常的人,其需要是多样的,即便是纯粹的经济行为,其动机也是多样的,只是由于行为在空间、时间、手段、环境方面的限制而很难使多重化的动机同时实现罢了,但这绝非意味着经济行为者只剩下追求利益最大化一种动机,而其他的动机都不见了踪影,甚至完全消失,它们不过以隐藏的方式躲避起来而已,当一维性的条件转变成了多维的机会,追求多种价值的努力就成为现实。更何况,自利动机并不始终是经济行为的动力,如慈善行为、公益活动。第二,经济人假设的更为深远的影响在于,它把财富的积累变成了人的活动的主要的甚至是唯一的目标,而完全忽视了人的生活世界的问题,因此,回归生活世界绝不是哲学的一种呼声,也理应成为经济学的一种主张。经济学从其产生的时候起就不纯粹是"工程学""分析的科学",毋宁说,它是分析与规范相统一的科学。然而,经济学家们为了在其经济学模式中保证其模型不会被友善或道德情操等因素所干扰,而假定人类的行为是单纯的、简单的和固执的。

阿马蒂亚·森指出,现代经济学的一个不同寻常之处在于,是以如此

---

① [印度]阿马蒂亚·森:《伦理学与经济学》,王宇、王文玉译,商务印书馆 2000 年版,第 1 页。

狭隘的方式来描述人类行为,经济学所关心的应该是真实的人。作为真实的人,就不能不考虑人的原初性的苏格拉底问题:"一个人应该怎样活着?"这是伦理学的元问题。而经济学所研究的人真的能够不受这一富有挑战性的问题影响,并一成不变地恪守现代经济学所给予他们的"那种不健全的精明和现实吗"?另一个不寻常之处在于,现代经济学不自然的"无伦理"特征与现代经济学是作为伦理学的一个分支而发展起来的事实之间存在矛盾。事实上,作为经济人假设的思想来源的功利主义从来就不是利己主义的同名词,他们把快乐与幸福作为人的行为的真实目的,也从来没有把财富的积累即追求收益最大化作为人的全部需要中的唯一需要,在他们讲到追求个人快乐与幸福的时候,应该以必要的伦理为其基础。不仅被尊称为经济学之父的亚当·斯密曾经是格拉斯哥大学的道德哲学教授,[①]而且在很长一段时间内,经济科学被认为是伦理学的另一个分支。

当然,阿马蒂亚·森并没有因为强调分析经济行为的伦理学维度而否认经济学自身分析经济行为的正当性。可以说,经济学有两个不同的来源,一个是与"伦理学"相联系,另一个是与"工程学"相联系。经济学与伦理学的传统联系至少可以追溯到亚里士多德。"每种技艺与研究,同样地,人的每种实践与选择,都以某种善为目的。"而在所有的善中存有最高的善,这个最高的善不是别的,就是幸福。"无论是一般大众,还是那些出众的人,都会说这是幸福,并且会把它理解为生活得好或做得好。"幸福不是一种感情状态,而是一种活动,是人的肉体与灵魂活动的圆满实现,尤其是指人的灵魂的最好的思想活动的圆满实现。那么,"关于这种善的知识岂不对生活有重大影响"?看起来,它是最权威的科学或最大的技艺的对象。而政治科学似乎就是这门最权威的科学。亚里士多德把政治学

---

① 亚当·斯密 1751 年任格拉斯哥大学伦理学教授,任职 12 年之久,1759 年发表《道德情操论》,1776 年出版了《国民财富的性质与原因的研究》。斯密在《道德情操论》中说道:"无论人类如何被视为自私自利,然而在本性之中却很明显地存有几种原则,使他能关怀别人的福祸,而且以他人之能有幸福为自己生活所必需,虽然除了在看见他人幸福时感到欣慰外,他别无所得。怜悯心和同情心便属于这一类。"周辅成编:《西方伦理学名著选辑》(下卷),商务印书馆 1987 年版,第 117 页。

视为"指挥者的艺术",政治科学包括经济学在内,因为"政治学制定着人们该做什么和不该做什么的法律,它的目的就包含着其他学科的目的。所以这种目的必定是属人的善。"虽然从表面上看经济学的研究仅仅与人们对财富的追求有直接的关系,但在更深的层次上,经济学的研究还与人们对财富以外的其他目标的追求有关,包括对更基本目标的评价和增进。"牟利的生活①是一种约束的生活。而且,财富显然不是我们在追求的善。因为,它只是获得某种其他事物的有用的手段。"②阿马蒂亚·森总结道:"在这里,对于经济学来说,有两个中心问题尤为根本:第一个问题是人类行为的动机问题,它与'一个人应该怎样活着?'这一广泛的伦理道德问题相关……我将此称为'伦理相关的动机观'。第二个问题是关于社会成就的判断③……我将此称为'伦理相关的社会成就观'"。④

毫无疑问,包括阿马蒂亚·森著在内,西方经济学家特别是近年来以研究人本主义经济学而名噪一时的马克·卢兹都对长久以来在主流形态经济学中居核心位置的"经济人"理念提出了前所未有的挑战,但问题是,无论是在理论上还是在实践中,自利行为的经济人假设依然"根深蒂固"。⑤

---

① 牟利的生活,亚里士多德指的不是家庭的经济生活,而是以赚钱为目的的生活,例如《政治学》中提到的交易、商贩、雇工、放贷的生活。在这些生活方式中,亚里士多德认为这些生活方式是反自然、反本性的。例如高利贷者为放贷而节衣缩食,就像运动员为保持体重而节食。参见[古希腊]亚里士多德:《尼各马可伦理学》,廖申白译,商务印书馆2003年版,第12—13页脚注④。

② [古希腊]亚里士多德:《尼各马可伦理学》,廖申白译,商务印书馆2003年版,第3—13页。

③ 亚里士多德把社会成就与取得与个人有益的东西结合起来加以思考:"尽管这种善于个人和于城邦是同样的,城邦的善却是所要获得和保持的更重要、更完满的善。因为,为一个人获得这种善诚然可喜,为一个城邦获得这种善更高尚[高贵],更神圣。"同上书,第6页。

④ [印度]阿马蒂亚·森:《伦理学与经济学》,王宇、王文玉译,商务印书馆2000年版,第10页。

⑤ "可以公正地说,虽然人们提出了这些(和其他的)的批评,但是纯粹的自利行为假设仍然是经济学中的标准假设,它提供了主流经济学理论和政策分析的行为基础,并且还是在讲坛上向学生传授经济学知识的出发点。"1982年,乔治·施蒂格勒在其题为"经济学还是伦理学?"的唐纳讲座中就曾经明确地为这种观点辩护,他说:"在我们生活的世界上,有理性,并掌握充分信息的人们,在机智地追求着他们的自利。"同上书,第22页。

从一般的推理来说,这肯定有其社会历史和思想文化上的根源,找出这些根源是推进这一问题研究的根本道路。

功利主义伦理学中的幸福原理,不仅影响了伦理学本身,更是成为西方主流经济学得以确立的哲学基础。在功利主义伦理中,确定一个观念是否正确、一个行动是否正当,唯一的根据是功利和快乐。功利是令人快乐的基础,而快乐则是欲求得到满足的后果。而无论是戈森的边际效用理论还是阿马蒂亚·森的"以自由观点看待发展",都是以功利和快乐作为其理论的哲学基础的。

当康德生活于其中的那个陌生社会义无反顾地向人们走来,在一个由自我优先于集体的观念支配着人们的思考与行动时,人们平等交往的道德根基和规范基础是什么?正当优先于善,只有正确思考和正当行动,人是目的而不仅仅是手段的道德命题才能实现。尽管康德始终致力于将功利和快乐清除于道德哲学之外,只留下善良意志、先天法则和实践理性,但康德最后依旧把合乎先天实践法则的幸福问题确立为思辨哲学的最后目的。康德从未否认快乐和幸福的终极意义,但它们必须以道德为基础;康德既不是绝对的禁欲主义者,也不是极端的功利主义者,毋宁说是一个适度的幸福主义者,只有过一种有尊严的生活才是幸福。

在人是什么这个总命题之下,分有三个子命题:我能够知道什么?我应当做什么?我可以希望什么?能够知道什么纯然是思辨的,应当做什么纯然是实践的,而我可以希望什么则既是理论的又是实践的。能够知道什么,就是关于对象的知也是关于自身的知。获得关于对象的知,依靠的是建构性原则,把个别或特殊当作包含在普遍的东西之下来对它进行思考,从而人为自然立法。获得关于自身的知,依靠的是范导性原则,人为自己立法,并以实践理性知识的形式遵实践法则而思而行。应当做什么,作为纯然是实践的事务,乃是将善良意志、实践法则和实践理性综合运用于行动的过程。然而,从能够知道什么和应当做什么这两个命题中,无法得到最终目的这个概念,这个概念从是什么这个总命题中去寻找,这就是幸福概念。在康德的思辨哲学和道德哲学中,幸福乃是一个反思性的概念,它是经过实践理性批判之后获得的正当性概念。当人们使用幸福这个概念时,大概想到的是我知道什么和应当做什么。事实上,康德的义务论的伦理学是目的论根基的伦理学。

"如果我做了应当做的,那么我可以希望什么? 这是实践的同时又是理论的,以至于实践方面只是作为引线而导向对理论问题以及思辨问题的回答。因为一切希望都是指向幸福的,并且在它关于实践和道德律所是的东西,恰好和知识以及自然律在对事物的认识方面所是的东西是同一个东西。"①如果我们做了应当做的事情,那么就有可能一个合于目的事情能够发生,尽管这个目的是我们想希望的,但它必须以应当作为它的前提条件。"幸福是对我们的一切爱好的满足(按照满足的多样性,这幸福是外延的,按照满足的程度,幸福是内包的,按照满足的持续性,幸福是延伸的)。出自幸福动机的实践规律我称为实用的规律(明智的规则);但如果有这样一种实践规律,它在动机上没有别的,只是要配得上幸福,那我就称它为道德的(道德律)。"②康德关于幸福的规定既是实用人类学的,又是道德哲学的。当一个人追求幸福时不存在利益相关者时,或者说不存在对他者的道德责任时,那么,他是否能够获得幸福,就取决于他是否拥有明智的品质;如果有利益相关者存在,那么你就"去做那使你成为配得上是幸福的事情吧"。这取决于他是否具有道德能力。

无论是哲学家、伦理学家,还是经济学家,只要他们是卓有成就的,就都有属于他们的幸福原理,这既是他们关注人的终极之善的方式,也是他所生活于其中的社会向他们提出的理论任务。他们的丰富而深刻的"幸福原理"为我们建构属于我们这个时代的"幸福原理"提供了不可或缺的思想资源。

---

① [德]康德:《纯粹理性批判》,邓晓芒译,人民出版社 2004 年版,第 612 页。
② 同上。

二、现代性与欲望本体论

当欲望成为本体，那会意味着什么？现代化运动本质上就是一个将欲望置于本体地位的过程，它使自然本体论和社会本体论成为实现其自身的两个前提。当人类从自然的支配中解放出来时，又把自己置于宗教的统治中；当人类从虚幻的宗教控制中解放出来，却又陷入了政治的统治之中；当人类从政治的统治中解放出来，去全身心地构建现代生产逻辑、发展科学基础、拓展市场经济时，也把自身的占有和表达的欲望发展到了前所未有的地位，于是又把自己置于各种欲望的支配之中。欲望的神圣激发，使得一切都变成了实现占有与表达之目的的手段。

追问和追寻本体似乎是人的宿命；追问此在及此在的意义成为人的使命。它蕴含着这样相互关联的几个问题：是否存在着本体？人类能否把握本体？人类为何孜孜以求于本体？社会变迁与本体有何关系？现代性与本体有必然联系吗？无论是全身心地拥抱，还是全面地拒斥，现代性都以它自身的方式义无反顾地向人们走来；当代世界乃是现代性的延续形式或是现代性的当代形态。人们必须正视它、重视它、研究它，它就是我们的此在，或者是我们的此在的外在形态。它曾激起我们追求快乐与幸福的欲望，但又由于欲望过分强烈导致我们更加地悲观与失望；理性无限论和市场万能论曾给以巨大的鼓舞，然而事实证明，这些都是靠不住的承诺。如何知止与当止？如何知足与自足？如何实现由价值世界向意义世界过渡？从身体之善和外在之善会自觉地过渡到灵魂之善？这些类似于本体性的问题，需要我们沉思，更需要我们慎思。

1. 本体的三种形态及其内在逻辑

在古希腊哲学中，本体这个概念最早出现在巴门尼德的哲学中。我们无意去发掘西方哲学中的本体观念史，这对西方哲学史的研究很重要，而对现代性与本体论之关系的研究，并不具有直接的意义。在此，我们试图在亚里士多德关于本体的观念的基础上,讨论本体论及其相关问题。①亚里士多德在《形而上学》中曾把其之前的及其同时代的哲学家关于本体的观念总结或归结为七个方面。其中的两个含义对于我们研究本体论及其相关问题具有直接的意义。我们试图在三个层次或三个领域内讨论本体论问题,简约地说就是自然本体论、社会本体论和人性本体论。在古希腊哲学中,自然本体论是其本体论之争中的核心内容。泰勒斯的"水"、阿那克西曼德的"气"、阿那克西美尼的"无限"、赫拉克利特的"火",都是他们各自认为的自然的本体。作为本体,这些存在者先行于其他存在者而持存,它们不仅时间上在先,逻辑上也在先。万物由它产生然后又复归于它。哲学家探讨本体并非仅仅是哲学家的个人偏好,在人性结构中原是有其深刻基础的,这就是人对确定性的渴望,只有找到"始基""源初性存在",才能找到那个因其自身而存在的无制约者;只有发现了这个无制约者才能掌控其自身及其由它开显出的若干后继者;也只有找到了这个自因性存在,才能明了事物的发展逻辑,即逻各斯,我们要么拥有逻各斯,要么分有逻各斯,以使该物朝向人所希望的方向演进。追问本体的何所是、何所为与何所向都是为了追求秩序,追求世界之序是追问自然本体的价值基础。在可变的生活世界中,追求自然之不变的东西,乃是人类孜孜以求的事情。何以至此? 人类本身本质上是既渴望确定性又追求变动性的类属,没有确定性,一切便不可能预期,其所希望的东西便不可能出现;没有变动性,便不可能有机遇和机会,一切创新便不可能,新的欲望、欲求就会成为无望,一切的求新、创新,一种更好的生活就不会出现。人要么是拥有逻各斯、要么是分有逻各斯,按逻各斯的指引行事,又试图摆脱逻各斯的羁绊,将自己的价值诉求贯彻到底的类属,它始终游离于不易、变易和简易之中。

自然界的本体、道、逻各斯,是完全属于自然界自身的事情,它因其自

---

① 根据哲学形态学的要求,除了西方哲学中存在本体论之外,马克思哲学和中国哲学中是否也存在本体论内容呢? 如果存在,又是如何展开其自身为他物,而他物又如何复归于本体的呢? 这无疑是马克思哲学和中国哲学中的元哲学问题,值得深入讨论。

身而存在，无论人怎样地全面拒斥和全身心拥抱，它都毅然决然地走着它自己的路；它与人的努力无关，与人类的喜、怒、哀、乐、意、恶、欲无涉。自然之道从不要求人与它相合或相离，它无欲无求、无恩无怨。这些道、逻各斯，并不与人的目的、欲求相悖谬。自然之道规定了人们能够做什么的边界，只有在这个边界以内，人们才能建构和选择属于它们自己的生活。但自从人类来到这个世界上，在人类的实践活动所及的范围内，越来越多的自然深深地打上了人类改造的印记。于是，便出现了由纯粹的自然、人工自然和人组成的属人世界，这个属人的世界就构成了人现实地生活的边界。即便是属人的世界，它也不是人类"望文生义"、任意妄为的产物，它依旧规定了人们能够做什么和应当做什么的范围。人们就像探寻自然何以可能的根据即本体那样，人也必须追问和追寻社会何以可能的根据即社会本体。其实，在相当程度上可以说，马克思哲学就是关于社会本体的哲学沉思。

始于 20 世纪 80 年代末 90 年代初的本体论争论，乃是当代中国哲学语境下的元哲学之争，有所谓物质本体论和实践本体论之争。在某种意义上，这种争论也就是自然本体论与社会本体论之争，虽然并非对应关系。今天看来，这种争论虽然具有一定的理论意义和实践价值，但更为深层的问题则不是两种本体论之分别，而是社会本体论与实践本体论具有怎样的内在的逻辑关系，社会本体如何以实践的方式而展开其自身。更进一步的问题在于，是否存在着决定和推动自然本体和社会本体的源初性力量，尽管它不是时间上在先，但却在逻辑上在先？

从语义学角度看，自然本体、社会本体和人性本体属于同一系列的范畴，而实践本体则不是，它是社会本体的展开方式。在自然、社会和精神三个领域中，自然与人有着最远的距离，它完全不顾及人的所思所想，更不体会人的喜怒哀乐，按照属于它自身的逻各斯运转；而社会则由人及人的创造物组成的生活空间，人在其中，生活也在人群之中；而精神则完全寄居于人的整体结构中，它与人自身是没有距离的，人就是身体与心灵的有机统一体。自然、社会和精神与人自己的关系，是有距离、近距离和无距离的关系,便有了康德哲学意义上的三种状态:认识能力—知性—合法则性—自然;愉快和不愉快的情感—判断力—合目的性—艺术;欲求能力—理性—终极目的—自由。①康德的知性、判断力和理性及其所对应的认识能力、愉快与不愉快的情感和欲求能力,以及它们所各自遵循的先天法则即合法则性、合目的性和终极目的,它们所运用的领域即自然、艺术和自由,虽然与自然本体、社会本体和人性本体不具有直接的对应关系,但它却极大地启发了我们关于三种本体及其内在关系的分析和论证:机械规律、社会规律与自由规律的相互交织和完全的自由规律。在人与自然的关系上,它们之间的关系是认识论上的,自然为人的感受性提供对象,而人则通过知性将对象把握在意识中,二者本质上不是实践关系。而在社会本体中,自然表现为社会存在,是人的本质力量对象化后的业绩,意识表现为社会意识,它们是相互嵌入的关系。而在人性本体论中,自然和社会似乎都远离人而去,留存下来的就只有思索、意愿和判断了。

为何把社会领域视为存在与观念相互嵌入、相互改造的空间呢? 首先,社会领域是一个人化的物理世界;其次,这个人化的物理世界直接是人类意识的物化形态;其三,支配这个存在与意识相互嵌入和改造的人化世界的本体乃是三种方式:生产方式、交往方式和生活方式。社会本体论就是关于这三种方式之相互嵌入、相互影响和相互改造之内在逻辑的理论。在某种意义上可以说,马克思的社会哲学就是关于社会本体的理论。马克思和恩格斯在《德意志意识形态》中论证和论述了个体生命组织和生产方式、交往方式与生活方式之间的内在逻辑关系,指出不是社会意识决定社会存在,而是社会存在决定社会意识,人们如何生产、怎样交往、怎样行动,人也就怎样。马克思在写于 1851 年 8 月下旬的《政治经济学批判导言》中对社会本体作了精辟的论述,这被称为唯物史观。恩格斯在《马克思墓前的讲话》中说,马克思有两大发现,唯物史观和剩余价值学

---

① ［德］康德:《判断力批判》,《康德著作全集》第 5 卷,李秋零译,中国人民大学出版社 2007 年版,第 207 页。

说，前者揭示了社会发展的规律，后者揭开了资本剥削的秘密。在自然本体、社会本体和人性本体的相互嵌入中，自然本体是条件和环境，具有先在性，它直接制约着后两者，但不决定后两者，从时间逻辑看，自然本体无疑是先行于社会本体和人性本体而存在着的自然力量，构成后两者的质料因，但从动力因和目的因来看，人性本体论则是逻辑上在先。如果不从关系和属性角度看待人性本体论，那我们可把人性本体论直接定义为人的存在状态和存在方式，人们的生产、交往和生活方式都是奠基于人的存在状态和存在方式之上。人性本体论所探讨的是，什么才是人从事各种活动、认识世界、改造世界和控制世界的动力？由不足、匮乏以及由此决定的由外到内的占有，由饱和、过量以及由此决定的由内到外的表达，构成了人性本体中的存在论内容；感知到、认识到自己的存在状态，认识到人与自然、人与人、人与自己的关系，构成了人性本体中的认识论内容；通过意识和实践的对象化活动，创造价值和享用价值构成了人性本体中的价值论内容。当存在、认识和价值被有机地整合在一起的时候，整个人性本体论就被建构起来了。在自然本体、社会本体和人性本体结构中，人性本体构成了动力。当我们用需要这个范畴去描述人的存在状态和指向时，一个有着空间边界和时间界限的对象就被标画出来了，一个初步的结论便是，人的需要是有空间限制和时间限度的，这种限制和限度直接决定了人的存在的边界，但人并不直接依照有限的需要而行动，而是根据欲望而行动。欲望是被把握在意识中的需要，是主观化的需要。被意识化和观念化了的需要就会发生两个方面的变化，或称两个脱离，一是脱离了需要主体的身心状态，二是脱离了需要的客观环境，只是执着于强烈的心理倾向和向外"求索"。作为脱离了客观状态和客观环境的欲望，在强度上被强化了，在时空上被拓展了。脱离了主观状态，意味着欲望已不受主体的生理和心理状态的直接支配，也超出了外部世界的限制，欲望依照其自身的运行逻辑而进行拆解、整合和扩展。于是，在自然本体、社会本体和人性本体之间便有了如下的逻辑关系，自然本体为实现人性本体提供了条件，社会本体为实现人性本体提供了环境和道路。但细致说来，自然本体和社会本体如何制约和限制人性本体,而人性本体又是如何改造和突破它们的限制呢?为着说明和论证其间的相互嵌入、相互改造的内在机理,就必须回归事情自身,回到三种本体之相互嵌入的具体场域之中。

2. 三种本体之相互嵌入的社会历史形态

只要人愿意生活下去,并意愿过上好生活,三种本体之相互嵌入的过程就不会中断;甚至可以说,这种相互嵌入的过程就从未中断过。

(1) 前现代社会

前现代社会作为一个描述性概念,有着极为丰富的内容。如果从时间维度描画,则指 15 世纪或 15 世纪前的西方社会,当然,其他民族和国家也有它们自己的前现代状态。多样化的前现代社会形态并不妨碍我们从其共同性上分析和论证自然本体、社会本体和人性本体之间的逻辑关系。其共同性便是,自然本体在社会生活处于决定性的地位,人们主要依靠自然赐予的"恩惠"而生活,耕地、牧场、江河、湖泊、山林都是人们的自然资源;农业、牧业、渔业、林业是人们的主要生产方式;农民、牧民、渔民和山民是他们的主要身份;依山而建、傍水而居,周而复始,数辈如此,这是一个固定而封闭的生产、交往和生活空间。"全部人类历史的第一个前提无疑是有生命的个人存在。因此,第一个需要确认的事实就是这些个人的肉体组织以及由此产生的个人对其他自然的关系。这些条件不仅决定着人们最初的、自然形成的肉体组织,特别是他们之间的种族差别,而且直到如今还决定着肉体组织的整个进一步发展或不发展。"①关于自然条件、生产方式和生活方式之间的关系,马克思进一步指出:"这里和其他地方一样,自然界和人的同一性表现在:人们对自然界的狭隘关系决定着他们之间的狭隘关系,而他们之间的狭隘关系又决定着他们对自然界的狭隘关系,这是因为自然界几乎没有被历史的进程所改变。"②生产方式

---

① 《马克思恩格斯文集》第 1 卷,人民出版社 2009 年版,第 519 页。
② 同上书,第 534 页。

制约着人们的存在状态和存在方式，而人的存在状态和展开方式又决定着人的需要类型和欲望程度。首先，从生产方式看，传统的手工业决定了生产资料和生活资料的质量和程度。农业是最基本的生活方式，而农业是典型的自然经济，土地是基本条件，阳光、水源是主要条件，农作物生产周期长，且严重地受到四季的制约，这就从根本上决定了生活资料的总量。其次，自给自足的自然经济决定了生活资料主要用于消费，而不是用来交换。交换经济虽古已有之，但在农业经济中却不具备典型的商品经济和市场经济的性质。自然状态和自然需要就是自然经济的自然边界和人性界限。在此种场域下，人的需要→欲望→贪婪之间缺少进阶逻辑。在物质需要的满足上，虽然是简朴的，甚至是极其简单的，但也未感到缺憾，也很少产生基于不满足之上的抱怨和怨恨；抱怨、怨恨、仇恨是强烈的需要和欲望未得到极大满足而产生的极具倾向性的内心体验。生产力、财富总量、需求总量乃是可以相互嵌入的三个要素，缺少其中任何一个，都不能使其他两个要素激发起来。

（2）现代社会

在欧洲，起始于15世纪下半叶、发展于16、17世纪，而成熟于18世纪下半叶的现代化运动，从根本上打破了生产与消费之间的直接对等性；生产的逻辑代替了劳动过程；资本的逻辑使满足需要的过程变成了消费的过程。

首先，生产—分配—交换—消费构成了现代生产逻辑。为何把同一个活动分别称为"劳动"和"生产"？马克思在《资本论》第一卷第五章中，以"劳动过程和价值增殖过程"为题，极为细致地讨论了劳动过程，以及劳动过程和价值增殖过程的统一。"劳动首先是人和自然之间的过程，是人以自身的活动为中介，调整和控制人和自然之间的物质变换过程。人自身作为一种自然力与自然物质相对立。为了在对自身生活有用的形式上占有自然物质，人就使身上的自然力——臂和腿、头和手运动起来。当他通过这种运动作用于他身外的自然并改变自然时，也就同时改变他自身的自然。他使自身的自然中蕴藏着的活力发挥出来，并且使这种力的活动受他自己控制。"劳动是有目的的意识活动和实践活动,劳动过程结束时得到的结果,在这些过程开始时就已经在劳动者的表象中存在着,即已经观念地存在着。"他不仅使自然物发生形式变化,同时还在自然物中实现自己的目的,这个目的是他所知道的,是作为规律决定着他的活动的方式和方法的,他必须使他的意志服从这个目的。但是这种服从不是孤立的行为。除了从事劳动的那些器官紧张之外,在整个劳动时间内还需要有作为注意力表现出来的有目的的意志,而且劳动的内容及其方式越是不能吸引劳动者劳动越是不能把劳动当作他自己体力和智力的活动来享受,就越需要这种意志。"总之,"劳动过程的简单要素是:有目的的活动或劳动本身,劳动对象和劳动过程"①。在马克思《资本论》的"名目索引"中,生产与劳动者两个概念使用频率均在五百次左右。从这两个概念的使用过程中,似乎看不出它们之间有什么本质区别。那马克思为何不使用同一个概念而分别使用劳动和生产呢? 在此,我们无意去考察马克思分别使用劳动和生产者两个概念的目的及其思考过程,而是想通过这两个概念的细微差别阐释劳动产品与劳动过程和劳动者的分离,指明劳动的社会化、商品化所导致的占有和表达之欲望的神圣激发,继而通过奢侈、消费、浪费而完成的欲望的超限后果。

一如马克思所讨论的,劳动、劳动过程,乃是一个劳动者利用或运用劳动的工具系统,包括知识、信息、技术和工具系统,作用于劳动对象以求劳动过程和劳动产品的过程,因为除了劳动产品,劳动过程也会给人带来愉悦,其核心要素便是马克思所说的,有目的的活动即劳动本身、劳动对象和劳动资料。简约地说,劳动过程乃是:人→物(创造过程);物→人(归属过程)。在这两个图形中,劳动者既是劳动产品的创造者,更是劳动产品的所有者和享用者。如果没有分配和交换这两个环节,人们无法从这两个图形中生出更多的超出劳动范围和自然需要的需求来。交换行

---

① ［德］马克思:《资本论》第一卷,《马克思恩格斯文集》第 5 卷,人民出版社 2009 年版,第 207—208 页。

为在人类久远的劳作和交往中或许早已存在，如用谷物换回用于"奢侈"的葡萄或葡萄酒，换回橄榄油；或用此一种谷物换回另一种谷物，如用玉米换回谷米。或许在古罗马时代，已有较发达的在固定地区流通的货币，但这里的货币还仅仅具有交换手段的功能，而马克思在《资本论》中所讨论的货币的其他功能尚未开发出来。在人类经济发展史上，两种要素的出现彻底改变了自给自足的自然经济状况，也把仅仅适用于某个地区、某个民族或不同民族之间的交易行为，即商品经济，如日本经济人类学家栗本慎一郎在1975年出版的《经济人类学》一书中所描述的"默契交易"，发展成了全社会的商品经济，即市场经济。这两个关键要素就是商人和市场。犹太人、日耳曼人和苏格兰人对市场经济的最大贡献，就是他们发现了市场、开辟了市场，甚至引领了市场。关于他们是如何完成这一任务的，德国著名经济史学家维尔纳·桑巴特在其三大卷的《现代资本主义》中作了颇为周详而精彩的论述。那么，市场经济是如何通过实现生产与消费的分离而激发人们的占有欲望和表达欲望的呢？这必须充分运用马克思在《政治经济学批判》序言中所提供的分析模型，这就是生产、分配、交换和消费。在马克思看来，指明四个要素之间的区别、联系以及相互嵌入从而形成整体性的运动，乃是一种"肤浅的表象"。这个"肤浅的表象"是：在生产中，社会成员占有（开发、改造）自然产品供人类需要；分配决定个人分得这些产品的比例；交换给个人带来他想用分配给他的一份换取的那些特殊物品；最后，在消费中，产品变成享用的对象，个人占有的对象。生产制造出适合需要的对象；分配依照社会规律把它们进行分配；交换依照个人意愿把已经分得的物品进行再分配；最后，在消费中，产品脱离这种社会运动，直接变成个人的对象，供个人享用而满足个人需要。生产就是消费，消费就是生产。而我们要着意讨论的问题是，现代生产体系及其符号化过程如何激发了人的欲望，很多欲望已经超出了自然限制和人性限度，而人们却浑然不觉。

其一，现代生产体系的一个神奇功效就在于使生活资料多样化和细致化。社会分工的精细化，使得生产领域多样化，而企业发展却朝向专业化,只有专业化才能带来细致化。多样化的企业被市场整合起来形成了多样化和立体化的生产体系、多样化的生活资料系统。在立体化和多样化的生活资料的激发下,人的潜在的需求体系也被激发出来,各种需求被培养起来,且能够得到满足。生产的本体地位和欲望的本体地位借助市场被整合起来,它们共同构成了现代社会结构的两根支柱。

其二,现代生产资料和生活资料的符号化,借助交换这一中介,使得欲望虚拟化,即超前拥有和事后补偿,即前置和后置现象的创制。生产与消费之直接对等关系的消解,而通过交换这一中介,依照供求规律,使生活资料依照供求规律进行社会分配。而这种交换远远超越了最为初始性的物物交换,变成了以货币为中介的可控制的交换。货币的普遍化,乃至货币本体化的倾向,造成了两个直接后果,一个是社会财富符号化,一个是消费虚拟化。货币原本是用来交换、互通有无的媒介,仅具有手段的意义,但交换的普遍化和持续化,使手段和目的的本末关系发生了倒置,货币变成了目的,而财富倒变成了可以分离的外在物。人们对货币的兴趣远远超过了对财富的兴趣,因为货币不再是财富的代表,而财富倒成了货币的符号。其实,这是一种幻觉,因为货币,无论是纸币还是铜币,并不能直接解决人的各种问题、满足各种需求,至于货币的收藏价值和审美价值则不属于货币的本质规定。但货币作为符号,表面看来什么都不是,实际上却什么都是;作为一种符号,它所取得的认同感和权威感超过了任何其他存在物。货币就是"意味着",作为代表,它首先意味着财富,但不是当下的财富,而是可能的、随时可兑换的财富,唯其如此,货币作为一种支配性力量,就变成了继政治权力之后的第二种权力形式。而货币一旦变成了支配性力量,它就极有可能积极参与整个社会的资本运行逻辑,在权力资本、知识资本和社会资本之间取得不可替代的作用。如此一来,货币就获得了双重力量:一方面,它是财富的代表、地位的象征,可以随时兑换成满足各种需要的价值物;另一方面,它又作为一种支配性力量参与到整个社会资本的运行逻辑中,并在适宜的语境下兑换成权力资本、知识资本和社会资本,从而获得可嵌入性的力量。于是,货币就在两个层次上展开其魔力,一是货币自身带给人们的羡慕与膜拜,即货币拜物教,它使人倒立行走;二是它可以兑换成别一种支配性力量,而这种兑换蕴含着无限的可能性,这就等于将货币带给人的满足转换成异质类型的满足。这就是货币对人充满魔力的缘由。

另外,货币意味着消费、享用、享受。依凭人的想象力,货币拥有者可以通过货币单元进行所以组合,既可以拆分又可以整合;在意识中,既可以分解成小的消费、享用和享受;又可以通过资本积累,借助大宗购买,实现更大享受。由于货币与消费和享用之间保持足够的空间距离、时间间隔和延迟满足,使得货币拥有者可以在想象的空间内进行随意组合,将可能获得的享用、享受进行主观上的拆解与整合,并把这种过程与想象中的满足毫无障碍地链接起来,从而形成虚拟享用。虚拟享用虽不是现实的享用,但却不受现实条件和环境的限制,使货币拥有者徜徉在虚拟享用之中而不能自拔。货币的神奇功效使得货币拥有者和渴望者从其内部激发起强烈的占有欲和表达欲。当然,这种被激发起来的欲望若是缺少了外部的现实的环境和条件,便不能得到实现,而市场经济作为一种复杂的社会设置,恰好提供了这种环境和条件。

作为货币专管部门的银行为实现货币增殖提供了保障,尽管存在风险,但依旧可以在最低信用的保障下实现增殖,即 $G \rightarrow G'$。越来越方便快捷的购物场所和多样化的购物方式,为各种各样的消费方式、从而获得享受提供了条件。**这便是现代性与欲望本体之间的相互嵌入、相互推动的过程。**

欲望的神圣激发具有二重性,其一,可能使人们陷入长期的悖论之中,即欲望愈是强烈而持久,满足感、快乐感、幸福感就愈是降低,特别是虚拟享用机制的形成,会使人在虚拟享用的比照下对现实产生平淡感和失落感。自足和知足才是获得快乐的基本原理。其二,在现代语境下,欲望的神圣激发也会使社会的运行速度加快,在两个方面产生问题,第一,对自身自然和身外自然的过度开发;第二,使整个社会产生生产—消费—生产、消费—生产—消费双重运行逻辑,致使消费成为市场经济的一个关键要素,从而成为生产—消费中的一个符码;第三,在社会安全阈限范围内,当欲求总量远远大于满足欲望的可能性时,强烈的金钱欲、权力欲和生殖欲会使人产生羡慕、嫉妒、怨恨、仇恨的情绪和情感体验,从而产生相互攻击、攻讦的倾向。但也可以把激发起来的欲望导向创造文化和文明上来,创造一个共在的精神世界。

(3) 后现代语境与欲望本体论

现代化、市场经济、工业社会、现代社会、现代性,在相关于现代生产—消费逻辑体系的意义上,是同等程度的范畴。现代性就像一辆战车,一旦成为战车上的"战士"就要服从战车的运行轨迹。在现代性语境下,欲望本体、社会本体、自然本体构成了一个相互嵌入、相互制约的有机整体。已如上述,虽然我们讨论的是"现代性与欲望本体的关系",但就主题所涉及的问题而言却远不止于二者的关系。超出自然限制、社会控制和人性限度的欲望是与现代观念体系和体制系统混同在一起的,对"现代性与欲望本体论"之关系的事实整理和伦理批判,旨在使人类整体回归到适度的状态上来。

第一,理性无限论与市场万能论的历史局限。欲望在人格结构中属于中端和低端层次的内容。作为中介,欲望把信、知、情、意有机地整合在一起,向上的路径决定了人们的信念和理性;向下的道路决定了动机和行动发生。或许可以说,相对于信、知和意,欲望乃是逻辑上在先的事情。但在欲望被神圣激发的具体过程中,整体意义上的理性被设定为无所不能,创造财富的市场经济被设想为无坚不摧,这便是理性无限论和市场万能论。西方近代哲学上的唯理论和经验论之争表现在行动上,都是一种意识无限论。唯理论主张无需感性经验,人的理念本身原本就与真理为一;而经验论虽然否定了理性的力量,但却把感觉、体验、经验提升到了决定行动、判断对错的唯一标准。"我思,故我在"是理性论上的独断论;"存在就是被感知"是经验论上的独断论。事实上,它们都是无限论,只是它们各自确立的无制约者不同而已。自斯密以来,一种市场万能论似已成为西方主流形态经济学的核心观念,"市场"这只看不见的手可以把供给者和需求者有机地统一起来，具有超强的自组织能力，可以自行矫正和修复因各自的利己动机而导致的市场失灵。至 20 世纪下半叶，经济学内部发起了一个针对理性无限论和市场万能论的反思与批判。新老制度经济学的兴起乃是这种反思与批判的一个卓越成果。科思和诺斯从有限理性、利己动机和市场有限这些前提出发，论证制度的原始发生和制度的变迁演化。完善的制度体系防范了因利己动机和信息不对称所造成的市场失灵问题。尽管存在着利己者冒着"道德风险"而搭便车和欺骗的可能性，但足够强大的违约成本，可以使利己者运用他的实用理性和技术理性将自己的利己动机和自利行为限制在相对合理的范围内。对理性无限和市场万能的反思与批判除了理论理性的维度之外，实践理性的批判与醒悟也在逐渐展开。在欲望的运行过程中，经历着由低度欲求—高度欲求—适度欲求的转变；在对市场的关系上也经历着无所依赖—过度依赖—适度依赖的过程。

第二，市场经济的价值二重性。马克思在其鸿篇巨制《资本论》的第一篇"商品"章中，用批判的态度集中讨论了商品拜物教问题，将其称为"形而上学的怪诞"。从创价的角度看，市场经济为人类带来的价值充分地体现在经济、政治、文化、科技等诸多方面；而从代价角度看，则有利己主义、实用主义、商业气息、欲望膨胀、科技祛魅等许多方面。如同一块银币的两面，在把创价带给人们的同时也把代价带给了人们。如何把这一悖论限制在合理的范围内呢？马克思给出了两条道路，一条是政治哲学的道路，一条是哲学人类学的道路。劳动、财富和享受的公共性问题在马克思那里乃是一个基础性、根本性和全局性问题。然而，劳动资本化、财富私有化，导致劳动的公共性不能通过财富的公共性和享受的公共性得以体现。马克思主张，只有通过消灭资产阶级私有制，共同占有劳动财富才能实现每个人的自由而全面地发展。而这正是一种政治解放的路径。另一条道路乃是哲学人类学的路径，即合理安排社会时间，剩余时间本质上不是一个经济学概念，即创造剩余价值，而是一个哲学人类学范畴，每个人要在剩余时间内发展自己和享受生活，而社会各活动领域也要依照个体自由而全面发展而做出合理安排。在理想类型中,后现代社会乃是比过往的任何一个社会形态都要合理的社会结构,除了保持能够带来财富的经济增长方式之外,还必须拥有一个更高质量的生活状态。在不降低欲望总量的条件下,如何使生活变得更好,就变成了一个如何在整体上过一种好生活的问题,而决定这一点的正是人的本体论问题。人的非自足性和非完满性决定了人是一种价值性的存在物,满足各种需要以获得幸福竟成为人的宿命,人要为他自己的各种需要的满足操持一生。那么,怎样一种欲望类型及其满足才是合理的呢?苏格拉底、柏拉图、亚里士多德、边沁、密尔、康德都给出了各自的哲学答案;经济学家如戈森、阿马蒂亚·森、纳斯鲍姆等等,都给出了经济学的解决方案。

3. 消解现代性与欲望本体论之困境的诸种谋划

我们可以依照本质主义和技术主义两条致思路向讨论这些谋划。所谓本质主义的乃是回到人本身的诸种努力。人的根本就是人本身,那么什么才是人本身呢?毫无疑问,对人之根本的界定通常都是规范性的,包含着定义者的应然诉求。技术主义的定义是为着人本身所能做的事情。能够做什么是应当做什么的前提,超出人的能力范围,任何一种应当的命令,无论它多么完美,多么强烈,都是没有实质意义的。

(1)人之"是其所是的东西"

追问人之"是其所是的东西"旨在指明怎样一种生活才是好生活。或许不同的人对这个问题有不同的理解和答案,还可能会固执己见,任由这种固执不顾及任何正当根据和理由。不否认在不同的个体里,会存在着病理学即不健康意义的快乐观和幸福观,但人们完全可以从学理上于日常意识和日常语言中整合出一个可共识化的观点,继而把这个共识作为确立和确证好生活的根据和标准,这个根据或标准可用一个原则和一个结构组成。这个原则就是正当性标准,或可称为对等原则。一如前述,由需要到需求再到欲望,其间存在着内在的自发的进阶逻辑。其所变化的是广度和强度，而本质却是同一的，这就是占有与表达。需要—需求—欲望作为人之最根本的存在状态及其展开方式，具有自在的合理性，无需为其提供合理性基础和正当性证明，"理论只要说服人，就能掌握群众，而理论只要彻底，就能说服人。所谓彻底就是抓住事物的根本，而人的根本就是人本身"①。需要—需求—欲望是人的所有思考和行动的原初性状态和初始性力量，一切都是为着人的存在状态及其展开方式的，区别仅在于强与弱，直接与间接。

但存在的合理性并不意味着满足需要与欲望的任何观念和行动都是正当的，是需要正当性基础证明的，而这种证明的根据既在主体之内又在主体之间。所谓主体之内的论证根据，乃是指人性的限度问题。如果把能量守恒原理和平衡原理贯彻到对人的满足需要的占有和表达之中，那么人性的限度就在于付出与所得的平衡。超过正当的、合理边界的需要或欲望就是过量的、过度的需求。病理学意义上的过度与过量，就是一种不合理的需求。尽管这种证明不能精确化，即给出一个数量标准，但在具体的历史场域下，其合理边界是可以确定的。这可以从两个方面得到确证，第一，正义或平等意义上的分配。得其所得、应得的根据在于获得者对他人和社会的"奉献""付出"；或在资格与机会上被平等地对待，或在财富上按其"贡献""得其所得"。第二，在价值与意义上持守均衡原理。在可能性上，价值与意义之间的关系约有三种，第一种是对等关系，即在消费或享用价值时产生与价值对等的满足体验；第二种是少量的价值产生加倍的意义；第三种是大量价值产生少量意义。若是因为感悟和体悟能力偏弱而导致意义少于价值，那么这种不对等乃是一种弱的不合理；若是由于病理学意义上的过强的占有欲和表达欲而产生的意义少于价值，那么这是一种典型的不合理。通过权力资本化而完成的过度占有和表达，即是典型的不合理。其占有和表达的目的已远远超出令自己生活得以改善或令自己愉快这个合理的目的，而是把占有和表达本身视作目的，

---

① 《马克思恩格斯文集》第1卷，人民出版社2009年版，第11页。

这是一种病理学意义上的满足。①

所谓主体之间的论证根据乃是指公共物品的合理分配而言。正如康德所批评的那样,快乐或幸福原则上不能成为判定行为是否正当的根据,公共物品不能依照"价值与意义"的复杂关系进行,而是根据每个人的"贡献"进行分配。在理想的状态下,依照"劳动大小"和"质量高低"进行分配乃是一个相对发展但又发展不充分的社会分配形式;相反,在未充分发展的社会,先行实现一个只有在充分发展的社会才实现的"各尽所能、按需分配"极有可能造成分配和享用上的极度分化。事实证明,在一个相对发展的社会状态下,即使不明确主张"按需分配",而是"按劳分配",也有可能出现"分配"与"享用"上的两极分化。其根本原因在于,因政治、经济、社会、知识、军事而产生的政治权力、经济权力、知识权力,等等,会直接或间接地影响"得其所得"。各种权力具有垄断性和排他性,在原初性获得中,某个人、某个集团、某个阶层一旦获得了排他性的支配性力量,就会充分运用这种支配固化自己的优势地位,以阻止其他人群进入这个优势区域。在反复进行的支配活动中,支配者就会生发出超出基本需要之外的奢侈性欲求来,致使欲望的"神圣激发"达到无以复加的程度。以此观之,尽管现代性与欲望的神圣激发有着深刻的内在关联,对因欲望的神圣激发而造成的奢侈、浪费、破坏进行伦理批判,具有普遍性的意义,但却不能在归责上普遍化,亦即把少数人因特权而造成的奢侈、浪费、破坏之后果,让所有人来承当。这直接涉及代内正义和代际正义问题。因此,

---

① 在医学上,病理学是一门研究发病原因、原理及在患病过程内出现的代谢、功能等方面的改变及其规律的科学。康德在《道德形而上学奠基》一书中,在讲到《圣经》中的"爱邻如己"的命题时说:"因为爱作为一种爱好是无法被命令的,但是出于义务本身的善行,即使根本没有任何爱好驱使我们去实行之,甚至还被自然的、难以克服的反感抵制,却是实践性的而非病理学的爱,它在于意志,而不在于情感偏好;在于行动的原则,而不在于温柔的同情心;但唯独这种实践性的爱能被命令。"(《道德形而上学奠基》,杨云飞译,人民出版社 2013 年版,第 20—21 页。)译者在注释中解释道:"'病理学的'在此的意义是指依赖于感性的,或由感性的冲动所规定的,具有生理情绪的性质。"在心理与精神的意义上,病理学所描述的某个人对权力、金钱、地位、荣誉、名声等过度地追求,甚至不惜牺牲掉道德人格而执意地获取它们。

在现代性场域下,如何在欲望神圣激发的状态下实现整个社会资源公平、平等分配,不但财富的分配如此,责任的分配也必须如此。

(2)"戈森需求规律"的有效性问题

如果说政治解决"现代性与欲望的神圣激发"问题之困境的方式,是通过政策和制度的力量,公平、平等分配社会资源,因而是外在的方式,那么,每一个体合理解决价值与意义的比例问题则是内在的方式。一个初步的结论是,若通过政策设计和制度安排解决公共资源的合理分配,从而解决因权力资本化而导致的少数人之"欲望神圣激发"的无边界问题,那么,促使每一个体通过合理的方式满足合理需要,从而获得满足感的根本道路乃在于实现个体需要的合理迁移。依照戈森的需求规律理论,当同一种需要的满足接近饱和状态时,人们就会寻找新的需要,抑或向更高级需要迁移。随着人类生产力的极大提高,科学技术的飞速发展,社会财富的快速积累,并没有大规模地出现戈森所期望的"异质性迁移",相反倒是出现了大面积的"同质性迁移",即在满足不同的生理和心理需求的领域里徘徊,或在物质财富的占有和物质需要的满足上乐此不疲。物质财富的极大丰富和精神财富的匮乏与精神世界的直白形成了极大反差。现代性与欲望的神圣激发的相互嵌入依旧坚固,戈森的需求规律理论的有效性受到质疑,看来,由物质财富的极大占有和物质需要的极大满足跃迁到社会需要和精神需要的极大满足,并不是一个无需努力而自行完成的机械过程,相反,它们非得经过一个精神需要的培养和意志品质的养成的过程不可。

(3)从原子主义到整体主义:快乐与幸福的源泉

现代性呈现给人们的种种弊端,而欲望的无边界激发,占有欲和表达欲的无限制膨胀,只是其中的一个方面。谓其是不合理的方式,乃是出于两个方面的判断,即稀缺性资源的快速消费甚至浪费;从这种持续而广泛的消费中,并未带来大规模的快乐感和幸福感的拓展与提升。其根本原因在于,在现代性场域下,欲望的激发,财富的占有,意志的表达,本质上都是个体的独立行为,原子主义已不仅仅是一种价值观念和思维方式,俨然成为一种行为方式。这是一种任性的、孤独的主体性的占有与表达。快乐的独占与独享便是这种原子主义思维方式和行为方式的后果。依照人之"是其所是的东西"的内在规定性,人应当过一种整体性的好生活,而这种生活则是由以物质价值的占有和享用为手段,以满足生理和心理需求为直接目的的基本结构,向以社会交往为途径,以满足意志、情感需要为较高级目的的中层结构跃迁,再向以通过创造性活动为途径,以满足精神需要为终极目的的高层结构跃迁为整体架构的有机体系。社会合作与社会交往是联结基础结构和高层结构的桥梁,而社会合作和社会交往一定是整体性的,是整体主义的思维和行动。从行动者看,是主体间的认同和确认,是集体行动;创造合作剩余,生成共通感和共同感,产生可分享和共享的快乐与幸福,是这种集体行动的价值逻辑。这种逻辑基于功利而又超越功利,本质上是哲学人类学意义上的价值创造与意义生成。一如马克思所指明的那样,当我以人的方式生产,他人以人的方式享用我的创造物,一种共同创造的认同、敬重、感恩就会产生,一种可共同感受和享用的意义就会瞬间生成。再造和谐共同体,再生公共价值和意义世界,乃是消解现代性与欲望的神圣激发之困境的根本道路。

三、构建幸福原理的方法论基础

幸福原理并非主观地、人为地构建出来的,而是自在地、先天地就存有一个幸福的原理。这个自在的原理,虽不能像自然科学如数学和物理学那样,表现为一个可以用数字或符号精确表达出来的公理、定理。事实上,斯宾诺莎、笛卡尔、康德、胡塞尔都在进行着将人类的思考与行动科学化的努力,即使在今天,尤其是在人工智能时代,将人类感性的、心理的和精神生活物质化、数字化、数据化的努力,依然强有力地进行着,甚至在某种程度上,将人类的全部思考和行动于广度和深度上科学主义化和实证主义化的行动,已经超过了任何一个时代。但我们仍然可以在非必然性而且是在或然性的意义上,将幸福原理标画出来。然而,这个原理并不能直接地显现在人们的表象里、呈现在意识之中,相反,非得经过一个复杂的建构过程不可,是必然要经过一个由感性到知性、再到理性的演进过程不可。这就是构建幸福原理的方法论基础问题。在性质上,这种方法论不是艺术的、宗教的、道德的,而是理论的;所谓理论的方法论,乃是那种以观念的方式表达事物逻辑的方法。马克思不但将这一理论的方式清晰而系统地呈现出来,更是将这一方法充分而有效地运用到了对资本及资本主义的研究之中。当然,除了马克思的抽象与具体这一理论方法之外,康德、海德格尔、胡塞尔也贡献了不可或缺的思想。

如果将康德的判断力理论应用到对幸福问题的研究中来,那么,经由建构性原则和范导性原则的充分运用而来的幸福原理和实践智慧就被清晰地建构出来了。判断力"是把特殊的东西当作包含在普遍的东西之下来对它进行思维的能力。如果普遍的东西(规则、原则、法则)被给予了,那么,把特殊的东西归摄在普遍的东西之下的判断力(即使它作为先验的判断力先天地指明了诸条件,唯有依据这些条件才能被归摄在那种普遍的东西之下)就是规定性的。但如果只有特殊的东西被给予了,判断力为此必须找到普遍的东西,那么,这种判断力就纯然是反思性的"①。建构性原则所适用的对象是客观的自然现象,因而也可以说是科学的对象,目的是获得关于对象的知识,当把知识改造成具有普遍性的理论时,就形成了原理。在康德那里,建构性原则适用于认识能力,而且这种认识能力是指向自然对象的,目的是为自然立法。这种立法并非是人为自然界立下了规律,是人类给予了自然界以必然性,而是自然界通过获得来自人类之认识能力的被给予性,而使自身的必然性或规律性显现出来。是自然界的规律因人类的知性和理性而被显现,而不是因知性和理性而被生成。在人类的心灵中,实存和持存着一种先验知识和先验逻辑,它不经人的经

---

① [德]康德:《康德著作全集》第5卷,李秋零译,中国人民大学出版社2019年版,第232—233页。

验而为人所先天拥有,这是由人的理性而提供的。如真正的必然性和严格的普遍性观念,就是预先存在于人的心灵深处的观念,当没有感性材料出现、更没有感性经验与这些观念相关联时,这些观念就处在隐蔽状态。当感性与理性相互嵌入、相互作用时,先天观念就会积极而能动地将个别、特殊包含在普遍性之下进行思维和判断,从而形成知识。然而这些知识并不直接出现在人们的意识之中,而必须经过知性范畴的统合过程,最后统握在意识之中。知性为人们提供概念、范畴和话语,并依照理性提供的方法,合乎逻辑地将感性概念化和观念化,最后形成合乎逻辑的理论体系。

如果将康德的建构性问题转换成先验逻辑何以能够与感性经验相互嵌入和相互共属,进一步地转换成人类何以能够凭借先天的认识能力认知、理解和把握生活世界的疑问和追问,那么,问题就转换成了这样的表达方式:生活世界如何才能向主观世界敞开着? 主观世界又是如何以合乎生活世界的方式将它移入人的头脑并成为在人的头脑中改造过的物质的东西而已?"感觉为了物而同物发生关系,但物本身却是对自身和对人的一种对象性的、人的关系;反过来也是这样。"[1]马克思对这一论断又做了一个精彩的注释:"只有当物按人的方式同人发生关系时,我才能在实践上按人的方式同物发生关系。"[2]意识主体与意识对象之间的对象性关系虽然不是直接的改造与被改造的实践关系,却也同样是显现和被显现的共在关系,也同样蕴含着马克思所说的相互印证的关系。"这样我们就有了在被意指状态的方式之间,在 Intentio(意向行为)和 Intentum(意向对象)之间的一种固定的相互共属(Zugehörigkeit),根据这一相互共属,意向对象即被意向者就当在以上所揭示的意义上得到理解:不是作为存在者的被感知者,而是存在者所从出于其中的被感知状态、意向对象所从于其中的被意向状态。运用这一属于每一意向行为的被意向状态,才能

---

① 《马克思恩格斯全集》第 42 卷,人民出版社 1979 年版,第 124 页。
② 同上书,第 124 页注②。

在根本上（尽管只是初步地）将意向性的根本枢机纳入眼界。"①只有当意向对象进入意向者的视界里，只有当意向对象走进意向主体的意向视阈中，对象的意思和意义才能被意向者和诠释者见出，这就是对象之意思与意义的被给予性；同时，意向和诠释也只有在见出对象的意思和意义时才得到规定。所以，意向和诠释本质上就是一个解蔽的过程，它使对象由遮蔽状态进到解蔽和无蔽状态，向意向者和诠释者亮出它的光彩来，展现出它的魅力来，这正是让意向者和诠释者感到惊异之处。对此，海德格尔继续说道："只有当意向性被看作意向行为于意向对象的相互共属的时候，意向性才能得到充分的规定。现在可以概括地说：意向性与其说是一种事后指派给最初的非意向性体验和对象的东西，还不如说是一种结构，所以此结构所禀有的根本枢机就必然总是蕴含着它自己的意向式的何所向即意向对象。这里我们把意向性的根本枢机暂先标揭为意向行为和意向对象两个相对之方的相互共属，但这却并不是最后的结论，而只是对我们所探察的课题域的一种最初的指引和显示。"②只有当意向主体以符合意向对象的所是时，意向对象才由意向主体的概念和话语见出；只有当意向对象合于意向主体的概念和话语时，它才被现出。现出是朝向意向主体而言的，见出是朝向意向客体而言的。

如果不是把认识能力仅仅限制在对自然界的认识上，而是扩大到对人的内心世界和社会现象的认识之中，那么便有了自我认识论和社会认识论，而事实也确实如此。因为，物理事实、社会事实和精神事实是人文社会科学的全部认识对象。一如我们已经指出的那样，幸福原理或者说以幸福为对象的哲学原理，虽然不是直接的自然现象，但却是直接的社会现象和精神现象，关于它们的认识能否形成普遍有效的知识系统和理论体系呢？如若可能，是如何形成的？当我们把自身关于快乐与幸福的体验、经验，进一步地，通过想象和移情，将他人关于快乐和幸福的体验和经

---

① ［德］海德格尔：《时间概念史导论》，欧东明译，商务印书馆 2009 年版，第 56 页。
② 同上书，第 57 页。

验，一并纳入概念化和观念化的过程之中，将相似甚或相同的幸福感这些特殊的东西当作包含在普遍的东西之下，来对它们进行思维，就会形成一个拥有真正的必然性和严格的普遍性的"原理"。幸福原理一经被构造出来，就获得了一种似乎是先验的东西的假象，其实，这个普遍性的原理原本就实存于个体与类之于快乐和幸福的追问和追寻之中。依照主体、客体和关系这三个维度、根据具身性和附身性的程度，将个别的幸福感聚集在一个能够体现普遍性的知性概念之下，然后分别进行分析和论证。

主体原理或幸福原理的主体维度，确定的是幸福的根据，亦即，任何形式的幸福都是特定主体的体验和经验状态，就其体验的发生而言，幸福感的强度和广度是直接决定于体验者的文化修养、价值观念和体悟能力的，而有些又是直接决定于对象和环境的。但无论哪种情形都是奠基于体验者之体验能力之上的。所谓客体原理，描述的是不假借任何外在的对象和环境即可实现的纯粹的自我满足是几乎不存在的，想象只能增加或增加体验的强弱，而不能决定体验的有无，相反，即便是纯粹的自我满足也总是在外部环境的影响之下而自行完成的。幸福感的发生总是直接或间接相关于客体之有无价值、有多大价值的事情。而就与幸福感相关的客体而言，可有实体性和非实体性的、过往的和当前的、当下的和未来的等多种类型。关系原理，刻画的是主体与客体之间就能否产生幸福感而发生的诸种关系，如果这些关系是可以被体验者和旁观者能够直观到的，那么它就是显结构，如果只能通过想象和移情才能感受到幸福感的内容，那么它就是隐结构。显结构就是关系，隐结构就是情状。当主体、客体和关系之间的有机联系被充分地阐释出来，幸福原理的构造过程也就完成了。

这个原理的构造，蕴含着由果溯因的逆向思维逻辑和由因至果的顺向叙事逻辑。在第一条道路上，从我们直观道德个别的、特殊的幸福感出发，回溯到幸福感之能够发生的始点和根源的考察中，获得一个抽象的具体；在第二条道路上，抽象的具体通过展开自身而成为一个一个的现实的具体。当逆向的思维逻辑与顺向的表述逻辑在意识上构成一个自我完成着的环路时，幸福的本质才真正在哲学上得到了阐释。"具体之所以具体,因为它是许多规定的综合,因而是多样性的统一。因此它在思维中表现为综合的过程,表现为结果,而不是表现为起点,虽然它是现实的起点,因而也是直观和表象的起点。在第一条道路上,完整的表象蒸发为抽象的规定;在第二条道路上,抽象的规定在思维行程中导致具体的再现。"①如果说构造幸福原理依靠的是哲学方法,模仿的是康德的判断理论,那么对幸福原理的阐释同样需要哲学思维和哲学方法。

幸福哲学原理		
主体原理	客体原理	关系原理
体验原理	满足感的产生,对满足感的体验	想象、体验、记忆,虚拟的实体:非对象化
价值原理	价值与意义的非函数关系	可代替,不可量化
难易原理	目的、目标,相对意义	绝对困难;相对困难
缺失原理	拥有的缺少,能够缺少的追求	运气与快乐感 非理性满足
边际原理	同类物品供给的后果	需求趋于饱和,非具身性的需要:精神
境遇原理	运气、环境	历史境遇,个人命运
消费原理	消费增加与满意递减	满足偏离市场逻辑
文化原理	需要的层次所具有的意义	需要层次的高低分别,德性论中的快乐
对象原理	生成论:对象化与对象性	多重满足,相互印证
自足原理	自我满足的能力与境界	知足与不足:富足与身心愉悦

四、幸福原理的哲学阐释

在日常生活中,人们不会用哲学范畴和哲学话语、更不会用哲学逻辑

---

① 《马克思恩格斯文集》第 8 卷,人民出版社 2009 年版,第 25 页。

去表达意义问题，更不会对意义进行哲学论证。人们常常是用经验的自然观点去表达或表述意义问题，不是脱离具体的对象和语境而抽象地谈论意义，而是结合着自身切身的体验和经验而描述意义。但这绝不意味着，那个作为概念的抽象意义是不存在的，相反，意义这个概念或观念是隐藏在诸种有意义或无意义的表象背后的，将意义从隐蔽状态澄明到无蔽状态，乃是哲学家的事情。每个人在意义或幸福问题上，可以不像哲学家那样关注它们的哲学性质，但人们无时无刻不遭遇到具有哲学性质的意义和幸福问题，因为，本质上，每个人都是哲学性的存在者。就如同时间那样，每个人都生活在时间中，或者说，流动的个体生命或个体生命的流动性，作为流动的善，就是时间。但人们不会单独地、唐突地去追问这个抽象的时间概念，他只要能够感受到由内直观而来的流动性就可以领悟时间的含义了。"那么时间究竟是什么？没有人问我，我倒清楚，有人问我，我想说明，便茫然不解了。"①意义和幸福亦如是。唯其是充满内在体验的具身性存在，意义和幸福不是被说出的，而是被感悟到的。可是，人们又总是想将意义与幸福界定出来，表达出来。作为不可言说的言说，具有哲学性质的意义和幸福，在可理解和可接受的层面上，是可以由哲学适当说出的。

1. 作为所指、被指和能指的幸福

任何一种所指都是意向性的意指，是起于心意以内的由己性，且是由这种由己性而来的意向和意向性。如果是基于内在的感受性而来的意指，那便是具有情感和意志性质的欲求，是欲求的表达，仅是一种意向；如果是基于对客体的认知需要而来的意指，那便是知识论的意向性，是客体化的所指。意指者既可以指称一个客观事实，以确证被指对象的确实性，目的不是要拥有这个被指对象，而是要获得关于这个对象的知识。这样的所指乃是因所指者对被指对象的不知或无知而来的欲知意向，要获得

---

① ［古罗马］奥古斯丁：《忏悔录》，周士良译，商务印书馆 2015 年版，第 258 页。

对意指对象的真知,意指者就必须经过一个主体客体化的过程,将先见、成见乃至偏见悬置起来,直面客体自身。其所欲求的不是客体本身,而是关于客体的知识。最为复杂的意指乃是那种基于占有和支配的欲求而来的对价值物的意向性,如果说基于知识欲求而来的意指,是去主体化过程,那么基于占有和支配欲求而来的意向性,则是去客体化过程。去客体化不是要消灭客体、毁掉客体,而是要消解掉客体与主体之间的异在性。异在性或他在性意味欲求者只是在意向性上主观地拥有客体,而实际上与客体相互对立地实存着。虽然拥有关于客体的真知也是令人愉快的事情,但却不是本体性的,本体性的愉快是通过占有、支配和享用客体而解除不足和过量状态所得到的满足感。如果把满足、快乐、愉悦都包含在幸福这个总体性概念之下加以沉思,那么,幸福概念就是一个可以通过建构性原则而获得一个普遍性的东西,一个可以有相似甚或相同体验的东西。

朝向幸福的所指,是一种意愿和意向,被指是一种状态,能指是一种过程。所指是起于心意以内的由己性,是基于由己性之上的意愿和意向。如果这个意愿只是内心感受的外在表达,并未有一个明确的对象共现在表象和意识之中,那么它就是非客体化的,只是一种倾向而已。作为所指,幸福不是一个单一的感受,而是基于对某种不足、匮乏、饱和、过量状态的感受,以及试图解除这种状态的强烈倾向。如果只是沉浸式地立于这种状态之上,那就是情境性的,是对感受的感受;如果把这种不满的感受表达出来,那就是倾向性的。对于幸福的所指,不同于纯粹意识上的所指,这是意愿某个客体能够被意识到,被理性想到,并用语言说出。而作为幸福的所指,并不意向一个具体的物显现在那里,而是对一种缺失状态的感受,指称的是一种状态,它不是单项的,而是复合的。所谓复合的,乃是指,它至少包含着三个要素,意指者的不足、匮乏、饱和、过量状态,意指者对这种状态的感受和体验,试图消解这种因不足和过量状态而来的意向。作为被指的幸福,是在想象中完成的、通过解除不足和过量状态而得到的满足感、愉悦感。作为被指的形式,既可以是事后指派给体验者的言说任务,亦即,体验者出于自身需要向他者描述体验过程;也可以是当下表达，或以体态语的形式，或以语言描述的形式；更可以是想象式的虚拟满足，虚拟满足具有自足的、饱满的性质。唯其是想象中的满足，所以在有意与无意之中将不利于满足或降低满足感强度的不利因素都悬置起来了，留存下来的是那些促使幸福能够产生的积极要素。于是，作为被指的幸福，就可能在实然的思索、判断和意愿三种智性生活基础上出现应然的体验状态。而作为能指的幸福，则一定是当下的，是一个正在发生着的体验过程。作为能指的幸福乃是具有现实性的体验过程，或者是过往体验的持存，或者是新型的、更令人惊奇的体验，或者是后续的更大的、更强烈的体验的前奏，是后续体验的当前化。作为能指的幸福，将过往的体验记忆在当下的体验中后现，又是未来的体验前现。而无论是哪种类型的幸福，都是幸福本质的不同呈现方式，它们都在幸福本质这个普遍性东西之下被思维、获得规定。因此，只要将幸福的本质充分地揭示出来，幸福的诸种特征也就得到了阐释。

2. 幸福的本质

幸福对于任何一个生命个体而言都是本质性的，但却不是本原性的。幸福是源自生命个体的特定存在状态，生命个体对这个特定状态内感知、体验和意识，生命个体对这种特定状态的解除以及由此形成的身体、心理和精神体验。幸福作为流动的善，就是个体生命的本质规定。那么，这是一种怎样的存在状态呢？

需要—欲求—欲望，是特定存在状态的内在结构，三种状态之间存有由前及后、由后溯前的顺向和逆向逻辑关系。需要概念，本质上是一个实体性范畴，因为它可以被测量、被计算。幸福是一个具有实体性的范畴，但不是实体本身，而是生命个体这个实体的结构、功能、情状。生命个体自在地处于不足、匮乏、饱和、过量状态，这是一种不平衡状态，是生命的缺失，是生命个体的先天缺陷。然而，正是这种缺失和缺陷才使生命拥有了创造价值、分配价值和享用价值的动力，真正的意义是缺失意义，真正的价值是创造价值和享用价值，真正的体验是通过享用价值而满足各种需要得到的无需言说的体验。需要作为具有实体性的范畴，描述的正是生命个体所处的不足、匮乏、过量、饱和状态，以及由此决定的由外到内的占有和由内到外的表达这两种指向。两种状态和两种指向不是主观刻画出来的，而是一种实有、实存和持存，具有显明的时空结构。无论生命个体是否意识着它们、言说着它们，还是赞美着它们、怨恨着它们，它们都义无反顾地实存在那里。但生命个体不会不感受到和感受着它们，当人们在言说一种不足和匮乏、饱和和过量状态时，分明是在感受着它们、意识着它们。但生命个体不会直接满足具有实体性的需要，而是把它们呈现在表象里、把握在意识中，因为只有被意识到了的、可言说的需要才是现实的。而客观的需要一经被意识到、被言说，就成为主观性的不足、匮乏和过量、饱和，这时需要就成为欲求。需要和欲求都还只是一种意愿和意向，一种迫切摆脱这种不平衡状态的生理、心理和精神倾向，是非客体化的、非对象性的内感知和内意识状态。当将欲求被"改造"成一个意向性的时候，一种客体化的、对象性的关系就预先在意识中被构造出来了；当需要、欲求被改造成占有和表达行动的动机时，源自需要主体的有限性和客体的限制性就都被需要主体打破了，此时的欲求就不再顾及主客观限制，而变成了自我构造着的纯然直观的事情，这就是欲望。"欲"，来自个个体生命的内在必然性，"望"来自外部世界的现实性。需要和欲求一旦被改造成欲望，占有和表达的动机就具体化和现实化了，而且无论在广度、深度和力度还是在迫切性程度上，都被大大强化了。欲壑难填，意思是形容欲望像深谷一样，很难填满；指贪心重，无法满足；也作"欲壑难平"。最难以抵御的是诱惑，最难抗拒的是欲望；无法抵御的不是来自权力、资本和技术的诱惑，真正无法抗拒的是权力欲、金钱欲和生殖欲。以合理的方式满足适度的欲望，才有满足感和愉悦感，相反，当欲望的强烈程度远远超过了由满足带来的愉悦时，就难以产生幸福感，倒是不满足感、缺失感、缺憾感，甚至是失望、怨恨、仇恨萦绕心头。"欲壑难填"描述的是病理学状态下的欲望。幸福产生于以合理的方式满足适度欲望的过程之中。

幸福是适度的欲望以合理的方式获得满足之后带给生命个体的满足感和愉悦感。满足感和愉悦感是一种感受、一种体验,是客体价值在主体那里的实现,以及这种实现在主客体那里产生的双重效应。当我们说一个价值物满足了主体的需要时,就会说这个客体是有价值的;当人们描述一个具体的需要被满足、一个欲望得以实现从而使欲望主体产生满足感和愉悦感时,我们就会说,欲望主体拥有现实的感受和体验能力。在实体的意义上,幸福是一个实体性要素转向另一个实体的过程,物质需要的满足是物质要素的转移,精神需要的满足是知识、理论、思想要素的转移。在后果意义上,幸福是价值的享用过程,也是价值的消失过程,物质需要的满足尤其如此。

幸福作为体验与"情"密切相关。情,形声。从心,青声。被感受着的、被意识着的状态。这是怎样一种状态? 又是如何产生的? 由外界物有无价值、有多大价值而引发的内心体验,就是情。这是一个客体主体化的过程,是一个价值物能否满足、在多大程度上满足欲求主体之需要的过程及其后果。而就这种满足的性质说,可有主动的和被动的两种,所谓主动的,描述的是,一个欲求主体在清晰的意向性推动下,去获取价值物,而这个被欲求的价值物能否满足以及在多大程度上满足欲求的过程及其结果。就这个过程及其结果在欲求主体那里产生的效应而言,可有生物性、社会性和精神性欲求的满足情形,以及对欲求的肯定的、否定的和无实质性后果的关系三种形态。与此相对应的是欲求主体的内心感受和体验:满足、快乐、愉悦、幸福;快乐与痛苦的中间状态;失望、痛苦、抑郁。另一种是无欲求意向的,而是由外界不经欲求主体欲求就产生的满足与被满足的关系,这是一种意外式的、运气性的价值关系。意向性和非意向性的价值关系的区别在于,前者是在欲求主体之主动性推动的,且是在自知的情形下产生的满足和被满足的关系,具有某种可预期的关联性,而后者则是偶然的价值关联。

情还有另外一种情形,那就是欲求主体看待和对待他物的态度、立场和观念,是他的意志和观念的外在化,这是一个主体客体化的过程。就这种态度和观念之外化的类型而言,或就由内到外的表达的性质而言,可有功利性的、伦理性的和审美性的,这是一种典型的意向性行为。

如果把情定义为由外到内的占有,外界物有无价值、有多大价值而在欲求主体那里产生的主体效应,而欲求主体又能够切实地感受和体验到这种效应;或者是,欲求主体依照自身的内心结构而表达对他物的态度、意见、立场和观念,那么,情就有了稳定的、类型化的、评价性的感受、体验、态度、立场和观念,以及偶然的、情境性的、非评价性的体验和观念。前者被称为情感,后者被称为情绪。

当把需要—欲求—欲望、物质价值—社会价值—精神价值、感受—体验、情绪—情感作为个别或特殊包含在普遍性的东西之下加以沉思,那么这个普遍性的东西就作为一个总体性概念而被见出,这就是幸福。幸福概念既是建构性的又是反思性的,它不只是仅有满足、快乐、愉悦这样的感受和体验,还有平淡、无奇这样的属于中间状态的体验,更有不幸、痛苦、失望、绝望式的感受和体验。或许可以说,悲剧比喜剧更能震撼人的心灵,悲剧是把有价值的东西撕破了给人看,喜剧是把无意义的东西当作真理加以确证。

幸福作为内心感受和体验,常常是无法用文字、数字、数据加以描述的,是一种不可言说的言说;当幸福每每用文字、数字和数据说出时,它已经不是那个感受和体验本身了。语言破碎处,意义不再言说。那么,真正决定幸福质量的决定性因素到底什么呢? 如果能够把这些决定性因素通过"纯粹意识"给表达出来,那么,它们就可以成为"幸福原理"了。

3. 幸福原理的哲学阐释

一个可以用"原理"标画出的事物,必须满足两个要求,即对象的确定性和逻辑的明晰性。所谓确定性必须是主客观都有充分根据的那种视其为真,确定性的事物在空间上是广泛的,在时间上是持续的。"谈到明晰性,那么读者有权要求有凭借概念的那种推理的(逻辑的)明晰性,但然后也可以要求有凭借直观的直觉的(感性的)明晰性,即凭借实例或其他具体说明的明晰性。"①幸福就是一个在客观上具有空间上的普遍性和时间上的持续性的事物,而且人们有权要求凭借概念的推理的(逻辑的)明晰性,以及凭借直观的直觉的(感性的)明晰性。

(1)幸福的体验原理

体验是生命个体的流动的善,尽管在意识流、体验流中,并不总是那些令人向往的快乐和幸福的体验;但流动的意识和流动的体验就是生命本身,这一点是不容否认的。意识流和体验流的中断、终结,也就是生命的中介。当我们把幸福的体验从流动的生命过程中"选取"出来,作为一个独立的单元加以研究时,那么幸福除了具有一般体验所具有的特征之外,还有基于它的特殊结构而来的独特内涵。

"体验"之"体"乃身体、心理和意识三位一体结构,与此相对应的是感受、认知和领悟。幸福就发生在基于三位一体结构而来的快乐感受、价值认知和意义领悟之中。身体是联结内心世界与外部世界的桥梁,它以无声语言的形式表达着生命个体的自我状态、对自我状态的感受、对外界世界的感知,通过体态语表达着对世界的感觉、态度、立场和观念。身体首先是实体,但却是会表达态度的实体即有机体;虽然自在体具有先在的性质,但却是通过自主能动性而成为自为体。当身体处在不足和匮乏、饱和和过量状态时,就会向心理结构和精神结构发出解除这种不平衡状态的指令,通过意识把需要变成欲求,在通过实用理性把欲求变成欲望;欲求是经过意识改造了的需要,欲望是经过理性改造了的欲求。需要—欲求—欲望使得身体—心理—精神这一三位一体处在等待或期待状态;等待的对象是价值物,期待的对象是通过享用价值物而产生的满足感、愉悦感。

就体验的类型说,是已经由身体—心理—精神这一三位一体决定了的层级结构:生理(身体)体验、心理(情绪—情感)体验、精神(理性—知识—信念)体验。与三个层次的体验相对应的价值物是:物质价值、情感

---

① [德]康德:《纯粹理性批判》,邓晓芒译,人民出版社 2004 年版,第 6 页。

价值和精神价值。从体验的持存性和感受性角度比较三个层次的体验,可以体会到,身体体验具有明显的实体性质,通过享用食物以解除饥渴,通过男女媾和以满足两性需求,通过与诸物交换、交流以满足五种感觉需要,巧言令色、耳濡目染、听其言而观其行,等等。基于身体之诸种需要而来的实体性体验,具有空间上的广泛性和时间上的持续性,只有通过周期性的满足,才能使个体生命得以持存。身体体验是周期性的,是必要性的体验,无之必不然,有之不必然。它是(心理)情感体验和(精神)知识—信念体验的基石,没有身体体验,任何一种形式的快乐和幸福都会因为失去基石而成为虚无。但也由于身体体验是重复性的、周期性的,更由于它是直接关联到身体之具体器官之上的,所以体验的力度和深度直接决定于身体器官的有机程度,如果是一个孱弱的身体器官,那么它的感受性能力往往是低下的,即使享用到了跟他者相同的价值物,却也未必产生与他者相近的体验强度。唯其是实体性的体验,由各种身体体验而来的感受性难以长久持存,在意识流和体验流中,最容易被遗忘的就是生物性体验。身体体验的另一个缺陷,就是它对价值物具有极高的依赖性。在所有价值物中,物质价值是最稀缺的,是难以复制的,人对自然界的依赖是绝对性的依赖;而人类最不容易满足的恰恰是生物性需要,只有反复地、大量地消费物质价值,才会获得生理体验。倘若人类不能培养出心理需要和精神需要,不能创造出社会价值和精神价值,而是倘徉、迷恋于生物性需要的满足,那么人类孜孜以求的幸福也只能以"快乐"之名而滞留于低层次需要的满足上。由资本的运行逻辑所推动的市场化运动,本质上就是一个不断开发和激发人的生物性需要的过程,同时也是一个在同质性需要的逻辑结构中不断变换物质价值、激发物质需要类型的过程。资本的所有者不但创造出了日益多样化的物质产品,而且制作出了消费其物质产品的消费者;通过语言、符号、数字、数据,激发人们对物质产品的消费欲望,通过想象将人们置于生物性的虚拟享用之中。当快乐剩余远远低于价值剩余时,那么人们必然要通过获得价值剩余才能获得些许的快乐,甚至把获得价值剩余视作是目的。贪得无厌、欲壑难填所表达的往往是人们对物质价值的过度占有。如若能够从较少的价值享用中产生的加倍体验,从而产生快乐剩余,那就意味着,体验者具有很强的体验能力。而决定体验能力高低的元素,可能有先天的和后天的两种;先天的体验能力决定于悟性,后天的体验能力决定于文化和境界。以此可以说,当满足需要从而产生快乐与幸福的价值物已经给定,决定快乐和幸福之体验强度和高度的关键因素,就在于体验者是否具有很强的体悟能力和厚重的文化素养。

体验者除了在同一类型需要的满足中表现出相似性和差异性之外,在不同类型需要的满足中更是表现出了体验差异。由于每个体验者的欲求偏好是不同的,对物质价值具有浓厚兴趣的人,对社会需要和精神需要可能表现出低欲求倾向。这说明,由于不同体验者在同一类型的体验中表现出差异性,在不同类型的体验中更显差异性。其根本原因约有两种,其一,体验能力存有先天差异;其二,由欲求偏好不同导致体验能力单一化和多样化。幸福于量与质上的广度和强度,取决于体验者之体验能力的高度和体验类型的多少。体验能力低的人,即使占有了足够数量的价值物,也不会获得足够丰富的幸福感;体验类型单一的人,其幸福感也往往是单一的。如果过度依赖于某种需要类型,就会产生体验偏执;体验偏执表达的是体验者对某种类型的体验过度敏感,甚至会形成体验幻相,亦即,愈是偏向于某种体验,就愈是依赖甚至迷恋某种偏向。如具有极强的权力欲、金钱欲、生殖欲、荣誉欲的人,就会形成一个无法摆脱的体验循环,甚至形成体验闭环。这是一种病理学意义上的快乐和幸福体验。当一个需求者陷入先天的、后天的甚至是先天与后天相混合的体验循环之中,他已经没有一种自我矫正和修正能力从病理学意义上的体验状态中摆脱出来,或在外部力量的干预之下走出体验闭环而回到健康体验的轨道上来。

幸福的体验原理给予我们的启发在于,第一,如若体验仅向体验者有效,仍然存在一个健康体验和全面体验问题。一如人的需要应该从生物性需要到社会性需要再到精神性需要那样,乃是一个使人成为社会人、成为有人格和尊严的人的递进过程，人的快乐和幸福体验也必须是一个由低级体验到高级体验、由简单体验到复杂体验的递进过程。生命的社会意义和精神意义要高于他的生物意义。第二，如若有利益相关者存在，那么生命个体的快乐和幸福体验，就存有一个正当性问题。过度依赖于对权力、资本、荣誉的追求，以获得过度的甚至是畸形的体验，或直接或间接地违背了正义和平等原则，因为只有独占权力和垄断资本，过度的、畸形的体验才会形成。健康体验和正当体验是幸福的体验原理给予我们的行为准则。

（2）幸福的边际原理

边际效用理论的哲学基础是人的欲求规律。一如供求关系那样，当欲求越来越强烈时，每增加一个单元的价值物，该价值物对于欲求者的欲望就会增加效用；如果欲求越来越弱时，随着同类物品的供给，欲求者对该物品的需求就会下降，即效用会减少。总之，效用递增和效用递减是边际效用的两个规律。而就效用递增规律而言，何种价值物会使欲求者对该价值物的欲求越来越强烈呢？是权力、资本、地位、身份、机会，等等。欲壑难填、贪得无厌成语所描述的通常就是这种情形。随着权力、资本和地位的增加，会激起欲求者更加强烈的占有欲和表达欲，而被激发起来的欲望渴望着更大的权力和更多的资本，逐渐地就会陷入欲壑难填的泥潭之中。这是权力被错用、误用和滥用的人性基础。如果一个社会不能对病理学意义上的占有欲和表达欲进行合理安排，并给予道德和法律上的导向和规约，那势必造成欲望、权力、资本、机会在强势集团那里的积累，而贫穷、落后、苦难、疾病、悲剧在弱势人群那里的增加。因此，一个好社会应该这样被安排，随着物质财富的增加，人们对它的需求会下降，而人们对更加高级的价值物的追求就会增加。现代化运动着实是一个悖论性的社会变革过程，它以欲望的神圣激发作为动力，以市场的发现和充分运用为基础，以快速发展的科学技术为手段，最大限度地创造出了"庞大的商品堆积"，开发出了不断强化的欲望体系。然而一如社会财富主要体现为物质财富那样，被极大满足的需要也通常是生物性的物质需要。一个没有发达的社会生产和精神生产的社会,通常是片面的甚至畸形的。而中国式现代化势必要在充满矛盾的创价和代价之间,创制出平衡的、和谐的发展模式来。通过提升社会生产和精神生产,进一步地,通过发展新质生产力,创造出用于满足人的社会需要(信用、正义、平等、民主)和精神需要(认同感、归属感、爱)的财富,通过政策设计和制度安排,培养人们的社会需要和精神需要。

(3) 幸福的知足原理

知足文化是中国传统文化中的重要方面。儒释道虽在哲学理论和伦理主张方面存有差别,但过一种有限度的生活却是它们共同的实践旨趣。老子在《道德经》中,共有七章论述到“知”“知足”“知止”的问题。

《道德经》第八章:“上善若水。水善利万物而不争,处众人之所恶,故几于道矣。居善地,心善渊,与善仁;言善信;政善治;事善能,动善时。夫唯不争,故无尤。”

君王的爱尚喜好应该似于流水。水喜好利惠万物而无欲不争,又能处于众人所厌恶的低洼之处,故而接近于“道”。所以,君王应该存身立世能卑微居下,用心存意能幽深沉静,待人接物能慈爱好施,言谈话语能诚信不欺,治国理政能简明条理,行教任事能用人所长,举动行为能合乎时宜。君王只要能够无欲不争,就不会有任何差错和怨尤。

《道德经》第十九章:“绝圣弃智,民利百倍;绝仁弃义,民复孝慈;绝巧弃利,盗贼无有。此三言也,以为文未足,故令之有所属:见素抱朴,少私寡欲;绝学无忧。”

君王能弃置自己的聪明智慧而不用,即绝圣弃智而清静无为,就会使人民获得百倍的利益。君王若能废止所谓仁义之说而不听,即绝仁弃义而无私无欲,就会使民众复归其天然纯真、慈爱和顺的本性。若能禁绝那些机巧技能之事和货财私利之物,即绝巧弃利而抱朴守拙,就会使盗贼绝迹而实现社会安定。

《道德经》第二十八章:“知其雄,守其雌,为天下溪。为天下溪,常德不离,复归于婴儿。知其白,守其黑,为天下式。为天下式,常德不忒,复归于无极。知其荣，守其辱，为天下谷。为天下谷，常德乃足，复归于朴。朴散则为器，圣人用之，则为官长，故大制不割。"

深知自己的刚强，反而要安守柔弱的德性，甘为天下的溪涧。甘做天下溪涧，永恒的德就不会离去，又会复归于婴儿般的纯真柔和状态。深知洁白，却安守污黑，成为天下的范式。成为天下的范式，永恒的德就不出差错。永恒的德不出差错，就会回复到宇宙的初始。深知尊荣，却安守卑辱，做天下的低谷。做天下的低谷，永恒的德就充足。永恒的德充足，就会回复到纯真状态。混沌的原始状态演化成宇宙万物，圣人懂万物治理法则而成为领导者，完善的统治制度是一个体系，不能割裂。

《道德经》第三十三章："知人者智，自知者明。胜人者有力，自胜者强。知足者富，强行者有志，不失其所者久，死而不亡者寿。"

能了解、认识别人叫做智慧，能认识、了解自己才算聪明。能战胜别人是有力的，能克制自己的弱点才算刚强。知道满足的人才是富有人。坚持力行、努力不懈的就是有志。不离失本分的人就能长久不衰，身虽死而"道"仍存的，才算真正的长寿。

《道德经》第四十四章："名与身孰亲？身与货孰多？得与亡孰病？甚爱必大费，多藏必厚亡。故知足不辱，知止不殆，可以长久。"

名利与身体，哪个更值得珍惜？命与财富，哪个更重要？获得与丧失，哪个更有害？所以，过分地追名逐利必定要付出巨大的代价，过度积敛财富，必定会招致惨重的损失。懂得满足就不会受辱，懂得适可而止就不会有危险，这样才能长久生存。

《道德经》第四十六章："天下有道，却走马以粪，天下无道，戎马生于郊。祸莫大于不知足；咎莫大于欲得。故知足之足，常足矣。"

治理天下合乎"道"，就可以作到太平安定，把战马退还到田间给农夫用来耕种。治理天下不合乎"道"，连怀胎的母马也要送上战场，在战场的郊外生下马驹子。最大的祸害是不知足，最大的过失是贪得的欲望。知道到什么地步就该满足了的人，永远是满足的。

《道德经》第六十六章："江海之所以能为百谷王者，以其善下之，故能为百谷王。是以圣人欲上民，必以言下之；欲先民，必以身后之。是以圣人处上而民不重，处前而民不害。是以天下乐推而不厌。以其不争，故天下莫能与之争。"

江海所以能够成为百川河流所汇往的地方，乃是由于它善于处在低下的地方，所以能够成为百川之王。因此，圣人要领导人民，必须用言辞对人民表示谦下，要想领导人民，必须把自己的利益放在他们的后面。所以，有道的圣人虽然地位居于人民之上，而人民并不感到负担沉重；居于人民之前，而人民并不感到受害。天下的人民都乐意推戴而不感到厌倦。因为他不与人民相争，所以天下没有人能和他相争。

老子的"知""知足""知止"，虽然是指向治国理政的国君，要有水的品质，无欲无求，润泽天下而不争，造福天下而无己；知足不辱、知止不殆，但却倡导一种知足、知止的生活。如果说，在一个财富极为匮乏的社会状态下，知足不辱、知止不殆是一种自然而然的生活状态，那么在有"商品的庞大堆积"现代社会，过一种有限度的生活，则是一种极为健康的、充满诸种修养的观念和生活。

后　记

如何书写当代生活世界,如何描述当代人的生活状态,无疑是一个极具理论意义和实践价值的题材。如果从消极的方面去描述,不满甚至是怨恨,似乎一点都不少于满意、快乐和幸福。这是我们的实际性,这是一个创价与代价、富裕与贫穷、安全与风险、崇高与平庸、真诚与虚伪相互交织的社会。如何在可接受的范围内,讨论快乐和幸福问题,原本是一件很快乐的事情;但是在可接受范围变得越来越小的境遇下谈论幸福,似乎又充满了各种风险。于此,我们采取了温和的态度、公正的立场、中性的笔法,将我们的感受和体验、判断和推理适度地表达出来。

自20世纪90年代中期以来,我一直以“社会转型”为总体概念,感受、体验、分析和论证,我们已经经历过的、正在经历着的和将要经历的社会变迁过程;也曾以“社会转型与伦理变迁”为总体设计框架,出版了自成体系的系列著作。在总共不过两年多的时间里,我们的实际性又发生了“天翻地覆”的变化,这为我继续研究社会转型问题提供了新的题材。《意义的迷失与追寻:当代生活世界的价值哲学批判》正是研究这些新题材所形成的一点心得。

价值与意义、快乐与幸福,既是始点意义上的又是终极意义上的问题,也是一个开放性的题材,值得继续进行广泛而深入地研究。这一研究不仅构成了沉思中国式现代化问题的理论基础,也为研究中华伦理文明新形态奠定了观念前提和逻辑框架。

晏　辉

2025 年 3 月

图书在版编目(CIP)数据

意义的迷失与追寻：当代生活世界的价值哲学批判 /
晏辉著. -- 上海：上海人民出版社，2025. -- ISBN
978-7-208-19548-6

Ⅰ. B018

中国国家版本馆 CIP 数据核字第 20250WA984 号

责任编辑　王笑潇
封面设计　零创意文化

意义的迷失与追寻：当代生活世界的价值哲学批判
晏　辉 著

出　　版　上海人民出版社
　　　　　(201101　上海市闵行区号景路 159 弄 C 座)
发　　行　上海人民出版社发行中心
印　　刷　苏州工业园区美柯乐制版印务有限责任公司
开　　本　720×1000　1/16
印　　张　32
插　　页　2
字　　数　440,000
版　　次　2025 年 7 月第 1 版
印　　次　2025 年 7 月第 1 次印刷
ISBN 978 - 7 - 208 - 19548 - 6/B·1845
定　　价　128.00 元